U0165570

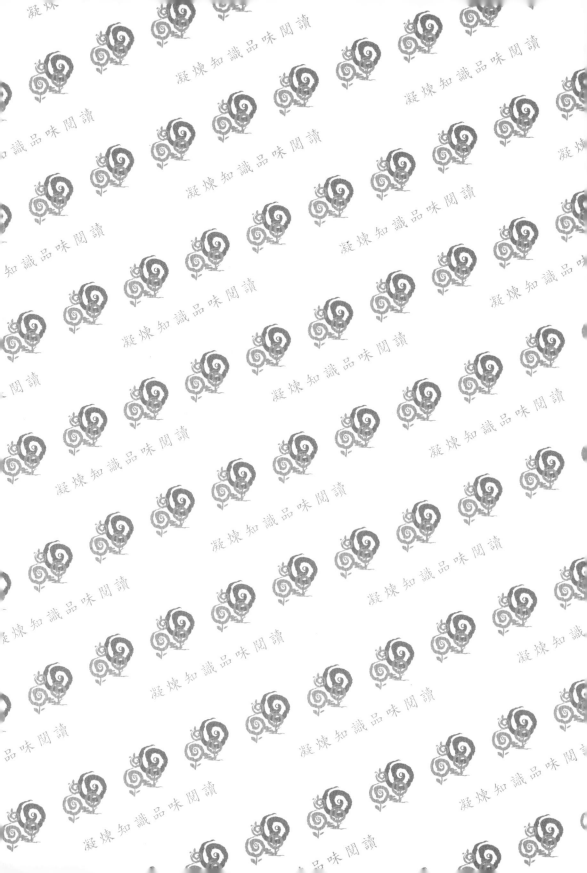

犯罪分析與安全治理

·增訂第六版·

孟維德 著

五南圖書出版公司 印行

自　序

　　這是一本運用科學方法分析犯罪現象的書，也是近十年來筆者的學習與研究紀錄。犯罪，不僅造成財物和人身安全的損害，還會在社會上形成一種對於犯罪的恐懼氛圍，讓人感到不安，影響生活品質。一個文明社會，會竭盡所能研究犯罪、瞭解犯罪，做好安全治理的工作。

　　舊時的安全治理，由於缺乏系統性的科學研究，無法建構以證據為導向的治理作為，多憑未經客觀驗證的理念行事。隨著犯罪在質與量上的變化，民眾生活品質深受影響，犯罪的現象及特質，逐漸引起學界的興趣與關注，安全治理的科學研究開始萌芽。在研究精進的國家，科學研究的功能並非僅限於學術領域，在應用上，科學研究的結果已真實拯救生命及預防傷害，並引導決策者發掘更新及更有效的方法來保護生命、自由及財產。近年來，尤其是犯罪與刑事司法學科的發展，已為安全治理政策的制定及執行舖設了一條康莊大道。讓決策者在政策制定前，有了更明確的判斷資訊；在政策執行中，有了更適當的檢視依據；在政策執行後，有了更客觀的評量指標。

　　近年官方資料顯示，台灣的犯罪率呈現下降趨勢，測量犯罪的另一途徑——犯罪被害調查——也有類似發現。現今的犯罪率比幾年前低了許多，表示犯罪問題應該受到某種程度的控制，這是令人感到欣慰的事。當我們仔細觀察國內治安環境，會發現犯罪數量雖有減少，但犯罪類型及手法卻有變化，民眾的被害恐懼感仍高，安全治理實務與犯罪分析之間的連結仍嫌不足。外國經驗顯示，犯罪分析與安全治理方案之間若能妥善結合，安全治理部門的資源可發揮較佳效果，犯罪數量可以受到控制，民眾安全感也可以提升。

　　基於這樣的觀察，筆者嘗試將犯罪控制的理論與思維投射到安全治理實務當中，並以實證研究途徑檢驗它們在實務上的適當性。過去幾年來，陸續在這個領域進行學術研究，前往安全治理部門瞭解實務運作並蒐集資料，撰文發表學習心得與研究成果，這些論文和研究都為本書的撰寫奠下了基礎。撰寫本書的過程中，筆者嘗試結合西方學理論述及本土實證研究，省思與檢驗實務界歸納的「已然」以及學界所推衍的「應然」。身為刑事司法研究及教學人員，筆者希望透過本書在犯罪分析與安全治理實務之間搭建一座橋樑，讓安全治理工作更具效率與效果。

　　本書能順利完成，需要感謝許多人的支持與協助。撰寫期間，筆者曾多次前往實務機關蒐集資料，幸蒙相關人員的配合，筆者大多不認識他們，但他們的協助卻對研究進展具有決定性的影響，在此特申謝忱。此外，更要感謝中央警察大學提供的優良教學及研究環境，對行政院國科會及其他提供研究補助的機構，筆者都同樣心存感激。當然，如果沒有五南圖書出版公司的支持與協助，本書必然無法順利出版，在此需一併致謝。

　　安全治理問題牽涉廣泛，犯罪現象多元、複雜且具動態性，研究領域浩瀚無垠，即使窮個人畢生之力，所得仍極為渺小。本書雖經多次校訂，仍難免錯誤、疏漏與有所未及，尚祈各界先進、賢達及讀者不吝指正。

孟維德 謹識
誠園研究室

ontents 目 錄

第一章　緒　論

第一節　犯罪趨勢與安全需求

　　根據警察機關的統計，台灣的犯罪數量在過去二十多年來有顯著變化，如2001年的犯罪發生數為49萬736件，到了2005年升至最高的55萬5,109件，而後到了2023年降為27萬6,491件。犯罪率（Crime Rate）的變化也不小，2001年為每10萬人口中發生2,196.56件犯罪，2005年升至2,442.21件，到了2023年降為1,184.49件。

　　值此同時，當我們觀察嫌疑犯人數的變化，呈現漸增的趨勢。如2001年的嫌疑犯人數為18萬527人，到了2023年升至最高的29萬6,458人。犯罪人口率（Offender Rate）也從2001年的每10萬人口中808.05人，增至2023年的1,270.03人。第三個觀察指標就是監禁率（Incarceration Rate），2001年的監禁率是每10萬人口中有175.1人被監禁，到了2012年升至最高的283.4人，近年的監禁率約為每10萬人口監禁230至250人。以上資料[1]，如表1-1。有關犯罪率及犯罪人口率近二十年的變化趨勢，參閱圖1-1。

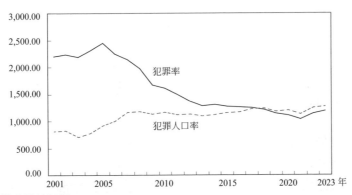

資料來源：警政統計年報。

圖1-1　台灣犯罪率與犯罪人口率趨勢圖

1　犯罪率＝（該年犯罪發生數÷該年年中人口數）×100,000。
　犯罪人口率＝（該年嫌疑犯人數÷該年年中人口數）×100,000。
　監禁率＝（該年年底矯正機關總收容人數÷該年年底人口數）×100,000。

表1-1　台灣近二十年犯罪數量的變化

年別	犯罪發生數	嫌疑犯人數	犯罪率	犯罪人口率	監禁率
2001	490,736	180,527	2,196.56	808.05	175.1
2002	503,389	185,751	2,240.95	826.91	176.8
2003	494,755	158,687	2,192.80	703.32	182.4
2004	522,305	176,975	2,306.30	781.46	202.5
2005	555,109	207,425	2,442.21	912.57	264.0
2006	512,788	229,193	2,246.76	1,004.20	276.4
2007	491,815	265,860	2,146.03	1,160.08	235.1
2008	453,439	271,186	1,971.67	1,179.19	274.4
2009	386,075	261,973	1,672.88	1,135.14	276.3
2010	371,934	269,340	1,607.25	1,163.91	282.0
2011	347,674	260,356	1,499.01	1,122.54	279.3
2012	317,356	262,058	1,363.78	1,126.14	283.4
2013	298,967	255,310	1,280.66	1,093.65	277.2
2014	306,300	261,603	1,308.77	1,117.79	270.8
2015	297,800	269,296	1,269.24	1,147.75	267.7
2016	294,831	272,817	1,253.75	1,160.14	265.1
2017	293,453	287,294	1,245.79	1,219.65	264.4
2018	284,538	291,621	1,206.69	1,236.73	268.4
2019	268,349	277,664	1,137.26	1,176.74	258.3
2020	260,713	283,337	1,101.31	1,201.49	247.7
2021	243,082	265,221	1,035.79	1,130.13	231.6
2022	265,518	291,891	1,138.59	1,251.68	236.9
2023	276,491	296,458	1,184.49	1,270.03	240.0

資料來源：警政統計年報，矯正統計—主要參考指標。

　　接著我們再觀察跨國資料的比較，從表1-2中可發現，歐美國家的犯罪率比台灣高出許多，但在亞洲鄰近國家（地區），除了韓國的犯罪率比台灣高，其他諸如日本、新加坡和香港的犯罪率皆比台灣低。換言之，台灣的犯罪率在國際社會中屬於較低者，但仍有某些國家和地區的犯罪率比台灣還低，而且就在鄰近區域。因此，我們仍有降低犯罪率及控制犯罪人口率的努力空間。此外，就監禁率的跨國分析，在表1-3所列國家（地區）中，美國的監禁率為最高，台灣次之；值得注意的是，日本、香港及

新加坡的犯罪率比台灣低，監禁率也比台灣低，尤其是日本，台灣的監禁率大約是日本的7倍。換言之，以監禁為導向的政策，是否能有效降低犯罪率？是需要深思的。

表1-2 不同國家（地區）的犯罪率

國家\年	台灣	日本	新加坡	香港	韓國	美國	加拿大	英國	德國
2016	1,253.75	784.76	590.29	827.00	3,608.96	2,837.03	5,274.43	7,408.70	7,801.19
2017	1,245.79	722.18	582.08	758.00	3,236.52	2,746.73	5,374.80	8,327.40	6,997.06
2018	1,206.69	644.85	587.48	728.00	3,064.36	2,580.17	5,512.81	8,918.05	6,702.52
2019	1,137.26	591.49	615.67	789.00	3,113.90	2,499.15	5,876.92	8,928.51	6,544.12
2020	1,101.31	486.92	655.54	845.00	3,063.24	2,346.01	5,341.79	7,713.21	6,388.88
2021	1,035.79	452.67	847.08	869.00	2,763.22	2,329.10	5,377.94	8,560.78	6,072.30

資料來源：警政署公布之國際犯罪率比較。
註：犯罪率，以每10萬人口之犯罪發生數為代表。

表1-3 不同國家（地區）的監禁率

國家\年	台灣	日本	新加坡	香港	韓國	美國	加拿大	英國	德國
2010	282	57	250	142	97	731	117（2009年）	153	85
2012	283	53	234	129	92	707	117（2011年）	153	82
2014	271	48	227	114	100	693	118（2013年）	149	76
2016	265	44	213	117	112	666	114（2015年）	146	76
2018	268	40	199	109	108	642	112（2017年）	140	77
2020	248	37	185	95	105	505	104（2019年）	133	72
2022	237	33	156	121（2023年）	103	531（2021年）	90	145（2023年）	69

資料來源：World Prison Brief。
註：監禁率，以每10萬人口之矯正機關收容人數為代表。

　　官方統計是如此，民眾的主觀感受又如何呢？內政部於2020年所完成的「國民生活狀況意向調查」顯示（有效樣本4,056人），有關國民對未來生活憂心的問題，「治安問題」是其中之一；有關國民認為要提升國民生活品質，政府應迅速加強辦理的項目，「改善治安」也是其中之一。另內政部於2018年委託具公信力之民意調查機構所進行的「民眾對內政部施政認知調查」中發現（有效樣本1,259人），超過96%的受訪民眾支持政府有關部門持續針對詐欺、毒品及組織犯罪等治安問題加強查緝。近年來，犯罪數量雖有減少趨勢，但不論是民眾主觀感覺，抑或官方犯罪統計，治安是重要且值得關切的社會問題，民眾對於安全環境表露出明顯關切。

　　面對變化的治安問題，政府的資源分配是如何呢？我們可以從行政院所公布資料中清楚看出（如表1-4），台灣地區安全治理資源的運用呈現逐漸擴大的趨勢，譬如2001年的「司法及警政消費支出占政府消費支出比率」為9.2%，到了2022年雖減為7.0%，但是「平均每人司法及警政消費支出」卻從2001年新台幣5,967.7元增至2022年9,538.4元。此外，檢察官人數亦為遞增，2022年為1,412人。警察機關人數由於受到消防人員脫離警察體制，水上警察移撥至海巡署，以及部分警察人員改派至移民署的影響，每萬人警察機關人數從2001年32.4人至2022年減為31.6人。但如果把移撥至消防、海巡及移民機關的人員與警察機關人員相加，總人數還是明顯擴大的。另根據內政部警政署的資料，台灣的警、民比（警察人數／人口數）並不低，以2021年為例，台灣警察人數為7萬4,091人，平均一名警察大約服務315名民眾，韓國平均一名警察大約服務420名民眾，新加坡約是400名民眾，日本則是約480名民眾。總體來看，縱貫性資料顯示，我國政府在安全治理資源的投資上，是呈現擴大趨勢。面對治安問題，雖然政府已將愈來愈多的資源導入刑事司法體系，然而，若缺乏適當的安全治理政策，結果將造成資源浪費，治安環境將難以持續改善。

　　根據韋氏字典的解釋，「安全」意指免於風險或危險，平安，免於焦慮、不安或恐懼（Merriam-Webster, 2003）。P. J. Ortiemer在「安全管理」（*Security Management*, 2004）一書中指出，安全在語意和哲學的意義上，隱喻是一種穩定的、可預測的環境；在此環境中，個人或群體可以免於傷害及傷害恐懼地追求目標。J. Fay在「當代安全管理」（*Contemporary Security Management*, 2005）一書中表示，安全是指保護

表 1-4　歷年來政府在安全治理上的資源分配

年別	平均每人司法及警政消費支出（元）	司法及警政消費支出占政府消費支出比率（%）	每萬人警察機關人數	檢察官人數
2001	5,967.7	9.2	32.4	842
2002	5,868.0	9.6	31.6	888
2003	6,210.3	9.6	30.9	938
2004	6,218.6	9.6	30.3	1,010
2005	6,542.8	10.0	29.8	1,050
2006	6,695.2	10.4	30.1	1,109
2007	6,703.7	10.1	29.5	1,175
2008	6,938.4	10.2	30.2	1,225
2009	7,231.9	8.1	29.9	1,266
2010	7,454.8	8.2	30.3	1,316
2011	7,848.5	8.4	29.5	1,356
2012	7,754.9	8.0	29.1	1,371
2013	7,743.8	8.1	28.7	1,395
2014	8,029.6	8.0	28.3	1,398
2015	8,100.0	8.1	27.8	1,389
2016	8,235.2	7.9	28.0	1,385
2017	8,034.2	7.7	28.9	1,366
2018	8,391.0	7.5	28.3	1,352
2019	8,505.7	7.6	31.0	1,357
2020	8,933.4	7.6	31.9	1,395
2021	9,198.7	7.3	31.5	1,395
2022	9,538.4	7.0	31.6	1,412

資料來源：1.社會指標統計年報。
　　　　　2.法務部統計手冊。

和維繫環境的方法，它可以是主動的方法，也可以是被動的，這些方法讓環境中的個人或組織其所執行之活動不會被瓦解。從上述三種定義中可以看出，安全代表的是一種安定的環境，在該環境中，個人及組織能夠達成其目標。在傳統的意義上，「治理」是國家對社會所進行的干預或管理活動（Henry, 2006）。近年來，儘管治理被賦予許多向外延伸的意義，諸如涉及企業、志願部門及社會網絡等面向，但其範疇仍與公共管理密切相關（Tompkins, 2004）。本書所探討的安全治理，主要指政府對於犯罪問

題所形成的不安全環境進行的干預或管理。

刑事司法體系（Criminal Justice System）是政府控制犯罪的主要機構，該體系由警政、檢察、審判及矯正機關所組成。雖然，安全治理的目標需靠各刑事司法機關共同合作來達成，但個別機關若無法發揮本身應有功能，那麼整個刑事司法體系順利運作所需要的基本能量仍是無法建構的。由於警政機關位於刑事司法體系的最前線，不僅選擇將何種類型的犯罪人送入刑事司法程序，而且還決定將多少數量的犯罪人送入刑事司法程序，顯見位居刑事司法體系守門者角色的重要性。在另一方面，警政也是刑事司法體系中人員編制最大、組織分布最廣的部門。警政署資料顯示，2021年底全國警察人員計有7萬4,091人，暫不計警察局的數量，警察分局就有161個，派出所更有1,294個，分駐所也有208個，警察組織及人力可說是全面性的分布。換言之，警察是與民眾接觸、互動最頻繁的安全治理機制，影響民眾主觀的治安感受甚鉅。不論是從其在刑事司法體系中所居地位，或是從組織編制與分布來看，警政機關的作為必然對治安環境產生直接且重大的影響。因此，本書從犯罪現象的分析出發，透過理論探討與實證研究，澄析安全治理工作的應有面貌，並探討警政機關及其外延的安全治理網絡，即跨域安全治理（across boundary security governance），諸如刑事司法體系、社區、企業、志願部門等，最後提出以證據為導向的政策建言。

第二節　犯罪原因概論

犯罪原因的探討涉及不同學科，是一個具廣大理論範疇的多元學科領域。為了能夠對犯罪原因的解析建構一個簡而易懂的脈絡，以下將根據時間序列介紹犯罪解釋理論。

有關犯罪原因的解釋，早期文獻所記載的觀點是「惡魔學」（demonology）理論，也就是人因受現實世界以外的妖魔影響而犯罪。在中古時期，就是以惡魔附身來解釋人違反社會規範或宗教的原因，而「驅除惡魔」便成為對於違反者的處理方式，用火燒在當時被認為是驅除惡魔的有效方法，因此許多違反規範的人被燒死。

　　到了18世紀的啟蒙運動時期，主張理性哲學與經濟假設的兩位學者——貝加利亞（C. Beccaria, 1735-1795）與邊沁（J. Bentham, 1748-1832），被公認是科學性犯罪研究的先驅，犯罪學家將他們的觀點稱為「古典犯罪學派」（Classical Criminology）。從此，犯罪學原因的探討進入了嶄新領域（Cullen, Agnew & Wilcox, 2014）。

壹　古典犯罪學派

　　貝加利亞與邊沁認為，當時的刑罰過於殘忍、不人道、無一定規範可循，絕非處理犯罪問題的良策。他們強調應以理性觀念看待懲罰，犯罪與刑罰之間應該衡平、公正。他們認為人是理性的動物，有自由意志做選擇，人的行為是目的導向的，當感覺某行為的利益大於痛苦，自然就可能選擇該行為。換言之，當犯罪的利益大於犯罪的成本時，選擇犯罪的可能性增高；當犯罪的利益小於犯罪的成本時，選擇犯罪的可能性降低。古典犯罪學派認為，人會理性考慮是否去犯罪，而不是受到現實世界以外的力量所影響而犯罪（Cullen, Agnew & Wilcox, 2014）。例如，竊賊在侵入他人住宅行竊前，通常會考量圍牆的高低、鎖的類型、有無警衛等，繼而判斷自己被人發現或被逮捕的可能性。

　　在時代背景的需求下，當時的古典犯罪學派倡議者將其重心置於刑罰的改革上。為了避免社會混亂，他們認為應該透過法律來形成一個契約化的社會，而法律的來源是議會而非法官，法官的功能只是判斷一個人是否有罪，至於刑罰的輕重則由法律決定（Walsh & Jorgensen, 2018）。刑罰應與所犯之罪成比例，輕罪輕罰，重罪重罰，而不應一概用火燒死。他們相信，要使刑罰達其目的，只需讓刑罰產生的痛苦超越犯罪產生的利益即可，過於嚴厲、殘忍的刑罰是沒有必要的。總之，在古典犯罪學派的觀點裡，某人是否選擇犯罪，要看犯罪能否給某人帶來大於痛苦的快樂。

　　從18世紀中葉，古典犯罪學派深深影響著人們對於犯罪的觀念，直到19世紀後期，逐漸受到實證主義的挑戰。實證主義是受到當時人類學、生物學、天文學等研究發現的激勵所產生，帶領犯罪原因的探討邁向了新的里程碑——實證犯罪學派（Positivist Criminology）。

貳 實證犯罪學派

　　犯罪是選擇的觀點，在早期的人類學與生物學形成後即遭遇挑戰。義大利學派的犯罪學家龍布羅梭（C. Lombroso, 1835-1909）、蓋洛法羅（R. Garofalo, 1852-1934）及費利（E. Ferri, 1856-1928）皆認為犯罪發生的原因並非選擇。針對被定罪的罪犯與屍體進行研究之後，這些犯罪學家宣稱犯罪人是人類演化發展上不完全的個體，有著生物上隔代遺傳的缺陷（atavistic，祖型重現）。而這種生物性差異造成犯罪的觀點持續影響至19世紀後期，美國的犯罪人類學家，如麥當勞（A. MacDonald）、波以斯（H. Boies）及漢德森（C. Henderson）皆相信所謂的生來犯罪人；而體質論學者胡登（E. Hooton）及薛爾頓（W. Sheldon）則認為犯罪是因為意志薄弱與生理上的劣勢。

　　犯罪生物學派的挑戰之一，來自盛行於20世紀初受佛洛伊德影響的心理分析論。費利蘭登（K. Friedlander）、喜利（W. Healy）及布羅那（A. Bronner）等人認為，犯罪的起因來自幼年社會化的失敗所造成的人格缺陷。因此，反社會行為可解釋為父母不當的教養，以致未能與他人發展良好的情感連結而無法尊重他人和財物所致。

　　對早期生物理論的批評還有受環境論影響的社會學派，它們認為犯罪是地區因素而非個人因素造成的。芝加哥學派的文化生態學家，如蕭氏（C. Shaw）與馬凱（H. McKay）認為生物學派無法解釋為何一個社區即使在人口流動後仍有著穩定的犯罪率。根據他們的理論，住在都市暗巷內、生活中充斥著娼妓、毒販與邪惡的人，比起居住在房屋整齊有序、綠樹成蔭大道及有良好生活娛樂設施的體面市郊社區的人，更容易犯罪（Shaw & McKay, 1931）。

　　在1940到1950年代，各式各樣的社會學理論開始興盛。源自19世紀法國社會學家涂爾幹（Emile Durkheim）亂迷理論的結構功能社會學派主張，追求自我利益的資本主義工業社會，造成整體社會道德淪喪，這種鼓勵追求自我利益的無規範社會導致了犯罪與偏差行為的增加。墨爾頓（R. Merton）接受了這樣的概念，針對美國的社會狀況發表另一版本的亂迷理論（他稱其為「緊張理論」，Strain Theory），認為犯罪是因為資本主義社會未能提供足夠的教育與職業機會給那些因媒體渲染而生的「美國夢」追求者所導致。就墨爾頓的說法，犯罪是追求這些夢的不當嘗試，即使要

靠騙術也無所謂。毒品犯買跑車和任職公司高層的雅痞（Yuppie）族的追求是一樣的，只不過是以販毒利潤或他人無法接受的方式罷了（Merton, 1938）。

相對地，蘇哲蘭（E. Sutherland）較以社會心理學的角度來看犯罪原因，他尤其好奇人們是如何學習犯罪的。在其後與克雷西（D. Cressey）主張的「差別接觸理論」（Differential Association Theory）裡，認為犯罪行為如同其他任何行為，是經由學習而來的，是從將犯罪定義為可接受行為的親近團體那裡學習而來的。因此，犯罪是當事人與犯罪學習模範差別接觸的結果（Sutherland & Cressey, 1966）。和吸食強力膠的同儕相處愈緊密，愈可能學習到諸如吸食技巧、獲取強力膠的方法及達到亢奮的感覺，同時也學習到如何合理解釋自己的行為，並認為這是愉悅的、可接受的，甚至是合法的。

雪林（T. Sellin）的「文化衝突理論」同樣重視犯罪的學習觀點，支持此想法的還有米勒（W. Miller），他們認為有些人所學習到的文化核心價值，是與主流價值相互衝突的。例如，來自義大利西西里的移民會因為女兒貞操被侵犯而報復對方，美國工業城匹茲堡的工人階級青少年常把街頭打架當作一種榮耀，這些他們所遵從的文化，從主流文化來看都是不合法的（Sellin, 1938; Miller, 1958）。

對其他社會學家來說，文化的脈絡並不只限定在階級、種族或國籍的差異，而是更多元，甚至是對主流文化中某些價值觀的一種反應或反抗，1950年代出現的偏差行為副文化理論即是代表，諸如柯恩（A. Cohen）的「身分挫折理論」（Theory of Status Frustration），以及克勞沃（R. Cloward）與歐林（L. Ohlin）的「差別機會理論」（Differential Opportunity Theory）。這些理論認為，個體因身處的副文化、族群或經濟階層，而影響其所能選擇的範圍及最後抉擇。因此，偏差行為者之所以組成犯罪團體或暴力幫派，主要是因為他們的價值觀被中產階級的教育體系拒絕，而且他們相信形成組織比單獨一個人更有利（Cohen, 1955; Cloward & Ohlin, 1960）。

社會學的研究顯示，犯罪因當事人的背景脈絡形塑而成，尤其是社會文化、社會結構、組織的力量所形成的背景脈絡。背景脈絡指的是一個人生活的特定時空、採用的參考架構（對事物認識和判斷的依據），以及一

個人的世界觀,而這些塑造了一個人如何看待與解釋事情,包括如何看待與解釋犯罪。

到了1960年代,社會結構及文化解釋犯罪理論的優勢地位,受到社會心理學派偌大影響力的挑戰。社會心理學派強調人們並不只是被動地受外在影響,他們也積極地投入塑造自己的世界和其中的角色。源自於塔德(Tarde, 1903)的「模仿理論」,班度拉(Bandura, 1969)及艾克斯(Akers, 1977)建立了「社會學習」(social learning)概念作為解釋暴力行為的主要框架,超越了行為學者史金納(Skinner, 1953)的「操作制約[2]」(operant condition)模式,也取代艾森克(Eysenck, 1964)的「犯罪人格[3]」(criminal personality)理論,以及悠曲森與薩彌瑙(Yochelson & Samenow, 1976)的「犯罪思考模式[4]」(criminal thinking pattern)理論。的確,班度拉就發現,兒童不但可從父母身上習得暴力行為,也可從電視和電影人物身上習得。

1960年代馬札(D. Matza)提出的中立化理論(Neutralization Theory)及赫胥(T. Hirschi)的社會控制理論(Social Control Theory),可說是對上述「心智缺陷」理論的反動。「中立化」意指人們的確學習到合法的生活方式,但在某些情況下,也學習到不道德行為有時是可被接受的。也就是說,人們學會了一些藉口或理由,透過這些藉口和理由使他們有了「道德假期」(moral holiday),得以飄浮在守法與犯罪之間,暫時不受道德的約束(Matza, 1964)。比如竊取公司財物或摸魚的人常藉口「大家都這樣做啊」、「反正又沒人受到傷害」、「經理也這麼做啊」,他們認為這樣的做法只是獲得一點額外津貼,而非偷竊。

赫胥社會控制理論的重點,在於有些人無法與常規建立連結的問題(fail to form bonds to convention)。簡單來說,如果一個人與家庭或學校關係薄弱,就無法認同這些組織和教養者、不會把時間分配在傳統活

---

2 什麼是「操作制約」?簡言之,任何反應如果導致有增強作用的刺激的出現,其後該反應就可能再度發生。例如,老鼠看到槓桿而做出壓桿的反應,結果得到食物,其後老鼠看到槓桿,再去壓桿的頻率就會增高。

3 艾森克(Hans Eysenck)的犯罪人格理論認為犯罪人具有某種人格特性,例如外向型的人較衝動,較缺乏反省行為和情感的能力,較常有社會化不足的問題。因常對事情無法合理判斷,而易於犯罪。

4 犯罪思考模式理論認為,有些人學會了反社會思考,然後被鎖定在這種思維方式中。

動上、不相信社會價值觀,自然就不太可能避免破壞社會規範(Hirschi, 1969)。這個理論再次強調,父母給予孩子適當的社會化對於青少年避免犯罪的重要性。然而,這個理論忽略了同儕因素、學校與職場的道德敗壞問題,以及諸如貧民區、就業機會不足、司法不公等社會結構的問題。

到了1970年代,犯罪原因的探究進入了另一社會心理學理論的領域,稱作「標籤效應」(labeling)。標籤理論學者認為,輕微的犯罪行為會因刑事司法機關介入處理想要控制這些犯罪,最後卻造成犯罪的嚴重化,原因是這些機關會對當事人的自我認同產生戲劇化的負面效應。貝克(H. Becker)、史伽(E. Schur)及高夫曼(E. Goffman)等人所主張的標籤理論,揭示了犯罪者及其持續犯罪的生涯是如何在有意義的社會背景脈絡中與重要他人互動中逐步形成的。一概把未成年飲酒、做了輕微毀損或輕微商店偷竊行為的少年帶至法庭前,並且確認他們的犯罪身分,最後這些孩子都變成了職業型的持續犯罪者。因為「犯罪少年」這個標籤限制了他們的能力,以至於無法成熟地脫離那些犯罪或偏差行為(Becker, 1963; Schur, 1965; Goffman, 1961)。

1970年代早期,出現了以衝突、激進及批判的觀點來解釋犯罪的發生,昆尼(R. Quinney)及強布利斯(W. Chambliss)等學者是其中代表,他們的理論植基於早期龐格(W. Bonger)所主張的馬克斯思想。這些理論家認為,政府不僅造成許多不必要的犯罪問題,甚至是那個強調競爭價值大於合作、分化貧富階級的資本主義制度,本身就是犯罪的導火線。這種新的犯罪解釋論認為,強勢的社會階級、甚至資本主義國家,透過企業污染、製造瑕疵產品、賄賂、詐欺、貪腐等途徑,從事了更多、更惡質的犯罪(Quinney, 1974; Chambliss, 1975)。在此同時,國家卻懲罰那些抵抗制度的弱勢者,這些弱勢者通常透過財產犯罪或暴力犯罪來表達他們的抵抗。

到了1980至1990年代初期,許多學者開始看清上述理論在解釋犯罪上存有許多限制,尤其是那些認為只要走社會主義路線就能解決犯罪問題的想法。此時對於犯罪原因的解釋,如同處於十字路口。一方面無法確認哪一個理論是真正解釋犯罪的最佳理論,另一方面也無法確認哪一個理論是不值得注意、可以忽略的。犯罪解釋理論分裂的結果促進新研究的產生、新理論的發展,藉由新的實證研究檢驗了所有理論,過去一些被摒棄的理論不僅獲得修正,而且還被重新運用。甚至激進理論也不再是一成

不變的激進理論，變得能夠自我批判。比如說，女性主義身分的評論者就認為，過度強調男孩、男人與階級，反而掩蓋了性別差異和性別社會化的問題，造成了年輕女性因性別而被過度控制，過度寬容了男性涉及暴力、追求物質主義、爭權奪利等行為，導致女性犯罪者遠比男性犯罪者少了九成之多。而針對包括企業、政府及社會主義中所有權力階級價值觀予以挑戰的無政府主義者也相信，以分權式民主團體採取非暴力、和平建構途徑來解決衝突，例如使用調解途徑解決衝突，是人類社會克服因犯罪和暴力所形成自我毀滅循環的唯一方法。在1990年代中期，一些類似新觀點從先前的分裂理論中出現，如修復式正義（restorative justice）、環境犯罪學（Environmental Criminology）、犯罪機會理論（Opportunity Theory of Crime）等，成為後續理論與犯罪防治政策發展上的要素。

第三節　安全治理的基本思維

過去，政府與民眾普遍認為，犯罪控制就是把犯罪者繩之以法，讓犯罪者為自己所犯的罪行負出代價。安全治理部門為達此任務，主要策略就是運用預防性巡邏、快速反應以及案發後的犯罪偵查作為。然而，犯罪率並未因此而下降，破案率也沒有因此而提升，如此的策略無法滿足社會大眾的治安需求。之後，安全治理部門改採攻勢成分較強烈的犯罪控制策略，希望能威嚇犯罪的發生，這些攻勢策略包括指示性的巡邏、針對特定人為目標的巡邏、臨檢盤查、誘捕、臥底偵查、監聽等。雖然這些策略與過去不同，它們把焦點置於未來可能發生的犯罪上，而不是只對犯罪作事後反應，但這些策略仍舊是想透過逮捕、懲罰的手段對犯罪產生威嚇效果，同時還在做法上引起一些與法律、人權保障有關的爭議。近年來，先進國家的安全治理部門開始大量運用犯罪分析（crime analysis）及預警式思維（proactive thought），研擬理性與權變策略，也就是根據系統化分析後的資料處理轄區治安問題。這些機構一方面向學界求助，一方面重新檢視內部資料系統的健全性及分析能量，在安全治理上逐漸顯現正面效果。

刑事司法及犯罪學者普遍認為，針對犯罪問題進行廣泛且清楚的分析，是安全治理效能的關鍵。犯罪控制政策的研擬，絕非憑空想像，必須植基在理性、客觀的分析基礎之上。「犯罪分析」，是一套針對犯罪問題

的系統性分析過程，其功能在於提供安全治理人員適時的與適切的資訊，協助安全治理人員做出正確的決策（Vito, Maahs, & Holmes, 2007）。犯罪分析的背景與方法，主要受到晚近研究與理論的影響，這些研究與理論歸納如下。

壹　日常活動理論

犯罪學者Felson與Clarke（1998）指出，機會，是所有犯罪行為的基本條件。僅有機會，雖不一定促成犯罪發生，但犯罪必須要有機會始能發生。他們更明白表示：「個體的行為，乃是該人與環境互動的結果。」（Felson & Clarke, 1998: 1）機會影響行為的方式很多，Felson與Clarke提出10項有關機會的原理，詳如表1-5，並透過這些原理來說明機會如何影響及塑造犯罪行為，其中，多數原理與時間、空間及情境有關。他們認為，減少機會，可以控制犯罪的發生。這10項機會原理，與兩個犯罪學理論關係密切，它們分別是日常活動理論（Routine Activity Theory）及理性選擇理論（Rational Choice Theory）。

表 1-5　機會原理與犯罪

1.所有犯罪的發生，機會都扮演重要的角色。
2.犯罪機會具有高度的特定性，不同犯罪，需要不同機會。
3.犯罪機會在時間與空間上，具有集中特性。
4.犯罪機會，受個人日常活動的影響。
5.某一件犯罪可能為另一件犯罪製造機會。
6.某些物品提供了較具吸引性的犯罪機會。
7.社會及科技的變化，製造了新的犯罪機會。
8.犯罪機會可因外力介入而減少。
9.減少機會，原本可能發生的犯罪不會轉移至其他地點。
10.特定機會的抑制，可能產生多種類型犯罪的減少。

資料來源：整理自Felson 與 Clarke（1998）。

日常活動理論主張，潛在犯罪者與被害者的日常活動對於犯罪的發生影響甚鉅。Cohen與Felson（1979）指出，犯罪的發生，需要三個條件，分別是合適的標的（suitable target）、有動機的犯罪者（motivated offender）以及缺乏監控（absence of guardians），如圖1-2。他們從研究中發現，多數犯罪導自於機會。該理論並不認為犯罪者不會主動尋找機會，只是當事人選擇犯罪標的及從事犯罪行為，是上述三個條件互動的結果。

Cohen與Felson發現，社會變遷改變了人們的日常活動，例如科技發展、交通工具普及、教育機會增多、婦女就業率增加等，使得人們在家以外的時間愈來愈長，不論是工作或休閒，無形中增加了許多犯罪機會。當人們的移動或活動愈頻繁，人們自己本身及其財物就愈可能脫離監控，潛在犯罪者也就愈容易接觸缺乏監控的標的。另一方面，Cohen與Felson以VIVA來描述犯罪的合適標的，VIVA指的是價值（Value）、慣性（Inertia）、可見性（Visibility）及可接近性（Access）。價值，由潛在犯罪者所決定，不一定是標的的金額，由於犯罪者成熟度的變化、標的在社會上是否到處充斥、品味的改變或其他因素的影響，今日有價值的標的，明日可能失去吸引潛在犯罪者的興趣。慣性，與標的的重量及可移動性有關。此外，標的若易於被潛在犯罪者所見及接近，其風險就愈高。標的具備這四項特性的程度，將影響犯罪發生的機會。最後監控的缺乏或失去效能，有可能將標的陷於高風險中，監控指能夠對標的產生控制及保護

圖1-2 日常活動理論概念圖

功能的人、物或機制，監控的目的在於抑制機會。

　　雖然日常活動理論的驗證，大多以財產性犯罪（property crime）為對象，但暴力犯罪的發生也深受日常活動的影響。在早期的驗證中，Cohen與Felson（1979）發現人們在戶外停留的時間，與犯罪數量顯著相關。戶外的活動，增加了潛在犯罪者與被害者接觸的機會。Mustaine與Tewksbury（1998）的研究發現，家宅竊盜的發生，受到戶外活動、監控數量以及外出活動類型的影響。有關暴力犯罪的研究，也有類似的發現，諸如強盜、搶奪及性侵害犯罪，經常與當事人的日常活動有關（Lab, 2000）。

貳 理性選擇理論

　　日常活動觀點，隱喻犯罪者以理性來選擇犯罪的時間和地點。事實上，犯罪控制作為的效能，也必須植基在犯罪者某種程度的理性選擇基礎之上，譬如犯罪者所主觀感受的需求、風險、成本及其他因素。犯罪者如何選擇犯罪標的，這個議題吸引許多犯罪學者的興趣，近年來也累積了相當多的研究文獻。文獻顯示，多數犯罪行為受制於當事人的選擇，有關竊盜犯罪的研究，提供了犯罪者如何在其日常活動中做選擇的最佳實例。Bennett（1986）、Bennett與Wright（1984）、Reppetto（1974）等人的研究均發現，竊盜犯決定在何時及何地犯罪前，曾經進行明確的選擇。接受研究訪查的竊盜犯表示，他們在計畫犯案時曾考量一些因素，譬如隱蔽性、照明的情形、鎖的種類、門的種類、窗戶的種類、有無警報器或保全設備、是否容易被周圍的人發現等。竊盜犯的犯罪抉擇，與其評估所花費的工夫、被逮捕及懲罰的風險、及其他類似因素密切相關。研究顯示，犯罪者在犯罪行為上所做的抉擇，與其在非犯罪活動上的抉擇類似。

　　許多研究提出了更詳盡的證據說明犯罪是當事人理性選擇的結果。英國有一項針對家宅竊盜受刑人的研究，這些竊盜犯都是曾運用行竊地點照片及地圖進行犯罪的人，研究發現這些竊盜犯較喜歡選擇住宅背後容易接近、隱蔽性、與其他住戶相隔的獨立住宅、附近缺乏監視功能的住宅行竊（Nee & Taylor, 1988）。該研究還指出，犯罪者經常會被目視到的有價值標的所吸引，譬如豪宅、豪華汽車等。Rengert與Wasilchick（1985）曾對31名監禁中的住宅竊盜犯進行深度訪談，發現這些竊盜犯的犯行中

有明顯的計畫與抉擇，他們通常選擇民眾離開住家的時間侵入住宅行竊，譬如上午的中段時間和下午的前段時間等。該研究另一重要的發現是，犯罪計畫通常是在犯案前一、兩個小時所做的，也就是在探查標的的時候。住宅竊盜犯經常會根據一些機會線索來選擇適當的標的，譬如夏季未開冷氣但門窗緊閉的房子、附停車位的住戶但車子不在、全家人正準備外出、適當的隱蔽、目視有價值之物、容易接近與進入的住宅等。Rengert與Wasilchick進一步發現，犯罪者傾向選擇離自己住處不遠的地方行竊，因為地區較熟悉，主觀的風險較低，當事人通常可以省下複雜的計畫。

　　除了竊盜，理性選擇的現象也存在其他犯罪行為中。Tunnell（1992）針對竊盜、強盜、搶奪及偽造貨幣等累犯進行研究，發現犯罪活動係當事人對所處情境的一種理性回應，較嚴重的持續犯採取了更多的犯罪計畫，傾向選擇隱密性較高的犯罪標的。強盜、搶奪等犯罪行為一再被證實，犯罪者有計畫及理性抉擇進行之（Gill & Matthews, 1994; Lab, 2000; Morrison & O'Donell, 1996）。此外，理性選擇也是一個洞察人際間暴力行為的觀點。犯罪學的研究發現，多數暴力行為屬目的導向，即行為者為實現某種目的而使用暴力行為（Lab, 2000）。行為者可能利用暴力屈服他人、報復他人或爭取自尊。總之，研究證據顯示，大多數犯罪與當事人某種理性選擇有關。

參　破窗理論

　　美國舊金山過去曾進行過一項實驗，把一輛車子擺在舊金山的街道上面，將車子好好地放在那裡，不理它，結果第一個禮拜沒有遭人破壞，到了第二個禮拜，將其中一面窗戶打破，結果不到四個鐘頭，被偷得僅剩下輪胎（Kelling & Coles, 1996）。1982年，J. Q. Wilson與G. Kelling在其發表之「警察與鄰里安全：破窗」（The Police and Neighborhood Safety: Broken Windows）論文中首先使用「破窗」一詞，極力促請警察人員、犯罪防治決策者、犯罪研究人員多注意擾亂公共秩序的行為（disorder）。破窗，為一比喻，泛指較輕微的犯罪或擾亂秩序的非犯罪行為，諸如違法攤販、塗鴉、破壞公物、流浪者或醉漢四處遊蕩或聚集、大聲喧嘩等（Wilson & Kelling, 1982）。當此類行為出現且持續存在時，當地就會散發出一種缺乏管理的氣氛，即代表監控力量減弱，便可能吸引

具潛在犯罪動機的人前來此地，當遇有適當犯罪標的，極易導致犯罪事件的發生。

Kelling（2000）的研究清楚發現，人們對犯罪被害的恐懼感不僅與他們所聽到或看到的犯罪事件有關（因親眼見到或親耳聽到犯罪事件，以致犯罪被害恐懼感升高），更與他們所在的周遭環境有關。環境一旦散發出失序、缺乏管理的氣氛，就算尚未發生犯罪事件，處於該環境人們的犯罪被害恐懼感還是會隨之上升（劉勤章、孟維德、張國雄，2002）。破窗理論的概念可以下列五點及圖1-3來說明。

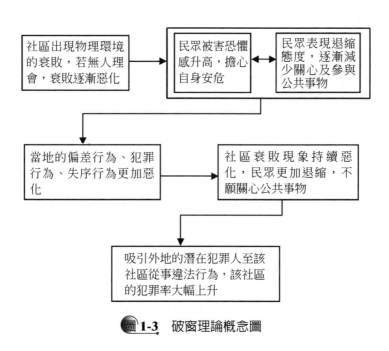

圖1-3 破窗理論概念圖

一、當社區中的物理環境出現衰敗、塗鴉、毀損、垃圾、廢棄物等現象，當地民眾或有關部門如果不加以適時處理，一段時間後，民眾的犯罪被害恐懼感逐漸上升。

二、民眾考量自身安全，逐漸退縮，不願參加公共事務，對於所見所聞的治安事件或犯罪事件，表現出冷漠態度。

三、具有潛在犯罪動機之人（如不良青少年）感覺此處無人注意、關切或監控，可以大膽的做想做的事（如搶劫、竊盜、飆車等）。當地的失

序狀態，逐漸惡化。

四、由於潛在犯罪人出沒頻繁，使得當地民眾更加不安、更加只注重自身安全、更加退縮，公共參與性大幅減少，甚至連出入公共場所的時間也隨之減少。

五、此時，該社區以外的潛在犯罪人獲知該社區的情況，判斷在該社區從事非法行為被發現及取締的可能性很低，所以逐漸由外地移往該社區。最後，該社區的犯罪率上升。

肆 犯罪被害恐懼感

犯罪被害恐懼感與人口變項有關，基本上，居在都會地區的人們、老人以及女性通常有較高的犯罪被害恐懼感。犯罪學的研究發現，都會中超過六成以上的民眾表示具有犯罪被害恐懼感，相對地，鄉村地區只有三成的民眾表示具有犯罪被害恐懼感。多數研究均發現，老人及女性是社會中犯罪恐懼感最高的人口群（Lab, 2000; Braga, 2002）。有文獻記載，具有犯罪被害恐懼感的女性數量是男性數量的3倍，在60歲以上的人口群中，超過四成表示具有犯罪被害恐懼感。此外，研究尚發現，低社經地位、大型社區中的居民有較高的犯罪被害恐懼感（孟維德、楊士隆，2006）。另有關犯罪被害恐懼感的影響因素，討論如下。

一、犯罪被害的替代效應

當我們知道某人遭受犯罪侵害，或是經他人告知我們某人遭受犯罪侵害，極有可能引發我們的同情及犯罪被害恐懼感。Hough（1995）運用「英國犯罪調查」（British Crime Survey）的資料經分析後發現，犯罪被害恐懼感與「替代被害」（vicarious victimization）有關。例如，媒體對於犯罪事件真實的或戲劇性的報導，可能會在閱聽者身上產生替代的犯罪被害恐懼感。諸多媒體中，又以電視最具代表。電視節目中有許多警匪片，而新聞節目也經常以犯罪案件當作頭條新聞來播報，在在都讓民眾持犯罪氾濫的眼光來看待社會。雖然媒體的描述並非僅侷限於「街頭犯罪」案件，但大多聚焦在引人憎惡和驚嚇的內容。美國律師協會（American Bar Association）曾指出（1999），1990至1995年間美國的犯罪率呈現遞減，但民眾的犯罪被害恐懼依然攀高，其中部分原因極可能是電視新聞有關殺人案件的報導，在這一段期間增加了439%。除電子媒體外，平面媒

體也會影響犯罪被害恐懼感。Williams與Dickinson（1993）研究發現，報紙中不同形式的犯罪事件報導，會引發不同的犯罪被害恐懼感。另外，Chiricos及其同儕採用電話隨機調查的途徑發現（1996），曾先後曝露於電視及收音機所播報犯罪新聞中的受訪者，其所表示的犯罪被害恐懼感較高，尤其是白人女性。誠如犯罪學家所言，犯罪行為可以經由媒體途徑而被學習，同理，恐懼犯罪的行為也可能經由媒體而習得。

二、感知的風險與損害

另一個解釋犯罪被害恐懼感的因子，則是某人一旦遭受犯罪侵害，犯罪對其所可能產生的潛在損害。本質上，某些人感覺自己有較高的被害風險。上文曾提及，老人及女性通常有較高的犯罪被害恐懼感，但事實上他們卻甚少被害。然而，當吾人考量老人及女性被害後所可能引發的損害，這種感覺上與事實上的「差距」很容易就會消失。多數老人的收入有限，因犯罪（如竊盜、強盜或搶奪等）所造成的損失很有可能讓當事人的財務狀況受到顯著影響，甚至使其生活陷入困境。同樣地，犯罪給老人所帶來的肉體傷害，比發生在年輕者身上更加痛苦，需要更長的時間恢復。老人及女性身陷犯罪情境、面對犯罪人（經常是年輕的男性）時，也常因生理上的劣勢而使傷害加重。換言之，當犯罪者與被害者之間是處於一種生理及社會力量不對等的時候，犯罪的潛在損害在感覺上將會被放大。在經由對美國Florida州Dade County大約1,500名老人進行調查後，McCoy及其同儕發現（1996），這種「感知上的弱點」（perceived vulnerability）是犯罪被害恐懼感的一個重要預測變項。Smith與Torstensson（1997）在瑞典斯德哥爾摩（Stockholm, Sweden）針對女性及老人所進行的研究，也獲得類似的發現。

弱點，也可能是一種「社會孤立」的形式。社會上有許多老人獨自居住，或是只有少數親友住在附近，面對犯罪問題時，他們往往會覺得一旦被害後可能沒有親友可以提供適時的協助。與年輕人相比，老年人較缺乏社會支持網絡，使得他們對犯罪表現出較高的恐懼感（孟維德、楊士隆，2006）。

Ferraro（1995）在針對犯罪被害恐懼感的研究中，發現許多有關感知風險、潛在損害對恐懼感影響的證據。Ferraro調查大約1,100名受訪者，探究他們的感知風險、犯罪被害恐懼感、人口變項及居住地的鄰里特徵等。Ferraro在分析樣本的感知風險中發現，較高的風險感知與下列變項

相關：社區中較多的犯罪、缺乏公德心與失序跡象、直接與間接被害、女性及非白人種族。在犯罪被害恐懼的預測模型中，Ferraro指出感知風險是綜合性恐懼、暴力犯罪被害恐懼、財產犯罪被害恐懼的重要預測變項。值得注意的是，被害並非恐懼感的重要預測變項。這些結果支持感知弱點的相關論述。

三、失　序

　　文獻記載，有兩類「失序」與犯罪被害恐懼感有關，一是物理性的失序（physical disorder），另一是社會性的失序（social disorder）。物理性的失序跡象包括：建築物的物理衰頹、環境髒亂、塗鴉、物品與設施的破壞、廢棄的建築及車輛等。社會性的失序跡象包括：公共場所中的酒醉行為、遊民、集結青少年的遊蕩、飆車、騷擾行為（如街頭乞丐的行乞行為）、民眾可見的販毒或吸毒行為等。上述這兩類失序跡象都可能被社會大眾及潛在犯罪者解讀為具下列意義的指標：社會凝聚力缺乏、不安、資源不足、無人關心等（Felson, 1998; Kelling, 2000）。處於此種環境下的民眾經常感覺環境是缺乏管理的，繼而產生較強烈的犯罪被害恐懼感。

　　文獻除證明失序與犯罪被害恐懼的產生有關，更有研究進一步分析失序對恐懼感程度上的影響。McGarrell及其同儕（1997）發現，鄰里中的失序現象對居民被害恐懼感的變化有顯著影響。Roundtree（1998）針對美國西雅圖（Seattle）5,302名居民所作的調查，也獲得類似的發現。居民若有環境失序的感覺，那麼就會大幅提昇他們對暴力犯罪及竊盜犯罪的恐懼感。McGarrell及其同儕在其研究結論中指出，民眾對自己居住鄰里的不滿（可能是一個失序指標），是犯罪被害恐懼感形成與變化的關鍵。

四、犯罪與犯罪被害恐懼感

　　犯罪發生的數量與犯罪被害恐懼感有關，雖然前文曾提及，犯罪被害恐懼感與實際的被害風險及犯罪數量之間的關係不是非常明顯，但如果因此認為犯罪率完全不會影響犯罪被害恐懼，恐怕是一種過於天真的想法。媒體以醒目詞語播報犯罪及特殊暴行的數量增加，很難不會影響民眾對於社區安全的感觀。相對地，犯罪率降低，犯罪被害恐懼感是否會隨之降低？並未獲得實證上的支持。換言之，媒體並未將「好消息」（犯罪率降低）的效果發揮的像「壞消息」（犯罪率上升）一般。總之，民眾的意向一旦型塑後，要反轉或修正它，要比定型前困難許多。

伍 犯罪的聚集現象

犯罪學的文獻顯示，犯罪並不是均勻地散布在各個地區。簡言之，犯罪的發生地點，不是隨機分布的。從犯罪的聚集程度來觀察，有些地區極少發生犯罪。Bayley與Garofalo（1989）的研究發現，在一般都市中，幾乎有九成的地區很少發生暴力犯罪。犯罪「聚集」的現象，即相同地點一再發生犯罪事件，已有多項實證研究證實。Sherman、Gartin及Buerger（1989）等人的研究中發現，都市裡大約有60%民眾對於警察所提出的服務請求，是集中在整個都市10%的地區。而犯罪在地點上的集中程度，可能比在人身上的集中程度還要大。Wolfgang與其同僚（1972）曾對一群於1945年出生的兒童進行追蹤研究，發現18%的樣本造成大約50%的逮捕紀錄。比較這些研究，可知犯罪在地點上的集中程度較大，而且警察對特定人所發動的預警作為，也因人權問題而引發較大的爭議。相對地，針對地點的預警作為可行性較高。此外，也有研究洞察出某些特定犯罪的聚集型態。研究顯示，強盜、強制性交、家庭暴力及不法目的侵入等犯罪有較高的地區集中趨勢。其中，家庭暴力和強盜犯罪的集中性最為明顯。較常發生在室內的犯罪，諸如強制性交、傷害及殺人等，比發生在室外的犯罪有較高的集中性（Eck, 1995）。有些犯罪控制策略根據這些研究發現，將目標瞄準在一些被界定為「犯罪熱點」（hot spot of crime）的小區域，結果產生相當正面的效應。

Sherman及其同僚曾以犯罪熱點作為警力分配的根據，以實驗法檢驗見警率（警察可見度）的效能（Sherman & Weisburd, 1995）。該實驗是將一城市中犯罪發生最頻繁的110個犯罪熱點隨機分為兩組，其中一組的55個熱點，每天接受三個小時間歇性及不可預知的警察出現。另一組的55個熱點則接受原先的巡邏運作，原則上僅回應民眾所請求的服務。這兩組的淨差在經過研究小組長時間的詳細觀察後，確認前組（實驗組）高於後組（控制組）250個百分點的警察出現率。實驗結果發現，該市受理報案的犯罪總數減少了13%，而一些嚴重性的犯罪——諸如強盜——更甚至降低了20%。研究小組同時也注意到，實驗組的鬥毆及滋擾事件亦低於控制組50%之多。此外Forrester等學者（1988）也曾擬定一個成功的犯罪控制方案，該方案乃根據相同住宅遭重複侵入的紀錄上。針對重複性的住宅竊盜，類似的防治方案也曾在加拿大的Saskatoon實施過。一再發生犯罪

的地點，大多是該地點的標的物並未受到妥善監控，而潛在犯罪者之所以
屢次選擇這些地點，可能是刻意去尋找，也可能是在從事日常一般活動時
無意間發現（Brantingham & Brantingham, 1993）。

陸 問題導向的安全治理

　　傳統的警察運作模式，就是當警察接到民眾報案或警察自行發現犯罪
時，在最短期間內趕赴現場處理，這種處理個別案件的警察作為稱為「案
件導向警政」（incident-driven policing），如圖1-4。在該模式下，警察機
關的目標在於解決個別案件，而不是解決一再發生的犯罪問題。員警面對
重複的報案做回應，並沒有探究那些引發類似群組案件的背後情況，由於
回應性質是相似的重複回應，對於問題的解決並無實際進展，員警因此感
到挫折。另一方面，導致民眾重複報案的問題依舊存在，也讓民眾對於治
安現況感到不滿意。事實上，執法（law enforcement）不過是警察處理社區
問題的多種方式之一，尚有其他方法可達到相同目的。所謂的「問題導向
警政」（problem-oriented policing），就是在這種背景下產生，如圖1-5。

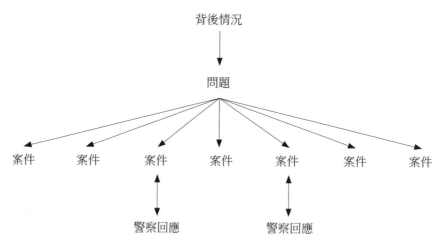

資料來源：Eck 與 Spelman（1987）。

圖1-4　案件導向警政

　　該觀念的源頭可追溯至警政學者H. Goldstein（1979）討論問題

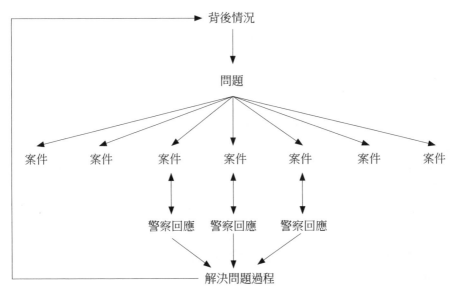

資料來源：Eck 與 Spelman（1987）。

圖1-5　問題導向警政

導向警政的專著，其論點是指，「在每一個重複發生問題（recurring problem）的背後存在著某些情況（underlying conditions），是這些背後的情況引發了問題。案件導向警政並不處理這些背後情況，所以類似案件也就不斷重複發生。回應民眾報案是重要的工作，不應中止，但員警更須針對於源自相同問題的重複報案予以系統性回應（Braga, 2002: 10-11）。」為了讓警察控制犯罪的工作更有效率及效果，Goldstein（1990）認為警察必須蒐集案件有關資料，根據引發問題的背後情況設計適當回應措施。

　　Goldstein指出，過去警察過於強調組織的議題，而未把重心放在警察應該解決的犯罪問題上。他進一步表示，警察勤務的最終目的在於維護治安，警察勤務的效能可以藉由詳盡的犯罪問題分析以及解決問題之適當途徑的發展而獲得改善與提昇，並非靠組織與管理的改變得以達成。Goldstein所主張的解決問題過程包括：詳盡的犯罪分析、精準的辨識犯罪問題、瞭解目前的警察回應作為、提出現行以外的可行方案、評估資源及所有方案的優缺、選擇最適當的方案。自從Goldstein提出該觀念後，美國許多警察機關接受並採取問題導向途徑，而且有愈來愈多的學術評估研究

發現，問題導向警政策略可以有效防處許多類型的犯罪問題，諸如財產犯罪、暴力犯罪、毒品犯罪及少年犯罪等問題（Peak & Glensor, 2004）。

根據問題導向警政的思維，該策略是結合三項基本命題而產生的新執法方式，三項基本命題分別是：一、藉由針對導致事件發生的背後問題予以適當回應，以提昇警察工作的效能；二、鼓勵員警運用專長和發揮創意，謹慎研究問題並發展解決問題的方法；三、積極動員民眾及有關的公、私部門，確保警察工作能符合社會需求，共同參與解決問題的過程（Thibault et al., 2007）。圖1-6中的「解決問題過程」包括下列四項工作步驟：

一、掃描（scanning）：發現問題及辨識問題。
二、分析（analysis）：蒐集資料以瞭解問題的範圍、性質及原因。
三、回應（response）：尋求各方資源與協助，設計及執行解決問題的方法。
四、評估（assessment）：測量與評估解決方法的效能。

上述工作步驟，簡稱為「莎拉模式」（SARA，如圖1-6）。該模式意指，當警察試圖解決所面臨的某項治安問題（如竊盜），警察應先確認問題的內涵與範圍，然後運用各種可用的資訊加以調查分析，發展不同的解決方案，最後，評估解決方案實施的結果。在評估步驟之後，警察人員可以運用評估的結果去修正回應步驟的過程、蒐集更多的資料（修正分析步驟的過程）或重新界定問題。

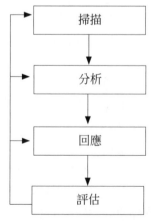

圖1-6　問題導向警政的解決問題過程（SARA）

柒　情境犯罪預防

　　所謂「情境犯罪預防」（Situational Crime Prevention），係針對特定型態的犯罪，設計、操縱和管理立即的環境，讓潛在犯罪者感覺從事該犯罪較困難及較具風險，或讓潛在犯罪者感覺從事該犯罪缺乏適當利益或可饒恕的藉口（Clarke, 1997）。情境犯罪預防與一般犯罪學理論的基本論點不甚相同，它主要是針對引發某些特定犯罪的環境條件進行分析，繼而改變管理運作及環境以減少犯罪發生的機會。因此，情境犯罪預防的焦點在於犯罪的情境，而不是犯罪人；情境犯罪預防的目的是期望在犯罪發生之前就先阻止犯罪的發生，而不是要偵查或懲罰犯罪人；情境犯罪預防並不是透過改造社會的方式來消除人們的犯罪或偏差行為傾向，而是要降低犯罪活動對潛在犯罪人的吸引力。在實際運作方面，情境犯罪預防方案包括下列五個階段：

一、針對標的犯罪問題的性質及範圍，蒐集資料。

二、針對容許及促進標的犯罪問題發生的情境條件，進行分析。

三、針對阻礙標的犯罪問題發生的方法，進行系統性的研究，包括成本分析。

四、實施最具功能、可行性及經濟的措施。

五、監控結果及傳播經驗。

　　情境犯罪預防的倡導者Clarke（1997）曾表示，情境犯罪預防觀念的發展受問題導向警政某種程度的影響，兩者雖有相似處，其間仍有顯著差異。例如問題導向警政是警察機關一種管理運作途徑，並不一定都以犯罪問題為處理焦點，但情境犯罪預防則是許多機構皆可使用的一種犯罪控制途徑。總之，情境犯罪預防策略強調，犯罪事件有其脈絡性和機會性的特徵。情境的改變，一旦人們因此認知到犯罪風險的變化，潛在犯罪者極可能改變其行為，繼而造成犯罪事件發生頻率的改變。儘管有學者提出情境犯罪預防可能造成犯罪轉移的質疑，但實證研究顯示，情境犯罪預防是有效的，情境犯罪預防甚至還會產生直接或間接的「利益擴散」（diffusion of benefits），即在一地實施情境犯罪預防，卻在該地外圍或其他地區產生犯罪控制效應（Clarke, 1997; Eck, 1995）。根據情境犯罪預防的內涵，實務上可運用的策略技術如表1-6。

表 1-6　25項情境犯罪預防技術

增加犯罪的功夫	增加犯罪的風險	減少犯罪的利益	減少對犯罪的挑釁	移除犯罪的藉口
1.強化標的 ・方向盤鎖、防止移動的裝置 ・防搶掩蔽物 ・防損壞包裝	6.擴大監控 ・平時應採取預防措施：夜行結伴，留下有人在的跡象，攜帶手機 ・守望相助	11.隱蔽標的 ・不將車輛停放在街道上 ・性別中立的電話目錄 ・無標誌運鈔車	16.減少挫折與壓力 ・有效率的排隊與警察服務 ・擴充座位數量 ・柔和的音樂與燈光	21.訂定規範 ・租賃契約 ・騷擾規範 ・飯店住宿登記
2.管制入口 ・入口通話裝置 ・電子通行證 ・行李安檢	7.強化自然監控 ・改善街道照明 ・防衛空間的設計 ・鼓勵檢舉	12.移除標的 ・可卸式汽車音響 ・婦女庇護空間 ・付費電話的預付卡	17.避免爭端 ・隔離競爭球隊的球迷 ・舒緩酒吧內的擁擠人潮 ・訂定計程車收費標準	22.公告守則 ・「禁止停車」 ・「私人財產」 ・「熄滅營火」
3.檢查出口 ・驗票才能出去 ・出境文件 ・電子式的商品標籤	8.減少匿名 ・標示計程車司機的身分識別證 ・張貼「我的駕駛服務品質好嗎？」貼紙 ・學校制服	13.辨識財物 ・財物標記 ・車輛牌照與零件標記 ・畜養動物標記	18.減少情緒刺激 ・管控暴力色情 ・球場內鼓勵球迷的好行為 ・禁止種族毀謗	23.喚起良知 ・路旁車速顯示看板 ・海關申報簽名 ・「偷拿店內商品是犯罪行為」
4.使犯罪者轉向 ・封閉街道 ・女性浴室隔間 ・分散酒吧	9.運用地點管理者 ・雙層巴士裝設錄影監視器 ・便利商店設置兩名店員 ・獎勵警戒活動	14.分裂市場 ・監控當舖 ・管控分類廣告 ・攤販營業許可證	19.減少同儕的中立化效應 ・「白痴才會酒醉駕車」 ・「說不，是OK的」 ・分散學校裡的麻煩製造者	24.促進守法 ・圖書館借書簡便化 ・公共廁所使用方便化 ・垃圾桶設置普遍化
5.管制工具／武器 ・「智慧型」槍枝 ・失竊後無法盜打的行動電話 ・限制販售噴漆給少年	10.強化正式監控 ・裝設闖紅燈照相機 ・裝設防盜警鈴 ・設置保全警衛	15.拒絕給予利益 ・墨水式商品標籤 ・清除塗鴉 ・路面減速顛簸	20.防止模仿 ・立即修復毀損公物 ・電視節目過濾措施 ・檢視犯罪手法的細節	25.管制毒品及酒類 ・酒吧提供酒測器 ・侍者介入處理 ・無酒精活動

資料來源：Cornish 與 Clarke（2003）。

第四節 本書的研究方法

觀察晚近安全治理政策的發展與演變，可在其背後找到兩股主要動力。其一，就是安全治理部門逐漸對民眾反映的治安問題進行分析，並以分析結果作為回應對策的基礎。另一力量則是來自學界，研究人員針對犯罪問題從研究過程中獲得新的、更進一步的洞察，繼而提出公共政策。理論上，兩股力量應該彼此相關，甚至互通。但在現實上，兩者卻經常缺乏妥善的連結，安全治理實務與學術研究至今仍缺乏一座機能良好的互動平台，不僅損耗掉許多實務和學術發展的寶貴資源，更讓犯罪問題遲遲未獲適當控制。

問題導向警政逐漸成為當代警政運作的核心思維，該思維希望員警對過去發生的一組類似治安事件重新、並且深入檢視，這些案件先前極可能被員警以處理日常事務的態度結案。該思維還希望員警探尋這些案件或問題的其他回應方式，並評估其優缺。現今，我們在警察機關經常可看到某些員警自行研發出個人的案件處理訣竅，譬如尋找失蹤人口、贓車、查緝毒品等，績效尚佳，但問題導向警政的全面性運用與發展，仍受限於某些因素的影響。其中最主要因素，就是警察機關目前尚未建立機構性的研究能量，以致無法適時滿足員警實務工作所需。此外，員警基本的問題分析能力亦待加強。事實上，許多學術研究的發現與員警的認知，其間距離並不是很遙遠的。

學界有關安全治理的研究發現，許多出現在「環境犯罪學」（Environmental Criminology）的領域（Braga, 2002; Brantingham & Brantingham, 1993）。研究人員從日常活動理論、理性選擇理論、破窗理論、犯罪被害恐懼感及情境犯罪預防等觀念，累積相當多與警政有關的研究發現，這些研究對於犯罪問題及安全治理政策均提供了新的洞察與視野。近年來，這些研究的質與量雖又有大幅提昇，但為實務界運用者卻相對地較少。有趣的是，這些研究如欲更精進，需要更多具備研究技能的人參與，而這要靠學界及實務界緊密的合作始可達成。換言之，安全治理實務界人士的工作經驗與體察，還有這些機關所記錄的大量資料，學界應加以重視和善用。

基於這樣的考量，而且為符合本書的研究目的，筆者乃以安全治理的思維為基礎，盡可能蒐集各種相關資料。就次級資料（secondary data）

而言，本書容納了政府機構出版品與未出版的檔案資料、相關領域的先前研究及近年來報導於國內、外主要媒體的資料。因筆者過去於美國進修及參與國際學術活動所產生的慣性，國外文獻、官方及媒體資料主要蒐集自美國等英語系國家。這雖是本書的研究限制，但有關刑事司法及犯罪學的研究，這些國家的研究成果相當豐碩，其文獻及案例之多，可說汗牛充棟，對研究問題應足以提供適當的參考及指引。是以，本書引用國外相關文獻與案例作為比較研究的對象，以期對安全治理的議題進行深入探索，並獲取有助於控制犯罪、提高安全感的研究結論。另一方面，為獲得更精細詳實以及本土性的資料，筆者則透過訪談、問卷調查、田野觀察等方法蒐集研究所需要的原始資料（primary data）。研究過程中，筆者曾數度前往相關部門（如警察局、調查局、海巡署、移民署、檢察署、監所等）進行現場資料的蒐集，並頻繁與研究對象接觸，例如實地參與警察巡邏、臨檢、勤區查察（戶口查察）、犯罪偵查計畫、警察局所舉辦的社區治安會議、赴監所調查犯罪人等。經由上述途徑所獲得的各種資料，筆者將在討論特定犯罪議題及安全治理政策時加以引用。

研究，是一個蒐集、分析、解釋資料，以回答問題的過程。但犯罪研究者卻經常遭遇其他研究領域人員較不常面臨的問題。犯罪所造成的肉體、經濟以及情緒的傷害，讓人有時無法以冷靜態度面對犯罪問題。而犯罪行為本身所帶有非法及令人感到不安或羞恥的特性，也經常讓當事人不願公開犯罪事實，使刑事司法機構不易完整記錄所有的犯罪事件，這些情形在在都增加了犯罪問題研究上的困難。為克服上述困難，並考量研究應具備的嚴謹性、系統性及可驗證性，本書遂採多元途徑蒐集資料，並在變項與變項因果關係的探究中，盡可能建構適當控制。雖然，這樣的選擇會讓研究程序更為繁瑣與耗時，但應可對問題的分析、預測及掌控，鋪陳較為完整且有效的途徑。

科學性的犯罪分析是安全治理功能發揮的重要基礎，而科學分析為導向的安全治理策略在國內正處發展階段，筆者希望透過本書所呈現的內容，對該發展產生正面影響。由於犯罪問題甚為複雜，為求研究體系的完整與分明，並對安全治理政策能有更深入的探討，本書涵蓋安全治理的民意分析、犯罪被害調查、兒童與少年犯罪、犯罪熱點、組織犯罪、跨境犯罪、企業犯罪與被害、醫療犯罪、犯罪預防、傳統策略的省思與批判、犯罪偵查及逮捕、民主社會中的警察角色分析等議題，內容共計17章。

第二章　安全治理的民意實證分析

　　近年來，台灣社會可以說是經歷了一場寧靜革命，民主與自由的影響力，馴服了威權體制，讓統治者不敢輕忽民意的重要性。各級政府部門在接受民主的洗禮後，「民意」儼然成為最常使用的名詞之一，而「政府施政應以民意為依歸」則是最具代表性的政府理念。在台灣從威權體制轉變成民主開放的時空環境中，民意與安全治理部門的互動關係，無疑是令人好奇且值得研究的議題。

第一節　前　言

　　台灣地區自民國76年解除戒嚴，進入了民主鞏固時期，在這段時期，不論是中央或地方政府的政治論述中，「民意」（public opinion）已成為使用最頻繁的詞彙之一。近來，台灣民主意識更加抬頭，復以媒體充斥、資訊發達等因素，民眾愈來愈懂得關切及爭取自己的權益，民意無疑成為現今各級政府施政上不容忽視的重要訊息（余致力，2002）。

　　良好的社會秩序，長久以來一直是台灣民眾殷切期望的生活內涵。刑事司法體系（由警察、檢察、審判及矯正機關所組成）是政府當中最主要的安全治理部門，而警政機關位於該體系的最前線，同時也是體系中人員編制最大、組織分布最廣的部門。因此，警察無疑是民眾最常接觸、互動最頻繁的機制，影響民眾主觀的治安感受甚鉅。民眾對警政機關的陳情，可以說是民眾對安全治理「主動」表達的意見，同時也是一種民眾「直接」向安全治理部門表達的意見。這種民眾主動且直接向安全治理部門表達的意見，不但能讓決策者瞭解陳情者意見的偏好（preference），更能讓其感受到該意見的強度（intensity），這些都是理性決策過程中不可或缺的訊息。換言之，警政機關若能有系統的瞭解民眾的陳情內容，不僅可以妥善的處理民眾陳情案件，更可以作為評估政策效能及改善政策品質的依據（朱志宏，1999；丘昌泰，2002）。

學界過去有關安全治理的民意調查與研究，大多以一般民眾為樣本，蒐集民眾對執法、服務滿意度以及民眾治安感受的訊息，累積了許多驗證及修正理論的資料。然而，以陳情民眾為研究標的的意向調查至今仍付諸闕如，突顯傳統安全治理民意調查的資料欠缺完整性。國內至今針對這方面的議題，尚未開始進行有系統的學術研究，學界並無足夠的資料提供警政機關參考。警政機關在實務上僅能以盡速回應的方式來處理民眾的陳情案件，由於只是被動式的回應，欠缺預警及前瞻功能，因此無法保證能夠滿足民意的需求。

系統理論（System Theory）主張，封閉式系統無法從外在環境增加或獲得新資源與能量，終有耗竭或滅絕之時，組織為求存在與發展，必然是處於與外界環境相互依存的開放式系統內。警察組織亦然，必須與外在環境進行互動及交換資訊、能量或物質。民意對警察組織而言，可說是與外在環境有關的重要回饋訊息。警察組織處理外在環境反饋訊息的方式與品質，將影響警察組織能否於其所處的外在環境中達到「穩定狀態」（steady state）。

因此，不論是從安全治理的實務需求，抑或從學術發展來考量，民眾陳情案件的研究實有其必要性與重要性。本章從民眾對政府陳情的管道，蒐集有關警政議題的陳情案件，繼而分析陳情案件的類型、內容以及陳情人的背景資料。筆者希望透過本研究，剖析民眾陳情案件的面貌，瞭解民眾特性與陳情案件的關係，並進一步調查陳情民眾對於警察處理陳情案件的滿意度。最後，針對安全治理品質，提出以證據為導向的改善建言。

第二節　文獻探討

壹 民意與民意調查

民意的英文為「public opinion」，簡單地說，即是公眾的意見。根據公眾對公共問題的關心、瞭解程度來分，公眾可以分為底下三類（Roskin, 2000；陳義彥等，2001）：

一、一般的公眾（general public）：泛指社會上的大多數人，他們對於與自己或目前無關的公共問題，不太去關心或瞭解。例如對於政府的外

交政策，他們常興趣缺缺，除非國家陷入戰爭或發生國際危機，他們才會去注意。

二、關懷的公眾（attentive public）：屬社會上的少數人，受較好的教育，能瞭解較高層次的政治社會問題。他們經常是政策或意見菁英的聽眾，傳述菁英的觀點，甚至動員一般的公眾。

三、政策與意見的菁英（policy and opinion elite）：屬社會上極少數具有高度影響力的人，具有相當專業性，經常涉入政治，如國會議員、政務官、知名學者、高層的新聞工作者等。他們設計政策，並表達給關懷的公眾與一般的公眾瞭解。

上述三類公眾，並不相互排斥，彼此可能重疊，而且隨著問題和情況的改變，公眾組成分子與數量都可能隨時變動。

接著討論「意見」，當一項態度被表達出來，不論是透過語言或行為表達，就可以說是一項意見。換言之，意見就是一個人表達出來的態度（Glynn et al., 1999）。民意研究學者陳義彥等人認為（2001），意見是對一項問題做可觀察的、語言上的反應，且在認知面上，隱含贊成或不贊成的成分。文獻顯示，民意最具通用、簡明的定義，就是民眾個人意見的集合（Glynn et al., 1999；陳義彥等，2001）。在一個民主國家裡，政策的形成應以多數民意為依歸，似乎是理所當然。民意，無疑是公共政策制定的重要依據，同時也是政策分析與制定過程中不容忽視的一項要素。

在現代民主政治體系裡，如何測量民意是一項很重要的問題。因為民主政治的理論假定：政府會把民眾利益轉換成政策的工具，政府官員應知曉人民的利益與情感。但是政府官員並無法坐在辦公室就能瞭解民眾的需求，也不是接觸有限的民眾就能全面地、精確地知悉人民利益與需求。針對此問題，透過科學性的調查方法來探究民意應是一項有效的途徑（陳義彥等，2001）。隨著社會科學研究方法與技術的精進，民意調查愈來愈受到重視，其運用也愈來愈普遍。民意調查是一種有系統的、科學的和公正的蒐集資料的方式，所蒐集的資料主要來自於具代表性的樣本，資料分析的結果通常可以用來推論母體。從操作過程來看，民意調查就是本著科學的與公正的態度從研究範圍的全體民眾中，選擇具有代表性的部分民眾作為樣本，探究他們對某些問題所抱持的意見。

貳 系統理論

　　管理理論的發展在20世紀下半葉進入了一個新階段，學者稱其為系統理論，也稱為現代管理理論（吳瓊恩，2004）。在概念上，系統理論意指一個系統（組織）內的所有部分彼此相關且相互依賴，系統理論不再把組織視為一個封閉的、孤立的團體，而將組織看成是一個與內、外部環境密不可分的開放系統。系統理論的具體論述，可由底下七項來呈現（許春金、孟維德，2002；Whisenand, 2004）：

一、系統係由若干實體或部分構成的整體，系統大於其部分相加之合。整體的功能與特性決定各部分之功能與特性，部分不能偏離整體而存在。

二、系統可為「封閉式的」或「開放式的」。當系統被視為開放式時，係指系統能與其外在環境交換資訊、能量或物質。當視系統為封閉式時，即指其與外在環境並無產生上述之交互作用。

三、系統與外界環境之間必然存在某種界限，環境和系統之間雖有界限存在，但界限可能具有滲透性（penetrable），可將環境與系統有關的因素加以聯繫。故在研究組織與管理問題時，必須注意環境系統的因素，否則將無法澈底瞭解和解決組織與管理上的各種問題。

四、封閉式系統由於不能增加或獲得新資源與能量，故有耗竭或滅絕之時。開放式系統由於能夠接受來自外界環境的輸入，如果這些輸入大於系統所耗的能量及其輸出時，則系統並不會耗竭或死滅。事實上，大多數的社會系統，諸如政府部門或企業，可以透過從環境的輸入大於其內部消耗和輸出，而能克服系統的耗竭或死滅。

五、因此，若某開放式系統得以生存時，它必須至少處於一種狀態，即系統從環境中所攝取的輸入，必須足夠於抵銷該系統的輸出以及系統在運作上所消耗的能量與物質。這種狀態被系統理論學者稱為「穩定狀態」。

六、若系統能夠處於穩定狀態，則其必有反饋（feedback）機制。所謂反饋，係指系統接納環境的刺激、訊息、資料或供應而加以認知或轉化，做成決定，採取行動以為調節或適應，以維持本身的穩定。

七、開放式系統，具有精益求精與增加分化的趨勢。換言之，開放式系統傾向於專殊化其要素及精心其結構，通常擴大其界限，或透過較寬廣

的界限而形成新的外在系統。因此，在成長的組織裡，吾人可以發現相當的分化與精益求精（differentiation and elaboration），譬如設立更專業化的部門，透過資源的取得、生產線的擴充或是新服務據點或區域的設立，而使得系統更加精益求精。

系統理論對安全治理部門的重要意義，在於讓決策人員瞭解到組織的任何改變都會給其他組織帶來對應的影響。從警察機關內部來看，單位主管人員應該經常、持續地與其他單位人員接觸，以確保自己單位的活動能夠滿足整個警察機關的需求與目標。此外，在系統理論的指引下，警察機關首長應持開放性系統的觀念，因為開放性系統比封閉性系統有更佳的環境適應能力。所謂環境，就是警察機關所服務的社區或轄區。在過去，由於較缺乏與環境的互動，導致警民關係出現許多問題。一個在本質上屬開放導向的警察機關，由於較能掌握社區期望和需求，通常較能適當調整警察作為，讓該警察機關有較好的輸出表現。

參　期望整合模型

警察在民主社會中被期待表現出來的活動或行為，就是警察在民主社會中應該扮演的角色，文獻顯示有三種主要的期待來源：警察組織、法律及環境（Brame & Piquero, 2000; Skogan, 2000; Alpert, Dunham & Piquero, 2000）。隨著期待整合程度的改變，警察角色有關的衝突也隨之升高或降低。當來自三種來源的期待相互共容時，那麼要決定警察應為何事？以及如何為應為之事？其困難為最低。換言之，期待整合程度愈高，警察角色有關的衝突通常就愈低。有關期望整合模型的內容，本書第十六章有詳細論述。

三種期待來源中，以「環境」與民意的關係最為密切。社會的趨勢及問題形成環境，當社會經濟的發展趨勢及問題發生變異，警察通常會受其影響。譬如，某社會或地區的人口快速增加、經濟衰退、毒品或其他治安問題惡化等，通常會影響警察的作為。雖然趨勢和問題本身並不一定會直接形成環境的期待，但由於警察或民眾對該趨勢與問題的認知，通常可能會引發有關警察應如何回應的期待。環境的期待，還可以從微觀面探討，此處舉社區為例。社區環境，內涵包括社區特有的問題、警察組織以外的公共和民間組織、警察機關以外的刑事司法機關、被遴選出或指派的領導

者、特殊利益團體、特殊鄰里（具可辨識特徵的非一般性鄰里）及民眾等。社區環境的變化，通常會轉化成民意的部分內容，繼而影響警察應有的活動及作為。因此，環境的期待往往可以透過民意表達出來。

肆 社區與問題導向警政

　　社區警政（community policing）被多數警政研究者認為是當今主流的警政模式，社區警政的出現與發展受多項因素影響，其中關鍵就是警察愈來愈清楚一件事實，即若無民眾（社區）的協助，警察無法有效維護治安。換言之，警察明瞭無法獨自解決社會治安問題。在獲知及處理治安事件的過程中，警察至少需要民眾提供有關違法者及其他犯罪線索等方面的協助。顯然，治安維護，事實上並不是警察給予民眾的一種服務，而是必須要民眾共同參與的一種活動。因此，社會秩序的建立，民眾是不可或缺的參與者。

　　根據學者David Bayley的研究，社區警政的操作性定義中有四項要件：諮詢、調適、動員，以及問題解決，簡稱為CAMPS（Bayley, 1994）。其各項意涵為：

一、諮詢（consultation），意指警察定期地且系統性地諮詢社區民眾，以瞭解社區對治安的需求，以及如何有效地滿足社區的需求。

二、調適（adaptation），意指警察上層管理者將決策權下放，使基層管理者能夠決定滿足社區需求的因應作為。

三、動員（mobilization），意指積極取得非警察人員及非警察機構的協助，以資源整合的模式解決社區治安問題。

四、問題解決（problem solving），意指矯正或去除引發治安或失序行為的狀況。其步驟稱為「莎拉模式」（SARA）：掃描（Scanning，發現問題及辨識問題），分析（Analysis，蒐集資料以瞭解問題的範圍、性質及原因），回應（Response，尋求各方資源與協助，設計及執行解決問題的方法），評估（Assessment，測量與評估解決方法的效能）。

　　依Bayley的觀點，社區警政在本質上屬理性程序，內容包括問題導向途徑，而系統性的向民眾諮詢治安需求，自然居該理性程序的首位。無庸置疑，「瞭解民意」是推行社區警政的重要始點。有關社區警政的相關論

述，本書第十三章有更詳細的討論。

伍 小 結

　　系統理論揭示所有組織皆與其所處的環境進行互動，只是互動程度各有不同。組織若愈開放，通常愈能洞察環境需求、調適環境變遷，組織運作的效能通常也愈佳。組織的運作需要輸入外在環境的資訊與能量，將其轉換為有用的成品或服務，然後再將這些成品或服務輸出送回到環境之中。組織為辨識輸出的品質是否符合外在環境的需求，尚需審慎處理環境所提供的回饋訊息。組織處理環境回饋訊息的方式，將決定組織是否能於其所處的環境中順利達到穩定狀態。民意，是警察組織所必須重視的環境回饋訊息，審慎思辨的民意調查及運用調查結果，將有助於警察組織提升輸出品質。

　　警察角色，受制於環境的期待、警察組織以及法律要求的影響。環境（民意）、警察組織及法律三者對警察的期待內容愈接近，警察在民主社會中的角色衝突就愈少。當環境、警察組織及法律對於警察的期待不一致，甚至相衝突，便造成警察角色上的爭議。

　　在警政發展過程中的專業化模式，由於過度強調治安事件發生後的處理效率，反而與民眾的實際生活漸行漸遠，終致無法反應社會的現實需求，社區警政繼而出現。社區警政主張，在警察之外，民眾是建構良好社會秩序的重要參與者，強調警民共產良好社會秩序的必要性。社區警政落實與成功的首要關鍵，在於警察必須有系統的諮詢社區民眾，以瞭解社區的治安需求。問題導向警政，也被稱為「理性權變警政」（Roberg, Crank & Kuykendall, 2000）。「理性」型警察，對於組織所面臨的問題，能作有系統及冷靜客觀的分析，再尋求因應之道；「權變」型警察，能依問題的特性、處理的對象，按分析結果決定解決的方法，解決問題的方法具有彈性，可以因時因地制宜，而非一成不變。組織使用的方法沒有一定的意識型態，完全依科學化、系統化的分析結果，在合理時間內，選擇適合而且社會大眾能接受的解決方法。

第三節 研究設計與實施

為順利達成本研究之目的，筆者蒐集資料的過程分為兩階段。第一階段係蒐集民眾針對警察機關所提出的陳情案件，繼而進行陳情案件內容的分析。第二階段則針對前述陳情人進行滿意度問卷調查，蒐集本研究所需資料。考量研究資源的限制及研究可行性，筆者曾數次前往桃園縣政府及警察局尋求研究支持與協助，在該縣政府與警察局的同意與贊助下始展開本研究。因此，本研究係以桃園縣為研究場景，蒐集與分析有關警政的陳情案件及陳情人對政府回應作為的滿意度。

壹 陳情案件內容分析

本研究在第一階段所蒐集的實證資料係以陳情案件為主，蒐集三個月桃園縣民有關警政治安的書面陳情案件，共計蒐集603件陳情案件。603件陳情案件中，陳情管道包括縣長信箱以及警察局民眾意見信箱兩種管道。其中縣長信箱共有284件陳情信件，占所有陳情信件的47.1%，警察局民眾意見信箱則有319件陳情信件。在警察局民眾意見信箱319件的陳情信件中，有23件（占所有陳情信件的3.81%）是桃園縣民直接向內政部警政署署長信箱陳情，之後再由警政署轉寄至桃園縣政府警察局處理的陳情信件。縣長信箱的陳情案件，平均每個月有94.67件，警察局民眾意見信箱每個月平均接獲106.33件陳情信件。為客觀且有系統的探究陳情內容，本研究先對603件陳情案件的類型進行歸納，繼而分析各類型案件的內容及警察機關回覆處理情形，最後針對重複陳情的案件進行歸類與分析。有關陳情案件的來源及數量，如表2-1。

貳 問卷調查

為探究陳情人對警察機關回覆處理的滿意度，本研究在完成陳情案件的內容分析後，針對陳情人進行問卷調查。問卷內容包括陳情管道的方便性、政府回覆陳情的速度、政府處理陳情的態度及專業性、陳情人對政府

表 **2-1**　陳情案件的來源及數量

來　源	數量（件）	百分比（%）
桃園縣政府縣長信箱	284	47.10
桃園縣政府警察局民眾意見信箱	296	49.09
內政部警政署署長信箱 （有關桃園縣的陳情案件）	23	3.81
總計	603	100.00

處理的滿意度、陳情事件的發生地（鄉、鎮、市）、陳情次數、陳情人背景資料等。

　　問卷調查採用電子郵件及電話訪問方式進行，考量經濟性的問題，先使用電子郵件途徑，針對未回覆郵件或未提供電子信箱的受訪者，進行電話訪查。在603件民眾陳情信件，扣除重複陳情信件77件，實際陳情民眾共有526名，其中有17名未留有電子信箱或電話號碼，實際樣本數為509名。研究人員首先以電子郵件訪問方式進行問卷調查，回收計186份，成功完成電話訪查計110份問卷，總計回收問卷296份，回收率為58.15%。

第四節　陳情案件內容分析

壹　綜合分析

　　在603件陳情案件資料中，有77件屬重複陳情，因此陳情案件數為526件。根據526件陳情內容的屬性，可將其歸納為交通類、治安類、占用公有地類、建議警察改善事項類、詢問類、環保類及其他類共七種類別。有關526件陳情案件的歸類與概述，詳如表2-2。

　　526件陳情案件中，以交通類162件陳情案件占最大宗，占30.80%；其次是治安類的陳情案件，計有138件陳情案件，占26.24%；排第三的則是關於占用公有地的陳情案件，共有83件，占15.78%；再來則是建議警察改善事項類，亦有57件之多，占10.84%；而關於詢問類的陳情案件為28件，占5.32%；環保類的陳情案件26件，占4.94%；其他類的則有32件，占6.08%。

表 2-2　陳情案件綜合分析

類別	案件概述	數量(件)	百分比(%)	政府回覆陳情時間(日)
交通	向縣政府或警察機關反映桃園縣內何處出現違規停車、何處塞車以及申訴拖吊不公等。	162	30.80	2.98
治安	反映失竊、詐騙問題、檢舉特種行業以及檢舉犯罪等。	138	26.24	3.85
占用公有地	檢舉桃園縣內何處出現路霸、違規攤販以及騎樓被占用等。	83	15.78	3.46
建議警察改善事項	建議警察改善服務態度、申訴警察處理案件過程、方式等。	57	10.84	1.73
詢問	對警察相關服務事項提出疑問請求解答。	28	5.32	1.91
環保	陳情與噪音或環境衛生有關的事項。	26	4.94	2.64
其他	請求協助、表揚警察等。	32	6.08	2.46
總計		526	100.00	3.16（平均值）

　　首先是交通類的陳情案件，其內容主要包含了民眾向縣政府或警察機關反應桃園縣內何處出現紅線停車、並排停車等違規停車情形，請求政府機關加強取締；何處交通擁擠，塞車情形嚴重，請求警察協助指揮；申訴拖吊不公或是檢舉拖吊車本身違反交通規則；以及其他與交通有關的陳情事項等。

　　治安類的陳情案件則包含汽、機車失竊，住宅遭小偷侵入請求協助尋回財物；民眾感到竊案頻傳，治安堪慮，請求警察加強巡邏或是增設監視系統；也有網路虛擬財物、電子資料遭竊請求協助；再者是民眾感到桃園縣境內特種行業氾濫而陳情：例如色情業或是電玩賭博充斥；此外尚有民眾遭遇詐騙報案請求協助，或是詢問偵辦案件的進度，亦有檢舉詐騙集團、提供詐騙集團相關資料的陳情案件；治安類的陳情案件尚包括民眾檢舉犯罪不法事項；或是民眾有其他治安上的疑慮而陳情。

　　其次是占用公有地類的陳情案件，主要是民眾向政府機關檢舉桃園縣內何處有人放置路障，違規占用公用道路或是車位；商家或攤販占據騎樓、人行道擺攤做生意，或是機車違規停於騎樓內影響到行人路權；以及其他檢舉攤販等陳情事項。

　　第四大類是關於民眾建議警察改善事項類，其內容包含民眾因不滿警

察服務態度、或是對於警察處理案件過程或方式有疑問而提出陳情；以及其他建議警察改善事項等。

接下來是環保類的陳情案件。環保類的陳情案件可分為噪音類及環境衛生類，主要是民眾不滿住家或是辦公地點附近有鄰居、工地、車輛或是其他事物擾亂安寧；再來則是民眾抱怨桃園縣內某處的環境衛生髒亂或是某處有污染環境事宜，請求政府機關協助改善等。

詢問類的陳情案件則是當民眾對於警察相關服務事項有疑惑時，提出疑問請求相關單位提供解答，例如民眾會詢問如何申請保全補助？如何加入義工、義警等。

最後則是其他類的陳情案件，內容包括請求協助：例如請求協尋失蹤人口；民眾對警察表達感激、表揚警察；查詢報案紀錄以及其他無法歸類於上述六項陳情類別的陳情案件。

政府接獲民眾陳情後的回覆時間，以日為單位，整體陳情案件平均為3.16日。交通類陳情案件平均為2.98日，治安類陳情案件平均為3.85日，占用公有地類陳情案件平均為3.46日，建議警察改善事項類陳情案件平均為1.73日，詢問類陳情案件平均為1.91日，環保類的陳情案件平均為2.64日，其他類的陳情案件平均為2.46日。以建議警察改善事項類平均回覆時間為最快速（1.73日），最慢者則是治安類（3.85日）。

貳　交通類陳情案件分析

陳情案件以交通類的陳情案件為最多數，總計162件陳情案件，占所有526件陳情案件的30.8%。162件交通類陳情案件可依其屬性分為違規停車、違反交通規則、拖吊、塞車、飆車、檢舉棄車以及其他類共七種子類別，如表2-3。

交通類別162件陳情案件中，以違規停車類計77件陳情案件占最多數，占47.53%。其次是有關檢舉違反交通規則的陳情案件，計有28件陳情案件，占17.29%。再次者為拖吊類的陳情案件，有23件，占14.2%。塞車類，共有7件，占4.32%。飆車類的陳情案件為6件，占3.7%。檢舉棄車的陳情案件4件，占2.47%。剩餘有17件較難歸類，以其他類代表，占10.49%。

表 2-3　交通類陳情案件

類別	案件內容	警局回覆處理概況	數量（件）	百分比（%）
違規停車	民眾反映桃園縣內某處、某路段出現紅線停車、並排停車等違規停車事項，請求取締。	於該路段拍照舉發，並通報交通隊加強拖吊。	77	47.53
違反交通規則	檢舉汽、機車或行人有闖紅燈、未戴安全帽等違反交通規則之行為。	加強交通執法，勸導、取締違規車輛或行人。	28	17.29
拖吊	拖吊不公提出申訴，或是檢舉拖吊業者本身違反交通規則等。	請民眾依程序至警察機關或監理單位提出書面申訴。	23	14.20
塞車	反映某處交通擁擠，塞車情形嚴重，請求警察協助指揮。	派員至該處指揮疏導交通。	7	4.32
飆車	反映某處常有飆車影響交通安全。	規劃防制飆車勤務。	6	3.70
檢舉棄車	反映某處有停放過久之車輛，疑為棄車。	以廢棄車輛查報程序通知車主於公告期限內依規定辦理。	4	2.47
其他	其他與交通有關的陳情事項，例如：交通號誌設計不良等。	根據民眾意見，作為規劃之參考。	17	10.49
總計			162	100.00

參　治安類陳情案件分析

　　治安類陳情案件是所有陳情案件中數量次多的案件，計有138件，占總陳情案件數的26.24%。138件治安類陳情案件可依其屬性分為一般竊盜、網路竊盜、特種行業、詐騙、檢舉不法行為、改善治安環境、查詢案件進度以及其他類共八種子類別，如表2-4。

表 2-4　治安類陳情案件

類別	案件內容	警察回覆處理概況	數量（件）	百分比（%）
一般竊盜	反映汽、機車失竊，住宅遭小偷侵入，請求協助尋回財物。	依所提供資料盡速調查，竊案頻傳區列為治安重點區。	33	23.91
特種行業	民眾反映桃園縣境內特種行業氾濫。	前往臨檢、取締，並將其列管為取締目標。	25	18.12
詐騙	民眾遭詐騙報案請求協助。	請民眾攜帶相關資料至派出所報案，以利案件偵辦。	20	14.49
檢舉不法行為	檢舉桃園縣內不法活動事實。	根據情資進行查處。	18	13.04
網路竊盜	虛擬財務、電子資料被竊求助。	由專人受理偵辦。	7	5.07
改善治安環境	請求警察加強巡邏或增設監視系統。	已加強該處巡邏盤查，並將設置監視系統納入規劃考量。	6	4.35
查詢案件進度	查詢報案後，案件偵辦進度。	請承辦人盡速與陳情人聯繫說明。	6	4.35
其他	民眾因其他治安上的疑慮而陳情。	將加強勤務作為，以改善治安。	23	16.67
總計			138	100.00

　　治安類別138件陳情案件中，以一般竊盜類計33件陳情案件占最多數，占23.91%。其次是特種行業類的陳情案件，計有25件，占18.12%。再次者為有關詐騙的陳情案件，有20件，占14.49%。另是檢舉不法行為類，有18件，占13.04%。網路竊盜類的陳情案件有7件，占5.07%。查詢案件進度類以及改善治安環境類的陳情案件皆為6件，占4.35%。其他類的則是23件，占16.67%。

肆　占用公有地案件

　　占用公有地類的陳情案件計有83件，占所有陳情案件的15.78%。83件占用公有地類陳情案件可依其屬性分為路霸類、攤販類及騎樓類共三種子類別，如表2-5。

表 2-5　占用公有地類陳情案件

類別	案件內容	警局回覆處理概況	數量（件）	百分比（%）
路霸	反映桃園縣內某處有人放置路障，違規占用公用道路或車位等。	已派員取締告發以維護交通順暢。	47	56.63
攤販	檢舉違規營業攤販。	派員前往取締對違規攤販巡行告發。	20	24.09
占據騎樓	商家或攤販占據騎樓、人行道擺攤做生意，或是機車違規停於騎樓內影響到行人路權等。	派員前往取締告發，並持續執行。	16	19.28
總計			83	100.00

　　占用公有地類別83件陳情案件中，以路霸類47件陳情案件占最多數，占56.63%。其次是攤販類的陳情案件，計有20件，占24.09%。再次則是有關占據騎樓的陳情案件，有16件，占19.28%。

伍 建議警察改善類陳情案件

　　建議警察改善類的陳情案件計有57件，占所有陳情案件的10.84%。57件建議警察改善類陳情案件可依其屬性分為服務態度類、處理案件類、執行勤務的方式與過程類、專業能力類以及其他共四種子類別，如表2-6。

　　在建議警察改善類的陳情案件中，以服務態度類17件為最多數，占總數的29.82%。其次是有關警察處理案件、執行勤務方式與過程類的陳情案件，有15件，占26.32%。另是有關警察專業能力的陳情案件，計有6件，占10.53%。最後則是其他類，有19件陳情案件，占33.33%。

陸 詢問類陳情案件

　　詢問類陳情案件計有28件，占所有陳情案件的5.32%。詢問類陳情案件內容主要是民眾對於警察相關的服務事項感到不解，提出疑問請求解答，如表2-7。例如，民眾詢問縣政府或警察機關該如何申請加入義警、

表 2-6　建議警察改善類陳情案件

類別	案件內容	警局回覆處理概況	數量（件）	百分比（%）
服務態度	民眾對警察服務態度感到不滿意。	將加強教育員警，避免類似情事再度發生。	17	29.82
處理案件、執行勤務的方式與過程	民眾對於警察處理案件的方式、手段或過程有疑問。	已派員深入瞭解、積極查處。	15	26.32
專業能力	反映警察執勤的專業能力有加強空間。	將加強員警教育。	6	10.53
其他	其他建議警察改善事項。	會將民眾提供之意見納入參考。	19	33.33
總計			57	100.00

表 2-7　詢問類陳情案件

類別	案件內容	警局回覆處理概況	數量（件）
詢問	對警察相關服務事項提出疑問，請求解答。	依民眾詢問內容給予解答。	28

如何申請保全補助、申請模型槍枝要向何單位申請等事項。警察局則依照民眾詢問內容給予解答，例如，民眾想知道申請玩具槍的對口單位，或是想加入義警，則分別告知其負責該業務的單位，並告知民眾申請的相關程序等。

柒　環保類陳情案件

　　環保類陳情案件計有26件，占總數的4.94 %。可依其屬性分為噪音類及環境類兩個子類，各有23件及3件陳情案件，如表2-8。環保陳情案件以噪音類為最多，占88.46%，案件內容主要是民眾不滿住家或是辦公地點附近有鄰居、野狗、工地、改裝車輛或是其他事物製造噪音，擾亂安寧而向縣政府或是警察機關反映，請求政府機關能派人取締或是協助改善。而環境類的陳情案件則是民眾陳情桃園縣內的某處環境衛生髒亂或是某處有污染環境事宜、檢舉有工廠或商家影響環境衛生等，請求政府機關協助改善。

表 2-8　環保類陳情案件

類別	案件內容	警局回覆處理概況	數量（件）	百分比（%）
噪音	反映住家或是辦公地點附近有擾亂安寧之事物。	規劃取締噪音及巡邏勤務，並已報請環保局派員查處	23	88.46
環境衛生	反映桃園縣內某處環境衛生髒亂，或是有污染環境事宜等。	將該處所列入取締重點，並向清潔隊反映加強該處環境清潔維護。	3	11.54
總計			26	100.00

捌　其他案件

　　本研究將陳情內容較分歧、不易歸類的案件以其他類代表之，計有32件，占總數的6.08%。在32件中，有5件類似案件，性質屬感謝、表揚警察。其內容包括民眾對於警察處理案件的過程及態度表達感激之意，或是得到警察協助，事後表達感激等，如表2-9。

　　至於剩餘無法歸類的陳情案件則甚為多元，內容包括請求協助尋人、尋狗、外籍新娘問題求救、推銷警備用品，或是熱情民眾願意義務擔任教練，指導跑步技巧等。

表 2-9　其他類陳情案件

類別	案件內容	警局回覆處理概況	數量（件）	百分比（%）
感謝、表揚警察	對警察表達感激之意。	感謝民眾給予鼓勵。	5	15.62
其他	其他無法歸類於前述六大類陳情類別的陳情案件。	指派各外勤單位全力協尋、告知負責相關業務的對口單位等。	27	84.38
總計			32	100.00

玖　重複陳情案件

　　重複陳情案件係指陳情人在第一次向桃園縣縣政府或警察局提出陳情後，再次向桃園縣政府或警察局反映相同內容的陳情案件。在本研究所蒐集的603件陳情案件中，計有77件重複陳情案件。

　　依類型區分，77件重複陳情案件以交通類26件為最多數，占33.76%。其次是治安類的陳情案件，有24件，占31.17%。再次者為有關占用公有地的案件，有12件，占15.58%。另外，建議警察改善類有6件，占7.79%。而詢問類、環保類以及其他類的案件皆為3件，各占3.9%。上述資料如表2-10。

表 **2-10**　重複陳情案件

類別	數量（件）	百分比（%）
交通	26	33.76
治安	24	31.17
占用公有地	12	15.58
建議警察改善	6	7.79
詢問	3	3.90
環保	3	3.90
其他	3	3.90
總計	77	100.00

第五節　陳情人問卷調查分析

壹　陳情人的背景資料分析

　　表2-11顯示，陳情人的性別以男性居多，占65.20%，女性為34.80%。陳情人的年齡以30～40歲未滿者比例最高，占51.35%，其次依序為20～30歲未滿（25.34%）、40～50歲未滿（21.28%）。而20歲未滿以及50～60歲未滿者比例最低，皆為1.01%。整體觀察，大多數陳情人的

表 2-11　陳情人樣本結構

變　項	百分比（%）	變　項	百分比（%）
陳情人性別		陳情人過去曾陳情次數	
男	65.20	1次	36.95
女	34.80	2～3次	36.27
		4～6次	20.00
陳情人年齡		7～9次	4.41
20歲未滿	1.01	10次以上	2.37
20～30歲未滿	25.34		
30～40歲未滿	51.35	陳情事件發生地	
40～50歲未滿	21.28	桃園市	27.70
50～60歲未滿	1.01	中壢市	26.69
		八德市	10.14
陳情人職業		平鎮市	9.12
工	18.58	大溪鎮	2.36
商	26.69	楊梅鎮	5.07
公教	16.89	龜山鄉	6.76
服務業	15.54	蘆竹鄉	8.11
學生	13.51	大園鄉	0.68
農	3.72	觀音鄉	0.34
家管	0.34	新屋鄉	1.01
其他	4.73	龍潭鄉	2.03
陳情人教育程度		陳情案件類型	
高中、職畢（肄）業	14.19	交通	29.39
專科、大學畢（肄）業	66.89	治安	24.32
研究所畢（肄）業	18.92	占用公有地	13.51
		建議警察改善	10.14
		詢問	8.78
		環保	8.11
		其他	5.74

年齡為40歲以下（77.70%）。陳情人的職業以從事商業者比例最高，為26.69%，其次依序為工（18.58%）、公教（16.89%）。家管者比例最

低，為0.34%。陳情人的教育程度以專科、大學畢（肄）業者比例最高，占66.89%，其次為研究所畢（肄）業或以上，占18.92%，二者合計為85.81%。

　　陳情人過去曾向桃園縣政府及所屬機關提出陳情的次數以陳情過一次者比例最高，占36.95%，其次依序為陳情過二至三次者（36.27%）、四至六次者（20.00%），陳情十次以上者占比例最低（2.37%）。其次，從本表也可以發現，陳情人的人數隨著陳情次數的增加而遞減。值得注意的是，有超過六成（63.05%）的陳情人具有二次以上的陳情經驗。陳情事件的發生地點以桃園市比例最高，占27.70%，其次依序為中壢市（26.69%）、八德市（10.14%），三者合計64.53%。而以觀音鄉的發生件數最少，占0.34%，次少者為大園鄉（0.68%）、新屋鄉（1.01%）。由本表可以發現，陳情案件有集中於都會區的現象。陳情案件的類型以交通案類比例最高，占29.39%，其次依序為治安（24.32%）、占有公有地（13.51%），而以其他案類比例最低（5.74%）。

貳　陳情人對政府回應的意見分析

　　表2-12顯示，大多數的受訪者認為（91.89%），桃園縣政府及其所屬機關所提供的陳情管道可以讓民眾方便的提出陳情意見。有關「桃園縣政府接到陳情後多久回覆意見」，認為一週內的受訪者最多，占49.66%，其次為一至兩週內，為34.80%，二者合計占84.46%。亦即有超過八成的陳情案件係於兩週內回覆意見。有關「陳情人對政府回覆速度的感受」，33.78%的受訪者認為非常快速，26.35%的受訪者認為還算快速，二者合計占60.14%。認為有一點慢者占3.38%，非常慢者占4.73%。整體觀察，多數陳情人認為政府並無延遲回覆陳情事件。

　　有關「政府人員處理陳情案件的態度」，15.54%的受訪者感到非常親切，25.00%的受訪者感到親切，二者合計占40.54%。另有14.53%的受訪者感到不親切，5.41%的受訪者感到非常不親切，二者合計占19.67%。換言之，感到親切者的比例要高於感到不親切者。針對「政府人員是否認真處理陳情案件」的問題，9.12%的受訪者認為非常認真，32.77%的受訪者認為認真處理，二者合計41.89%。另有34.46%的受訪者認為不認真處理，22.97%的受訪者認為非常不認真處理，二者合計占57.43%。顯見，

表 2-12　陳情人對政府回應的意見分析

變　項	百分比(%)	變　項	百分比(%)
政府提供方便的陳情管道		政府人員是否認真處理陳情案件	
非常同意	40.54	非常認真	9.12
同意	51.35	認真	32.77
無意見	4.39	不認真	34.46
不同意	2.36	非常不認真	22.97
非常不同意	1.35	不知道	0.68
政府接到陳情後多久回覆		政府人員處理陳情案件的專業能力	
一週內	49.66	非常良好	4.73
一週至兩週內	34.80	良好	24.32
兩週至三週內	9.80	普通	27.36
三週至四週內	1.69	不好	33.45
四週以上	1.35	非常不好	9.80
政府沒有回覆意見	2.70	不知道	0.34
對政府回覆速度的感受		對政府的處理方式是否滿意	
非常快速	33.78	非常滿意	6.76
還算快速	26.35	滿意	20.61
普通	29.05	普通	14.86
有一點慢	3.38	不滿意	21.28
非常慢	4.73	非常不滿意	36.49
政府沒有回覆意見	2.70		
對政府人員處理陳情案件態度的感受		陳情對問題的解決是否有幫助	
非常親切	15.54	非常有幫助	10.81
親切	25.00	有一點幫助	23.31
普通	38.85	沒什麼幫助	25.68
不親切	14.53	根本沒幫助	40.20
非常不親切	5.41		
不知道	0.68		

認為政府人員不認真處理的受訪者比認真處理的比例要高出許多。從陳情人的感受中可觀察出，政府人員在處理陳情案件的認真程度上，有改善的空間。至於「政府人員處理陳情案件的專業能力」，4.73%的受訪者非常良好，24.32%的受訪者認為良好，二者合計占29.05%。另有33.45%認為不好，9.80%的受訪者認為非常不好，二者合計占43.25%。從陳情人的感受中可觀察出，政府人員在處理陳情案件的專業能力上，有改善的空間。

　　6.76%的受訪者對於政府處理陳情事件的方式感到非常滿意，20.61%感到滿意，二者合計占27.36%。另有21.28%的受訪者感到不滿意，36.49%感到非常不滿意，二者合計占57.77%，將近六成的受訪者對於政府處理陳情事件的方式並不滿意。

　　當詢問陳情人「陳情對問題的解決是否有幫助」，10.81%的受訪者認為非常有幫助，23.31%認為有一點幫助，二者合計占34.12%。另有25.68%的受訪者認為沒什麼幫助，40.20%認為根本沒幫助，二者合計占65.88%，多數受訪者認為陳情對問題的解決並沒有實質幫助。

參　陳情人背景與政府回應的交叉分析

　　以下本研究針對陳情人的背景資料與其對於政府人員處理情形諸變項進行交叉分析（獨立性考驗），有關陳情人的背景變項包括性別、年齡、教育程度、職業、陳情次數及陳情案件類型等六個變項。此處所謂政府回應，係指陳情人對於政府回應其陳情的感受，即上述表2-12「陳情人對政府回應的意見分析」中之諸變項，包括陳情管道方便性、政府回覆處理的速度、陳情人對回覆速度的感受、對政府人員處理態度的感受、政府人員是否認真處理、政府人員的專業能力、對政府處理方式的滿意度、陳情對問題解決有無幫助等八個變項。因本論文有篇幅限制，故筆者僅明列統計上具有顯著意義的分析結果。考量資料分析的完整性，陳情人背景變項與政府回應變項的交叉分析，本文最後將其歸納於一個總表，並標示顯著與非顯著的落點（即哪兩個變項間具顯著關聯、哪兩個變項間不具顯著關聯）。

一、陳情人性別與政府回應

　　陳情人性別與其對於政府人員處理情形觀感諸變項進行交叉分析，發

現陳情人性別與「政府人員是否認真處理」、「政府人員的專業能力」以及「對政府處理方式滿意度」等三個變項的卡方檢驗分析結果，達統計上的顯著水準，如表2-13。顯示不同性別的陳情人對於政府人員是否認真處

表 2-13　陳情人性別與政府回應交叉分析

變項	性別	男	女	總和	卡方檢定
政府人員是否認真處理	非常認真	13	14	27	$\chi^2 = 13.595$ df = 3 p < 0.01
		6.74%	13.86%	9.18%	
	認真	58	39	97	
		30.05%	38.61%	32.99%	
	不認真	66	36	102	
		34.20%	35.64%	34.69%	
	非常不認真	56	12	68	
		29.02%	11.88%	23.13%	
	總和	193	101	294	
		100.00%	100.00%	100.00%	
政府人員專業能力	良好	49	37	86	$\chi^2 = 8.397$ df = 2 p < 0.05
		25.52%	35.92%	29.15%	
	普通	48	33	81	
		25.00%	32.04%	27.46%	
	不好	95	33	128	
		49.48%	32.04%	43.39%	
	總和	192	103	295	
		100.00%	100.00%	100.00%	
對處理方式滿意度	滿意	50	31	81	$\chi^2 = 7.241$ df = 2 p < 0.05
		25.91%	30.10%	27.36%	
	普通	22	22	44	
		11.40%	21.36%	14.86%	
	不滿意	121	50	171	
		62.69%	48.54%	57.77%	
	總和	193	103	296	
		100.00%	100.00%	100.00%	

理、對政府人員專業能力感受以及對政府處理方式滿意度等方面有不同的意見。可從資料分析結果中進一步發現，女性陳情人比男性陳情人有較高的比例認為：政府人員認真處理其陳情、處理陳情的政府人員專業能力良好、滿意政府的回應處理方式。從陳情人性別與上述三個政府回應變項的交叉分析中，可發現男性陳情人較傾向表達負面的感受。

二、陳情人年齡與政府回應

　　陳情人年齡與其對於政府人員處理情形觀感諸變項進行交叉分析，發現陳情人年齡只與「陳情對問題解決有無幫助」此一問項的卡方檢驗分析結果，達統計上的顯著水準，如表2-14，表示「陳情對問題解決有無幫助」此一認知，會因陳情人年齡不同而有所差異。交叉分析結果發現，在三組年齡層的受訪者中，均有超過50%以上的受訪者認為陳情對問題解決「較沒有幫助」，而且年齡愈高的組別認為「較沒有幫助」的百分比愈高，顯示年齡愈高者愈認為陳情對問題的解決沒有實質幫助。

表 **2-14**　陳情人年齡與政府回應交叉分析

變項	年齡	30歲未滿	30～40歲未滿	40歲以上	總和	卡方檢定
陳情對問題解決有無幫助	較有幫助	37	45	19	101	$\chi^2 = 8.366$ df = 2 p < 0.05
		47.44%	29.61%	28.79%	34.12%	
	較沒有幫助	41	107	47	195	
		52.56%	70.39%	71.21%	65.88%	
	總和	78	152	66	296	
		100.00%	100.00%	100.00%	100.00%	

註：本表對於陳情人「年齡」與政府回應之交叉分析，由於陳情人年齡為「20歲未滿」、「40～50歲未滿」、「50～60歲未滿」、「60歲以上」的樣本比較少，為避免交叉分析表中樣本個數少於5的現象，故將「20歲未滿」的樣本合併於「20～30歲未滿」的樣本中，另將後三類合併為「40歲以上」後再進行分析。另考量資料解釋上的適當性，有關「陳情對問題解決有無幫助」的選項，將「非常有幫助」及「有一點幫助」的樣本合併為「較有幫助」的樣本，將「沒什麼幫助」及「根本沒幫助」的樣本合併為「較沒有幫助」的樣本，然後再進行分析。

三、陳情人教育程度與政府回應

陳情人教育程度與其對於政府人員處理情形觀感諸變項進行交叉分析，發現陳情人的教育程度與「政府人員的專業能力」以及「陳情對問題解決有無幫助」等二個變項的卡方檢驗分析結果，達統計上的顯著水準，如表2-15。即陳情人對政府人員專業能力的感受、陳情對問題解決有無幫助的認知，與陳情人教育程度有顯著關聯。在政府人員專業能力的感受方面，愈高教育程度的陳情人，愈認為政府人員的專業能力不好。在陳情對

表 **2-15**　陳情人教育程度與政府回應交叉分析

變項	教育程度	高中、職畢（肄）業	專科、大學畢（肄）業	研究所畢（肄）業或以上	總和	卡方檢定
政府人員專業能力	良好	15	58	13	86	$\chi^2 = 10.002$ df = 4 p < 0.05
		35.71%	29.44%	24.07%	29.35%	
	普通	11	61	8	80	
		26.19%	30.96%	14.81%	27.30%	
	不好	16	78	33	127	
		38.10%	39.59%	61.11%	43.34%	
	總和	42	197	54	293	
		100.00%	100.00%	100.00%	100.00%	
陳情對問題的解決有幫助	較有幫助	14	77	10	101	$\chi^2 = 8.604$ df = 2 p < 0.05
		33.33%	38.85%	17.91%	34.14%	
	較沒有幫助	28	120	45	193	
		66.67%	61.15%	82.09%	65.86%	
	總和	42	197	55	294	
		100.00%	100.00%	100.00%	100.00%	

註：有關「陳情對問題解決有無幫助」的選項，由於在「非常有幫助」的樣本較少，為避免交叉分析表中樣本個數少於5的現象，故將「非常有幫助」及「有一點幫助」的樣本合併為「較有幫助」的樣本，將「沒什麼幫助」及「根本沒幫助」的樣本合併為「較沒有幫助」的樣本，然後再進行分析。

問題解決有無幫助的認知方面，教育程度為研究所畢（肄）業的陳情人，最傾向認為陳情對問題解決沒有實質幫助。

四、陳情人職業與政府回應

陳情人職業與其對於政府人員處理情形觀感諸變項進行交叉分析，發現陳情人職業與「陳情管道方便性」、「政府回覆處理的速度」、「政府人員的專業能力」等變項的卡方檢驗分析結果，達統計上的顯著水準，如表2-16。顯示不同職業的陳情人在陳情管道暢通性、政府回覆處理速度，以及對政府人員專業能力等方面有不同的認知。從事公教職業者，認為政府有提供民眾方便的陳情管道，有較高比例的無業或家管陳情人不同意政府已提供方便的陳情管道（說明：由於列聯表中有兩個細格的樣本數小於5，樣本數大於5的細格未達80%，故卡方值僅供參考）。從事公教職業者，認為政府人員快速回覆的比例最高；無業或家管者，認為政府人員回覆速度為慢或沒有回覆的比例最高（說明：列聯表中有一個細格的樣本數小於5，惟樣本數大於5的細格超過80%，故該卡方考驗具統計意義）。有較高比例的服務業陳情人認為政府人員的專業能力良好，有較高比例的無業或家管陳情人認為政府人員的專業能力不好。

五、陳情人陳情經驗與政府回應

陳情人陳情次數與其對於政府人員處理情形觀感諸變項交叉分析，此處陳情次數分為一次及二次以上，一次者表示為初次陳情者，二次以上者為有陳情經驗的陳情者。交叉分析發現，陳情人的陳情經驗與其對「政府人員是否認真處理」認知的卡方檢驗結果達統計上的顯著水準，如表2-17。在初次陳情的陳情人中，有較高百分比的受訪者（45.79%）認為政府人員不認真處理其陳情案件。在有陳情經驗的陳情人中，有較高百分比的受訪者（37.07%）認為政府人員認真處理其陳情案件。換言之，沒有陳情經驗的受訪者較傾向認為政府人員不認真處理其陳情案件。

表 2-16　陳情人職業與政府回應交叉分析

變項	職業	工	服務業	公教	無業或家管	總和	卡方值
陳情管道方便性	同意	51	113	49	45	258	χ^2 = 14.388 df = 3 p < 0.05
		92.73%	90.40%	100.00%	88.24%	92.14%	
	無意見或不同意	4	12	0	6	22	
		7.27%	9.60%	0.00%	11.76%	7.86%	
	總和	55	125	49	51	280	
		100.00%	100.00%	100.00%	100.00%	100.00%	
對回覆速度的感受	快速	39	70	37	24	170	χ^2 = 25.101 df = 6 p < 0.01
		70.91%	56.00%	75.51%	47.06%	60.71%	
	普通	7	45	10	18	80	
		12.73%	36.00%	20.41%	35.29%	28.57%	
	慢或沒有回覆陳情	9	10	2	9	30	
		16.36%	8.00%	4.08%	17.65	10.72	
	總和	55	125	49	51	280	
		100.00%	100.00%	100.00%	100.00%	100.00%	
政府人員專業能力	良好	14	44	14	12	84	χ^2 = 7.456 df = 6 p < 0.05
		25.93%	35.20%	28.57%	23.53%	30.11%	
	普通	14	39	11	13	77	
		25.93%	31.20%	22.45%	25.49%	27.60%	
	不好	26	42	24	26	118	
		48.15%	33.60%	48.98%	50.98%	42.29%	
	總和	54	125	49	51	279	
		100.00%	100.00%	100.00%	100.00%	100.00%	

註：本表有關陳情人「職業」與縣政府人員處理情形諸變項之交叉分析，由於陳情人職業為「商」、「服務業」、「無業」、「家管」及「學生」的樣本比較少，為避免交叉分析表中樣本個數少於5的現象，故將「商」與「服務業」合併為「服務業」，「無業」、「家管」及「學生」等三類合併「無業及家管」後再進行分析。另在政府回覆處理速度中的「慢」及「沒有回覆陳情」的樣本甚少，故將其合併。

表 **2-17**　陳情人陳情經驗與政府回應交叉分析

變項	陳情次數	一次	二次以上	總和	卡方檢定
政府人員是否認真處理	非常認真	12	15	27	
		11.21%	8.13%	9.22%	
	認真	27	69	96	
		25.23%	37.07%	32.76%	$\chi^2 = 11.647$ df = 3 p < 0.01
	不認真	49	53	102	
		45.79%	28.51%	34.81%	
	非常不認真	19	49	68	
		17.76%	26.29%	23.21%	
	總和	107	186	293	
		100.00%	100.00%	100.00%	

六、陳情類型與政府回應

陳情案件類型與其對於政府人員處理情形觀感諸變項交叉分析顯示，陳情案件類型與「對政府人員處理態度的感受」、「政府人員的專業能力」、「對政府處理方式的滿意度」以及「陳情對問題解決有無幫助」等變項的卡方檢驗分析結果，達統計上的顯著水準。表2-18顯示，大多數陳情人對於政府人員處理態度感到親切或普通，其中感到親切者，以占用公有地案類陳情人的比例最高，感到不親切者，以治安案類陳情人的比例最高。

大多數陳情人表示政府人員的專業能力為普通或不好，其中認為不好者，以治安案類陳情人的比例最高，認為良好者，以交通案類陳情人的比例最高。

大多數陳情人對政府處理方式感到普通或不滿意，其中感到不滿意者，以占用公有地案類陳情人的比例最高，感到滿意者，以交通案類陳情人的比例最高。

大多數陳情人認為陳情對問題解決沒什麼幫助或根本沒幫助，其中以治安案類陳情人的比例最高，而認為有幫助者（含非常有幫助及有一點幫助），以其他案類陳情人的比例最高。

表 2-18　陳情類型與政府回應交叉分析

變項 / 案件類型		交通	治安	占用公有地	其他	總和	卡方檢定
對政府人員處理態度的感受	親切	39	25	24	32	120	$\chi^2 = 19.979$ df = 6 p < 0.01
		45.35%	34.72%	60.00%	33.33%	40.82%	
	普通	39	25	11	40	115	
		45.35%	34.72%	27.50%	41.67%	39.12%	
	不親切	8	22	5	24	59	
		9.30%	30.56%	12.50%	25.00%	20.07%	
	總和	86	72	40	96	294	
		100.00%	100.00%	100.00%	100.00%	100.00%	
政府人員的專業能力	良好	32	11	10	33	86	$\chi^2 = 24.863$ df = 6 p < 0.001
		36.78%	15.28%	25.00%	34.38%	29.15%	
	普通	13	23	9	36	81	
		14.94%	31.94%	22.50%	37.50%	27.46%	
	不好	42	38	21	27	128	
		48.28%	52.78%	52.50%	28.13%	43.39%	
	總和	87	72	40	96	295	
		100.00%	100.00%	100.00%	100.00%	100.00%	
對政府處理方式滿意度	滿意	30	12	6	31	81	$\chi^2 = 27.632$ df = 6 p < 0.001
		34.48%	16.67%	15.00%	31.96%	27.36%	
	普通	6	19	5	18	44	
		6.90%	26.39%	12.50%	18.56%	14.86%	
	不滿意	51	41	29	48	171	
		58.62%	56.94%	72.50%	49.48%	57.77%	
	總和	87	72	40	97	296	
		100.00%	100.00%	100.00%	100.00%	100.00%	
陳情對問題解決有無幫助	非常有幫助	5	11	6	10	32	$\chi^2 = 49.739$ df = 9 p < 0.001
		5.75%	15.49%	15.00%	10.42%	10.88%	
	有一點幫助	28	5	5	31	69	
		32.18%	7.04%	12.50%	32.29%	23.47%	
	沒什麼幫助	11	18	8	37	74	
		12.64%	25.35%	20.00%	38.54%	25.17%	
	根本沒幫助	43	37	21	18	119	
		49.43%	52.11%	52.50%	18.75%	40.48%	
	總和	87	71	40	96	294	
		100.00%	100.00%	100.00%	100.00%	100.00%	

註：本表對於「案件類型」與政府回應之交叉分析，由於「建議警察改進事項」、「詢問」、「環保」，及「其他」等案件類型比較少，為避免交叉分析表中樣本個數少於5的現象，故將前三類合併於「其他」案類中。

七、交叉分析顯著性摘要

有關陳情人背景變項與政府回應變項的交叉分析，綜合上述分析，本研究將統計上具顯著關聯的分析結果歸納於表2-19。「＊」表示兩個變項間具有統計上的顯著關聯，例如，陳情人的「性別」與其對「政府人員是否認真處理陳情案件」的感受之間存有顯著關聯。空白表格，表示未具統計上的顯著關聯。

表 2-19　陳情人背景與政府回應交叉分析顯著性摘要表

政府回應變項 ＼ 背景變項	性別	年齡	教育程度	職業	陳情人陳情經驗	陳情類型
陳情管道的方便性				＊		
政府接到陳情後多久回覆						
對回覆速度的感受				＊		
對處理態度的感受						＊
政府人員是否認真處理	＊				＊	
政府人員專業能力	＊		＊	＊		＊
對處理方式滿意度	＊					＊
陳情對問題解決有無幫助		＊	＊			＊

第六節　研究發現

壹　陳情案件內容分析的發現

本章共蒐集603件民眾陳情案件資料，內容分析的結果歸納如下。

一、603件陳情案件資料中，有77件屬重複陳情，陳情案件數為526件。根據526件陳情內容的屬性，可將其歸納為交通類、治安類、占用公有地類、建議警察改善事項類、詢問類、環保類及其他類共七種類

別。

二、民眾陳情內容以交通類為最多數，占30.80%；其次是治安類的陳情案件，占26.24%；再次為有關占用公有地的陳情案件，占15.78%；第四是建議警察改善事項類，占10.84%；第五是詢問類的陳情案件，占5.32%；第六是環保類的陳情案件，占4.94%；第七是其他類，占6.08%。

三、交通、治安及占用公有地是數量較多的前三項陳情類別，在交通類的陳情案件中，數量較多的前三項分別為違規停車、檢舉違反交通規則行為以及有關車輛拖吊的陳情。在治安類的陳情案件中，數量較多的前三項分別為反映竊盜請求協助、檢舉特種行業以及遭詐騙請求協助的陳情。在占有公有地類的陳情案件中，數量較多的前三項分別為反映路霸行為、檢舉攤販、反映占據騎樓的陳情。

四、在建議警察改善類陳情案件中，以不滿警察服務態度為最多數。在詢問類陳情案件中，以針對警察服務事項提出疑問、請求解答為最多數。在環保類陳情案件中，以反映噪音為最多數。另有數件陳情是表達對警察感謝之意，歸於其他類陳情案件。

五、民眾在提出陳情後，接獲政府回覆處理的時間，以日為單位，整體陳情案件平均為3.16日。交通類陳情案件平均為2.98日，治安類陳情案件平均為3.85日，占用公有地類陳情案件平均為3.46日，建議警察改善事項類陳情案件平均為1.73日，詢問類陳情案件平均為1.91日，環保類的陳情案件平均為2.64日，其他類的陳情案件平均為2.46日。各類型陳情案件中，以建議警察改善事項類的回覆時間為最快（1.73日），最慢者則是治安類（3.85日）。

六、民眾在第一次陳情後得不到桃園縣政府或是警察局滿意的答覆或處理，或是認為其所陳情的情形並沒有因此得到改善時，會數度提出陳情。重複陳情案件中，數量較多的前三項分別為交通、治安及占有公有地的案件。

貳 問卷調查的發現

一、陳情人以男性居多（65.20%），超過半數的陳情人年齡在30至40歲之間（51.35%）。陳情人的職業以商者為最多（26.69%），其次為

勞工（18.58%），再次為公教人員（16.89%）。大多數陳情人的教育程度為大專（66.89%）。陳情人的陳情經驗，以一次陳情經驗者的比例最高（36.95%），二至三次者居次（36.27%）。換言之，陳情人大多數為男性，年齡約在30至40歲之間，職業較可能是從商、勞工或公教人員，大專教育程度，可能有一至三次的陳情經驗。

二、陳情事件的發生地點以桃園市所占比例最高（27.70%），其次為中壢市（26.69%），再次為八德市（10.14%），三者皆為縣轄市，較屬都市型態的地區。陳情案件類型數量較多的前三類分別為交通（29.39%）、治安（24.32%）及占有公有地（13.51%）。換言之，陳情事件多發生在人口較密集的都市地區，交通問題、治安問題及生活空間品質問題，可謂是民眾陳情的主要標的。

三、大多數陳情人表示政府提供了方便的陳情管道（91.89%），接近五成（49.66%）的陳情人表示政府在接到陳情後一週內做出回覆，另有34.80%的陳情人表示在一週至兩週內回覆，約有六成的陳情人（60.13%）認為政府的回覆算是快速。換言之，在陳情人的主觀感受上，政府提供民眾方便陳情的管道，政府通常會在接獲陳情後兩週內做出回覆，陳情人覺得這種回覆速度並不慢。值得注意的是，前述陳情案件內容分析發現整體案件的政府回應時間為3.16日，這是由政府所提供案件資料經分析所得的結果，屬官方資料（official data），而問卷調查的結果屬陳情人的自陳報告（self report）。從官方資料與自陳報告的比較中可發現，兩者所呈現的回覆時間有落差，陳情人主觀感受到的政府回覆速度要比官方資料為慢。

四、針對政府人員處理陳情案件的態度，陳情人感到親切的比例（含非常親切，共計40.54%）要高於感到不親切者（含非常不親切，共計19.67%）。但接近六成的陳情人認為（57.43%），政府人員並沒有認真處理他們的陳情案件。另有43.25%的陳情人表示政府人員的專業能力不佳，認為良好者（含非常良好）只占29.05%。約有六成（57.77%）的陳情人不滿意或非常不滿意政府處理的陳情方式，多數的陳情人認為陳情對問題解決沒有實質幫助（65.88%）。換言之，從陳情人主觀的感受中可發現，政府人員回應陳情趨於形式化，只是在態度上表現出親切，在處理陳情的實質內涵上，似乎並沒有讓陳情人獲得正面感受。

五、女性陳情人比男性陳情人有較高的比例認為政府人員認真處理其陳情案件、政府人員具有良好的專業能力、滿意政府的處理方式，較高比例的男性陳情人對政府回應存有負面感受。

六、年齡愈大的陳情人，愈認為陳情對問題解決沒有實質幫助。愈高教育程度的陳情人，愈認為政府專業能力不佳；教育程度為研究所畢（肄）業的陳情人，最傾向認為陳情對問題解決沒有實質幫助。沒有陳情經驗的陳情人較傾向認為政府人員不認真處理其陳情案件。

七、陳情人為公教職業者，較認為政府提供民眾方便陳情的管道（該卡方考驗僅供參考）、政府人員快速回覆陳情案件。職業為服務業的陳情人，較認為政府人員的專業能力良好。有較高比例的無業或家管型陳情人，不同意政府提供民眾方便陳情的管道，認為政府回覆速度為慢或沒有回覆，認為政府的專業能力不好。

八、大多數陳情人對於政府人員處理態度感到親切或普通，其中感到親切者，以占用公有地案類陳情人的比例最高，感到不親切者，以治安案類陳情人的比例最高。大多數陳情人表示政府人員的專業能力為普通或不好，其中認為不好者，以治安案類陳情人的比例最高，認為良好者，以交通案類陳情人的比例最高。大多數陳情人對政府處理方式感到普通或不滿意，其中感到不滿意著，以占用公有地案類陳情人的比例最高，感到滿意者，以交通案類陳情人的比例最高。大多數陳情人認為陳情對問題解決沒什麼幫助或根本沒幫助，其中以治安案類陳情人的比例最高，而認為有幫助者（含非常有幫助及有一點幫助），以其他案類陳情人的比例最高。

九、對政府回應有較負面感受的陳情人特徵：男性、年長、高教育程度、無陳情經驗、治安類陳情者。

十、對政府回應有較正面感受的陳情人特徵：女性、年輕、低教育程度、有陳情經驗、交通案類陳情者。

第七節　結　語

　　根據上述質化與量化分析結果，可以洞察民眾陳情所表露的涵義。從陳情數量來看，交通、治安及占用公有地是最多的三種類型。事實上，交通及占用公有地兩類均與生活空間品質有關，治安則是安全感的問題。民眾透過陳情向政府清晰表達對生活空間品質的不滿，例如檢舉他人違規停車、檢舉他人違反交通規則、對拖吊不公提出申訴、檢舉路霸、檢舉攤販、檢舉他人占據騎樓等，都可以解讀為一種對生活空間品質不滿的「反應作為」。生活空間的失序，讓民眾感覺不便繼而產生嫌惡。顯然，建構有秩序的生活空間，應是政府回應民眾陳情的核心思維之一。在治安層面，民眾向政府反應財物失竊、檢舉特種行業、反應遭詐騙侵害等，其實是民眾請求保護、渴望公正執法及善良風俗的另一種反應作為。竊盜及詐騙犯罪的頻傳，民眾自然表露被害的恐懼感；特種行業的存在，讓民眾感到執法不公與道德不潔。因此，如何讓民眾免於被害與公正執法，應是政府回應民眾陳情的核心思維之二。

　　政府也需明瞭陳情人對政府回應有深刻的體察，陳情人不是只單純根據政府回覆陳情的快慢、態度是否親切等表象來判斷政府回覆處理的品質與效能，反而是從政府人員的認真程度、專業能力及處理方式來體察。換言之，陳情人並非只是向政府提出問題而已，而是帶有相當程度的理性去等待和感受政府的回應。政府的回應若是膚淺與敷衍，陳情人自然無法滿意。也因此，資料分析顯示年紀較長、教育程度較高的陳情人，常是不滿意政府回應的陳情人。顯然，政府回應陳情的理性程度，不應低於陳情人等待與檢驗的理性程度。

　　政府若欲提升回應陳情的理性程度，實有必要先建構理性回應的「根據」，不應憑空想像，而這需要靠研究才能有適切的回饋。本研究的資料顯示，在桃園縣的陳情民眾中，對政府回應較有負面感受的陳情人特徵為：男性、年長、高教育程度、一次陳情經驗、治安類陳情者。桃園縣政府應重視及善用這樣的訊息，警政機關日後在處理具上述特徵者的案件時，應提高警覺，以更積極和認真的態度處理該案件，因為這些民眾最有可能向政府提出陳情或表達不滿，這也就是為什麼國外學者將問題導向警政稱為「理性權變模式」的緣故。

　　本章的內容分析資料顯示，大多數治安案類陳情人是犯罪被害人，因不滿警察處理其被害案件而提出陳情。顯然，警察機關受理報案的程序與品質，直接影響報案民眾的觀感，繼而影響日後陳情動機的形成。換言之，改善警察機關受理報案的程序與品質，應可提升報案民眾及被害人的滿意度，有助於紓解日後民眾陳情或投訴的動機。

　　最後，有關民眾建議警察改善的陳情案件，警政部門應根據民眾的建議事項，以理性態度進行檢討。例如針對警察服務態度不佳、專業能力不足的陳情，警政部門應檢視現有的內部訓練方案，並進行適當的改善，避免同樣情事再度發生。針對檢舉警察風紀方面的陳情，如警察違法情事、警察互相包庇、收受紅包等檢舉案件，更應嚴肅看待，確實進行調查與改進。畢竟，警察是政府各部門中最常與民眾直接接觸的公務員，民眾對警察的觀感，往往會影響民眾對政府整體施政品質的認知。近來，民眾對於政府施政品質的期望與要求日益增高，警政部門除需根據民眾所提建言進行被動式的改善措施，更應主動對內進行具前瞻功能的組織變革，以務實態度與做法回應民眾陳情與期待。

第三章　犯罪被害調查給安全治理的啓示

　　作為另一種犯罪測量，犯罪被害調查所蒐集的資料除可補充官方犯罪統計之不足，還可以更精確瞭解犯罪被害的後果和反應，以作為犯罪補償、協助及安全治理政策擬定的依據。在英、美等國，犯罪被害調查已有近四十年的歷史，台灣則在2000年、2005年及2010年執行過三次犯罪被害調查。筆者很幸運地曾參加這三次調查研究，本章即節錄自筆者所執行的2010年調查發現。

第一節　犯罪被害調查的源起與發展

　　根據Fattah（1991）及Hindelang（1976）的敘述，由於官方犯罪統計之黑數問題嚴重，美國總統執法與司法委員會（President's Commission on Law Enforcement and Administration of Justice）乃於1966年建議舉行犯罪被害調查，以為彌補。於是在1966年和1967年分別舉辦了三次先導研究（pilot study）。這也是世界上最早的犯罪被害調查。1966年的先導研究是由Biderman教授指導，由社會科學研究局（Bureau of Social Science Research）執行，針對華盛頓哥倫比亞特區（Washington, D.C.）隨機抽出之511名18歲以上成年人進行訪問。第二次之先導研究則由密西根大學（University of Michigan）之調查研究中心（Survey Research Center）在Reiss教授指導下進行。本次調查乃針對哥倫比亞特區、波士頓和芝加哥等市之768名商業機構之負責人或經理人，及595位18歲以上成年人進行訪問。第三次先導研究則由Ennis教授指導，由全國意見調查中心（National Opinion Research Center）所執行。這是一項全國性的調查，抽取1萬戶家庭進行訪問。在本次調查中發現，約有50%的犯罪案件未向警方報案。

　　三次的先導研究均旨在探討一項新的犯罪資訊蒐集方法是否可行，以及刑事司法機構如何能使用這些資訊。這些先導研究構成了第一代的犯罪被害調查（First Generation Victim Survey），同時也發現了一些方法學上

的問題，如受訪者記憶頹失（memory decay）、定義問題、抽樣問題等。

第二代犯罪被害調查於1970年和1971年實施，乃針對第一代犯罪被害調查之缺陷而做了一些方法學上的修正，如採用紀錄對照（record check）及小樣本組連續研究（panel design）等。

第三代之犯罪被害調查稱為全國犯罪調查（National Crime Survey），充分顯示了美國聯邦政府對犯罪被害調查的重視。聯邦政府分別抽樣調查全國7萬2,000家庭，1萬5,000商家並針對全國26個城市中之1萬2,000家庭及2,000商家進行特別調查。由於商業被害調查樣本太小及費用太高，於1977年開始停止舉辦。而城市之特別調查則因與家庭調查有許多重疊之處，且又費用太高，於1975年開始停止舉辦。

從1979年開始採用新設計，正式進入第四代之犯罪被害調查，名稱亦修正為全國犯罪被害調查（National Crime Victimization Survey, NCVS）。改進的方向包括：改進受測試者反應的正確性、增加犯罪與被害不同層面的問題、使調查所得資料更適合學術研究之用。同時，也開始採用篩選問題（screen questions），以便能更深入詢問被害經驗。

到了1989年，聯邦政府對犯罪被害調查進行了第五次改革，是為第五代犯罪被害調查之開始。重新設計後的犯罪被害調查擴增其蒐集犯罪資訊的能力，包括性侵害和家庭暴力均包括其中。同時亦提高了受訪者回憶事件的能力，也探討公眾對犯罪的態度。這些設計均實質地改善了犯罪被害調查的廣度和深度，產生了許許多多影響深遠的資訊。

截至目前，美國仍是犯罪被害調查的先驅，每年一次的調查使其能與官方犯罪統計相互比較，提供許多政策決定及學術研究等多用途的資料。世界上其他先進國家，如北歐諸國、德國、英國、荷蘭、瑞士、法國及澳大利亞等亦均以蒐集犯罪被害調查之資訊並形成制度（Schmalleger, 2002）。

而為瞭解世界各地的犯罪被害狀況，同時避免官方資料的缺陷及障礙，聯合國的「跨地區犯罪與司法研究所」（United Nations Interregional Crime and Justice Research Institute, Rome）從1989年開始對自世界上45個國家進行國際犯罪被害調查（International Crime Victimization Survey, ICVS）。這45個國家包括西歐、東歐、北美、南美、非洲及亞洲（日本、蒙古、中國大陸、印度、印尼及菲律賓）等地區。然後於1992年及1996年分別又進行了第二、第三次調查。這些調查成果讓研究世界各地

區犯罪問題之學者不必再依賴警察的資料。警方的資料由於各地區對犯罪之認定、執法及記錄方式之差異，而有觀察進行比較研究之問題。但ICVS卻可使吾人超越這些困難，使得吾人在犯罪（被害）測量上有進一步的革新。

第二節　犯罪被害調查的功用

　　Fattah（1991）指出，研究先於政策決定。而有效的犯罪被害預防則須以理論，而非以政治或意識型態為基礎，故理論被害者學（Theoretical Victimology）是應用被害者學（Applied Victimology）的先決條件。Hindelang（1976）則根據1972年的26個城市的個人犯罪被害調查結果，發展出「生活型態理論」（Life Style Theory），日後成為Marcus Felson（1998）影響廣大的「日常活動理論」（Routine Activity Theory）之基礎。因此，犯罪被害調查對被害理論形成之功用大矣！

　　Groenhuijsen（1999）指出，在歐洲，於70年代早期開始犯罪被害之實證研究，主要的國家包括德國、英國、荷蘭等。這些實證研究發現許多有關被害者之需求，因而促成許多犯罪被害者支持及協助組織的成立，並造成刑法上的革新。如：Van Dijk（2001）及Mayhew（1993）等之犯罪被害調查發現，每年約有四分之一的人口遭受犯罪被害，而犯罪被害的後果遠比吾人所想像的為嚴重。其中，最根本的後果是對社會信任的動搖甚或喪失。其次，人際間彼此信任的喪失，對保護自己人身及財產安全之信心亦開始動搖。最後，則是事件發生後，官方人員處理不當所造成的二度傷害（secondary victimization）也是被害人所關心的。

　　研究也發現，被害者所最迫切需求的是尊敬與認同，亦即刑事司法人員必須以嚴肅莊重的態度去對待被害者，不將之視為外人，給予必要的資訊及說話的時機，以避免有疏離化的感覺（孟維德，2005）。所謂被害者的「程序正義」（procedural justice）之概念因而產生，亦即在刑事訴訟過程中，被害者所受到的對待與刑事訴訟的結果是同等重要，他們需要瞭解為何某些案件不起訴、無罪或刑罰很輕，為何某些案件加害者又受到嚴厲的刑罰等（Tilley, 2002；孟維德，2008）。

而為了減輕被害的不良後果，乃有各種國際性或國內被害支持組織（victim support organizations）的成立。在歐洲，「歐洲被害者服務論壇」（European Forum for Victim Services）包括了來自15個國家之17個組織，每年約服務120萬被害者。其服務的項目主要包含三個領域：
一、一般事務性的服務。如填表格、修理受到損害的門窗，或臨時庇護場所等。
二、資訊提供。包括刑事訴訟、醫療及政府補助等。
三、心理支持等。

因此，無論是以符合被害者需求為主的刑事司法改革，或被害者支持組織的成立與運作，均以被害調查之發現為最主要的設計基礎。

第三節 研究設計與實施

壹 樣本抽樣方式

為瞭解各主要犯罪類型之特性，以及被害人對警察機關在處理該犯罪案件的看法；本研究採面訪方式蒐集資料，以2009年內政部警政署刑事警察局刑案資料檔中住宅竊盜、機車竊盜、汽車竊盜、詐欺、強盜和搶奪等六類犯罪被害人資料為母群體，抽取住宅竊盜被害375人，機車竊盜被害375人、汽車竊盜被害375人、詐欺被害375人、強盜被害150人、搶奪被害150人，合計1,800個樣本。有關樣本抽樣方式分述如下：

一、樣本母群

(一)被害時間：2009年1月1日至12月31日止。
(二)被害類型：住宅竊盜被害、機車竊盜被害、汽車竊盜被害、詐欺被害、強盜被害、搶奪被害。
(三)範圍及對象：包括台北市、高雄市、台北縣（新北市）及台灣省20縣（市）年滿12歲以上的居民。

二、面訪樣本抽樣步驟

(一)將台灣地區各縣市依住宅竊盜、機車竊盜、汽車竊盜、詐欺、強盜及

搶奪，分別予以分層；其中七個直、省轄市為第一層。再將其餘16個縣（含台北縣）以每萬人被害人數為基準分為二層（以16縣市被害人口率之平均為基準），高於平均被害率為第二層，低於平均被害率則為第三層，共計三層。

(二)累計層內鄉鎮市區之被害人數，以系統隨機抽樣抽出應有之樣本鄉、鎮、市、區：

1.因成本考量，被害人數10人以下之鄉鎮市區多屬偏遠地區，先予排除。

2.層內依鄉、鎮、市、區之被害人數由大至小排序。

3.計算該層10人以上之被害人數，再除以該層應抽樣本點（鄉鎮市區）數量，計算系統隨機抽樣區間。

4.累計鄉、鎮、市、區之被害人數，隨機選取一起始值，按抽樣區間以系統隨機抽樣法抽選樣本鄉、鎮、市、區。

(三)控制犯罪被害人之性別和年齡比率，每個樣本點（鄉鎮市區）以隨機抽樣法各別抽出3至15名各類型犯罪被害人。

(四)以相同之抽樣方式抽出2至4倍之替代樣本，其中詐欺被害因預試時拒訪率較高，抽取4倍替代樣本；汽車、機車、住宅盜竊、搶奪等四類型被害則抽取3倍替代樣本。強盜被害因樣本數較少，抽取2倍替代樣本，若該樣本點之所有被害人均調查完，仍不足該樣本點應有之配額，則由同一層級之其他鄉、鎮、市、區取樣，直至完成該樣本點應有之配額。

(五)面訪樣本施測結果：

　　本研究面訪以2009年內政部警政署刑事警察局刑案資料檔中汽車竊盜、住宅竊盜、機車竊盜、詐欺、搶奪和等六類犯罪被害人資料為母群體，各層之鄉、鎮、市、區數則依各層犯罪被害比率決定，住宅竊盜案、機車竊盜案、汽車竊盜案及詐欺案各抽取125個樣本點；強盜案及搶奪案各抽取50個樣本點，總計抽取600個鄉鎮市區作為本研究樣本點。各層應抽樣本點（鄉鎮市區）依累計層內鄉鎮市區之被害人數，以系統隨機抽樣抽出應有之樣本點（鄉鎮市區）。各案類於各層之樣本點數如表3-1所示。

表 **3-1** 各犯罪被害類型母群及樣本點

類型 層別	汽車竊盜		住宅竊盜		機車竊盜		詐欺		搶奪		強盜	
	母群	樣本點	母群	樣本點	母群	樣本點	母群	樣本點	母群	樣本點	母群	樣本點
第一層	5,566	36	3,660	41	19,768	43	15,162	48	964	21	240	14
第二層	8,496	56	4,735	52	24,231	53	15,350	47	743	17	452	26
第三層	5,081	33	2,915	32	13,019	29	9,774	30	513	12	175	10
合計	19,143	125	11,310	125	57,018	125	40,286	125	2,220	50	867	50

貳 問卷內容

　　問卷主要分成兩種：一是個人被害經驗（包括強盜被害與搶奪被害），另一是家戶被害經驗（包括家戶竊盜被害、家戶詐欺被害、家戶機車竊盜被害、家戶汽車竊盜被害）。在個人被害經驗部分，該問卷的主要目的在於瞭解被害人基本資料與個人特性、個人在過去一年裡所遭受的被害經驗特性（即2009年1月1日至12月31日）、報案方式、報案的原因、警察多久才處理、警察處理的情形、受理時之態度、是否提供相關資訊、是否轉介相關單位、是否破案、是否滿意警察的處理、是否擔心再被害等題。在家戶被害經驗部分，問卷的主要目的在於瞭解遭受家戶被害被害人之基本資料與居住環境特性、在過去一年裡所遭受的家戶被害經驗特性（即2009年1月1日至12月31日）、受訪者居住社區型態、社區滋擾事件與失序狀況的知覺對目前居住社區凝聚力（如：是否願意反應社區治安問題）、是否瞭解警察單位的犯罪預防措施（如：汽機車烙碼、反詐騙專線、住宅防竊諮詢、裝設錄影監視器材、校園安心走廊等）、較希望從何管道得知犯罪預防的訊息等。其分析結果將有助於吾人對個人與家戶遭受犯罪被害之特性有所認識，以作為政府安全治理部門擬定政策及民眾預防犯罪之參考。

參 實施調查

　　本調查為全國性的調查，針對1,800名於2009年間在警察機關備案之被害人進行面對面訪談，故需大批調查人員。為確保調查工作能順利進行，同時能夠落實調查工作，獲得精確詳實的資料，遂將調查人員分為督

導員及訪員兩部分。督導員的主要任務為確保訪員落實執行調查工作，調查期間督導員將不定期聯絡訪員，提供其所需要的協助，並掌握工作進度。而訪員的主要任務就是實際進行調查工作，蒐集本研究所需之資料。

　　由於本調查係以犯罪被害為主題，因此在督導員及訪員人選的考量上顧及專業認知、主動配合性以及訪員本身安全等問題，面訪調查工作的實施由內政部警政署委託「聯合行銷股份有限公司」執行，參與調查工作的訪員與督導員皆由該公司訪談經驗豐富的工作人員擔任。為確保調查工作順利、品質一致，且獲得精確詳實的資料，調查之實施，除依照擬訂之「調查執行標準作業程序」進行外，所有訪員皆於調查實施前參加由筆者所參與之研究團隊主辦的訪員講習訓練。本次面訪調查共有40名訪員，大多數的訪員都是選擇自己住家附近或工作地點附近的樣本作為調查對象。由於對自己住家或工作地點附近環境較熟悉，有助於訪員接觸調查樣本，使調查工作能以順利進行。

第四節　研究發現

　　本章的宗旨在於探究被害者與政府安全治理機關的互動情形，主要內容包括報案方式與原因、警察機關處理被害事件的過程與被害者的反應、被害者對警察機關的滿意度、被害者的資訊需求等。

壹　被害人報案方式與原因

一、警察獲知被害人之被害事件的主要方式

　　有關警察是如何獲知該犯罪事件的？在家戶被害部分，有88.73%家戶被害人表示是因為自己（受訪者）報的案，警察才獲知該犯罪事件，7.60%家戶被害人表示警察獲知該犯罪是因為家人報的案。值得注意的是，認為警察剛好在場或主動發現的百分比甚低，只有1.33%的家戶被害人。換言之，有關家戶被害事件，96.33%的家戶被害人表示是因為自己或家人報的案，警察才得以獲知該犯罪。當觀察家戶被害中的四種被害類型（住宅竊盜、汽車竊盜、機車竊盜及詐欺），百分比分配甚為接近，僅

有住宅竊盜部分，受訪者報案所占的百分比較低，為73.33%，而其他家人報的案所占百分比較高，為17.33%。

在個人被害部分，有61.33%個人被害人表示是因為自己（受訪者）報的案，警察才獲知該犯罪事件，11.00%個人被害人表示警察獲知該犯罪是因為家人報的案。認為警察剛好在場或主動發現的百分比仍甚低，只有4.00%的個人被害人。有關個人被害事件，仍有大多數的個人被害人（72.33%）表示是因為自己或家人報的案，警察才得以獲知該犯罪。另有9.33%的個人被害人表示是因為鄰居或路人報的案，而該選項在家戶被害人的意見中所占的百分比卻很低（0.60%）。當觀察個人被害中的兩種被害類型（強盜及搶奪），強盜被害人認為自己（受訪者）報案所占的百分比較搶奪被害人為低（強盜：58.67%，搶奪：64.00%）。

綜合家戶被害及個人被害相關資料的分析，警察之所以獲知被害人的被害事件，主要是因為被害人及其家人報的案。前述有關資料，如表3-2。

表 3-2　警察獲知該犯罪事件的主要方式　　　　　　單位：%

被害類型別	樣本數（戶）	百分比	受訪者報的案	其他家人報的案	擔任某些特定職務之人所報的案	鄰居或路人報的案	警察剛好在場或主動發現	其他人報案
家戶被害總計	1,500	100.00	88.73	7.60	0.73	0.60	1.33	1.00
住宅竊盜	375	100.00	73.33	17.33	2.13	2.40	3.20	1.60
汽車竊盜	375	100.00	93.60	4.27	-	-	1.07	1.07
機車竊盜	375	100.00	93.87	5.33	0.53	-	0.27	-
詐欺	375	100.00	94.13	3.47	0.27	-	0.80	1.33
個人被害總計	300	100.00	61.33	11.00	6.00	9.33	4.00	8.33
強盜	150	100.00	58.67	10.67	7.33	7.33	5.33	10.67
搶奪	150	100.00	64.00	11.33	4.67	11.33	2.67	6.00

二、被害者及其家人向警察報案的方式

由於被害人及其家人報案是警察獲知該犯罪事件的主要途徑，本研究接續探究被害人及其家人的報案方式。在家戶被害人部分，72.39%的家

戶被害人表示他們的報案方式是親自到警察單位報案，其次有33.22%的家戶被害人表示是電話報案，至於網路報案等方式的百分比均甚低。當觀察家戶被害中的四種被害類型，住宅竊盜被害人及其家人的報案方式與其他三種被害類型的報案方式不同，75.29%的住宅竊盜被害人表示為電話報案方式，比其他三種被害類型被害人的百分比高出許多；另有34.12%的住宅竊盜被害人表示為親自到警察單位報案，比其他三種被害類型被害人的百分比又低了許多。換言之，住宅竊盜被害人及其家人的主要報案方式為電話報案，汽車竊盜、機車竊盜及詐欺被害人及其家人的主要報案方式為電話報案親自到警察單位報案。

在個人被害部分，59.91%的個人被害人表示他們的報案方式是電話報案，其次有45.62%的個人被害人表示是親自到警察單位報案，其餘報案方式的百分比均甚低。當觀察個人被害中的兩種被害類型，較多的強盜被害人（68.27%）表示電話報案是主要的報案方式，較多的搶奪被害人（55.75%）表示自己或家人會親自到警察單位報案。

綜合家戶被害及個人被害相關資料的分析，家戶被害人及其家人（住宅竊盜除外）的主要報案方式為親自到警察單位報案。個人被害人中，強盜被害人及其家人的主要報案方式為電話報案，搶奪被害人及其家人的主要報案方式為親自到警察單位報案及電話報案。前述有關資料，如表3-3。

三、被害者及其家人向警察報案的主要原因

警察機關若能清晰瞭解被害人及其家人的報案理由，繼而在受理報案人員的態度上以及報案後的勤務規劃、偵查作為予以具體回應，應有助於提升被害人及其家人對警察機關處理犯罪事件的滿意度。

針對被害人及其家人向警察報案的主要原因，在家戶被害部分，依選項百分比高低排序，前三項原因分別為使受損害的財物能夠恢復原狀（38.06%）、避免被害財物成為其他犯罪的工具（25.67%）、中止這件事件發生（9.69%）。當觀察家戶被害中的四種被害類型，則可發現四種被害類型的報案原因存有差異，針對住宅竊盜及詐欺，報案者報案主因是「使受損害的財物能夠恢復原狀」。針對汽車竊盜及機車竊盜，報案者報案主因是「避免被害財物成為其他犯罪的工具」及「使受損害的財物能夠恢復原狀」。

表3-3　被害民眾向警察報案的方式　　　　　　　　　單位：%

被害類型別	樣本數（戶）	電話報案	網路報案	親自到警察單位報案	在警察單位以外的地方遇見警察而報案	其他方式
家戶被害總計	1,445	33.22	0.35	72.39	0.42	0.07
住宅竊盜	340	75.29	-	34.12	0.59	-
汽車竊盜	367	29.43	0.27	76.02	0.82	-
機車竊盜	372	13.44	-	90.05	-	-
詐欺	366	18.03	1.09	86.34	0.27	0.27
個人被害總計	217	59.91	0.46	45.62	3.23	0.46
強盜	104	68.27	-	34.62	3.85	0.96
搶奪	113	52.21	0.88	55.75	2.65	-

註：此題為複選題，故列加總百分比大於100。

在個人被害部分，依選項百分比高低排序，前三項原因分別為使受損害的財物能夠恢復原狀（24.42%）、避免他人受到犯罪人的侵害（17.51%）及懲罰犯罪人（14.29%），如表3-4。由於強盜及搶奪屬直接性的掠奪犯罪，大多數被害人與犯罪者有直接性的接觸，此等犯罪不僅給被害人造成財物損失，更給被害人帶來直接性的、親身接觸的驚嚇和傷害，往往造成被害人生理或心理上的創傷，其損害效應與家戶被害有所不同，也因而導致報案動機不同。被害人除有損害恢復的需求外，似乎帶有應報需求，希望「懲罰犯罪人」。

四、報案三聯單的簽發

有關報案三聯單（類似報案紀錄表的文件）簽發的問題，本研究分兩部分探討，一是被害人或其家人在報案前，是否知道警察機關會給報案三聯單？另一是被害人或其家人完成報案後，警察機關是否有給報案三聯單？

表3-5的資料顯示，針對報案人為被害人或其家人的受訪者中，62.08%的家戶被害受訪者表示自己或家人在報案前就知道警察機關會給報案三聯單，表示不知道者占36.47%。90.38%的家戶被害受訪者表示自己或家人在報案後，警察機關有給報案三聯單。換言之。約有四成的當事

表 **3-4** 被害者及其家人向警察報案的主要原因　　　　單位：%

被害類型別	樣本數(戶)	百分比	中止這件事件發生	受傷需要幫助	使受損害的財物能夠恢復原狀	申請保險理賠	避免自己或家人再受到犯罪人的侵害
家戶被害總計	1,445	100.00	9.69	3.46	38.06	0.83	5.61
住宅竊盜	340	100.00	14.41	5.59	32.06	-	17.06
汽車竊盜	367	100.00	3.54	4.09	39.51	1.09	1.63
機車竊盜	372	100.00	1.61	1.34	40.59	0.27	0.27
詐欺	366	100.00	19.67	3.01	39.62	1.91	4.37
個人被害總計	217	100.00	11.06	7.83	24.42	-	8.29
強盜	104	100.00	13.46	12.50	19.23	-	10.58
搶奪	113	100.00	8.85	3.54	29.20	-	6.19

被害類型別	樣本數(戶)	百分比	避免他人受到犯罪人的侵害	懲罰犯罪人	讓警察多注意事件周遭環境的安全	為維護社會正義	避免被害財務成為其他犯罪工具	其他原因
家戶被害總計	1,445	100.00	6.85	5.33	2.63	0.90	25.67	0.97
住宅竊盜	340	100.00	5.59	9.41	9.12	1.76	4.12	0.88
汽車竊盜	367	100.00	2.18	2.72	0.54	-	44.41	0.27
機車竊盜	372	100.00	3.49	0.81	0.81	-	50.54	0.27
詐欺	366	100.00	16.12	8.74	0.55	1.91	1.64	2.46
個人被害總計	217	100.00	17.51	14.29	7.37	0.46	6.91	1.84
強盜	104	100.00	21.15	15.38	2.88	-	1.92	2.88
搶奪	113	100.00	14.16	13.27	11.50	0.88	11.50	0.88

註：此題僅受訪者或其家人報案者回答。

表 3-5 「報案三聯單」的簽發　　　　　　單位：%

被害類型別	樣本數（戶）	百分比	知道	不知道	不確定
家戶被害總計	1,445	100.00	62.08	36.47	1.45
住宅竊盜	340	100.00	58.53	39.41	2.06
汽車竊盜	367	100.00	66.49	32.15	1.36
機車竊盜	372	100.00	57.26	41.40	1.34
詐欺	366	100.00	65.85	33.06	1.09
個人被害總計	217	100.00	49.77	48.85	1.38
強盜	104	100.00	51.92	46.15	1.92
搶奪	113	100.00	47.79	51.33	0.88
被害類型別	**樣本數（戶）**	**百分比**	**有簽發**	**無簽發**	**不清楚**
家戶被害總計	1,445	100.00	90.38	4.22	5.40
住宅竊盜	340	100.00	85.00	7.06	7.94
汽車竊盜	367	100.00	92.64	3.81	3.54
機車竊盜	372	100.00	93.28	2.42	4.30
詐欺	366	100.00	90.16	3.83	6.01
個人被害總計	217	100.00	82.49	10.60	6.91
強盜	104	100.00	76.92	15.38	7.69
搶奪	113	100.00	87.61	6.19	6.19

註：此題僅受訪者或其家人報案者回答。

人並不知警察機關會給報案三聯單，該比例不可謂不高，惟警察機關簽發報案三聯單的百分比高出該比例甚多，隱喻警察機關不太會因當事人不知報案三聯單而不簽發。這種現象在個人被害案件的分析中，也有類似的發現。

　　值得注意的是，警察機關簽發給個人被害當事人報案三聯單的百分比要比家戶被害當事人為低（個人被害：82.49%，家戶被害：90.38%）。在四種家戶被害類型中，以住宅竊盜案件的簽發率較低；在兩種個人被害類型中，以強盜案件的簽發率較低。

貳 警察機關對犯罪被害事件的處理與民眾反應

一、被害事件發生多久後，警察才獲知該事件

有關被害事件發生後多久，警察才獲知該事件？表3-6顯示，家戶被害受訪者認為警察獲知時間是在案發後超過三十分鐘者，占62.07%；個人被害受訪者認為警察獲知時間是在案發後三十分鐘以內者，占76.00%。顯然，警察較快速獲知個人被害案件，而對於竊盜及詐欺案件的獲知時間則較遲緩。尤其是詐欺及住宅竊盜案件，案發時間與民眾報案時間，兩者之間有較長的間隔。

表 3-6　案發多久警察才知道犯罪事件　　　　　　單位：%

被害類型別	樣本數（戶）	總計	三分鐘內	三分鐘～三十分鐘內	三十分鐘～一小時內	一小時～十二小時內	十二小時～二十四小時內	一天以上	不清楚
家戶被害總計	1,500	100.00	8.53	25.73	10.60	29.67	7.00	14.80	3.67
住宅竊盜	375	100.00	10.67	25.60	12.00	32.00	4.80	10.67	4.27
汽車竊盜	375	100.00	10.13	30.93	7.73	38.67	6.13	3.47	2.93
機車竊盜	375	100.00	9.87	30.13	12.27	31.47	8.00	3.47	4.80
詐欺	375	100.00	3.47	16.27	10.40	16.53	9.07	41.60	2.67
個人被害總計	300	100.00	28.00	48.00	5.00	10.00	-	6.33	2.67
強盜	150	100.00	24.67	40.67	6.00	12.67	-	11.33	4.67
搶奪	150	100.00	31.33	55.33	4.00	7.33	-	1.33	0.67

二、警察的反應時間及處理事項

針對警察得知犯罪事件後，多久才處理？有較高百分比的家戶被害受訪者（38.89%）及個人被害受訪者（40.33%）表示在五分鐘內，超過六成的受訪者表示警察在獲知犯罪事件後十分鐘內便開始處理案件。值得注意的是，住宅竊盜受訪者表示警察處理該犯罪的反應時間較慢，10~60分鐘內者占38.13%，如表3-7。

表 3-7　警察知道犯罪事件後的反應時間　　　　　　　　單位：%

被害類型別	樣本數（戶）	百分比	五分鐘內	五～十分鐘內	十～六十分鐘內	一～二十四小時	一天以上	不清楚	遺漏值
家戶被害總計	1,500	100.00	38.93	22.20	25.20	6.07	2.67	4.87	0.07
住宅竊盜	375	100.00	20.00	28.53	38.13	6.13	1.07	6.13	-
汽車竊盜	375	100.00	39.20	25.87	26.40	4.80	1.87	1.87	-
機車竊盜	375	100.00	50.13	18.13	19.73	5.87	1.87	4.27	-
詐欺	375	100.00	46.40	16.27	16.53	7.47	5.87	7.20	0.27
個人被害總計	300	100.00	40.33	27.33	18.33	3.67	3.67	6.67	-
強盜	150	100.00	38.67	24.67	17.33	2.67	6.00	10.67	-
搶奪	150	100.00	42.00	30.00	19.33	4.67	1.33	2.67	-

　　有關警察的處理事項，在家戶被害部分，依選項百分比排序，主要的處理事項依序為製作筆錄（97.13%）、搜索現場（41.13%）、承諾對本案進行調查（27.47%）、採集證物（27.27%）、詢問目擊證人及案情有關之人（15.27%）。

　　在個人被害部分，依序為製作筆錄（98.00%）、搜索現場（53.67%）、詢問目擊證人及案情有關之人（40.67%）、承諾對本案進行調查（39.00%）、採集證物（31.67%）、逮捕嫌犯（13.33%），如表3-8。

　　觀察百分比的落差，在被害人的主觀感受中，警察處理的主要內容為製作筆錄（超過97%的受訪者選擇此項），其餘項目的百分比明顯較低，警察似有必要給被害人留下更清楚的積極印象。

參　案件是否偵破與未破原因

　　45.20%的家戶被害人表示該犯罪未偵破，50.00%表示偵破，另有4.8%表示不知道是否被偵破。在家戶被害人中，表示未偵破者以住宅竊盜被害人（69.60%）為最高，汽車竊盜被害人最低（24.53%）。在個人被害部分，32.67%表示未偵破，63.00%表示偵破，4.33%表示不知道是否被偵破。在個人被害人中表示未偵破者，搶奪被害人的百分比較強盜為高（搶奪46.67%，強盜18.67%）。整體觀察，家戶被害案件的破獲率

較個人被害案件為低。觀察六種被害類型，住宅竊盜案件的破獲率最低（69.60%被害人表示未偵破），強盜案件的破獲率最高（18.67%的被害人表示未偵破）。相關資料，如表3-9。

表 3-8　警察的處理方式　　　　　　　　　　　　　單位：%

被害類型別	樣本數（戶）	製作筆錄	搜索現場	採集物證	詢問目擊證人及案情有關人	逮捕嫌犯	監控現場	承諾對本案進行調查	其他	不清楚
家戶被害總計	1,500	97.13	41.13	27.27	15.27	2.60	2.13	27.47	1.20	1.67
住宅竊盜	375	96.53	56.00	74.13	27.20	6.40	3.20	31.73	0.53	1.07
汽車竊盜	375	98.13	52.00	13.33	12.00	1.33	0.53	24.00	0.00	1.33
機車竊盜	375	97.07	53.33	6.93	9.60	0.53	4.00	26.93	0.80	1.60
詐欺	375	96.80	3.20	14.67	12.27	2.13	0.80	27.20	3.47	2.67
個人被害總計	300	98.00	53.67	31.67	40.67	13.33	9.67	39.00	2.33	1.67
強盜	150	96.67	50.00	49.33	43.33	17.33	11.33	32.00	3.33	3.33
搶奪	150	99.33	57.33	14.00	38.00	9.33	8.00	46.00	1.33	0.00

註：此題為複選題，故列加總百分比大於100。

表 3-9　犯罪案件是否偵破　　　　　　　　　　　　單位：%

被害類型別	樣本數（戶）	百分比	否	是	不知道
家戶被害總計	1,500	100.00	45.20	50.00	4.80
住宅竊盜	375	100.00	69.60	27.73	2.67
汽車竊盜	375	100.00	42.93	53.87	3.20
機車竊盜	375	100.00	24.53	72.80	2.67
詐欺	375	100.00	43.73	45.60	10.67
個人被害總計	300	100.00	32.67	63.00	4.33
強盜	150	100.00	18.67	77.33	4.00
搶奪	150	100.00	46.67	48.67	4.67

　　針對表示案件未偵破的被害人，本研究繼而探究被害人所認為的未偵破原因。換言之，底下所分析者乃是被害人主觀上的未偵破原因。依選項百分比排序，家戶被害案件未偵破的前三項原因為：案發時線索就已不足（35.99%）、警察不重視該案件（25.81%）、警察不認真辦案

（13.13%）。個人被害案件未偵破的前三項原因為：案發時線索就已不足（44.90%）、警察能力或其他資源不足（18.37%）、警察不重視該案件（15.31%）。觀察選項百分比，「案發時線索就已不足」，顯然是大多數家戶被害人及個人被害人認為未偵破的主因，其次是警察的問題。相關資料，如表3-10。

表 3-10　被害者（戶）認為案件未偵破的主因　　　　　　單位：%

被害類型別	樣本數（戶）	百分比	警察已掌握線索，短期內應會破案	案發時線索就已不足	犯罪人逃至國外	警察人力或其他資源不足	警察不重視您的案件	警察不認真辦案	警察不夠專業	其他	遺漏值
家戶被害總計	678	100.00	0.88	35.99	1.33	10.91	25.81	13.13	3.54	7.08	1.33
住宅竊盜	261	100.00	0.38	41.76	-	8.81	28.74	12.26	3.83	3.45	0.77
汽車竊盜	161	100.00	-	29.81	1.24	11.18	32.30	14.91	1.86	4.35	4.35
機車竊盜	92	100.00	1.09	39.13	-	11.96	23.91	9.78	1.09	13.04	-
詐欺	164	100.00	2.44	31.10	4.27	13.41	15.85	14.63	6.10	12.20	-
個人被害總計	98	100.00	2.04	44.90	-	18.37	15.31	11.22	5.10	2.04	1.02
強盜	28	100.00	-	60.71	-	7.14	10.71	14.29	7.14	-	-
搶奪	70	100.00	2.86	38.57	-	22.86	17.14	10.00	4.29	2.86	1.43

註：本題僅案件未破案之受訪者回答。

肆　被害者的滿意度

一、被害者對警察處理案件滿意度之分布

　　被害者對於警察處理整個被害案件是否滿意？表示非常滿意者有282人，占15.67%，表示還算滿意者有914人，占50.78%。換言之，表示滿意者，計有1,196人，占66.44%。表示不太滿意者有336人，占18.67%，表示非常不滿意者有185人，占10.28%。換言之，表示不滿意者，計有521人，占28.95%。表示沒意見或很難說者有73人，占4.06%，表示不知道或拒答者有10人，占0.56%。

　　整體觀之，大多數被害者（66.44%）對於警察處理整個被害案件感到滿意，少數被害者（28.95%）對於警察處理整個被害案件感到不滿意，甚為少數的被害者（4.62%）未明確表示滿意或不滿意，如表3-11。

表3-11 被害者對警察處理案件滿意度之分布　　　　　　單位：%

	樣本數	百分比	累積百分比
總計	1,800	100.00	-
非常滿意	282	15.67	15.67
還算滿意	914	50.78	66.44
不太滿意	336	18.67	85.11
非常不滿意	185	10.28	95.39
沒意見很難說	73	4.06	99.44
不知道拒答	10	0.56	100.00

二、被害者的被害類型與其對警察處理案件滿意度

　　不同被害類型的被害者與其對警察處理案件滿意度有顯著關聯（χ^2 = 79.51，df = 5，p < 0.01），機車竊盜被害者表示滿意的百分比最高（83.43%），強盜被害者表示滿意的百分比次之（80.99%），搶奪被害者表示滿意的百分比再次之（73.97%）。

　　表示不滿意百分比最高者，為住宅竊盜被害者（44.48%），次高者為詐欺被害者（34.66%），再次高者為汽車竊盜被害者（32.32%）。如表3-12。根據對警察處理案件不滿意百分比高低排序，依序為住宅竊盜被害者、詐欺被害者、汽車竊盜被害者。

三、警察受理報案的回應情形與被害者對警察處理案件滿意度

　　警察受理報案的回應情形與被害者對警察處理案件滿意度有顯著關聯。警察受理報案時沒有耐心詢問與傾聽，被害者對警察處理案件表示不滿意的百分比（83.87%），顯然高於有耐心詢問與傾聽的百分比（24.82%）。警察沒有熱心提供被害者所需訊息，被害者對警察處理案件表示不滿意的百分比（59.49%），顯然高於有熱心提供被害者所需訊息的百分比（9.95%）。警察沒有給被害者報案三聯單，被害者對警察處

表 **3-12**　被害類型與對警察處理滿意度之關聯性分析

被害類型	對警察處理滿意與否		
	總計	滿意	不滿意
總計	1,717	1,196	521
	100.00%	69.66%	30.34%
住宅竊盜	353	196	157
	100.00%	55.52%	44.48%
汽車竊盜	362	245	117
	100.00%	67.68%	32.32%
機車竊盜	362	302	60
	100.00%	83.43%	16.57%
詐欺	352	230	122
	100.00%	65.34%	34.66%
強盜	142	115	27
	100.00%	80.99%	19.01%
搶奪	146	108	38
	100.00%	73.97%	26.03%
$\chi^2 = 79.51$；df = 5；p < 0.01			

理案件表示不滿意的百分比（51.95%），顯然高於有給被害者報案三聯單的百分比（30.35%）。

　　警察得知被害案件後，在一小時後才處理的案件中，47.48%的被害者對警察處理案件表示不滿意。在十分鐘至一小時內處理的案件中，40.48%的被害者對警察處理案件表示不滿意。在五至十分鐘內處理的案件中，32.09%的被害者對警察處理案件表示不滿意。在五分鐘內處理的案件中，19.05%的被害者對警察處理案件表示不滿意。顯然，警察得知被害案件後愈慢處理（反應愈慢），被害者愈可能不滿意。

　　警察沒有認真處理被害案件，被害者對警察處理案件表示不滿意的百分比顯然較高（82.58% > 10.32%）。未偵破的被害案件中，被害者對警察處理案件表示不滿意的百分比（47.65%），顯然高於偵破案件被害者表示不滿意的百分比（16.81%）。如表3-13。

表 **3-13**　警察受理報案的回應情形與被害者對警察處理案件滿意度

警察回應情形		對警察處理滿意與否		
		總計	滿意	不滿意
警察受理報案時有沒有耐心詢問與傾聽	總計	1,679	1,189	490
		100.00%	70.82%	29.18%
	有	1,555	1,169	386
		100.00%	75.18%	24.82%
	沒有	124	20	104
		100.00%	16.13%	83.87%
	$\chi^2 = 193.75$；$df = 1$；$p < .01$			
警察有沒有熱心提供被害者所需訊息	總計	1,626	1,117	509
		100.00%	68.70%	31.30%
	有	925	833	92
		100.00%	90.05%	9.95%
	沒有	701	284	417
		100.00%	40.51%	59.49%
	$\chi^2 = 455.12$；$df = 1$；$p < .01$			
警察機關是否有給報案三聯單	總計	1,494	1,024	470
		100.00%	68.54%	31.46%
	有	1,417	987	430
		100.00%	69.65%	30.35%
	無	77	37	40
		100.00%	48.05%	51.95%
	$\chi^2 = 15.81$；$df = 1$；$p < .01$			
警察反應時間	總計	1,635	1,142	493
		100.00%	69.85%	30.15%
	五分鐘內	679	549	130
		100.00%	80.85%	19.15%
	五至十分鐘內	402	273	129
		100.00%	67.91%	32.09%
	十分鐘至一小時內	415	247	168
		100.00%	59.52%	40.48%
	一小時以上	139	73	66
		100.00%	52.52%	47.48%
	$\chi^2 = 80.62$；$df = 3$；$p < .01$			

表 3-13　警察受理報案的回應情形與被害者對警察處理案件滿意度（續）

警察回應情形		對警察處理滿意與否		
		總計	滿意	不滿意
警察有沒有認真處理被害事件	總計	1,553	1,090	463
		100.00%	70.19%	29.81%
	有	1,134	1,017	117
		100.00%	89.68%	10.32%
	沒有	419	73	346
		100.00%	17.42%	82.58%
		$\chi^2 = 763.46$；df = 1；p < .01		
被害案件是否偵破	總計	1,640	1,141	499
		100.00%	69.57%	30.43%
	否	724	379	345
		100.00%	52.35%	47.65%
	是	916	762	154
		100.00%	83.19%	16.81%
		$\chi^2 = 181.68$；df = 1；p < .01		

第五節　結　語

壹　歸納研究發現

一、報案方式與原因

(一)綜合家戶被害及個人被害相關資料的分析，警察之所以獲知被害人的被害事件，主要是因為被害人及其家人報的案。認為警察剛好在場或主動發現的百分比甚低，只有1.33%的家戶被害人，個人被害人也只有4.00%。

(二)家戶被害人及其家人的主要報案方式為親自到警察單位報案，惟住宅竊盜除外，其以電話報案為主。個人被害人及其家人的主要報案方式為電話報案，其中強盜被害人表示電話報案是主要的報案方式，搶奪

被害人則表示自己或家人會親自到警察單位報案及電話報案是主要的報案方式。

(三)家戶被害的報案原因，依選項百分比高低排序，前三項原因分別為使受損害的財物能夠恢復原狀（38.06%）、避免被害財物成為其他犯罪的工具（25.67%）、中止這件事件發生（9.69%）。個人被害的報案原因，前三項原因分別為使受損害的財物能夠恢復原狀（24.42%）、避免他人受到犯罪人的侵害（17.51%）及懲罰犯罪人（14.29%）。

(四)約有60.47%的被害當事人表示知道警察機關會給報案三聯單，惟警察機關簽發報案三聯單的百分比高出該比例甚多（家戶被害90.38%，個人被害82.49%）。警察機關簽發給個人被害當事人報案三聯單的百分比要比家戶被害當事人為低（個人被害：82.49%，家戶被害：90.38%）。在四種家戶被害類型中，以住宅竊盜案件的簽發率較低；在兩種個人被害類型中，以強盜案件的簽發率較低。

二、警察機關對犯罪被害事件的處理與民眾反應

(一)警察較快速獲知個人被害案件，而對於家戶被害案件的獲知時間則較遲緩，民眾對於詐欺及住宅竊盜案件的報案時間比較緩慢。

(二)超過六成的受訪者表示警察在獲知犯罪事件後十分鐘內便開始處理案件，住宅竊盜受訪者表示警察處理該犯罪的反應時間較慢，有較高百分比的受訪者認為在十至六十分鐘內。

(三)在被害人的主觀感受中，警察處理的主要內容為製作筆錄（超過97%的受訪者選擇此項），其餘項目的百分比明顯較低，警察似有必要給被害人留下更清楚的積極印象。

(四)45.20%的家戶被害人表示該犯罪未偵破，50.00%表示偵破，另有4.80%表示不知道是否被偵破。在家戶被害人中，表示未偵破者以住宅竊盜被害人（69.60%）為最高，汽車竊盜被害人最低（24.53%）。在個人被害部分，32.67%表示未偵破，63.00%表示偵破，4.33%表示不知道是否被偵破。在個人被害人中表示未偵破者，搶奪被害人的百分比較強盜為高（搶奪46.67%，強盜18.67%）。

(五)「案發時線索就已不足」，是大多數家戶被害人及個人被害人認為未破案的主因，其次是警察的問題。

三、被害者的滿意度

(一)被害者對於警察處理整個被害案件的感受方面,表示滿意(含非常滿意及還算滿意)占66.44%。。

(二)不同被害類型的被害者與其對警察處理案件滿意度有顯著關聯,根據對警察處理案件不滿意百分比高低排序,依序為住宅竊盜被害者、詐欺被害者、汽車竊盜被害者。。

(三)警察受理報案的回應情形與被害者對警察處理案件滿意度有顯著關聯,被害者對警察處理案件表示不滿意的情形如下:警察受理報案時沒有耐心詢問與傾聽、警察沒有熱心提供被害者所需訊息、警察沒有簽發報案三聯單、警察得知被害案件後愈慢處理案件、警察沒有認真處理被害案件、被害案件未偵破。

貳 犯罪被害調查的啓示

一、應暢通報案管道,提昇民眾報案意願

本調查發現,警察之所以獲知犯罪事件,大多數是因為被害者或他人報案所致,警察剛好在場或主動發現的比例甚低。換言之,被害者或其他民眾的報案意願若是不高,或是警察機關所提供的報案管道不暢通,將使得許多犯罪無法進入刑事司法體系,結果將導致政府決策人員無法掌握犯罪實況,擬定有效的犯罪防治對策。因此,政府有關部門除積極宣導民眾主動報案,更應該改善及簡化報案程序,消除報案阻礙與不便,並確實簽發報案三(四)聯單交予報案人。惟有民眾勇於報案,警察機關詳實記錄報案資料,報案人對警察機關的信賴感始能提昇。

二、警察機關應更積極處理犯罪被害事件

從各類型被害者對於警察反應時間的估算中,可以發現警察機關對於住宅竊盜的反應時間較為緩慢,警察機關宜改善之。在大多數被害者的主觀感受中,警察處理犯罪案件的主要工作項目為製作筆錄,被害者似乎對其他較具積極意義的處理事項(例如採集證物、詢問目擊證人等)缺乏深刻印象。因此,警察宜更積極處理民眾的被害事件,給被害者留下較清楚的積極印象,進而提升被害者對警察機關的滿意度。

　　被害者在遭受犯罪侵害後，極可能在人身安全、財物或精神上受到傷害或負面影響。警察往往是政府處理犯罪事件的第一線人員，犯罪被害後的報案過程，正是民眾感受政府施政品質的適當時機，警察應該把握與守法民眾（一般常與警察接觸的民眾是犯罪者或違規者）的互動機會，面對被害者或報案者的態度應不同於面對犯罪者或違規者。有關研究顯示，被害者需要的是救援、保護、尊敬與認同，給予必要的資訊與說話的機會，避免有疏離化的感覺。因此，若被害者確有需求且案情適當，警察機關應主動提供被害者相關訊息。

三、警察機關應對案件處理過程進行全面品質管制

　　為提升被害者對於警察處理案件的滿意度，警察受理報案時應耐心詢問被害者與傾聽其陳述，熱心提供被害者所需訊息，確實簽發報案三聯單，獲知被害案件後快速處理案件，以認真的態度處理被害案件，偵破被害案件。本研究亦發現，「案發時線索就已不足」，是大多數家戶被害者及個人被害者認為未破案的主因，其次才是警察的問題。當警察表現出積極、認真的態度，並向當事人做出未破案的合理、客觀解釋，當事人感受將會較傾向滿意的。

四、製作犯罪被害者服務及保護手冊

　　犯罪學研究發現，少數的被害者解釋了較大比例的被害事件，相當數量的被害事件集中在有限的被害者身上。換言之，前次的被害經驗是未來被害的良好預測指標，曾有被害經驗的人很可能會比沒有被害經驗的人在未來具有較高的被害風險。因此，警察可利用受理報案時善意告知與提醒被害者被害的風險訊息，並提供被害者犯罪預防的相關資訊與協助。事實上，被害者在剛遭被害後，通常有較高的意願接受此方面的訊息。警察機關應預先製作「犯罪被害者服務及保護手冊」，於被害者或其家人報案時發給當事人，該手冊內容應包括緊急救援、被害補償、社會救助、民事賠償、轉介服務、重複被害警示與預防等訊息。顯然，被害者是警察機關實施犯罪預防宣導的極佳對象。另一方面，警察機關也應將被害者列為犯罪預防資源分配的對象，配合相關警察勤務（如巡邏），抑制被害者未來重複被害的機率。

第四章　兒童及少年犯罪防治理論的驗證與實踐

第一節　前　言

　　一個社會的持續發展需要許多條件的配合，不僅政經環境要穩定，而且社會問題也要少。台灣地小人稠，天然資源有限，整體經濟的發展，不僅需要足夠的資金，還要有優質的人力資源配合。觀察國內目前的情況，老人平均壽命增加，而出生率下降，近十年來，兒童及少年人口數與占總人口的比例逐年減少。以少年人口為例（指12歲以上至未滿18歲之人），表4-1顯示，台閩地區總人口數呈現逐漸增加趨勢，但少年人口數卻逐年減少，1996年少年人口數超過236萬，2001年的少年人口數已不及200萬，少年人口占總人口的百分比逐年下降，1996年的百分比為11.07%，2009年的比例已降至8.38%，兒童人口也有類似情況（參閱圖4-1）。換言之，未來國內生產人口將減少，依賴人口將增加，而社會要維持高的經濟產值和持續發展，兒童及少年人口的素質便顯得極為重要。

　　兒童及少年正值生理快速成長、心智發展尚未成熟的階段，好奇心強但判斷和解決問題的能力不足，且不瞭解如何維護自身權益和保護自己，常易犯錯或被引誘、利用，造成生活適應上的問題，而影響未來的正常發展。根據警政署的資料顯示（如表4-2），竊盜犯罪是兒童及少年犯罪的主要類型，尤其是在犯罪兒童中，57.08%是竊盜犯，犯罪少年中22.06%是竊盜犯。另外，暴力犯罪也都是犯罪兒童及少年可能涉及的犯罪類型，21.74%的犯罪少年係暴力犯罪者，犯罪兒童中有14.37%涉及暴力犯罪。值得注意的是，7.83%的犯罪少年涉及毒品犯罪。從警政署的資料中可清楚觀察出，兒童及少年犯罪甚為多元，包括財產犯罪、暴力犯罪、毒品犯罪，甚至涉及類似經濟犯罪的活動（詐欺背信）。

表 4-1 台灣兒童及少年人口數及百分比

年別	1996	2001	2002	2003	2004	2005	2006	2007	2008	2009
年中人口總數	21,387,815	22,341,120	22,463,172	22,562,663	22,646,836	22,729,753	22,823,455	22,917,444	22,997,696	23,078,402
兒童年中人口數	3,861,072	3,725,690	3,656,044	3,564,880	3,465,910	3,354,071	3,235,622	3,117,529	2,997,356	2,842,789
兒童人口數百分比	18.05%	16.68%	16.28%	15.80%	15.30%	14.76%	14.18%	13.60%	13.03%	12.32%
少年年中人口數	2,368,501	1,995,106	1,947,484	1,922,262	1,921,588	1,939,917	1,939,433	1,937,123	1,937,858	1,934,243
少年人口數百分比	11.07%	8.93%	8.67%	8.52%	8.49%	8.53%	8.50%	8.45%	8.43%	8.38%

資料來源：內政部。
註：兒童係指11歲以下之人，少年指12歲至未滿18歲之人。

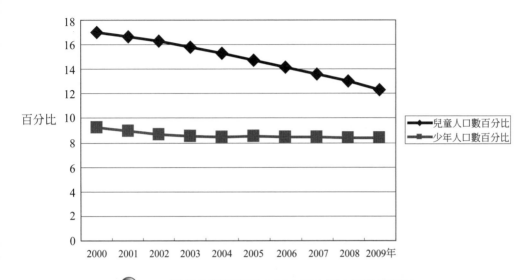

圖 4-1　近年台灣兒童及少年人口占總人口數百分比

　　兒童及少年除了自身從事犯罪活動外，還可能成為犯罪者的目標，從表4-3可以看出，兒童及少年在妨害性自主案件中，有較高的風險成為被害者，妨害性自主犯罪被害人中有47.20%是少年，15.07%是兒童。在各類刑案中，兒童及少年成為暴力犯罪被害者的比例相當高，少年更是妨害性自主犯罪被害的高危險群。顯見，兒童及少年人身安全的維護值得重視。

　　犯罪學研究屢次證明，於生命早期而觸法者，其未來成為成年犯的比例相當高（蔡德輝、楊士隆，2008；Akers, 1997; Gottfredson, 1999）。被害者學研究亦指出，先前的被害者成為重複被害者的可能性亦是相當高（Fattah, 1997; Laub, 1997）。因此，防處兒童及少年犯罪以及保護兒童及少年人身安全是很重要的課題。警察，是兒童及少年保護網絡及預防各類型犯罪的重要環節，也是最先接觸犯罪事件且次數最頻繁的刑事司法人員，可說位居兒童及少年犯罪防處工作的最前線。警察也是整個刑事司法體系中人數最多的部門，警察機關所實施的預防犯罪政策及執行策略，無疑將對兒童及少年犯罪防處工作產生深遠的影響。基此，本章針對「警察應如何防處兒童及少年犯罪」之議題進行探討。以下本章將先從實證途徑出發，蒐集兒童及少年偏差行為相關資料，分析兒童及少年犯罪的根本

原因，繼而討論警察回應作為，歸納出警察有效防處兒童及少年犯罪的執行策略。

表 4-2 台灣兒童及少年犯罪主要類型分析

項目 人別	犯罪人數	占總犯罪人數 百分比（%）	犯罪類型（百分比%）					
			竊盜	暴力	毒品	妨害 風化	詐欺 背信	其他
兒童	452	0.17	57.08	14.37	0.44	7.08	1.11	19.92
少年	10,762	4.11	22.06	21.74	7.83	6.07	5.75	36.55

資料來源：內政部警政署刑事警察局（2010）。中華民國刑案統計。

表 4-3 台灣各類刑案兒童及少年被害人分析

被害人數 刑案	被害總人數	兒童被害 人數	兒童被害 人百分比 （%）	少年被害 人數	少年被害 人百分比 （%）
總計	295,928	1,287	0.43	7,753	2.62
竊盜	158,106	101	0.06	2,433	1.54
故意殺人	1,082	25	2.31	65	6.01
強盜	1,439	5	0.35	60	4.17
搶奪	2,624	4	0.15	46	1.75
擄人勒贖	37	2	5.41	1	2.70
恐嚇取財	3,506	6	0.17	176	5.02
傷害	13,434	131	0.98	687	5.11
詐欺	44,130	70	0.16	815	1.85
妨害風化	165	2	1.21	13	7.88
妨害性自主	3,583	540	15.07	1,691	47.20
駕駛過失	9,049	128	1.41	310	3.43
妨害家庭	472	1	0.21	72	15.25
公共危險	9,288	118	1.27	310	3.34
其他	48,279	154	0.32	1,074	2.22

資料來源：內政部警政署刑事警察局（2010）。中華民國刑案統計。

第二節　理論與研究文獻

　　犯罪學理論在傳統上的典型功能，是對犯罪及偏差行為提供觀念性和實徵性的解釋。不過，它們所扮演的角色可能並非僅侷限在此而已。事實上，有關犯罪的理論應該也可以作為公共政策的指引，評量社會機構功能的指引，甚至還可以成為分析學術實際應用情形的依據。因此，一個理論愈具概化性（general），似乎就愈可以被應用到不同的主題上[1]。事實上，一個好的犯罪學理論，不僅可以幫助吾人瞭解社會失序的來源，更有助於社會和諧秩序的建構。犯罪學家Gottfredson與Hirschi（1990）基於「人有追求快樂規避痛苦的自利行為」的人性假設上，提出一般化犯罪理論（A General Theory of Crime），他們認為「自我控制」（self control）是約束這種自利傾向的有效力量。缺乏自我控制的人較易於追求行為所產生的立即快樂，但經常忽視行為的後果，尤其是長期的負面後果。由於多數犯罪及偏差行為的共同特徵，即是提供行為人立即快樂或規避痛苦，因此，缺乏足夠自我控制的人從事這些行為的傾向較高。該理論指出，低自我控制是個體於生命早期社會化缺陷的結果，特別是家庭及學校社會化的過程，攸關個體自我控制的養成與品質。顯然，該理論對兒童及少年犯罪的預防政策極具啟發性，該理論的實證適當性實有檢驗必要。

壹　理論內涵

　　在一般化犯罪理論中，有三個主要概念，分別是犯罪、犯罪性（criminality）及機會。該理論認為：「犯罪，是行為者忽視犯罪行為本身（例如，藥物使用行為後所產生的健康後果）、社會或家庭環境（例如，通姦行為後所產生的配偶反應）、或國家（例如，強盜行為後刑事司法體系的回應）所產生長期負面後果的一種行為（Hirschi & Gottfredson, 1994: 1）。」簡言之，犯罪是以力量或詐欺滿足自我利益的行為，它需要有特殊條件，如活動、機會、犯罪標的等。犯罪性則是行為者追求短暫、立即享樂，而無視長遠後果的傾向，是不同的個人，在從事犯罪行為

1　學者D. Black（1995）曾指出，「概化性」（generality）是科學家建立理論時一個非常重要的考量標準（criteria）。

上的差異。但犯罪性並非犯罪的一個充分條件，因為其他合法活動（如吸煙、喝酒等）亦可滿足相同的傾向。犯罪傾向較高的人，亦有可能追求能提供立即快樂但卻有害長遠後果的事件，諸如吸煙、酗酒、飆車及雜亂的性行為等。而犯罪事件得以發生，除需要有具犯罪傾向之人，尚需犯罪機會的配合。Hirschi和Gottfredson引用「日常活動理論」（理論內容參閱本書第一章及第五章），說明各主要犯罪類型發生的條件及結構。該理論強調，個體從事犯罪的頻率雖然可能隨時間和地點而有所差異，但個體的犯罪性並不因而改變。也就是說，一個人一生的犯罪傾向並不易改變，但人與人間的犯罪傾向卻有所差異。因此，他們的理論區分了犯罪（為一事件）及犯罪性（為個體特性）。犯罪性理論應可告訴吾人哪些人較有可能犯罪，犯罪理論則應可告訴吾人在何種情況下，犯罪傾向較可能轉化為犯罪（Hirschi & Gottfredson, 1994；孟維德，1998；許春金，2005）。

　　Hirschi和Gottfredson在他們的理論中針對犯罪性有深入的闡述，在回顧並檢視實證犯罪學理論的困境以及實證犯罪學的研究成果後，他們認為犯罪性的最大特徵在於「低自我控制」（low self-control）。低自我控制者，對於行為所產生的立即快樂較敏感，而對行為的長期後果較鈍感。同時，自我控制是個體在生命早期建立的，個體間自我控制的差異隨生命的成長保持穩定。此外，低自我控制者傾向從事多樣化的犯罪、偏差或魯莽行為。他們認為有兩種證據說明上述引發犯罪或偏差行為的共同「潛在特性」（latent trait），第一，在不同的犯罪、偏差或魯莽行為之間，具有統計上的關聯性（statistical association）存在。由於這些行為並不同質，而且發生的情境也不盡相同，再加上它們所需要的條件也不一樣，因此，在這些行為的行為者身上可以找到某相同點的推論，似乎是合理的。第二，終其一生，個體之間差異的穩定性。因為，在某一點時間較欲實行犯罪、偏差、或魯莽行為的人，在之後的時段裡仍舊較有從事這些行為的慾望，所以將個體間從事這些行為的差異，歸因於個體具備某種不變特性的推論，應該也是合理的。

　　他們強調，在承認個體間從事偏差行為傾向存有穩定差異性的同時，研究證據亦顯示，應將此「潛在特性」予以特定的概念化。由於犯罪行為有其普遍性，因此，不能視該特性為專利於某些特定偏差行為發生的特性；其次，亦不可將其與攻擊（agressiveness）視為同類，因為那將與其消極、隱密、或退縮（如毒品的使用）的另一面衝突。亦不可將其視為

必須從事特定犯罪行為始能滿足的正向力量（positive power），因為它並不會使行為人持續從事某特定行為；相反地，它反而有利於行為人從事滿足短暫慾望的行為。Hirschi與Gottfredson（1990; 1994）經過此理性思考後，並檢視由該「潛在特性」所衍生或相符合的不同行為之後，他們的結論是：應將此潛在特性視為「自我控制」，即避免從事長期代價超越短期利益之行為的傾向。

貳　自我控制與偏差行為

自Hirschi與Gottfredson提出一般化犯罪理論以來，該理論受到犯罪學界的普遍注意與熱烈討論，同時也獲得許多犯罪學家研究上的支持[2]。然而，以「低自我控制」為構成大多數犯罪及偏差行為之基礎的概念，也受到某些學者的批評。學者R. L. Akers就曾提出以下的批評：

> 以低自我控制解釋從事犯罪行為的傾向（propensity），是套套邏輯。它們是同一回事，這些認定是藉由定義而成為事實的，也就是說低自我控制導致低自我控制。同樣地，由於沒有提供自我控制的操作型定義，吾人無法知道某人是否具低自我控制（從事犯罪行為的穩定傾向），除非他或她從事了犯罪或相類似的行為。因此，低自我控制是犯罪的一個原因，這樣的陳述便是套套邏輯（Akers, 1991: 204）。

而Hirschi與Gottfredson亦曾對Akers的批評做出澄清與解釋上的回應，內容如下：

2　有為數不少的犯罪學家在他們所從事的實證研究中，發現研究的結果與一般化犯罪理論相契合。例如，M. Junger（1994）對於兒童時期意外事故與偏差行為之間相關性的研究，Junger發現兒童時期的意外事故與偏差行為具高相關。此外，針對在某一行為範圍忽略行為代價的傾向，可以預測在其他行為範圍亦有類似傾向的觀點，D. Sorensen（1994）的研究揭示了交通意外事故者頗具一般非行者的特徵，即他們可能涉及許多不同的偏差行為，同時，其年齡以及穩定效應皆與犯罪行為相似。而G. Strand與M. Garr（1994）透過對自陳報告資料的分析，顯示飲酒、抽菸、使用大麻以及飆車等行為之間具有高度相關。其他尚有許多研究支持一般化犯罪理論的論點，由於篇幅有限，筆者僅簡列其三，如欲瞭解此三項研究或其他有關的研究，請參閱Hirschi與Gottfredson（1994）以及本章中的「相關研究」。

　　我們認為，Akers對於自我控制的觀念，基本上與我們所主張者並不相同。我們並未將自我控制視為從事犯罪行為的傾向，或是犯罪行為的激勵力量。相對地，我們反而把自我控制看作是介於行為人與犯罪或偏差行為所提供之明顯短暫利益間的障礙。我們明確表示，自我控制與犯罪之間的關聯並非是決定性的（deterministic），而是或然性的（probabilistic），是受到機會和其他限制的影響。因此，我們的觀念並非錯誤，而且也不是僅靠定義使然的。

　　幸運的是，Akers自己也認為，他所發現的問題是可以藉由自我控制觀念的操作化而獲得解決。所以承上討論，他寫道：『為避免套套邏輯的問題，就需要有自我控制的獨立指標。（Akers, 1991: 204）』此時，問題變成了自我控制的獨立指標可以被確認嗎？有關犯罪，我們提出了如下的項目：無理取鬧、莽撞行為（指兒童時）；抽煙、喝酒、過度看電視及頻繁的意外事故（指少年時）；人際關係的困難、職業不穩定、駕車意外事故、喝酒及抽煙（指成人時）。這些行為中沒有一項是犯罪行為，他們與犯罪在邏輯上是獨立的，所以他們與犯罪之間的關係並非是定義上的事情。因此，我們的理論克服了套套邏輯的批判，同時它也是正確的（Hirschi & Gottfredson, 1994: 9）。

　　從上述兩方面的對話中，有助於吾人瞭解自我控制在一般化犯罪理論中的意涵。Hirschi與Gottfredson（1990: 89-91）發現，低自我控制者有以下表徵：

一、「現在」和「此地」的取向。
二、缺乏「勤奮」、「執著」和「堅毅」。
三、冒險、好動和力量取向。
四、不穩定的友誼、工作和交友、婚姻等。
五、缺乏技術及遠見。
六、自我取向、忽視他人、對他人意見不具感應性。
七、挫折容忍力低，以力量而非溝通協調解決問題。
八、追求與犯罪相類似之行為所提供的立即快樂。

　　他們進一步指出，在生命早期的社會化過程中，個體的自我控制一旦被形成，則將在往後歲月中呈現穩定的狀態。換言之，「低自我控制」是

生命早期缺陷社會化的結果。至於個體在生命早期，對其自我控制形成造成決定性影響的社會化機構，就是家庭與學校。

參　影響自我控制的社會化機構

一、家　庭

　　Hirschi與Gottfredson（1994）認為，家庭和育兒技術的不健全及缺陷，是造成個體低自我控制的最主要原因。犯罪兒童、少年或偏差行為小孩的家庭，可說常缺乏對小孩的訓練、監督和關愛。在他們的理論下，家庭的訓練和功能品質可說是一切犯罪和偏差行為的重心。

　　為了教導孩童具有較高的自我控制，他們提供了一個育兒模式如下：

(一)父母對子女的情感附著（The Attachment of the Parent to the Child）：父母對子女的關心是良好教養的第一項必備條件，眾多實證研究一再發現，犯罪兒童及少年的父母對其關心程度，明顯不及守法者。

(二)父母的監督（Parental Supervision）：父母除了關心子女外，對於其行為也應該加以監督，他們認為父母的監督，除了可防止孩童從事犯罪和相類似的行為外，同時還可以訓練孩童避免讓犯罪發生在自己身上。換言之，父母的監督便成為兒童及少年偏差行為的一項重要預測指標。

(三)對偏差行為的認知（Recognition of Deviant Behavior）：為讓監督有效，促使自我控制的形成，當子女的行為出現偏差行為時，父母應該對子女的偏差行為予以明確的認知，不可視若無睹或毫無知情（例如對於子女過度看電視而未做功課的行為）。如果父母對於偏差行為認知有誤，則對孩子在行為後果的內化上將產生負面影響，有損自我控制的形成。

(四)對偏差行為的矯正（Correction of Deviant Acts）：當孩子出現偏差行為時，父母應予適時矯正。由於偏差行為本身含有附帶利益，若不加以處罰，則該偏差行為勢必會受到增強。此處所指處罰，並不一定都是體罰，有效的處罰應該是父母對於偏差行為所表現出明確否定的態度。

二、學　校

　　Hirschi與Gottfredson認為，家庭社會化的功能，就足以使大多數人免於涉及犯罪及其他類似行為，而那些未接受完整家庭社會化的人，尚可從其他約束系統或機構的運作中形成自我控制。在這些機構中，提供最主要社會化功能的機構，就是學校。從一個社會化機構的角度來觀察，學校比家庭更具有如下的優點：第一，學校比家庭更能有效監督孩童的行為，因為孩童在學校可以普遍受到老師的監督；第二，老師通常比家長更容易認知孩童的偏差行為；第三，學校比家庭有更明確的動機去維護紀律和秩序，這對偏差行為的控制是非常重要的；第四，與家庭類似，學校在理論上擁有懲罰低自我控制行為的權利與方法。儘管學校具有上述多項優點，惟Hirschi與Gottfredson不甚樂觀的表示，學校能否發揮社會化的功能，得端視家庭對於學校合作與支持的程度而定，許多學校沒有發揮其應有功能，一方面可能是教育政策的問題，另一方面則可能是家庭與學校之間的配合問題。換言之，學校社會化的功能能否發揮，需要家庭與學校共同合作，以完成對孩子社會化的責任。

肆　相關文獻

　　學者Jessor等人（1977）曾運用實證資料檢視許多問題行為（problem behaviors，諸如抽菸、酗酒、抽大麻、使用非法藥物及一般偏差行為等）之間的關係。在其所研究的四組樣本中，他們發現蒐集的資料可以單因子模型（one-factor model）來解釋問題行為的發生。Jessor等人將此單因子稱為「問題行為」因子。他們發現從事某一型態問題行為的人，皆有很高的可能性從事其他型態的偏差行為。而以此單因子模型來解釋多種型態的偏差行為，Jessor等人發現在不同性別、教育程度、社經地位及種族的樣本中，亦獲得支持。

　　學者Harold等人（1993）曾參考一般化犯罪理論對於低自我控制者的描述，以因素分析法萃取出六個因素，編訂成包含24個題目的自我控制量表，並以此量表對Oklahoma City中395位年滿18歲以上的成年人進行施測。結果發現個體自我控制的高低，對於犯罪事件的發生具有顯著性的影響，同時，Harold等人並發現，機會在犯罪事件的發生上亦是很重要的。

基本上，Harold等人研究的發現，大致與一般化犯罪理論的主張者相符。

　　此外，Carl等人（1993）則以實際的行為及自陳偏差行為來衡量自我控制的高低。他們利用1986年在Ontario的298個地點中接受酒精測試的1萬2,777位駕駛人的次級資料，研究低自我控制與酒醉駕車行為及性別的差異關係。該次級資料中記錄了每位駕駛人的血液酒精濃度，Carl等人以此作為依變項，代表酒醉駕車的行為，而資料中也包含了受試者主觀認知問題的答案，諸如過去七天內喝了多少酒？是否有他人試圖阻止自己駕車？是否認為自己喝酒過量？以及有無使用安全帶？等等，以這些主觀的情境，來測定駕駛者自我控制高低的程度。他們的研究發現，不論性別為何，大部分有酒醉駕車行為的駕駛人，他們的年齡是中年或更年輕，他們較傾向不使用安全帶，也常有別人勸阻他們不要開車，他們認為自己喝酒已過量，在過去一週內也曾喝過較多的酒。因此，他們的結論支持一般化犯罪理論，並認為男女在酒醉駕車的行為上，一樣都可以其自我控制的高低與被逮捕的認知來解釋。

　　Sampson與Laub（1993）曾針對Glueck夫婦於1950年代所發表過的研究——「解開少年犯罪之迷」（Unraveling Juvenile Delinquency, 1950）的資料重新進行整理及分析，建立所謂的「逐級年齡非正式社會控制犯罪行為理論」（Age-Graded Informal Social Control Theory of Criminal Behavior, 1993）。Sampson與Laub發現，偏差行為的產生主要是受制於家庭與學校社會化過程以及同輩團體的影響。父母的低度監督、心情不穩定、威脅、嚴苛管教以及孩子對父母薄弱的附著等，皆與孩子的偏差行為有關。而對學校的附著，亦有抑制偏差行為的效果。此外，附著於不良同伴，有助於偏差行為的產生。不過，Sampson與Laub在他們的研究結果中強調，家庭與學校仍然是偏差行為的最重要原因。貫穿他們的研究，具有三項要點：

一、結構變項（性別、年齡、種族等）透過家庭和學校控制的中介（mediated）作用而解釋兒童與少年時期的偏差行為。

二、兒童及少年時期的反社會行為可以不同型態延續至成人時期。

三、無論早期犯罪傾向如何，成人時期的家庭和就業狀況可以解釋成人犯罪狀況的改變。

　　因此，Sampson與Laub的研究可說是與一般化犯罪理論有著密切關

係。其間的相異處，在於Sampson與Laub認為，生命早期的生活經驗和個人在自我控制上的差異，固可解釋偏差行為的變化，但日後的人生經驗對個人自我控制的影響仍是很大的。換言之，Sampson與Laub的觀念顯示，在人生經驗的各個階段裡，非正式社會控制（家庭、學校、職業、婚姻等）對個人是否會從事偏差行為的影響都是很重要的。

Patterson（1980）在Oregon Social Learning Center對偷竊小孩家庭的觀察研究中發現，父母親的育兒技巧和對孩子的訓練，常是決定孩子是否會偷竊的重要因素。他發現，在許多偷竊小孩的家庭中，父母親常認為，因為他們從未真正看到孩子偷竊，所以他們無法證明孩子曾經偷竊，也因此，他們不能責備或矯正孩子。而在許多狀況下，雖然他們看到孩子偷竊，孩子的理由卻經常被父母親所接受，因此常與孩子對偏差行為具有相同的價值觀和認知，即認為偷竊並不是什麼嚴重的犯罪行為。Patterson還發現偷竊小孩的家庭具有下列特徵：孩子沒有受到父母妥善的監督、家庭規範不明確、孩子的偏差行為未被明確的辨別與矯正、家庭氣氛不佳、孩子優良的行為未被妥善的強化等。

伍 小 結

綜合上述理論的分析及相關文獻的探討，可歸納出下列諸項焦點：

一、低自我控制的兒童或少年，比高自我控制者較可能從事犯罪及偏差行為。

二、個體間自我控制的差異是穩定的，此穩定的差異導因於個體早期接受社會化的過程。

三、家庭與學校是兒童及少年接受社會化的最重要機構，兩者之間存有相關，家庭似乎比學校更為重要。

四、機會，在犯罪和偏差行為的發生上扮演著重要角色，但若無低自我控制者的出現，那麼機會和犯罪及偏差行為之間的關係是相當微弱的。

第三節　研究設計與實施

壹　研究架構

根據一般化犯罪理論的內涵及相關研究文獻，本章除欲探究自我控制對於偏差行為的影響外，更欲瞭解家庭、學校對自我控制及偏差行為的影響為何？因此，本章係探究家庭、學校、自我控制及偏差行為四個變項之間的因果關係。偏差行為為依變項，其餘三個變項為自變項，底下是研究變項及架構的說明。

一、家庭功能

在家庭功能這一概念下，本研究擬操控受試者父母（或代理父母職責者）之監督情形，以及受試者父母（或代理父母職責者）的關愛程度。因為，在一般化犯罪理論中，父母的監督及關愛（親子間的關係）可謂是其育兒模式中最為重要的變項，所以本研究乃以父母監督及父母關愛作為家庭功能的判準。

二、學校功能

與家庭一般，學校在一般化犯罪理論中同樣是一個重要的社會化機構，因為學校所具備的監督功能，有時甚至還比家庭為強，同時老師對於學生的關切程度也是學生接受社會化的一項重要來源。基於這樣的考量，本研究擬以學校（老師）監督及老師關愛作為學校功能的判準。

三、自我控制

由一「潛在特性」引發偏差行為，可謂是一般化犯罪理論中非常重要的論題。Hirschi與Gottfredson稱此潛在特性為「自我控制」，也就是行為人避免從事長期代價超越短期利益之行為的傾向。換言之，他們將自我控制看作是介於行為人與偏差行為所提供之明顯短暫利益間的障礙。這是他們從正面對於自我控制所提出的見解，相對地，他們對於「低自我控制」的表徵也有相當的說明，如衝動、短期導向、缺乏執著與毅力、不易專心等。因此，基於一般化理論的概念，本研究擬以非衝動性、執著性、及專心性三項可觀察的變項，作為自我控制的判準。

四、偏差行為

偏差行為為本研究的依變項，本研究參考Harold等人（1993）及Carl
等人（1993）所編訂的自陳偏差行為量表，經修飾、選擇適合本土性的
題目，制定成本研究測量偏差行為的量表，如下所列。

想想看，在最近一年生活中（觸法組則問：在您進入本機構的前一年生活中），您是否
有下列行為？共有幾次？

	從未	一～二次	三～五次	六～十次	十次以上
1.逃學	☐	☐	☐	☐	☐
2.被學校記警告以上的處罰	☐	☐	☐	☐	☐
3.無故逃家在外過夜	☐	☐	☐	☐	☐
4.閱讀黃色書刊或觀看色情錄影帶	☐	☐	☐	☐	☐
5.出入不良風化場所	☐	☐	☐	☐	☐
6.與異性發生性關係	☐	☐	☐	☐	☐
7.賭博	☐	☐	☐	☐	☐
8.抽菸	☐	☐	☐	☐	☐
9.毀損學校設備	☐	☐	☐	☐	☐
10.無故破壞汽、機車	☐	☐	☐	☐	☐
11.未經車主許可偷駕駛或騎汽、機車	☐	☐	☐	☐	☐
12.攜帶刀械或其他危險物品	☐	☐	☐	☐	☐
13.與他人打架	☐	☐	☐	☐	☐
14.參加幫派	☐	☐	☐	☐	☐
15.恐嚇取財	☐	☐	☐	☐	☐
16.吸食強力膠、安非他命或其他麻醉藥品	☐	☐	☐	☐	☐
17.未經他人許可拿走超過100元以上財物	☐	☐	☐	☐	☐
18.飆車	☐	☐	☐	☐	☐
19.跟老師頂嘴	☐	☐	☐	☐	☐

五、變項之因果關係模型與研究假設

圖4-2是本章的理論整體架構，包括各可測量變項與隱性變項之因果
關係圖。

首先本研究假設父母監督（X_1）及父母關愛（X_2）可以代表第一項
隱性變項（latent variable）家庭功能（ξ_1）；而學校功能（ξ_2）則由老師

監督（X_3）及老師關愛的程度（X_4）來表示。至於依變項自我控制（η_1）則分別以非衝動性（y_1）、執著性（y_2）及專心性（y_3）代表之；而偏差行為（η_2）則以自陳偏差行為量表測得值（y_4）為其指標。X與y等各項可觀察變項（observed variable）與隱性變項之間的關係以λ值表示，至於其測量誤差估計值分別為X_1的δ_1、X_2的δ_2、X_3的δ_3、X_4的δ_4及y_1的ε_1、y_2的ε_2、y_3的ε_3和y_4的ε_4。

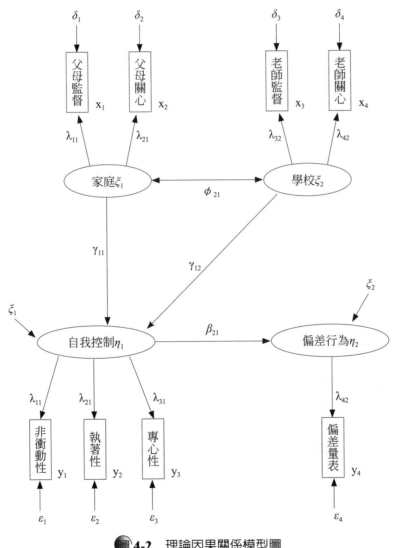

圖4-2 理論因果關係模型圖

在設定各變項之因果關係時，本文假設家庭功能（ξ_1）與學校功能（ξ_2）之間存有互動關係，因為在一般化犯罪理論中，Hirschi與Gottfredson認為學校社會化的功能能否發揮，端視家庭是否能與學校共同合作完成對孩子的社會化責任。因此，本研究假設兩者之間存有互動關係，其估計值以φ_{21}代表之。

另一方面，本文假設家庭功能與學校功能兩個自變項係分別透過自我控制而對偏差行為產生重大影響效果。理論上，Hirschi與Gottfredson認為低自我控者對於行為所產生之立即快樂會較為敏感，對於行為之長期後果相對地較鈍感。而偏差行為所顯現的立即利益，正是低自我控制者較敏感的對象，只不過偏差行為更是一種長期負面後果超越短期立即利益的行為。因此，高自我控制的人比低自我控制的人較不會忽視行為的長期後果（特別是長期負面的後果）。同時更重要的是，他們將社會化當作是教育個人瞭解其行為後果的重要過程，他們甚至強調，一旦個人對行為瞭解其後果，且慣於行之後，額外的強化（如社會或法律的制裁）根本是不需要的。而在人的一生中，對個體自我控制的形成產生決定性作用的社會化機構，便是家庭與學校。因此，本研究乃假設偏差行為最主要的直接影響因子是自我控制的高低，而自我控制的高低最主要是受到家庭與學校教化的影響。

在圖4-2中，γ_{11}是家庭功能對自我控制的影響效果。本文假設：個體所接受家庭社會化的程度愈高（即家庭的功能愈高），個體的自我控制愈高，因此γ_{11}應為正向之推估值。圖中γ_{12}是學校功能對自我控制的影響效果。與家庭功能相似，本文假設：個體所接受學校社會化的程度愈高（即學校的功能愈高），個體的自我控制愈高，因此γ_{12}也應為正向之推估值。而β則代表依變項自我控制（η_1）對另一依變項偏差行為（η_2）的影響效果。本文假設：個體自我控制愈高，則其偏差行為發生的可能性愈低，因此β應為負向推估值。

綜合上述，本研究的三項主要假設可以下列文字表示：

假設一：家庭社會化功能愈佳，個體自我控制愈高，其偏差行為愈少。

假設二：學校社會化功能愈佳，個體自我控制愈高，其偏差行為愈少。

假設三：家庭社會化功能與學校社會化功能之間具有正相關。

由於在設定研究假設時，筆者已事先預測了各自變項與依變項間關係的方向，所以在檢測其統計顯著值時，將採用單尾檢定（one-tail test）的方法。

貳　研究方法

一、研究對象及抽樣

探究一般化犯罪理論對於偏差行為原因解釋上的實證適當性，係本文的重要目的。基於科學客觀性的考量，筆者乃抽取兩組樣本（樣本數接近）作為研究的對象，一組為正常樣本組（控制組），另一組為觸法樣本組。同時，本研究為排除性別因素的干擾，因此以男性為研究樣本。

就正常組的部分，筆者分別自台北市、台中市、高雄市、宜蘭縣、彰化縣及屏東縣等縣市各抽取一所國中及國小，每所國中抽取一、二、三年級各一班，每所國小則抽取五、六年級各一班。學校抽樣是依據教育部所編「全國中小學名冊」隨機抽樣而得。結果如下：國中計有391人，國小計有239人，合計630人。

另就觸法組而言，其中一部分自三所實施感化教育的觸法少年收容機構（包括一所少年矯正學校及兩所少年輔育院）中各抽取80名，合計240名；另一部分則自台北、台中及高雄三個地方法院接受保護管束少年各抽取80名，共計240名；還有一部分則來自上述三個少年法庭判決保護管束兒童中各抽取80名，合計240名。最後觸法組樣本樣本總計720名。

二、研究工具

筆者參酌一般化犯罪理論的內涵及理論架構的需求，編訂家庭功能量表、學校功能量表、自我控制量表及偏差行為量表等。問卷初稿設計完成後，分別對觸法少年62名，國小六年級學生37名及國中一年級學生43名進行預試，對問卷題意不清、語句混淆之處予以修正，並以因素分析法將因素負荷值較低的題項予以剔除。

在家庭功能量表方面，本文以父母「當我不在家時，知道我去哪裡」、「會檢查要我做的事有沒有做好」、「會向我解釋家規的理由」、「與我一起吃晚餐」、「與我一起運動或郊遊」、「我做錯事時，會糾

正我」等項目構成父母監督之可觀察變項，因素負荷值分別為：觸法組.72、.81、.74、.67、.84、.59，正常組.66、.78、.61、.72、.76、.57。以上六個項目所取之值經相加，形成父母監督變項。另以「你覺得自己在家中是多餘的一員」、「你覺得父母對你缺少關愛、鼓勵」、「遇到不懂的事，父母會教導你」、「父母與你溝通不良」、「父母不瞭解我」等項目構成父母關愛之可觀察變項，因素負荷值分別為：觸法組.75、.68、.72、.79、.84，正常組.65、.71、.67、.74、.76。以上五個項目所取之值先經重新編碼（recoding）以調整為正向，再相加形成父母關愛變項。

在學校功能量表方面，本研究以「班上上課秩序不好」、「班上有同學和老師發生衝突」、「我喜歡上學」等項目構成老師監督之可觀察變項，這些項目的因素負荷值分別為：觸法組.68、.74、.79，正常組.70、.75、.77。項目所取之值經調整方向及相加，形成老師監督變項。另以「有幾位老師關心你」、「老師瞭解我」、「你在乎老師對你的看法嗎」等項目構成老師關心之可觀察變項，其因素負荷值為：觸法組.73、.82、.77，正常組.78、.84、.75。這些項目經過相加形成老師關心變項。

在自我控制量表方面，本文以「自己是否經常脾氣急躁」、「自己是否經常容易激動」、「自己是否經常和別人爭吵」等項目構成非衝動性之可觀察變項。另以「我是否會為眼前快樂而犧牲長遠目標」、「我是否覺得誠實的人不可能出人頭地」、「我是否覺得腳踏實地的人不夠聰明」等項目構成執著性之可觀察變項。並以「我做事是否會馬馬虎虎」、「我是否很難專心做一件事」、「遇到難題時，我是否經常放棄」等項目構成專心性之可觀察變項。以上各項目的因素負荷值均超過.55。

最後有關偏差行為量表方面，係由19個項目所組成，各項目的因素負荷值亦均超過.55，各項目所取之值經相加形成偏差行為變項。

三、資料分析法

本研究在處理統計資料時，先以 t 檢定法對於觸法組與正常組之各可觀察變項進行差異性的分析。其次，筆者基於理論架構具有隱性變項及多重測量指標的考量下，採用線性結構關係模式（Linear Structural Relationship Model, LISREL）的統計方法來分析自、依變項之間的關

係。LISREL統計分析法為瑞典統計學家Jöreskog與Sörborm所創，具有迴歸分析及因素分析之特點。傳統迴歸分析法的缺點是無法辨識多重指標（multi-indicators）間共同性的問題，並假設變項的測量沒有誤差；而因素分析法雖可以將多重指標的共同因素成份找出，但卻無法驗證各因素間的因果關係。Jöreskog等人針對這些缺點，利用線性方程式，將變異數（variance）與共變項（covariance）矩陣結構化，創造了LISREL分析法，解決了以上的問題，並提供因果模式符合度的統計數字，這些優點對於檢驗、修改或是建立理論都有貢獻（周愫嫻，1995；Jöreskog & Sörbom, 1993; Kerlinger, 1986）。

第四節　研究發現

壹　觸法組與正常組之間的差異

本研究首先分析觸法組與正常組在各可觀察變項上的差異情形：

一、家庭功能

表4-4　觸法組與正常組在「父母監督」上的差異

組別	人數	平均數	標準差	自由度	t 值
觸法組	630	33.51	7.50	1203.99	-10.75*
正常組	577	37.90	6.67		

註：*表p＜.05。

表4-5　觸法組與正常組在「父母關愛」上的差異

組別	人數	平均數	標準差	自由度	t 值
觸法組	684	18.49	3.80	1273.27	-5.60*
正常組	598	19.65	3.58		

註：*表p＜.05。

從表4-4與表4-5中發現，觸法組與正常組在家庭功能兩個指標上的差異均達到統計上的顯著水準。而由其平均數來比較，觸法者在父母監督與

父母關心兩指標上皆低於正常組。

二、學校功能

表 4-6　觸法組與正常組在「老師監督」上的差異

組別	人數	平均數	標準差	自由度	t 值
觸法組	653	10.09	2.37	1257	-3.95*
正常組	606	10.60	2.22		

註：*表p＜.05。

表 4-7　觸法組與正常組在「老師關愛」上的差異

組別	人數	平均數	標準差	自由度	t 值
觸法組	657	9.75	2.47	1258	-6.58*
正常組	603	10.65	2.37		

註：*表p＜.05。

　　從表4-6與表4-7中發現，觸法組與正常組在學校功能兩個指標上的差異均達到統計上的顯著水準。而由其平均數來比較，觸法者在老師監督與老師關心兩指標上皆低於正常組。

三、自我控制

表 4-8　觸法組與正常組在「非衝動性」上的差異

組別	人數	平均數	標準差	自由度	t 值
觸法組	714	7.28	2.42	1327	-2.54*
正常組	615	7.62	2.39		

註：*表p＜.05。

表 4-9　觸法組與正常組在「執著性」上的差異

組別	人數	平均數	標準差	自由度	t 值
觸法組	705	8.95	1.99	1306	-6.22*
正常組	603	9.64	2.06		

註：*表p＜.05。

表 **4-10**　觸法組與正常組在「專心性」上的差異

組別	人數	平均數	標準差	自由度	t 值
觸法組	707	7.67	2.00	1316	-.43
正常組	611	7.72	2.08		

　　從表4-8、表4-9與表4-10中發現，觸法組與正常組在自我控制三個指標中有兩個指標（非衝動性、執著性）均達到統計上的顯著差異。而由其平均數來比較，觸法組在非衝動性與執著性兩指標上皆低於正常組。另外在專心性的指標方面，觸法組的平均數雖比正常組為低，但因未達統計上的顯著差異，故無法做較確切的推論。不過就自我控制整體來看，觸法組是低於正常組的。

四、偏差行為

表 **4-11**　觸法組與正常組在「偏差行為」上的差異

組別	人數	平均數	標準差	自由度	t 值
觸法組	648	40.18	16.13	823.49	26.24*
正常組	601	22.43	5.81		

註：*表p < .05。

　　從表4-11中可發現，觸法組與正常組在偏差行為指標上的差異達到統計上的顯著水準。而由其平均數來比較，觸法者的偏差行為指標高於正常組。

貳　觸法組偏差行為原因模式

　　接下來，本研究將分析偏差行為、自我控制、家庭功能、與學校功能等潛在變項之間的因果關係。圖4-3則是本研究的理論線性結構模型分析結果，模型中有四項隱性變項，分別為家庭功能、學校功能、自我控制及偏差行為。在四項隱性變項下，共有八項可觀察變項，他們與隱性變項之間的關係如圖4-3。

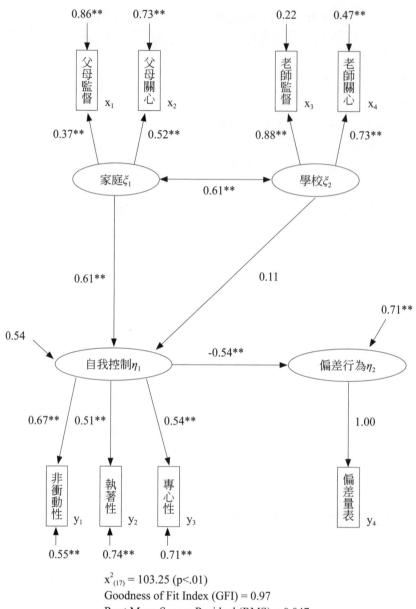

$x^2_{(17)}$ = 103.25 (p<.01)
Goodness of Fit Index (GFI) = 0.97
Root Mean Square Residual (RMS) = 0.047
Critical N (CN) = 234.64
*One-tail test p<.05   **One-tail test p<.01

圖4-3　觸法組之線性結構分析結果

　　第一項隱性變項家庭功能（ξ_1）的兩項觀察變項是父母監督（X_1）與父母關愛（X_2）兩者共同組成。本文並未設定測量固定值（fixed value），而由電腦估計，父母監督（X_1）的測量值（λ_{11}）為0.37，在單尾檢定的統計上達到0.01的顯著水準，這表示此二觀察變項可以有效的代表隱性變項家庭功能（ξ_1）。同樣的邏輯可以適用於第二項隱性變項學校功能（ξ_2），電腦估計出老師監督（X_3）的測量值（γ_{32}）為0.88，老師關愛（X_4）的測量值（γ_{42}）為0.73，兩者測量值皆達到0.01的顯著水準，表示此二觀察變項可以有效的代表隱性學校家庭功能（ξ_2）。

　　至於第三項隱性變項，是研究架構中的依變項，也是本文最為關心的變項之一，自我控制（η_1）則以非衝動性（y_1）、執著性（y_2）及專心性（y_3）等三個觀察變項來測量。由電腦所估計出的三個測量值分別為λ_{11} = 0.67、λ_{21} = 0.51、λ_{31} = 0.54，此三值在單尾檢定的統計上皆達到0.01的顯著水準，所以非衝動性、執著性及專心性的程度可以有效地代表自我控制的程度。在研究架構中同屬依變項的第四項隱性變項偏差行為（η_2），係以單獨的偏差行為量表所測得之指標（y_4）作為其觀察變項，本文將λ_{42}定為1。

　　接著討論各個隱性變項之間的因果關係，首先根據Hirschi與Gottfredson的觀念，家庭功能與學校功能之間存有密切的關係，因此本研究架構以開放相關係數估計之，結果相關係數φ_{21}為0.61，達統計檢定之0.01顯著水準，表示兩變項之間的確存有高度的相關。

　　而家庭功能、學校功能與自我控制的關係則如圖4-3所示，前者家庭功能與自我控制的γ_{11} = 0.61，達0.01的統計顯著水準，換言之，家庭的功能愈佳，孩子的自我控制則愈高。其次，圖4-3中也顯示學校功能與自我控制之關係的γ_{12} = 0.11，表示學校功能愈佳，孩子的自我控制愈高，惟此項係數未達統計之顯著水準。

　　最後，自我控制與偏差行為的β值等於-0.54，達統計檢定之0.01顯著水準。這項係數表示一相當重要的現象，即個體的自我控制愈高，其偏差行為愈少。

　　在資料與模型的符合程度方面，可從若干指標綜合來判斷。首先檢視x^2值，發現$x^2_{(17)}$ = 103.25，達統計上的顯著水準（p < 0.001），顯示本模型可能並非是最適當的架構，但因x^2值極易受到樣本數大小的影響（通

常，如果樣本數愈大，x^2值愈大，因此就愈易達顯著水準，故尚需考量其他指標來判斷符合度），所以學者建議參考其他較不受樣本數影響的指標（Bollen, 1989; Kerlinger, 1986; Bollen & Long, 1992），如GFI及下列所採用者。接著檢視符合度係數（Goodness-of-Fit Index, GFI），發現模型的GFI = 0.97，顯示資料與模型的符合程度相當高。此外，Kerlinger（1986）建議採用RMS（Root Mean Squared Residual）值來判斷資料與模型的符合程度，並指出當RMS小於0.1則表示資料與模型的符合度高（RMS值愈小，表示誤差愈小，符合度愈高），而本模型的RMS值等於0.047，顯示資料與模型具有高的符合程度。此外，Hoelter（1983）則建議採用Critical N（CN）值來判斷符合度，Hoelter認為當CN值大於200則資料與模型的符合度為高，而本模型的CN值為234.64，同樣亦顯示資料與模型具有高的符合程度。因此，從多數學者所建議採用的判斷指標來看，本模型基本上似乎是可以接受的，但是否是最適當的架構，可能需要與其他相關（修正）模型做比較，並參考x^2值的變化來判斷。

　　為進一步探究出潛在變項間最適當的因果關係模型，表4-12詳列了有關四個潛在變項之因果關係的結構模型（Structural Model），以及變項間影響路徑達顯著水準的情形和各模型符合度判斷的指標等。

　　在表4-12所列之模型中，Model A是本研究的理論模型，其$x^2_{(17)}$ = 103.25（p < .01），而Model B是所謂的完全模型（full model），即各潛在變項間皆建立有影響路徑，其$x^2_{(15)}$ = 89.38，此時可發現Model B的x^2值較Model A為小，顯然在模型的適當性上，Model B是優於Model A的。接著嘗試去除完全模型—Model B中未達統計上顯著水準的路徑，並檢視x^2值的變化，當去除Model B的路徑2時，發現x^2值變為89.39（df = 16，請參閱表4-12的Model C），兩者之間的差異（x^2C-B = 0.01, df = 1）未達顯著水準，表示去除Model B中的路徑2並不會顯著影響模型與資料的符合度，因此路徑2是可以被去除的。Model B中的路徑2被去除後，緊接著再嘗試拿掉Model B中另一未達統計上顯著水準的路徑3，並檢視x^2值的變化情形。當去除Model B的路徑3時，發現x^2值變為89.94（df = 17，請參閱表4-12的Model D），兩者之間的差異（x^2D-B = 0.56, df = 2）未達顯著水準，表示去除Model B中的路徑3也不會顯著影響模型與資料的符合度，因此路徑3同樣也是可以被去除的。同樣的邏輯，當再去除Model B中的路徑4時，發現x^2值的變化達統計上的顯著水準（x^2E-B = 14.38, df = 3,

表 4-12 觸法組之有關結構模型

項目名稱	結構模型	未顯著之路徑	符合度指標
Model A（理論模型）	學校、偏差、家庭、自控（路徑①②③④）	③	$x^2_{(17)} = 103.25$ GFI = 0.97 MS = 0.047 CN > 200
Model B（完全模型, full model）	學校、偏差、家庭、自控（路徑①②③④⑤⑥）	②、③	$x^2_{(15)} = 89.38$ GFI = 0.97 RMS = 0.043 CN > 200
Model C	學校、偏差、家庭、自控（路徑①②③④⑤）	③	$x^2_{(16)} = 89.39$ GFI = 0.97 MS = 0.043 CN>200
Model D	學校、偏差、家庭、自控（路徑①②③④）	無（各路徑皆達顯著水準）	$x^2_{(17)} = 89.94$ FI = 0.97 RMS = 0.044 CN > 200
Model E	學校、偏差、家庭、自控（路徑①②③）	無（各路徑皆達顯著水準）	$x^2_{(18)} = 103.76$ GFI = 0.97 MS = 0.044 CN > 200

註：上列五個模型的 x^2 皆達統計上的顯著水準，p < .01。

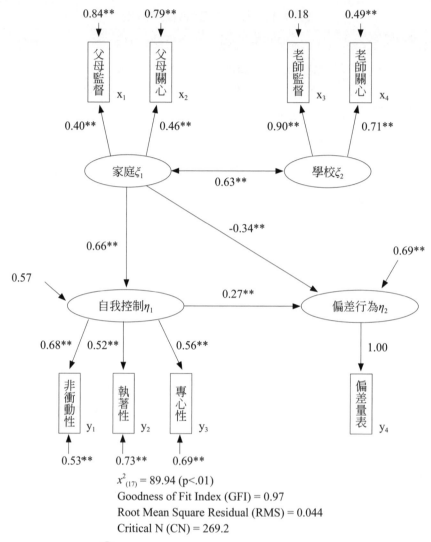

$x^2_{(17)} = 89.94$ (p<.01)
Goodness of Fit Index (GFI) = 0.97
Root Mean Square Residual (RMS) = 0.044
Critical N (CN) = 269.2

圖4-4 觸法組修正之線性結構分析結果

請參閱表4-12的Model E），表示若再去除路徑4將顯著影響模型與資料的符合度，故Model B在去除路徑2與3之後，不宜再將路徑4拿掉。從上述的模型修正過程中，可以很清楚發現Model D應該是最為適當的模型架構，而其符合度指標GFI = 0.97，RMS = 0.044，CN > 200，皆顯示模型與資料之間具有頗高的符合度。換言之，本研究所蒐集的觸法組資料，可

以Model D作為解釋各潛在變項之因果關係的適當模型。圖4-4為Model D完整的線性結構分析模型。

從圖4-4線性結構分析的結果中，可以發現各可觀察變項與相關潛在變項間的λ值均達統計上的統計水準，因此這些觸法組的觀察變項是可以有效地來代表其潛在變項。其次再從各潛在變項之間的因果關係來看，

家庭與學校間存有高相關（φ值等於0.63，達統計檢定之0.01的顯著水準）。家庭透過自我控制而對偏差行為產生影響，家庭對自我控制有正面影響，家庭的功能愈佳，孩子的自我控制就愈高（$\gamma_{11} = 0.66$，達統計檢定之0.01的顯著水準），而其偏差行為則愈少（$\beta = -0.27$，達統計檢定之0.01的顯著水準）。學校並沒有直接經由自我控制對偏差行為產生影響，而是必須透過家庭始能影響自我控制，再影響偏差行為。以上模型所呈現者均符合一般化犯罪理論的內涵，惟值得注意的是，模型亦呈現出家庭可以直接影響偏差行為（$\gamma_{21} = -0.34$，達統計檢定之0.01的顯著水準），表示家庭除扮演培養自我控制之動力來源的角色外，同時也是一個有效的控制機構，此點與Hirschi的社會控制理論（Social Control Theory）相符。

參　正常組偏差行為原因模式

本文除針對觸法樣本做探討外，同時亦對非觸法者為研究對象，以瞭解觸法樣本與正常樣本之偏差行為原因模式，以及模式之間是否存有異同。

首先依照圖4-2之理論因果關係模型以LISREL統計法計算正常組資料，計算的結果與觸法組相似，即固然GFI = 0.96，RMS = 0.055，CN > 200，理論模型尚可接受，惟$x^2_{(17)}$ = 92.75達0.01的統計顯著水準，顯示本研究所蒐集的正常組資料，圖4-2的理論模型可能並不是最為適當的代表架構，因此有必要對理論模型做調整。對於正常組的資料筆者乃直接透過LISREL統計方法的運算，呈現有關的結構模型（Structural Models），再經比較x^2值以選擇最為適當的模型。表4-13是經由LISREL法運算後，所呈現之正常組有關的結構模型。

模型修正的邏輯與過程與觸法組相同，結果發現Model E的$x^2_{(17)}$ = 67.01未達統計顯著水準（p = 0.70），同時其GFI = 0.98，RMS = 0.043，CN > 200。換言之，本研究所蒐集的正常組資料，可以表4-13中的Model

E作為解釋各潛在變項之因果關係的適當模型。若與觸法組比較，可以發現正常組與觸法組的資料皆可以相同的模型（表4-12中觸法組的Model D與表4-13中正常組的Model E是相同的）來表達，這是本研究另一項重要的發現。而圖4-5是正常組完整的線性結構分析結果。

表 4-13　正常組之有關結構模型

項目名稱	結構模型	未顯著之路徑	符合度指標
Model A（理論模型）		③	$x^2_{(17)} = 92.75$ GFI = 0.96 MS = 0.055 CN > 200
Model B（完全模型, full model）		③、④、⑥	$x^2_{(15)} = 58.72$ GFI = 0.98 RMS = 0.038 CN > 200
Model C		⑤	$x^2_{(16)} = 59.35$ GFI = 0.98 MS = 0.039 CN>200
Model D		無（各路徑皆達顯著水準）	$x^2_{(17)} = 62.60$ GFI = 0.98 RMS = 0.041 CN > 200
Model E		④	$x^2_{(17)} = 67.01$ GFI=0.98 MS=0.043 CN>200

註：Model E的x^2未達統計上的顯著水準，p = 0.70；Model A-D的x^2皆達統計上的顯著水準，p<.05。

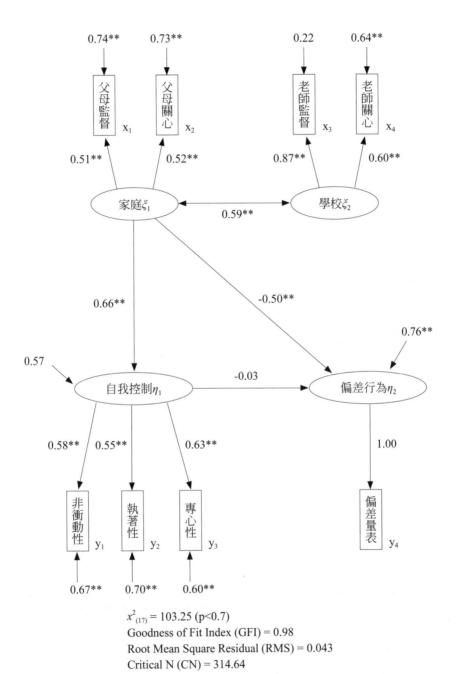

$x^2_{(17)}$ = 103.25 (p<0.7)
Goodness of Fit Index (GFI) = 0.98
Root Mean Square Residual (RMS) = 0.043
Critical N (CN) = 314.64

圖4-5 正常組之線性結構分析結果

從圖4-5線性結構分析的結果中，可以發現各可觀察變項與相關潛在變項間的λ值均達統計上的顯著水準，因此這些正常組的觀察變項是可以有效地來代表其潛在變項的。其次再從各潛在變項之間的因果關係來看，家庭與學校間存有高相關（φ值等於0.59，達統計檢定之0.01的顯著水準）。家庭係透過自我控制而對偏差行為產生影響，家庭對自我控制有正面影響，家庭的功能愈佳，孩子的自我控制就愈高（$\gamma_{11} = 0.66$，達統計檢定之0.01的顯著水準），而其偏差行為則愈少（$\beta = -0.03$）。而學校必須透過家庭的支持與合作始有可能影響孩子的自我控制，值得注意的是，與觸法組相同，家庭可以直接影響偏差行為（$\gamma_{21} = -0.50$，達統計檢定之0.01的顯著水準），也就是說，偏差行為的發生可以被家庭所控制。

第五節　理論驗證與回應策略

壹　歸納研究發現

從上述資料分析的結果中，可以歸納出以下發現：

一、在家庭功能的指標上，觸法組與正常組有顯著的差異。觸法組的樣本從家庭中顯然沒有獲得父母較為妥善的監督與關愛。換言之，觸法組家庭社會化功能的發揮不及於正常組的家庭。

二、在學校功能的指標上，觸法組與正常組有顯著的差異，觸法組的樣本從學校中顯然沒有獲得老師較為妥善的監督與關愛。換言之，觸法組學校社會化功能的發揮不及於正常組的學校。

三、在自我控制的指標上（除專心性），觸法組與正常組有顯著的差異。觸法組樣本較衝動性，較缺乏執著與專心，觸法組樣本的自我控制低於正常組的樣本。

四、在偏差行為的指標上，觸法組與正常組有顯著的差異，觸法組樣本的偏差行為顯然比正常組多了許多。換言之，觸法組樣本的偏差行為較正常組為多樣化，觸法組的樣本除了從事較嚴重的犯罪行為外，也從事了許多較輕微的（trivial）偏差行為（如逃學、逃家、抽菸、飆車、破壞公物等）。

五、觸法組與正常組的偏差行為原因模型極為相似。自我控制愈低者,其偏差行為愈多;而培養自我控制最主要的直接社會化機構是家庭,家庭社會化的功能愈佳,孩子的自我控制就愈高,其偏差行為就愈少。

六、學校需透過家庭的中介作用,始能解釋孩子的自我控制與偏差行為。因此,學校社會化的功能能否發揮,端視家庭是否能與學校共同合作完成對孩子社會化的責任。

七、家庭不僅是自我控制養成的直接動力來源,同時也是一個約制偏差行為發生的控制機構。因此,父母除對孩子要予以高度的關愛之外,同時也要對孩子的行為充分瞭解,當孩子出現有偏差行為時,應予以妥善的辨認及表達明確的否定態度。

貳 回應策略

實證資料顯示,欲培養兒童及少年適當的自我控制能力,以規避陷入偏差或犯罪深淵,必須強化家庭及學校的社會化功能。其途徑除了增強家庭及學校內在體系的功能外,還需要改善家庭及學校外在不良的社區環境。如何使社區環境有利於家庭及學校教育,讓家庭及學校能夠培養出身心正常發展、人格健全、具自我控制力的兒童及少年,應是警察機關預防兒童及少年犯罪的工作焦點。

為提昇警察防處兒童及少年犯罪的工作效能,警察機關多已成立專責單位執行相關勤、業務,縣、市警察局中的少年警察隊即是最明顯的實例。因此,分析少年警察隊的形成過程,將有助於吾人瞭解警察機關對於兒童及少年犯罪防處的工作價值觀和目標。台灣地區第一個正式的少年警察組織成立於民國45年(台北市政府警察局,1996),當時該組織的位階並不高,屬於刑警隊中的一組,稱為少年警察組。到了民國54年,少年警察組擴編為少年警察隊,直接受警察局的指揮,使少年警察工作向前邁進一大步(蔡德輝、楊士隆,2009)。其後,各縣市警察局亦在刑警隊內設計少年組,一直到民國80年代,才脫離刑警隊獨立成為少年警察隊。

觀察少年警察隊成立的過程,可以發現少年警察隊帶有濃厚的刑警色彩,以往大多數少年警察隊的成員為刑事偵查人員,除偵辦兒童及少年犯罪案件外,仍須比照一般刑事警察,依所配予的偵防績效或各項專案工作進行考核。由於少年警察隊成員多為刑事偵查員,工作習性及考核方式均

以刑事偵查績效為主，明顯表現出「刑案偵破績效掛帥」的工作特性，其人員的升遷調補，亦比照一般刑警，以刑案偵防績效的高低為主要依據，甚少以是否具備兒童及少年事件處理的專業知能和意願為遴選標準。在這種情形下，少年警察隊人員為達成績效要求，多以偵破刑案作為工作重點，甚至包括偵破兒童及少年犯罪以外的一般刑案，不僅較少從事兒童及少年犯罪的預防與相關保護工作，反而踰越少年警察隊的成立宗旨及少年警察的本分，積極偵辦一般刑案。過去，這種情形曾經發生在許多縣、市警察局的少年警察隊，甚至連成立最早的台北市少年警察隊亦是如此。

檢視我國現行少年警察所實際執行的工作，可知少年警察隊的工作重點，主要在於兒童及少年犯罪案件的偵查以及犯罪者的逮捕和移送，而將防患於未然的預防性工作置於其次，實值深思與檢討。為有效防治兒童及少年犯罪，根據本文前揭實證資料，筆者認為警察機關應有底下諸項作為。

一、強化警察組織編制及角色功能

為提昇兒童及少年犯罪防處工作的效能，警察機關在組織編制及功能定位上應有如下配套措施：

(一)在兒童及少年保護網絡中，少年警察隊雖屬刑事司法性質的組織，但其工作性質具有強烈的社會性與教育性。少年警察隊的角色功能，應在於積極推展各項兒童及少年輔導與犯罪預防工作。

(二)位居專責處理職位的少年警察隊人員，應具備輔導兒童及少年的專業知能，並具有社會服務的工作價值觀，且須經常接受專業訓練、吸收專業新知。

(三)應充實少年警察隊人力編制。為因應勤務及業務所需，該隊分為內勤組及外勤組，內勤組負責各項勤業務之規劃、督導及訓練，外勤組則負責校園安全維護、春風專案、犯罪預防宣導、協尋中輟生、校外聯合巡查、列輔少年查訪及案件偵處等。由於服務標的人數眾多，社會環境多元且複雜，少年警察隊人力資源若有欠缺，各項勤、業務的規劃及推展不易完善與落實。

(四)為增進服務品質，以利兒童及少年相關活動的推展，提昇服務標的滿意度，少年警察隊成員的年齡不宜過於年長，同時也應設置適當比率的女警，以豐富化活動執行人員的角色。

(五)應充實少年警察隊的硬體設施。由於該隊人員的工作性質與服務對象有別於其他警察單位（如刑事警察隊、交通警察隊及保安警察隊等），辦公廳舍應適度降低刑事司法機關的氣息，改以健康、活力、朝氣、希望及專業等感覺布置整個工作環境。少年警察隊應設置舒適、環境宜人的輔導室、運動及活動場所，使該隊不僅是處理偏差或觸法兒童與少年的警察機關，更可以成為一般家長、學校老師、社會人士與團體樂於接觸的專業諮詢機構。

(六)少年警察隊人員的績效考核及升遷依據應強調輔導及犯罪預防工作的重要性，改變以往過度重視破案績效的不良制度，以適當的績效和升遷考核內容作為組織變革及建構正確工作價值觀的導引。

二、建構以社區化、學校化及預防化為導向的安全治理工作

　　針對兒童及少年犯罪的防處，警察機關應將輔導工作列為工作要項，以主動關懷取代消極偵查，主動走入社區，結合社區有關資源，對於社區內素行不良之兒童及少年，輔導其從事正當活動，並與其家長及就讀學校師長保持聯繫。針對社區中兒童及少年經常聚集的場所，警察機關應瞭解對象的需求並融合創意，編排符合兒童及少年興趣的活動，傳送犯罪預防及自我保護的相關訊息，並表現出警察可親近的形象，建立警民良好互動的氣氛，讓民眾主觀感覺到，警察是社區的一分子。本文研究發現，家庭以外，學校是人們生命早期極重要的社會化機構，對於個體自我控制的形成，扮演難以取代的角色。因此，警察機關應主動與轄區內的相關學校協調聯繫，經常與學校訓輔人員討論和協商，除安排校內一般性犯罪預防活動，並針對偏差學生進行個案輔導，兼顧一般預防與個別預防，協助學校創造純淨的學習環境，提昇學校社會化的功能。

　　美國紐約州Rochester市所實施的「青少年巡邏方案」（Teens on Patrol, TOP）即是一個警察與社區結合以預防兒童及少年犯罪的成功實例。在該方案中，大約有一百名青少年受僱並接受適當訓練，於暑假期間在市立游泳池、公園及休閒娛樂場所執行巡邏，當發覺可疑人士或違法者，便立即通知附近警察。他們並未授權執行逮捕，但被視為市府正式聘僱人員，他們領有並攜帶警用無線電，同時可以直接和警察聯繫。評估發現，由於他們在上述場所的出現及高可見度，有效嚇阻了這些場所原本可能發生的兒童及少年犯罪（Bynum & Thompson, 1999）。另在奧克拉荷

馬州Tulsa市所實施的「青少年介入方案」（Youth Intervention Program）亦是一例，該方案要求非暴力犯罪的初犯少年與警察相處150小時，例如與警察隨行執行較單純、安全的巡邏勤務，評估顯示該方案具有積極的正面效能，因為多數與警察相處的初犯少年將警察視為具有正面意義的角色楷模（Inkster, 1992）。

　　此外，還有一些用以增進警察與兒童及少年互動關係的預警式警察策略實例。美國內華達州的Reno市就曾建構一支名為「社區行動團隊」（Community Action Team, CAT）的組織，目的在於強化警察與社區的連結，共同協力處理社區問題，預防少年及兒童的偏差與犯罪行為。CAT發展出一些有效的方案，其中「警察與孩童方案」（COPS + KIDS）每年為貧窮家庭舉辦露營野餐活動，每次活動都吸引超過2,500名的孩童與家長參加。而Reno市警察局還加入美國「警察運動聯盟」（Police Athletic League, PAL），從其獲得相關資源，與轄內學校協調聯繫，協助訓練少年拳擊隊和摔角隊，並邀請轄內少年虞犯及偏差兒童參加登山及野營活動。針對少年幫派的問題，Reno市警察局規劃了「抵制幫派之教育及訓練方案」（Gang Resistance Education and Training, GREAT），一方面鼓勵及勸導少年幫派分子脫離幫派，一方面積極進入校園宣導及教育學生瞭解幫派的黑暗面及加入幫派的後果，防止學生遭引誘進入幫派（Weston, 1993）。

　　紐西蘭在處理兒童及少年犯罪時，根據當地原住民（毛利人）的做法，採用「家庭團體會議」（Family Group Conferences）的方式而非少年法庭，由於成效良好，又可避免標籤作用，目前已深受許多國家實務界和學術界的重視。警察經常受邀參加該會議並擔任召集人，受邀與會的其他人員包括兒童或少年犯罪者、犯罪者的家人、在犯罪者日常生活中扮演重要支持角色的人（譬如當事人特別尊重的足球教練）、被害者、被害者的支持者（通常是其家人）等。該會議出席人員的遴選原則，就是要將兩個要件建構於會議中，邀請被害者及其支持者帶著受傷害的痛苦與犯罪者見面，是為了要對加害者予以「明恥」（shaming）。而請最關心犯罪者的支持者與會，則是為了要把「復歸」（reintegration）建構於會議中，希望犯罪者經由此途徑，能夠再重新整合回到正常社會，而非將其推往犯罪副文化的深淵。會議的議程也是圍繞這兩個要件所建構的，第一，授權犯罪者以他或她自己的說法來描述該犯罪事件，然後被害人、被害人支持

者，以及犯罪者的家人也有機會描述該犯罪事件對他們所造成的傷害。犯罪者通常會樹立屏障，以保護自己免於對犯罪行為結果感到羞恥。而讓他們面對因其犯罪行為而遭受痛苦的人，經常可以穿越這些平時不易通過的屏障。有時由被害者所發出的一道明恥光芒會被犯罪者擋開，但這道光芒卻可能像一支長矛，刺穿犯罪者母親的心，讓她坐在一旁深感歉意或羞愧，甚至哭泣。其後，可能是母親的眼淚、失望、羞愧、對她公開的嚴格考驗等因素，突破了犯罪者對明恥的防衛。當犯罪者確實面對其行為所造成的結果時，與會的關心民眾（譬如是犯罪者特別尊敬的足球教練）通常會明示或暗示犯罪者應對犯罪事件拿出責任心來。評估文獻顯示，經由該會議，常常能夠喚起犯罪者對被害者的歉意，而大多數的被害者也經常會以某些手勢或話語來回應寬恕之意。因此，議程透過被害者為中心的簡單設計，將復歸建構於會議中。此種會議的另一目的，就是要對被害者所遭受痛苦的問題，提出解決之道，會議也會以問題為中心而非以犯罪人為中心，以避開烙印的產生。同時，會議也會尋求一項雙方同意的行動方案，以確保問題不再發生（黃富源、孟維德，1997）。

　　從上述實例可看出，警察機關應對以往的預防兒童及少年犯罪作為加以省思，在工作價值體系上除要有打擊犯罪的觀念，更需融合社會工作與服務的價值觀。面對兒童及少年偏差與犯罪問題，警察必須走入社區，積極與社區相關組織協調聯繫，整合犯罪預防資源，建構兒童及少年保護網絡。

三、犯罪分析與預警式策略

　　犯罪事件發生之前，通常要有三個條件聚合，犯罪才有可能發生，這三個要件分別是：具有犯罪動機之人、合適標的物以及該標的物處於缺乏監控的情況下。也就是該具犯罪動機之人，有「機會」從事犯罪（Felson, 1998）。犯罪學的研究發現，這些條件出現在某些時段及地點的機率高於出現在其他時段和地點，這種現象形成了所謂「犯罪型態」以及犯罪重複發生的問題，也就是犯罪的集中特性。從另一角度觀察，如果能移除上述三條件中的某一條件，不僅能改變犯罪型態，更可能抑制犯罪的發生。換言之，經由辨識何種條件最易於移除，繼而致力移除之，警察便可以提昇犯罪預防工作的效能。

　　空間的問題與犯罪型態關係密切，從1930年代開始，推動「芝加哥

區域計畫」（Chicago Area Project）的研究者Shaw與McKay（1942）從其研究中便發現，犯罪類型與犯罪者的犯罪手法隨地區不同而有差異。原因之一，就是與其他地區比較，某些地區具有較少的合適標的物，或較少處於缺乏監控下的標的物。例如某地區普設夜間照明設備、停車場多為室內或有專人管理、單純住宅區、設有錄影監視系統的公共空間、設有保全人員管理的場所、實施巡守隊的社區等，皆為實例。諸如民眾居住穩定性愈高（搬遷性愈低）、生活型態同質性愈高、以家庭為導向的生活方式等社會特徵，均有助於提昇當地民眾發覺及抵制犯罪行為的敏感度（Spelman & Eck, 2000）。另一導致不同地區犯罪率差異的原因，便是某些地區具有較多的潛在犯罪者及被害者，譬如吸引青少年前往的場所（如網咖、KTV、電子遊藝場、舞場、彈子房等）就經常發生暴力和財物性犯罪。顯見，犯罪空間容納了前述三個條件：犯罪動機之人、合適標的物以及缺乏監控。犯罪學的發現，也給警察預防犯罪的工作帶來具意義的啟示，如果警察想降低某地區的犯罪率，就必須清楚瞭解該地區的犯罪類型（譬如是竊盜、搶奪，還是傷害案件），繼而找出可以減少潛在犯罪者或被害者以及增加監控的方法。由於各個社區不同，最佳的犯罪預防策略當然也隨社區不同而有所差異。因此，警察必須針對轄區的社會及物理特性進行研究，並參考相關的犯罪紀錄資料，進一步對其進行系統性分析，以釐清導致犯罪動機之人、合適標的物、缺乏監控三者聚合的原因，配合警察相關業務的規劃，編排與實施符合轄區特性的預警式勤務。

第六節　結　語

　　觀察國內近年來的人口結構，兒童及少年占總人口的比例明顯減少，顯示未來生產人口的素質必須提昇，否則將對社會未來發展產生負面影響。無庸置疑，兒童及少年是國家的重要資源，有必要受到妥善的保護，一旦不幸誤入歧途，涉及偏差或犯罪，未來生產人口不但受到減損，同時社會還要付出資源處理他們的偏差及犯罪行為。警察，可說是兒童及少年保護網絡中的最前線，組織規模及人員編制也最為龐大，警察機關的價值觀與策略，對於兒童及少年犯罪預防工作的成效，具有重大且深遠的影響。本章經由實證研究，發現在自我控制的指標上，觸法兒童、少年與

正常兒童、少年有統計上的顯著差異，觸法組樣本較衝動、缺乏執著與專心，觸法組樣本的自我控制顯然低於正常組樣本。觸法組與正常組的偏差行為原因模型相似，自我控制愈低者，其偏差行為愈多。培養自我控制最主要的機構是家庭和學校，兩者社會化的功能愈佳，孩子的自我控制就愈高，其偏差行為愈少。

　　筆者經實證分析發現，欲防止兒童及少年陷入偏差或犯罪深淵，必須強化家庭及學校的社會化功能，以培養兒童及少年適當的自我控制能力。其途徑除增強家庭及學校內在體系的功能外，尚需改善家庭及學校外在不良的社區環境。如何使社區環境有利於家庭及學校教育，讓家庭及學校能夠發揮應有功能，無疑是警察機關控制兒童及少年犯罪的焦點。為建構有利於家庭及學校功能發揮的社區環境，警察機關應強化組織編制並明確定位本身的角色功能，以社區化、學校化及預防化為工作方針，在充分瞭解服務標的的需求，理性分析兒童及少年犯罪型態，並融合創意思考後，規劃與實施符合轄區特性的警察勤、業務。

第五章　犯罪熱點的辨識與分析

第一節　前　言

　　有關犯罪的理論，大致上可以分為解釋犯罪人如何形成以及解釋犯罪事件如何發生兩類。其中前一類理論——即解釋犯罪人如何形成的理論和研究，長久以來，一直是犯罪學發展的主流，而此類研究大多把焦點集中在，為什麼某些特定類型的人會犯罪，以及應該如何處理這些人之上。近年來，學術界的注意焦點才逐漸轉移到犯罪事件，而不像以往多集中在犯罪人的特質上。對於「地點」的關切，正是此途徑中極為重要的一部分。

　　針對犯罪問題的解釋，儘管解釋事件發生的理論以及解釋犯罪人特性的理論偶有不一致的情況，但是如果能把犯罪人及犯罪事件的解釋整合互補，那麼對於犯罪現象的瞭解將是更有助益的。事實上，某人或許有極高的犯罪傾向或動機，但是除非當事人實際犯了罪，否則解釋犯罪人如何形成的理論也就沒什麼好解釋的。在功能方面，解釋犯罪人形成的理論最後應該要告訴吾人，某些人是如何成為犯罪人，以及在什麼情況下，他們不再繼續犯罪。犯罪人理論或許可以針對那些未來可能成為暴力犯或累犯的標的團體或個人提出相關防治對策，但此等理論並無法在犯罪預測上做到百分之百的準確，同時該等理論未來的發展，在學術界中仍缺乏一致性的共識。換言之，植基於犯罪人理論的犯罪預防策略，還有許多尚未肯定以及待澄清之處。就算未來犯罪學家能夠更瞭解犯罪人的犯罪特性是如何形成的，但是否能夠讓更多具犯罪特性之人免於從事犯罪行為，恐怕仍是一個未知數。

　　因此，對於犯罪人的發展與形成，儘管現有的犯罪學知識已經可以提供相當程度的解釋，但是對於犯罪事件的發生，犯罪學的知識仍需有解釋能力的必要。在犯罪學的知識領域裡，特別是需要一個能夠告訴吾人，為什麼犯罪者會選擇某些目標？也就是為什麼某些目標會對潛在犯罪人造成吸引？以及為什麼某些目標會令犯罪人感到嫌惡？還有，哪些事物是犯罪人進行犯罪時的障礙物？犯罪人又是如何克服這些障礙的？犯罪者、被害者以及監控者何種型態的日常活動，助長了某特定地點發生犯罪的可能

性？雖然，一個能夠對這些問題提供明確答案的周詳理論，尚需一段時間始能建立，但是許多針對犯罪事件進行研究的犯罪學家，對於此種理論的外貌已有相當的共識。此外，有愈來愈多的證據顯示，基於「事件」的預防策略對於某些犯罪問題可以提供立即且顯著的影響。本章的目的，即在透過實證研究途徑以探究犯罪與治安事件較常發生的地點是否為隨機性的分布，抑或具有集中的趨勢。這對建構犯罪和地點之間的關係，以及如何將此等關係運用在犯罪控制策略上，具有正面的影響與重要性。

第二節　文獻探討

壹　相關理論

在現有的犯罪學知識中，有三項理論觀點——理性選擇、日常活動理論及犯罪型態理論（Crime Pattern Theory）——影響吾人對於「地點」在犯罪預防上的理解。「理性選擇」的觀點，可以說是一個強調「地點」重要性的基本理論，該觀點認為犯罪者選擇目標及手段的方式都是可以被解釋的（Cornish & Clarke, 1986）。有些學者宣稱，該觀點是不易甚至無法檢測的，因為從犯罪者的立場來看，犯罪者的行為幾乎都可以解釋為合理的（Parsons, 1951）。不過，在另外一方面，也有不少學者認為理性選擇觀點是可以檢測的（Hogarth & Reder, 1981）。也就是說，此派學者認為，理性選擇觀點可以發展成描述犯罪事件及犯罪者的命題，而這些命題均可被檢驗。尤其是當理性選擇觀點與日常活動理論結合時，可檢測性更是明顯。

日常活動理論將犯罪事件的發生解釋為下列幾種條件聚合的結果：第一，必須出現有動機的犯罪者；而解釋有動機犯罪者的形成，則是解釋犯罪人如何發展之理論的目的。第二，必須要有前者所希望或想獲得的標的。第三、標的與有動機之犯罪者必須在相同的時間出現在相同的地點，並且，在當時、當地缺乏監控或監控失效。監控通常有三種，具親近關係的監控者（intimate handlers，如親友）、守衛（guardians）及地點管理者（place managers），如圖5-1（Felson, 2002）。

圖5-1　日常活動理論的三種監控

　　所謂「具親近關係的監控者」，係指對潛在犯罪者具有直接私人影響力的人（譬如父母、老師、教練、朋友或上司等）。當這些人出現時，潛在犯罪者原本打算進行的犯罪便有可能受到抑制。對許多犯罪者而言，不論是少年犯或是成年犯，往往缺乏這種具親近關係的監控者或其監控功能不彰。

　　所謂「守衛」，就是有能力保護標的之人。他們必須不在特定的地點出現，犯罪才有可能發生。守衛不一定是正式的警衛人員，非正式的人員有時也具備守衛功能，例如數位女子於夜間結伴回家，彼此保護，就有守衛功能存在。守衛當然還包括正式機構的人員，如私人保全人員及警察即是。人或財物若與守衛分離，被害的風險便會增高。

　　所謂「地點管理者」，就是指看管地點的人。地點管理者（例如公寓大廈管理員及其他類似人員）的目的，就是要管理出現在他們所控制場所之人員的行為。他們就好比救生員，除了謹防他人溺水之外，同樣也對游泳池邊（岸上）人員的不當或危險行為予以管制。犯罪若要發生，此等人員必須不在現場、或是失去其效能、或是疏忽。

　　對於犯罪與地點的探究，犯罪型態理論也是一個非常重要的理論，因為它結合了理性選擇及日常活動理論，這對於解釋犯罪在不同地點上的分布情形是很有助益的。潛在犯罪者、標的、親近關係監控者、守衛及地點管理者在不同時間與地點上的分布，無形中就勾勒出了犯罪的型態。社會的變遷，增加了遠離保護者（親近關係監控者、守衛及地點管理者）保

護的潛在標的。一般的理性犯罪者，在他們所從事的日常活動當中，會注意或發現缺乏守衛及管理者的地點，以及親近關係監控者不太會出現的地點。犯罪型態理論，便是在探究犯罪者與其所處的物理、社會環境之間，影響犯罪者選擇標的的互動關係。

M. Felson（2002）認為，犯罪者通常透過底下三個途徑發現合適標的：

一、透過對被害者的瞭解（例如，你的鄰居大概知道你何時不在家）。

二、透過工作（例如，電話線維修人員偷聽到某住戶下週將出國旅遊）。

三、透過重疊的「活動空間」（activity spaces）。

活動空間的概念是犯罪型態理論的核心，犯罪型態理論是由兩位加拿大犯罪學家Pat Brantingham及Paul Brantingham所研發的，他們運用活動空間的概念來描述犯罪者如何在自己每天的動線附近發現標的。他們認為，犯罪者從居住地出發，去工作、去休閒，因此建構出一個由居住地點、工作地點、休閒地點所組成的三角圖（如圖5-2）。在這三個「點」（nodes）周遭（除緩衝區外，因在該區犯罪極易被認出身分）及三條「路徑」（paths）的附近，犯罪者尋找或發現犯罪機會。犯罪者也許在離路徑旁一小段距離的地方發現標的，但通常不會遠離自己所認識的區域。理由很簡單，找一條特殊的、陌生的路徑去犯罪，遠不如在自己日常動線附近犯罪來得容易。

兩位理論者還使用「邊緣」（edges）概念，來描述人們的居住、工作、購物及休閒區域的邊界。有些犯罪經常發生在這些邊緣區，例如強盜、搶奪、竊盜等，因為在邊緣區出現的人們大多來自不同社區，彼此較不認識。兩位理論者曾研究美國Florida州Tallahassee市的住宅竊盜，他們發現許多案件是發生在貧窮區旁的富裕區邊緣，原因是這些富裕區顯現出許多吸引附近貧窮區竊盜者的標的，貧窮區竊盜者由於不太熟悉富裕區，在富裕區容易被認出不是當地人，而且在富裕區中偷竊後帶著贓物的回程距離較遠、風險較高，因此不願意深入富裕區，較喜歡在富裕區的邊緣犯案（Brantingham & Brantingham, 1993）。換言之，人們在其日常活動中所使用的路徑，以及人們所居住、工作及休閒的地點，均有助於解釋其被害風險及犯罪型態。

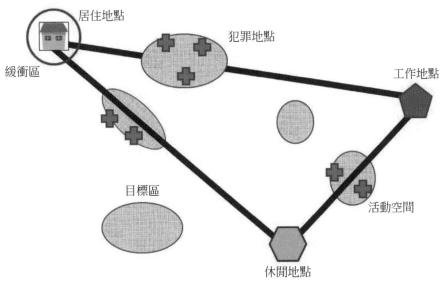

居住地點

犯罪地點

緩衝區

工作地點

目標區

活動空間

休閒地點

資料來源：Clarke與Eck（2005）。

圖 5-2 犯罪型態理論概念圖

　　根據犯罪型態理論的內涵，標的物如何被潛在犯罪者發現或注意，影響了犯罪事件在時間、空間及標的上的分布。而標的能否被潛在犯罪者發現或注意，主要是受潛在犯罪者的日常活動所影響。在活動場所的本質上，犯罪者類似非犯罪者，大多是在他們的家庭、學校、工作場所、購物場所及娛樂場所等範圍內活動，只是犯罪者與非犯罪者活動場所的形式可能有所差異。當潛在犯罪者從事正常的合法活動時，他們可能較會注意周遭的犯罪機會。換言之，不是接近潛在犯罪者日常活動範圍的犯罪機會，就不太可能被潛在犯罪者所注意。因此，潛在犯罪者所能注意到的標的是有限的（或許還有許多其他更合適的標的，但未被潛在犯罪者發現）。在潛在犯罪者注意範圍內的犯罪機會，便有較高的風險成為犯罪標的。儘管少數犯罪者會在其日常活動範圍外找尋犯罪機會，但是大多數犯罪者還是在自己所熟悉的日常非犯罪活動中，找尋犯罪機會。

　　在犯罪型態理論中，「地點」的觀念是不可或缺的。地點，在邏輯上不僅是必須的（犯罪者必定是在某一個地點實施犯罪行為），同時其特徵更會影響犯罪發生的可能性。根據日常活動理論所強調的地點特徵，包含監控者、管理者的出現及效能，以及有能力守衛者的出現。犯罪型態

論，藉由針對某地點如何被潛在犯罪者所發現或注意的解釋，而將具有合適標的的地點與該地點的背景環境相連結。

值得注意的是，犯罪型態理論和日常活動理論在許多方面是彼此相互支持的。但是，這兩個理論對於某些發生在特定地點的犯罪，似乎有不同的解釋。例如，就某些具高犯罪率的地點而言，犯罪型態理論者，就會把解釋重點放在犯罪者如何發現及接近該地點。而日常活動理論者，則把解釋焦點集中在標的的型態或行為，以及控制者（守衛、監控者以及地點管理者）不在現場的原因上。換言之，對犯罪型態理論者而言，地點的問題，主要是其座落的位置以及和環境之間的關係。另一方面，對日常活動理論者而言，地點的問題，主要是某些特定人的出現及消失。因此，可以明確的看出，這兩種理論在不同的背景及情境下，均有其解釋力。對於某些犯罪，犯罪型態理論或許可以提供較為適當的解釋；對於某些犯罪，日常活動理論則可能有較理想的分析。對於某些犯罪，或許需要結合此兩種理論共同來解釋。

貳 有關犯罪地點的實證研究

Engstad（1975）曾針對一些有旅館坐落的小區域，以及這些區域旁邊沒有旅館坐落的小區域，比較這兩類區域內有關汽車及酒吧的犯罪數。當Engstad將犯罪數用居住在區域內的人口數予以標準化之後，發現旅館的出現與較高的犯罪率（每千人當中的犯罪數）之間存有相關。當Engstad比較各旅館區域，並計算每一件犯罪的機會比率來標準化犯罪數（他將旅館區域內的汽車犯罪數除以停車位的數目，以及將區域內的酒吧犯罪除以酒吧的座位數），他發現其中有一個旅館區域比其他旅館區域有較高的汽車及酒吧犯罪率。Engstad（1975）也運用汽車犯罪、竊盜、及其他財產性犯罪，針對有、無購物中心（shopping center）的區域進行相類似的分析，結果發現有購物中心的區域具有較高的犯罪率（每千人中的犯罪數）。當他比較各購物中心區域的犯罪數（經標準化處理過，他以停車位來標準化汽車犯罪數，以每1,000平方尺的販售空間來標準化竊盜數，以購物中心的面積畝數來標準化損害行為數），Engstad再次發現各購物中心區域內的犯罪率並不相同。

Spelman（1992）曾針對街道區域內的廢棄住宅及犯罪之間的關聯性

進行檢驗，雖然他沒有將區域內的犯罪機會予以控制，但他發現兩者之間具有相關。同時他還證明了擁有廢棄屋的區域以及沒有廢棄屋區域兩者之間的顯著差異，乃在於前者有較多的自有住宅。

Brantingham夫婦（1993）曾針對街道區域內商店被不法侵入的比率以及有無「商業地標」（commercial landmark）的出現兩者之間的關聯性進行研究，在該研究中，商業地標共有五種，包括速食餐廳、傳統式餐廳、超級市場、百貨公司及酒吧。雖然，有超級市場或百貨公司的街道區域比無此商業地標的街道區域，出現稍高的商店不法侵入率，而有其他三種地標街道區域的不法侵入率，則比無此三種地標區域高出2至2.5倍之多。

有一些研究顯示，人們若愈容易接近某區域或地點，那麼該區域或地點的犯罪就愈多。Friedman等學者（1989）曾經對美國大西洋城（Atlantic City）賭場所造成的影響進行研究，他們觀察通往該城幹道旁鄰近小鎮的犯罪情況是否有受到賭場的影響。當他們控制人口數、失業、每平方英里不動產的價值，以及人口密度等變項之後，結果他們發現這些小鎮的犯罪率比不在幹道旁的小鎮要來得高。如果我們假設在賭場被引進城內的同時，幹道旁小鎮的社會組成及結構沒有改變，那麼這些小鎮之所以有較高的犯罪率，大致可以歸因於有較多的外地人經過小鎮。

Rengert與Wasilchick（1990）根據與不法目的侵入者（burglars）訪談所獲取的資料，證明販毒地區會引導暴力犯至某特定地區從事暴力犯罪，即這些暴力犯可能會在毒品地區的鄰近區域內從事暴力犯罪。他們的研究部分支持了潛在犯罪者因某種目的被吸引至某地區，然後從事其他的犯罪行為。Weisburd等學者（1994）也發現，毒品交易地區經常有多樣犯罪行為伴隨發生。這些研究提出了三項假設：地點中的某些事物促使偏差行為發生；設施吸引人們來這些區域；設施吸引人們來這些區域，區域內的某些事物促使偏差行為的發生。

Duffala（1976）及Nasar（1981）曾針對發生不同次數犯罪（便利商店的搶劫以及不法目的侵入商店）的商店進行研究，結果發現發生最多次搶案的商店均座落於大馬路邊。另有研究針對高犯罪率與低犯罪率的鄰里（White, 1990）和路段（Frisbie et al., 1977）進行比較，結果顯示地區的可接近性（accessibility）與較高的犯罪率之間存有相關。愈多人經過某地區，那麼該地區成為犯罪地點的機會就愈大。此結論和愈吸引人潮的地

點愈可能產生被害的假設（但這些研究並沒有排除對立假設）相契合。其隱喻，設施吸引人們前來設施所在的區域，在這些人中，可能包含具犯罪動機之人。

根據上述相關理論及實證研究，可以發現犯罪和地點之間關係的釐清，將有助於犯罪預防策略的擬定。譬如，警察的控制犯罪作為，便可參考此等資訊將資源做較有效的分配（如警力配置、勤務編排等），選擇正確且適當的執法標的地區。

第三節 研究設計與實施

本章的目的在於探究犯罪與治安事件發生的集中性，主要包括犯罪與治安事件的發生是否具集中性？以及若有集中趨勢，集中的幅度大小如何？倘若具有集中趨勢，且集中幅度夠大，那麼這些地點便可成為犯罪預防資源（如警力數）分配的重要參考。

根據犯罪被害調查顯示，民眾報案經常使用電話報案方式（Mon, 2003）。筆者又與受理報案員警訪談獲知，民眾在親自前往警察機關報案前，往往先透過電話向警察概述案情。換言之，警察局有關民眾電話報案及請求服務的紀錄資料，應是分析犯罪及治安事件發生地點的適當資料。

為降低警察人員對於報案記錄方式不同及犯罪黑數相關問題的困擾，本研究乃以警察總局勤務指揮中心一一○報案系統所記錄的資料為分析對象，該系統網羅了非常大量的報案訊息。由於新北市（研究當時稱為台北縣）警察局勤務指揮中心一一○報案系統採用電腦紀錄模式，每一件電話報案均有電腦紀錄資料，並可列印出報案內容（例如案件發生地點、時間等），故本研究乃以新北市政府警察局勤務指揮中心所記錄的報案資料為分析標的。選擇新北市作為研究對象尚有其他考量因素，例如，只要在新北市使用電話撥一一○向警方報案或請求服務，必定先由警察總局勤務指揮中心一一○系統接通，視情況再分送至各警察局分局處理，故可減少漏接或拒接的可能，報案紀錄較完整。其次，根據研究當時的政府刑案統計顯示，新北市刑案發生數為台閩地區各縣市之冠，案件數多，有利於較為細緻的資料分析（因案件數夠多，若有集中趨勢，可分析至較小的區

域）。另外，新北市幅員遼闊，地理特性多元，涵蓋城市、鄉村、沿海與山地，具有代表台灣地區的地理特性。

　　為符合研究目的，並期能獲得較為完整的資料，筆者蒐集新北市政府警察局勤務指揮中心在一年期間中，受理轄區民眾報案及請求服務的電話紀錄，繼而分析這些紀錄的案發地點。本研究所蒐集的資料為一年間新北市政府警察局勤務指揮中心一一〇系統所受理報案及請求服務的紀錄資料。在新北市政府警察局局長的同意與支持下，筆者多次前往該局勤務指揮中心瞭解一一〇報案系統的運作與記錄方式，最後順利蒐集到一年期間的報案及請求服務紀錄資料，共計有10萬9,351件紀錄資料。

　　有關分析的方式，本研究係以新北市警察局各層級組織所負責的轄區作為犯罪及治安事件發生地區的分析單位。依當時新北市（台北縣）警察局的組織編制，共有15個警察分局，警察分局的下一層級為分駐、派出所，各警察分局所轄分駐、派出所數目不等，少則四、五個（如板橋分局，城市型轄區），多則有20幾個（如新店分局，轄區遼闊，包含山地區域）。在分駐、派出所的轄區中再劃分為若干警勤區（俗稱管區），警勤區為警察勤務的基本單位（各警察分局轄區及警勤區數，參閱表5-1）。依據我國警察勤務條例的規定，警勤區劃分的原則如下：

一、依自治區域，以一村里劃設一警勤區；村里過小者，得以二以上村里劃設一警勤區；村里過大者，得將一村里劃設二以上警勤區。

二、依人口疏密，以2,000人口或500戶以下劃設一警勤區[1]。

　　由於本章所蒐集之資料數量龐大，足夠進行較為細緻的分析，故以警察勤務的基本單位——警勤區——作為犯罪及治安事件發生地點的最終分析單位（新北市各分局警勤區之分布，如表5-1所示）。從一個縣（或市）警察局轄區的面積大小來觀察，應可將犯罪或治安事件發生頻繁的警勤區視為犯罪或治安熱點（甚至從警察分局的轄區大小來觀察，警勤區也都是相當小的地點）。換言之，本研究欲瞭解10萬多筆的報案及請求服務案件，是否有集中於某些警勤區的現象，若有集中趨勢，其集中的幅度是否夠大（即少量警勤區是否足以解釋大量的案件發生地點）？

1　警察勤務條例尚規定：警勤區之劃分，應參酌治安狀況、地區特性、警力多寡、工作繁簡、面積廣狹、交通電信設施及未來發展趨勢等情形，適當調整之（第6條）。

表 5-1　新北市警察局各分局轄區一覽表

分局	轄　區	警勤區數	備　註
板橋分局	板橋市	165	
海山分局	板橋市	194	1993年3月成立，成立之前的轄區屬於板橋分局。
新莊分局	新莊市、林口鄉、泰山鄉	256	
三重分局	三重市	237	
中和分局	中和市	266	
永和分局	永和市	184	
蘆洲分局	蘆洲市、五股鄉、八里鄉	133	
新店分局	新店市、烏來鄉、坪林鄉、石碇鄉、深坑鄉	244	
樹林分局	樹林市、土城市	79	土城分局成立後，轄區只有樹林市。
土城分局	土城市	104	1994年10月成立，成立之前的轄區屬於樹林分局。
汐止分局	汐止市	80	
三峽分局	三峽鎮、鶯歌鎮	92	
淡水分局	淡水鎮、三芝鄉	94	
金山分局	金山鄉、萬里鄉、石門鄉	44	
瑞芳分局	瑞芳鎮、雙溪鄉、貢寮鄉、平溪鎮	93	

資料來源：新北市政府警察局。
註：本研究進行時，新北市共計有2,265個警勤區。

第四節　研究發現

　　表5-2所列為新北市警察局勤務指揮中心有關民眾報案及請求服務的紀錄資料，根據案件發生地區來分析，報案來源較多的地區為板橋分局、海山分局、三重分局、新莊分局、中和分局及蘆洲分局。再就民眾報案及請求服務的案件內容來觀察，新北市政府警察局將其區分為列管案件類（指重大刑案，如殺人、擄人勒贖等）、一般刑案類、交通案類、為民服

務類、檢舉案類，以及災害類等六種類型。其中數量最多的為一般刑案類，占全數的47.01%；其次為交通案類，占全數的34.54%；第三為為民服務類，占全數的12.39%。這三類占所有民眾報案及請求服務案件數的93.93%（參閱圖5-3及圖5-4）。而在一般刑案類中，以機車竊盜的報案占最多，為69.92%，其次為一般竊盜案件的報案，占12.50%（如表5-3）。在交通案類中，一般車禍案件的報案占最多，為99.24%（如表5-4）。在為民服務類中，打架事件的報案占70.80%為最多，妨害安寧事件的報案占14.39%為次之（如表5-5）。

表 5-2 新北市政府警察局勤務指揮中心有關民眾報案及請求服務的紀錄資料

轄區分局	列管案件類	一般刑案類	交通案類	為民服務類	檢舉案類	災害類	合計
板橋分局	38	4,722	2,310	940	451	22	8,483
海山分局	39	4,977	2,705	1,156	573	29	9,479
三重分局	36	7,404	4,471	1,850	897	48	14,706
新莊分局	29	6,815	5,603	1,509	734	52	14,742
中和分局	22	4,956	4,182	1,520	613	50	11,343
永和分局	16	3,362	1,778	889	391	32	6,468
新店分局	35	2,955	3,345	1,035	400	41	7,811
蘆洲分局	46	4,312	2,598	854	418	27	8,255
土城分局	63	3,281	2,175	889	251	14	6,673
樹林分局	10	2,035	1,712	707	194	16	4,674
三峽分局	4	1,785	1,628	556	171	17	4,161
淡水分局	19	1,602	1,426	471	166	10	3,694
汐止分局	9	1,533	1,878	746	201	13	4,380
金山分局	7	236	198	70	44	5	560
瑞芳分局	14	426	215	112	70	1	838
其他	10	1,003	1,547	239	273	12	3,084
合計	397	51,404	37,771	13,543	5,847	389	109,351
百分比	.36%	47.01%	34.54%	12.39%	5.35%	.36%	100.00%

資料來源：台北縣政府警察局勤務指揮中心。
註：「其他」欄，係指發生地點非屬台北縣轄區的案件。

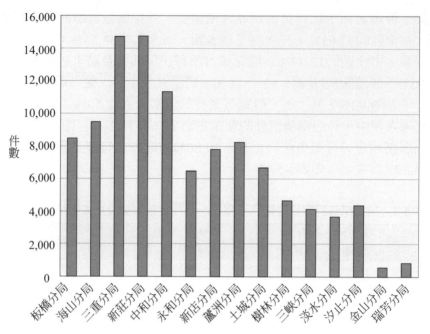

圖5-3 新北市政府警察局勤務指揮中心有關民眾報案及請求服務案件地區（分局轄區）分析

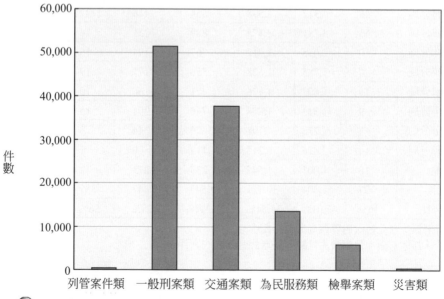

圖5-4 新北市政府警察局勤務指揮中心有關民眾報案及請求服務類別分析

表5-3 新北市政府警察局勤務指揮中心接獲民眾報案之主要「一般刑案」分析

案件類別	機車竊盜	一般竊盜	汽車竊盜	麻藥
件數	35,943	6,424	5,205	1,751
百分比	69.92%	12.50%	10.13%	3.41%

註：百分比合計未達100.00%，係因尚有其他類別案件，但數量過少，本研究不擬分析。
表中所列四類案件，已占一般刑案的95.96%。

表5-4 新北市政府警察局勤務指揮中心接獲民眾報案之主要「交通案件」分析

案件類別	一般車禍	重大車禍
件數	7,484	262
百分比	99.24%	.69%

註：百分比合計未達100.00%，係因尚有其他類別案件，但數量過少，本研究不擬分析。
表中所列兩類案件，已占車禍案件的99.93%。

表5-5 新北市政府警察局勤務指揮中心接獲民眾「請求服務」之主要案件分析

服務項目	打架事件	妨害安寧事件	家庭紛爭事件	急救處理
件數	9,589	1,949	776	670
百分比	70.80%	14.39%	5.73%	4.95%

註：百分比合計未達100.00%，係因尚有其他類別案件，但數量過少，本研究不擬分析。
表中所列四類案件，已占請求服務案件的95.87%。

本研究繼而根據一一○報案紀錄分析案件的發生地點，案件主要以發生數最多的一般刑案類、交通案件類及請求服務類等三種。列管案件、檢舉案類及災害類因數量過少，無法進行較細緻的分析，故不分析。分析的方法是先以分局的轄區為範圍，然後找出該分局轄區中案件發生數最多的前五個警勤區（警察勤務的基本單位）。在分析過程中，本研究針對新北市警察局所轄15個警察分局的所有警勤區一一進行分析與歸納，共計針對2,265個警勤區進行分析。

由於警勤區數量眾多，資料在呈現上所占篇幅過大，故底下以列舉方式呈現三種型態警察分局轄區的分析結果，分別為都會型、山地鄉鎮型、及沿海鄉鎮型警察分局轄區，以讓讀者瞭解本研究的詳細分析方式與發現。有關都會型轄區，本章以板橋警察分局轄區為代表；山地鄉鎮型轄區，以三峽警察分局轄區為代表；沿海鄉鎮型轄區，則以淡水警察分局轄

區為代表。本章選擇這三種型態轄區作為說明代表，主要是因為這三種轄區大致可代表新北市的地理特性。然此處需強調的是，本研究為獲得完整的資料，乃針對新北市15個警察分局轄區進行全面分析，並非僅分析上述三個分局，之所以會列出三個分局轄區的分析，目的是讓讀者更清楚瞭解本研究的分析過程。有關15個警察分局轄區的全面分析結果，本研究依案件類型各將其歸納成三個總表（詳如表5-15、表5-16及表5-17）。

壹 都會型轄區

此處以板橋警察分局轄區代表都會型轄區，表5-6、表5-7及表5-8為板橋分局轄區根據一一〇報案紀錄資料，分析後所列出有關類型案件發生數最多的五個警勤區。我們可以發現，板橋分局轄區包括有165個警勤區，而案件發生最多的五個警勤區大約占了整個分局案件總數的20%，有些案件的比例更超過30%，如疾病救護（32.5%）、家庭紛爭（34.78%）等案件。換言之，在板橋分局的轄區中，僅3.03%的警勤區就可以解釋大約20%的案件量。顯然，在板橋分局轄區，犯罪及治安事件發生的地點具有集中趨勢，且集中幅度頗大。這些少數卻發生大量案件的警勤區，應可視為板橋分局轄區內的治安熱點。除此之外，這些治安熱點往往不是僅發生一種類型的治安事件，而經常是多種類型案件的集中處，譬如板橋分局的0102409警勤區在統計期間便發生了147件機車竊盜、11件麻藥、204件一般車禍、30件打架、7件妨害安寧、4件疾病救護、2件家庭紛爭。

貳 依山鄉鎮型轄區

本章此處以三峽警察分局轄區代表依山鄉鎮型轄區，表5-9、表5-10及表5-11為三峽分局轄區根據一一〇報案紀錄資料，分析後所列出有關類型案件發生數最多的五個警勤區。我們可以發現，三峽分局轄區包括有92警勤區，而案件發生最多的五個警勤區大約占了整個分局案件總數的30%，有些案件的比例更超過40%，如妨害安寧（45.00%）、家庭紛爭（41.93%）等案件。換言之，在三峽分局的轄區中，僅5.4%的警勤區就可以解釋大約30%的案件量。顯然，在三峽分局轄區，犯罪及治安事件發生的地點具有集中趨勢，且集中幅度頗大。這些少數卻發生大量案件的

表 5-6　新北市民眾報案之主要「一般刑案」發生地點分析（板橋分局轄區）

案件類別	機車竊盜（發生案件總數：3,473）				一般竊盜（發生案件總數：525）				汽車竊盜（發生案件總數：230）				麻藥（發生案件總數：275）			
	所名	警勤區	案件數	百分比	所名	警勤區	案件數	百分比	所名	警勤區	案件數	百分比	所名	警勤區	案件數	百分比
	板橋	0101146	276	7.95%	板橋	0101330	25	4.76%	大觀	0103130	20	8.70%	後埔	0102401	12	4.36%
	後埔	0102409	147	4.23%	板橋	0101603	24	4.57%	後埔	0102539	12	5.22%	後埔	0102409	11	4.00%
	後埔	0102628	146	4.20%	沙崙	0104112	20	3.81%	後埔	0102401	10	4.35%	板橋	0101330	11	4.00%
	板橋	0101603	142	4.09%	後埔	0102401	18	3.43%	板橋	0101146	8	3.48%	板橋	0101603	10	3.64%
	板橋	0101101	109	3.14%	板橋	0101118	17	3.24%	沙崙	0104112	8	3.48%	沙崙	0104106	9	3.27%
	合計		820	23.61%	合計		104	19.81%	合計		58	25.21%	合計		53	19.27%

註：表中所列為板橋分局轄區四種「一般刑案」案件數最多的前五個警勤區，板橋分局警勤區總數為 165個 。「所名」欄中所列為分駐、派出所名，「警勤區」欄中所列為警勤區編號。

表 5-7　新北市民眾報案之主要「交通案類」發生地點分析（板橋分局轄區）

案件類別	一般車禍（發生案件總數：2,301）		
所名	警勤區	案件數	百分比
後埔	0102409	204	8.87%
大觀	0103130	115	5.00%
板橋	0101101	111	4.82%
沙崙	0104201	97	4.21%
後埔	0102118	87	3.78%
合計		614	26.68%

註：表中所列為板橋分局轄區「交通案類」案件數最多的前五個警勤區，板橋分局警勤區總數為165個。「所名」欄中所列為分駐、派出所名，「警勤區」欄中所列為警勤區編號。

表 5-8　新北市民眾報案之主要「為民服務」發生地點分析（板橋分局轄區）

案件類別	打架（發生案件總數：710）			妨礙安寧（發生案件總數：106）			疾病救護（發生案件總數：43）			家庭紛爭（發生案件總數：46）		
所名	警勤區	案件數	百分比	所名	警勤區	案件數	百分比	所名	警勤區	案件數	百分比	
板橋	0101603	45	6.34%	後埔	0102409	7	6.61%	後埔	0102409	4	9.30%	沙崙 0104112 6 13.04%
後埔	0102409	30	4.23%	板橋	0101539	6	5.66%	板橋	0101146	4	9.30%	大觀 0103223 3 6.52%
板橋	0101510	25	3.52%	沙崙	0104112	5	4.71%	板橋	0101421	2	4.65%	板橋 0101330 3 6.52%
後埔	0102118	23	3.24%	板橋	0101236	4	3.77%	板橋	0101607	2	4.65%	後埔 0102404 2 4.35%
後埔	0102401	22	3.09%	板橋	0101332	4	3.77%	後埔	0102622	2	4.65%	後埔 0102409 2 4.35%
合計		145	20.42%	合計		26	24.52%	合計		14	32.5%	合計 16 34.78%

註：表中所列為板橋分局轄區四種「為民服務」案件數最多的前五個警勤區，板橋分局警勤區總數為165個。「所名」欄中所列為分駐、派出所名，「警勤區」欄中所列為警勤區編號。

表 5-9　新北市民眾報案之主要「一般刑案」發生地點分析（三峽分局轄區）

案件類別	機車竊盜（發生案件總數：1,070）			一般竊盜（發生案件總數：264）			汽車竊盜（發生案件總數：314）			麻藥（發生案件總數：79）		
所名	警勤區	案件數	百分比	所名	警勤區	案件數	百分比	所名	警勤區	案件數	百分比	
三峽	1103118	77	7.19%	三峽	1103118	19	7.19%	三峽	1103118	30	9.55%	三峽 1103312 7 8.86%
鶯歌	1101410	73	6.82%	三峽	1103202	12	4.54%	鶯歌	0101146	25	7.96%	三峽 1103413 7 8.86%
三峽	1103312	62	5.79%	三峽	1103311	12	4.54%	三峽	1103312	24	7.64%	三峽 1103101 4 5.06%
三峽	1103202	54	5.04%	三峽	1103312	10	3.78%	三峽	1103311	19	6.05%	三峽 1103202 4 5.06%
鶯歌	1101304	48	4.48%	鶯歌	1101410	10	3.78%	鶯歌	1101304	11	3.50%	三峽 0102409 3 3.79%
合計		314	29.34%	合計		53	20.07%	合計		109	34.71%	合計 25 31.61%

註：表中所列為三峽分局轄區四種「一般刑案」案件數最多的前五個警勤區，三峽分局警勤區總數為92。「所名」欄中所列為分駐、派出所名，「警勤區」欄中所列為警勤區編號。

表 5-10 新北市民眾報案之主要「交通案類」發生地點分析（三峽分局轄區）

案件類別	一般車禍 （發生案件總數：1,625）		
所名	警勤區	案件數	百分比
鶯歌	1101410	151	9.29%
三峽	1103118	136	8.36%
三峽	1103311	87	5.35%
三峽	1103312	76	4.67%
鶯歌	1101203	70	4.30%
合計		520	32.00%

註：表中所列為三峽分局轄區「交通案類」案件數最多的前五個警勤區，其間無重大車禍，三峽分局警勤區總數為92。「所名」欄中所列為分駐、派出所名，「警勤區」欄中所列為警勤區編號。

表 5-11 新北市民眾報案之主要「為民服務」發生地點分析（三峽分局轄區）

案件類別	打架 （發生案件總數：432）			妨礙安寧 （發生案件總數：60）			疾病救護 （發生案件總數：22）			家庭紛爭 （發生案件總數：31）		
所名	警勤區	案件數	百分比	所名	警勤區	案件數	百分比	所名	警勤區	案件數	百分比	所名	警勤區	案件數	百分比
鶯歌	1101410	44	10.18%	鶯歌	1101410	8	13.33%	鳳鳴	1110108	3	13.6%	鶯歌	1101410	3	9.67%
三峽	1103312	31	7.17%	三峽	1103312	7	11.66%	三峽	1103210	2	9.09%	三峽	1103312	2	6.45%
三峽	1103118	24	5.55%	三峽	1103105	5	8.33%	三峽	1103413	2	9.09%	三峽	1103101	2	6.45%
鶯歌	1101116	22	5.09%	鶯歌	1101116	4	6.66%	-	-	-	-	鶯歌	1101114	2	6.45%
三峽	1103202	21	4.86%	三峽	1103107	3	5.00%	-	-	-	-	三峽	1103107	2	6.45%
合計		142	32.87%	合計		27	45.00%	合計		7	31.81%	合計		13	41.93%

註：表中所列為三峽分局轄區四種「為民服務」案件數最多的前五個警勤區，三峽分局警勤區總數為92。「所名」欄中所列為分駐、派出所名，「警勤區」欄中所列為警勤區編號。

警勤區，應可視為三峽分局轄區內的治安熱點。之外，與前述板橋分局轄區類似，這些治安熱點往往不是僅發生一種類型的治安事件，而經常是多種類型案件的集中處，譬如三峽分局的1103118警勤區在統計期間便發生了77件機車竊盜、19件一般竊盜、30件汽車竊盜、136件一般車禍、24件打架。1101410警勤區、1103312警勤區、1103312警勤區、1103202警勤區等均有類似情形。

參 沿海鄉鎮型轄區

本章此處以淡水警察分局轄區代表沿海鄉鎮型轄區，表5-12、表5-13及表5-14為淡水分局轄區根據一一〇報案紀錄資料，分析後所列出有關類型案件發生數最多的五個警勤區。我們可以發現，淡水分局轄區包括有94個警勤區，而案件發生最多的五個警勤區超過整個分局案件總數的30%，有些案件的比例更超過40%甚至50%，如一般竊盜（40.63%）、麻藥（52.17%）、妨礙安寧（46.37%）、疾病救護（52.00%）等案件。換言之，在淡水分局的轄區中，僅5.32%的警勤區就可以解釋超過30%的案件量。顯然，在淡水分局轄區，犯罪及治安事件發生的地點具有集中趨勢，且集中幅度頗大。這些少數卻發生大量案件的警勤區，應可視為淡水分局轄區內的治安熱點。之外，與前述板橋分局及三峽分局轄區類似，這些治安熱點往往不是僅發生一種類型的治安事件，而經常是多種類型案件的集中處，譬如淡水分局的1202107警勤區在統計期間便發生了98件機車竊盜、18件一般竊盜、28件打架、10件妨礙安寧、4件家庭紛爭。1201102警勤區、1202214警勤區、1201101警勤區等均有類似情形。

肆 綜合分析

表5-15所列為各警察分局主要「一般刑案」發生數最多的前五個警勤區案件百分率分析，表中主要呈現兩類百分率資料，一類是這前五個警勤區占各該分局警勤區總數中的百分率【即表中第二欄資料，計算方式為（5÷分局警勤區總數）×100%】。另一類是這前五個警勤區的一般刑案發生數占各該分局一般刑案發生總數的百分率，【即表中第三、四、五、六欄資料，計算方式為（前五個警勤區一般刑案發生數÷分局所有警勤

表 5-12　新北市民眾報案之主要「一般刑案」發生地點分析（淡水分局轄區）

案件類別	機車竊盜 （發生案件總數：1,185）			一般竊盜 （發生案件總數：219）			汽車竊盜 （發生案件總數：102）			麻藥 （發生案件總數：46）		
所名	警勤區	案件數	百分比	所名	警勤區	案件數	百分比	所名	警勤區	案件數	百分比	所名	警勤區	案件數	百分比

所名	警勤區	案件數	百分比	所名	警勤區	案件數	百分比	所名	警勤區	案件數	百分比	所名	警勤區	案件數	百分比
中山	1202107	98	8.27%	中山	1202214	23	10.50%	中正	1201213	7	6.86%	中山	1201101	9	19.56%
中山	1202214	95	8.01%	中山	1202107	18	8.21%	中正	1201102	6	5.88%	三芝	1208104	5	10.86%
中正	1201102	71	5.99%	中正	1201102	14	6.39%	中正	1201101	6	5.88%	中正	1201213	4	8.69%
水碓	1204309	60	5.06%	竹圍	1203116	12	5.47%	水碓	1204309	5	4.90%	中山	1202110	3	6.52%
中正	1201101	59	4.97%	中正	1201101	12	5.47%	竹圍	1203112	5	4.90%	中正	1201102	3	6.52%
合計		363	30.63%	合計		89	40.63%	合計		29	28.43%	合計		24	52.17%

註：表中所列為淡水分局轄區四種「一般刑案」案件數最多的前五個警勤區，淡水分局警勤區總數為94。「所名」欄中所列為分駐、派出所名，「警勤區」欄中所列為警勤區編號。

表 5-13　新北市民眾報案之主要「交通案類」發生地點分析（淡水分局轄區）

案件類別	一般車禍 （發生案件總數：1,422）		
所名	警勤區	案件數	百分比
中山	1202116	115	8.08%
竹圍	1203305	87	6.11%
竹圍	1203301	71	4.99%
水碓	1204211	68	4.78%
中正	1201101	68	4.78%
合計		409	28.76%

註：表中所列為淡水分局轄區「交通案類」案件數最多的前五個警勤區，淡水分局警勤區總數為94。「所名」欄中所列為分駐、派出所名，「警勤區」欄中所列為警勤區編號。

表5-14 新北市民眾報案之主要「為民服務」發生地點分析（淡水分局轄區）

案件類別	打架（發生案件總數：321）			妨礙安寧（發生案件總數：69）			疾病救護（發生案件總數：25）			家庭紛爭（發生案件總數：36）		
所名	警勤區	案件數	百分比	所名	警勤區	案件數	百分比	所名	警勤區	案件數	百分比	所名	警勤區	案件數	百分比
中山	1202107	28	8.27%	中山	1202107	10	14.49%	水碓	1204309	3	0.12%	中正	1202107	4	11.11%
中山	1202110	22	6.85%	中山	1202110	10	14.49%	中正	1201102	3	0.12%	竹圍	1203103	2	5.55%
中正	1201102	18	5.60%	中山	1202202	4	6.39%	中正	1201206	3	0.12%	竹圍	1203206	2	5.55%
竹圍	1203101	18	5.60%	中山	1202214	4	5.79%	中正	1201101	2	0.08%	中山	1201102	2	5.55%
竹圍	1203116	17	5.29%	竹圍	1203103	4	5.79%	水碓	1204301	2	0.08%	中正	1202110	2	5.55%
合計		103	32.08%	合計		32	46.37%	合計		13	52.00%	合計		12	33.33%

註：表中所列為淡水分局轄區四種「為民服務」案件數最多的前五個警勤區，淡水分局警勤區總數為94。「所名」欄中所列為分駐、派出所名，「警勤區」欄中所列為警勤區編號。

區一般刑案發生總數）×100%】。從表5-15所呈現的數據中，我們可以發現中和分局五個警勤區所占百分率最低（1.88%），表示中和分局擁有最多數量的警勤區（總數為266個警勤區）。值得注意的是，全中和分局30.33%的機車竊盜、29.49%的一般竊盜、30.87%的汽車竊盜及35.84%的麻藥案件集中發生在五個警勤區中，而該五個警勤區僅占中和分局警勤區總數的1.88%。

其次，金山分局五個警勤區所占警勤區總數的百分率最高（11.36%），這表示金山分局擁有最少數量的警勤區（總數為44個警勤區）。在金山分局轄區，38.64%的機車竊盜、39.24%的一般竊盜、54.16%的汽車竊盜以及44.00%的麻藥案件，集中發生在五個警勤區中，而該五個警勤區占金山分局警勤區總數的11.36%。

表 **5-15** 新北市各警察分局「一般刑案」發生地點集中幅度分析（以警勤區為單位）

警察分局	五個警勤區占分局警勤區總數百分率	機車竊盜（前五個警勤區案件數占分局案件總數百分率）	一般竊盜（前五個警勤區案件數占分局案件總數百分率）	汽車竊盜（前五個警勤區案件數占分局案件總數百分率）	麻藥（前五個警勤區案件數占分局案件總數百分率）
板橋分局	3.03%	23.61%	19.81%	25.21%	19.27%
新莊分局	1.95%	20.29%	17.94%	16.01%	20.00%
三重分局	2.11%	14.85%	17.51%	21.16%	23.44%
海山分局	2.58%	25.70%	29.44%	28.57%	27.15%
永和分局	2.72%	32.73%	37.67%	31.56%	47.50%
中和分局	1.88%	29.95%	31.67%	28.70%	42.02%
土城分局	4.81%	31.85%	25.53%	29.41%	36.81%
蘆洲分局	3.76%	29.16%	28.23%	21.58%	31.58%
樹林分局	6.33%	30.02%	27.46%	34.40%	48.15%
三峽分局	5.44%	29.34%	20.07%	34.71%	31.61%
汐止分局	6.25%	45.10%	41.58%	40.94%	47.83%
新店分局	2.05%	28.76%	29.15%	23.47%	27.91%
淡水分局	5.32%	30.63%	40.63%	28.43%	52.17%
金山分局	11.36%	38.64%	39.24%	54.16%	44.00%
瑞芳分局	5.38%	44.25%	36.46%	44.74%	38.21%
平均值	4.33%	30.33%	29.49%	30.87%	35.84%

註：本表中「前五個警勤區」，係指案件發生數最多的前五個警勤區。

若從平均值來觀察，在新北市警察分局轄區中，30.33%的機車竊盜、29.49%的一般竊盜、30.87%的汽車竊盜以及35.84%的麻藥案件，是集中發生在分局的4.33%警勤區中。換言之，新北市警察分局4.33%的警勤區，平均大約可以解釋30%的一般刑案發生量。其所顯示的意義為，大約有三成的一般刑案集中在不到5%的警勤區中，集中趨勢應是相當明顯。

接著觀察各警察分局轄區一般車禍案件發生地點集中性的分析。從表5-16中可以發現，一般車禍發生最多的五個警勤區僅占中和分局警勤區總數的1.88%，但全中和分局36.33%的一般車禍卻集中發生在這五個警勤

區中。而在汐止分局轄區，51.15%的一般車禍案件集中發生在五個警勤區中，該五個警勤區也只占警勤區總數的6.25%（汐止分局共有80個警勤區）。再從平均值來觀察，新北市警察分局轄區中平均有33.53%的一般車禍案件，是集中發生在4.33%的警勤區中。一般車禍案件的集中趨勢，比上述的機車竊盜、一般竊盜和汽車竊盜含要來的明顯。

表 5-16 新北市各警察分局「一般車禍」發生地點集中幅度分析（以警勤區為單位）

警察分局	五個警勤區占分局警勤區總數百分比	一般車禍（前五個警勤區案件數占分局案件總數百分比）
板橋分局	3.03%	26.68%
新莊分局	1.95%	27.74%
三重分局	2.11%	19.99%
海山分局	2.58%	34.62%
永和分局	2.72%	36.19%
中和分局	1.88%	36.33%
土城分局	4.81%	36.46%
蘆洲分局	3.76%	26.76%
樹林分局	6.33%	35.70%
三峽分局	5.44%	32.00%
汐止分局	6.25%	51.15%
新店分局	2.05%	33.03%
淡水分局	5.32%	28.76%
金山分局	11.36%	37.06%
瑞芳分局	5.38%	40.47%
平均值	4.33%	33.53%

註：本表中「前五個警勤區」，係指案件發生數最多的前五個警勤區。

表5-17所列為各警察分局主要「為民服務」案件發生數最多的前五個警勤區案件百分率分析，從表5-17所呈現的數據中，我們可以發現三重分局為民服務案件發生數最多的五個警勤區，其案件數占分局案件總數的百分率是15個分局中百分率最低的一個分局，但仍有全三重分局轄區14.34%的打架、19.11%的妨礙安寧、21.11%的疾病救護以及25.52%的家

庭紛爭集中在這五個警勤區中，且五個警勤區在數量上，僅占全三重分局警勤區總數的2.11%。所以，治安事件發生的地點仍是頗為集中的。其餘的14警察分局轄區，幾乎20%至40%的案件發生地點是集中在五個警勤區中，其中瑞芳分局有65.79%的打架事件以及87.50%的家庭紛爭事件是集中在五個警勤區中，金山分局更有83.33%的妨礙安寧事件以及86.67%的疾病救護案件是集中在五個警勤區中。由於金山分局轄區警勤區較少，只有44個警勤區，所以五個警勤所占的百分率也隨之較高，為11.36%。其餘警察分局的五個警勤區占警勤區總數百分率均在6.33%以下，15個警察分局的平均值為4.33%。

表 5-17　新北市各警察分局「為民服務」案件發生地點集中幅度分析（以警勤區為單位）

警察分局	五個警勤區占分局警勤區總數百分比	打架（前五個警勤區案件數占分局案件總數百分比）	妨礙安寧（前五個警勤區案件數占分局案件總數百分比）	疾病救護（前五個警勤區案件數占分局案件總數百分比）	家庭紛爭（前五個警勤區案件數占分局案件總數百分比）
板橋分局	3.03%	20.42%	24.52%	32.56%	34.78%
新莊分局	1.95%	16.36%	25.23%	25.71%	26.83%
三重分局	2.11%	14.34%	19.11%	21.11%	25.51%
海山分局	2.58%	25.03%	23.18%	26.31%	28.81%
永和分局	2.72%	37.44%	32.19%	47.50%	44.44%
中和分局	1.88%	27.76%	29.41%	33.82%	38.88%
土城分局	4.81%	29.17%	33.06%	30.44%	44.44%
蘆洲分局	3.76%	31.54%	32.37%	41.67%	45.48%
樹林分局	6.33%	29.48%	41.32%	40.00%	42.00%
三峽分局	5.44%	32.87%	45.00%	31.81%	41.93%
汐止分局	6.25%	42.68%	52.28%	58.62%	45.23%
新店分局	2.05%	24.17%	28.57%	25.80%	28.57%
淡水分局	5.32%	32.08%	46.37%	52.00%	33.33%
金山分局	11.36%	60.98%	83.33%	86.67%	77.77%
瑞芳分局	5.38%	65.79%	66.67%	71.43%	87.50%
平均值	4.33%	32.67%	38.84%	41.70%	43.03%

註：本表中「前五個警勤區」，係指案件發生數最多的前五個警勤區。

最後，觀察平均值，在新北市警察分局轄區中，32.67%的打架事件、38.84%的妨礙安寧事件、41.70%的疾病救護案件以及43.03%的家庭紛爭案件是集中發生在分局的4.33%警勤區中。換言之，新北市警察分局4.33%的警勤區，平均大約可以解釋超過30%的為民服務案件發生量。其所顯示的意義為，大約有三成到四成的為民服務案件集中在不到5%的警勤區中，集中趨勢應是相當明顯。

伍 研究發現──小結

綜合上述實證資料的分析，可以將本研究的發現歸納如下：

一、在研究當時，新北市政府警察局勤務指揮中心一年共受理109,352件的民眾報案或服務請求。

二、在這10萬多筆案件中，數量最多的為一般刑案類，占全數的47.01%；其次為交通案類，占全數的34.54%；第三為為民服務類，占全數的12.39%。這三類占所有民眾報案及請求服務案件數的93.93%。

三、在一般刑案類中，以機車竊盜的報案占最多，為69.92%，其次為一般竊盜案件的報案，占12.50%。在交通案類中，一般車禍案件的報案占最多，為99.24%。在為民服務類中，打架事件的報案占70.80%為最多，妨害安寧事件的報案占14.39%為次之。

四、在都會型地區，以板橋警察分局轄區為例，板橋分局轄區包括有165個警勤區，而案件發生最多的五個警勤區大約占了整個分局案件總數的20%，有些案件的比例更超過30%，如疾病救護（32.56%）、家庭紛爭（34.78%）等案件。換言之，在板橋分局的轄區中，僅3.03%的警勤區就可以解釋大約20%的案件量。

五、在依山鄉鎮型地區，以三峽警察分局轄區為例，三峽分局轄區包括有92警勤區，而案件發生最多的五個警勤區大約占了整個分局案件總數的30%，有些案件的比例更超過40%，如妨害安寧（45.00%）、家庭紛爭（41.93%）等案件。換言之，在三峽分局的轄區中，僅5.4%的警勤區就可以解釋大約30%的案件量。

六、在沿海鄉鎮型地區，以淡水警察分局轄區為例，淡水分局轄區包括有94個警勤區，而案件發生最多的五個警勤區超過整個分局案

件總數的30%，有些案件的比例更超過40%甚至50%，如一般竊盜（40.63%）、麻藥（52.17%）、妨礙安寧（46.37%）、疾病救護（52.00%）等案件。換言之，在淡水分局的轄區中，僅5.32%的警勤區就可以解釋超過30%的案件量。

七、上述犯罪及治安事件集中的警勤區，往往不是僅發生一種類型的犯罪或治安事件，而經常是多種類型案件的集中處。譬如板橋分局的0102409警勤區在統計期間便發生了147件機車竊盜、11件麻藥、204件一般車禍、30件打架、7件妨害安寧、4件疾病救護、2件家庭紛爭。三峽分局的1103118警勤區在統計期間便發生了77件機車竊盜、19件一般竊盜、30件汽車竊盜、136件一般車禍、24件打架。淡水分局的1202107警勤區在統計期間便發生了98件機車竊盜、18件一般竊盜、28件打架、10件妨礙安寧、4件家庭紛爭。尚有許多其他類似的警勤區。

八、從平均值來觀察，在新北市警察分局轄區中，30.33%的機車竊盜、29.49%的一般竊盜、30.87%的汽車竊盜以及35.84%的麻藥案件，是集中發生在分局的4.33%警勤區中。換言之，新北市警察分局4.33%的警勤區，平均大約可以解釋30%的一般刑案發生量。其所顯示的意義為，大約有三成的一般刑案集中在不到5%的警勤區中，集中趨勢應是相當明顯。

九、從平均值來觀察，新北市警察分局轄區中平均有33.53%的一般車禍案件，是集中發生在4.33%的警勤區中。一般車禍案件的集中趨勢，比前述的機車竊盜、一般竊盜和汽車竊盜還要來的明顯。

十、觀察平均值，在新北市警察分局轄區中，32.67%的打架事件、38.84%的妨礙安寧事件、41.70%的疾病救護案件以及43.03%的家庭紛爭案件是集中發生在分局的4.33%警勤區中。換言之，新北市警察分局4.33%的警勤區，平均大約可以解釋超過30%的為民服務案件發生量。其所顯示的意義為，大約有三成到四成的為民服務案件集中在不到5%的警勤區中，集中趨勢應是相當明顯。

第五節 討論

　　根據本研究所蒐集與分析的實證資料顯示，犯罪（治安事件）發生的地點並非是隨機分布的，而是聚集在某些區域（警勤區），且集中性頗為明顯。然而，為何這些區域較會聚集犯罪？這些地點難道是偏差行為者的巢穴？還是這些地點所呈現出的特徵吸引鄰近地區的潛在犯罪者至該地點？雖然，這些問題並非是本研究所欲分析的主要議題，筆者在此先藉討論國外有關地點特徵與犯罪之間關聯性的研究，歸納出一些規則，這將可對國內有關「地點與犯罪」議題的後續研究，鋪陳更為明確的實證途徑。

　　「防衛空間」（defensible space）的策略，就是藉由將物理環境予以妥善組織化，以提昇人們的領域感，使人們能夠觀察到環境，並將出現於該空間之潛在犯罪者被觀察或被注意的訊息傳達給該潛在犯罪者知曉（Newman, 1972；蔡德輝、楊士隆，2001）。根據Newman（1972）的研究發現，具有防衛空間特徵的公共建屋方案比無此特徵的方案，發生較少的犯罪。

　　不過，Newman的理論與研究也招致了一些批評。Mawby（1977）就指出，Newman以錯誤的方式來表達其研究發現，他認為Newman故意選擇兩個主要研究地點來支持自己的理論，而沒有陳述這兩個地區居住人口的特徵以及犯罪者的比率。另外，Merry（1981）也發現，儘管透過環境設計可以讓人們較輕易監控自己的環境，但人們並不見得一定會自動檢視自己環境，而且潛在犯罪者也知道大多數人們不會主動注意自己居住或活動的環境。她更批評防衛空間理論忽略了犯罪預防的社會面向（social dimensions）。Mayhew（1981）發現，要民眾對自己的生活環境施予持續性監控是不太可能的，除非由該地區某組織或機構人員的介入或協助始有可能。由英國內政部所贊助的多項研究，支持了此項論點（Poyner, 1988a; Poyner, 1988b; Webb & Laycock, 1992）。

　　有關便利商店的研究也支持了Mayhew所主張組織或機構人員可以經由改良式的監控而能預防犯罪的假設。許多研究比較了遭多次搶劫以及很少甚至沒被搶劫的商店後，發現高透視的窗戶及櫃台位置等物理特徵，可以提升商店入口被監控的程度，同時也可以讓店員從店內清楚地看到停車場的情況（Clarke, 1997）。Clifton（1987）在對佛羅里達州Gainesville市

商店於夜間須有兩名店員的規定進行評估之後，指出該規定降低了商店的搶劫案。

最後，從有關監控者威嚇效應的研究中，顯示潛在犯罪者會避免前往有專門人員監控的場所（即當懷疑有犯罪行為時，設有專門監控人員會介入處理的場所）。Hannan（1982）曾運用多變項交叉分析法，探究美國費城銀行警衛的威嚇效能。他發現有設置警衛的銀行，較少發生搶劫，儘管是當銀行的業務量以及周圍地區的人口變項加以控制時，研究結果依然如此。Landes（1978）的研究指出，美國劫機事件的減少，主要是因為在機場設置了金屬探測器所致，另外在飛機上設置配備武器的安全人員也是原因之一。類似的案例還包括：紐約市地鐵搶劫案件的發生率，也因為警衛的設置而有明顯的下降；圖書館因電子安全系統的導入，竊書事件得以減少；在停車場設置管理人員或閉路監視系統，也使汽車竊盜事件得以減少（Clarke, 1997）。總之，犯罪者避免選擇高度監控下的標的物。

不過，此處需注意的是，有效的監控是與地點管理（place management）密切相關的。在上述引用的研究中，增置的安全系統（可能是人員或設備）均是由地點的所有者或管理者所設置的，而不是地點的使用者。

地點的特徵，不僅能夠提昇地點的監控力，同時還可以控制地點的可接近性。有關安全系統的研究文獻強調，適當的物理障礙具有防止標的物被接近的效能。Grandjean（1990）在針對瑞士銀行搶劫風險的研究報告中指出，有設置安全屏風的銀行，較少發生搶劫案件。而Ekblom（1987）的研究也指出，在英國設置安全屏風的郵局比未設置者，較少發生搶劫案件。但是，此種控制犯罪的效能，還受犯罪事件的影響。Eck（1994）就發現，販毒者就較喜愛選擇設有控制出入之物理特徵的公寓。換言之，此種特徵雖可防止竊盜的發生，但也可能吸引毒販來此販毒。

地點特徵影響犯罪者下決定的另一種方式，就是使地點中的標的物不要成為犯罪者所希望獲得或侵犯的對象。標的物的保護，可以藉由強化標的物的安全、將標的物移離、或讓標的物不具吸引力等方式來達成。在財物上標註記號有時可以減少竊盜案件的發生，因為標註記號可以降低了贓物在市場上的價值。研究指出，「現金控制法」（如裝有定時鎖的錢櫃、

設定出納員抽屜擺放金額的上限、設置裝有定時鎖的保險箱等）可以降低賭場的搶劫案件。另外在英國，將住宅區內住戶的瓦斯表移走，結果降低了該住宅區的竊盜案件（Clarke, 1997）。

最後，地點如何管理，也會影響潛在犯罪者於該地點的犯罪風險。譬如，酒館老闆和守衛對於酒客飲酒行為的規定與執行，對酒館的暴力行為具有某種程度的抑制作用（Homel & Clark, 1995）。潛在犯罪者會基於店主或其所聘僱之人對場所的控制程度，來選擇他們的犯罪標的。針對潛在犯罪者根據地點管理情形來選擇犯罪地點，可從犯罪與非犯罪地點的系統性比較中，找到相關證據。在對美國San Diego市同一地區中販毒地點與非販毒地點的特徵進行比較後，Eck（1994）發現販毒者似乎較喜愛小型公寓。Eck發現，小型公寓的屋主大多不是租屋業的專業房東或擁有大批財產的人。而涉及販毒的公寓，經常有房客欠債、賭博輸錢、房子遭侵入、甚至欠房東租金的情形。因此，這些地點的管理情形往往並不理想，房東不是不知道如何控制房客的行為，要不然就是對販毒的情況無能為力。犯罪者選擇管理不良之處，可能是他們無法接近管理良善之處，也可能是因為他們喜歡管理不良之處，也可能兩者均是。

總之，那些會吸引潛在犯罪者的地點，大多具有某些物理性的或社會性的特徵。這些特徵通常包含：明顯缺乏監控、對該地點容易接近、以及合適標的物或潛在被害人的出現。具有此等特徵的地點比沒有此等特徵的地點，較常發生犯罪。此外，許多犯罪預防方案的評估亦顯示，排除這些吸引特徵可以降低犯罪的發生。最後，地點的管理情形，也會影響該地點的犯罪。有關研究顯示，潛在犯罪者會根據地點的社會和物理特徵，選擇他們從事犯罪行為的地點。

第六節　結　語

根據本章的實證資料顯示，犯罪和地點之間關係的釐清，將有助於犯罪控制策略的擬定，尤其是警察控制犯罪的實務工作。在一般的警察實務中，警察大部分的時間是花費在犯罪發生後的反應作為上（reactive），而花在預防犯罪上的時間卻頗為有限。事實上，主動先發的（proactive）

做法則較符合實際所需，而犯罪與地點之間關係的釐清，便可作為警察主動先發作為的判準。本章的實證資料顯示，犯罪是可以被預測的，尤其是發生地點。警察所接獲的服務請求，無論與犯罪有無關係，資料顯示出有集中某些地區（警勤區）的趨勢。換言之，少數地點可以解釋相當比例的警察服務之請求，警察一再地被一些相同地區的民眾提出服務請求。實證分析結果顯示，新北市警察分局4.33%的警勤區，平均大約可以解釋30%的一般刑案發生量。其次，在一般車禍案件方面，新北市警察分局轄區中平均有33.53%的一般車禍案件，是集中發生在4.33%的警勤區中。另外，在為民服務案件方面，本研究發現，新北市警察分局4.33%的警勤區，平均大約可以解釋超過30%的為民服務案件發生量。大約有三成到四成的為民服務案件集中在不到5%的警勤區中，集中趨勢應是相當明顯。因此，只要警察能夠規劃出在犯罪集中地區適當的預防作為，那麼警察將犯罪防制資源（如警力數）擺在這些特定地區，應當是合理且有效的。至於犯罪集中地區的適當預防作為，本章在討論部分中指出，地點特徵（例如設施的設計與管理問題）與犯罪之間關係的釐清將有助於該預防作為的規劃、執行及評估，此議題尚待更完整的本土事實描述和實證資料。

　　雖然，警察對降低「形成犯罪人之原因」（如家庭、學校社會化品質不良等）的貢獻可能頗為有限，但是警察應有能力控制導致犯罪事件發生的其他因素（如犯罪的機會）。政府治安維護部門在資源有限的情況下，譬如警力不足，加強對犯罪（治安事件）集中地區的監控以及增加巡邏密度（提高見警率），應是一項經濟且值得嘗試的做法。

第六章　組織犯罪分析與預警式治理

第一節　前　言

　　一個社會的持續發展需要有某些基本條件的配合，不僅政治環境必須穩定，治安問題也要受到適當控制，如此才能建構良好的經濟發展環境，吸引國內、外長期的投資。從民眾的生活品質來觀察，一個優質的社會，除了良好的硬體設施外，更需要安全的生活環境，讓民眾能夠自在地從事日常活動，不會因為犯罪問題而感到強烈的犯罪被害恐懼，甚至干擾個人的正常作息。從政府歷年施政要項以及多次民意調查中，在在都可看出治安問題的重要性。

　　縱貫性資料顯示，國內的犯罪除了在數量上有明顯變化，犯罪模式也有極大變化。其中有許多犯罪事件的發生，經常是由一群人以接近組織化的方式，協力來完成。理由是一群人組織起來，更易於有效率的謀取利潤、壯大聲勢、降低風險。根據警政署刑事警察局（2011年）的資料顯示，警察機關列管的幫派組合計有1,026個，成員9,941人，各縣市均有幫派組合活動的蹤跡，詳如表6-1。由於幫派活動具高度隱密性，幫派的實際規模及人數極可能超過官方資料所記錄者。

　　這種由一群人組織起來所實施的犯罪，其所造成的後果往往比個體犯罪來的嚴重。例如，競選連任的前台北市議員陳進祺在光天化日下當街遭幫派殺手槍殺；台中市金錢豹酒店因幫派分子調停江湖恩怨引發槍戰，天道盟同心會會長吳某等四名歹徒遭槍擊；專辦債券、信託基金業務的涂姓律師，在台北被多名竹聯幫分子持槍挾持，押到高雄與知名金主萬眾談判，遭監禁凌虐近十小時，被迫簽署巨額轉讓書；台北市萬華區華山幫與下厝庄兩幫派因地盤糾紛引發持槍火拼事件，不僅造成雙方多人死傷，更波及多位無辜民眾。此外，前屏東縣議會議長鄭太吉率黑道分子至經營KTV的潮州商人鍾源峰家中，當著鍾母面前，將其槍殺；前立法委員彭紹瑾於住宅門前遭黑道分子持開山刀砍傷。這種種目無法紀的行為，均是與幫派組織有關的駭人聽聞事件。

表 6-1　台灣地區危害治安之幫派及組合分布狀態表

縣市別	幫派及組合數	幫派及組合成員數
總計	1,026	9,941
台北市	198	1,657
新北市	144	1,882
台中市	126	829
台南市	48	443
高雄市	88	801
桃園縣	110	1,180
宜蘭縣	16	189
基隆市	26	421
新竹市	24	292
新竹縣	14	227
苗栗縣	33	283
彰化縣	53	426
雲林縣	38	278
南投縣	11	137
嘉義市	12	106
嘉義縣	18	146
屏東縣	34	337
澎湖縣	2	31
花蓮縣	23	184
台東縣	8	79
金門縣	0	9
連江縣	0	4

資料來源：警政署刑事警察局，2011年。

　　然而，幫派組織自社會黑暗面和不公平的經濟結構中擴充新血，執法機關卻因為幫派組織的高度隱密性及其對合法行業進行滲透與腐化，始終難以對幫派組織予以有效控制。過去，政府基於幫派對社會所造成的嚴重治安問題曾多次執行掃黑行動，例如1980年代初期的「一清專案」、後期開始至今仍持續執行的「迅雷專案」、1990年代中期開始至今仍持續執行的「治平專案」，以及2000年代初期的「雷霆專案」等。根據警政署「98年警政工作年報」顯示，警察機關每年掃黑行動的績效頗為卓著，

如2009年執行治平專案檢肅到案計有1,675人。惟亮麗績效的背後卻隱喻犯罪組織並未受到有效控制，反而隨著社會變遷及掃黑行動所加諸的壓力進行調適與成長。警方資料顯示，幫派組織已由傳統的角頭聚合型態，逐漸朝向公司化、企業化方式經營，除持續從事往日之霸占地盤、包娼包賭外，更滲透合法行業及有關商業活動，表面上以合法經營組織為掩護，實際卻暗中從事非法活動，無形中增加執法機關對其檢肅的困難，以致難以進行有效的控制。且讓我們看看底下的分析。

　　黑道介入重大工程圍標案件，不僅時有耳聞，亦在社會引起軒然大波。例如，曾參與六年國建工程及承攬台塑六輕建廠海事工程的「東怡營造」公司，竟遭竹聯幫天堂堂主率數名該堂不良分子開槍示警，涉案黑道分子更公然參與中正國際機場擴建工程圍標。有些幫派組織甚至成立甲級營造廠，除了承攬工程，並與公共工程主管機關承辦人員勾結或威逼利誘，於工程設計階段即進行綁標，有的進一步與民意代表聯手，壟斷公共工程。其結果是：工程成本大幅提高，或者品質降低，甚至因而導致基本建設不足，在營造業易造成劣幣驅除良幣的惡果。921大地震造成中南部多處災區，災後重建傳出黑白道聯手瓜分重建經費，擬發災害財。種種資料顯示，幫派組織對於公共工程的影響，已嚴重危害治安及公共安全。

　　除了公共工程，股票市場是幫派組織涉入較深的另一部門。近年來，股票上市公司舉行股東會的糾紛頻傳，某些企業發生內部權力鬥爭，當事人為鞏固或奪取經營權，援引幫派勢力介入，導致黑道人物在股東會現場或企業辦公處所公然出入。台鳳公司甚至發生槍擊案，並有企業經營者及公司大股東受到威脅，使得上市公司的正常經營蒙上陰影。幫派組織不僅在上市公司改選董監事的紛爭插上一腳，甚至還涉及炒作個別股票，企圖賺取差價，並且在股市交易糾紛及不法交易中，也有其積極涉足的蹤跡。

　　幫派與砂石業及廢棄物處理業掛勾的情形亦日趨嚴重，在執法機關多次掃黑行動中，均有發現幫派涉及盜採砂石破壞國土，每遇有當地村民阻擋，即率眾恐嚇及暴力相向。西部沿海鄉鎮多處農地遭非法大面積開挖，販賣砂石圖利，再回填有毒廢棄物的現象相當嚴重，已造成數百公頃農地遭破壞，不少農地更被開挖成有如大湖一般。然而，當地政府查獲之後，卻苦無加重罰責的法令移送法辦，造成幫派及相關業者更加目無法紀，嚴重影響社會秩序及安全。此外，河川砂石遭盜採情形亦為嚴重，由於暴利

驚人,近年來不法業者、黑道爭相介入,以衍生公權力不彰、河川行水區遭破壞、環境污染等嚴重問題。

最近,幫派組織的觸角更滲透多數民眾所喜愛的職棒運動。職棒簽賭在台灣已蔚為風氣,據傳重要比賽全台有上億元的輸贏。而幫派介入操盤後,以不正當手段介入輸贏,甚至強押球員,運用暴力恐嚇球員放水或不要出賽,不僅嚴重影響職棒賽的公平性,使原本形象清新、健康的職棒運動蒙上陰影,更對社會治安產生負面作用。

從上述事件觀之,犯罪組織所造成的危害,不只是單純的社會治安問題,更嚴重損及經濟與金融秩序,甚至影響國家建設與發展。因此,如何有效控制組織犯罪及解決其所衍生的治安及腐化合法行業等問題,實為社會欲求良性發展,提昇國家競爭力,安定社會秩序的重要課題。惟國內針對組織犯罪的學術研究至今仍是屈指可數,針對犯罪組織滲透合法行業的系統性研究,更是付諸闕如,而犯罪控制政策的擬定應有所憑據,不能憑空捏造。所以,針對犯罪組織的發展以及其對合法行業滲透情形的瞭解與研究,實具重要性和急迫性。

第二節　文獻探討

壹　定　義

對於任何想要探究組織犯罪的人而言,最具挑戰的問題之一,就是要先判斷組織犯罪所指為何?故本文先從組織犯罪的定義著手。有關組織犯罪的定義大多聚焦於犯罪組織的性質,以區別何者是組織犯罪,何者不是。某些類型的犯罪,普遍被認為是組織性的犯罪,跨國詐欺、人口販運及毒品販運即是典型例子。然而,實際上要區分哪些犯罪是組織性的、哪些犯罪不是,並不容易。經常和組織犯罪聯想在一起的就是諸如像義大利黑手黨(Mafia)的幫派,它們的組織規模很大、長期存在、暴力性,是一種涉及多樣性犯罪活動的科層式團體。然而,組織犯罪隨社會變遷已有所轉變,現今組織犯罪的定義已超越以往的範圍。

美國聯邦調查局(Federal Bureau of Investigation, FBI)將組織犯罪描述為「具有某種正式結構的團體,其主要目的係透過非法活動獲得金

錢利益。該等團體為維護其地位，使用實際或威脅性的暴力、腐化公務人員、賄賂、敲詐勒索等手段，而對當地、區域或全國的民眾產生顯著影響」（Lyman & Potter, 2015）。美國「安全街道控制綜合法」（*The Omnibus Safe Street Control Act*）公認是聯邦打擊組織犯罪非常重要的法案，組織犯罪在該法中意指「組織化、紀律化團體之成員的非法活動，該等團體主要從事提供非法物品或服務，諸如賭博、性交易、高利貸、毒品、勞工敲詐勒索及其他非法活動等」（Albadinsky, 2017）。

　　歐盟（European Union）則訂出11項有關組織犯罪特徵的描述，具備其中六項以上特徵就是組織犯罪，惟需包含第1、3、5及第11項特徵。這11項特徵如下（Bullock, Clarke, & Tilley, 2012）：

一、超過二人的合作關係。

二、每人都有各自的指派工作。

三、長期性的，非特定期間性的。

四、使用某種形式的規約或控制。

五、涉嫌從事嚴重犯罪活動。

六、運行於國際層面。

七、使用暴力或其他脅迫手段。

八、運用商業的或類似商業的結構。

九、從事洗錢。

十、運用其力量影響政治、媒體、公共行政、司法機關或經濟體系。

十一、追求利益或權力。

　　英國打擊組織犯罪的主要機關──「犯罪防制署[1]」（National Crime Agency, NCA）認為組織犯罪是犯罪者彼此合作，常習性的透過計畫、協調所從事的嚴重犯罪。組織犯罪分子的動機通常是（但非總是）為了獲得財務利益，這些為特定犯罪活動而合作的有組織犯罪分子，稱為組織犯罪集團（organized crime group）。組織犯罪集團的結構各有不同，成功的集團通常會有一些長期性的核心成員，在他們周旁會有部屬、專技人員，

1　英國「犯罪防制署」（NCA）成立於2013年，是英國領導及統合各執法機關打擊組織犯罪的政府部門，經費直接來自國會，人員達4,000多人。該署署長由內務大臣指派，因此直接向內務大臣（Home Secretary）負責，亦須經由內務大臣向國會負責。NCA打擊組織犯罪的策略稱為4P策略，分別為Pursue—追捕、Prepare—準備、Protect—保護、Prevent—預防。參閱（National Crime Agency, 2016）。

以及一些短暫性的成員，再加上一個向外延伸的夥伴網絡。很多集團通常是由不法分子所組成的鬆散網絡（loose network），這些人為了特定的犯罪活動而聚集在一起，根據各自的技能和專長扮演不同角色。他們透過經驗分享（如監獄），或是可靠人士的推薦，強化彼此的合作關係。有些集團則是因家族或族群關係而組成，一些犯罪家族即是典型代表（National Crime Agency, 2016）。

德國「聯邦刑事警察局[2]」（Bundeskriminalamt, BKA）則將組織犯罪定義為「三人以上為獲得利益或權力，所為之計畫性違法行為，行為之部分或全部須為嚴重犯罪。犯罪者經由分工之合作關係，長期或非特定時間的使用底下手段完成犯罪：一、商業或類似商業的結構；或二、暴力或其他脅迫手段；或三、影響政治、媒體、公共行政、司法及合法經濟（Reichel & Albanese, 2014）。

日本將組織犯罪稱為暴力團犯罪，平成元年（1989 年）日本警察白書明確將暴力團定義為「以博徒、的屋[3]等組織或集團之威力為背景，有集團性、常習性實施暴力的不法行為之虞的組織，具有高犯罪性、特有的組織原理、劃定勢力地盤、以暴力追求經濟目的等特徵。」日本於1991年頒布「防止暴力團成員不當行為法」，該法第2條第2項明文指出「暴力團係指有助長其團體的組織成員集團性或常習性的實施暴力不法行為之虞的團體」。

聯合國於1998年通過大會決議，建立一個開放加入式的政府間特設委員會，目的在於研討跨國組織犯罪的防制作為，以及擬訂一項打擊跨國組織犯罪的全面性國際公約。在該委員會的努力下，完成了「聯合國打擊跨國組織犯罪公約」（*United Nations Convention against Transnational Organized Crime*，簡稱TOC公約），並於2000年12月在義大利巴勒莫（Palermo, Italy）簽署，2003年9月29日生效。該公約從底下三個面向

---

2 德國「聯邦刑事警察局」（BKA）成立於1951年，隸屬聯邦內政部，是德國協調聯邦和邦警力的警察機關，也是偵查跨國組織犯罪的主要政府部門，以及提供邦級警察機關偵查組織犯罪時所需要的協助，全局人員約有5,200人。BKA除偵辦跨國組織犯罪，亦負責恐怖主義、政治性犯罪、毒品、武器及經濟犯罪等案件的偵防。參閱https//www.bka.de/EN/Home/home_node.html，檢索日期：2017/12/5。

3 所謂「博徒」，即賭博、賭徒及聚賭抽頭；所謂「的屋」，即江湖賣藝品的小攤販、賣藝的藝人。

來定義組織犯罪，「組織犯罪集團」（organized criminal group），係指三人以上所組成，持續存在一段時間，為直接或間接獲取金錢或物質利益，而實施一項或多項嚴重犯罪或本公約所列犯罪之具組織結構之集團（structured group）。所謂「組織結構之集團」，係指並非為立即實施某一犯罪而任意組成的團體，該團體無需明確的角色分工，同一成員無需持續存在，也無需明確的組織結構。所謂「嚴重犯罪」（serious crime），意指最重本刑逾四年有期徒刑之刑之罪。此外，當組織犯罪具有以下任一情形時，即為跨國組織犯罪（孟維德，2019）：

一、在一個以上國家實施的犯罪。

二、雖在一國實施，但其準備、籌畫、指揮或操控的實質部分發生在另一國的犯罪。

三、犯罪在一國實施，但涉及在一個以上國家從事犯罪活動的組織犯罪集團。

四、犯罪在一國實施，但對另一國有實質影響。

　　根據新修正的「組織犯罪防制條例」，我國所稱組織犯罪，包括發起、主持、操縱、指揮或參與犯罪組織，招募他人加入犯罪組織，資助犯罪組織等行為。所謂犯罪組織，指三人以上，以實施強暴、脅迫、詐術、恐嚇為手段或最重本刑逾五年有期徒刑之刑之罪，所組成具有持續性或牟利性之有結構性組織。所謂有結構性組織，指非為立即實施犯罪而隨意組成，不以具有名稱、規約、儀式、固定處所、成員持續參與或分工明確為必要。

　　綜合上述各國的定義與描述，均清楚呈現一些特定概念，諸如：犯罪組織至少由三人組成、犯罪組織持續性地從事犯罪活動、犯罪組織的動機是為牟取利益或權力、犯罪組織從事嚴重犯罪。儘管官方文件希望把組織犯罪定義得很清楚，但許多組織犯罪是由浮動性的網絡或團體所犯下的。根據上述我國、聯合國、歐盟、英國犯罪防制署、德國聯邦刑事警察局有關組織犯罪的定義，組織犯罪不再只是由傳統幫派（如義大利黑手黨、日本山口組、台灣竹聯幫等）所犯下的，還包括網絡型的團體所犯下的不法活動。表6-2說明了幫派型（科層型）組織犯罪（Mafia-like organized crime）與網絡型組織犯罪（network-like organized crime）的特徵與差異（Lyman & Potter, 2015）。

表 6-2　幫派型（科層型）與網絡型組織犯罪的特徵和差異

類型 特徵	幫派型（科層型）組織犯罪	網絡型組織犯罪
領導模式	單一領導者，或非常小的領導團體。	沒有標明領導身分的領導者。網絡，是由其中關鍵成員的非法商業活動所界定。關鍵成員可能是串聯網絡參與者的節點人員，參與者通常圍繞在節點人員的周圍執行工作。關鍵成員也可能是網絡核心人員所組成的較穩定團體，這些核心人員將具備網絡所需要之技術、資源及才能的人員帶進網絡。關鍵成員通常不將自己視為犯罪集團的成員，通常也不被外人視為犯罪集團的成員。
權力結構	權力，有清楚界定的垂直分配。	扁平式的結構特徵。成員的地位和重要性，受其所擁有的技術、人脈及財務資源所影響。
分 工	有較明確的任務分配和工作說明。	網絡，是由能被管理之數量的人員所組成。雖然在許多情況下，網絡成員並不是緊密地一起工作（甚至不認識彼此），但卻可經由其他成員連結在一起。
報 酬 （金錢、權力和地位）	根據階級地位決定。	報酬是可以協商的，與努力、投入及工作表現成正比。
規 模	數十到數百位成員。	數量有限的成員。規模小，聯絡和監督網絡活動較簡易，有助於提升安全性。
內部紀律	使用嚴格的內部紀律監控成員，強制成員遵守紀律。	組織的協調，建立在信任、商業關係及參與者的聲譽上。
行為規範	成員瞭解內部的行為規範，儘管規範不一定是成文明列的。	工作關係是植基在一些規則或非正式協議之上。
內部爭端	根據科層組織上層的指令來解決爭端。	根據溝通、協商及對共同利益的認知來解決爭端。
知名度	組織犯罪集團通常有特定名稱為公眾及執法機關所知。	公眾對組織犯罪集團的描繪甚少，顧客、公眾或執法機關甚少知曉集團有特定名稱。
成員身分	通常具備強烈的社會條件或族群背景。	個人忠誠、友情、持續進行的商業關係。犯罪網絡中的成員關係，足以讓他們完成一系列的犯罪計畫。犯罪網絡是組織鬆散的，領導者間的活動經常互換，網絡成員的背景條件較廣泛，端視犯罪活動的需求。
暴力	暴力是不可或缺的。	不傾向使用暴力。

表 6-2 幫派型（科層型）與網絡型組織犯罪的特徵和差異（續）

類型\特徵	幫派型（科層型）組織犯罪	網絡型組織犯罪
地理範圍	有清楚的地盤。	隨市場及非法商業活動而改變其地理範圍。
組織重組（成員被捕、死亡、退出）	組織可能因成員加入其他集團而解散，也可能將下層成員向上層提升，或分裂成一些較小型的組織。	網絡可能因關鍵成員離開而重組，成員流動性高，某成員如果離開、或轉換從事其他活動、或被捕，網絡通常就會招募新成員，或修正網絡活動的運作。

貳　相關研究

　　在一篇探討組織犯罪滲透合法行業的論文裡，Tyler指出，當初在19世紀時，許多大型企業之建立以及美國西部之開墾所使用的方法，基本上和20世紀黑手黨（Mafia）及其他組織犯罪成員所使用的方法並無兩樣。Tyler（1991: 277）根據他的研究發現做了如下的陳述：

　　　　早期累積資金的方式，是在海盜、政府官員及仲介者三方交
　　易下所累積成的。毛皮貨物的財富，是在我們高尚原住民——印地
　　安人——爛醉與死亡的身軀旁累積起來的。人單勢薄的居民，被大
　　農場主人運用竊賊、武器、歹徒、以及法律等手段驅離自己的土地
　　或變成租戶。另外，在鐵路及航運的商場上，資本家使用恐嚇、勒
　　索、暴力、賄賂，以及配有槍砲的私人武力來打擊競爭者，好讓自
　　己成為該行業中的唯一老闆。

　　若根據此觀點來推論，美國19世紀後半葉一些缺乏道義的企業家，可說是20世紀組織犯罪的先趨。諷刺的是，社會的頂端階層，大部分都是由這些人所占據的，許多學術機構及基金會的名稱更引用他們的名字（如洛克斐勒）。難怪組織犯罪研究學者Abadinsky（2003: 141）會問道：「目前吾人所頒給企業家的獎勵，未來是否有可能會頒給組織犯罪者？」研究白領人士犯罪行為的知名學者Friedrichs（1996）也曾表示，組織犯罪有如手推車，而企業犯罪者就好比推車者，即Friedrichs以手推車運轉（pushcart operation）為例來比擬組織犯罪與企業犯罪之間的關係。另外，Lyman與Potter（1999）也指出，有些組織犯罪集團的運作有如扶輪

社（Rotary Club）之類的組織，其目的就是要促進與企業的接觸以增進企業的利益。

雖然研究組織犯罪的學者在多項議題上意見分歧，但幾乎都同意組織犯罪集團滲透合法行業及有關商業活動的情形已非常嚴重。合法行業可以為非法活動提供掩護、可以為處於假釋或緩刑期間的親友提供就業機會、還可以提供較安全與穩定的收入及利益等。組織犯罪者涉入合法行業的程度愈深，接受調查與追訴的可能性就會相對減低，同時也有助於自己身分地位的提昇。

一、組織犯罪的活動類型

從組織犯罪的活動性質來觀察，組織犯罪通常包括底下兩種主要類型（Abadinsky, 2003; Albanese, 1996; Lyman & Potter, 1999）：
(一)提供非法物品或服務；
(二)滲透進入合法行業及有關商業活動。

由於非法物品或服務的提供，通常是在需求者與供應者兩造情願之下所進行，損害可能較輕微，損害大多屬經濟性（例如，在非法物品或服務的交易中未向政府繳稅，而侵害合法經濟體制）。涉及組織犯罪的非法物品及服務，大多與賭博、高利貸、色情、毒品或贓物等有關。非法物品及服務的潛在消費者因為無法從合法市場中順利獲取需求，繼而轉向非法市場尋求滿足。換言之，這些消費者可說是遭合法市場拒絕的消費群。然而，合法市場「拒絕」這些消費群，頗為武斷或專橫，理由是賭博、借貸、毒品、性服務等，在合法與非法間的界線並非具體明確，反而是與「誰來經營」有關。譬如，由銀行經營發行的樂透彩券屬合法，而民間的「大家樂」則是非法賭博。

近來，有關組織犯罪滲透合法行業及有關商業活動的議題，逐漸受到學術界及實務界的關切。當合法行業遭組織犯罪集團滲透時，與該行業有關的組織及市場因組織犯罪集團的犯罪目的而遭受不當利用或剝削，而且被害企業或商業組織往往是在非情願的狀態下受害，所以和提供非法物品或服務的類型不同。簡言之，提供非法物品或服務的特徵，在於供應者與需求者間具有某種程度的「合意性」；滲透合法行業的特徵，則在於「脅迫或恐嚇勒索」。顯然，非法或不當的經濟競爭，可說是提供非法物品或服務的損害本質，但這種損害也可能出現在滲透合法行業的案件中，與暴力和脅迫混合在一起。組織犯罪的此種分類，可以歸納如表6-3。

表 **6-3**　組織犯罪的活動類型

活動類型	活動性質	損　害
提供非法物品或服務	賭博、色情、毒品、贓物處理等	・供應者與需求者雙方兩願的活動 ・本質上較無暴力 ・經濟性的損害
滲透合法行業	利用合法行業以達牟利目的	・供應者與需求者非雙方兩願的活動 ・通常有脅迫、暴力、恐嚇等行為 ・經濟性的損害

資料來源：整理自Kenney與Finckenauer（1995: 17-28）。

二、組織犯罪滲透合法行業的類型

　　在1950年代，一個由E. Kefauver所領導的美國參議院調查委員會發現，大約50種行業（從廣告業、機械裝備業、戲院、到運輸業等，都包含在內）有被組織犯罪滲透的跡象；美國國會在1970年所做的另一項調查中發現，大約有70種領域的經濟活動遭組織犯罪滲透（Abadinsky, 2003）。在上述所發現的證據也顯示，許多不同程度的白領犯罪活動涉及其間。由美國賓州犯罪調查委員會所進行的一項調查發現，組織犯罪透過對許多工會的控制，滲透進入一些專門經營健康看護方案的公司，之後從事了許多詐欺活動。在十一年後，該委員會在另一次調查中做了底下的結論：「組織犯罪對於賓州某些特定的行業及工會，具有廣泛的影響力（Pennsylvania Crime Commission, 1991: 325）」。另外，還有許多組織犯罪的研究，也都發現組織犯罪與合法企業之間互賴性以及它們所共同從事違法行為的相關證據。

　　組織犯罪滲透合法行業，文獻上顯示有底下兩種類型（Abadinsky, 2003; Albanese, 1996; Lyman & Potter, 1999）：

(一)利用合法行業當作掩飾，背後進行違法活動；

(二)經由非法手段榨取合法行業或商業組織的金錢，通常不採暴力途徑，同時盡可能避免弄垮該合法行業組織。

　　前者可簡稱為「合法掩飾非法」，後者可稱為「非法吸金」（或稱腐化）。這兩種滲透活動，也可視為組織犯罪與白領犯罪的結合介面。尤其是非法吸金的案件，合法行業或商業組織因組織犯罪集團的滲透而蒙受鉅大損害，有時甚至因此而破產或倒閉。組織犯罪集團滲透合法行業的活動類

型，如表6-4。

表 6-4　組織犯罪滲透合法行業的類型

滲透類型	活動性質	損　害
合法掩飾非法	利用合法行業作為其所欲從事非法活動的「掩飾」（例如配銷毒品並進行洗錢的披薩店）	· 政府稅收受損 · 對其他相關商業組織造成不當競爭的損害 · 運用脅迫或董事會選舉影響企業經營
非法吸金（或稱腐化）	運用非法手段吸取合法行業或商業組織的利益（例如做假帳、虛設職務）	· 合法利益遭不當侵占 · 企業或商業組織可能倒閉 · 運用脅迫或董事會選舉影響企業經營

資料來源：整理自Lyman與Potter（1990: 168-174）。

　　Edelhertz與Overcast（1990）曾針對組織犯罪集團所涉及的商業活動進行過研究，他們透過立意抽樣法，從州及聯邦調查人員及檢察官處蒐集並分析167件有關組織犯罪的刑事及民事資料。在他們所檢視組織犯罪所涉及的商業活動中，發現這些活動形成一種類似光譜的連續構面，從一端的「完全合法的商業活動」延伸到「作為非法活動媒介的合法行業」，再延伸到「作為合法活動媒介的非法商業活動」，最後至另一端的「完全非法的商業活動」。

　　Edelhertz與Overcast發現，組織犯罪集團到底是選擇創立新的商業組織或活動或滲透既有的商業組織或活動，並無定論，端視當時的市場、競爭及機會狀況。誠如他們在研究中所做的結論：「當組織犯罪集團從商業活動中獲取利益，似乎沒有理由將他們與商人分開來看待」（Edelhertz & Overcast, 1990: 114）。這些集團一方面依循企業流程來運作，另一方面也對市場需求予以回應。Edelhertz與Overcast的研究顯示，利用合法行業掩飾非法活動的手段，可能涉及的行業可說是相當多，包括從肉品批發業到儲貸銀行金融業等。在這些案件中，主事者（披著合法商人外衣的組織犯罪成員）利用合法行業謀取不法利益，過程中經常侵害或剝削其所利用的企業或商業組織。

（一）合法掩飾非法的滲透活動

　　「合法掩飾非法」的滲透活動，往往涉及企業經營權在不知不覺中發生轉移。過程中，當事人先將大筆資金存入銀行以建立本身在交易行為中的信用度，然後下達大筆訂單，一旦收到訂購的物品時，這些物品立即轉換成現金，經營者接著消失，最後企業組織被競爭者所迫而倒閉。

　　「合法掩飾非法」滲透活動的實例，可以拿1980年代美國所發生一連串嚴重的儲貸銀行（savings and loan）詐欺案件作為代表。在該年代，政府對銀行業實施放寬管制的政策，有關銀行借貸業務的規範因而較寬鬆，結果卻引起許多投機性的、高風險及詐欺性的交易行為。Pontell及Calavita兩位學者曾針對該事件進行過研究，他們發現，有部分儲貸銀行的商業活動雖為合法的籌措資金行為，但計畫及過程極為草率；另一部分的活動則屬「合法掩飾非法」的性質，其間涉及幫派分子、內線人員、貸款者、華爾街的仲介人員及開發人員等（Pontell & Calavita, 1993）。在一連串的儲貸銀行危機事件中，美國聯邦審計局（The U.S. General Accounting Office）針對損害最嚴重的26家銀行進行調查，調查證據顯示，這些銀行都是詐欺及權利濫用下的被害者。其中一案件，一位具幫派背景的銀行大股東使用美金200萬元的公帑購買海邊別墅，另又花費美金50萬元裝潢房子（U.S. Comptroller General, 1989）。

　　上述這種不負責任及違法的行為，可以稱為「集體侵占」。集體侵占，意謂在機構管理階層的默許下，為個人利益而侵占機構資金。以往這種掏空合法企業的手段大多與暴力、脅迫有關，但1980年代美國儲貸銀行危機事件卻有些不同。竊取機構利益的竊賊並非一定是外人，另外，也不一定用暴力手段脅迫機構經營者。簡言之，經由營造一種氣氛——「寬鬆的管制不僅讓竊取成為一種獲利行為，更讓它變成一種可以被接受的行為」，使得侵占成為非常自然且無法令人拒絕的選擇。

　　Pontell與Calavita的研究資料顯示，儘管他們觀察範圍並未延伸至與腐化政府官員有關的共謀議題，仍舊有許多儲貸銀行的醜聞事件涉及「組織犯罪」活動。Pontell與Calavita針對管制機關的官員、聯邦調查局幹員、及其他特務機關的人員進行訪談，他們發現一個不斷出現的現象，那就是儲貸銀行的人員（內線人員）與非儲貸銀行的人員（外部人員，諸如幫派分子、會計師、律師、不動產經營者、開發人員等）之間具有不尋

常的共謀網絡（Pontell & Calavita, 1993）。他們進一步將儲貸銀行的網絡關係與傳統組織犯罪滲透合法企業的活動相比，結果發現有許多類似之處。例如，林肯儲貸銀行（Lincoln Savings and Loan）總裁C. Keating曾對政治人物有過大筆金額的政治捐獻，當他經營銀行的違法手段曝光時，就有五位參議員為他進行關說。參議員的關說動作，阻礙了主管機關的回應，結果當林肯儲貸銀行倒閉時，造成納稅義務人近20億美元的不必要損失。此類案件與傳統組織犯罪分子腐化政府官員的案件，不僅在案件類型上極為相似，就算在案件的內容與程度，都是非常類似的。誠如「美國國家刑事司法標準及目標諮詢委員會」（U.S. National Advisory Committee on Criminal Justice Standards and Goals, 1986）所指出，除了傳統的恐嚇勒索分子，組織犯罪成員還可能包括受腐化的企業高層者、專業人士、政府官員、或其他任何職業團體的成員。

· 披薩連鎖網絡

「披薩連鎖網絡」案，是一連串複雜的毒品走私案件，毒品源自土耳其，走私進入美國後，經由披薩店配銷販賣毒品。該案造成當時美國歷史上訴訟時間最久、案情內容最複雜的案件，共計長達十八個月以及22位被告。

運用披薩店當作掩飾非法活動的門面，乃是義大利西西里以及美國紐約兩地組織犯罪分子的跨國共謀策略。數以噸計的嗎啡從土耳其走私到西西里，在西西里將嗎啡加工成海洛因，然後，經由空路走私進入美國，再由披薩店配銷至美國的東北部及中西部。最後，販毒所得的不法利益，金額超過4,000萬美元，透過巴哈馬、百目達、紐約及瑞士等地銀行，以洗錢方式回送至西西里。

最後，18位被告被定罪，其中包括西西里黑手黨首領Gaetano Badalamenti以及紐約市與組織犯罪集團關係密切的知名披薩店老闆Salvatore Catalano。披薩連鎖網絡案件，被認為是在所有被揭露的毒品走私及販毒案件中最為複雜的一件（Albanese, 1996）。該案清楚顯現，合法企業或商業組織（如披薩店及銀行）與組織犯罪集團所從事非法活動（披薩店配銷海洛因，銀行在毫無疑問的情況下接受大量的小金額轉帳）之間的連結。

（二）非法吸金──腐化合法行業

在組織犯罪滲入合法行業的案件中，滲入目的並不一定都是竊取企業或商業組織的利益直到它倒閉為止。事實上，不少組織犯罪集團滲入的目的在於利用合法機構，讓它能夠提供長期穩定的利益，並不希望讓它倒閉。而美國在1980年代發生一連串的儲貸銀行醜聞案，許多案件屬於此類，只是某些主事者過度濫用合法機構（儲貸銀行），導致合法機構倒閉。底下列舉幾個組織犯罪集團滲入合法商業機構，吸取不法利益，並讓合法機構持續存在的例子。

1.紐約市的營造業

「紐約州組織犯罪專案小組」（New York State Organized Crime Task Force, 1990）曾經針對紐約市營造業的腐化及勒索等案件進行過大規模的調查，該小組的調查報告指出，滲入繼而控制營造業工會，是組織犯罪對營造業施展權力及影響的基礎，其間涉及承包公司及營造材料供應公司的直接利益。此種營造公司潛藏利益的形成，乃是藉由運用「人頭」為公司取得公司設立執照及其他證書。譬如，該報告發現，Anthony Salerno控制名為Certified的混凝土公司，該公司是曼哈頓地區主要的混凝土供應商之一，後來Anthony Salerno因身為紐約市Genovese犯罪家族的首領而遭定罪。另一案例，Paul Castellano掌控Scara-Mix混凝土公司，他是Gambino犯罪家族的首領，在1985年被謀殺後，該公司由其子繼承。

在其他案件中，尚發現組織犯罪成員公開名列營造公司的老闆、主管或其他重要職務。Salvatore Gravano本身是JJS營造公司的總裁，另又身居John Gotti的顧問，John Gotti的兒子是Sampson卡車貨運公司的老闆，他自己是ARC鉛管公司的營業員，因身為Gambino犯罪家族首領而被定罪。雖然，有時這些人似乎與僱用他們的公司並無令人印象深刻的關係，但是該行業提供組織犯罪分子一項社會中的合法職務，以及一份可以公開的薪資。

有幾項因素，增長了組織犯罪集團滲入紐約市營造業的能量。與其他行業不同，營造業工人的聘僱權掌握在工會手中，而非雇主。長久以來，由於工會事務並未受適當監管，頂多只是少數的司法控訴，這使得工會極易受到恐嚇勒索者的控制與剝削。意見不同的人在工會中很難出頭，因為工會有效掌控了人員的解聘、黑名單及暴力恐嚇。工會控制之外，還有營

造業市場的因素，市場中存有為數眾多的大小規模營造商，競爭極為激烈，這使得合法公司很容易遭受勒索，勒索者可以藉由工人離職、工人供應不足、工人供應延宕、或破壞財物等手段進行威脅。結果，在強力勒索者提供有利競爭條件的情況下，諸如：契約中明列工會避免干預的條款、或由壟斷者將資源分配給順應配合的公司等手法，使得很多營造商輕而易舉的遭受腐化。

2.廢棄物處理業

Reuter及其同僚（1983），曾針對紐約市及美國東北部一州（研究者刻意掩飾州名）的廢棄物處理業進行過個案研究。在他們所研究的兩個案件中，他們發現廢棄物處理業長久以來就有反競爭及黑道涉入的傳聞，市場幾乎被小型合夥經營者或家族型公司所壟斷。Reuter等人的調查發現，商人和組織犯罪分子聯手將其他企業組織納入自己的壟斷集團，操作不讓市場公開且公平競爭，他們在聯手壟斷市場當中，互蒙其利。結果，滲入者的角色大多在排解有關「客戶分配契約」的糾紛，也就是解決有關市場分配的問題。在這種情形下，組織犯罪扮演的角色較傾向「腐化」性質，恐嚇性質較低。誠如Reuter及其同僚所觀察，若以：「恐嚇勒索者寄生於心有不願的宿主（合法企業）上，合法企業歡迎執法者在該行業進行掃黑」為核心觀念，擬定相關對策，那麼可以預知，該對策終將會失敗（Reuter et al., 1983）。

Rebovich（1992）針對發生在美國四個州有關危險廢棄物不當處理的71件犯罪進行研究，他根據案件分析以及訪談執法人員所獲得的資料，並沒有發現明顯證據證明組織犯罪集團已有效控制危險廢棄物運輸及處理業。事實上，那些與組織犯罪有關的案件，Rebovich發現大多數是最惡名昭彰的違法者，這些公司不僅大量違法傾倒危險廢棄物，而且還是長期違法傾倒。

三、組織犯罪滲透合法行業的預測

引發或促進組織犯罪滲入合法行業的條件，如果可以事先預測，那麼將可對合法企業、執法機關及社會大眾產生助益。若能建立組織犯罪滲入合法行業的預測指標，警察機關就可以減少在無謂偵查活動上的資源浪費。另一方面，根據預測指標分析何種行業較易被組織犯罪滲入，也有助於管制機關合理分配管制資源。由於警察機關及管制機關選擇執法標的的

準確性提高，因此就可對社會大眾提供較妥善的安全維護。

　　一般而言，犯罪學有關的預測模式不會過於複雜，運用上也不太困難，最明顯的例子，就是美國聯邦政府及有些州根據預測模式建構出緩刑、假釋以及判刑有關的指導原則。基本上，這些模式係將過去緩刑、假釋或待判刑者的經驗與目前的案件相比較，以提供決策相關資訊。簡言之，預測模型，就是歸納出過去經驗，運用這些經驗作為當前決策的參考。探討過去有關合法行業遭組織犯罪集團滲入的案件，應當可以萃取出一些共同要件，作為建構預測指標的參考。

　　Albini（1971）研究發現，企業與組織犯罪之間可能存有一特殊關係，Albini稱之為「顧客關係」（patron-client relationship）。很明顯地，在某些市場中，有些人身居權力地位，可以提供他人所需要的協助。在這種情況下，兩者間經常形成一種類似顧客的關係。例如，某些行業欲取得相關證照、貸款、或吸引消費者注意與惠顧較為困難，如果這時有身具財力或政治影響力的援助者出現克服這些問題，那麼兩者之間的顧客關係便自然形成。此時，求助者在財務或情誼上對援助者難免有所虧欠，其間演變有可能涉及多方面的非法活動，諸如高利貸、政治利益或勒索。而且，這種情況在市場中具有蔓延的可能，因為，目前的求助者在獲得援助後，也有可能對其他求助者提供類似援助或相關訊息。根據Albini的研究發現，對求助的企業人士而言，強而有力的組織犯罪集團扮演救援者角色，但另一方面，組織犯罪集團也可能是比他們更具權勢之人或集團的求助者。由此可推論，與專業層級較高、教育訓練層級較高、以及設備較優良的企業經營者相比，專業性較低、教育訓練層次較低、或設備較落伍的經營者，其處理企業問題的能力較弱，較可能成為組織犯罪滲入的對象。

　　Smith（1990）借用一般組織理論的概念，假設組織犯罪的發展模式與合法企業組織相同。換言之，組織犯罪會對其所處市場中的作業環境進行調適，例如顧客、供應者、管制者及競爭者所構成的環境。如同合法企業組織一般，組織犯罪必須面對環境挑戰，從作業環境中獲取所需利益以維繫生存。

　　根據Smith及Albini的解釋，有些類型的商業條件（例如顧客、供應者、管制者及競爭者的關係結構，以及求助者與援助者之間的顧客關係）有可能提昇組織犯罪的滲入機會。將Smith的理論運用在Reuter等人對紐

約市廢棄物處理業的調查上，可以發現：進入該市場的門檻頗低（管制很少，較易進入該市場），該行業中充斥許多彼此競爭且提供類似服務的小型家族企業組織（非專業經理人所構成的公開競爭市場），消費者對該服務的需求較缺乏彈性（消費者需要這種服務，該服務不易被取代），大多數的企業組織資金規模很小且無預備設備（可由非法援助者提供資源）。事實上，當檢視紐約市營造業或甚至美國儲貸金融業過去所發生的醜聞，可以發現它們遭組織犯罪滲入的環境條件可說是非常類似。

有關組織犯罪滲入合法行業的預測模型，列如表6-5。前四項預測指標源自Smith所運用的組織理論，第五項指標源自Albini有關求助者與援助者之間關係的概念，第六項指標則是根據過去有關犯罪預測的研究（Schmalleger, 2002），即過去紀錄對未來犯罪行為具預測性。

表 6-5　組織犯罪滲入合法企業的預測

預測指標	低風險	高風險
市場中的供應者	市場中較少小規模及財務較差的企業組織	市場中隨處可見小規模及財務較差的企業組織
顧客的需求	對商品或服務的需求較具彈性	對商品或服務的需求較缺乏彈性
管制程度	進入市場困難	進入市場容易
競爭者	獨占或寡占市場	充斥許多小企業的公開市場
向組織犯罪求助	專業、高教育的企業經營人士	非專業人士，處理企業問題的能力較差
過去紀錄	沒有組織犯罪滲入該市場的紀錄	曾有組織犯罪滲入該市場的紀錄

資料來源：Albanese（1996: 245）。

四、國內有關組織犯罪之學術研究

雖然組織犯罪的問題長久存在於台灣社會，但是具系統性的科學研究卻不多見。較常見到有關組織犯罪的資料，多是由記者和自由作家所撰寫，然而他們對於這個主題的描述和瞭解，未必可以完全採信。雖然也有些學者曾進行過訪談與資料蒐集，諸如針對執法人員、被監禁的幫派分子等所做的調查，但真正能夠深入探究台灣地區組織犯罪滲透合法行業的科學研究，仍待加強。

按國內目前有關組織犯罪的主要研究，早期有許春金教授於1990年

所撰寫的「台北市幫派犯罪團體之實證研究」及1993年的「不良幫派處理模式之泛文化比較研究」，惟許氏未對幫派組織滲透合法行業之現象加以著墨，同時係對特定地區為研究對象，恐怕較無法關照和洞悉整個台灣地區組織犯罪的全貌。另有林東茂教授於1996年所發表的「德國的組織犯罪及其法律上的對抗措施」一論文，該文對德國組織犯罪的現象面及對抗組織犯罪的規範面有深入論述，由於該研究並非採實證途徑探討組織犯罪問題，故未觸及組織犯罪滲透合法行業的預測分析。此外，尚有鄭善印教授於1998年發表「中、美、日三國幫派組織之概況及其抗制對策之比較研究」一論文，該文試圖從三國幫派組織的概況及抗制對策比較中，分析出幫派組織超越時空的不變本質、演變模式以及最有效的抗制對策。鄭教授引用美國學者P. Lupsha的論點將台灣地區幫派組織的發展描述為暴力階段、寄生階段及共生階段，並對幫派組織滲入政治及經濟領域有廣泛的論述，惟該論文性質與林東茂教授之論文相近，較屬論述性，非採實證途徑，故未對幫派組織滲透合法行業進行科學性的系統分析。蔡德輝及楊士隆兩位教授合著「台灣地區組織犯罪問題與防治對策」論文於1998年發表，該論文對於台灣地區組織犯罪的形成、發展及防治對策有深入探討，文中雖指出組織犯罪有朝向企業化經營模式的方向發展，惟該文並未對此提出系統性的實證數據，同時也未觸及組織犯罪滲透合法行業預測分析的議題。

　　至於國內其他較為重要的相關學術研究，多以「黑道與選舉」為主，主要有趙永茂教授於1993年所發表的「台灣地方黑道之形成背景及其與選舉之關係」、1994年「台灣地區黑道對選舉的影響與防制」以及「非都會區黑道與選舉之關係」等文，係就黑道對於選舉的影響加以剖析，惟對組織犯罪的其他發展、影響及廣泛性的防治對策較少提及，其雖有共通及可供參酌之處，但欲瞭解組織犯罪的新興動態、發展及建構預警式的介入處理模式，實應予專門性的研究。

第三節　研究設計與實施

　　為探究組織犯罪集團滲入合法行業的預測因子，本章係以警察機關偵辦組織犯罪的案件資料為分析根據，這些資料為蒐集自警政署刑事警察局

存檔備案以違反組織犯罪防制條例移送的162件移送書。選擇警政署刑事警察局作為資料蒐集標的機構的原因，乃是刑事警察局所存檔備案的資料涵蓋台灣地區各警察機關的相關資料，可說是蒐集保存組織犯罪案件資料最完整的機構。蒐集樣本的時間範圍，是從本研究進行時最近兩年警察機關移送的案件，即警察機關於2000年及2001年以違反組織犯罪防制條例之移送案件，且由刑事警察局所存檔備案的資料，共計有162個案件的移送書。

初步分析發現，樣本從事合法活動大多是涉及提供合法商品或服務的活動。它們提供合法商品或服務的目的及相關案件數，如表6-6。表6-6顯示組織犯罪集團提供合法商品或服務的10種目的，這10種目的可以分為「合法掩飾非法」及「非法吸金（或稱腐化）」兩種類型。在162個案件中，有些案件其合法活動涉及多項目的，共有231件次。其中，61.5%（142件次）屬於合法掩飾非法類，38.5%（89件次）屬於非法吸金（或稱腐化）類。

表 6-6　組織犯罪集團提供合法商品或服務的目的

合法掩飾非法		非法吸金（或稱腐化）	
掩飾非法活動	54件	製造合法利益的來源	31件
製造非法利益的來源	39件	提供非法活動所需資本	23件
為非法活動提供機會	32件	保護個人免遭檢肅	17件
處理贓物	11件	提供組織成員工作機會	14件
洗錢	6件	影響政府人員	4件

在162件的研究樣本中，其所涉及的合法行業相關活動共有32種，依其性質可歸為七種類型，如表6-7。雖然將樣本分配、歸類在如此廣泛的類型中，有可能將32種合法活動各自所存在的差異模糊化，但欲檢視32種活動各自的特徵，則需大樣本始能為之。

依合法活動性質予其分類後（如表6-7），根據表6-3所列的組織犯罪活動類型作為分類標準，即「提供非法商品或服務」以及「滲透合法行業」，依各個案件違法活動的性質，可從移送罪名中歸納出「提供非法商品或服務的違法行為」以及「滲入合法行業的違法行為」，詳如表6-8，即為本研究的依變項。雖然，兩類移送罪名之間可能存有重疊現象，但如

表 6-7　組織犯罪集團從事之合法行業及相關活動

行業類型	案件數	相關的活動項目
交通運輸	19	租車（計程車）業、卡車運輸業、搬運（家）業
營建	13	砂石業、營造（建設）公司
金融服務	24	徵信社、商業（投資）公司、企業社、當鋪、代書事務所、工商聯誼會
休閒	31	旅館（大飯店、賓館、汽車旅館）、理容院、瘦身（護膚）美容院、電子遊藝場、酒店（PUB、KTV、茶室等）、舞廳、餐飲業、三溫暖
修理、材料供應	16	修車廠、中古車行、廢棄車輛處理廠
販售	11	碟影片及錄音帶（CD）販售、多層次傳銷、檳榔業
其他	14	屠宰業、果菜配銷、喪葬業、漁業、民意代表、保全業、寺廟管理

表 6-8　根據組織犯罪活動類型所分類的移送罪名

提供非法商品或服務的違法行為	滲入合法行業的違法行為
毒品 賭博 竊盜 贓物 妨害風化 妨害性自主 違反兒童及少年性交易防制條例 妨害自由 走私	偽造文書印文 恐嚇 重利 詐欺 違反公平交易 侵占 違反公司法 洗錢 行賄 偽造有價證券 污染環境 背信

欲一一檢視個別的犯罪行為，則需要大樣本始可為之。

　　本研究根據相關文獻檢索出27個自變項，以其作為組織犯罪集團滲入合法行業或提供非法商品、服務的潛在指標。該27個自變項可歸為七類，如表6-9。這七類自變項分別為：組織犯罪集團的型態、暴力性的移送罪名、暴力名聲、合法行業活動的型態、提供合法商品或服務的目的、

非法商品或服務的市場型態、對成員予以財務支持的方法，這些變項與
表6-5所列的部分項目相似。有關供應者、顧客、管制者、競爭者及企業
運作方法的訊息，必須從所蒐集的資料中推論，這是根據次級資料所做研
究時難以規避的問題。

表 6-9　本研究之自變項

潛在預測指標的自變項
1. 組織犯罪集團的型態：三個變項 （地方性組織犯罪組織、跨縣市的組織犯罪組織、跨國境的組織犯罪組織） 2. 暴力性的移送罪名：一個變項 （殺人、強盜、搶奪、傷害、擄人勒贖、恐嚇等） 3. 暴力名聲：一個變項 （根據移送書對該集團描述來判斷） 4. 合法行業活動的型態：七個變項 （表6-6所列七種行業活動） 5. 提供合法商品或服務的目的：10個變項 （表6-5所列10種目的） 6. 市場型態：二個變項 （獨占性的、競爭性的） 7. 對成員予以經濟支持的方法：三個變項 （提供合法工作、提供非法工作、直接給金錢或財物）

　　繼而採用內容分析法，從162件移送書中找出組織犯罪集團滲透合法
行業的預測模式。本研究採用「屬性預測分析法」（Predictive Attribute
Analysis）分析預測變項對依變項的預測解釋力。該預測法係先確認出最
能預測依變項的一個預測變項，然後將樣本分為具有該預測變項屬性的
一組及缺乏該預測變項屬性的另一組。兩組再分別找出各組中最佳的單
一預測變項，各組再繼續根據該預測變項屬性分為兩組，這樣的程序持
續進行到無法找出與依變項有關的預測變項為止（Albanese, 1995; Miller,
1991）。本研究選擇屬性預測分析法作為分析預測變項解釋力的理由，
是因為受限於研究樣本屬於小樣本（事實上，有關組織犯罪集團的大樣本
並不易獲得）以及其他預測技術上的限制。有關不同預測法的優、缺點，
列於表6-10。

表 **6-10** 多元預測變項的預測方法

預測方法	優 點	缺 點
Burgess「單位評分」法（Burgess Unit Scoring Method）	所有預測變項具有相同加權。與其他預測法不同，本法較不會過度誇大預測結果。	忽略預測變項間可能存在的相關性。
多元線性回歸（Multiple Linear Regression）	能說明預測變項間的相關性。能精準計算出各預測變項的預測解釋力。	假設自變項（預測變項）與依變項間具有線性關係。假設回歸加權均能代表樣本中各組資料
屬性預測分析（Predictive Attribute Analysis）	非線性假設。可克服預測變項間的相關性。	在某單一預測變項上將樣本分割，有可能誇大預測變項的預測解釋力。需要具備有效樣本。

　　由於樣本中不同組別（行業活動及犯罪活動）的機率問題，同時研究樣本過小，故本研究不採用Burgess法及多元回歸法。而屬性預測法係透過檢選自變項的過程（以層級型態進行），一一檢視各自變項對依變項的預測力。因為屬性預測法強調對每一個自變項個別檢視其與依變項的關係，所以可以包含若干二分形式（dichotomized forms）的相同變項，繼而分析何者是最佳預測變項。換言之，屬性預測分析法容許自變項重疊的現象。事實上，針對不同預測法效能的比較研究發現，不同預測法的理論基礎雖有不同，但各方法的預測效能在實用上並無太大差異（Albanese, 1995; Miller, 1991）。

第四節　研究發現

　　圖6-1及圖6-2為本研究經採屬性預測分析法所獲得的結果。圖6-1為組織犯罪集團滲入合法行業的預測分析結果，圖6-2是組織犯罪集團提供非法商品或服務的預測分析。雖然滲入合法行業為本章的主要焦點，惟非法商品及服務也包含在內，以評估自變項對此類組織犯罪集團的預測程度。在進行屬性預測分析時，如果自變項分組後的各組數值低於20時，即停止繼續分析（參考Albanese, 1995; Miller, 1991）。

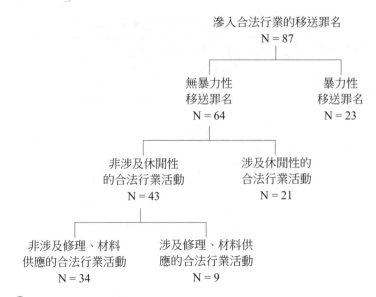

圖6-1 屬性預測分析 I（依變項：滲入合法行業的移送罪名）

　　如圖 6-1 所示，有關滲入合法行業活動的預測有四種組合變項，分別是：

一、非涉及修理或材料供應的合法行業活動（修車廠、中古車行、廢棄車輛處理廠）、非涉及休閒性的合法行業活動（大飯店、賓館、汽車旅館、理容院、瘦身美容院、電子遊藝場、酒店、PUB、KTV、舞廳、餐飲業、三溫暖）、無暴力性移送罪名（殺人、強盜、搶奪、傷害、妨害性自主、擄人勒贖、恐嚇等）。

二、暴力性移送罪名。

三、涉及休閒性的合法行業活動、無暴力性移送罪名。

四、涉及修理或材料供應的合法行業活動、非涉及休閒性的合法行業活動、無暴力性移送罪名。

　　如表6-11所示，第一組的預測解釋力最大，在研究樣本中，第一組可以解釋組織犯罪集團滲入合法行業活動39.1%的案件，第二組（暴力性移送罪名）次之，亦可解釋26.4%的案件。換言之，在本研究所蒐集的樣本中，這兩組可以解釋65.5%的案件量。單獨具暴力性移送罪名，或無暴力

性移送罪名又非涉及休閒性合法行業活動且非涉及修理或材料供應合法行業活動，乃是判斷組織犯罪集團滲入合法行業活動的兩組最佳指標。涉及休閒性的合法行業活動且無暴力性移送罪名，可以解釋24.1%的案件量。涉及修理或材料供應的合法行業活動但非涉及休閒性的合法行業活動，且無暴力性移送罪名，可以解釋10.4%的案件量。

表 6-11　滲入合法行業活動的預測組型

組別	預測變項	總移送罪名百分比（N = 87）
一	・非涉及修理或材料供應的合法行業活動 ・非涉及休閒性的合法行業活動 ・無暴力性移送罪名	39.1%
二	・暴力性移送罪名	26.4%
三	・涉及休閒性的合法行業活動 ・無暴力性移送罪名	24.1%
四	・涉及修理或材料供應的合法行業活動 ・非涉及休閒性的合法行業活動 ・無暴力性移送罪名	10.4%

圖6-2所示，提供非法商品或服務的預測組別要比滲入合法行業活動的預測組別來的複雜。本研究所蒐集的樣本，根據屬性預測分析，共有六種預測變項的組合，在表6-12中的第一組（組織無提供成員金錢或財物：17.3%）、第二組（製造合法利益來源不是涉及合法行業活動的目的、非涉及休閒性的合法行業活動、製造非法利益來源不是涉及合法行業活動的目的、組織有提供成員金錢或財物：26.9%）及第五組（無暴力名聲、製造非法利益來源是涉及合法行業活動的目的、組織有提供成員金錢或財物：21.1%），三組合計可以預測解釋65.3%提供非法商品或服務的案件量。明顯的，從事合法行業活動的目的以及組織有無提供成員金錢或財物，是預測組織犯罪集團提供非法商品或服務的重要變項。與滲入合法行業活動相似，對於提供非法商品或服務的預測需要不同的變項組合，端視所提供商品或服務的性質，或其他未測量的變項。本研究所採用的變項，幾乎都是蒐集自次級資料，如欲對不同預測變項組合的性質、類型及原因進行詳細分析，則需大樣本始能為之。

　　值得注意的是，在本研究所探究的七類自變項中，有兩類變項並未出現在所進行分析的預測變項中。一是組織犯罪集團的型態（地方性組織犯罪組織、跨縣市的組織犯罪組織、跨國境的組織犯罪組織），另一是非法商品或服務的市場型態（獨占性的、競爭性的）。本研究發現，該等變項並不是組織犯罪集團滲入合法行業活動以及提供非法商品或服務的重要預測指標。

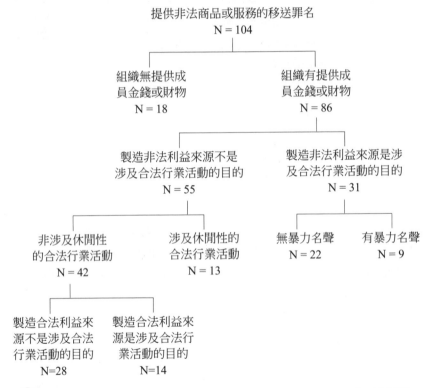

圖6-2 屬性預測分析 II（依變項：提供非法商品或服務的移送罪名）

表 6-12　提供非法商品或服務的預測組型

組　別	預測變項	總移送罪名百分比（N＝104）
一	・組織無提供成員金錢或財物	17.3%
二	・製造合法利益來源不是涉及合法行業活動的目的 ・非涉及休閒性的合法行業活動 ・製造非法利益來源不是涉及合法行業活動的目的 ・組織有提供成員金錢或財物	26.9%
三	・製造合法利益來源是涉及合法行業活動的目的 ・非涉及休閒性的合法行業活動 ・製造非法利益來源不是涉及合法行業活動的目的 ・組織有提供成員金錢或財物	13.5%
四	・涉及休閒性的合法行業活動 ・製造非法利益來源不是涉及合法行業活動的目的 ・組織有提供成員金錢或財物	12.5%
五	・無暴力名聲 ・製造非法利益來源是涉及合法行業活動的目的 ・組織有提供成員金錢或財物	21.1%
六	・有暴力名聲 ・製造非法利益來源是涉及合法行業活動的目的 ・組織有提供成員金錢或財物	8.7%

第五節　結　語

　　由於本研究採用次級資料分析，因此所發現的預測變項與實際的預測變項之間或許存有差異，但也可能具有更高的符合性。由於樣本數有限，而且從移送書中並無法明確檢視出當地合法行業的情況，因此無法瞭解預測變項中的地區特性，例如表6-4所列的市場中的供應者、顧客需求、管

制程度、競爭者、向組織犯罪求助情形及過去紀錄。本研究所分析者，乃是針對以組織犯罪罪名移送案件中所述及的行業活動，當地未被組織犯罪集團涉入的行業活動，以及遭組織犯罪涉入但案件未被警察機關獲知的案件，並沒有在本研究中進行分析。在缺乏這些資料的情況下，不同行業被組織犯罪集團滲透的相對風險，不易進行分析。

本研究尚有若干其他限制，不過這些限制與多數預測性研究所遭遇的問題類似。第一，預測模式可能呈現過度的預測力。由於過去有關組織犯罪滲透合法行業的實證調查甚為有限，這些研究並不具普遍性及代表性，所發現的因素模式僅能符合有限個案或行業的情形。事實上，仍需累積更多資料始能判斷模式是否須修正以及如何修正。

第二，「基本比率」（base-rate）的問題可能阻礙預測模式的建構。因為遭受組織犯罪滲透問題的商業活動或行業比例可能很小，以致有效的預測模式不易建構。簡言之，某種事件愈不普遍，欲對其準確預測就愈困難。有關不同商業活動或行業的基礎比例，需透過更多的實證研究始能判斷。

最後，針對市場中的供應者、競爭者及其他在模式中出現的預測變項進行測量並不容易。諸如財務狀況、供應者型態及競爭情況等，通常為行業情境的名義測量（nominal measures），充其量也只是順序測量（ordinal measures）。因此，研究人員在整理、排列這些變項時，就需要某種創造性作為。研究人員必須謹慎檢視用以測量預測變項的量尺及測量單位，以避免因測量不當或錯誤而混淆了變項間真實的預測關聯性。表6-13顯示本研究的主要限制，這些限制也是有關組織犯罪議題未來研究待克服的問題。

儘管預測研究顯示若干限制，但有兩個理由說明預測模式可對執法人員偵查組織犯罪的工作產生實質助益。第一，一個僅具少數預測因子的模式，如表6-5所列，可能已包含所有的重要因子。過去在犯罪學領域中所建構的預測模式，大多數也只包含數量有限的重要預測變項。事實上，Albanese等人強調，一個包含大量預測變項的模式，並無法提供準確的預測結果（Albanese, 1995; Gottfredson & Gottfredson, 1980; Miller, 1991）。因此，包含有限變項的模式，並不必然過度簡化實際情形。

表6-13　本研究待克服的問題

問　題	如何改善
1.用以檢測模式的樣本，代表性不足、過小，僅包含刑事司法機構獲知的案件。	1.需要大樣本，進行較長時段的資料蒐集。
2.某些行業因當地狀況而較易遭滲透，本研究並未探討。	2.未來研究應詳細檢視不同縣、市或地區的情況，找出環境條件對滲透行業型態的影響。
3.大多數預測性研究所存在的問題：滲透行業型態的基本比率過小，以致無法建構有效模式；預測模式中的變項測量問題等。	3.某些預測準確性較低的預測研究，仍舊可作為分辨「風險」類別的用途（如假釋判準的研究）。

　　第二，預測模式並非需對所有有利於組織犯罪集團滲透的行業情況作出準確預測才是有用的模式。例如，有關緩刑及假釋的預測模式，其準確性已被公認甚為有限，但對於違反緩刑及假釋規定之高風險犯罪人與低風險犯罪人的分辨，這些模式仍具有相當重要的功能。這也讓有關觀護或釋放的決策有所憑據，提昇決策的理性程度，而非欠缺引導的裁量。因此，儘管對於組織犯罪集團滲透某個別行業活動的準確預測或許不易做到，但有關高風險市場與低風險市場的預測與分類，對於政府管制機關及組織犯罪偵查人員均是有正面助益的。

　　事實上，執法部門早先就已運用類似方法在犯罪案件的篩選技術上（case screening）。美國紐約州Rochester市警察局曾發展出「提早結案」（Early Case Closure）方案，其主要內容就是透過大量資料的蒐集以預測強盜及竊盜案件的破案可能性，繼而將執法資源導向高偵破可能性的案件（也就是分配有限的適當資源在低偵破可能性的案件），結果該警局偵辦強盜及竊盜案件的破案率獲得顯著改善（Brown, 1998）。美國史丹福研究所（Stanford Research Institute）及警察首長研究論壇（Police Executive Research Forum）也曾做過類似的研究與應用。這兩個機構的研究人員根據犯罪有關因子，建構出竊盜案件篩選模式，然後分析過去發生的案件，結果發現大約有85%的竊盜案件是可以被偵破的，當時的破案率遠低於85%（Albanese, 1996）。從以上實例中得知，警察機關及管制商業活動的政府部門可以運用預測模式，節省投入在棘手案件的偵辦資源，提昇處理案件的效率與效果。換言之，警察機關或管制機關可將預測模式作為案件篩選機制，把偵查資源分配在組織犯罪高滲透風險的市場或商業活動，

應可節省投入在難以起訴案件的偵辦時間。

　　過去，執法機關對於組織犯罪的偵查工作大多源自線民所提供的線索或偵查人員的靈感，而不是實際的預警式作為。偵查人員採取非預警式的偵查作為，往往在缺乏有利線索的情況下，消耗大量的時間及資源。因此，多數執法機關較常偵辦涉及毒品交易或賭博的輕微組織犯罪案件，而忽略滲透合法行業的組織犯罪案件。本章所建構的預測模式，應可作為執法機關篩選偵查行業或商業活動的參考，提升執法標的選擇的正確性，節省偵查人員選擇偵查對象的時間，故可提升執法機關的偵查效率及效果。

第七章 海峽兩岸跨境犯罪分析

第一節 前言

　　受社會變遷的影響，傳統的組織犯罪類型及手法也產生了變化。由組織犯罪集團從事之移民走私以及在目的國剝削弱勢非法移民者，是近年來新崛起的犯罪現象。事實上，藉由貧窮國家人民欲移民至富裕國家的這股動力，移民行業已成為組織犯罪集團謀取利益的有力工具。換言之，組織犯罪是非法移民過程中的主要介入變項。近年由於已開發國家失業率逐漸增高，為回應高失業率的壓力，這些國家紛紛緊縮移民政策。在這種情形下，如果向外移民的需求不變，移民者必然遭遇嚴格的移民政策與國境管制，那麼結果將會擴大對專業非法移民服務的需求，組織犯罪者即在這種情況下進場牟利。

　　組織犯罪集團經常利用不同管轄區之間的法律漏洞及管制政策不一致，擴大利潤、降低風險。移民走私，是一種持續在發展的跨境犯罪活動。在許多地區，此類非法活動已逐漸形成穩定的複雜網絡，與受賄公務員共謀甚至是在其保護下運作。由於組織犯罪集團涉及非法移民活動愈來愈深入，使得非法移民到目的國後經常遭受犯罪集團的剝削，諸如強迫非法移民販毒、乞討、賣淫、從事非法或逃稅之勞力工作等，形成了以剝削為目的的人口販運現象。

　　台灣與大陸僅一水之隔，雙方係同一民族，有相近甚至相同的語言、文字、習俗，使得兩岸人民在從事走私、販毒、買賣槍械、偷渡等跨境犯罪時，具備了更多的地理優勢與人文淵源便利。在兩岸經貿商務、教育、文化等事務互動愈加頻繁之際，跨境犯罪不僅是數量上的增加，更在犯罪手法上推陳出新，形成跨境組織犯罪集團，以近乎企業經營模式從事違法行為（孟維德，2010）。其所造成的危害，除嚴重影響社會治安外，更損及台灣的經濟與金融秩序，已對台灣經濟發展以及人民生活品質帶來不容忽視的威脅。

　　美國國務院2009年的「人口販運評等報告」（*Trafficking in Persons Report*）中，曾有如下描述：

　　台灣是強迫勞動與性剝削等人口販運的主要目的地。也是販運婦女至日本、澳洲、英國和美國性剝削與強迫勞動的來源國,但嚴重性比前者輕微。台灣是中國大陸人民非法入境美國的一個過境地區,其中一些人可能成為債務奴役和強迫賣淫的受害者。部分中國大陸及東南亞地區的婦女與少女,透過假結婚、謊稱提供就業機會、非法走私等途徑販運至台灣,遭受性剝削或強迫勞動(U.S. Department of State, 2009: 274)。

　　在1990年代,人口販運與移民走私兩項犯罪活動的區別並未定案。直到2000年,聯合國通過兩項有關人口販運及移民走私的議定書,作為「聯合國打擊跨國組織犯罪公約」(*U.N. Convention against Transnational Organized Crime*)的增補內容,這兩項議定書即是區分人口販運及移民走私犯罪活動的正式法律依據。

　　第一項議定書是「聯合國打擊跨國組織犯罪公約關於預防、禁止及懲治人口販運(特別是婦女與兒童)補充議定書」(*Protocol to Prevent, Suppress and Punish Trafficking in Persons, Especially Women and Children, supplementing the U.N. Convention against Transnational Organized Crime*),主要是防制剝削為目的的人口販運活動。第二項議定書是「聯合國打擊跨國組織犯罪公約關於防制陸、海、空移民走私補充議定書」(*Protocol against the Smuggling of Migrants by Land, Air and Sea, supplementing the U.N. Convention against Transnational Organized Crime*),旨在防制由組織犯罪集團所操控的非法移民網絡。兩項議定書均為補強國際法律規範的不足,兩項議定書的共同宗旨即在於協調整合各締約國的刑事立法,以共同合作防制此種犯罪活動。

　　人口販運的定義,明述於第一項議定書第3條a款,「意圖控制他人達剝削目的,而以強暴、脅迫、恐嚇、誘拐、詐術、濫用權力或利用他人弱勢處境、給予或接收金錢或利益等手段,從事招募、運送、交付、藏匿或容留人口。」該條文亦予剝削定義以說明被害者可能遭剝削進入的非法市場,「剝削至少應包括使某人從事性交易、強迫勞動或服務、類似奴隸之奴役、勞動或摘除器官」。

　　根據該議定書第5條,締約國必須犯罪化前述定義中的各項行為。前述第3條所提及的「恐嚇」手段,刻意保留相當寬廣的解釋空間,以涵蓋

那些剝削為目的的販運行為。第3條b款規定，一旦已使用第3條a款所述任何手段，既使被害者在任何時間同意剝削行為，亦不能免責（不得以被害者同意作為抗辯，即被害者之同意不構成阻卻違法事由）。換言之，人口販運所關切的是遭受組織犯罪集團剝削的人口以及使用的強迫要件。跨國性當然也是關切的要項，諸如跨越國境運送人口、被害者在目的國被跨國犯罪集團剝削的行為。

根據「聯合國打擊跨國組織犯罪公約關於防制陸、海、空走私移民補充議定書」第3條的規定，移民走私係指「為直接或間接獲取金錢或其他利益，使某人非法進入他國，且某人非該國國民或永久居民」。同條b款將「非法進入」定義為「未符合合法入境要件，跨越國界進入他國」。

意圖獲取金錢或利益，是移民走私定義的另一特徵。因此，意圖獲利的動機，是構成移民走私的必要條件。與前述防制人口販運議定書不同，此議定書在「移民走私」定義中並未將移民當事人視為被害者，亦未提及當事人是否同意接受該犯罪活動。當考量移民當事人主動而非被動參與非法移民事務，議定書不將移民當事人視為被害人是具合理性的。移民當事人亟欲移居，自然願意拿出財物投資在移民事務上，幾乎所有的移民走私過程都是基於欲移民者與走私者之間的合約關係，前者（欲移民者）購買一項服務（被載運出境及入境想去的國家），而後者（移民走私者）運用他們熟稔的移民技巧與專長來提供這項服務。防制人口販運議定書於2003年12月25日正式施行，防制移民走私議定書於2004年1月28日正式施行，簽署這兩項議定書的國家已有100多個國家。

上述聯合國的定義可視為該領域的規範標準，許多國家已有相關立法。類似歐盟立法的模式，許多國家將聯合國針對人口販運及移民走私的定義複製在他們的法律中，以作為執行防制政策的依據。我國亦於2009年1月23日公布實施「人口販運防制法」，該法第2條將人口販運定義如下：一、意圖使人從事性交易、勞動與報酬顯不相當之工作或摘取他人器官，而以強暴、脅迫、恐嚇、拘禁、監控、藥劑、催眠術、詐術、故意隱瞞重要資訊、不當債務約束、扣留重要文件、利用他人不能、不知或難以求助之處境，或其他違反本人意願之方法，從事招募、買賣、質押、運送、交付、收受、藏匿、隱避、媒介、容留國內外人口，或以前述方法使之從事性交易、勞動與報酬顯不相當之工作或摘取其器官；二、意圖使未滿18歲之人從事性交易、勞動與報酬顯不相當之工作或摘取其器官，而招

募、買賣、質押、運送、交付、收受、藏匿、隱避、媒介、容留未滿18歲之人，或使未滿18歲之人從事性交易、勞動與報酬顯不相當之工作或摘取其器官。

本章內容在於探究海峽兩岸人口販運及移民走私的犯罪歷程、相關犯罪組織、被販運者及被走私者抵達台灣後的生活狀況，並根據實證資料歸納出以證據為導向的政策建言。

第二節 文獻探討

壹 J. M. Martin與A. T. Romano的研究

Martin與Romano（1992）曾用兩個變項作基礎，將不同類型的犯罪予以分類，對跨境犯罪的特徵有深刻描述。圖7-1顯示七種主要類型的犯罪，包括跨境犯罪，以及兩個用以分析比較的變項。其中一個變項是用來描述犯罪涉及集體行為的程度，另一個變項則是用來描述犯罪人或犯罪組織與政治、經濟或其他社會機構結合（掛勾）的程度。圖7-1所列之犯罪類型及特性，可顯示出犯罪活動的集體性或組織性愈強烈，與社會機構的結合程度愈強烈，犯罪人及其同夥就愈可能擁有較大的行動效能和權力。另研究組織犯罪現象的學者H. Abadinsky（2003）也曾認為，犯罪活動愈具組織性、愈與社會機構整合，犯罪要件中就愈帶有強烈的行動效能及權力。

Martin與Romano（1992）認為傳統犯罪大多是違反國內刑事法令的行為，主要是由地方的執法機關處理這些案件，此類犯罪通常是個人或個人組成的小團體所犯下的違法活動，較少涉及集體性或組織性的問題。傳統犯罪者因與社會機構牽連程度有限，通常不是掌有太多權力之人，其社經地位往往不高。處理這些案件最有經驗的機構就是地方性的執法機關，而地方性執法機關最有把握處理的案件就是傳統犯罪。另一方面，跨境犯罪可說是與傳統犯罪位於兩個不同極端的犯罪活動。跨境犯罪在發生率上或許遠低於傳統犯罪，但具有組織性，涉及社會上層人士甚至政府官員。惟跨境犯罪對社會大眾及政府決策者所表現出的意義，並不在於它的發生頻率，而是它往往會對政經機構甚至政府產生挑釁的、恐怖的及具體的威脅。

弱◄─────────集體行為的程度─────────►強

犯罪類型	傳統犯罪	職業犯罪	政府貪瀆	組織犯罪	政治犯罪	白領犯罪	跨境犯罪
犯罪案件實例	殺人、強盜搶奪、傷害、強制性交、吸毒、縱火、普通竊盜等。	職業竊盜、贓物犯、扒手、職業詐騙等。	官員受賄、圖利他人等。	敲詐勒索、賭博、娼妓、高利貸、圍標、違法傾倒廢棄物等。	政變、革命、選舉詐欺、違反民權等。	金融詐欺、侵占、內線交易、消費者詐欺、價格鎖定、企業犯罪、官商勾結、醫療犯罪、宗教犯罪等。	毒品走私、軍火走私、人口走私、其他違禁品的走私（如保育動物、有毒廢棄物等）、洗錢、恐怖主義活動、間諜活動等。

弱◄────與政經或其他社會機構結合（掛勾）的程度────►強

資料來源：整理自Martin與Romano（1992）。

圖7-1　犯罪類型及特性

　　當吾人觀察圖7-1的視線從左端的傳統犯罪逐漸移動至右端的跨境犯罪時，可以看出愈偏向右側的犯罪類型，其活動因透過組織及與社會機構結合的途徑而顯現出愈具行動效能與權力。當犯罪活動愈偏向右側，愈具行動效能和權力時，執法機關對其也就愈難掌控。Martin與Romano（1992）發現，某些跨境犯罪集團一方面使用腐化的手段行賄刑事司法官員、證人或其他有關之人，另一方面則使用傷害的手段報復那些損及或阻礙他們活動的刑事司法人員、證人或其他有關之人。報復行動有時是狡詐尖銳的，有時則是殘忍極具暴力的。起而抵制此種犯罪，不僅耗時耗力，更會令人有不安之感，甚至還會喪命。譬如在黎巴嫩、北愛爾蘭、哥倫比亞、義大利、以色列及金三角等地，就曾經發生刑事司法人員、軍職人員、媒體記者等人遭恐嚇、綁架、炸彈攻擊或暗殺。有些地區因情況惡劣，軍方都被請求支援警察調查及壓制激進的跨境犯罪集團。此種控制犯罪的方式，極少見於其他類型的犯罪，這也顯示跨境犯罪在犯罪學及刑事司法研究領域裡的特殊性。

貳 M. E. Beare的研究

人類會受到某些因素的影響而弱化他們與現實生活環境之間的契合度，這些因素與人口遷移有關。不同的遷移原因，影響遷移者如何與遷移至的新社會進行整合。M. E. Beare針對非法移民的研究指出，儘管各國的情形略有差異，社會內部「推力」（push）對人口遷移所造成的影響，似乎要比外部「拉力」（pull）的影響來得大（Beare, 1999）。某些國家或某些國家的特定地區，存有向外遷移的文化或傳統，相對地，有些國家或地區就沒有這樣的情形。Beare檢視研究文獻後發現，中國福建地區的民眾有許多與海外聯絡的管道，外國人也經常到該地區停留或居住，但在中國北方，就沒有這麼豐富的人口遷移管道和記載。商業機會、方便進入以及與西方接近等因素，牽引（外部拉力）某些中國人民遷移至中歐及東歐。Beare認為，推拉因素包含下列諸項：

一、不同社會之間的經濟落差。由於資訊流通、旅遊及國際貿易等影響，人們對不同社會的貧富、安全與不安全等情形，比以前容易瞭解。

二、尋求庇護者及難民，包括躲避戰爭或政治迫害。

三、國界或國家主權的重大變化，例如發生在東歐及前蘇聯的變化。

四、國境管制的解除，如歐盟。

五、女性被販賣或被騙至性產業蓬勃或有需求的地區。

六、人口結構或特性的改變，導致某些人因工作而遷移。

七、某些跨國網絡的出現，促進人口遷移，例如跨國人口販運集團。

八、環境品質惡化導致人口遷移。

九、政府因政治利益所制定的政策導致人口遷移。

Beare從研究中觀察出，由於許多國家已無太多就業機會提供給新來的移民，因此沒有積極吸引外來的人力資源，儘管這些國家仍對人力有所需求，但需要的對象乃是屬於技術性或特殊性的人力資源。雖然廉價勞工對已開發國家的企業經營仍是有利的，但多數企業卻選擇將生產基地遷移至外國尋求廉價勞工和其他利益，例如有利於企業經營的環境政策（遷移至環境管制較鬆的國家）。已開發國家的企業遷移現象正突顯國際間不公平的事實，同時也顯示已開發國家並不需要開放合法移民進入國內填補低層次的工作空缺。

時至今日，許多國家過去所支持的「多元文化主義」（multiculturalism）大多已消聲匿跡。雖然許多國家仍對新移民提供基本保護，但是政府額外的預算與開支以及保護新移民的積極方案大多已停息。因此，「外部拉力」往往與同種族者所形成的網絡（kinship networks）有著密切關係，甚至形成特殊行業，經由非法途徑提供潛在移民（有移民動機的人）所需要的服務。

　　當政府緊縮移民管制政策，移民無形中便成為一種商品，而能夠促使移民活動順利進行的人，就可以從中謀取暴利。此外，與其他領域的執法情況相似，許多理性的執法策略經常會有某些非預期性的結果。一旦執法部門嚴加控制人口販運及移民走私活動，反而讓此種活動轉向地下化及複雜化，讓組織犯罪集團獨占了移民服務的提供。執法回應愈複雜、愈強勢，人口販運及移民走私活動的運作就愈複雜、愈隱密。換言之，在此種非法交易中，組織犯罪集團及執法部門的角色，都是非常重要的。

　　綜合前述，針對非法移民的議題，Beare認為非法市場經常受到下列供需因素的影響：

一、內部推力大於外部拉力。

二、等待出國工作的人數超過法定名額，導致許多祕密活動的出現。

三、當人力市場的需求大於合法管道所能供應的人力，極可能提昇人口販運及移民走私服務的價值（向外遷移的人數愈多，該等服務的利益就愈大）。

四、當政府採取緊縮政策管制人口遷移，反而有助於組織犯罪集團在人口遷移的活動中，取得獨占服務的地位。

參　Ko-lin Chin的研究

　　Ko-lin Chin於1989年獲得美國司法部所屬之司法研究所（National Institute of Justice）的贊助，針對美國境內多處華人組織犯罪集團進行研究。研究期間，Chin所帶領的研究團隊採訪了600多位華人店主，以及追蹤訪問受到犯罪組織勒索較嚴重的50位業主，同時也訪問了20多名執法人員，以及10幾位華人社區領袖，最後訪問了70名華人幫派成員，資料蒐集時間長達三年，在1996年出版「唐人街幫派」（*Chinatown Gangs*）一書。

　　Chin（1996）發現，華人犯罪組織涉及的牟利罪行，除了勒索、賭

博、色情、搶劫及暴力衝突外，尚包括走私毒品及偷渡者等跨境犯罪。Chin指出，走私毒品和走私偷渡者之間有很多相似之處：兩者都是牽涉到許多國家的跨國性犯罪活動；兩者都非常賺錢；兩者都需要美國華人幫派的協助；兩者似乎都被一群特殊人物所操縱主導，這些人經常四處旅遊，擁有國際連鎖線，並且熟悉金三角及中國大陸或台灣；兩者經常被華人幫派認為是無被害者的活動，因而走私者並沒有被冠上很壞的惡名。走私販子視這兩種行為只是單純的賺錢「商業」活動。

　　Chin從其所蒐集的實證資料中發現，走私毒品的華人幫派與其他種族的犯罪集團有所牽連，往往將走私的毒品賣給義大利、黑人和西班牙裔的組織犯罪集團。而在走私偷渡者方面，Chin發現華裔非法移民，不像墨西哥的非法移民那樣，以很少甚至不用任何代價就可以進入美國。許多華人偷渡者聲稱他們必須付給走私者3萬到3萬5,000美元之間的偷渡費。據報導指出，走私者把人偷運至美國，從每個人身上至少可以賺到2萬美元的一筆大利潤。既然每年都有成千上萬的中國人想要偷偷逃出祖國，走私偷渡者便形成了一種賺大錢的新興行業（Chin, 1996）。

　　針對華人組織犯罪集團的回應對策方面，Chin指出，雖然美國的執法機關過去曾對華人毒品和偷渡走私集團進行檢肅及掃蕩，但那只是執法機關的有限回應。事實上，執法機關本身便面臨種種的障礙和挑戰，這些待克服的問題包括：對組織犯罪集團和他們所屬的社區缺乏瞭解，缺少會說中國話的執法人員，與社區的關係薄弱，資源有限，不同單位間所引發的衝突等。

　　Chin又於1999年完成一項有關華人偷渡美國的深入研究，該研究同樣採取實證性的途徑，研究方法包括調查紐約市300名被走私入境的華人，採訪熟悉非法中國移民生活方式和社會問題的人士，對紐約市福州社區進行實地調查，並兩次前往中國進行實地考察，系統性地蒐集和分析媒體報導等。

　　Chin根據其所蒐集與分析的實證資料歸納出大陸華人非法入境美國的因素，他認為個人因素表現為動機（推動因素），社會因素源自與本國相反的社會經濟和政治環境（牽引因素），以及出國機會（推動因素）。社會因素將有助於解釋非法移民的猖獗，個人因素則決定誰會出國。因此，要解釋非法移民現象，有必要同時考慮個人層面的因素，和結構或社會壓力。大陸華人非法入境美國的相關因素，歸納如表7-1。

　　Chin在其研究的結論中指出，大陸華人偷渡美國，主要是出於經濟原因。他表示，只有在中國的經濟、政治和法律體制能與發達和民主國家相比時，大陸華人才不會想要移民他國。世界各國所能採取的最佳辦法，就是為大陸華人創造更多合法移民的機會，以減少非法移民遭遇磨難，並打破移民與人口販運之間的不幸關係（Chin, 1999）。

表 7-1　大陸華人非法移民的原因

非法移民的因素	推動因素	牽引因素	持續因素	其他因素
因素內容	1.中國貧窮的經濟狀況 2.最大限度地增加家庭收入並減少風險 3.勞工市場的混亂	1.工作機會與更高的工資 2.政治庇護	1.移民網絡的普及 2.走私網絡的發展 3.累積性效應	1.個人問題 2.官方勒索與腐敗 3.政治迫害 4.環境因素或童年的期盼 5.被蛇頭所騙

資料來源：整理自Chin（1999）。

肆　L. L. Shelley的研究

　　Shelley（1998）在其「美國境內的跨國性組織犯罪」（Transnational Organized Crime in the United States）研究中指出，美國由於經濟開放且經濟體的規模龐大，因而成為跨國性組織犯罪集團謀取不法利益覬覦的標的。Shelley從研究中發現，雖然立法通過處罰嚴厲的法案，政治人物也宣示要對跨國性犯罪集團嚴加討伐，但美國境內的國際性犯罪組織依舊猖獗。Shelley認為主要原因乃是，美國的執法機關過於鬆散，執法機關之間缺乏有效的協調，以致無法發揮整體的力量。另一方面，跨國性犯罪集團經常使用賄賂的方式腐化執法機關，使得這些犯罪組織已滲透進入合法的社會組織，逐漸進入共生的階段。

　　Shelley發現美國境內的跨國性犯罪組織較常從事的違法活動如下：走私或違法運送毒品、軍火槍械、娼妓、勞工（人蛇集團）、有毒廢棄物、保育動物、洗錢、詐欺、竊盜與銷贓等。不同種族的犯罪集團所從事的違法活動不盡相同，譬如俄語系的集團較常涉及軍火走私、人口販運（性剝削）、洗錢等活動，華人幫派較常從事毒品走私、人口販運（勞力

剝削）等活動，奈及利亞集團較常涉及國際性詐欺、販賣劣質汽油、走私毒品等活動，中南美裔集團較常涉及有毒廢棄物、保育動物、毒品的走私活動。Shelley指出，這些集團經常是由數個小組織所組成，小組織分布於美國境內和其他國家，譬如華人幫派在美國洛杉磯、舊金山、紐約、芝加哥等城市均有集團底下的小組織，而在台灣、中國大陸、加拿大（溫哥華）等地另有聯絡接應的分支機構。

Shelley認為，提昇執法機關的廉潔並強化各個層級（聯邦、州、地方）執法機關的統合性，以及加強國際合作，同時亦要喚起社會大眾覺醒，拒絕購買違法商品或服務，如此始能對跨國性組織犯罪產生抗制效能。

伍　小　結

Martin與Romano指出，跨境犯罪是一種集體性強烈、與社會機構結合程度強烈的行為，犯罪人及其同夥通常擁有較大的行為效能和權力，對政經機構甚至政府常造成挑釁的、恐怖的以及具體的威脅。Beare認為，在諸多影響非法移民的因素中，非法移民原居住社會的內部推力所產生的效應，要比外部拉力來得大。而政府所採取的移民緊縮管制，反而將移民轉化為一種商品，而能夠促使移民活動順利進行的人，就可以從中謀取暴利。執法部門愈嚴加控制人口販運及移民走私活動，愈讓移民活動轉向地下化及複雜化，愈讓人口販運及移民走私集團獨占移民服務的提供。換言之，執法回應愈複雜、愈強勢，此種犯罪活動的運作就愈複雜、愈隱密。Chin的研究針對華裔幫派有深入的探索，尤其在跨境犯罪集團的組織架構、運作、發展，以及與執法機關之間的互動等議題，有極具參考價值的發現。另外，Chin發現大陸華人非法移民的因素包括推動因素、牽引因素、持續因素及其他等因素。Chin係採實證調查途徑進行研究，其研究設計與方法亦具極高的參考性。Shelley的研究對於跨境犯罪集團的發展以及政府的執法政策有深入探討，他指出過去美國執法機關之間缺乏有效的協調，以致執法步調混亂，無法發揮執法的整體力量。另一方面，跨境犯罪集團經常採取腐化政府或直接賄賂執法機關的手段，削弱執法力量，而且逐漸滲透進入合法的社會組織，進入共生階段。Shelley的研究對於跨境犯罪集團的營生方法及相對應的防制對策，提供了重要的觀察面向。

第三節 研究設計與實施

為順利達成研究目的，本章採用文獻探討、次級資料分析、媒體資料分析、訪談及問卷調查等途徑蒐集研究所需要的資料，各蒐集資料的途徑如下述。由於實證調查於2003年進行，當時相關國際公約未完備，故本研究以偷渡的概念包含人口販運及移民走私活動。

壹 文獻探討

蒐集中外有關文獻，包括理論與實證研究，加以歸納整理以作為本研究的概念架構與理論基礎，並作為擬定研究工具內容的參考。

貳 次級資料分析

本研究除作國內外人口販運及移民走私之文獻探討外，並自警政署、調查局及海岸巡防署等執法機關蒐集近來有關案件的資料，繼而進行分析，以瞭解人口走私活動的質與量變化情形。

參 媒體資料分析

媒體資料分析屬內容分析法（Content Analysis），是一種針對「某事件之媒體報導」進行系統分析的研究法，其目的在於從社會溝通中發現某社會現象的基本型式和結構。由於媒體充斥現代社會各個角落，因此它們對人口販運及移民走私案件的報導，實具有相當高的分析價值。筆者針對本研究進行時最近一年報導於媒體的相關新聞剪輯資料，歸納整理案情，選擇重要案件進行追蹤，進而分析人口販運及移民走私活動的類型與內容、人蛇集團的結構、分工、運作、其與幫派及執法機關互動，以及其他本研究關心的議題。本研究經評量研究資源的限制及可行性等問題，中國時報及聯合報所建構的電子媒體資料較完整且方便取得，本研究所剪輯的媒體資料主要來自中國時報及聯合報。

肆 訪 談

　　為深刻瞭解偷渡者的偷渡動機、偷渡選擇意向、偷渡過程、風險感受、來台生活與工作情況、不同性別間的差異、人口走私集團的形成與發展、組織特徵、運作方式等資料，筆者遂前往研究當時名為「大陸地區人民處理中心」（簡稱「靖廬」，筆者前往處為新竹靖廬及宜蘭靖廬），針對收容在該中心的偷渡者進行訪談，共計對20名男性及20名女性偷渡者進行深度訪談。

　　此外，筆者亦前往金門縣警察局及海岸巡防署派駐金門之單位進行訪談，訪談對象為具熟悉處理過人口走私案件經驗的執法人員，共計受訪人數為六名。為瞭解人口走私活動對於一般民眾的影響，以及民眾所知曉有關跨境犯罪的軼聞，本研究抽選金門地區民眾五名進行深度訪談。有關本研究訪談的對象及人數，如表7-2。

表 7-4　本研究訪談對象及人數

訪談對象	訪談人數
收容在靖廬的偷渡者	男性20名 女性20名
熟悉處理人口走私案件的執法人員	6名
金門地區民眾	6名
合　計	51名

伍 問卷調查

　　為廣泛蒐集本研究所需要的資料，筆者根據研究目的、文獻分析、次級資料分析及訪談結果編擬問卷，問卷內容包含大陸偷渡者的背景、對台灣的認知、偷渡選擇意向、風險感受、被逮捕原因、偷渡過程、來台目的、在台工作情形，以及人蛇集團、幫派、政府人員之間互動關係等。

　　有關問卷施測過程，本研究針對台灣兩處大陸人民收容中心（新竹靖廬及宜蘭靖廬）的大陸民眾進行問卷調查，正式施測前，為確保研究工具兼具信、效度，乃先至靖廬隨機抽選60名收容者實施預試，檢驗問卷

內容、文字意義、作答時間等，後配合信、效度檢驗，修正後完成正式問卷。

　　在正式實施問卷調查期間，當時新竹靖廬專收女性大陸人民，總收容人數為812人，宜蘭靖廬專收男性大陸人民，總收容數為374人。問卷施測前，研究人員曾數次與兩收容中心相關人員溝通，基於配合收容中心管理作業，新進收容人因管理作業之限制，不予施測。另罹患疾病之收容人，亦排除於施測之外。經此過濾後，新竹靖廬提供可為施測問卷調查之人數為604人，宜蘭靖廬提供可為施測問卷調查之人數為317人。本研究遂從新竹靖廬604人中隨機抽選300人施測問卷，另又從宜蘭靖廬317人中隨機抽選300人施測問卷。換言之，本研究的問卷調查樣本為男性大陸人民300人、女性大陸人民300人，供計發出600份問卷。施測過程係由筆者與研究助理前往兩處收容中心親自施測問卷，施測地點為收容人居住的大型舍房，收容人在安靜及秩序的情境下填寫問卷。由於問卷係由研究人員親自施測並立即回收，故回收600份問卷，但經檢視及清除廢卷，共計有471份填寫品質理想的問卷作為後續分析，實際分析的問卷數量占發出數量的78.5%。

第四節　研究發現

壹　質化研究的發現

一、男性偷渡者

（一）男性非法移民大多來自福建省

　　質化資料顯示顯示，大陸男性非法移民的籍貫多為福建省，該地區與台灣有濃厚的地緣關係，兩地區民眾所使用的語言（甚至是地方方言）、生活習慣、文化相近。福建沿海地區流傳一句當地人熟悉的順口溜：「美國怕長樂，日本怕福清，台灣怕平潭」，正與本研究所蒐集的資料相互印證，同時在沿海地區獲得偷渡及非法移民資訊的管道較其他內地容易，當地存有寬容甚至助長民眾向外遷移的文化。

（二）男性非法移民大多為解決經濟問題而選擇非法移民

訪談資料顯示，多數男性非法移民的年齡較女性非法移民年長，多為成年男性。在大陸的日常生活中，他們對內不僅要維繫家中經濟，在外又要面臨大陸地區嚴重的下崗、失業問題，而大陸多數地區仍具有男性主義文化，男性有養家活口的生活義務，家庭中男性的成就多半代表著家庭整體的成就。訪談資料顯示，男性非法移民大多為無業、工作不如意、工資過低，或因投資生意失敗、生活不順利，為能改善經濟狀況或在短時間內償還債務，讓家人生活品質過的好一些，進而選擇離鄉背井來台掙錢。

（三）男性非法移民在大陸地區的生活競爭力偏低

訪談資料發現，男性非法移民的教育程度大多集中在國小或初中學歷，也因此他們的工作特性大都缺乏技術及研發的性質，較屬勞力密集型的工作，平均收入偏低。但這些男性並沒有因此而免除大陸普遍存在的重男輕女文化影響，他們不僅肩負家人期盼，自己內心也渴望獲得物質成就與社會地位。選擇非法移民，可說是當事人對於未來前途及整個家庭生活的一種個人理性評估結果。

（四）男性非法移民在台生活較不受人蛇集團的監控

本研究從訪談所獲得的資料顯示，大多數男性非法移民在抵台後或是找到工作後，人蛇集團往往就可以從男性非法移民本身或其於大陸親友處收取偷渡或協助非法移民的費用，儘管男性非法移民不慎被執法人員查獲，也比較不會影響到人蛇集團的利益，因此男性非法移民在台的生活較不受台灣人蛇集團或幫派的控制。然而，人蛇集團或幫派的控制有時可保護非法移民不易被執法人員查獲，男性非法移民需靠自己的敏感度、警覺性或在台親友、雇主的協助以躲避查緝。

（五）男性非法移民在台的工作大多以苦力工作為主

男性非法移民來台大多從事苦力工作，苦力工作常具下列特徵：勞力性、危險性及低專業性。根據研究資料，大陸男性非法移民較常出現的工作地點包括建築工地、農漁業相關處所、工業區、貨運站等地，過去大陸非法移民的確為台灣雇主解決不少人力短缺的問題。惟近年來台灣經濟較

不景氣，相關工作的需求減少，且執法機關查緝愈加嚴厲，以致近來大陸男性非法移民有逐漸減少的趨勢。

（六）大陸人民在台漸有聯繫網路的雛型

　　台灣自民國76年解除戒嚴，同年11月起陸續開放台灣人民赴大陸探親、旅遊後，政府又於民國90年1月開放金、馬小三通，台灣地區在政府不斷開放大陸人民來台觀光、探親、團聚等條件之下，也促成兩岸人民更進一步的交流，也因此在台灣地區的大陸人民，無論是以合法的手續（包括依親、團聚、結婚等），或以合法掩護非法的手段（假結婚真打工），或是直接以漁船非法入境的模式進入台灣地區，在台灣社會逐漸相互接觸，大陸民眾的聯絡網絡漸有雛型。

二、女性偷渡者

（一）女性非法移民籍貫較多元，生活型態呈現偏差傾向

　　女性非法移民的籍貫並不限於福建、廣東等沿海省分，尚包括四川、湖南、江西，甚至偏遠省分（如黑龍江）的女子，此點與男性非法移民有差異，大多數的男性非法移民為福建人。多數女性非法移民在大陸地區的生活型態已呈現偏差傾向，如日常生活作息不規律、不正常，有夜生活習慣，偏好遊樂型的休閒活動，出入有安全顧慮場所，如至迪吧（舞廳）狂歡、KTV店內高歌喝酒、沈迷於網咖的虛擬世界。她們大多從事服務或勞動類型職業，如賣場售貨員、服裝店員、餐館服務員、工廠作業員等，職業變動頻繁、缺乏認真負責態度，友情常維繫在利益之上，較無法辨識朋友行為良窳，人際關係也較錯綜複雜。

（二）女性非法移民之行為類型與特徵

　　女性非法移民行為類型大致可分為緊張型、偏差型、享樂型三種。緊張型者自我期望較高，追求成功的能力不足，生活中常帶有挫折感。偏差型者著重現在取向、缺乏刻苦耐勞精神、不隱定的人際關係和工作、行為以自我為導向、對外界事物缺乏敏感度、判斷能力。享樂型者除延續偏差型特徵外，更沈淪於物慾洪流，追求時尚與名牌，迷失墮落於高度污名化性行業，但對自我行為仍持肯定態度，有其獨特價值觀與想法。

（三）非法移民活動的潛伏性誘因

女性非法移民多為年輕、單身未婚女性，個性外向、好奇、喜歡刺激、具冒險精神與對任何新鮮事務都勇於嘗試的人格特性。更因其離家出外工作，家庭關係疏離，導致家庭監督功能不彰，行為缺乏外在拘束力，經常產生脫序情形。渠等大多有拜金心理，用金錢衡量存在價值，以經濟利益為行為導向，價值觀念多被嚴重扭曲。最後，對男女感情抱持遊戲人間心理，容忍與默許婚前性行為發生，性態度開放與無懼，傳統保守含蓄美德忘之闕如。結合上述個人內在特質、家庭關係疏離、價值觀念偏差、性開放，為非法移民活動埋下潛伏性誘因。

（四）非法移民原因的差異性

不同行為類型蘊含不同的非法移民原因，緊張型行為者因外界壓力和緊張，產生挫折、憤怒等負面影響狀態後，在個人理性選擇衡量下決定非法移民。偏差型與享樂型行為者，因社會化過程瑕疵致個人形成低自我控制，著重追求短暫、立即快樂，無視行為長遠後果的傾向。日後更因其生活型態較常暴露於容易接觸非法移民訊息的環境（如小蛇頭經常前往酒店、KTV等娛樂場所消費或拉客），受人蛇集團的誘惑、鼓譟、煽動、欺瞞下，踏上非法移民來台之途。

（五）人蛇集團猖獗為大陸女性非法移民來台加溫

人蛇集團於非法移民活動過程扮演催化劑角色，人蛇集團為謀取販賣與質押人口暴利，配合台灣色情業者需求，其規模及人數在大陸地區日益擴大，經營方式及走私手法也在不斷創新。他們於各種場合伺機搜尋適當女性，運用各種技倆將其運送來台。大陸女性非法移民（受訪者）表示，聲色娛樂場所是最佳處所，藉由酒酣耳熱情境，誘以金錢利益，提供以工清償非法移民費用、自由選擇工作等多項便利措施，大幅提高當事人非法移民來台意願，或以非法手段使其失去自由意志挾持來台。是以，人蛇集團對大陸女性非法移民來台問題居關鍵性地位。

（六）大陸女性非法移民的人格權備受剝削

大陸女性非法移民對色情業者而言，是一項高經濟價值的性商品。

為充分發揮其邊際效應達到最大獲利，從大陸的前置作業到後送工作，如兩岸人蛇串連、跨海運送、配銷供貨、設立應召處所、經紀人、馬伕、看管人員、大陸女子，各階段均有專責成員，整個犯罪過程顯現分工與合作的特徵。他們脅迫利誘大陸女性非法移民在台從事賣淫，來台後若有大陸女子不配合者，經常施加暴力甚至報警逮捕，使其承受非人性化的待遇，賤踏侵蝕其身心靈，大陸非法來台女子已成為兩岸不法集團共犯下的犧牲品，兼具犯罪者與被害者身分。

三、人口走私集團（人蛇集團）

　　大陸人民偷渡來台初期，由於大陸偷渡船對於台灣海岸地形並不熟悉，因此當船靠近台灣時，經常在台灣近海徘徊，不容易找到安全的地點偷渡上岸，即使偷渡上岸後隨身攜帶在台親人的聯絡電話或住址，或是自己毛遂自薦尋找工作，也因為人生地不熟，生活語言習慣與台灣在地人有所差異，極容易會曝露行蹤，被查緝人員緝捕到案。而台灣在1987年政府宣布解嚴以前，漁民即使利用漁船走私也都以買賣魚貨為主，偶爾會發生違法載運農產品或是未稅洋菸酒走私上岸，但自解嚴以後，民風漸開，再加以近年台灣海域遭環境污染，造成漁民魚貨量減少，於是讓不法分子有機可趁，某些不肖漁民便與渠等勾結串通，從以往單純之買賣漁貨、農產品及未稅洋菸酒，發展到非法載運毒品、槍械、與仲介運送大陸偷渡犯來台等情事，牟取不法暴利。由於大陸人民大多聽聞台灣經濟水準遠比大陸為高，來台打工賺錢殷切，復因台灣整體環境情勢的變遷，某些行業亟需大量勞動力及色情行業需求等因素助長之下，基於特定目的或暴利市場的誘惑，便產生了一群居間媒介、專門安排如何使大陸人民能夠順利偷渡到台灣的一群人，這群人所組合而成的犯罪組織，就是人口走私集團或俗稱「人蛇集團」。

　　有關人蛇集團的結構與分工，本研究根據質化資料的分析結果歸納如下。

(一)大蛇頭：是人口走私活動背後的投資者，同時也是整個走私活動的監督者，但通常不被偷渡者所認識。多數訪談受訪者認為大蛇頭是擁有權力、財力及聲望且人際網絡廣泛、政商關係良好的人，他們大多身居人口走私活動的幕後，平時不一定住在大陸，一般人很難接觸。

(二)小蛇頭：通常居住在中國大陸，是大蛇頭與偷渡者（顧客）之間的中

間人，主要負責發掘顧客、過濾顧客以及收取偷渡者支付的頭期款。小蛇頭為了爭取業績，賺較多的工資，就必須努力拉客，甚至使用誇大虛無的言詞來說服那些有偷渡念頭但意志未堅的大陸民眾。

(三)馬伕：大陸上的馬伕主要幫忙偷渡者前往邊界或偷渡船停靠地，台閩地區的馬伕則負責將剛到達的偷渡者從機場或海岸邊送至安全窩。

(四)不肖官員：某些大陸的政府官員受賄，以提供通行當作為回饋。其他與偷渡路線有關地區的執法人員也可能受賄，以協助大陸偷渡者能夠順利進出該地區。

(五)嚮導：將偷渡者從某一運輸點送至另一運輸點，協助偷渡者由海陸或空路進入台閩地區或其他國家。

(六)打手：大多數先前本身也是偷渡者，大蛇頭僱用他們在走私船上工作，他們主要負責維持秩序、發放飲水和食物。

(七)幫手：在運送點工作的人，多為當地人，主要負責處理偷渡者的食宿事宜。

(八)收款人：台閩地區的收款人負責看管偷渡者的行蹤，直到偷渡者將偷渡費用付清為止。大陸上也有類似的收款人，偷渡者有時叫大陸的親人付偷渡費。

　　針對人蛇集團所操縱的人口走私作業流程，由於海路是目前海峽兩岸人口走私的主要路線，大多數的非法活動是經由海路完成，因此本研究以海路的人口走私作業流程為主要探討對象，質化研究的發現如下。

（一）招募偷渡民眾

　　早期偷渡大都由蛇頭在沿海地區省分招攬、繼而轉向內陸省分近緣之城鎮，目前則深入多省村落、鄉鎮設立「駐點」或以多層次傳銷方式（老鼠會）招來偷渡民眾。

（二）實施「行前教育」

　　大陸人蛇集團招攬偷渡者後，行前常予集中在沿海各地區旅社或偏僻民宅實施「行前教育」，內容包括接應人士的暗號密碼、來台後應注意事項，台灣風俗文化、社會習慣，遇警盤查時之口訣、對策等。

（三）備妥渡海船舶

偷渡船舶包含大陸漁船及台灣漁船或快艇，另備有通訊裝備、無線電器材，通信訊號，以供聯繫與逃避追緝之用。

（四）安排上船、出海

為防範曝露行蹤，多以黑夜掩護，先躲避大陸邊防武警、公安警戒線或以買通上述相關人員，再分批或接駁上船。

（五）海上接運過程

大多選在外海、台灣海峽中線水域或指定會合地點，自大陸漁船換乘台灣漁船。資料顯示，大陸偷渡者為躲避查緝，在海上常有換船多次情事，為避免搭乘一船易被認出通報被捕，負責接駁任務的台灣漁船，多在漁船艙下設置密艙，藏匿偷渡犯。

（六）引導接駁登岸

偷渡船隻多備有無線電、行動電話以暗語聯繫，並與漁船信號交互運用，經雙方確認，安全無虞後，由岸上接運人員派出快艇或動力船筏分批接駁上岸，甚或由漁港等處偷渡上岸，上岸時間多在夜間或凌晨。

（七）掩護脫離現場

在岸上接運人員，利用計程車、廂型車、自用轎車，或以機車隊伍將上岸者以分批載離，並盡速轉赴中繼站或直接送往工作地點，擔任載運偷渡者的計程車業者，常為重金固定聘用，且曾發現載運人本身即為人蛇集團之成員。

根據本研究所蒐集的實證資料（訪談、媒體報導及官方資料）顯示，在人口走私的非法活動中，人蛇集團、幫派及政府有關部門人員三者間極可能存有某種程度的互動關係，該關係的釐清有待未來研究提供解答。

貳　量化研究的發現

一、樣本背景分析

　　在471名受訪者中，男性計229人，占48.6%，女性計242人，占51.4%。受訪者離開大陸時的年齡，20歲以下有116人（24.6%），21～25歲有142人（30.1%），26～30歲有98人（20.8%），31～35歲62人（13.2%），36～40歲有34人（7.2%），41歲以上有19人（4.0%），大多數受訪者的年齡是在30歲以下。受訪者的教育程度：未受過教育有21人（4.5%），小學有149人（31.6%），初中有211人（44.8%），高中或高職有72人（15.3%），大學或大學以上有7人（1.5%），未表明教育程度者計11人（2.3%），大多數受訪者的教育程度是小學或初中。受訪者離開大陸時的婚姻狀況：未婚有281人（59.7%），已婚有155人（32.9%），離婚有18人（3.8%），已婚但分居有13人（2.8%），喪偶有1人（0.2%），未表明婚姻狀況者有3人（0.6%），大多數受訪者離開大陸時的婚姻狀況是未婚。受訪者有無親戚在台灣？答有者為46人（9.8%），答無者為423人（89.8%），未表明者有2人（0.4%），根據受訪者的意見，大多數受訪者並無親戚在台灣。

　　至於受訪者離開大陸前有無工作？答有者為349人（74.1%），答無者為122人（25.9%），根據受訪者的意見，大多數受訪者在離開大陸前是有工作的。若有工作，月薪為何：月薪在人民幣500元（含500元）者有72人（20.6%），501～1,000元者有131人（37.5%），1,001～1,500元者有78人（22.4%），1,501～2,000元者有25人（7.2%），2,001～3,000元者有21人（6.0%），3,001～5,000元者有10人（2.9%），5,001元以上者有12人（3.4%）。換言之，在離開大陸前有工作的受訪者中，約有六成月薪在1,000元人民幣以下，僅有6.3%的受訪者其月薪超過人民幣3,000元。有關受訪者的籍貫，福建省有305人（64.8%），四川省有55人（11.7%），湖南省及江西省各有16人（各占3.4%），湖北省有15人（3.2%），廣西省有11人（2.3%），浙江省有9人（1.9%），貴州省及江蘇省各有8人（各占1.7%），其他人數較少的省分計有28人（5.9%），籍貫為福建的受訪者最多，其次為四川。有關受訪者離開大陸多久之後被逮捕，十天內被逮捕者有184人（39.1%），十一至三十天被逮捕者有79人

（16.7%），一至二個月被逮捕者有61人（12.5%），二至三個月被逮捕者有34人（7.1%），三至四個月被逮捕者有30人（6.1%），四至六個月被逮捕者有27人（5.4%），六個月至一年被逮捕者有27人（5.4%），一至二年被逮捕者有21人（4.2%），超過二年被逮捕者有7人（1.5%），超過五成的受訪者是在離開大陸三十天內被逮捕的。有關樣本背景資料，詳如表7-3。

二、性別與其他人口變項之關聯性分析

　　根據表7-4的資料顯示，性別與年齡、教育程度、婚姻狀況、月薪、離開大陸後多久時間被逮捕等變項之間有顯著關聯，而性別與有無親戚在台灣、離開大陸前有無工作兩變項之關聯性分析未達統計上的顯著水準。觀察各變項的百分比分布，可以發現女性偷渡者在25歲以下的百分比要比男性偷渡者為高，男性偷渡者在26歲以上的百分比要比女性偷渡者為高。換言之，多數女性偷渡者的年齡比男性偷渡者年輕。

　　有關偷渡者的教育程度，較高比例的男性偷渡者為小學或初中程度，而女性偷渡者則有較高比例屬初中或高中（及以上）程度。整體觀察，女性偷渡者的教育程度比男性偷渡者略高。性別與籍貫的關聯性分析顯示，大多數男性偷渡者的籍貫是福建省，而多數女性偷渡者的籍貫是福建以外的省分。有關偷渡者離開大陸時的婚姻狀況，多數男性偷渡者是已婚，而大多數女性偷渡者則是未婚。值得注意的是，在離婚或分居的狀態方面，女性偷渡者的百分比要比男性偷渡者為高。

　　有關偷渡者在離開大陸前的工作月薪，表六顯示，有較高百分比的男性偷渡者月薪為人民幣501～1,500元，而女性偷渡者則有較高比例集中在1,000元以下。整體觀察，男性偷渡者的月薪比女性偷渡者略高。不同性別在離開大陸後多久被逮捕的分布上亦存有差異，52.1%的女性偷渡者在離開大陸十天內被逮捕，男性偷渡者只有25.4%在離開大陸十天內被逮捕，另有21.9%的女性偷渡者在離開大陸十一至三十天內被逮捕，男性偷渡者只有11.4%在離開大陸十一至三十天內被逮捕。整體觀察，女性偷渡者比男性偷渡者較早被逮捕。

表 7-3　樣本背景分析

變項	次數（百分比）	變項	次數（百分比）
性別		籍貫	
男	229（48.6%）	福建	305（64.8%）
女	242（51.4%）	四川	55（11.7%）
離開大陸時的年齡		湖南	16（3.4%）
20歲以下	116（24.6%）	江西	16（3.4%）
21～25歲	142（30.1%）	湖北	15（3.2%）
26～30歲	98（20.8%）	廣西	11（2.3%）
31～35歲	62（13.2%）	浙江	9（1.9%）
36～40歲	34（7.2%）	貴州	8（1.7%）
41歲以上	19（4.0%）	江蘇	8（1.7%）
教育程度		其他	28（5.9%）
未受過教育	21（4.5%）	若有工作，月薪為何	
小學	149（31.6%）	人民幣500元以下	72（20.6%）
初中	211（44.8%）	501～1,000元	131（37.5%）
高中或高職	72（15.3%）	1,001～1,500元	78（22.4%）
大學或大學以上	7（1.5%）	1,501～2,000元	25（7.2%）
未填答	11（2.3%）	2,001～3,000元	21（6.0%）
離開大陸時的婚姻狀況		3,001～5,000元	10（2.9%）
未婚	281（59.7%）	5,001元以上	12（3.4%）
已婚	155（32.9%）	離開大陸後多久被逮捕	
離婚	18（3.8%）	10天內	184（39.1%）
已婚但分居	13（2.8%）	11～30天	79（16.7%）
喪偶	1（0.2%）	1～2個月	61（12.5%）
未填答	3（0.6%）	2～3個月	34（7.1%）
有無親戚在台灣		3～4個月	30（6.1%）
有	46（9.8%）	4～6個月	27（5.4%）
無	423（89.8%）	6個月～1年	27（5.4%）
未填答	2（0.4%）	1～2年	21（4.2%）
離開大陸前有無工作		2年以上	7（1.5%）
有	349（74.1%）	未填答	1（0.2%）
無	122（25.9%）		

表 7-4　性別與其他人口變項之關聯性分析

其他人口變項	性別	性　別			卡方檢定
		男	女	總和	
年齡	20歲以下	12 (5.2%)	104 (43.0%)	116 (24.6%)	df = 3 x^2 = 168.36 p < .001
	21～25歲	51 (22.3%)	91 (37.6%)	142 (30.1%)	
	26～30歲	61 (26.6%)	37 (15.3%)	98 (20.8%)	
	31歲以上	105 (45.9%)	10 (4.1%)	115 (24.4%)	
	總和	229 (100.0%)	242 (100.0%)	471 (100.00%)	
教育程度	未受過教育	13 (5.9%)	8 (3.3%)	21 (4.6%)	df = 3 x^2 = 47.59 p<.001
	小學	101 (46.1%)	48 (19.9%)	149 (32.4%)	
	初中	86 (39.3%)	125 (51.9%)	211 (45.9%)	
	高中及以上	19 (8.7%)	60 (24.9%)	79 (17.2%)	
	總和	219 (100.0%)	241 (100.0%)	460 (100.0%)	
籍貫	福建	223 (97.4%)	82 (33.9%)	305 (64.8%)	df = 1 x^2 = 207.85 p<.001
	非福建	6 (2.6%)	160 (66.1%)	166 (35.2%)	
	總和	229 (100.0%)	242 (100.0%)	471 (100.0%)	
離開大陸時的婚姻狀況	未婚	85 (37.6%)	196 (81.3%)	281 (60.2%)	df = 2 x^2 = 146.06 p<.001
	已婚	136 (60.2%)	19 (7.9%)	155 (33.2%)	
	離婚或分居	5 (2.2)	26 (10.8%)	31 (6.6%)	
	總和	226 (100.0%)	241 (100.0%)	467 (100.0%)	

表 7-4　性別與其他人口變項之關聯性分析（續）

其他人口變項 ＼ 性別		性　別			卡方檢定
		男	女	總和	
有無親戚在台灣	有	19 （8.4%）	27 （11.2%）	46 （9.8%）	df = 1 x^2 = 1.03 p>.05
	沒有	208 （91.6%）	215 （88.8%）	423 （90.2%）	
	總和	227 （100.0%）	242 （100.0%）	469 （100.0%）	
離開大陸前有無工作	有	168 （73.4%）	181 （74.8%）	349 （74.1%）	df = 1 x^2 = .13 p>.05
	沒有	61 （26.6%）	61 （25.2%）	122 （25.9%）	
	總和	229 （100.0%）	242 （100.0%）	471 （100.0%）	
離開大陸前的月薪（人民幣）	500元以下	23 （14.1%）	48 （26.8%）	71 （20.8%）	df = 3 x^2 = 19.23 p=<.001
	501～1,000元	56 （34.4%）	73 （40.8%）	129 （37.7%）	
	1,001～1,500元	51 （31.3%）	25 （14.0%）	76 （22.2%）	
	1,501元以上	33 （20.2%）	33 （18.4%）	66 （19.3%）	
	總和	163 （100.0%）	179 （100.0%）	342 （100.0%）	
離開大陸後多久被逮捕	10天內	58 （25.4%）	126 （52.1%）	184 （39.1%）	df = 6 x^2 = 70.15 p<.001
	11～30天	26 （11.4%）	53 （21.9%）	79 （16.8%）	
	1～2個月	37 （16.2%）	24 （9.9%）	61 （13.0%）	
	2～3個月	23 （10.1%）	11 （4.5%）	34 （7.2%）	
	3～4個月	20 （8.8%）	10 （4.1%）	30 （6.4%）	
	4～6個月	21 （9.2%）	6 （2.5%）	27 （5.7%）	

表 7-4　性別與其他人口變項之關聯性分析（續）

性別 其他人口變項		性　別			卡方檢定
		男	女	總和	
離開大陸後多久被逮捕	6個月以上	43 (18.9%)	12 (5.0%)	55 (11.7%)	
	總和	228 (100.0%)	242 (100.0%)	470 (100.0%)	

三、性別與台灣定位認知之關聯性分析

　　表7-5顯示，不同性別在台灣定位認知選項上的分布顯著不同。來台前，認為台灣是另一國家的女性受訪者比例要高於男性受訪者，認為台灣是中國一部分的男性受訪者比例要高於女性受訪者，而男性不知道台灣是否可以任意進出的比例要高於女性受訪者。

表 7-5　性別與台灣地位認知之關聯性分析

對台認知		性　別			卡方檢定
		男	女	總和	
來台前，認為台灣是	中國一部分	211 (94.2%)	191 (79.9%)	402 (86.8%)	df = 1 x^2 = 20.61 p<.001
	另一國家	13 (5.8%)	48 (20.1%)	61 (13.2%)	
	總和	224 (100.0%)	239 (100.0%)	463 (100.0%)	
可以任意進出台灣嗎	可以	28 (13.3%)	36 (18.6%)	64 (15.8%)	df = 2 x^2 = 9.69 p<.01
	不可以	48 (22.9%)	64 (33.0%)	112 (27.7%)	
	不知道	134 (63.8%)	94 (48.5%)	228 (56.4%)	
	總和	210 (100.0%)	194 (100.0%)	404 (100.0%)	

四、性別與偷渡選擇意向之關聯性分析

表7-6的資料顯示，在那些認為台灣不是自己最想去之處的受訪者中，女性的比例要比男性高。而在最想去美國的受訪者中，男性的比例要比女性高，女性較傾向選擇去大陸大城市。

五、性別與風險感受之關聯性分析

表7-7顯示，有較高百分比的男性受訪者在出發前害怕偷渡被捕，相對地，有較高百分比的女性受訪者在出發前並不知道自己害不害怕偷渡被捕，若觀察「不害怕」及「不知道」二選項，可以發現男性受訪者對於偷渡被捕風險較為敏感。

表 7-6　性別與偷渡選擇意向之關聯性分析

偷渡選擇意向	性別	性別			卡方檢定
		男	女	總和	
來台前，台灣是否是最想去之處？	是	106 (46.5%)	82 (33.9%)	188 (40.0%)	df = 1 x^2 = 7.77 p<.01
	不是	122 (53.5%)	160 (66.1%)	282 (60.0%)	
	總和	228 (100.0%)	242 (100.0%)	470 (100.0%)	
若台灣不是最想去之處，最想去何處？	美國	53 (53%)	36 (28.3%)	89 (39.2%)	df = 3 x^2 = 31.98 p<.001
	日本	17 (17%)	17 (13.4%)	34 (15.0%)	
	大陸大城市	5 (5%)	44 (34.6%)	49 (21.6%)	
	其他國家	25 (25%)	30 (23.6%)	55 (24.2%)	
	總和	100 (100.0%)	127 (100.0%)	227 (100.0%)	

表 **7-7**　性別與風險感受之關聯性分析

風險感受	性別	性　別			卡方檢定
		男	女	總和	
出發前，害不害怕被逮捕？	害怕	170 (72.4%)	95 (39.3)	265 (56.3%)	df = 2 x^2 = 69.32 p<.001
	不害怕	23 (10.0%)	23 (9.5%)	46 (9.8%)	
	不知道	36 (15.7%)	124 (51.2%)	160 34.0%	
	總和	229 (100.0%)	242 (100.0%)	471 (100.0%)	
到台灣後，害不害怕被逮捕？	害怕	170 (77.6%)	135 (57.4%)	305 (67.2%)	df = 2 x^2 = 22.89 p<.001
	不害怕	18 (8.2%)	25 (10.6%)	43 (9.5%)	
	不知道	31 (14.2%)	75 (31.9%)	106 (23.3%)	
	總和	219 (100.0%)	235 (100.0%)	454 (100.0%)	

　　針對受訪者到台灣後，害不害怕被捕？與前題相較，男性受訪者在各選項的分布並無顯著變異，但女性受訪者則有明顯改變，女性受訪者選擇「害怕」選項的百分比增多（從39.3%增至57.4%）。換言之，女性受訪者來到台灣之後，其被捕風險的感受明顯增高。惟女性受訪者表示「不知道」的百分比，仍大於男性受訪者。

六、性別與偷渡過程相關變項之關聯性分析

　　表7-8顯示，不論受訪者的性別，最後離開大陸的地點均以福建省平潭縣為最多，惟選擇在其他地區作為離開地點的受訪中，女性的百分比要比男性高。換言之，在地點的選擇上，女性受訪者較多元，男性受訪者較集中在福建省平潭縣。

　　至於到台灣時，是否有人去接應？大多數女性受訪者表示有人去接應，但接近六成的男性受訪者卻表示沒有人去接應。整體觀察，多數受訪者表示他們到達台灣時，有人去接應他們，顯示兩岸的人蛇集團互有連結。

　　有關出發到抵達的花費時間，有較多的男性受訪者表示在一天以內可以到台灣，但有較多的女性受訪者表示需花費一天以上的時間到台灣。花費時間的長短，可能與出發地、航行速度、上岸時的風險狀況等因素有關，但完整答案需靠更多的研究證據始能釐清。

表 7-8　性別與偷渡過程相關變項之關聯性分析

偷渡過程	性別	性　別			卡方檢定
		男	女	總和	
最後離開大陸的地點	福建省平潭縣	189 (83.6%)	147 (60.7%)	336 (71.8%)	df = 1 x^2 = 30.22 p<.001
	其他地區	37 (16.4%)	95 (39.3%)	132 (18.2%)	
	總和	226 (100.0%)	242 (100.0%)	468 (100.0%)	
到台灣時，有人去接應嗎？	有人接應	94 (41.8%)	204 (85.4%)	298 (64.2%)	df = 1 x^2 = 95.79 p<.001
	無人接應	131 (58.2%)	35 (14.6%)	166 (35.8%)	
	總和	225 (100.0%)	239 (100.0%)	464 (100.0%)	
出發到抵達共花時數	一天以內	128 (57.9%)	100 (44.8%)	228 (51.4%)	df = 1 x^2 = 7.60 p<.01
	一天以上	93 (42.1%)	123 (55.2%)	216 (48.6)	
	總和	221 (100.0%)	223 (100.0%)	444 (100.0%)	

七、性別與來台工作相關變項之關聯性分析

　　表7-9顯示，大多數男或女受訪者來台最主要目的是賺錢，惟在目的為非賺錢的受訪者當中，女性受訪者的百分比高於男性受訪者。有關在台工作的平均日薪，較高百分比的男性受訪者有工作並領到工資，其中大多數的日薪在新台幣1,500元以下。而大多數女性受訪者來台並未賺獲錢，

表 7-9　性別與來台工作相關變項之關聯性分析

來台工作	性別	性別 男	性別 女	性別 總和	卡方檢定
來台主要目的	賺錢	218 （95.2%）	176 （73.0%）	394 （83.8%）	df = 1 x^2 = 42.57 p<.001
	非賺錢	11 （4.8%）	65 （27.0%）	76 （16.2%）	
	總和	229 （100.0%）	241 （100.0%）	470 （100.0%）	
在台工作的平均日薪	1,500元以上	140 （61.7%）	13 （5.4%）	153 （32.6%）	df = 3 x^2 = 193.64 p<.001
	1,500元以下	7 （3.1%）	39 （16.1%）	46 （9.8%）	
	有工作未領到錢	6 （2.6%）	62 （25.6%）	65 （13.9%）	
	還沒工作就被捕	74 （32.6%）	128 （52.9%）	205 （43.7%）	
	總和	227 （100.0%）	242 （100.0%）	469 （100.0%）	
賺的錢，比原先想像的多或少	多	6 （4.1%）	19 （17.3%）	25 （9.7%）	df = 2 x^2 = 13.18 p<.01
	少	115 （78.2%）	70 （63.6%）	185 （72.0%）	
	差不多	26 （17.7%）	21 （19.1%）	47 （18.3%）	
	總和	147 （100.0%）	110 （100.0%）	257 （100.0%）	
在台的第一份工作是誰安排	大陸人	67 （47.2%）	31 （24.6%）	98 （36.6%）	df = 1 x^2 = 14.68 p<.001
	台灣人	75 （52.8%）	95 （75.4%）	170 （63.4%）	
	總和	142 （100.0%）	126 （100.0%）	268 （100.0%）	

有78.5%的女性受訪者表示有工作但未領到錢或是還沒工作就被捕。針對有獲取工資的女性受訪者，多數的平均日薪在新台幣1,500元以上。

有關受訪者賺的錢，比自己原先想像的多還是少？大多數受訪者（包含男和女）表示比原先的少，惟在表示比原先想像賺的多之受訪者中，女性受訪者的比例比男性略高。有關受訪者來台的第一份工作是由誰安排？多數受訪者（包含男和女）表示是台灣人來安排的，其中女性受訪者的比例又比男性為高。約有七成五曾在台工作的女性受訪者表示，是由台灣人幫她們安排第一份工作。只有約五成三曾在台工作的男性受訪者表示，是由台灣人幫他們安排第一份工作。

八、性別與偷渡費用之關聯性分析

根據表7-10的資料顯示，不同性別受訪者的偷渡費用有所不同，大多數男性受訪者所表示的偷渡費用為人民幣20,001～40,000元，而大多數女性受訪者所表示的偷渡費用為人民幣40,000元以上，女性偷渡費用似乎比男性偷渡費用為高。至於出發前，偷渡者是否需要先付一筆錢，大多數男性受訪者表示需要先付一筆錢，而大多數女性受訪者則表示不需要。若需要先付一筆錢，大多數男性受訪者表示需先付金額在人民幣4,000元以下，多數女性受訪者表示先付金額在人民幣4,000元以上。

九、性別與生活壓力之關聯性分析

雖然，本研究共有18個題目測量受訪者的生活壓力，但只在「家裡愈來愈缺錢」、「家中有人欠債」及「家中有人下崗或失業」三題中有較多受訪者勾選「有發生」。因此，本研究乃以這三題與性別進行關聯性分析，分析結果如表7-11。家裡有無愈來愈缺錢的情況，大多數受訪者（包含男性及女性）表示有發生，惟在「沒有發生」的選項中，女性受訪者的百分比要高於男性受訪者。

至於家中有人欠債的情況，主要是發在男性受訪者，61.6%的男性受訪者表示有發生，63.9%的女性受訪者表示沒有發生。有關家人下崗或失業的情形，多數受訪者（包含男性及女性）表示沒有發生，惟在「有發生」的選項中，男性受訪者的百分比要高於女性受訪者。

綜合前三題項的分析，本研究的資料顯示受訪者所遭受的生活壓力，主要係財務性的生活壓力，而且表示遭受此類壓力的男性受訪者比女性受訪者多。

表 7-10　性別與偷渡費用之關聯性分析

偷渡費用＼性別		男	女	總和	卡方檢定
偷渡費用（人民幣）	20,000元以下	17（7.6%）	12 5.7%	29（6.7%）	df = 2 x^2 = 261.87 p<.001
	20,001～40,000元	196（87.9%）	30（14.4%）	226（52.3%）	
	40,001元以上	10（4.5%）	167（79.9%）	177（41.0%）	
	總和	223（100.0%）	209（100.0%）	432（100.0%）	
出發前是否需先付一筆錢？	是	182（81.6%）	38（15.8%）	220（47.4%）	df = 1 x^2 = 201.42 p<.001
	不是	41（18.4%）	203（84.2%）	244（52.6%）	
	總和	223（100.0%）	241（100.0%）	464（100.0%）	
若先付，需付多少（人民幣）	4,000元以下	156（86.7%）	5（13.9%）	161（74.5%）	df = 1 x^2 = 83.72 p<.001
	4,000元以上	24（13.3%）	31（86.1%）	55（25.5%）	
	總和	180（100.0%）	36（100.0%）	216（100.0%）	

十、小　結

　　問卷調查的樣本計有471名受訪者，男性229名，占48.6%，女性242名，占51.4%。有關受訪者的背景資料，從整體來觀察，大多數受訪者離開大陸時的年齡約在30歲以下，教育程度為小學或初中，婚姻狀況是未婚，在台並無親戚，離開大陸前有工作，月薪在人民幣1,000元以下，籍貫為福建者最多，四川居次，超過五成在離開大陸後一個月被逮捕。又根據性別與其他人口變項之關聯性分析中發現，女性偷渡者在25歲以下的百分比要比男性偷渡者為高，男性偷渡者在26歲以上的百分比要比女性偷渡者為高。換言之，多數女性偷渡者的年齡比男性偷渡者年輕。較高比例的男性偷渡者為小學或初中程度，而女性偷渡者則有較高比例屬初中或高中

表 7-11 性別與生活壓力之關聯性分析

生活壓力	性別	性別			卡方檢定
		男	女	總和	
家裡愈來愈缺錢	有發生	188 (82.1%)	139 (57.9%)	327 (69.7%)	df = 1 x^2 = 201.42 p<.001
	沒有發生	41 (17.9%)	101 (42.1%))	142 (30.3%)	
	總和	229 (100.0%)	240 (100.0%)	469 (100.0%)	
家人欠債	有發生	141 (61.6%)	87 (36.1%)	228 (48.5%)	df = 1 x^2 = 30.50 p<.001
	沒有發生	88 (38.4%)	154 (63.9%)	242 (51.5%)	
	總和	229 (100.0%)	241 (100.0%)	470 (100.0%)	
家人下崗或失業	有發生	109 (47.6%)	80 (33.2%)	189 (40.2%)	df = 1 x^2 = 10.13 p<.01
	沒有發生	120 (52.4%)	161 (66.8%)	281 (59.8%)	
	總和	229 (100.0%)	241 (100.0%)	470 (100.0%)	

（及以上）程度。整體觀察，女性偷渡者的教育程度比男性偷渡者略高。性別與籍貫的關聯性分析顯示，大多數男性偷渡者的籍貫是福建省，而多數女性偷渡者的籍貫是福建以外的省分。有關偷渡者離開大陸時的婚姻狀況，多數男性偷渡者是已婚，而大多數女性偷渡者則是未婚。值得注意的是，在離婚或分居的狀態方面，女性偷渡者的百分比要比男性偷渡者為高。有較高百分比的男性偷渡者月薪為人民幣501～1,500元，而女性偷渡者則有較高比例集中在1,000元以下。整體觀察，男性偷渡者的月薪比女性偷渡者略高。不同性別在離開大陸後多久被逮捕的分布上亦存有差異，52.1%的女性偷渡者在離開大陸十天內被逮捕，男性偷渡者只有25.4%在離開大陸十天內被逮捕，另有21.9%的女性偷渡者在離開大陸十一至三十天內被逮捕，男性偷渡者只有11.4%在離開大陸十一至三十天內被逮捕。整體觀察，女性偷渡者比男性偷渡者較早被逮捕。

　　有關受訪者對台認知及偷渡選擇意向，從整體來觀察，約九成五的受訪者表示第一次來台，約有八成五的受訪者認為台灣是中國的一部分，約有近五成的受訪者表示自己不知道台灣是否可以任意進出。不同性別在台灣定位認知選項上的分布顯著不同。來台前，認為台灣是另一國家的女性受訪者比例要高於男性受訪者，認為台灣是中國一部分的男性受訪者比例要高於女性受訪者，而男性不知道台灣是否可以任意進出的比例要高於女性受訪者。

　　將近六成的受訪者表示台灣並不是自己最想去的地方，其中，最想去之處依序為美國、大陸內地其他城市、日本、加拿大、香港等地。為何沒去自己最想去之處的原因，前三項依序為：價錢太貴、語言不通、擔心自己能力不夠（無法在該處生活）。在那些認為台灣不是自己最想去之處的受訪者中，女性的比例要比男性高。而在最想去美國的受訪者中，男性的比例要比女性高，女性較傾向選擇去大陸大城市。

　　有關受訪者的風險感受及被逮捕原因，在「出發前」就感覺害怕到台灣後被公安或官員逮捕的受訪者約有五成五，而「到台灣後」感覺害怕被公安或官員逮捕的受訪者則增至約六成五。換言之，受訪者在出發前的被捕風險感受較不強烈，到台灣後的被捕風險感受較強烈。關聯性分析的資料顯示，有較高百分比的男性受訪者在出發前害怕偷渡被捕，相對地，有較高百分比的女性受訪者在出發前並不知道自己害不害怕偷渡被捕，若觀察「不害怕」及「不知道」二選項，可以發現男性受訪者對於偷渡被捕風險較為敏感。針對受訪者到台灣後，害不害怕被捕？與前題相較，男性受訪者在各選項的分布並無顯著變異，但女性受訪者則有明顯改變，女性受訪者選擇「害怕」選項的百分比增多（從39.3%增至57.4%）。換言之，女性受訪者來到台灣之後，其被捕風險的感受明顯增高。惟女性受訪者表示「不知道」的百分比，仍大於男性受訪者。受訪者認為自己被逮捕的最主要原因，前三項依序為：公安主動查到、被蛇頭出賣、被同事或朋友陷害。

　　有關偷渡過程，多數受訪者表示出發前沒有讓家人知道自己來台一事，家人若知道，多數受訪者表示家人並不贊成其來台。約有五成一的受訪者表示本次來台，前後計畫不到兩週時間。將近九成七的受訪者表示自己最後離開大陸的地點在福建省，約有七成的受訪者是從福建省平潭縣出發到台灣的。來台所搭乘的交通工具，八成二的受訪者是先搭乘大陸

漁船，再轉搭台灣漁船來台。表示搭飛機來台者不到1%。超過九成的受訪者表示離開大陸及抵達台灣的時間均在晚上或凌晨，約五成的受訪者表示出發後一天內即可抵達台灣，六成三的受訪者表示抵台時有人去接應他們。關聯性分析顯示，不論受訪者的性別，最後離開大陸的地點均以福建省平潭縣為最多，惟選擇在其他地區作為離開地點的受訪中，女性的百分比要比男性高。換言之，在地點的選擇上，女性受訪者較多元，男性受訪者較集中在福建省平潭縣。至於到台灣時，是否有人去接應？大多數女性受訪者表示有人去接應，但接近六成的男性受訪者卻表示沒有人去接應。整體觀察，多數受訪者表示他們到達台灣時，有人去接應他們，顯示兩岸的人蛇集團互有連結。有關出發到抵達的花費時間，有較多的男性受訪者表示在一天以內可以到台灣，但有較多的女性受訪者表示需花費一天以上的時間到台灣。

有關受訪者來台的最主要目的，將近八成四的受訪者認為是賺錢，但整體受訪者中有43.5%表示還沒工作就被逮捕，另有13.8%表示雖有工作但尚未領錢即被逮捕。在領獲工資的受訪者中（n = 199），約76.9%（n = 153）平均一天的工資在新台幣1,500元以下。大多數曾在台工作的受訪者表示，來台的第一份工作是台灣蛇頭安排的，而在台賺的錢比原先預期的數量要少。其中約有三成的受訪者表示在台期間曾換過雇主，換雇主的三項主要原因依序是：原來老闆給的錢太少、被原先老闆欺負、同鄉或朋友介紹。關聯性分析顯示，大多數男或女受訪者來台最主要目的是賺錢，惟在目的為非賺錢的受訪者當中，女性受訪者的百分比高於男性受訪者。有關在台工作的平均日薪，較高百分比的男性受訪者有工作並領到工資，其中大多數的日薪在新台幣1,500元以下。而大多數女性受訪者來台並未賺獲錢，有78.5%的女性受訪者表示有工作但未領到錢或是還沒工作就被捕。針對有獲取工資的女性受訪者，多數的平均日薪在新台幣1,500元以上。有關受訪者賺的錢，比自己原先想像的多還是少？大多數受訪者（包含男和女）表示比原先想像的少，惟在表示比原先想像賺的多之受訪者中，女性受訪者的比例比男性略高。有關受訪者來台的第一份工作是由誰安排？多數受訪者（包含男和女）表示是台灣人來安排的，其中女性受訪者的比例又比男性為高。約有七成五曾在台工作的女性受訪者表示，是由台灣人幫她們安排第一份工作。只有約五成三曾在台工作的男性受訪者表示，是由台灣人幫他們安排第一份工作。

　　將近七成五的受訪者表示，在大陸東南沿海（如福建、廣東等地）可以容易的找到蛇頭幫助偷渡。約有兩成的受訪者表示，偷渡來台後有受到黑道或幫派分子控制生活或行動自由，另約有八成受訪者表示沒有受到控制。此外，有少部分的受訪者（8.3%）表示有公家單位的人員參與或協助其偷渡活動，其中，大陸公安人員及勞務輸出單位的人員是主要的協助者。

　　有關偷渡費用的分布較有變異，四成八的受訪者表示在人民幣10,000～30,000元，另有約三成的受訪者表示在人民幣40,000～50,000元。將近有六成三的受訪者認為偷渡費用對大陸一般當地人是一比大數目的錢，而籌措該筆錢的主要方法，前三項依序為：來台灣賺錢後再還該筆錢、向朋友借、向放高利貸的人借。約有四成七的受訪者表示出發前需先付一筆錢，其中大多數表示需先付人民幣2,001～4,000元。不同性別受訪者的偷渡費用有所不同，大多數男性受訪者所表示的偷渡費用為人民幣20,001～40,000元，而大多數女性受訪者所表示的偷渡費用為人民幣40,000元以上，女性偷渡費用似乎比男性偷渡費用為高。至於出發前，偷渡者是否需要先付一筆錢，大多數男性受訪者表示需要先付一筆錢，而大多數女性受訪者則表示不需要。若需要先付一筆錢，大多數男性受訪者表示需先付金額在人民幣4,000元以下，多數女性受訪者表示先付金額在人民幣4,000元以上。

　　受訪者所遭遇的生活壓力主要以經濟性的生活壓力較為常見，前三項依序為：家裡愈來愈缺錢、家中有人欠債、家中有人下崗或失業。關聯性分析顯示，家裡有無愈來愈缺錢的情況，大多數受訪者（包含男性及女性）表示有發生，惟在「沒有發生」的選項中，女性受訪者的百分比要高於男性受訪者。至於家中有人欠債的情況，主要是發在男性受訪者，61.6%的男性受訪者表示有發生，63.9%的女性受訪者表示沒有發生。有關家人下崗或失業的情形，多數受訪者（包含男性及女性）表示沒有發生，惟在「有發生」的選項中，男性受訪者的百分比要高於女性受訪者。綜合前三題項的分析，本研究的資料顯示受訪者所遭受的生活壓力，主要係財務性的生活壓力，而且表示遭受此類壓力的男性受訪者比女性受訪者多。

　　有關受訪者對於此次偷渡來台的評價，其中約有九成三的受訪者認為是不值得的，表示未來一定會或可能會再選擇來台的受訪者僅占13.8%。

另約有九成的受訪者認為，回到大陸後會受到政府的處罰。

第五節　討　論

壹　意識型態、理論與犯罪控制政策的限制

　　觀察過去有關犯罪議題的研究，不難發現研究人員的努力固然澄清了許多盲點，但也造成一些定義上的問題，以及犯罪原因論和犯罪防治對策上的爭議。基本上，這些問題與爭議並無法單純的靠「科學證據」或「讓數據為事實說話」的方法來解決。相對地，一個社會的主流價值觀和主要利益會影響政治體系犯罪化或除罪化某種行為。當然，犯罪原因論也會隨不同時代的局勢和價值觀而有所不同（孟維德，2005）。因此，當一個社會的價值觀導向與利益優先順序產生變化時，犯罪防治政策也將隨其改變。舉例簡言，非醫療性的墮胎，在某一時期可能屬於犯罪，但在另一時期卻可能是合法。在自由主義當道時期，「機會理論」（Opportunity Theory）受重視的程度自然提高，但未來卻可能被保守主義主張的「威嚇理論」（Deterrence Theory）所取代。與機會理論相呼應的公共政策（諸如矯正、就業輔導與訓練等）未來便可能被威嚇理論為基礎的嚴刑峻罰所取代。此種取代或改變，通常並不是因為學者和決策者有關犯罪行為、犯罪人或犯罪防治政策方面的科學知識有了顯著精進，而是社會價值觀或政治考量的優先順序發生改變的緣故。

　　根據這個原則，可以得知，任何一項有關跨境犯罪研究的內容與發現，極可能受到研究者的價值觀所影響，特別是當意識型態與研究者有關的特殊人士或團體涉及該犯罪活動時，影響將更大。價值觀和政治利益不僅影響吾人對傳統犯罪的描述，更影響吾人如何觀察及陳述跨境犯罪問題，尤其是當涉及跨境犯罪的國家或團體在意識型態上具有較大差異時，其影響將更顯著。

　　吾人可以舉簡單的例子來說明這個現象。以發生在美國紐約市的九一一恐怖主義事件為例，當世人透過大眾傳播媒介獲知或目睹紐約世貿大樓遭飛機撞毀的時候，有許多國家政府和人民對該行為發出無比嚴厲的譴責，並稱主事者為恐怖主義分子。但當媒體採訪的鏡頭轉到某些中東國

家時，我們卻看到當地老百姓湧上街頭慶祝美國受到「懲罰」，宣稱美國才是真正的恐怖主義首領，撞毀世貿大樓是給美國的公平懲罰，並將撞機者視為英雄。同樣的行為，卻因為政治利益與意識型態的不同，而有不同的認知與解讀。換言之，某行為是否會被所涉及的國家認定為跨境犯罪，不一定全然決定於該行為的本質，反而國家利益的考量往往是很重要的影響因素。

從上述中，吾人可以得知，犯罪原因理論的建立和發展絕對與社會背景脫離不了關係。甚至可以說，理論不僅代表當時社會文化的信仰和價值觀，更反映出理論倡導者所接受洗禮的文化內涵。說得再具體一些，文化脈絡是一個意識型態的框架，它為犯罪學者在建立理論時提供了很好的參考素材，當然也影響犯罪學者所建立理論的內涵。

對於犯罪問題的認知與處理，通常有底下三種意識型態：保守派方式（conservative approach）、自由派方式（liberal approach）及激進派方式（radical approach），每一種方式對於犯罪的原因均有其基本的理念和假設，也因此採取相對應的方法企求降低犯罪（孟維德，2005；蔡德輝、楊士隆，2002；Schmalleger, 2002; Walker, 1998）。

保守派方式：犯罪原因主要在於犯罪人所具有的特徵。該問的「正確」問題應當是：這些道德缺陷之人是如何形成的？社會應如何對付他們以求自保？在此種意識型態下，犯罪問題的解決需回到一個基本觀念，就是「邪不勝正」。20世紀早期的犯罪理論，大多屬於保守意識型態。

自由派方式：犯罪學的自由派觀點出現於1930年代後期及1940年代初，很快就成為主流觀點。較具影響力的自由派觀點，認為社會結構（即社會被組織的方式）以及社會過程（social process，即人們獲得社會性特質的方式）是影響犯罪行為形成的主要因素。緊張理論（Strain Theory）的焦點便在於社會結構，而社會學習理論（Social Learning Theory）即是社會過程觀點的一個例子。

激進派方式：自由派犯罪學者不太重視社會中經濟機構（economic institutions of a society）的變化，但激進派犯罪學者卻將該變化視為關鍵性議題。為駁斥自由派觀點，激進派堅信犯罪行為及個體的犯罪傾向是資本主義社會唯利是圖與剝削性格的表徵。激進派觀點的影響力在1970年代逐漸顯著。

上述三種意識型態均對犯罪防治政策產生影響，惟在程度上有所差

異。激進派觀點影響較少,自由派與保守派觀點對刑事司法體系的政策則
產生較重要的影響,其中又以保守派的影響程度較為明顯。

　　保守派方式造就所謂的刑事司法「犯罪控制模式」(crime control
model),此模式強調刑事司法體系在逮捕、起訴、定罪以及監禁犯罪
(嫌疑)人方面的效能。犯罪控制模式除強調刑事司法程序的效率外,更
傾向將被警察逮捕的嫌疑人推定為有罪之人。在此意識型態下,簡易程序
(如認罪協商,plea bargaining)比正式審判更受歡迎與鼓勵,刑事司法
體系的效率、生產力及專業化受到高度重視。犯罪控制模式的焦點,乃
在於透過高效率的法律鎮壓(legal repression)以建立秩序,對於犯罪者
(尤其是重罪者),處罰必須落實且迅速。過去,台灣地區的刑事司法政
策深受保守派意識型態的影響,在面對日益惡化的社會秩序時,政府往往
以「擴大社會防衛力量」作為主要的回應方式。我們可從下列現象看出端
倪,例如組織犯罪防制條例、洗錢防制法、性侵害犯罪防治法、兒童及少
年性交易防制條例、家庭暴力防治法等法案的公布實施,司法及警察經費
支出占政府消費支出比例的增加,以及近十年來私人保全公司數增加超過
20倍等(許春金、孟維德,2002)。

　　受自由派意識型態影響的自由派犯罪觀,早從20世紀中葉就已成為
犯罪學領域中的主流觀點,至今仍是如此。犯罪控制模式位居刑事司法
政策主流地位的事實,明顯的說明當代犯罪學術理論與刑事司法政策兩
者間存有嚴重的「錯位」(dislocation)現象。犯罪學者Vold與Bernard
(1986: 355)對此現象,下了令人印象深刻的註腳:

　　　　這是犯罪學理論與犯罪政策之間的問題核心。犯罪學理論企
　　圖解釋犯罪的基本問題,為達此目的,犯罪學理論就必須檢視所有
　　變項,從犯罪人有關的變項到社會政、經體系有關的變項都不可忽
　　視。雖然,犯罪理論的任何面向均可衍生出相對應的犯罪防治政
　　策,但僅有那些不妨礙重要團體利益的政策才有可能被實行。因
　　此,只有那些以犯罪者及其直接環境為焦點之犯罪理論所衍生的政
　　策,才有可能被實行,而且實行的程度也僅限於不妨礙重要團體利
　　益的範圍。——而犯罪學理論就沒有如此的限制。——換言之,多
　　數犯罪學理論的政策隱喻不易實現。

運用保守派刑事司法政策處理跨境犯罪問題，可能在地緣上存有政治難題。逮捕、起訴、定罪及監禁一名國內的傳統犯罪者（街頭犯罪者），事實上已經不是一件輕而易舉且便宜的事，而要辨認、找出繼而逮捕與政、經組織結合或有關係的跨境犯罪集團分子（其犯罪活動具集體性及隱密性，涉案人員較具權力，部分的犯罪活動及涉案人員遠在國外），困難度及成本恐怕是難以估計的，更何況後續的起訴、定罪及監禁等程序，也比處理傳統犯罪者要來得複雜。此外，與跨境犯罪有關的國家或地區可能基於安全等方面的考量，不歡迎他國或地區的執法人員進入境內進行調查工作。以上種種因素，不僅對保守派政策的運用造成限制，也對自由派政策的擬定與實施造成影響。

貳　跨境犯罪理論建構及政策發展上的難題

在跨境犯罪的威脅下，許多國家的政府官員大多亟於擬定與實施相關的控制政策，但是這些政策卻往往是植基在官員的意識型態、政治利益、或是過去的實務經驗上，而不是根據科學方法所建立的理論基礎。雖然有些政策或方案與某些未經證實的理論有關，但在實務上，政策與方案通常先於正確理論的出現。

或許本文愈少提及公共政策愈好，因為在患有跨境犯罪問題的國家中，極少有國家能去除它或將它控制在合理的範圍。然而，控制跨境犯罪已是一個迫在眉梢的問題，沒有一個國家負責該問題的官員可以等到由科學方法導引出跨境犯罪原因論之後再擬定相關對策。況且，現有許多犯罪原因論雖已通過科學途徑的檢驗，仍不免受到某些犯罪學家及相關人士的質疑（Gilling, 1997）。因此，欲建立一個廣受支持的跨境犯罪理論，恐怕在時間上是緩不濟急的。就算吾人有了一個通過科學檢驗且廣被接納的理論，但是以該理論為根據的政策仍然還是存有制定或執行上的困難，譬如執行上過於複雜或昂貴、執行上可能會違反其他更重要的外交政策、或與某意識型態牴觸而無法實施。

在拒絕接受某理論及相關政策的原因中，意識型態可能是最強而有力的一項。一個社會所帶有的意識型態，可以促成公眾接受或拒絕某犯罪原因理論及其犯罪控制對策（Houston & Parsons, 1998）。因此，任何有關跨境犯罪理論的提出，都不免要以現實資料為依據。也就是說，犯罪原因

論除了需要有科學證據的支持，更要與當時環境的意識型態相配合。而研究人員在理論與意識型態上的取向，將影響證據的取捨。換言之，在「社會意識型態影響犯罪原因論與公共政策的接受與拒絕」前提下，要讓一個跨境犯罪理論獲得支持，「宣傳行銷」該理論有時會比蒐集大量支持該理論實證資料來得更重要。顯然，在提出原因解釋論及對應政策的過程中，需避免融入主觀情緒（例如對跨境犯罪的憤怒情緒）及貧乏不足的資料。

在另一方面，當多種跨境犯罪交錯發生時，理論的發展和控制政策的擬定就愈顯複雜。譬如，毒品走私、軍火走私、人口走私、以及間諜活動同時發生在相同的地區，涉及相同的犯罪組織，此種跨境犯罪便是一個複雜且難以解釋的依變項。是在何種條件下以及何種環境狀況下使得此種聚合發生？參與該跨境犯罪的各個集團是如何互動的？從犯罪區位學的角度觀察，不同區域是否也會呈現不同型態的跨境犯罪？如果欲建立植基於事實的理論，這些問題的答案，在在都需要實證資料，然而這些實證資料的蒐集卻是極為不易的。其次，控制政策的形成、運用與評估，也存在許多危險與兩難。為降低某一種跨境犯罪（如毒品走私）的危害，有時可能會促使另一種跨境犯罪（如恐怖主義活動）威脅的升高。譬如，為了摧毀第三世界的毒品栽種，如果沒有提供當地農民適當的補償或回饋，這些不滿農民很可能與當地異議人士或恐怖組織結合，暴力氣氛因此升高，繼而釀成對軍火武器的需求，助長軍火走私活動。相對地，提供農民補償費希望他們放棄種植毒品，農民是否就一定不會栽種，恐怕很難保證。況且農民手邊的錢增多，要繳的稅或保護費可能也隨之增加，這將讓當地的異議分子或恐怖組織獲得更多的資源，擴增其黨羽，武器配備的需求增高，導致其與政府間暴力衝突的增加。學者Martin與Romano表示，異議分子的活動及恐怖活動往往需要龐大經費，在局勢動盪、製造毒品的地區，任何與毒品有關的經費補助，極可能被那些擁兵自重者所吞占，他們一旦有更多的錢，最可能買的就是軍火武器（Martin & Romano, 1992）。

多數犯罪學者認為，並無一絕對清楚且明確的犯罪定義（蔡德輝、楊士隆，2005；林東茂，1999）。有些研究者從法律觀點來定義犯罪，將犯罪視為立法機構所禁止而刑罰附加於上的行為。由於刑事法常隨時空而變化，某地、某時為犯罪的行為在他時、他地可能不為犯罪。另外，有些人認為犯罪是社會公認為錯誤的行為，在此定義下，類似的問題是，社會大眾與立法機構對於何者為正確、何者為錯誤的界定可能不一致。從上可

知，犯罪是沒有絕對標準的。不同社會，在不同時間裡，犯罪的定義範圍可能不同。

　　從前述探討中，我們可以發現許多問題與跨境犯罪交錯糾纏，使得這種犯罪不易被瞭解，有關防治政策不易擬定與執行。其中主要問題至少包括：缺乏可靠有效的資料以建立能夠正確解釋現象的理論，以及意識型態對於理論及政策所造成的影響。其他的問題尚有不同種類的跨境犯罪交錯發生，它們彼此間的複雜關係降低了跨境犯罪被清晰洞察的可能，使得擬定有效防治政策困難重重。此外，國家安全的考量，也成為蒐集相關資料時的一大阻礙。由於跨境犯罪涉及兩個或兩個以上的國家或地區，不同地區的法律制度亦可能不同，這都會影響對於跨境犯罪的釐清以及相關防治對策的擬定、執行與評估。顯然，跨境犯罪的防處，存有許多問題待克服。

第六節　結　語

壹　歸納研究發現

　　根據本研究所蒐集的質化資料，針對大陸的男性偷渡者有以下發現：
一、男性偷渡者大多來自福建省。
二、男性偷渡者大多為解決經濟問題而選擇偷渡。
三、男性偷渡者在大陸地區的生活競爭力偏低。
四、男性偷渡者在台生活較不受人蛇集團的監控。
五、男性偷渡者在台的工作大多以苦力工作為主。
六、大陸人民在台漸有聯繫網路雛型。

　　根據本研究所蒐集的質化資料，針對大陸的女性偷渡者有以下發現：
一、女性偷渡者籍貫較多元，生活型態呈現偏差傾向。
二、女性偷渡者行為類型可分為緊張型、偏差型、享樂型三種。
三、個人內在特質、家庭關係疏離、價值觀念偏差、性開放等因素，與當

事人選擇偷渡有關。

四、不同行為類型蘊含不同偷渡原因，緊張型行為者因外界壓力和緊張，產生挫折、憤怒等負面影響狀態後，在個人理性選擇衡量下決定偷渡。偏差型與享樂型行為者，因社會化過程瑕疵致個人形成低自我控制，著重追求短暫、立即快樂，無視行為長遠後果的傾向。日後更因其生活型態較常暴露於容易接觸偷渡訊息的環境（如小蛇頭經常前往酒店、KTV等娛樂場所消費或拉客），受人蛇集團的誘惑、鼓譟、煽動、欺瞞下，踏上偷渡來台之途。

五、人蛇集團猖獗為大陸女性偷渡來台加溫。

六、大陸女性偷渡者的人格權備受剝削。

根據本研究所蒐集的質化資料，針對人蛇集團有以下發現：

一、人蛇集團主導偷渡活動，並與境外的不法分子有密切聯繫，分設據點，彼此分工負責從事偷渡活動。

二、人蛇集團因應國內對偷渡者需求，經常結合黑道幫派圍勢控制大陸偷渡者。

三、人蛇集團提供罪犯偷渡管道，增加執法人員查緝困難度。

四、黑道幫派介入偷渡活動，控制大陸偷渡者從中獲取不法利益。

五、人蛇集團、幫派及政府有關部門人員三者間的互動關係應予重視。

本研究所蒐集量化資料經分析有以下發現：

一、約九成五的受訪者表示第一次來台，約有八成五的受訪者認為台灣是中國的一部分，約有近五成的受訪者表示自己不知道台灣是否可以任意進出。

二、有較高百分比的男性受訪者在出發前害怕偷渡被捕，相對地，有較高百分比的女性受訪者在出發前並不知道自己害不害怕偷渡被捕，男性受訪者對於偷渡被捕風險較為敏感。

三、來台所搭乘的交通工具，八成二的受訪者是先搭乘大陸漁船，再轉搭台灣漁船來台。不論受訪者的性別，最後離開大陸的地點均以福建省平潭縣為最多，惟選擇在其他地區作為離開地點的受訪中，女性的百分比要比男性高。在地點的選擇上，女性受訪者較多元，男性受訪者較集中在福建省平潭縣。至於到台灣時，大多數女性受訪者表示有人去接應，但接近六成的男性受訪者卻表示沒有人去接應。整體觀察，

多數受訪者表示他們到達台灣時，有人去接應他們，顯示兩岸的人蛇集團互有連結。

四、有關受訪者來台的最主要目的，將近八成四的受訪者認為是賺錢，但整體受訪者中有43.5%表示還沒工作就被逮捕，另有13.8%表示雖有工作但尚未領錢即被逮捕。在領獲工資的受訪者中，約有76.9%平均一天的工資在新台幣1,500元以下。

五、將近七成五的受訪者表示，在大陸東南沿海（如福建、廣東等地）可以容易的找到蛇頭幫助偷渡。約有兩成的受訪者表示，偷渡來台後有受到黑道或幫派分子控制生活或行動自由，另約有八成受訪者表示沒有受到控制。此外，有少部分的受訪者（8.3%）表示有公家單位的人員參與或協助其偷渡活動，其中，大陸公安人員及勞務輸出單位的人員是主要的協助者。

六、有關受訪者對於此次偷渡來台的評價，其中約有九成三的受訪者認為是不值得的，表示未來一定會或可能會再選擇來台的受訪者僅占13.8%。另約有九成的受訪者認為，回到大陸後會受到政府的處罰。

貳　建　議

一、善用傳播媒體與網際網路加強防止偷渡宣導

本研究資料顯示，雖然有部分大陸女性偷渡者對來台從事賣淫工作確有知悉，但有些偷渡者單純抱持來台打工獲取較高工資的心理，卻遭人蛇誘騙來台從事賣淫，其情形出現在內地省分或資訊較不發達的地區尤為嚴重。量化調查資料亦顯示，女性偷渡者在出發前，對於偷渡被捕風險的敏感度比男性低，女性偷渡者要等到來到台灣之後，其被捕風險的感受才明顯增高。因此，讓大陸地區女性瞭解在台生活處遇真相，對於遏止其偷渡來台有一定之影響力。在實際的做法上，可協請國際刑警組織或國際執法網絡將相關訊息傳送至大陸媒體，另亦可製作文宣資料透過處理大陸人民遣返作業的有關單位傳送至大陸。此外，大陸民眾使用網際網路亦逐漸普遍，我政府單位可與大陸著名網站合作，張貼我方查緝偷渡決心、相關處罰規定、大陸偷渡者在台生活情形，藉由無遠弗屆的網際網路傳達相關訊息，提高大陸民眾對偷渡負面結果的認知。

二、嚴懲僱用偷渡者的雇主

　　多數偷渡來台的大陸民眾主要是為了賺錢，為了賺錢，他們就必須找到工作。因此，制止他們來台的一個有效辦法，就是不給他們工作的機會。這除了要靠政府積極宣導外，還要有具強烈威嚇效果的法律及執行機制，對僱用無合法證件移民的雇主加以嚴懲，讓國人不敢輕易僱用偷渡者，使偷渡者找不到工作賺錢。在執行層面，政府應充實辦理勞動檢查及取締非法工作者相關部門的資源，對人員實施經常性的在職訓練，提昇查獲非法工作案件的獎勵，鼓勵相關部門人員積極查處非法工作案件。

三、積極打擊人蛇集團

　　本研究發現，人蛇集團在人口走私活動中扮演極重要的催化角色，且暗藏幕後吸取暴利，大陸偷渡者反而經常成為執法標的。事實上，欲有效控制人口走私活動，必須先有效打擊人蛇集團，並配合適時修法，確保刑罰對人蛇集團產生威嚇作用。我國已於2009年1月公布實施「人口販運防制法」，內政部入出國及移民署亦已於2007年1月成立，可謂是符合聯合國相關公約的具體做法。

四、執法機關應與金融機構加強聯繫，打擊兩岸間的洗錢活動

　　本研究發，人口走私活動是一項背後隱藏巨大違法利益的犯罪行為，而且大陸偷渡者來台大多以賺取金錢為其主要目的，因此偷渡者來台所賺金錢及人蛇集團的犯罪所得，極可能透過某些金融管道進行洗錢。執法部門若能確實掌握兩岸有關的金融管道，與金融主管部門合作，共同對兩岸間不正常資金的往來進行監控，應可對人口走私活動的違法利益產生抑制作用。一旦人口走私犯罪成為利益微薄且被查緝風險很高的活動，違法者的犯罪動機自然也會受到某種程度的抑制。

五、國內執法機關應加強橫向聯繫與配合

　　國內與大陸偷渡犯查緝有關的機關包括陸委會、農委會、法務部、國防部、海巡署、警政署、移民署等機關，因此不僅是國境線上的海巡署海洋總局、海岸總局、移民署，應及時相互通報偷渡情資，海巡署、移民署與上述有關機關應建立快速橫向聯繫配合查緝機制。執法機關在查緝大陸偷渡犯時，應正本清源地向上追查仲介之人蛇集團，以斷絕其偷渡來台之

各種不法管道。再者，海巡署與農委會應積極協調，以加強對漁船、漁民之有效管理，諸如鼓勵漁船裝設衛星定位器、完成漁船進出港之電腦連線系統等，均是可行的措施。

六、持續推動兩岸司法互助，強化共同打擊犯罪機制

　　海峽兩岸偷渡犯遣返作業過去係依據兩岸紅十字會簽訂之「金門協議」辦理，之後，兩岸又於2009年4月簽署「海峽兩岸共同打擊犯罪及司法互助協議」，進一步制度化共同打擊犯罪的機制。由於人蛇集團所引發的治安問題危害海峽兩岸民眾甚鉅，是以海峽兩岸決策機關應盡可能排除政治意識型態，基於互利考量及人道立場，進行司法互助事務性的互訪與會談，並藉兩岸刑事司法學術交流活動以增進雙方瞭解彼此的犯罪現象及犯罪防治實務上的難題。惟值得注意的是，雙方刑事司法部門與學界的互動，必須要在政府政策不反對，甚至需要政府認可或支持的前提下，才可能具有實質的效能。待雙方有了相當的接觸及信賴，繼而建構犯罪情資交換機制，互派聯絡官，甚至成立執法合作組織。本研究認為，雙方若缺乏基本的互利動機與互信態度，海峽兩岸的犯罪問題將無法有效遏阻，人口販運及移民走私所衍生的社會問題勢必難以解決。

第八章　企業犯罪分析

第一節　前　言

　　本書第一章曾提及國內白領犯罪（white collar crime）日益嚴重的問題，不論是從白領犯罪數量或損害程度來觀察，均是安全治理不可忽略的標的。在刑事司法與犯罪學界，「公司犯罪」（corporate crime）是較常用來代表企業違法活動的名詞，它是最早被系統化研究的白領犯罪類型（E. H. Sutherland在1949年所完成的白領犯罪研究，即以美國70家大型公司的違法活動為研究標的），也是學者公認的白領犯罪核心類型，因此本章以公司犯罪為研究對象。

　　近年來，企業的社會責任與企業倫理因某些大企業接連發生違法或醜聞事件而受重視。社會大眾與企業管理者普遍都認為企業應善盡社會責任與遵守企業倫理，但事實上，企業或公司機構的違法事件卻層出不窮。底下讓我們看看近來發生在台灣地區的一些案例。

　　一群在桃園RCA（美國無線電公司）工廠工作一、二十年的員工，在環境品質文教基金會舉行的一項記者會上，控訴RCA污染害死人，他們自己或是家人共20名罹患癌症。根據被害者表示，實際上罹患癌症的人數絕對超過此數。出席記者會的前RCA員工都說，罹患癌症的員工們，長期飲用受污染的地下水，而環保單位已證實地下水中含四氯乙烯、三氯乙烯等致癌物質。四氯乙烯在動物實驗上已被證實是致癌物質，流行病學研究並顯示有可能對人類肝臟及泌尿道致癌。

　　「林肯建設公司」所負責開發興建的台北縣林肯大郡住宅社區在溫妮颱風的侵襲下發生空前災變。建商先透過不正當甚至違法手段取得山坡地的建造執照，之後在施工期間更沒有依照規定，尤其是擋土牆部分，完工實體與當初設計明顯不符，嚴重偷工減料。該事件總計造成28人死亡，120戶建物全倒的慘劇。

　　國內另一知名企業「保力達股份有限公司」曾涉嫌以員工儲蓄金方案名義，向員工及經銷商吸收存款數億元。由於保力達公司並非銀行，也沒有依法申請獲准經營收受存款業務，卻擅以員工儲蓄金方案名義向員工及

經銷商吸收存款，經營登記範圍以外之存款業務，並交付同面額之憑證加以掩飾，嚴重違反公司法及銀行法。

上述是公司犯罪的典型實例，當然在公司犯罪的範疇裡還有許多眾所皆知的案例。在另外一方面，更有許多公司犯罪事件是未被揭發出來的。公司犯罪對於社會大眾所造成的財務損失，根據國外學者統計，甚至超過街頭犯罪損失的總和（Coleman, 1998）。而公司犯罪，經常是來自一些高社經地位者，以其專業智能和職守所形成的犯罪行為，此種行為極易在社會上產生一種道德墮落感。無庸置疑，公司犯罪不是一種輕微的犯罪行為。然而，與傳統的街頭犯罪（street crimes，如殺人、強盜、強制性交、竊盜等犯罪）相較，公司犯罪卻一直是執法機關較感陌生的治安問題，也是安全治理研究中較受忽略的領域。不論是從其直接造成的後果，抑或所衍生的影響來看，公司犯罪無疑均是一個與當前社會秩序密切相關且亟需研究的重要課題。

第二節　警察陌生的治安議題

長久以來，白領犯罪並不是警察機關主要的關切治安議題，原因是警察較缺乏偵辦此類案件的專業技能或資源，同時許多類型的白領犯罪不完全是在警察的管轄範圍內。雖然白領犯罪類型之一的詐欺案件，早就是警察負責偵辦的案件，同時近年來警察參與偵辦白領犯罪的案件也愈來愈多，但對於各類型白領犯罪的偵辦工作，警察的介入仍然是相當有限的，而且在參與上也並非是全然性的。

作為刑事司法體系的一分子，警察對於白領犯罪的防處還是扮演相當重要的角色。儘管警察的參與是頗為重要的，但事實上卻存有一些影響因素限制了警力介入白領犯罪的偵防。警察人員的主要訓練是以傳統犯罪為導向的，較具戲劇性的街頭犯罪比白領犯罪（較缺乏刺激性）吸引警察人員的注意。此外，處理白領犯罪案件所花費的時間也常常多於一般傳統犯罪的處理時間，而且破案可能性也低於傳統犯罪。有關犯罪偵查的研究發現，「破案因素」（solvability factors）往往是刑案成功偵破的關鍵，這些因素包括：有證人、知曉嫌犯姓名、獲得有關嫌犯的描述、知曉嫌犯

的處所、辨認出嫌犯的交通工具、掌握贓物的線索、有物證以及有特殊的作案手法（Layman, 1999）。一旦在案件的偵查過程中缺乏這些因素，那麼破案的可能性就將降低。而白領犯罪，經常是屬於缺乏這些因素的犯罪。

　　此外，因為偵防此類案件往往需要一些警察人員所不常具備的特殊技能與專業知識，譬如會計、財務管理方面的知識，使得失敗機會以及警察人員的無力感相對增加。再者，針對白領犯罪的偵辦，社會大眾及高層政治人士所施予警察機關的破案壓力，並不會高於傳統暴力犯罪。事實上，與傳統犯罪比較起來，白領犯罪的偵辦反而較常受到政治力的介入和阻礙。而警察在國家官制中，並非高層級官員，在政治力的干擾下，警察機關往往無法有效對白領犯罪案件進行偵查。此外，媒體對殺人、強制性交、強盜等傳統犯罪的報導，往往比對於白領犯罪所做的報導較易引起社會大眾強烈且立即的憤怒與恐懼。

　　針對白領犯罪的執法，在許多方面是不同於對傳統犯罪的執法。就執法前線——地方警察機關——而言，所扮演的角色就非常有限。根據Pontell與Shichor（2001）的觀察，白領犯罪的執法型態比傳統犯罪執法型態較趨於預警模式（proactive），同時案件如果想要被成功偵破，較需要各相關執法機構間的整合。白領犯罪的偵查工作也比較耗時、麻煩，而且成功率比傳統犯罪為低。與傳統犯罪的被害者相較，白領犯罪的被害者經常不清楚向什麼單位請求救援與協助，甚至還有許多白領犯罪被害者根本不知道自己已遭受侵害。白領犯罪的機構性被害者（如企業）為顧及聲譽，往往放棄向執法機關求援，情願採取私人性的調查。

　　由於白領犯罪案件處理過程較缺乏直接與可見的法律行動，使得白領犯罪的偵查愈顯困難。當公共性的執法行動能夠明確傳達「法律是被公正執行」的印象時，那麼就可以對身居合法行業的潛在犯罪者（包含公司及個人）產生某種程度的威嚇作用。然而，大多數白領犯罪案件，警察機關的參與仍甚為有限。

第三節　公司犯罪的定義

　　在企圖對白領犯罪進行分類的學者中，M. Clinard與R. Quinney被認為是兩位較具影響的學者（Lofquist, Cohen & Rabe, 1997）。他們將白領犯罪分為兩種主要的類型：職業上的犯罪（occupational crime）與公司犯罪。根據Clinard與Quinney（1973）的觀點，職業上的犯罪包括個人在職業活動過程中為其自身利益所從事的犯罪行為，以及員工侵害其雇主的犯罪行為。另一方面，他們將公司犯罪定義為：「公司成員為了公司所實施的犯罪行為，以及公司本身的犯罪行為（1973: 188）。」本章追隨Clinard與Quinney的觀點，將公司犯罪定義為：「公司成員為了公司利益，所為應負刑事責任的行為，以及公司應負刑事責任的行為。」

　　針對公司犯罪，國外有學者採廣義化定義。他們認為公司犯罪不僅是為刑事法所處罰的行為，更包括行政法和民法所禁止的公司行為（或公司成員為了公司利益的違法行為）。

　　持廣義說的學者認為，公司犯罪應包含任何為國家法律所禁止的公司行為，不論是行政法或民法禁止的行為（大多是屬於這兩者），或是刑法禁止的行為都包含在內。換言之，公司犯罪乃公司所為任何須為法律禁止的行為（包括刑法、民法及行政法等）。犯罪學學者Braithwaite（1982: 1466）就對公司犯罪下了類似的定義：「法律所禁止的公司行為，或個人為公司利益所為的法律禁止行為。」持廣義說的學者強調，這種「廣泛法律」的定義，是有其意義和必要性的。因為吾人固然可以對一個公司處以罰金，或對其員工處以自由刑，但吾人卻無法將公司監禁起來。自由刑可說是對於一般犯罪之犯罪者所經常使用的刑罰，但自由刑卻無法適用於涉及違法行為的公司。許多公司犯罪案件的處理與一些準司法團體（quasi-judicial bodies）有關，譬如像衛生署、公平交易委員會等政府管制機構。法律一般提供這些機構具選擇性的行政、民事或刑事處罰權，有些機構則無刑事處罰權。由於受到訴訟程序過於漫長、面臨的困難很多、以及對違法行為必須採取立即行動等問題的影響，為了權宜而使得這些機構大量依賴行政罰，諸如扣押商品、要求公司回收商品、立切結書、或罰鍰等。除行政法外，民法也是較常適用於公司犯罪的法律，在民法中最常使用的就是和解、禁止令（injunction）以及民事賠償等。所以，從法

律適用和訴訟的本質中,不太能夠決定公司犯罪的嚴重性(即未受刑事制裁的公司違法行為,不見得就是較輕微的行為)。學者Clinard與Yeager(1980)的研究發現,儘管是相當嚴重的公司違法行為,多數僅受到行政罰的制裁。他們更指出,有三分之二的高度嚴重案件及五分之四的中度嚴重案件,均是由該途徑處理的。

持廣義說的學者認為,E. H. Sutherland有關白領犯罪的著作,對於公司犯罪的觀念及定義提供了非常重要的影響力。Sutherland有關白領犯罪的研究,被公認是公司犯罪實證研究的濫觴。在法律適用方面,公司犯罪者往往被科處行政罰,或被要求負擔民事損害賠償的責任,而不像一般街頭性犯罪者受到刑罰的制裁,這並非肇因於兩者作為的不同,而是法律適用上的差異所致。因此,誠如Sutherland(1949: 8)所言:「公司犯罪與一般街頭性犯罪之間是被行政區隔開來的(administratively segregated)」。在另一方面,持廣義說的學者強調,影響和約束公司的法律可說是近代才出現的,這些法律的立法過程無可避免地受到公司界的影響。公司界利用其擁有的政、經力量抑制了刑罰適用在公司的違法行為上,規避被冠上「犯罪」及「犯罪者」之名。因此,綜合以上的論述,持廣義說的學者主張(Blankenship, 1995),除非對犯罪採用一種廣泛法律的定義(inclusive legal definition),否則難以包含公司犯罪的範疇。

由於本章採實證研究途徑,公司犯罪過於廣泛的定義將不易於實證資料的蒐集。在國內現今尚缺乏公司犯罪實證研究資料的情況下,實有必要先從正確且具體的現象資料著手,因此,本章遂將公司犯罪定義為「公司成員為了公司利益所為應負刑事責任的行為,以及公司應負刑事責任的行為。」在另一方面,若同時針對公司須負刑事、行政及民事等責任的行為進行探究,必然會更為增加研究的不確定性與困難度。而公司須受刑事處罰的行為大多為較嚴重的公司犯罪現象,在研究可行性與研究標的重要性的考量下,本文採取較為狹義的定義。

第四節 文獻探討

學者Vaughan(1981)指出,白領犯罪一名詞自從Sutherland於1939

年提出之後，1940至1960年代是白領犯罪有關理論及研究的古典時期（classic period）。其後的十年，犯罪學家的注意焦點幾乎都集中在街頭犯罪上，白領犯罪頓時遭受冷落。直到1970年代，學者對於白領犯罪的研究興趣又再度興起，尤其是針對公司犯罪。這主要是受到許多公司違法行為造成了相當嚴重的傷害，同時消費者運動及環保運動等逐漸興起，公司的違法行為受到了空前的重視。由於過去典型的犯罪學研究，大多數是把焦點集中在白領犯罪的個體身上，但是當研究者嘗試要解釋一個組織的違法行為時，譬如一個大公司，此種個體途徑（individualistic approach）的有效性便受到很大的限制。因此，當時為更深入探究白領犯罪（尤其是公司犯罪），產生了一種建立巨觀途徑以有效瞭解巨觀現象的需要性，組織行為典範便在這個階段被導入了白領犯罪的研究領域中。當時，研究白領犯罪的犯罪社會學者也將白領犯罪做了分類，區分為兩大類：一類是職業上的犯罪行為（occupational crime），另一類是機構犯罪（organizational crime）。犯罪社會學者認為公司犯罪屬於機構犯罪，同時也是一種組織的行為（Lofquist, Cohen & Rabe, 1997）。然而，到了1990年代，個體行為論又再度受到重視，並與組織行為論形成理論對立的情形。現今，有關公司犯罪的研究文獻，主要是根據這兩大主軸而衍生的。底下我們將介紹相關的研究文獻。

壹 組織行為論

學者Clinard與Yeager（1980）曾針對美國財星雜誌（*Fortune*）所刊登的500大企業研究其違法行為，他們發現大型公司龐大的規模、內部單位責任的模糊不清，以及層級式的結構等，均是有利於組織偏差行為發生的條件。此外，他們也發現公司目標的本質也與非倫理以及非法行為的發生有關。基於這些理由，Clinard與Yeager認為，公司違法行為應該被視為組織行為（organizational behavior）。學者Gross（1978）主張組織理論（organizational theory）可以協助吾人瞭解公司特性與其非倫理或非法行為之間的關係。與街頭犯罪以及職業上的犯罪行為不同，公司犯罪是由組織或由「不同個人之集合體所實施的，很難與個人單獨行為相比擬。」雖然法律將公司視為有形的「人」（persons），但是卻無法用那些解釋個人犯罪（包含街頭及大多數職業上的犯罪行為）的犯罪理論來解釋公司違

法行為。

　　學者Sherman（1980）認為，公司違法行為是一種為達成組織目標的集體違規行為。以此態度觀之，公司犯罪是由具共同目的之人所組織之團體的行為所造成；公司犯罪是由組織中個人或團體的連結（linkage）所造成的，其目的是為了要達成組織目標。Shrager與Short（1978: 409）便將「目標的達成」作為對公司犯罪定義時的決定要項：「在合法的正式組織中，個人或團體根據組織的運作目標所從事的非法行為。」

　　Clinard與Yeager（1980）發現，公司目標大部分是在公司內部複雜的社會關係與科層脈絡（complex hierarchical context）中所完成的，而介於不同個體之間的相對權力與地位，往往是導致非倫理與非法行為的重要根源。公司內部的社會結構包括權力較高者（諸如董事長、董事、總經理等）及權較低者（諸如中層管理者、領班及基層員工），公司各個階層所抱持的不同期望以及所遭受的不同壓力，均可能會導致某些階層人員非倫理或非法行為的發生。此外，母公司與子公司之間的關係，也會因為利潤追求的壓力，而可能導致犯罪的發生。

　　機構犯罪，乃是機構成員基於機構利益所從事的違法行為；個體是被整合在機構內的各個角色中，由機構來形成活動的類型。在組織行為論的觀點下，個體的角色定位通常是受制於組織的需求。組織在某種程度上會訓練、教導，以及說服它的成員去從事犯罪的活動，所以這些犯罪行為應該被視為組織的犯罪行為，而不是個人的犯罪行為。在適當的機會情況下，組織會意圖影響它所處的法律環境、提升經濟環境的預測性及穩定性，同時更設法免除加諸組織的民事及刑事責任。

　　組織性的犯罪可以由組織環境中的內在與外在因素來解釋。有關公司犯罪的理論，若不是企圖要解釋為何有些公司犯罪？有些公司不犯罪？要不然就是要說明為何公司犯罪在某特定時段明顯的增加。一些有關的內在變項，諸如公司的大小、公司的財務狀況、公司對於利潤追求的強調程度、透過不同單位或部門所造成的責任擴散、倡導遵從公司利益的公司副文化等均是。就公司的大小而言，有研究發現大型公司如果愈複雜、愈強調公事公辦以及愈集權等，那麼愈有可能從事違法行為；其他也有研究指出，大型公司因擁有較多的資源及專業技術，所以比小型公司較易於遵守法律的規定（Blankenship, 1995）。有較多的證據似乎支持，財務狀況不良的公司較有可能從事違法行為。

　　有許多外在因素與公司犯罪有關，這些外在因素諸如經濟環境（如經濟不景氣）、政治環境（如管制法案的立法）、企業的集中性（競爭者的數目）、產品配銷網路的型態與力量、產品的區隔性，以及行業的規範傳統等。在下列這些情況下，公司會有較高的可能性去從事犯罪行為：譬如當達成目標的合法機會被阻絕，而非法機會卻垂手可得時；當社會大眾對公司犯罪較寬容時；當管制的法律微弱或無效時，以及當政治與經濟的環境氣氛強調利潤追求時。雖然在邏輯上，當追求利潤的外在壓力愈大時，較可能促使公司從事犯罪行為，但最近的研究顯示，當公司面臨較大的此種壓力同時又摻雜其他因素的時候，公司才較可能犯罪（Lofquist et al., 1997）。

貳 個體行為論

　　Gottfredson與Hirschi（1990）認為，在古典犯罪學中，組織並非是解釋犯罪行為的核心因素。充其量組織僅代表個人在決定採行何種行為前的一項考量因素而已，即組織對個人行為的贊同與否以及組織的獎酬或懲罰等，可能會影響個人對於犯罪行為得與失的分析；組織甚至在個人行為前的決定過程中，根本就被個人所忽視。就古典犯罪學家而言，人類的行為是為了要追求快樂與避免痛苦，犯罪者之所以選擇犯罪行為也是在對快樂與痛苦的分析下所作的抉擇；組織與白領犯罪有關之處，僅在於它可能決定白領犯罪行為的一部分機會、獎酬及懲罰。

　　公司犯罪是發生在組織中的個人行為，這項事實似乎又暗示組織行為方面的文獻有助於公司犯罪的研究。這又回到組織到底是不是犯罪行為核心原因的老問題上。在大多數的白領犯罪中（尤其是較為平常的詐欺、侵占及單純的竊盜案件），組織所扮演的角色其實往往是被害者。Gottfredson與Hirschi認為，探究組織以解釋白領犯罪，其效果就有如探究銀行以解釋銀行搶劫行為、探究住宅以解釋住宅竊盜行為一般。這些研究充其量只是在犯罪機會（如組織中的控制機制與責任制度等）的探究上有所貢獻，然而這些組織的特性（或犯罪機會）並不一定會引誘或強迫員工去犯罪。事實上，儘管有相當多的機會出現，大多數的員工並沒有選擇犯罪。機會，只能解釋犯罪的可能性（likelihood），但無法解釋犯罪性（criminality）。換言之，組織的特性可以解釋具偏差行為傾向之員工

其在組織中從事偏差行為的可能性，但對於為何該員工會具偏差行為的傾向，就無法提供解釋。由於「組織」並非是白領犯罪的因果要件，只不過是一種犯罪機會的反應，所以組織行為的領域無助於公司（白領）犯罪的研究。

在組織理論（Organizational Theory）的領域中，分析的主要單位是組織；有些犯罪行為的研究參考組織理論的原理，將焦點集中在組織層次（organizational level，即整個組織從事犯罪）上。Gottfredson與Hirschi（1990）指出，主張組織整體會犯罪的社會學家，以及主張某些外在因素會影響組織活動的組織理論家兩者之間，似乎呈現出一種合理的觀念連結。由於為了要接受組織層次的理論，那麼這些理論的倡導者就必須要接受組織是獨立於（或至少在某個程度上是獨立於）其內部個人之外，能夠計畫、設想以及行動的實體。這也是Sutherland當初的論點，他發現有一些組織長久以來就具有明確的犯罪型態，組織整體具有犯罪者甚至再犯者的特徵，這與組織內的成員（無論是新進或離職的人員）沒有太大的關係。社會學實證論與組織理論間的相契合，正反映出兩者基本假設的一致性，即組織是一個適當的分析單位。

Gottfredson與Hirschi認為，當探究組織有關諸如產品線、核心能力、垂直整合以及市場活動範圍等事務的策略時，考量較小的分析單位通常是較無助益的，從組織的層次來探究此等策略反而是比較恰當的。但是如果探究的焦點是擺在誰參與或負責該決策時，那麼分析的標的就必須降至個人的層次。組織中的犯罪也是相同的情況。對於某些犯罪行為，譬如損害公共利益的犯罪（如公司所製造的污染、危險商品、不健康食品等），組織整體必須為這些行為負法律責任。Gottfredson與Hirschi指出，之所以要組織面對此等法律責任，最主要是為了經濟和公共政策的因素；因為他們通常是這些違法行為的受益者，同時也是最有能力補償被害者的團體。然而，組織需對犯罪行為負責任的解釋說法，並不代表組織就是犯罪行為的真正行為者（real actor）。組織理論或許有助於探究組織降低法律責任風險的組織策略，諸如建立組織性的順從方案（organizational compliance program，組織遵從外在法令的方案）、分配至順從方案的適當資源、以及培訓執行順從方案的人員等。但是當分析的對象降至組織層級以下，探究個人或少數人之行為的原因時，組織理論方面的文獻便無太大的助益。對於組織行為的解釋，必須要降至組織成員的行為上。儘管是Sutherland

的差別接觸理論，也都不是在組織的層次進行分析，該理論仍是需降至個人層次進行分析，探究人們在組織中如何學習實施白領犯罪所需要的技巧以及中立化的技術。

參 小 結

綜合前述，組織行為論者主張，公司犯罪是由組織或是由不同個人之集合體所實施的，不能與個人單獨行為相比擬，公司的集體決策不等於個體決策的總合。組織會影響組織成員的活動型態，組織甚至會訓練、教導及說服組織成員去從事某些特定的活動（包括犯罪活動）。換言之，組織可以說是一個具有生命的實體。而在個體行為論的觀點裡，Gottfredson與Hirschi明確指出，所有犯罪事件的發生都需要有犯罪人以及犯罪機會，低自我控制傾向是犯罪人的主要特徵，利潤（價值）以及風險則是機會的主要內涵，公司所處的內、外環境，如市場競爭壓力、公司的組織結構與運作模式、監控機制等，僅對犯罪機會的解釋有所助益。Gottfredson等人強調，機會僅能解釋犯罪的可能性，並無法解釋犯罪性。

根據相關研究的發現，我們可以歸納出下列與公司犯罪原因密切相關的變項：公司內部的管理規範、政府的管制規範、社會大眾對公司犯罪的關切與容忍度、公司的組織結構（組織的複雜性、正式化以及集權化等）、公司所面臨的競爭壓力、公司本身的財務狀況、員工向心力，以及公司經理人員的自我控制傾向等。

第五節 研究設計與實施

壹 研究架構

本章的理論架構，基本上是整合了組織行為論者以及Gottfredson與Hirschi的觀點。根據研究目的及相關理論和研究文獻之探討，本研究所欲檢驗的理論架構如圖8-1。在設計上，筆者將組織理論者所強調的組織特性與情境等面向，假設為影響犯罪機會形成的變項；而行為者的犯罪性則以自我控制為代表。

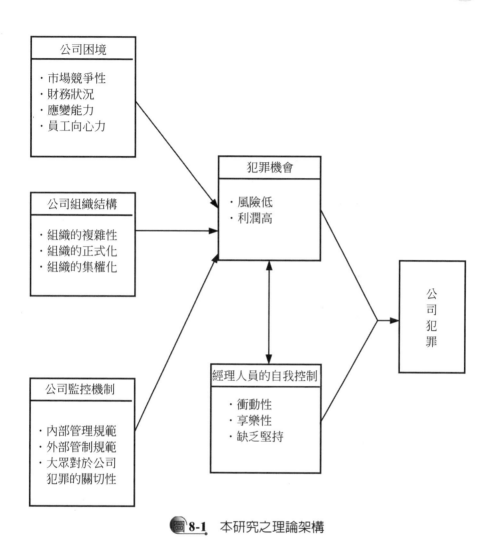

圖 8-1 本研究之理論架構

　　綜合前述之文獻探討，筆者認為公司機構或許需為其本身的違法行為擔負法律責任，但很難想像組織就是違法行為的真正行為者。因此，當要探究公司違法行為的真正原因時，我們應將焦點擺在誰負責違法行為的決策以及誰參與違法行為的分析上。因此，在公司違法行為的探究過程中，「個人」應是一個極為重要的分析標的。換言之，本研究假設，公司違法行為的真正行為者是個人，個人的犯罪性（criminality）將是公司違法行為的重要因素。在另外一方面，筆者認為公司組織特性及其所面臨的情

境，在公司違法行為的過程中，是扮演違法機會的角色。違法機會，固然可以解釋違法行為發生的可能性，但尚不足以解釋個人犯罪性的形成。接下來我們將針對本研究理論架構中的各主要變項進行說明。

一、公司困境

　　本研究假設，公司困境為公司選擇違法行為時所考量的一項因素，即一種影響犯罪機會形成的變項。許多研究公司犯罪的學者發現，公司違法行為是一種為達成組織目標的行為（Pearce & Tombs, 1998）。一般而言，公司的主要目標就是為股東和經營者追求極大化的利益。因此，一旦當公司達成其主要目標的合法途徑受到限制時，那麼公司採取非法途徑以達成目標便成為可能。以往的研究發現，當公司面臨強大的競爭性、不良的財務狀況、本身的應變能力不佳，以及員工對公司缺乏滿意度、產生疏離感等困境時，公司將極有可能採取違法行為以達成其目標。

　　本研究擬以競爭性、財務狀況、應變能力及員工疏離感等變項作為公司困境的指標變項。

（一）市場競爭性

　　主要包括競爭者的數目、競爭者的能力、市場需求大小、競爭產品同質性的高低、產品價格競爭程度等。

（二）財務狀況

　　主要包括原料價格的穩定性、新台幣匯率的變動、政府融資政策的影響、有無負債、有無退票紀錄及頻率多寡、營業額成長率、獲利成長率等。

（三）應變能力

　　主要包括員工資訊掌握能力、員工專業技術能力、員工財務處理能力、員工社會交際網路、主管管理能力等。

（四）員工向心力

　　主要包括員工對於公司的認同度、員工的配合度、員工的團結性、員工的工作滿意度等。

二、公司組織結構

本研究假設影響公司犯罪機會形成的另一變項為公司的組織結構。基本上，公司的組織結構可由三方面來分析：

（一）複雜性（Complexity）

複雜性與水平、垂直及空間三個向度之分化（differentiation）有關，指公司組織分得很細。分工愈細，上下層級愈多，則複雜性程度愈高，往往也就較難協調人們及其事務。

（二）正式化（Formalization）

亦稱形式化，是指公司組織內使用規則及程序（手續）來引導員工行為的程度。規定和管制愈多，公司組織結構就愈正式化。

（三）集權化（Centralization）

即指決策職權位於階層何處。有些公司的決策權是集於高階層的中央集權；有些公司則較採參與管理的分權模式。

當前述三種結構要素的程度都極高時，就代表一種極端的結構形式，稱為「機械結構」（mechanistic structure），科層組織最接近機械結構。另方面，當此三種結構要素的層度都極低時，代表另一種極端的結構形式，稱為「有機結構」（organic structure）（李茂興譯，1992）。過去犯罪學者的研究亦發現，公司規模愈大、內部單位責任愈模糊、層級式結構愈明顯、組織愈複雜、高度集權及正式化等，公司愈有可能從事違法行為（Blankenship, 1995）。因此，本研究以公司組織的複雜性、正式化及集權化作為公司組織結構的指標變項應是合適的。

三、公司監控機制

本研究假設，公司監控機制為公司選擇違法行為時所考量的另一項因素，即一種影響犯罪機會形成的變項。過去研究發現，有關公司的管制機制（regulating mechanism）亦與公司違法行為有著密切關係（Benson & Cullen, 1998）。根據這些研究發現，本研究以下列三種變項作為公司監控機制的指標變項：

（一）內部管理規範

所謂內部管理規範，是指公司為經營目的及管理員工所訂定的規範。包括規範的有效性、公平性、公正性及執行確定性等。諸如公司的獎懲結構是否較強調獎勵短期的成功而較不注重懲罰長期的失敗；就某些情況，內部規範是否限制員工與政府合作；管理者對於自己訂定決策所造成的傷害是否可以規避責任等。

（二）外部管制規範

所謂外部管制規範，是指政府主管機關所擬定的政策或執行的法令。包括規範是否過於軟弱，法令是否經常更替，法令是否明確，法令是否過於複雜，法令是否難於遵守，執法是否不易等。

（三）社會大眾對於公司犯罪的關切程度

主要包括社會大眾對於公司犯罪的認知程度、關心程度及容忍程度等。

四、犯罪機會

本研究假設公司所面臨的困境、公司組織結構以及公司監控機制將直接影響公司犯罪機會的形成。而犯罪機會的內涵，係指犯罪者感覺到採取違法行為被舉發的可能性很低，同時違法行為後的所得利潤很高。

五、經理人員自我控制

由於經理人員通常是公司重要決策（包括違法活動）的制定者，因此本研究乃以經理人員的自我控制傾向，作為分析與探究的標的。根據Gottredson與Hirschi（1990）的觀點，低自我控制者具有底下的表徵：
(一)「現在」和「此地」的取向。
(二)缺乏「勤奮」、「執著」和「堅毅」。
(三)冒險、好動和力量取向。
(四)不穩定的友誼、工作和交友、婚姻等。
(五)缺乏技術及遠見。
(六)自我取向、忽視他人、對他人意見不具感應性。
(七)挫折容忍力低，常以力量而非溝通解決問題。

(八)追求與犯罪相類似之行為所提供的立即快樂。

因此，低自我控制者除具有某些特定態度外，更有一些特定的行為，諸如抽菸、飲酒、超速駕車、意外事故、遲到早退、與人衝突、被害經驗等（如遭竊、遭誹謗、肉體侵害等）。換言之，除犯罪、偏差行為外，尚包括魯莽行為（reckless behaviors）。因此，本研究擬將經理自我控制分為自我控制態度及自我控制行為兩個構面。

(一)自我控制態度：主要包括堅毅性、挫折容忍性、穩定性、前瞻性、道德感、守法觀念、誠實性等。

(二)自我控制行為：主要包括意外事故、偏差行為、魯莽行為、被害經驗、公司犯罪以外的犯罪行為等。

六、公司犯罪

本研究擬以下列各項作為測量公司犯罪的指標：對於環境管理的重視及參與程度、對於工作場所安全管理的重視及參與程度、對於產品安全管理的重視及參與程度、對於市場公平競爭的重視及參與程度、對於稅務處理的誠信度等。

貳 研究對象與資料蒐集方法

一、研究對象

本章主要目的，乃是以實證的方法來探究公司犯罪的影響因素。由於台灣地區公司企業組織為數眾多，經營能力與企業體質各有不同，不易找出一客觀標準。因此，在一個研究中對各類型公司犯罪同時進行探究，不僅研究困難度高，研究結果可能也較不切實際。職是之故，本研究採個案研究途徑，挑選國內一具代表性之公司犯罪案例進行深入探討，並挑選一無犯罪紀錄、形象優良的公司進行對照比較研究，以期發現公司犯罪的影響因子。

針對國內具代表性的公司犯罪案例而言，本研究挑選近年爆發嚴重傷害的美商RCA公司（Radio Corporation of America，美國無線電公司）。選擇RCA公司作為研究標的的原因如下：

第一，所造成的損害非常嚴重。根據環保署所公布的資料，該廠

區環境在經過一年多的整治後，並無法清除地下水所受到的污染。換言之，RCA所造成的污染是永久污染，無法復原。此外，根據負責協助籌組「RCA污染事件受害者自救會」的環境品質文教基金會表示，透過媒體的報導與刊載，自民國87年6月1日開始，環品會在一個星期內，已接到數百通民眾登記與詢問的電話，經過過濾與統計，疑似RCA污染的受害者已突破百例，包括八位居民、95位離職員工，死亡者有36人，健在者有67人。在當時已發現的100多個疑似病例中，罹患肝癌、肺癌各有九人，淋巴腺癌八人，血癌五人，其他如乳癌、大腸癌、皮膚癌及不知名腫瘤也有許多案例。由於RCA事件不僅已可能造成嚴重的職業傷害，同時更可能已擴及到了附近環境，造成當地居民罹患癌症，以及居民情緒上極大的恐慌，行政院環保署及桃園縣政府均成立專案調查小組。從以上種種現象來看，RCA事件無疑是一件造成嚴重暴力傷害的案例，頗具研究價值。

第二，RCA為公司犯罪累犯。根據美國環保署近期所公布的資料顯示，RCA設於波多黎各（Puerto Rico）生產彩色電視影像管的工廠，也因不當處理生產過程中所產生的廢溶劑，導致當地土壤及地下水受到嚴重污染。在該廠三英里的範圍內，約有1萬2,000名居民，居民的飲用水來源均取自地下水，附近還有畜牧及農業經營。1994年，美國環保署根據其對該廠環境所做的調查指出，該地區的受到污染的土壤及地下水，已對人體健康造成潛在的威脅[1]。此外，根據Sutherland（1983）對於公司犯罪所做的典範研究，RCA公司就曾經有過八次違法紀錄。換言之，RCA公司可能具有某些犯罪特性，這正是本研究所欲探究的面向。

第三，政府主管機關對該事件的調查正持續進行中，在資料蒐集上較方便，資料內容的準確性較高。筆者可以學術研究者的身分參與該調查過程，譬如參加調查會議、參加被害者自救會的討論會、訪談調查小組成員及自救會成員等，有助於資料的蒐集，並增加研究發現的真確度。

基於上述原因的考量，本研究擬選擇RCA事件作為公司犯罪的研究案例。至於無犯罪紀錄的公司（對照組），本研究選擇宏碁電腦公司作為

1　RCA位於波多黎各的廠房占地約有20英畝，1971年設廠，於1986年時被GE（General Electric）併購，GE在1987年4月關閉該廠。根據美國環保署在1994年所做的調查發現，該廠因處理程序不當，大約有100萬加侖的廢溶劑流入地下。資料摘錄自http://www.epa.gov/oerrpage/superf。

研究案例。選擇宏碁電腦公司的理由如下：

第一，宏碁電腦公司與RCA公司產業性質相近。RCA公司以生產電子、電器產品及電視機之電腦選擇器等為主要產品，而宏碁電腦公司主要生產電腦產品（譬如螢幕顯示器），兩個公司都是以電子產品為主要產品，產業性質接近，生產過程中均有廢溶劑的產生，均可能造成環境的污染。

第二，宏碁電腦公司重視環境保護，過去曾取得ISO 14000環境管理系統認證，尚無污染糾紛發生及犯罪紀錄。在天下雜誌1994年所做的調查中，該公司榮登個別產業的「最佳標竿企業」，而該公司領導者施振榮先生更獲得「最受佩服的企業家」的殊榮。另於1996年獲得「國家產品形象獎」，並被「亞洲商業月刊」選為「亞洲10大最受推崇之企業」，為台灣唯一名列其中的企業。

基於前述理由，本研究選擇宏碁電腦公司作為無犯罪紀錄公司的研究案例。並比較兩個公司的內、外在環境特性以及經理人員自我控制傾向等因素，同時透過下列方法來蒐集、分析資料，以發現導致公司犯罪的影響因子。

二、資料蒐集法

本研究係以下列方法蒐集本研究所需要的資料：

（一）文獻探討法

蒐集中、外有關文獻，並加以歸納整理分析以作為本研究的概念架構與理論基礎，並作為擬定研究工具以及控制對策的參考依據。

（二）訪談法

儘管近年來公司犯罪事件層出不窮，日漸受到政府及社會大眾的關切，不過在另一方面，我們也不得不承認仍舊有許多企業一本企業及社會規範，始終保持良好的守法紀錄，而與公司犯罪者絕然不同。守法與違法公司之間的差異，其中必然隱含著一些重要的變項。

中層管理者（middle managers）可能是回答這些及其相關問題的最佳資源。理由是，在實務運作上，中層管理者專責承接與實行來自上層管理者有關採購、設計、製造（建造）及銷售等方面的指示。在大多數公司的

組織結構中，中層管理者可以說是介乎上層管理者與基層領班或監工之間的焦點（focal point）人物。他們很可能知曉甚至目睹公司如何將所遭遇的壓力轉化成為違反倫理及法律的行為。因此，中層管理者對於公司違反倫理以及違反法律之行為所表達的意見，將有助於吾人瞭解有關公司犯罪的內、外在環境因素。基於這樣的考量，本研究針對兩個公司的中層管理人員進行深度訪談，以獲取本研究所需的重要資料。本研究自兩家公司各選擇八名中層管理人員，共計16名，進行深度訪談。

此外，生產線上的基層員工應該對於公司機構的不當或非法行為（如廢棄物的不當處理、瑕疵產品的忽視等）亦可能知曉或親身經歷。因此，本研究除對公司中層管理者進行訪談外，亦從兩家公司各抽選10名生產線上的基層員工，共計20名，對其進行深度訪談。

（三）次級資料蒐集法

次級資料分析，是國外學者研究公司犯罪經常使用的一種方法，如Clinard與Yeager（1980），Wheeler、Mann與Sarat（1988），Benson與Cullen（1998）等都是典型的代表。本研究乃蒐集兩個個案公司的次級資料，其中有關RCA公司，亦詳細蒐集有關該污染事件的官方調查報告，以及有關的政府文件，同時環境品質文教基金會有關該案件的文件與資料也是本研究所蒐集的重要資料。

（四）內容分析法

台灣社會近年來媒體充斥各個角落，媒體從業人員對於報導標的的接近能力往往相當強，因此他們對於RCA事件的報導便具有分析的價值。本研究從主要媒體（聯合報、中國時報及經濟日報等）的有關報導中，剪輯事實資料。經過分類整理及內容分析（content analysis）後，就所得資料，分析RCA內外在環境因素與污染事件之間的關係。

（五）問卷調查法

為廣泛瞭解兩個個案公司組織特性、外在環境以及公司經理人員特性（自我控制能力）的差異，進而分析其與公司犯罪或偏差行為之間的關係，本研究針對兩家個案公司的員工進行問卷調查，每家公司抽選員工300名施予問卷調查。

參　研究樣本

本研究樣本包括訪談樣本及問卷調查樣本，兩種樣本的特性描述如下：

一、訪談樣本

本研究依照原定計畫分別自宏碁及RCA兩家公司各選擇八名中層管理人員進行訪談，宏碁受訪的中層管理人員均為大專或大專以上學歷，平均服務年資為九年，平均年齡為36歲，均為男性。RCA受訪中層管理人員的學歷多為高工或高職，大專學歷僅一名，平均服務年資為十六年，平均年齡為44歲，兩名女性，六名男性。兩公司受訪者所接受的受訪次數均在兩次以上，部分受訪者受訪次數有四至五次之多，每一位受訪者都至少接受一次以上的面對面訪談，面對面訪談平均每次約一小時。此外，還包括電話訪談方式，每次約三十分鐘。由於宏碁受訪主管的協助，本研究還針對三位高層主管（經理級主管）進行面對面的訪談，其中一位經理並向筆者親自介紹宏碁的營運概況，同時還安排廠區參觀，對研究資料的蒐集極有助益。

至於基層員工部分，本研究分別自宏碁及RCA兩家公司各抽選10名員工進行訪談，宏碁受訪員工學歷多為大專或高中，平均服務年資為四年，平均年齡為29歲，四名女性，六名男性。RCA受訪員工學歷多為國中，高中學歷有三位，平均服務年資為十四年，平均年齡為41歲，七名女性，三名男性。每一位受訪者都至少接受一次以上訪談，部分受訪者受訪次數有三至四次之多，訪談方式包括面談及電話訪談，面對面訪談平均每次約一小時，電話訪談每次約三十分鐘。

除上述兩家公司受訪的主管及員工外，本研究基於研究的需要，研究期間還分別向下列人員進行訪談：三名RCA污染事件桃園縣政府專案調查小組成員，包括一名教授（元智大學）、一名衛生局官員、一名縣政府官員；一名「中華民國環境品質文教基金會」成員；兩名「中華民國工作傷害受害人協會」會員；一名在RCA廠區附近世居多年的居民。除中華民國環境品質文教基金會成員係以電話訪談方式進行訪談（共進行四次），其餘人員均以面對面方式進行訪談，面對面訪談時間從二十到五十分鐘不等，電話訪談每次約二十分鐘。

二、問卷調查樣本

　　由於RCA在民國81年間關廠撤離台灣，RCA員工業已解散分居各地，調查母體不易掌握。後因污染嚴重，導致員工及附近居民人體健康遭受威脅甚至傷害，政府主管機關介入處理並蒐集彙整了當初RCA員工的名單與地址。在該機關的協助下，本研究遂根據該份名冊，盡可能顧及母體的代表性，抽選300名員工作為調查樣本，分別寄送調查問卷。至於宏碁電腦公司，在筆者與該公司經理人員經過數次訪談後，獲得允許以及相當重要的協助，使得本研究能夠在宏碁電腦公司各部門的配合下，發出300份問卷。換言之，本研究分別自宏碁及RCA兩公司各抽選300名員工進行問卷調查。最後，回收有效問卷數宏碁有143份（回收率為47.7%），RCA有161份（回收率為53.7%）。

第六節　研究發現

　　台灣美國無線電公司（RCA）原桃園廠於民國59年設立，生產電子、電器產品及電視機之電腦選台器。在民國75年被美國奇異公司（就是GE）併購，到了77年又被法國湯姆笙公司併購，至民國81年關廠撤離台灣，並將廠房及土地售予國內宏億建設等公司，該公司來台經營前後共約二十三年。民國83年由立法委員舉發，揭露該廠土壤及地下水遭受掩埋廢棄物污染。

　　根據環保署、桃園縣環保局等有關機關的調查報告，以及媒體所公開的資料，並複以筆者所蒐集的田野資料，各方資料均顯示，RCA桃園廠在從事生產的過程中，經常都是以傾倒方式來處理有機廢料的。該案被揭發時，由於事關重大，環保署便立即成立了「RCA公司廠址地下水污染調查專案小組」，並函文內政部於污染未清除前暫停該廠址之土地用途變更作業，同時要求RCA及其母公司（奇異、湯姆笙）負起整治與改善責任。後環保署經專案小組之調查分析，以及多次討論與審查，於民國85年8月核定污染清理工作計畫與整治基準，RCA等公司並於民國85年10月依環保署審閱同意之「綜合採樣計畫及整治設計報告」正式執行整治工作，期限至87年6月完成。

　　當時環保署成立專案小組，負責善後處理工作，大致上分為兩部分進行，一是土壤及地下水污染整治，另一部分是健康風險的評估。如果從人道立場來考量，健康風險的評估應該是最優先的考量，其次才應該是污染整治工作。但是當時環保署卻接受RCA等公司的意見，認為案發後當地已經裝設自來水管路，民眾並沒有飲用地下水，所以只要針對污染進行整治即可，不需要做健康風險的評估，當時環保署接受了RCA等公司的意見。因此該等公司並沒有進行健康風險評估，只做土壤和地下水的整治。到了87年5月間，環保署舉行了污染整治的審查會議，整治的結果是土壤部分可以符合政府的標準，但是地下水的部分則無法清除污染。根據83年環保署調查RCA的地下水污染數據，三氯乙烯濃度為930 ppb，與飲用水所能容許的標準5 ppb相比較，高出了好幾百倍；而整治後，有的樣品濃度甚至比原先的濃度還要高。在這次審查會議中，多位國內研究地質的專家均表示，RCA的污染物很難清除。最後RCA等公司的整治建議就是，地下水的污染部分要靠「自然衰減」的方法慢慢減少。換言之，地下水的部分，整治是失敗的。

　　RCA桃園廠在生產的過程中，因為是電子產品，所以會產生電悍、塑膠、油漬等髒東西，去除這些髒東西的最佳清潔劑就是有機熔劑，其中三氯乙烯、四氯乙烯是工業界最常使用的有機熔劑，這兩種溶劑是非常好用的清潔劑，用它們來清除髒東西，一擦就掉，而且立即揮發，不會留下什麼髒東西，極為有效。但是，這兩種有機溶劑對人體不好，會致癌，尤其是肝癌之類的。根據該案專案調查小組一成員（環保專家）表示：

　　　　它們（指三氯乙烯及四氯乙烯等有機溶劑）絕對是好東西，但是一定要經過妥善的處理和回收，要不然是非常危險的。RCA當年就是用這兩種溶劑當作清潔劑，來清除生產過程中的髒東西，但是沒有處理好，應該說是根本沒有處理。聽說他們剛開始是用dumping（傾倒），直接傾倒在場區，後來因為數量愈來愈多，用馬達打到地下去，或是挖洞掩埋，反正幾乎是沒有處理啦！如果這些使用過的有機溶劑要回收，工廠就要花錢買設備，等於增加成本，直接傾倒或打到地下去，省錢又省麻煩。日積月累，這些溶劑漸漸滲透到地下水裡面去，污染地下水。

　　整治工作主要是把廠區污染較嚴重區域的土壤挖起來曝曬，希望藉由曝曬來清除污染物。這個方法或許可以清除土壤中的污染，但是三氯乙烯、四氯乙烯等有機溶劑污染了地下水，曝曬的方法根本無法整治到地下水的部分。理由之一是，這些有機溶劑的比重比水重，它們滲透到地下水之後，跑到地下水底下的爛泥巴裡面，和爛泥巴混在一起，所以整治地下水之上的土壤並無法清除地下水以下的污染。另一個理由是，地下水是會流動的，地下水並不是固定在地下某一區域就不動的，它會流動，所以被污染的地下水在地下流來流去，裡面的污染物當然也會跟著流來流去。專案小組另一成員（地質專家）曾表示：

> 　　這種污染很難清除，有人也就主張乾脆就讓它自然衰竭，問題是自然衰竭必須經過很長一段時間，可能要上百年。我個人認為，RCA這次的污染很難清理。

　　民國83年RCA污染事件被揭發的時候，主要是以環境污染為主，當然當時也曾提及工廠員工及附近居民飲用地下水可能受害的問題，但是當時並沒有明顯的病例，而且環保機關在當時表示，桃園廠址已經關廠沒有使用，他們研判受害範圍不應會擴大。所以，當時的焦點大部分都集中在環境污染上。沒想到事隔三、四年之後，卻爆發人命的問題，而且一個接一個，根據衛生單位的調查結果顯示，在受衛生單位調查的RCA員工當中，大約有22%的比例罹患癌症，若以健康不良、罹患疾病的員工數來計算（含癌症），其所占的比例高達47%。

　　從上述的分析中，可以發現整個案件是從RCA桃園廠還在生產電器產品的時候就已經發生，其所造成的污染傷害一直持續著，只是沒有人注意到，就算有人曾注意，可能遭掩飾或被忽略，當時並沒有出現顯著的病例，直到該公司撤廠後才出現顯著的被害者。顯然，RCA的違法行為是一公司犯罪行為，而且是屬於一種侵害員工及社會大眾的公司暴力行為。底下，本研究將根據所蒐集的質化資料以及經由問卷調查所得的量化資料，並經與控制組——宏碁電腦公司分析比較後，呈現重要的發現。

壹　公司困境變項

　　本研究分別從競爭性、財務狀況、應變能力以及員工的向心力四個方面來分析RCA與宏碁兩公司所遭遇的經營困境。就競爭性而言，質化與量化資料顯示，兩個公司均面臨激烈的競爭環境，若從主觀面來分析，RCA所感受到的競爭壓力，顯然要高於宏碁公司所感受者。

　　就財務狀況而言，RCA來台設廠經營期間，並未有明顯的財務危機，大多數受訪員工均認為公司財務狀況良好。相對地，宏碁過去曾遭遇財務不佳、經營虧損的狀況，但因宏碁選擇正確解決問題的途徑，以致克服財務危機，其員工對公司深具信心，認為公司財務結構足以面對困境。量化資料顯示，兩公司的財務狀況並無明顯差異。

　　而在應變能力方面，RCA產品的品牌較成熟，經營策略較強勢，企業的應變能力良好。反觀宏碁，品牌的成熟度可能未及RCA，經營策略較溫和，但因為過去曾克服經營困境的經驗，而且勞資間建立有強烈的伙伴關係，所以也顯現出良好的應變能力。量化資料分析結果顯示，宏碁的應變能力顯然高於RCA。

　　最後在員工向心力方面，由於受到時空背景因素的影響，當時RCA所提供的廠房設備及營運制度，頗獲員工的讚賞，使得RCA員工對公司深具向心力。而宏碁公司的企業文化強調團隊精神，透過員工認股的方式來建立勞資間的伙伴關係，員工對公司具有強烈的擁有感及認同感，向心力自然也就很強。量化資料顯示，宏碁員工的向心力顯然要高於RCA員工。表8-1所列者，為兩個公司分別在四個變項上平均數的差異情形。

表 8-1　RCA與宏碁在「公司困境」變項上的平均數差異

變　項	RCA	宏　碁	t值
競爭壓力	25.82	24.40	2.77**
財務狀況	29.61	29.58	0.05
應變能力	34.60	36.44	-2.39*
員工向心力	43.52	48.77	-6.81***

註：*表$p<.05$，**表$p<.01$，***表$p<.001$（two-tail test）。
　　平均數愈高，表示競爭壓力愈大，財務狀況愈佳，應變能力愈佳，員工向心力愈強。

貳 公司組織結構

　　本研究分別從複雜性、正式化以及集權化三個方面來分析RCA與宏碁兩公司的結構特性。就複雜性方面，質化與量化資料顯示，兩個公司均因業績良好而導致組織規模日益龐大，RCA較傾向採取短期導向的措施來面對組織膨脹後所產生的複雜問題（如以季節性裁員的方式來處理人力資源的問題），而宏碁則有精心設計的組織變革策略，如組織結構扁平化及授權的策略，宏碁部門間的溝通協調較良好。RCA組織結構的複雜性較宏碁為高。

　　就正式化方面，RCA經常要求員工必須遵守公司所擬定的作業程序，宏碁則賦予員工較自由和寬廣的空間。RCA員工在日常的工作生活中，需要遵守許多規則，公司甚至還會使用繁複程序的方式來壓抑員工的要求。宏碁在管理上經常只有大原則，支微細節的規則不多見，鼓勵員工創新。RCA較強調正式化或形式化的重要性，宏碁則以人性本善為出發點，塑造人盡其才的環境，屬於人性管理的經營模式。RCA組織結構的正式化程度高於宏碁。

　　而在集權化方面，在RCA的組織結構中，決策權較集中，幾乎都集中於中、高階層。而在宏碁的組織結構中，決策權較分散，授權是宏碁主要的企業文化之一。其次，RCA的基層主管與員工參與決策的機會較少，員工參與決策的意願並不高；宏碁各階層員工參與決策的機會較高，參與決策的意願也較高。RCA組織結構的集權化程度高於宏碁。

　　根據複雜性、正式化以及集權化三方面分析的結果，本研究發現RCA的組織較趨於「機械結構」，宏碁的組織則較趨於「有機結構」。當處於變化迅速的外在環境時，通常有機結構的組織較具調適能力。

　　表8-2所列者，為兩個公司分別在三個變項上平均數的差異情形。

表8-2　RCA與宏碁在「公司組織結構」變項上的平均數差異

變　項	RCA	宏　碁	t 值
複雜性	29.01	27.24	2.87**
正式化	18.22	15.49	7.53***
集權化	39.14	31.92	10.26***

註：*表p<.05，**表p<.01，***表p<.001（two-tail test）。
　　平均數愈高，表示組織結構複雜性愈高，正式化愈高，集權化愈高。

參 公司監控機制

　　本研究分別從公司內部管理機制、外部管制以及社會大眾對於公司犯罪的關切度等三方面來分析RCA與宏碁兩公司的監控機制。

　　就內部管理機制方面，本研究發現RCA上下階層所擁有的資訊極不平等，管理人員很容易對基層員工進行操控甚至濫用，員工不易察知自己權益遭受侵害。換言之，RCA的內部管理存在較多的黑暗地帶，管理者不當或非法操縱的可能性較大。宏碁的內部管理則較公開，資訊也較流通，員工較瞭解公司的運作和發展。宏碁的內部管理具有「向上管理」的機制，促使管理者除在追求本身利益外，還必須注重員工的權益，向下與向上管理間，形成一種良性循環。

　　就外部管制方面，RCA早期來台設廠時，為知名跨國企業，頗具政經影響力，政府在考量經濟發展以及受到國際地位不平等的影響下，對RCA未有強烈的管制意願。宏碁因位於新竹科學園區，園區管理局對設廠公司具有完善的管制規範，而且新竹科學園區為國內第一個科學園區，極具示範作用，政府有足夠理由落實管制的執行。超過五成以上的RCA與宏碁受訪員工均認為：政府的管制法令或政策經常更替、不夠明確、缺乏約束效果、過於複雜、企業無法遵守或配合、很難落實，以及使企業負擔不必要的額外成本。

　　就社會大眾對於公司犯罪的關切度方面，RCA經營時的台灣社會，正是從貧窮轉為小康的階段，而宏碁經營時的台灣社會，則是正從小康邁向富庶的時期。RCA桃園廠經營初期，社會大眾對於環保以及勞工安全的問題，並沒有表現出明顯的關切態度。然而隨著台灣經濟快速發展，經濟情況漸佳，民眾對於環境以及工作生活品質等問題愈來愈表關切，但相對地，企業經營成本也隨之增加。民眾的關切態度多屬私利性質，對於他人的類似問題缺乏關切。社會大眾對於公司犯罪的認知與關心程度雖有漸高的趨勢，但對公司犯罪仍具有相當高的容忍度，特別是對那些可能不會發生在自己身上的公司犯罪尤為容忍。

　　表8-3所列者，為兩個公司分別在公司監控機制變項上的平均數差異情形。

表 8-3 RCA與宏碁在「公司監控機制」變項上的平均數差異

變 項	RCA	宏 碁	t 值
內部管理機制	48.91	54.30	-6.78***
外部管制	22.11	22.09	0.03
社會大眾的認知與關心度	12.18	14.22	-4.39***
社會大眾的容忍度	7.49	7.18	1.19

註：*表p < .05，**表p < .01，***表p < .001（two-tail test）。
平均數愈高表示：內部管理機制對公司活動的約束力愈高，外部管制對公司活動的約束力愈高，社會大眾對公司犯罪愈認知與關心，社會大眾對公司犯罪的容忍度愈高。

肆 違法機會

　　根據質化與量化資料分析結果顯示，與RCA比較起來，宏碁內部資訊較為公開，公司涉及違法活動的消息也較易曝光，值得注意的是，宏碁已將環保等觀念納入公司追求永續經營的策略之一。換言之，在宏碁的組織結構中，具有一種潛在的監控力量，無形中對違法活動產生某種程度的抑制作用。除非違法活動能夠提供公司多數成員所接受的價值，否則宏碁必將面臨修改企業文化以及更換公司上層主管的抉擇，這種情況在在都增加了上層主管在擬定違法活動政策的成本。反觀RCA，該公司因為內部層級節制明顯，上層管理者可以輕易掩飾不願讓下層人員知道的訊息，基層員工往往無法得知公司重要事務。RCA這種組織氣氛，無形中降低了管理者違法活動以及導致違法活動之公司政策的曝光度。

　　此外，RCA為早期來台灣投資的美商跨國性公司，擁有充沛的政經影響力，我國政府在態度上具歡迎與配合的傾向，這也讓RCA的違法行為受到政府較多的寬容。事實上，當時政府在管制企業的資源上也未必足夠，管制資源的欠缺，弱化了管制功能的發揮。相對地，宏碁電腦公司的生產廠房設於新竹科學園區，科學園區管理局對於區內廠商建立有較為完善的管制規範，而且園區範圍有限，具有現代化的基礎建設（infrastructure），可說是已經事先預防了廠商違法活動的發生。而在宏碁經營的年代，台灣社會已逐漸趨於富庶，生活品質及勞工權益漸受重視，政府對於企業的管制工作也因此受到了催化，執法活動有增加趨勢。

　　資料分析的結果顯示，當初RCA涉及違法活動，被舉發的風險並不

高，就算被舉發，遭受嚴厲處罰的可能性也很低，而某些違法活動更可以為公司增加利益或減少開支。宏碁所處的情境則有所不同，違法行為的曝光可能性較高，而且違法行為遭舉發後的代價也不輕。顯然，以兩公司所處情境作比較，RCA的違法機會應是較高的。

表8-4所列者，為兩個公司分別在違法機會變項上的平均數差異情形。

表 8-4　RCA與宏碁在「違法機會」變項上的平均數差異

變　項	RCA	宏　碁	t 值
違法行為之風險	14.10	12.80	3.54***
違法行為之價值	18.34	15.48	5.85***

註：*表p<.05，**表p<.01，***表p<.001（two-tail test）。
　　平均數愈高，表示犯罪機會愈高。

伍　經理人員自我控制變項

根據訪談資料，本研究歸納出RCA經理人員具有下列生活經驗：交通意外事故、抽菸和飲酒、與員工發生不愉快的互動、占取別人便宜或好處、賭博、不正常的男女關係、公器私用等行為。此外，RCA經理人員在生活態度上較欠缺：道德感、守法觀念、誠實觀念、前瞻性、公正性等。相對地，宏碁重視永續經營，企業文化強調人性本善，前瞻能力是宏碁遴選主管人員的重要考量之一，思想較近利的成員，不易成為宏碁主管。宏碁主管人員參與戶外及團康活動頻繁，有限度的從事應酬活動，頗遵守個人的工作本分。主管人員與員工互動良好，衝突等不愉快事件也不多見。而宏碁領導人施振榮的生活態度和行為更具有下列的特徵：孝順、誠實、樸實、務實、不抽菸喝酒、注意自己舉止、尊重他人、公正、毅力強、具前瞻性等。

從質化與量化資料均顯示，RCA經理人員的生活行為與態度具有低自我控制的傾向。換言之，RCA的經理人員具有追求眼前慾望滿足而忽視行為長期負面後果的傾向。

表8-5所列者，為兩個公司分別在經理人員自我控制變項上的平均數差異情形。

表 8-5　RCA與宏碁在「經理人員自我控制」變項上的平均數差異

變　項	RCA	宏　碁	t 值
自我控制態度	48.15	56.15	9.66***
自我控制行為	21.15	22.92	3.95***

註：*表p<.05，**表p<.01，***表p<.001（two-tail test）。
平均數愈高，表示愈具自我控制。

陸　公司犯罪影響因素

一、質化資料分析結果

根據質化資料以及相關文獻分析的結果，本研究將RCA違法污染事件的影響因素歸納如下：

（一）美國本土政府管制的擴張

在美國的歷史中，實施管制以及解除管制循環反覆出現。以20世紀為例，聯邦管制擴張的第一個主要時期是發生在改革進步時期（the Progressive era，1900至1914年），當時民粹主義（populism）高漲，促使政府對於造成損害的企業活動以及職業有關活動進行干預以維護公益。

管制擴張的第二個主要時期，是發生在1930年代的「新政」（New Deal）時期。1929年股票市場崩盤及隨後的經濟大蕭條，被認為與金融業者及大型公司因未受管制而發生的濫權行為有關，這可說是此次管制擴張的重要原因。為了要重建社會大眾對於金融業以及證券市場的信心，美國聯邦住宅貸款金融局（Federal Home Loan Bank Board, FHLBB）、聯邦儲蓄保險公司（Federal Deposit Insurance Corporation, FDIC）、證券交易委員會（Security and Exchange Commission, SEC）及國家勞工關係局（National Labor Relations Board, NLRB）等均在這個時期設立。

聯邦管制擴張的第三個主要時期，是發生在物資充裕之60年代及70年代初，該年代被稱為「大社會時代」（Great Society era）。這個時期主要的社會管制，基本上是受到消費者、環保人士及勞工對於企業損害行為的瞭解以及愈來愈強烈之集體抗爭所影響形成的。消費者商品安全委員會（Consumer Product Safety Commission, CPSC）、環保

署（Environmental Protection Agency, EPA）、職業安全與健康管理處
（Occupational Safety and Health Administration, OSHA）以及礦業安全執
行署（Mining Enforcement and Safety Administration）等機關均是在1970
到1973年間所設置的。美國本土的管制擴張，無形中對美國境內企業造
成極大影響，迫使企業必須承擔許多經營成本（Braithwaite & Drahos,
2000）。就環境污染而言，如果無政府管制，由於企業不需負擔污染成
本，渠等通常就不會重視污染問題，而污染管制的擴張，就是藉由將污染
成本加諸於企業生產成本，來達到降低企業污染的目的。顯然，70年代美
國本土管制的擴張，許多企業均面臨控制污染費用高昂，生產利潤削弱的
情況，這種情況也催化了企業前往管制較鬆地區（如第三世界國家）進行
投資經營的意願。

（二）早期我國重經濟發展而輕環境及勞工安全管制措施

　　台灣過去是個發展中國家，當時為擺脫貧窮，長期追求幾乎毫無限制
之經濟發展政策。從社會背景來分析，1960至1970年代，是戰後台灣經
濟發展的黃金時代，政府政策是將台灣農業經濟轉變成工業經濟，當時政
府部門的具體計畫，即是以發展外銷工業、能源工業為主，利用本地的廉
價勞力結合外資設廠，即是最普遍的例子。

　　以美國為主的跨國企業，除了受台灣優厚的勞動力市場及政治安定氣
氛等優厚條件吸引，同時台灣在國際政治上的弱勢，經常淪為跨國企業猶
如次殖民地的俎肉。早期台灣所提供的勞動力供給市場，配合環保法律付
之闕如的利基，無疑成為污染工業的天堂[2]。而政府亦從不諱言以廉價勞
工及順從來作為招攬外資的宣傳口號。因此，對於RCA這種極具規模的
跨國性企業，政府是否能正常發揮管制功能，實令人懷疑。

　　根據質化資料顯示，跨國企業RCA於民國50年代後期來台設廠經
營，其背後夾雜某些政經影響力，復以政府為圖國家經濟發展，對於外資
企業缺乏強烈的管制意願。只要外資企業有助於台灣經濟發展，企業的不
當或非法行為若非明顯或嚴重，政府多採寬容或勸導方式，極少採取嚴厲

2　學者黃錦堂（1994）指出，從1949至1990年，台灣地區環境法的實踐趨於低度管制。在立法
　　方面，過於形式主義、規範密度過低、法體系錯亂、編纂技術缺失與低度要求；在執法方
　　面，低度審查證照、低度取締、低度完成資料調查，重大設廠案或開發案之證照審查體制具
　　有諸多缺失。

管制作為。RCA經營者對廠區環境的安全性，其實握有充分的資訊，其本身的技術及資源應亦足以改善威脅員工健康的危險因子，但由於政府管制執行未落實，員工對廠區安全缺乏瞭解，經營者在只重視本身利益的情況下，並未改善設備及妥善處理廢棄物，而且將有關訊息刻意隱瞞，使得廠區及附近的環境遭受嚴重破壞，員工及鄰近居民因長期飲用受污染的地下水而使健康受到嚴重威脅。

總之，馳名世界的RCA參與了台灣經濟高度成長的年代，自有其功不可沒之處；然而RCA在台的強勢作風以及所造成的污染傷害，亦印證了部分跨國企業以經濟之名，對第三世界行剝削之實，甚至進行公害輸出等案例。

（三）社會大眾對於公司犯罪缺乏認知與關切，且過於重視私利

RCA桃園廠經營初期，當時正值台灣經濟起飛的階段，不僅政府的注意焦點集中在經濟建設，民眾所關心的問題也大多是民生問題。在民國50年代末期及60年代初期時，台灣社會並非富有，平均每人國民生產毛額以及平均每人國民所得仍低，民間消費能力也有限，當時的國民儲蓄毛額不及現在的三十分之一。儘管是在民國60與70年代，經濟發展受重視的程度遠超過環境保護以及勞工安全衛生受重視的程度。政府與社會大眾的關切焦點，幾乎還是集中在經濟建設與發展，環境保護及勞工安全衛生方面的問題較不受重視，社會大眾對此問題也較不熟悉。質化資料顯示，社會大眾對於環保以及工作環境的問題，早期並沒有表現出明顯的關切態度，不過隨著台灣經濟快速發展，民眾經濟情況漸佳，已從過去求溫飽到目前日益重視生活品質，民眾對於環境以及工作生活品質等問題已愈來愈表關切，也逐漸增加企業經營的成本。不過，值得注意的是，民眾的關切態度多屬私利性質，只要不發生在自己身上即不重要的心態頗為普遍。換言之，民眾雖然對於自己居住與日常活動的環境以及自己的工作生活品質等問題愈來愈表示關切，但對於他人的類似問題則缺乏關切，顯然民眾對於企業不當或非法的行為，仍具有相當程度的容忍。

（四）公司機械式的組織結構有助於違法活動的發生

RCA來台設廠經營初期，台灣土地及勞工成本低廉，勞工又非常勤奮、工作努力，配合性高，再加上政府提供RCA許多優遇，使得該公司

經營頗為順利，接獲大批訂單。該公司的生產規模不斷擴張、增設生產線，因而造成組織結構日趨複雜，廠區及部門單位愈來愈多，上下層級也隨之增加。質化資料顯示，RCA來台設廠並未決定長期在台經營，而是根據成本利潤分析結果來決定繼續經營與否，在組織日益龐大的同時，管理人員並未採取適當策略（如將組織扁平化、授權等）來面對相繼產生的複雜問題，以致講究形式主義、集權式管理的組織氣氛逐漸形成。

在機械式的組織中，權力較集中，資訊流通較不順暢，基層主管與員工參與決策的機會較少，主管在做決策前，比較不重視員工的想法。此外，管理人員為追求效率，經常以標準而細分化的工作來提高生產力，本質上是一種極為非人性化的管理模式，以今日勞工所追求的勞動條件評估，該公司所提供的可以說是一個空洞、孤立的工作空間。遑論，控制員工的手腕尚包含季節性的裁員措施。

RCA的組織結構，容易讓主管人員隱藏某些訊息，以致下層員工在資訊不對稱的情況下受到侵害。

（五）公司內部管理缺乏自我管制

RCA雖原為美商公司，但在內部管理方面並非完全的美式做法，除剛開始設廠經營時，美式經營的氣氛較濃厚外，在公司營運逐漸正常之後，高層美籍主管也逐漸將管理權交與本地籍的主管來運作，尤其是在民國70年代以後（RCA來台經營中期以後），RCA員工所看到的似乎都是本地籍的主管。本地籍的主管為了在美籍主管面前顯現其管理能力，往往是在加重員工工作負擔的情況下，達成甚至超越上級所交代的任務。由於早期台灣經濟情況並不如現今，資訊也不是十分發達，員工大多吃苦耐勞，頗能配合主管嚴格甚至接近無理的要求，台籍主管也愈來愈受高層主管的信任，權力也愈來愈大。

RCA有許多實際的管理運作，不一定都是訴諸文字或見於規範的。上層（外籍）主管所關切的乃是產量及降低成本，中層主管握有實際的管理權，在滿足上層主管需求的前提下，中、下層主管難免涉及一些密不可宣的不當作為。嚴格的管理措施可能只是當中較輕微的不當作為，較嚴重的，可能是主管人員本身涉及非法或教唆部屬從事非法活動。由於上下階層之間的資訊不平等，使得管理人員很容易對基層員工進行操控甚至濫用，員工不易察知自己權益遭受侵害。而RCA內部管理規範不僅不鼓勵

員工私下與外界團體（如環保團體、消費者保護團體、勞工權益保護團體等）接觸，更不鼓勵員工私下與政府官員（如環保、工業安全、勞工事務等主管機關的官員）接觸。總之，RCA員工的管理雖嚴，但管理人員卻缺乏適當的監控，整個公司的營運潛藏許多不為眾人所知的黑暗處，在這種情況下，公司犯罪的機會便可能相對地提高。

（六）公司經理人員具有低自我控制的傾向

從受訪者（包括RCA的主管及非主管人員）對RCA經理人員的描述中，可以歸納出RCA經理人員具有下列生活經驗：交通意外事故、抽菸和飲酒、與員工發生不愉快的互動、占取別人便宜或好處、賭博、不正常的男女關係、公器私用等行為。此外，RCA經理人員在生活態度上較欠缺：道德感、守法觀念、誠實觀念、前瞻性、公正性等。顯然，根據RCA員工所做的陳述來分析，RCA經理人員的生活行為與態度均具有低自我控制的傾向。換言之，RCA的經理人員具有追求眼前慾望滿足而忽視行為長期負面後果的傾向。

（七）違法機會與公司違法行為的發生關係密切

質化資料顯示，RCA因為內部層級節制明顯，上層管理者可以輕易掩飾不願讓下層人員知道的訊息，基層員工往往無法得知公司重要事務。RCA這種組織氣氛，無形中降低了管理者違法活動以及導致違法活動之公司政策的曝光度。此外，RCA為早期來台灣投資的美商跨國性公司，擁有充沛的政經影響力，我國政府在態度上具歡迎與配合的傾向，這也讓RCA的違法行為受到政府較多的寬容。最後，政府在管制企業的資源上也未必足夠，管制資源的欠缺，弱化了管制功能的發揮。很明顯的，當初RCA從事違法活動，被舉發的風險並不高，就算被舉發，遭受嚴厲處罰的可能性也很低（往往是主管機關來函要求改善），而某些違法活動更可以為公司增加利益或減少開支，因此，當時的情境是頗利於RCA從事違法活動的。

二、量化資料分析結果（以下的符號的數字為下標）

接下來本研究將採用線性結構關係模式（LISREL）的統計方法來分析自、依變項之間的關係。圖8-2是本研究的理論整體架構，包括各

可測量變項與隱性變項之因果關係圖。首先，我們假設市場上的競爭性（x_1）、公司財務狀況（x_2）、公司應變能力（x_3）以及員工向心力（x_4）可以代表第一個隱性變項——公司困境（ξ_1）；而組織複雜性（x_5）、組織正式化（x_6）以及組織集權化（x_7）可以代表第二個隱性變項——公司組織結構（ξ_2）；第三個隱性變項——公司監控機制（ξ_3），則分別由自我管制（x_8）、政府管制（x_9）、民眾關切（x_{10}）及民眾容忍（x_{11}）來表示；第四個隱性變項——經理人員自我控制（ξ_4），則分別由自我控制態度（x_{12}）及自我控制行為（x_{13}）來表示。至於依變項違法機會（η_1）則分別以違法行為的風險性（y_1）以及利潤程度（y_2）代表之；而公司偏差行為（η_2）則以自陳偏差行為量表測得值（y_3）為其指標。測量誤差估計值分別為x_1的δ_1、x_2的δ_2、x_3的δ_3、x_4的δ_4、x_5的δ_5、x_6的δ_6、x_7的δ_7、x_8的δ_8、x_9的δ_9、x_{10}的δ_{10}、x_{11}的δ_{11}、x_{12}的δ_{12}、x_{13}的δ_{13}，以及y_1的ε_1、y_2的ε_2、y_3的ε_3。

在設定各變項之因果關係時，我們假設公司困境、公司組織結構及公司監控機制會對違法機會產生影響。γ_{11}是公司困境對違法機會的影響效果，γ_{12}是公司組織結構對違法機會的影響效果，γ_{13}是公司監控機制對違法機會的影響效果。我們假設公司所遭遇的情境愈困難、公司組織結構愈趨於機械式結構、公司愈欠缺監控機制，違法行為的機會就愈高。因此，γ_{11}與γ_{12}應為正向之估計值，而γ_{13}應為負向估計值。此外，我們也假設違法行為的機會與經理人員的自我控制之間存有互動關係，其估計值以φ_{41}代表之。另一方面，違法機會與經理人員的自我控制在互動的關係下，而影響公司偏差行為的發生。γ_{24}為經理人員自我控制對公司偏差行為的影響，我們假設經理人員的自我控制愈高，公司偏差行為愈少，故γ_{24}應為負向估計值。而β_{21}則代表依變項違法行為機會（η_1）對另一依變項公司偏差行為（η_2）的影響效果；我們假設違法機會愈高，公司偏差行為愈多，因此β_{21}應為正向估計值。有關本研究的理論因果關係模型圖，請參閱圖8-2。為期發現及比較正常組與觸法組公司偏差行為原因模式間的異同，接下來，我們將分別針對兩組的資料進行分析。

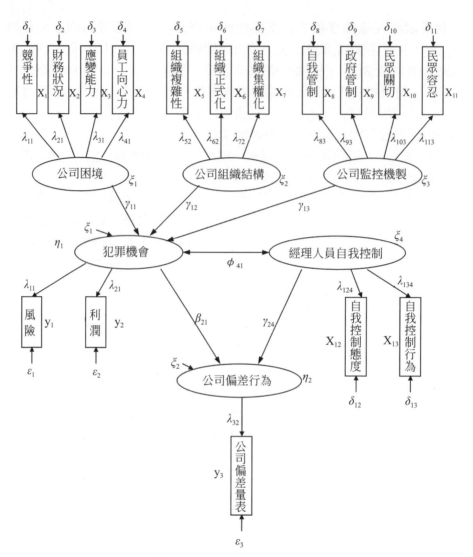

圖8-2 理論因果關係模型圖

（一）正常組公司偏差行為原因模式

　　首先，本研究先分析正常組（宏碁）公司困境、公司組織結構、公司監控機制、違法機會、經理人員自我控制以及公司偏差行為等潛在變項之間的因果關係。圖8-3則是本研究正常組的理論線性結構模型分析結

果，模型中有六項隱性變數，分別為公司困境、公司組織結構、公司監控機制、違法機會、經理人員自我控制以及公司偏差行為。在六項隱性變數下，共有16項可觀察變數，他們與隱性變數之間的關係如圖8-3。

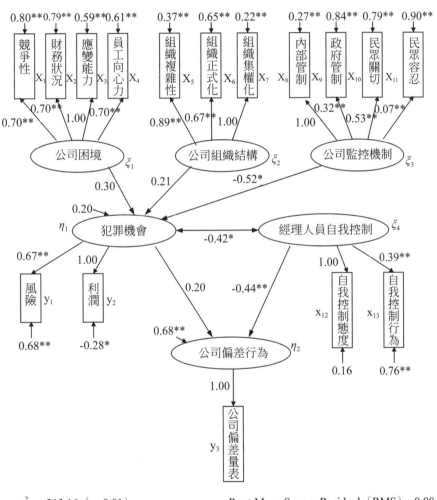

$x^2_{(93)}$=213.16（p<0.01）　　　　　Root Mean Square Residual（RMS）=0.08
Goodness of Fit Index（GFI）=0.82　　Critical N（CN）=81.23
*one-tail test　p<0.05　　　　　　　**one-tail test　p<0.01

圖8-3　正常組之線性結構初步分析結果

　　第一項隱性變數公司困境（ξ_1）的觀察變數分別是競爭性（x_1）、財務狀況（x_2）、應變能力（x_3）以及員工向心力（x_4）等四項共同組成。筆者設定應變能力為1，是測量固定值，相對此一測量值而言，競爭性的（x_1）的測量值（λ_{11}）為0.70，在單尾檢定（one-tail test）的統計上達到0.01的顯著水準，表示此觀察變數可以有效的代表隱性變數公司困境（ξ_1）。而其他兩項觀察變數的測量值，財務狀況的測量值（λ_{21}）為0.72，員工向心力的測量值（λ_{41}）為0.87，在統計上均達到0.01的顯著水準。換言之，若在固定公司應變能力的情況下，公司所面臨的競爭壓力、本身的財務狀況以及公司員工的向心力可以相當程度的代表公司困境的嚴重程度。

　　同樣的邏輯可以適用於第二項隱性變數公司組織結構（ξ_2）。設定為測量固定值1的觀察變數是組織集權化（x_7），組織複雜性的測量值（λ_{52}）為0.89，組織正式化的測量值（λ_{62}）為0.67，亦達統計顯著水準0.01。也就是說，若在固定公司組織集權化的情況下，公司組織複雜性以及組織正式化可以相當程度的代表公司組織結構的情形。至於第三項隱性變數公司監控機制（ξ_3）則是以公司自我管制、政府管制、民眾關切以及民眾容忍等四項觀察變數來測量，在固定公司自我管制的情況下，政府管制與民眾關切可以有效代表公司監控機制的情形（$\lambda_{93} = 0.32$、$\lambda_{103} = 0.67$，$p < 0.01$），但民眾容忍的測量值（λ_{113}）為0.07，未達統計上的顯著性，表示民眾容忍並不是公司監控機制的有效測量變數，因此，當模型需要修飾時，民眾容忍此一可觀察變數將可考量刪除。第四項隱性變數經理人員自我控制（ξ_4）有兩項可觀察變數，分別是經理人員的自我控制態度（x_{12}）及自我控制行為（x_{13}），筆者設定自我控制態度為1，是測量固定值，相對此一測量值而言，自我控制行為的測量值（λ_{134}）為0.39，達統計上的顯著性（$p < 0.01$），表示此觀察變數可以有效的代表隱性變數經理人員自我控制。

　　第五項隱性變數，也是研究架構中的第一個依變數，違法機會（η_1）包含兩項可觀察變數，分別是違法行為的風險（y_1）以及違法行為的利潤（y_2）。在固定利潤的測量值後，風險的測量值亦達統計顯著水準（$p < 0.01$），表示可代表隱性變數違法機會。在研究架構中同屬依變數的第六項隱性變數公司偏差行為（η_2），係以單獨的偏差行為量表所測得的指標（y_3）作為其觀察變數，本研究將λ_{32}定為1。

接著討論各個隱性變數之間的因果關係，首先，公司困境與違法機會的$\gamma_{11} = 0.30$，表示在其他影響違法機會的條件不變時，公司所遭遇的困境愈嚴重，違法機會愈高，但是這項係數未達統計之顯著水準（p > 0.05），因此無法近一步作有效的推估。公司組織結構與違法機會的$\gamma_{12} = 0.21$，表示在其他影響違法機會的條件不變時，公司的組織結構愈趨於機械性，違法機會愈高，但是這項係數亦未達統計之顯著水準（p > 0.05），因此無法近一步有效的推估。而公司監控機制與違法機會的γ_{13} = -0.52，表示公司所受到的監控愈強，違法機會就愈低，而且這項係數達統計上的顯著水準（p < 0.01）。根據理論模型，違法機會與經理人員自我控制之間存有互動關係（對公司偏差行為而言，違法機會為自變數），其估計值為-0.42，達統計上的顯著水準（p < 0.01），表示違法機會與經理人員自我控制之間存有負向的互動關係。而違法機會與公司偏差行為的β_{21} = 0.20，表示在其他影響公司偏差行為的條件不變時，違法機會愈高，公司偏差行為愈多，但是這項係數亦未達統計之顯著水準（p > 0.05），因此無法近一步作有效的推估。最後，經理人員自我控制與公司偏差行為的γ_{24} = -0.44，達統計上的顯著水準（p < 0.01），這項係數表示一相當重要的現象，即經理人員的自我控制愈高，公司偏差行為愈少。由於γ_{11}、γ_{12}以及β_{21}等關係路徑未達統計顯著水準，因此當模型需要修飾時，此等關係路徑可為調整的標的。

在資料與模型的符合程度方面，可從若干指標綜合來判斷，首先檢視x^2值，發現$x^2_{(93)} = 213.16$，達統計上的顯著水準（p < 0.01），顯示本模型可能並非是最適當的架構，但因x^2值極易受到樣本數大小的影響（通常，如果樣本數愈大，x^2值愈大，因此就愈易達顯著水準，故尚需考量其他指標來判斷符合度），所以學者建議參考其他較不受樣本影響的指標（Kerlinger, 1986; Bollen, 1989; Bollen & Long, 1992），如GFI及下列所採用者。接著檢視符合度係數（Goodness of Fit Index, GFI），發現模型的GFI = 0.82，學者通常建議GFI必須達0.8～0.9以上（Bentler, 1989; Byrne, 1989），換言之，資料與模型的符合程度尚可。此外，Kerlinger（1986）則建議採用RMS（Root Mean Squared Residual）值來判斷資料與模型的符合程度，並指出當RMS小於0.1則表示資料與模型的符合度高（RMS值愈小，表示誤差愈小，符合度愈高），而本模型的RMS值等於0.08，顯示資料與模型具有高的符合程度。另一方面，Hoelter（1983）則

建議採用Critical N（CN）值來判對符合度，Hoelter認為當CN值大於200則表示資料與模型的符合度高，而本模型的CN值為81.23，顯示資料與模型的符合度並不高。綜合多數學者所建議採用的判斷指標來看，本模型雖具有可接受性，但是否是最適當的架構，則需要與其他相關（修正）模型作比較。經調整有關模型並比較各有關符合度判斷指標，最適當因果關係模型如圖8-4，其各項符合度指標為最佳，$x^2_{(11)} = 10.64$（$p = 0.47$），Goodness of Fit Index（GFI）$= 0.96$，Root Mean Square Residual（RMS）$= 0.038$，Critical N（CN）$= 212.25$。

　　從圖8-4線性結構分析的結果中，可以發現各可觀察變數與相關隱性變數間的λ值均達統計上的顯著水準，因此這些觀察變數是可以有效地來代表其隱性變數。其次再從各隱性變數之間的因果關係來看，公司監控機制對違法機會有負面影響，而公司監控機制的主要內涵是自我管制及政府管制。經理人員的自我控制與違法機會具有負向的互動關係，我們可以解釋為愈具自我控制的經理人員愈不會尋求或製造違法機會，或某些情境不會被具高自我控制的經理人員看做是違法機會。而經理人員的自我控制愈低，公司偏差行為愈多。換言之，在正常組的線性結構模型中，當公司內部的自我管制不良，缺乏適當的政府管制時，將使公司的監控機制失靈，形成違法的機會，如果公司的經理人員又缺乏足夠的自我控制，那麼公司偏差行為甚至公司犯罪的發生便成為可能。

（二）觸法組公司偏差行為原因模式

　　前面分析完正常組的資料後，接下來本研究將針對觸法組的資料進行分析。首先依照圖8-2之理論因果關係模型以LISREL統計法計算觸法組資料，計算結果得$x^2_{(93)} = 237.28$（$p < 0.01$），Goodness of Fit Index（GFI）$= 0.74$，Root Mean Square Residual（RMS）$= 0.094$，Critical N（CN）$= 48.21$，如圖8-5，顯示本研究所蒐集的觸法組資料，圖8-2的理論模型可能並不是最適當的代表架構，因此有必要對理論模型做調整。

　　經調整模型及比較各符合度指標，結果顯示圖8-6的各項符合度指標為最佳，$x^2_{(2)} = 4.47$（$p = 0.11$），Goodness of Fit Index（GFI）$= 0.93$，Root Mean Square Residual（RMS）$= 0.035$，Critical N（CN）$= 218.85$。從圖8-6線性結構分析的結果中，可以發現公司監控機制對違法機會有負面影響，同時也對公司偏差行為有負面影響，而公司監控機制的主要內涵

是自我管制,而違法機會的主要內涵則是違法活動的利潤價值。經理人員的自我控制與違法機會具有負向的互動關係,我們可以解釋為愈具自我控制的經理人員愈不會尋求或製造違法機會,或某些情境不會被具高自我控制的經理人員看做是違法機會。違法機會對公司偏差行為亦產生負面影響。而經理人員的自我控制愈低,公司偏差行為愈多。

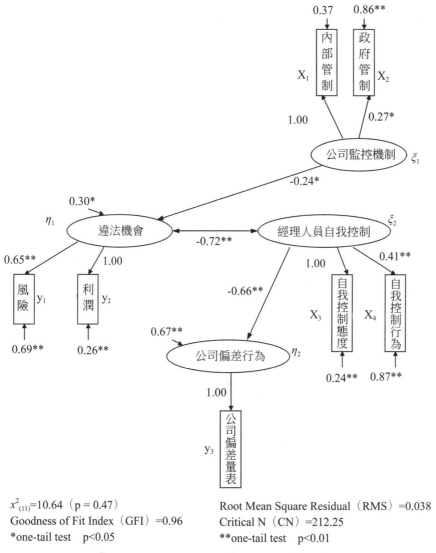

$x^2_{(11)}$=10.64(p = 0.47)
Goodness of Fit Index(GFI)=0.96
*one-tail test   p<0.05

Root Mean Square Residual(RMS)=0.038
Critical N(CN)=212.25
**one-tail test   p<0.01

圖8-4 正常組修正後最適當的因果關係模型圖

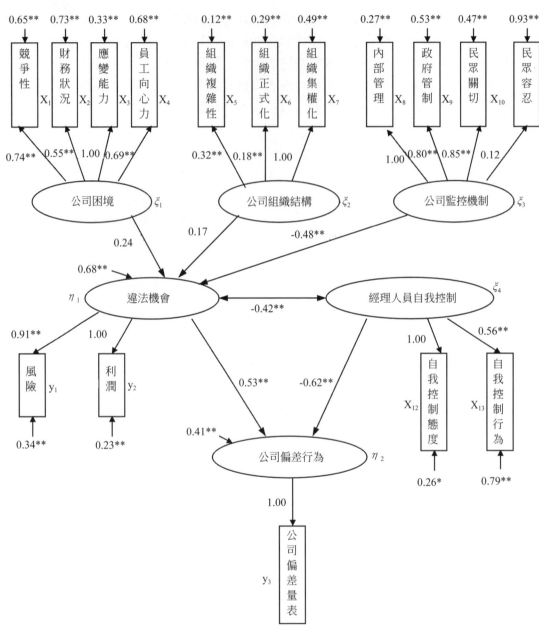

圖 8-5 觸法組之線性結構初步分析結果

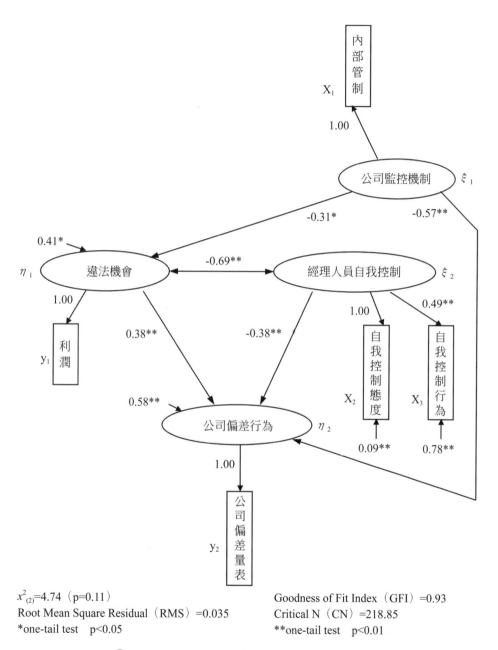

$x^2_{(2)}$=4.74（p=0.11）

Root Mean Square Residual（RMS）=0.035

*one-tail test　p<0.05

Goodness of Fit Index（GFI）=0.93

Critical N（CN）=218.85

**one-tail test　p<0.01

圖8-6　觸法組修正後最適當的因果關係模型圖

綜合各路徑的關係，我們可以將觸法組線性結構模型解釋為：公司監控機制、違法機會以及經理人員的自我控制均能直接影響公司偏差行為的形成。在觸法組經營的年代，政府管制以及民眾對公司違法活動的關切度薄弱，公司的監控機制主要是靠本身的自我管制，薄弱的外部監控也讓違法活動被舉發或遭受處罰的風險降低，而使違法活動的利潤價值成為違法機會的主要內涵。由於缺乏足夠的外部監控機制，再加上違法遭舉發或處罰的風險偏低，一旦公司缺乏自我管制或違法活動利潤高，就非常容易導致公司偏差或犯罪行為的發生。此外，公司經理人員的自我控制仍是影響公司偏差或犯罪行為發生的重要因素，低自我控制的經理人員較會與違法機會產生互動而引發公司偏差或犯罪行為的發生。

第七節　結　語

壹　歸納研究發現

根據質化資料以及相關文獻分析的結果，本研究將RCA違法污染事件的影響因素歸納如下：
一、美國本土政府管制的擴張。
二、早期我國重經濟發展而輕環境及勞工安全管制措施。
三、社會大眾對於公司犯罪缺乏認知與關切，且過於重視私利。
四、公司機械式的組織結構有助於違法活動的發生。
五、公司內部管理缺乏自我管制。
六、公司經理人員具有低自我控制的傾向。
七、違法機會的出現有助於違法活動的發生。

根據量化資料分析的結果，公司犯罪的影響因素及重要研究發現歸納如下：
一、公司監控機制、違法機會、經理人員自我控制等隱性變數是影響公司偏差行為的主要變數。
二、經理人員的自我控制變項與違法機會變項之間存有負向的互動關係（達統計上的顯著性），而經理人員的自我控制對公司偏差行為有負向影響（達統計上的顯著性）。換言之，在低自我控制經理人員與高

違法機會的互動下，容易導致公司偏差行為的發生。

三、由於觸法組公司（RCA）經營的年代較早，當時政府對於企業活動的管制政策較不完善，而且強調經濟發展的意識型態極為濃厚，因此政府對企業的管制措施較為寬容，違法企業遭受舉發和嚴厲處罰的風險較低。當時監控公司活動的機制主要靠公司本身的自我管制，而違法行為的利潤價值往往就成為違法機會的主要指標。一旦自我管制不良或失靈，便可能直接造成公司偏差行為的發生。

四、正常組公司（宏碁）成立時間較晚，而且目前仍繼續經營中，現今政府對於企業活動的管制措施比以往較完善，管制執行的質與量均有提升。因此，除自我管制外，政府管制亦成為公司監控機制的指標，同時違法行為被舉發的風險也成為違法機會的測量變項。值得注意的是，社會大眾仍舊未對公司偏差和違法行為表現出適度的關切。

貳　安全治理的建議

在公司犯罪相關法律的問題方面，本研究發現，法律本身就是複雜力量交錯影響下的產物，法律並無法完全涵蓋複雜的公司犯罪行為。立法部門雖享有自主權，但無可否認的，立法部門對於利益團體的關切事務提供了相當程度的回應。雖然企業界無法指示立法部門如何去立法，但它們絕對會就其利益有關的立法進行影響，甚至操縱。而在執法方面，本研究也發現管制機關在政治環境中的脆弱面。管制機關在執行管制時經常採取非正式的處理途徑，並將小型或弱勢企業作為主要的執行標的，以致降低了管制政策整體的威嚇效能。由於企業界掌握吾人社會中的就業機會、威望、影響經濟發展等重大資源，使得管制政策的擬定與執行，成為一種具高度智慧且政治意味濃厚的挑戰。然而另一方面，公司犯罪對吾人社會所可能造成的損害極為嚴重（危及人身安全、經濟安定及道德價值觀等），實突顯了有效控制策略的重要性與必要性。為兼顧管制執行的效率與效果，並期預防管制機關腐化現象的發生，本研究認為控制策略的內涵應包含下列三方面：

一、設法減少（如果不能完全去除的話）從事公司犯罪的動機。

二、設法改變助長公司犯罪發生的不良企業文化。

三、設法減少提供公司犯罪機會的條件。

有關的具體控制策略，本研究建議如下：

一、提升社會大眾對公司犯罪的認知與關切。公司犯罪的嚴重後果若愈能被廣泛的瞭解，那麼公司犯罪的回應措施就可能愈有效。

二、慎思企業倫理議題。某些觀察人士希望，未來能夠有更多的公司採用「具有優良道德觀的企業便是好企業」的觀點。但本研究認為該觀點可能過於樂觀，雖然某些內部環境支持倫理觀的企業，或許可以因為員工士氣與忠誠度的提升而獲得某些正面效益，但因此就相信企業會自動接受道德層次較高的倫理規範，可能是一種過於素樸的想法。

三、善用獎勵方式。獎勵措施一般具有下列優點：可以增加企業選擇的自由度；可以帶動優良行為的學習風氣；可以喚起非營利機構（如民間環保組織）的合作與協助；具有相當高的正當性，同時也不會被覺得遙不可及；以及有助於組織中集體榮耀的形成等。

四、洞察懲罰性作為的限制。刑法並非是主要針對公司犯罪的法律，管制法（regulatory law）與傳統刑法不同，管制法的目的並不是為了要處罰某人或某機構，而是在於確保受管制者（如企業）守法，以及輔導和說服不配合守法的受管制者。此外，對企業及其高層主管使用刑事制裁可能會形成一種敵對的氣氛，這將會損害企業與政府之間的善意關係。事實上，某種程度的善意關係是法律體系中所必須具備的一個前提要件，尤其在管制法的領域中更是格外的重要，因為許多企業違法行為（及不當行為）並非是執法機關所能發現的，同時也並非是管制法都能涵蓋的。

五、洞察合作性作為的限制。合作模式的倡導者強調，自我管制是非常重要的，因為政府並無法擁有足夠的資源以及專業技能對所有企業以及其他身居合法職業之白領人士的活動進行管制或執法。然而，許多公司犯罪卻是在公司高層人士的教唆或鼓舞下而發生的，顯然這些高層人員並不會鼓勵針對該公司犯罪的調查行動。此外，內部管制人員並不是直接為公司創造利潤的人員，通常在公司結構中的地位並不高。而且，內部管制人員畢竟還是公司的員工，因此幫公司排除麻煩，往往還是會優先於保護消費者及客戶的考量。顯然，企業界具有相當程度的影響力左右管制機關實施合作型管制模式。

六、社會結構的變革。根據民主社會主義（democratic socialism）之一般原則所建構的社會，較可能形成真正的社區意識，以及減低自私和掠

奪性的行為。在此制度下，大型私人企業從事剝削及損害行為的機會將降低；機構及個人的能量，也較能夠被引導在合作性以及生產性的活動上。本研究認為，對於公司犯罪問題之結構性以及長期性的回應策略，必須要能夠緩和社會大眾的信心危機，並且能夠建立一個具正當性、值得尊敬與遵從的制度和體系。

七、實施整合性的控制策略。本研究認為，「綜合說服手段及懲罰手段的策略」應是可行性及有效性較高的策略。在實際的運作上，從發動最不具強制性的控制措施開始，然後逐漸增加強管制措施，一直到所需要的程度。執法順序分為勸導（說服）、警告函、損害賠償／罰鍰、刑罰、停止營業（吊扣執照）、解散或勒令歇業（撤銷執照）等。與其對應的管制策略則包括：自我管制、強制性的自我管制、附帶酌情性處罰的命令管制、以及附帶非酌情性處罰的命令管制等。為了避免執法機關腐化的現象，只要執法機關對任何違法事件啟動了這套行動方案，各個步驟必須要環環相扣，不能停止或變更，直到問題被解決為止。

八、實施三方策略（tripartism）。除了執法機關採取綜合說服手段及懲罰手段的策略外，本研究認為導入非政府組織（如公益團體）共同參與管制過程的「三方策略」（即包括政府執法機關、接受管制的企業及民間公益團體等三方）將有助於管制目的之達成。此策略把原本屬於政府執法機關的一部分權力轉移至非政府組織，這將有助於排解「誰來監控監控者」的難題，此策略亦有利於建立一種促進彼此信任以及提供守法誘因的文化。為確保政策充分發揮其有效性，在實務運作上，需對管制執行人員提供實質性的訓練、擬定更理想的獎勵結構、以及提供適當預算經費等措施的配合。在另一方面，為使檢察官及法官能夠對公司犯罪者進行有效的追訴與審判，也需讓檢察官及法官擁有較多的選擇權與資源，並提升公司犯罪在所有案件中的處理順序。

由於企業經營模式已超過國界，因此國際性的公司犯罪控制策略也愈顯重要。值得注意的是，當吾人生活在21世紀全球化社會的同時，電腦與通訊業的快速發展與進步，無法避免的將會為公司犯罪創造更多以及更新的機會，而且促使公司犯罪向世界各個角落蔓延，形成所謂的「跨國犯罪」（transnational crime）。可以預見的，公司犯罪有效控制策略的擬

定，在未來勢必將更具挑戰。因此，公司犯罪的國際性控制對策以及電腦、網際網路與公司犯罪等議題，應是未來有關公司犯罪研究的重要焦點。

第九章　企業被害分析

第一節　前言

　　在國內的刑事司法學術領域裡，有關被害者的系統性研究向來不多，這些偶見的文獻主要以個人被害（individual victim）及家戶被害（household victim）為研究標的。由於被害研究的缺乏，使得警察機關對於被害者的特性、被害者與犯罪者之間的關係及被害情境等議題存有相當程度的不解，也讓犯罪防治對策的擬定仍有欠周延之處。

　　觀察國內近年治安環境，犯罪不僅在數量及犯罪模式上有變化，犯罪侵害的標的亦有變化，「企業」成為犯罪被害者的案件日益頻傳。根據內政部警政署近幾年公布的警政白皮書顯示，企業被害案件逐年增多，且案件類型多樣化，兼具暴力及財產性犯罪，例如擄人勒索、恐嚇取財、侵占、竊盜、侵犯著作權、詐欺、毀損等。若從犯罪者的身分來分析，這些犯罪案件包括企業內部人員及外部人員所從事的犯罪。官方資料顯示，被害企業往往擔憂犯罪事件有損企業形象，以致報案率不高。換言之，企業犯罪被害的實際數量及規模極可能超過官方資料所記載。而日益嚴重的企業被害事件，無形中提高了企業的犯罪被害恐懼感，也影響了企業投資意願與社會經濟發展。

　　這種針對企業所進行的犯罪，其所造成的後果往往比一般犯罪來的嚴重，且讓我們看看底下的案例。發生在台中地區的毒蠻牛千面人案，涉案的王姓犯罪人明知氰化物是劇毒，竟為貪圖私利（計畫向保力達公司勒索33萬美元），在多處商家放置毒飲料，導致保力達公司被迫將市場上的相關商品立即下架與銷毀，造成該公司商譽及財務重大損失。此外，該事件還讓多名無辜民眾因飲用有毒飲料後導致死傷，引起社會極大的恐慌。

　　刑事警察局於曾經偵破的胡姓歹徒網路盜領集團，該集團利用網路銀行及電話語音系統的破綻，侵入多家網路銀行，破解取得其中企業客戶密碼及帳號，再轉設置自己的人頭帳戶及家中電話，使企業將款項匯進人頭帳戶後再進行盜領，已查出總計有上百家國內前500大企業及14家銀行受害，詐騙金額高達數百萬元。警察機關發現，此類盜領方式係利用網路結

合電話語音系統，騙取金額均比傳統自動提款機盜領快速且金額龐大，不但被害者渾然不知，即使發現時也已逾數週，且無留下明顯線索，造成追查困難。

國內知名糕餅店玉珍齋及彰化地區多家販售業於日前陸續接到恐嚇信件與電話，歹徒聲稱對企業經營人相當熟悉，若不花錢消災並於指定日期前將100萬元匯到指定帳戶，否則就會前往企業經營處丟汽油彈、燒房子或不利其家人，信中還附了三顆子彈。多家受恐嚇企業為避風頭，已暫時歇業或增設保全設施。

由於台灣地區的國際貿易活動頻繁，企業的犯罪被害事件也經常跨越國界或數地區。譬如，美商英特爾公司（Intel Corporation）曾將五萬餘個、總價超過1,000萬美元的筆記型電腦中央處理器外銷到英國，當該貨物抵達倫敦機場時，英特爾公司人員前往接貨，發現整批零件早已不翼而飛，疑遭到國際竊盜集團竊取。國際刑警組織在接獲報案後，也通知我國刑事警察局。刑事警察局日前發現，英特爾公司失竊的5萬餘顆零件由一名巴基斯坦人透過掮客將部分零件兜售給台灣某企業人士，之後轉售給日本廠商，獲取數百萬元差價利潤。另一案例是國內檢調機關查獲一起海峽兩岸「高科技間諜」案，檢察機關發現大陸上海「凱登科技」公司涉嫌以重金勾結台灣上市公司「揚智科技」研發主任孫某，侵入公司資料庫將揚智的USB 2.0版的設計圖資料燒錄光碟，在轉交大陸買主。該事件導致揚智損失研發成本約美金1,000餘萬元，合法授權費用約美金200元萬元，損失相當龐大。以上案例蒐集自中時電子報及聯合電子報。

國外研究發現，這種針對企業所進行的犯罪，由於盛行率及重複被害率甚高，其所造成的後果往往比一般犯罪來的嚴重。例如，美國就有學者估計，企業因犯罪所造成的直接經濟損失大約是國民總生產額（GNP）的1%，其結果導致消費物品價格上漲約10%至15%（Coleman, 1998）。英國的「商業被害調查」（Commercial Victimization Survey）亦顯示，如果計算平均每件犯罪所造成的損失，企業被害的損失要高於民眾家宅被害的損失。犯罪給英格蘭及威爾斯當地的製造業造成每年約2.75億英鎊的損失，給販售業造成約7.8億英鎊的損失。另外，英國販售業協會（British Retail Consortium）曾針對販售業的犯罪被害進行調查，並讓販售業者估計因顧客及員工竊盜所造成的損失，儘管業者可能並無直接目擊或發現這些案件，調查結果發現販售業因犯罪所蒙受的損失高達21.49億英鎊，相

當於英國販售業獲利額的21%（Speed et al., 1995）。

值得注意的是，企業被害的龐大經濟損失與重複被害關係密切。例如，英國另於2002年所進行的商業被害調查發現，58%接受調查的販售業表示在過去一年曾遭受六次以上的竊盜，37%曾遭受六次以上的詐欺，35%曾遭受六次以上的恐嚇，20%曾遭受六次以上的毀損（vandalism），17%曾遭受六次以上的強盜。製造業的重複被害率雖較低，但依然明顯，25%接受調查的販售業表示在過去一年曾遭受六次以上的竊盜，11%曾遭受六次以上的詐欺，18%曾遭受六次以上的恐嚇，14%曾遭受六次以上的毀損，1%曾遭受六次以上的強盜。此外，該調查尚發現企業遭受重複被害的犯罪類型經常是多重的，53%接受調查的販售業曾遭受兩種以上犯罪類型的侵害，23%的販售業甚至曾遭受四種以上犯罪類型的侵害。而製造業也有遭受多種犯罪侵害的情形，27%接受調查的製造業曾遭受兩種以上犯罪類型的侵害，8%的製造業曾遭受四種以上犯罪類型的侵害。而重複被害極可能影響企業的商譽及財務狀況，企業甚至因此裁員、遷移、減少生產或倒閉（Taylor, 2004）。

從上述觀之，犯罪對企業所造成的危害，並非單純的企業經營問題，更是社會治安問題，甚至損及經濟與金融秩序。惟國內有關犯罪學的研究，以企業為標的的研究並不多，若論及企業，經常將焦點集中在企業所從事的犯罪活動上，也就是以企業作為犯罪主體來進行研究（林山田、林東茂、林燦璋，2007）。企業與犯罪有關的其他面向，例如企業遭犯罪侵害的性質、範圍、類型及原因等議題，過去的本土研究則較少著墨。長久以來，可供國內企業運用的犯罪預防知識甚為有限，針對企業實施之犯罪預防方案的效能，至今仍缺乏系統性的科學驗證。顯然，針對企業之犯罪被害現況、影響及防治對策的研究，實具重要性和急迫性。本研究的目的，即是以實證途徑探討企業被害現象的性質以及被害企業與執法機關間的互動關係。

第二節　文獻探討

針對企業的犯罪被害議題，雖然國內相關文獻甚為缺乏，但國外學界已有相當豐富的研究發現，其中對企業被害具重要描述功能的發現，本文

臚列如下。

壹 企業被害的一般量化數據

第一，研究顯示，企業比家宅具有更高的犯罪被害風險。以英國進行的「商業被害調查」（Commercial Victimization Survey, CVS）為例，販售業賣場和製造業廠房遭竊的機率比一般家宅高6倍，是每100個車主汽車被竊機率的4倍，其設備或物品遭破壞的機率是一般毀損犯罪的兩倍（Mirrlees-Black & Ross, 1995）。

第二，企業犯罪被害事件數量龐大。CVS的資料顯示，由販售業顧客在賣場所發現的竊盜案件每年約有580萬件，大約等同於英格蘭及威爾斯警方所登錄的報案數量。根據英國販售業協會（British Retail Consortium, BRC）的評估，若包含沒有目擊證人的案件也計算在內，那麼案件總數約有1,600百萬件（Speed et al., 1995）。

第三，研究發現，企業犯罪被害案件具有集中趨勢。CVS資料指出，3%的販售業者經歷了販售業犯罪被害總數的59%案件，而製造業的犯罪被害案件中有63%集中發生在8%的製造業者（Mirrlees-Black & Ross, 1995）。與一般街頭犯罪被害相較，以英格蘭及威爾斯為例，4%的被害人大約解釋了44%犯罪被害案件，企業犯罪被害案件的集中幅度要比一般街頭犯罪被害來的大。

第四，官方的犯罪紀錄系統並未將侵害企業的犯罪予以區分，官方犯罪統計亦未顯示企業的被害風險相關數據。儘管刑事司法機構已投入相當資源改善犯罪分析制度及設施，但仍無法從紀錄資料中洞察被害企業的特徵或相關條件。基於此因，警察機關無法獲取企業犯罪被害的準確資料，當然也就無法計算出企業的被害風險。顯見，調查研究工作有其必要性。

第五，許多企業已將犯罪視為一項嚴重問題。CVS資料顯示，44%的販售業受訪者以及36%的製造業受訪者認為犯罪是一項有些嚴重或嚴重的問題（Mirrlees-Black & Ross, 1995）。總之，與其他傳統問題相較，如停車及青少年遊蕩等問題，企業對犯罪問題表現出較高的關切。

第六，犯罪對企業造成極大的損失。CVS資料顯示，計算平均每件犯罪所造成的損失，企業被害的損失要高於家宅被害的損失。犯罪給英格蘭及威爾斯當地的製造業造成每年約2.75億英鎊的損失，給販售業造成7.8

億英鎊的損失。這兩個數字已經相當大，而英國販售業協會（BRC）的調查結果發現販售業因犯罪所蒙受的損失高達21.49億英鎊，相當於英國販售業獲利額的21%（Speed et al., 1995）。CVS與BRC兩項調查的差異，在於BRC調查中包含讓販售業者估計因顧客及員工竊盜所造成的損失，儘管業者可能並無直接目擊或發現這些案件。

第七，企業已在犯罪預防投資相當資源。CVS的資料顯示，每一販售業者平均每年在保全設施的運作上要支付1,040英鎊，製造業者則是2,070英鎊，若以總數計算，製造業者要花費2.6億英鎊，製造業者要花費1.8億英鎊（Mirrlees-Black & Ross, 1995）。

第八，與一般街頭犯罪被害者相較，有些企業可能因為某些因素而向警方提供了較高比例的犯罪報案。這可能與企業為獲取保險理賠有關，報案成為被害企業向保險公司申請理賠的要件。CVS的資料推估，41%的家宅被害者向警方報案，被害製造業中卻約有60%的比例向警方報案。販售業的報案比例較低，約為26%，原因是業者對顧客竊盜的報案率很低所致。

第九，有相當比例的被害企業對警方表現出不滿意的態度。CVS的資料顯示，24%的受訪販售業者及25%的受訪製造業者對警方處理犯罪問題的方式感到不滿意（Braga, 2002; Mirrlees-Black & Ross, 1995）。

貳　企業與犯罪重複被害

英國內政部過去曾針對企業進行過兩次大規模的商業被害調查，第一次在1994年，另一次在2002年。以第一次為例，計有1,259家製造業和1,666家販售接受調查。就製造業部分，調查結果發現約有三分之二的樣本表示他們在最近一年曾經遭受犯罪的侵害。24%接受調查的製造業曾遭侵入性竊盜（burgled），18%接受調查的製造業表示曾遭未遂性的侵入竊盜（attempted burglary），25%接受調查的製造業表示其所擁有或租借車輛內的財物曾經遭竊，18%接受調查的製造業曾遭詐欺，16%接受調查的製造業表其廠區、設備、物品及車輛曾遭破壞，2%接受調查的製造業曾遭索賄或恐嚇，1%接受調查的製造業曾遭強盜或搶劫（Mirrlees-Black & Ross, 1995）。研究人員發現少數的製造業遭受大量的犯罪被害（即重複被害），該調查顯示8%接受調查的製造業經歷了被害案件總數的63%，

其中有26%的侵入性竊盜犯罪是集中在2%的調查樣本上。另外，51%有
關汽車上物品遭竊的案件是集中在3%的調查樣本上。

另就販售業部分，調查結果發現約有80%的樣本表示他們在最近一年
曾經遭受犯罪的侵害。24%接受調查的販售業曾遭侵入性竊盜，22%接受
調查的販售業表示曾遭未遂性的侵入竊盜，23%接受調查的販售業表示其
所擁有或租借車輛內的財物曾經遭竊，47%接受調查的販售業表示曾被顧
客偷竊財物，22%接受調查的販售業曾遭詐欺，2%接受調查的販售業曾
遭索賄或恐嚇，4%接受調查的販售業曾遭強盜或搶劫。同樣地，研究人
員也發現少數的販售業遭受大量的犯罪被害（即重複被害），該調查顯示
3%接受調查的販售業經歷了被害案件總數的59%，其中有25%的侵入性
竊盜犯罪是集中在2%的調查樣本上。另外，58%有關汽車上物品遭竊的
案件是集中在2%的調查樣本上（Mirrlees-Black & Ross, 1995）。販售業
被害的情形比製造業更為嚴重，而且重複被害的情形也比較顯著（大量被
害事件集中在少數販售業的情形很顯著），研究人員認為販售業因為較頻
繁與消費者（顧客）接觸，以致被害風險較大。

2002年所進行的第二次調查，依然發現有明顯的重複被害現象。顯
見，少數企業不斷遭受犯罪侵害，有相當大量的犯罪被害事件是發生在少
數的企業身上。換言之，若能探究出企業重複遭受犯罪侵害的原因，就有
可能適時辨識出這些少數企業，引入犯罪預防措施與資源，將可降低相當
數量的犯罪事件，減少企業損失。

另有研究顯示，前次被害是未來被害的重要預測指標，曾有被害
經驗者，較無被害經驗者，其被害風險較高，家宅及企業竊盜亦復如此
（D'Addario, 2001; Farrell et al., 2002）。Spelman與Eck（1989）以美
國為研究場景，他們發現10%的被害者涉及了40%的被害事件。Farrell
（1995）曾針對國際間有關重複被害的研究文獻進行分析，他發現整體
被害者中大約有2%至3%是被害最頻繁的被害者，這些被害者大約解釋了
25%至33%的被害事件。顯見，重複被害並非是隨機發生的事件。

有關重複被害的研究發現提供執法機關預測犯罪在何時、何地發
生的重要訊息，同時也有助於犯罪偵查工作的進行。Anderson與Pease
（1997）從與犯罪者的深度訪談中發現，針對相同被害者所進行的重複
竊盜事件具有相當程度的理性及市場導向（rational and market-driven），
對犯罪者而言，再次選擇先前的被害者下手風險較低，因為地域熟悉，尤

其是逃離現場的路線；犯罪者也可能認為被害者購置（或保險理賠）新物品以替代先前被竊的舊物品，而新物品的價值要比舊物品高；犯罪者還可能在前次犯案後，從市場上探知原先現場殘留物品的價值，發覺還有值得偷竊的物品。換言之，重複被害有可能是犯罪者理性選擇的一種結果，犯罪者「洞察」到侵害原先被害者的可能優勢，或是「學習」到原先被害者的弱點，而不斷利用這些優勢或弱點。此外，Anderson和Pease尚發現，先前被害現場的實質改變（在感覺上，有實質性的改變），能夠降低相同犯罪者再次侵害的機率。

參　企業員工與企業被害

　　員工竊盜或侵占企業的財物，也是一種常見的企業被害類型。Rosoff、Pontell與Tillman（2004）對員工竊盜（employee theft）所下的定義經常被引用，他們將員工竊盜定義為：「員工於其職業活動過程中，在未經許可的情況下（unauthorized），拿取、控制或轉讓工作機構的財物」。最常見的例子就是商店的收銀員未向前來消費的親友收費，以及剪（收）票員收了票但未撕票或繳回，之後再轉賣給他人或自己留用（即所謂的吃票）。比較嚴重的情況就是員工集體有系統且長期性地侵占組織機構的財物，這種情況經常是當中有人擔任機構中的重要職務。

　　研究資料顯示，雖然其他類型犯罪對企業所造成的傷害可能比員工竊盜來得嚴重，但員工竊盜行為的發生率，卻是非常頻繁的（Baker & Westin, 1997; Tilley, 1993）。有許多員工竊盜的行為並不容易被發現，即使被發現，企業經理人也不一定會向執法機關報案。在盤點時所發現的存貨量短少，員工竊盜多半為其主因之一。企業或雇主被其員工所竊取財物的價值，往往超過於外人偷竊（如消費者的偷竊）或強盜、搶劫所造成的損失（Friedrichs, 2004; Hollinger & Dabney, 1998）。

　　員工竊盜所造成的影響可能還會導致員工薪資或福利的減縮、組織中瀰漫不信任的氣氛、甚至企業的經營失敗。一項針對員工竊盜所進行的大規模研究發現，大約有三分之一受調查的員工（服務於零售、製造及服務業）承認他們曾經偷竊過公司的財物；另外，更有約三分之二的受調查員工表示自己曾有不實使用病假權利，以及不實填寫簽到、簽退表等不當行為（Clark & Hollinger, 1983；孟維德，2008）。還有一些自陳式的調查

研究顯示，75%至92%的工作者會利用一些技巧性的違法方式來增補自己的合法收入，其中有相當高的比例與員工竊盜有關（Coleman, 1998）。

並非所有侵害企業的員工犯罪僅有偷竊一種型式，員工的破壞活動（sabotage）也是一種主要的員工犯罪。根據Hodson與Sullivan的考證，英文「sabotage」一字可以追溯到15世紀的荷蘭，當時有些不滿資方的員工將自己所穿的木製鞋子（稱為sabot）丟進紡織機的木頭齒輪裡，破壞齒輪（Hodson & Sullivan, 2000）。員工可能為了掩飾自己的錯誤、為了獲得休息或加薪、或是為了表達對雇主或工作不滿與憤怒等因素，而從事破壞行為。當員工感到嚴重的疏離感或相信自己遭受不公平的剝削或虐待，此時員工較會採取嚴重的破懷行動。

此外，竊取觀念、設計、程式及其他商業機密等，也是一種愈來愈嚴重的員工犯罪問題。以長期的影響來看，員工從事此種竊取商業機密的行為（譬如被競爭者所獲取），其對企業所造成的損失可能遠超過員工直接竊取企業財物的損失。此種竊取行為的原因，可能是因為員工對企業經理人深具不滿或敵意，也可能是競爭者的威脅利誘，這種行為已經成為當代資訊社會中一個愈來愈嚴重的問題（Friedrichs, 2004）。

由美國國家司法研究所（National Institute of Justice）所贊助的一個針對員工竊盜的研究發現，在職業活動過程中從事偷竊的員工大多數為年紀輕（16～25歲）、男性及未婚（Calrk & Hollinger, 1983）。根據另一項研究指出，急於想要離開工作的員工有較高的可能進行偷竊（Boye, 2001）。然而，這些個人的特性與工作場所的情境及結構因素（situational and structural factors）比較起來，便顯得不是十分的重要；通常，員工不僅可以感受到這些情境及結構因素的存在，更會對這些因素做出一些回應。

由Horning對美國中西部一家大型電子工廠所屬88位員工所進行的一項著名研究發現，員工有非常強烈的傾向去分辨什麼是：公司財物、個人財物、以及所有權不明的財物。在他們的觀念裡，「公司財物」主要指的是：基本的、大型的組件及工具（如變壓器及電鑽等），這些財物受到高度的監控。「所有權不明的財物」主要是指：小型的、價值不高的、消耗性的組件和工具，諸如釘子、燈泡、廢鐵、鉗子及鑽頭等。而所謂「個人財物」是指：有標示姓名的衣服、皮夾、首飾、經過個人修正或設定過的工具等。而像遺失的金錢、或錯放位置且未標示姓名的衣物等物

品，原本可能是個人財物，員工將其認為是屬於所有權不明的財物。並不令人感到驚訝的，員工最可能竊取的東西是所有權不明的財物，該研究發現超過90%的員工表示他們曾經竊取過此類的財物；而大多數的員工（約有80%）感覺偷竊公司的財物是錯誤的；對於偷竊個人財物的行為，受調查的員工一致表示譴責，99%的員工認為偷竊個人財物的行為很少發生（Horning, 2002）。根據Horning的研究發現，員工是否偷竊？這個問題的答案可能無法以「是與不是」這麼簡單的方式來回答，反而可能與財物的型式有著密切的關係。

肆 相關研究文獻——小結

根據上述文獻，可以清楚發現企業被害案件數量龐大，企業遭受犯罪侵害的風險甚高，企業被害風險比家宅及汽車要高出若干倍。國外經驗顯示，企業因犯罪被害而蒙受極大的損失，企業已逐漸將犯罪視為與市場、資本、獲利、成本、企業形象等類似重要的問題，進而在犯罪預防措施上投入相當資源。由於企業是一理性實體，對於刑事司法機關處理其犯罪被害事件極具敏感，一方面關切刑事司法機關的處理效能及專業性，另一方面也擔憂企業形象或聲譽是否因刑事司法機介入處理其被害而受損，以致對刑事司法機關處理企業被害事件的方式，表現出相當程度的不滿意。相關文獻也揭示，企業被害的龐大經濟損失與重複被害之間關係密切。部分企業不斷遭受犯罪侵害，有相當大量的犯罪被害事件是發生在少數的企業身上。此外，企業被害與員工犯罪意有關，機會的、情境的及個人的因素三者間的複雜互動關係，對企業被害事件的發生具有顯著的影響作用。

筆者從蒐集及分析文獻的過程中發現，閱讀典型或傳統的犯罪學文獻，很難瞭解吾人社會是一個主要由私人企業構成的經濟體。雖然，偶有研究把企業當作犯罪主體，但主流的犯罪學文獻很少將企業列為犯罪目標來討論，或將企業作為犯罪場所來研究（孟維德，2008）。類似的情況，傳統的企業管理文獻也很少將犯罪視為需要嚴正解決的企業問題。從文獻探討的經驗中，筆者似乎感覺只有在犯罪學及企業管理領域的邊緣地帶，才免強發現企業犯罪預防和安全管理等議題。然而，這些重要議題的揭示以及有關人員過去在這方面的耕耘，並未將其轉化為犯罪學及企業管理兩個領域中的核心，或把犯罪學與企業管理兩個領域予以適當連結。從

學術發展的層面觀察，填補這兩個領域間的空隙以及整合過去零散的做法，都是有其必要的。

第三節　研究設計與實施

壹　研究樣本

　　本研究的目的，係以實證途徑探討企業被害現象的性質以及被害企業與執法機關間的互動關係。由於台灣地區企業組織為數眾多，經營能力與企業體質各有不同，因此欲在一個研究中對各種類型企業的被害問題同時進行探究，不僅研究困難度高，研究結果也可能較不切實際。考量近年來台灣地區許多犯罪事件與販售業有關，國外研究也指出販售業遭受犯罪侵害的數量甚多、損害嚴重，與其他企業相較，販售業也比較容易為民眾及執法機關接觸，研究可行性較高。在評估研究可行性及研究資源之後，本研究乃選擇販售業中規模較大、分布廣泛的零售式量販店（以下簡稱量販店）、百貨公司及購物中心為研究標的。

　　有關樣本的建構，筆者先向經濟部及各縣市政府的工商管理部門查詢，繼而透過網際網路搜尋「量販店」、「百貨公司」及「購物中心」，經由此途徑供蒐集到112家量販店（如家樂福量販店等）、118家百貨公司（如遠東百貨公司等）及12家購物中心（如台北市美麗華購物中心等），共計242家販售業，並建立各家地址、聯絡電話等資料檔。由於企業與執法機關的互動關係亦為本研究所欲探究的議題，故筆者在完成建構企業樣本資料檔後，接著向各縣市警察局查詢各家販售業所在地的派出（分駐）所，共計有165個派出（分駐）所，進一步也建立這些派出（分駐）所的地址、聯絡電話等資料檔。換言之，本研究的樣本分兩部分，一是販售業，共有242家，另一是轄區內有量販店、百貨公司或購物中心的派出（分駐）所，共有165所，如表9-1。

表 **9-1**　研究樣本

研究標的		數量	
販售業	量販店	112家	合計242家
	百貨公司	118家	
	購物中心	12家	
執法單位	轄區內有量販店、百貨公司或購物中心的派出（分駐）所	165所	

貳　資料蒐集方法

　　筆者於研究初期廣泛蒐集中外有關文獻，包括理論與實證研究，加以歸納整理以作為本研究的概念基礎，並作為擬定研究工具內容的參考。為達研究目的，筆者尚採用下列方法蒐集研究所需資料。

一、媒體資料的內容分析

　　本研究在探討完相關研究文獻後，繼而針對販售業被害有關的媒體報導進行系統分析，試圖從社會溝通中發現販售業被害現象的基本型式和結構。由於媒體充斥現代社會各個角落，因此它們對企業被害的報導，具有分析價值。筆者針對研究當時最近一年報導於中國時報、聯合報及自由時報的新聞（中國時報及聯合報均已建構妥善備查的電子檔，可直接上網查詢，自由時報尚未建構，需至總報社查詢），剪輯販售業被害案件資料，歸納整理案情，選擇重要案件進行追蹤，進而分析企業被害及企業預防犯罪有關議題的發展脈絡。由於國內尚缺乏系統性的企業被害研究文獻，媒體資料分析有助於增進筆者對研究議題的敏感度。

二、訪　談

　　為能進一步瞭解販售業的犯罪被害問題以及販售業與執法機關的互動關係，以期順利編擬後續實施問卷調查所需要的量表，筆者分別前往台北市及桃園縣進行訪談。訪談對象為量販店、百貨公司及購物中心的安全管理部門經理人員，以及轄區內有上述販售業的派出（分駐）所所長，共計訪談16名受訪者。受訪對象及人數，詳如表9-2。訪談內容包括商家在最近六個月內有無發生犯罪事件、被害類型、犯罪人身分、案件數量、損失

金額、是否報案、是否偵破、商家與派出（分駐）所的互動、商家安全管理的改善建議等。

表 9-2　訪談對象及人數

訪談地區	訪談對象	訪談人數
台北市	2家百貨公司安全主管：2名 2家購物中心安全主管：2名 1家量販店安全主管：1名 轄內有百貨公司的派出所所長：1名 轄內有購物中心的派出所所長：1名 轄內有量販店的派出所所長：1名	8名
桃園縣	2家百貨公司安全主管：2名 1家購物中心安全主管：1名 2家量販店安全主管：2名 轄內有百貨公司的派出所所長：1名 轄內有購物中心的派出所所長：1名 轄內有量販店的派出所所長：1名	8名
合　計		16名

三、問卷調查

為廣泛瞭解企業被害現象以及企業與執法機關的互動情形，本研究乃參考前述各途徑所蒐集之相關資料編擬量表，進行企業被害問卷調查。調查樣本為242家販售業的安全管理部門經理人員（每一家抽選一名安全管理部門經理人員接受訪查，共計242名）以及165所當地派出（分駐）所的所長或副所長（每一所抽選一名接受訪查，共計165名）。調查範疇如下：

(一)企業被害概況：最近六個月有無被害、犯罪人身分、數量最多的被害案件、被害案件數、被害風險感受、企業處理犯罪被害的習慣模式等。

(二)報案與受理情形：被害企業受否報案、不報案的原因、警察是否受理、警察的反應時間、是否破案、被害企業對警察處理情形的滿意度等。

(三)企業與警察機關的互動情形：警察是否主動機處企業、企業是否主動接觸警察、警察有無提供企業有關犯罪預防的諮詢服務等。

(四)企業的安全管理品質：企業盤損原因、盤損損失估計、安全管理措施
　　的成效、安全管理人員的素質、企業對附近社區秩序的影響、安全管
　　理的改善建議等。
(五)企業基本資料：開幕經營時間、員工數、賣場面積、停車場可停放汽
　　機車數、每月平均營業額等。

　　有關問卷調查的進行方式，本研究係透過「中央警察大學警政民意調
查中心」實施電話訪問調查。調查分兩階段進行，第一階段的調查對象為
企業安全管理部門的經理人員，共計242名，共計成功完成215名訪查，
27名拒訪，成功訪查率為88.84%。第二階段的調查對象為轄內有量販
店、百貨公司或購物中心的派出（分駐）所所長或副所長，共計165名，
全數成功完成訪查。

第四節　研究發現

壹　樣本背景分析

　　在215家受訪的販售業（百貨公司、量販店及購物中心）中，有9家
（占4.2%）的開幕時間是在一年以內，20家（占9.3%）的經營時間是在
一至三年以內，33家（占15.3%）的經營時間是在三至五年以內，69家
（占32.1%）的經營時間是在三至五年以內，另有81家（占37.7%）經營
超過十年，有3家（占1.4%）未表明意見。員工數（此處指的是受訪者
所服務的百貨公司、量販店或購物中心，並非整個連鎖企業）100人以下
有76家（占35.3%），101～200人有35家（占16.3%），201～300人有51
家（占23.7%），301～400人有20家（占9.3%），401～500人有7家（占
3.3%），501人以上有21家（占9.8%），有5家（占2.3%）未表明意見。

　　有關賣場面積大小，1千坪以下有65家（30.2%），1～2千坪以下有
23家（10.7%），2～3千坪以下有29家（13.5%），3～4千坪以下有23家
（10.7%），4千坪以上有65家（30.2%），有10家（4.7%）未表明意見。
另外，有關販售業附設停車場及附近約可停放汽車數量，表示可停放200
輛以下者有71家（33.0%），可停放201～400輛有33家（15.3%），可停

放401～600輛有46家（21.4%），可停放601～800輛有14家（6.5%），可停放801～1,000輛10家（4.7%），可停放1,000輛以上有20家（9.3%），有21家（9.8%）未表明意見。販售業附設停車場及附近約可停放機車數量，表示可停放200輛以下者有81家（37.7%），可停放201～400輛有45家（20.9%），可停放401～600輛有31家（14.4%），可停放601～800輛有6家（2.8%），可停放801～1,000輛有5家（2.3%），可停放1,000輛以上有25家（11.6%），有22家（10.2%）未表明意見。

有關平均每月營業額，有84家（39.1%）表示在5千萬元以內，36家（16.7%）表示在5千萬元～1億元以內，13家（6.0%）表示在1億元～1億5千萬元以內，6家（2.8%）表示在1億5千萬元～2億元以內，21家（9.8%）表示在2億元以上，另有55家（25.6%）未表明意見。有關215家受訪業者的背景資料，詳如表9-3。

在接受調查的165個派出（分駐）所中，有122名（73.9%）受訪者的職稱是派出（分駐）所所長，43名（26.1%）是派出（分駐）所副所長。教育程度為警察專科學校學歷者有38名（23.1%），警察大學專修科學歷者有21名（12.7%），警察大學二技學歷者有34名（20.6%），警察大學警佐班學歷者有28人（17.0%），警察大學大學部學歷者有42名（25.5%），研究所以上（含研究所）者有1名（0.6%），另有1名（0.6%）未表示意見。

有關受訪者的從警年資，五年以下有3名（1.8%），六至十年有22名（13.3%），十一至十五年有54名（32.7%），十六至二十年有36名（21.8%），二十一年以上有50名（30.3%）。擔任目前職位的年資，一年以下有45名（27.3%），一至二年有77名（46.7%），二至三年有22名（13.3%），三年以上有20名（12.1%），另有1名（0.6%）未表示意見。有關受訪警察的資料，詳如表9-4。

表 **9-3** 販售業樣本背景分析

變　項	次數（百分比）	變　項	次數（百分比）
開幕經營時間		附設停車場及賣場附近可停汽車數	
1年以內	9（4.2%）	200輛以下	71（33.0%）
1～3年以內	20（9.3%）	201～400輛	33（15.3%）
3～5年以內	33（15.3%）	401～600輛	46（21.4%）
5～10年以內	69（32.1%）	601～800輛	14（6.5%）
10年以上	81（37.7%）	801～1,000輛	10（4.7%）
未答	3（1.4%）	1,000輛以上	20（9.3%）
員工數		未答	21（9.8%）
100人以下	76（35.3%）	附設停車場及賣場附近可停機車數	
101～200人	35（16.3%）	200輛以下	81（37.7%）
201～300人	51（23.7%）	201～400輛	45（20.9%）
301～400人	20（9.3%）	401～600輛	31（14.4%）
401～500人	7（3.3%）	601～800輛	6（2.8%）
501人以上	21（9.8%）	801～1,000輛	5（2.3%）
未答	5（2.3%）	1,000輛以上	25（11.6%）
賣場面積		未答	22（10.2%）
1千坪以下	65（30.2%）	每月營業額	
1～2千坪以下	23（10.7%）	5千萬元以內	84（39.1%）
2～3千坪以下	29（13.5%）	5千萬元～1億元以內	36（16.7%）
3～4千坪以下	23（10.7%）	1億元～1億5千萬元以內	13（6.0%）
4千坪以上	65（30.2%）	1億5千萬元～2億元以內	6（2.8%）
未答	10（4.7%）	2億元以上	21（9.8%）
		未答	55（25.6%）

表 9-4　派出（分駐）所受訪樣本背景分析

變　項	次數（百分比）	變　項	次數（百分比）
職稱		從警年資	
派出（分駐）所長	122（73.9%）	5年以下	3（1.8%）
派出（分駐）副所長	43（26.1%）	6～10年	22（13.3%）
教育程度		11～15年	54（32.7%）
警專警員班	27（16.4%）	16～20年	36（21.8%）
警專專科班	11（6.7%）	21年以上	50（30.3%）
警大專修科	21（12.7%）	擔任目前職位的年資	
警大二技班	34（20.6%）	1年以下	45（27.3%）
警大警佐班	28（17.0%）	1～2年	77（46.7%）
警大大學部	42（25.5%）	2～3年	22（13.3%）
研究所以上	1（0.6%）	1年以下	45（27.3%）
未答	1（0.6%）	1～2年	77（46.7%）
		2～3年	22（13.3%）
		3年以上	20（12.1%）
		未答	1（0.6%）

貳　業者犯罪被害概況分析

　　根據表9-5的資料顯示，有關業者被害概況四個變項中與樣本組別之間有顯著關聯的變項有「最近六個月，賣場內及所屬停車場（含附近停車場）有無發生犯罪」、「何種犯罪的類型最多」及「數量最多的犯罪其每月平均發生數」，而樣本組別與「犯罪人的身分」之關聯性分析未達統計上的顯著水準。

　　有關「最近六個月，賣場內及所屬停車場（含附近停車場）有無發生犯罪」，有56.5%（n = 121）的受訪業者表示有發生犯罪事件，而有74.5%（n = 123）的受訪派出（分駐）所表示有發生犯罪事件。換言之，大多數受訪的業者及警察人員均認為賣場內及所屬停車場（含附近停車場）在最近六個月有發生犯罪事件。觀察卡方檢定資料（x^2 = 13.17，p = 0.000），警察人員認為有發生犯罪的百分比顯然高於業者。

表 9-5　樣本組別與販售業被害概況之關聯性分析

被害概況	樣本組別	業者	警察	總和	卡方檢定
近六個月，有無發生犯罪	有	121 (56.5%)	123 (74.5%)	244 (64.4%)	df = 1 χ^2 = 13.17 p = 0.000
	無	93 (43.5%)	42 (25.5%)	135 (35.6%)	
	總和	214 (100.0%)	165 (100.0%)	379 (100.00%)	
犯罪人身分*	來店消費者	91 (76.5%)	92 (79.3%)	183 (77.9%)	df = 2 χ^2 = 0.83 p = 0.661
	消費者以外的外部人員	20 (16.8%)	18 (15.5%)	38 (16.2%)	
	不清楚	8 (6.7%)	6 (5.2%)	14 (5.9%)	
	總和	119 (100.0%)	116 (100.0%)	235 (100.0%)	
何種類型的犯罪最多	汽車竊盜（含車內物品）	7 (5.8%)	14 (12.2%)	21 (8.9%)	df = 3 χ^2 = 9.70 p = 0.021
	機車竊盜（含車上物品）	8 (6.7%)	19 (16.5%)	27 (11.5%)	
	賣場商品竊盜	97 (80.8%)	77 (67.0%)	174 (74.0%)	
	其他**	8 (6.7%)	5 (4.3%)	13 (5.5%)	
	總和	120 (100.0%)	115 (100.0%)	235 (100.0%)	
上述案件平均每月數量	1～5件	79 (65.8%)	57 (49.6%)	136 (57.9%)	df = 3 χ^2 = 7.63 p = 0.014
	6～10件	22 (18.3%)	35 (30.4%)	57 (24.3%)	
	11～20件	9 (7.5%)	15 (13.0%)	24 (10.2%)	
	20件以上	10 (8.3%)	8 (7.0%)	18 (7.7%)	
	總和	120 (100.0%)	115 (100.0%)	235 (100.0%)	

註：*有關「犯罪人身分」，原問卷設計有「內部員工」選項，因選擇該項的樣本數甚少（均小於3），故不予分析。

　　**此處所指「其他」，包括賣場設施或設備遭破壞、詐欺（含信用卡盜刷）等。

本研究針對表示有犯罪發生的受訪者續問「何種犯罪的類型最多」，其中有80.8%（n = 97）的業者表示是賣場商品竊盜，另有67.0%（n = 77）的警察人員表示也是賣場商品竊盜。換言之，大多數受訪的業者及警察人員均認為發生數量最多的犯罪類型是賣場商品竊盜。惟觀察卡方檢定資料（x^2 = 9.70，p = 0.021），業者認為是賣場商品竊盜的百分比顯然高於警察人員，而警察人員認為是汽車與車內物品竊盜（12.2%）以及機車與車上物品竊盜（16.5%）的百分比要高於業者。有關「數量最多的犯罪其每月平均發生數」，65.8%（n=79）的業者表示為1～5件，18.3%（n = 22）認為6～10件，7.5%（n = 9）認為11～20件，8.3%（n = 10）認為20件以上。而警察的估計，58.3%（n = 67）的警察人員認為1～5件，21.7%（n = 25）認為6～10件，13.0%（n = 15）認為11～20件，7.0%（n = 8）認為20件以上。雖然大多數受訪的業者及警察人員均認為每月平均發生數為1～5件，但觀察卡方檢定資料（x^2 = 7.63，p = 0.014），認為每月平均發生數超過6件的警察人員百分比顯然要高於業者，警察人員的估計數量可能高於業者。值得注意的是，有接近三成五的業者表示，每月被害次數超過六次，顯見重複被害問題嚴重。

有關「犯罪人的身分」，76.5%（n = 91）的業者認為是來店的消費者，16.8%（n = 20）認為是消費者以外的外部人員，6.7%（n = 8）表示不清楚犯罪人的身分。79.3%（n = 92）的警察人員認為是來店的消費者，15.5%（n = 18）認為是消費者以外的外部人員，5.2%（n = 6）表示不清楚犯罪人的身分。卡方檢定資料（x^2 = 0.83，p = 0.661）顯示樣本組別與「犯罪人的身分」並無顯著關聯性。大多數受訪的業者及警察人員均認為犯罪人是來店的消費者。本研究問卷有關「犯罪人身分」的測量選項，原設計有「內部員工」選項，因選擇該項的樣本數甚少（均小於3），故此處不予分析。

參　業者犯罪被害損失金額分析

有關業者的被害損失，本研究蒐集兩種資料，一是損失最嚴重案件的金額，另一是損失最輕微案件的金額，資料如表9-6。針對損失最嚴重案件的金額，卡方檢定顯示業者與警察人員意見之間並無顯著關聯（x^2 = 7.89，p = 0.246），由此可推論業者與警方意見差異不顯著，這可能是因

為業者較傾向將嚴重案件報警處理，以致警察獲知的訊息較與業者接近，損失最嚴重的金額多在1,000元至3萬元之間。值得注意的是，不論是業者或警察人員，有將近10%的受訪者表示最重金額在5萬元以上，可知犯罪給企業造成的損失不一定都是小損失，一旦數量龐大，整體損失不可謂不大。

表 9-6　樣本組別與販售業損失金額之關聯性分析

損失金額	樣本組別	樣本組別			卡方檢定
		業者	警察	總和	
損失最嚴重金額	1,000元以下	11 (9.3%)	17 (14.2%)	28 (11.8%)	df = 6 χ^2 = 7.89 p = 0.246
	1,000～3,000元以下	20 (16.9%)	28 (3.3%)	48 (20.2%)	
	3,000～5,000元以下	25 (21.2%)	24 (20.0%)	49 (20.6%)	
	5,000～10,000元以下	9 (7.6%)	14 (11.7%)	23 (9.7%)	
	10,000～30,000元以下	24 (20.3%)	15 (12.5%)	39 (16.4%)	
	30,000～50,000元以下	17 (14.4%)	12 (10.0%)	29 (12.2%)	
	50,000元以上	12 (10.2%)	10 (8.3%)	22 (9.2%)	
	總和	118 (100.0%)	120 (100.0%)	238 (100.0%)	
損失最輕微金額	100元以下	92 (76.7%)	51 (41.8%)	143 (59.1%)	df = 2 χ^2 = 32.30 p = 0.000
	100～300元以下	15 (12.5%)	39 (32.0%)	54 (22.3%)	
	300～3,000元以下	13 (10.8%)	32 (26.2%)	45 (18.6%)	
	總和	120 (100.0%)	122 (100.0%)	242 (100.0%)	

　　至於損失最輕微案件的金額，卡方檢定顯示業者與警察人員意見之間存有顯著關聯（x^2 = 32.30，p = 0.000），由此可推論業者與警方意見有

差異，有較高百分比的業者（76.7%）認為最輕損失金額在100元以下，但卻有較高百分比的警察人員（58.2%）認為最輕損失金額在100元至3,000元以下。換言之，在警察所處理的案件中，損失最輕案件的金額可能比業者所認為的金額為高，有部分損失金額較低的案件並未被警察所獲知。

肆 報案與受理情形之分析

　　針對業者遭犯罪被害後，有無向警察機關報案的問題，有41.3%的業者表示將大部分的案件報案，其次有33.1%的業者表示每件案件都報案，表示少部分案件報案或都未報案的百分比為25.6%。原問卷是將「少部分報案」及「都沒有報案」兩個選項分開，因「都沒有報案」選項次數低於5，故將兩選項合併。在警察的意見方面，69.5%的警察受訪者表示大部分的案件都報案，其次有20.7%的受訪警察表示每件案件都報案，表示少部分案件報案或都未報案的百分比為9.8%。卡方檢定值顯示（x^2 = 24.78，p = 0.000）樣本組別與有無報案的意見存有顯著關聯，業者的意見在三個選項上的分配較平均，警察的意見較集中在「大部分報案」選項上。值得注意的是，業者認為「少部分案件報案或都未報案」的百分比較警察為高（業者為24.8%，警察為9.8%）。

　　有關業者被害後選擇報案，通常是在案發後多久向警察機關報案？原問卷設計的選項為：立即報案、三十分至一小時內、一至三小時內、三至十二小時內、十二小時至一天內、一至三天內、三天以上。調查資料顯示，除「立即報案」選項外，其餘選項的次數多有低於五的情形，故將「立即報案」外的其餘選項合併為「三十分鐘以上」。92.5%的受訪業者表示在案發後就立即報案，表示相同意見的受訪警察只有64.8%。觀察卡方檢定值（x^2 = 45.12，p = 0.000），表示在案發後三十分鐘以上報案者，受訪警察的百分比顯然較業者為高（警察為35.2%，業者為7.5%）。當警察機關獲知業者被害後，是否會前往現場處理？不論是受訪的業者（95.0%）或警察人員（98.4%）均表示，一定會到現場處理。

　　針對警察機關得知犯罪後，多久前往現場處理案件？與前述相似，原問卷設計的選項除「五分鐘內」選項外，尚有多項選項，因次數多有低於五的情形，故將「五分鐘內」以外的其餘選項合併為「五分鐘以上」。

51.7%的受訪業者表示在五分鐘內，但表示相同意見的受訪警察卻高達78.3%。觀察卡方檢定值（$x^2 = 19.03$，$p = 0.000$），表示警察在接獲報案五分鐘後才前往現場處理者，受訪業者的百分比顯然較警察為高（業者為48.3%，警察為21.7%）。

有關已報案的案件，最後是否被偵破？有42.0%的業者表示將大部分的案件被偵破，其次有31.1%的業者表示每件案件都被偵破，表示少部分案件被偵破或都未被偵破的百分比為26.9%。原問卷是將「少部分案件被偵破」及「都未被偵破」兩個選項分開，因「都未被偵破」選項次數低於5，故將兩選項合併。在警察的意見方面，75.0%的警察受訪者表示大部分的案件被偵破，其次有9.5%的受訪警察表示每件案件都被偵破，表示少部分案件報案或都未報案的百分比為15.5%。卡方檢定值顯示（$x^2 = 27.75$，$p = 0.000$）樣本組別與案件是否偵破的意見存有顯著關聯，業者的意見在三個選項上的分配較平均，警察的意見較集中在「大部分案件被偵破」選項上。值得注意的是，業者認為「少部分案件被偵破或都未被偵破」的百分比較警察為高（業者為26.9%，警察為15.5%）。上述相關資料如表9-7。

本研究亦針對被害業者不願向警察機關報案的原因進行探究，有較高百分比的受訪業者表示不願報案的原因為「屬於極輕微的犯罪，損失極小」（66.7%），其次為「不知道犯罪人是誰，證據不足」（51.9%），再次為「犯罪人願意賠償犯罪的損害」（48.1%）以及「犯罪人苦苦哀求不要報案」（33.3%），其餘項目的次數及百分比均甚低。有關業者處理犯罪被害的模式或習慣，雖有56.2%的受訪業者表示較傾向向警察機關報案，由警方處理犯罪事件，但亦有超過四成（43.8%）的受訪業者認為自己公司較不傾向向警察機關報案，而由公司內部自行處理犯罪事件。另外，有關報案之被害業者對警察處理案件整個過程的滿意度，資料顯示，表示非常滿意或滿意的受訪業者占71.0%，表示普通、不滿意或非常不滿意的受訪業者占29.0%。上述相關資料如表9-8。

表 9-7　樣本組別與報案回應之關聯性分析

報案回應	樣本組別	樣本組別			卡方檢定
		業者	警察	總和	
有無報案	每件都報案	40 (33.1%)	34 (20.7%)	74 (26.0%)	df = 2 χ^2 = 24.78 p = 0.000
	大部分報案	50 (41.3%)	114 (69.5%)	164 (57.5%)	
	少部分報案或都沒有報案*	31 (25.6%)	16 (9.8%)	47 (16.5%)	
	總和	121 (100.0%)	164 (100.0%)	285 (100.0%)	
案發多久後報案	立即報案	111 (92.5%)	79 (64.8%)	190 (78.5%)	df = 1 χ^2 = 45.12 p = 0.000
	三十分鐘以上**	9 (7.5%)	43 (35.2%)	52 (21.5%)	
	總和	120 (100.0%)	122 (100.0%)	242 (100.0%)	
警察得知犯罪後，是否到場處理	一定會	114 (95.0%)	120 (98.4%)	234 (96.7%)	因有4個方格內的次數低於5，故不予計算卡方值
	通常會	4 (3.3%)	2 (1.6%)	6 (2.5%)	
	偶而會	2 (1.7%)	0 (0.0%)	2 (0.8%)	
	總和	120 (100.0%)	122 (100.0%)	242 (100.0%)	
警察獲知犯罪後，多久到場處理	五分鐘內	61 (51.7%)	94 (78.3%)	155 (65.1%)	df = 1 χ^2 = 19.03 p = 0.000
	五分鐘以上***	57 (48.3%)	26 (21.7%)	83 (34.9%)	
	總和	118 (100.0%)	120 (100.0%)	238 (100.0%)	

表 9-7　樣本組別與報案回應之關聯性分析（續）

報案回應 ＼ 樣本組別		樣本組別			卡方檢定
		業者	警察	總和	
是否偵破	每件都偵破	37 (31.1%)	11 (9.5%)	48 (20.4%)	df = 2 χ^2 = 27.75 p = 0.000
	大部分偵破	50 (42.0%)	87 (75.0%)	137 (58.3%)	
	少部分偵破或都未偵破****	32 (26.9%)	18 (15.5%)	50 (21.3%)	
	總和	119 (100.0%)	116 (100.0%)	235 (100.0%)	

註：*原問卷是將「少部分報案」及「都沒有報案」兩個選項分開，因「都沒有報案」選項次數低於5，故將兩選項合併。

　　**原問卷的選項為：立即報案、三十分至一小時內、一至三小時內、三至十二小時內、十二小時至一天內、一至三天內、三天以上。除「立即報案」選項外，其餘選項的次數多有低於5的情形，故將其合併為「三十分鐘以上」。

　　***與前者情形相似，除「五分鐘內」選項外，尚有多項選項，因次數多有低於5的情形，故將其合併為「五分鐘以上」。

　　****原問卷是將「少部分偵破」及「都未偵破」兩個選項分開，因「都未偵破」選項次數低於5，故將兩選項合併。

表 9-8　販售業不報案原因、處理犯罪模式及滿意度

變　項	次數（百分比）	變　項	次數（百分比）
不報案原因*		業者處理犯罪的模式習慣	
為維護公司形象，不願意公開	2 (2.5%)	傾向不報案，由公司內部處理	53 (43.8%)
屬於極輕微的犯罪，損失極小	54 (66.7%)	傾向報案，由警方處理	68 (56.2%)
犯罪人願意賠償犯罪的損害	39 (48.1%)	被害業者對警察處理過程的滿意度	
犯罪人苦苦哀求不要報案	27 (33.3%)	非常滿意	16 (13.6%)
不知道犯罪人是誰，證據不足	42 (51.9%)	滿意	67 (57.3%)
認為警察效能不彰，無法破案	1 (1.2%)	普通	29 (24.8%)
害怕犯罪人或其他人報復	2 (2.5%)	不滿意	3 (2.6%)
報案過於麻煩	2 (2.5%)	非常不滿意	2 (1.7%)
其他	4 (4.9%)		

註：*本題為複選題，故百分比總和大於100%。

伍 販售業與警察互動之分析

針對警察機關與業者間的互動，本研究分三個部分探討，一是當地派出、分駐所（以下以派出所代）的警察是否經常主動與業者接觸？二是業者是否經常與當地派出所警察接觸？三是當地派出所警察是否會向業者提供安全管理的相關資訊或專業諮詢服務？

有關當地派出所的警察是否經常主動與業者接觸的問題，雖然不論是業者或警察，均有較高百分比的受訪者表示當地派出所的警察經常主動與業者接觸，但業者認為「警察並非經常主動與業者接觸」的百分比較警察為高（業者47.4%，警察25.5%），且卡方檢定值顯示該差異具統計上的顯著意義（$x^2 = 34.46$，$p = 0.000$）。

有關業者是否經常主動與當地派出所的警察接觸的問題，有較高百分比的受訪業者表示自己公司經常主動與警察接觸（50.7%），惟卻有較高百分比的受訪警察表示業者只有偶而主動與警察接觸（44.2%），且卡方檢定值顯示該差異具統計上的顯著意義（$x^2 = 14.20$，$p = 0.001$）。

從前面兩題的分析中，吾人可以清楚看出業者與警察都反映出一種現象，那就是自己要比對方更主動與對方接觸。當比較兩題中「經常主動接觸」選項的百分比，前一題的百分比較高，似乎隱喻當地派出所的警察較經常主動與業者接觸。換言之，警察與業者間存有互動，警察主動與業者的互動較強，業者主動與警察的互動較弱。

有關當地派出所警察是否會向業者提供安全管理的相關資訊或專業諮詢服務的問題，業者的意見分布較平均，35.0%的業者認為經常提供，35.0%的業者認為偶而提供，30.0%的業者認為很少或從未提供。警察的意見較集中，60.0%的警察認為經常提供，31.5%的警察認為偶而提供，8.5%的警察認為很少或從未提供。卡方檢定值顯示雙方意見的差異具統計上的顯著意義（$x^2 = 33.76$，$p = 0.000$），顯然，業者並不像警察所認為，警察經常提供資訊或專業諮詢服務給業者。上述相關資料如表9-9。

表 9-9 樣本組別與警察互動之關聯性分析

與警察互動	樣本組別	樣本組別			卡方檢定
		業者	警察	總和	
當地派出所是否主動與業者互動	經常主動接觸	113 (52.6%)	123 (74.5%)	236 (62.1%)	df = 2 χ^2 = 34.46 p = 0.000
	偶而主動接觸	54 (25.1%)	36 (21.9%)	90 (23.7%)	
	很少主動接觸或從未接觸*	48 (22.3%)	6 (3.6%)	54 (14.2%)	
	總和	215 (100.0%)	165 (100.0%)	380 (100.0%)	
業者是否主動與當地派出所互動	經常主動接觸	109 (50.7%)	52 (31.5%)	161 (42.4%)	df = 2 χ^2 = 14.20 p = 0.001
	偶而主動接觸	66 (30.7%)	73 (44.2%)	139 (36.6%)	
	很少主動接觸或從未接觸*	40 (18.6%)	40 (24.2%)	80 (21.1%)	
	總和	215 (100.0%)	165 (100.0%)	380 (100.0%)	
警察是否提供業者安全管理的諮詢服務	經常提供	75 (35.0%)	99 (60.0%)	174 (45.9%)	df = 2 χ^2 = 33.76 p = 0.000
	偶而提供	75 (35.0%)	52 (31.5%)	127 (33.5%)	
	很少或從未提供**	64 (30.0%)	14 (8.5%)	78 (20.6%)	
	總和	214 (100.0%)	165 (100.0%)	379 (100.0%)	

註：*原問卷是將「很少主動接觸」及「從未接觸」兩個選項分開，因「從未接觸」選項次數低於5，故將兩選項合併。

**原問卷是將「很少提供」及「從未提供」兩個選項分開，因「從未提供」選項次數低於5，故將兩選項合併。

陸 樣本組別與被害風險感受之分析

不論是業者或警察，均有較高百分比的受訪者認為業者（大型購物中心、量販店及百貨公司）經常成為犯罪的目標（業者69.8%，警察

53.9%），惟業者表示此種意見的百分比較警察為高，且卡方檢定值顯示該差異具統計上的顯著意義（$x^2 = 10.02$，$p = 0.002$）。顯然，業者對於犯罪被害的風險感受較警察為普遍。至於業者所在地的附近區域，不論是業者或警察，均有較高百分比的受訪者認為不會經常發生犯罪（業者76.7%，警察56.5%），惟警察表示此種意見的百分比較業者為低，且卡方檢定值顯示該差異具統計上的顯著意義（$x^2 = 13.54$，$p = 0.000$）。雖然，大多數業者認為附近區域不會經常發生犯罪，但卻有相當百分比的警察（43.5%）認為經常會有犯罪發生。上述相關資料如表9-10。

表 9-10 樣本組別與被害風險感受之關聯性分析

被害風險感受	樣本組別	業者	警察	總和	卡方檢定
業者是否經常成為犯罪目標	是	150 (69.8%)	89 (53.9%)	239 (62.9%)	df = 1 $\chi^2 = 10.02$ p = 0.002
	否	65 (30.2%)	76 (46.1%)	141 (37.1%)	
	總和	215 (100.0%)	165 (100.0%)	380 (100.00%)	
業者所在地的附近區域，是否經常發生犯罪	是	50 (23.3%)	70 (43.5%)	120 (31.9%)	df = 1 $\chi^2 = 13.54$ p = 0.000
	否	165 (76.7%)	91 (56.5%)	256 (68.1%)	
	總和	215 (100.0%)	161 (100.0%)	376 (100.00%)	

　　承前述，本研究針對70名表示業者所在地區經常發生犯罪的警察人員，繼續探究該地區何種犯罪發生數量最多。依選擇項目的樣本次數百分比排序，前五項依序為機車竊盜（80.0%）、汽車內物品竊盜（57.1%）、住宅及商店竊盜（31.4%）、汽車竊盜（27.1%）以及機車上物品竊盜（27.1%）。另本研究亦針對樣本中的所有警察人員（n = 165）進行調查，探究業者對附近社區的秩序造成哪些影響？依選擇項目的樣本次數百分比排序，前三項依序為影響交通秩序（86.1%）、影響治安（31.5%）及攤販聚集（16.4%）。上述相關資料如表9-11。

表 9-11　販售業對附近地區秩序的影響

變　項	次數（百分比）	變　項	次數（百分比）
業者所在附近地區哪種犯罪較多*		業者對附近社區造成哪些影響*	
汽車竊盜	19（27.1%）	影響交通秩序	142（86.1%）
汽車內物品竊盜	40（57.1%）	影響治安	52（31.5%）
機車竊盜	56（80.0%）	影響環境衛生	5（3.0%）
機車上物品竊盜	19（27.1%）	製造噪音	8（4.8%）
汽、機車破壞	8（11.4%）	攤販聚集	27（16.4%）
住宅及商店竊盜	22（31.4%）	其他	11（6.7%）
強盜、搶奪	6（8.6%）		
性侵害	1（1.4%）		
傷害	7（10.0%）		
恐嚇	2（2.9%）		

註：*本題為複選題，故百分比總和大於100%。

柒　販售業的安全管理品質分析

　　針對業者的安全管理品質，本研究從兩方面進行分析，一是有關業者的盤損分析，這一部分因警察不甚瞭解，所以只調查業者。另一是有關業者所實施的安全管理措施及安全管理人員的專業素質，這一部分調查業者及警察。

　　有關盤損的原因，在所有回答此題的受訪業者當中，依選擇項目的樣本次數百分比排序，前三項原因依序為遭竊盜（78.6%）、行政疏失管理不當（40.0%）、遭人為破壞（34.8%）。而盤損金額的問題較敏感，筆者進行訪談時，多位受訪的業者均不便回答，因此本研究改以「每月盤損的金額占每月營業額的百分比」的問項調查。調查結果顯示，有67.6%的受訪者表示在0.1%以下，32.4%的受訪者表示在0.2%以上。換言之，若某業者每月營業額為1億元，0.2%的比例可以換算成每月20萬元的盤損，一年為240萬元，盤損金額不算低。而前述導致盤損的前三項原因，其中竊盜與破壞行為皆與犯罪有關，顯見販售業實無理由不重視犯罪被害所帶來的損失。上述資料詳如表9-12。

表 9-12　販售業的盤損分析

變　項	次數（百分比）	變　項	次數（百分比）
盤損原因*		每月盤損占每月營業額百分比	
行政疏失，管理不當	84（40.0%）	0.1%以下	98（67.6%）
遭竊盜	165（78.6%）	0.2%～0.5%	41（28.3%）
遭人為破壞	73（34.8%）	0.6%～1.0%	3（2.1%）
上游廠商應提供的商品數量與實際數量不符	31（14.8%）	1.1%~5%	2（1.4%）
商品品質不良或商品自然毀損造成的損失	52（24.8%）	5.1%~10.0%	1（0.7%）
其他	18（8.6%）		

註：*本題為複選題，故百分比總和大於100%。

　　有關業者所實施的安全管理措施的成效，儘管大多數受訪的業者及警察均表示良好，但認為不良的警察百分比顯高於業者（x^2 = 41.39，p = 0.000）。至於業者安全管理人員的專業素質，有較高百分比的業者認為良好，但卻有較高百分比的警察認為不良，雙方意見的差異在統計上具有顯著意義（x^2 = 87.44，p = 0.000）。上述相關資料如表9-13。

表 9-13　樣本組別與安全管理品質之關聯性分析

安全管理品質	樣本組別	業者	警察	總和	卡方檢定
業者安全管理措施的成效	良好	176（81.9%）	84（50.9%）	260（68.4%）	df = 1 χ^2 = 41.39 p = 0.000
	不良	39（18.1%）	81（49.1%）	120（31.6%）	
	總和	215（100.0%）	165（100.0%）	380（100.00%）	
業者安全管理人員的專業素質	良好	167（77.7%）	44（28.8%）	211（57.3%）	df = 1 χ^2 = 87.44 p = 0.000
	不良	48（22.3%）	109（71.2%）	157（42.7%）	
	總和	215（100.0%）	153（100.0%）	368（100.00%）	

捌 業者最需改善的安全管理項目

　　針對業者如欲改善安全管理品質，最需改項的項目，依選擇項目的樣本次數百分比排序，在業者的意見部分，前三項分別為強化安全設備（33.2%）、加強安全管理部門員工的專業訓練（32.7%）、加強員工辨識犯罪的敏感度（15.0%）。在警察的意見部分，次數分配呈現集中趨勢，強化安全設備（79.4%）、加強安全管理部門員工的專業訓練（10.3%）是最重要的兩項。上述相關資料如表9-14。

表 9-14　業者最需改善的安全管理項目

選 項	業者次數（百分比）	警察次數（百分比）
強化安全設備	71（33.2%）	131（79.4%）
加強全體員工的品德操守	10（4.7%）	4（2.4%）
加強安全管理部門員工的專業訓練	70（32.7%）	17（10.3%）
加強員工辨識犯罪的敏感度	32（15.0%）	5（3.0%）
加強對收銀線人員的監控	2（0.9%）	1（0.6%）
調整賣場擺設及動線	1（0.5%）	2（1.2%）
增加與警察的聯繫與合作	7（3.3%）	4（2.4%）
公司高層主管應更加重視安全管理業務	16（7.5%）	1（0.6%）
其他	5（2.3%）	0（0.0%）

玖 小 結

一、業者的犯罪被害概況

(一)大多數受訪的業者及警察人員均認為賣場內及所屬停車場（含附近停車場）在最近六個月有發生犯罪事件。業者與警察人員相比較，警察人員認為有發生犯罪的百分比顯然高於業者。

(二)大多數受訪的業者及警察人員均認為發生數量最多的犯罪類型是賣場商品竊盜，警察人員尚表示汽車與車內物品竊盜以及機車與機車上物品竊盜也是賣場附近發生數量較多的犯罪。

(三)有關發生數量最多的犯罪類型（即賣場商品竊盜），大多數受訪的業

者及警察人員均認為每月平均發生數為一至五件，但雙方的估計仍有差異，認為每月平均發生數超過六件的警察人員百分比顯然要高於業者，警察人員的估計數量可能高於業者。值得注意的是，在有被害經驗的業者中，大約三成五的業者表示每月被害次數超過六次，顯見重複被害問題嚴重。

(四)大多數受訪的業者及警察人員均認為大多數的犯罪人是來店的消費者，有部分警察人員表示賣場的內部員工可能涉及犯罪。

二、犯罪被害損失金額

(一)有關損失最嚴重案件的金額，業者與警察人員之間意見的差異不顯著，業者可能傾向將較嚴重的案件報警處理，損失輕微的案件較可能被忽略，以致警察獲知的訊息與業者在意的案件接近。選項的次數百分比並無明顯的集中現象，損失最嚴重的金額多在1,000元至3萬元之間。值得注意的是，不論是業者或警察人員，有將近10%的受訪者表示最重金額在5萬元以上，犯罪給企業造成的損失不一定都是小金額，一旦數量龐大，整體損失不可謂不大。

(二)至於損失最輕微案件的金額，業者與警察人員意見之間存有差異，有較高百分比的業者認為最輕損失金額在100元以下，但卻有較高百分比的警察人員認為最輕損失金額在100元至3,000元以下。換言之，在警察所處理的案件中，損失最輕案件的金額可能比業者所認為的金額為高，有部分損失金額較低的案件並未被警察所獲知。

三、報案與受理情形

(一)針對業者遭犯罪被害後，有無向警察機關報案的問題，有41.3%的業者表示將大部分的案件報案，表示相同意見的警察其百分比為69.5%，業者與警察對報案率的估算結果不同（$x^2 = 24.78$，$p = 0.000$）。業者可能保留部分的被害案件沒有向警方報案。

(二)在業者被害後選擇報案的案件中，92.5%的受訪業者表示在案發後就立即報案，表示相同意見的受訪警察只有64.8%。表示在案發後三十分鐘以上報案者（非立即報案），受訪警察的百分比較業者為高（警察為35.2%，業者為7.5%）。

(三)不論是受訪的業者或警察人員均表示，當警察機關獲知業者被害後，

一定會到現場處理。

(四)有關警察獲知犯罪後的反應時間，51.7%的受訪業者表示警察會在五分鐘內前往現場，表示相同意見的受訪警察卻高達78.3%。觀察卡方檢定值（$x^2 = 19.03$，p = 0.000），表示警察在接獲報案五分鐘後才前往現場處理者，受訪業者的百分比顯然較警察為高（業者為48.3%，警察為21.7%）。

(五)有關已報案的案件是否被偵破的問題，有42.0%的業者表示將大部分的案件被偵破，表示相同意見的受訪警察卻高達75.0%，業者與警察所估算的破案率不同。

(六)被害業者不願向警察機關報案的主要原為：「屬於極輕微的犯罪，損失極小」、「不知道犯罪人是誰，證據不足」、「犯罪人願意賠償犯罪的損害」及「犯罪人苦苦哀求不要報案」。

(七)有關業者處理犯罪被害的模式或習慣，雖有56.2%的受訪業者表示較傾向向警察機關報案，由警方處理犯罪事件，但亦有超過四成（43.8%）的受訪業者認為自己公司較不傾向向警察機關報案，而由公司內部自行處理犯罪事件。

(八)有關報案之被害業者對警察處理案件整個過程的滿意度，約七成的受訪業者表示非常滿意或滿意，約有三成受訪業者表示普通、不滿意或非常不滿意。

四、販售業與警察的互動

(一)不論是業者或警察，均有較高百分比的受訪者表示當地派出所的警察經常主動與業者接觸，但業者認為「警察並非經常主動與業者接觸」的百分比較警察為高（業者47.4%，警察25.5%）。

(二)有較高百分比的受訪業者表示自己公司經常主動與警察接觸，惟卻有較高百分比的受訪警察表示業者只有偶而主動與警察接觸（警察44.2%，業者30.7%）。

(三)針對犯罪問題的處理，警察與業者間存有互動，警察主動和業者的互動較強，業者主動和警察的互動較弱。

(四)在主觀感受上，業者並不像警察所認為，警察經常提供資訊或專業諮詢服務給業者。換言之，針對犯罪問題，警察與業者之間的互動品質應加強。

五、被害風險感受

(一)不論是業者或警察，均有較高百分比的受訪者認為大型購物中心、量販店及百貨公司經常成為犯罪的目標，惟業者表示此種意見的百分比較警察為高，業者對於犯罪被害的風險感受較警察為普遍。

(二)有關大型購物中心、量販店及百貨公司的附近區域，警察比業者較傾向認為經常發生犯罪，業者似乎對賣場外的安全問題較不關心。賣場附近區域主要的犯罪類型，依選項次數百分比排序，依序為：機車竊盜、汽車內物品竊盜、住宅及商店竊盜、汽車竊盜及機車上物品竊盜。

(三)業者對附近社區秩序造成的主要影響為：影響交通秩序、影響治安及攤販聚集。

六、販售業的安全管理品質

(一)有關盤損的原因，依選項次數百分比排序，前三項原因依序為：遭竊盜、行政疏失管理不當、遭人為破壞。每月盤損的金額占每月營業額百分比，67.6%的受訪者表示在0.1%以下，有32.4%的受訪者表示在0.2%以上。在盤損的主要原因中，竊盜與破壞行為皆與犯罪有關，販售業實應重視犯罪預防以減少損失。

(二)大多數受訪的業者及警察均認為業者所實施安全管理措施的成效良好，但認為不良者，警察比業者多（警察49.1%，業者18.1%）。

(三)有關業者安全管理人員的素質，有較高百分比的業者認為良好，但卻有較高百分比的警察認為不良，雙方意見的差異在統計上具有顯著意義。71.2%的受訪警察表示業者安全管理人員的素質不良，77.7%的業者表示良好。研究資料顯示，業者似有必要接觸更多有關犯罪預防方面的專業資訊。

七、業者最需改善的安全管理項目

(一)業者認為的項目包括：強化安全設備、加強安全管理部門員工的專業訓練、加強員工辨識犯罪的敏感度。

(二)警察認為的項目包括：強化安全設備、加強安全管理部門員工的專業訓練。

第五節　結　語

　　企業與犯罪被害，一般人大多不會將其視為一項公共議題，經常認為是企業自己的問題。這樣的觀點，至少可能有底下兩個謬誤，第一，忽略了企業因犯罪所造成的損失未來可能會擴及或影響至社會。第二，忽略了企業涉及民眾生活的範圍與程度，也就是說，被害企業極可能不是唯一的被害標的，尚包括其他與被害企業有關的民眾、團體或組織。

　　針對上述第一個謬誤，本研究的資料顯示，企業因犯罪的損失極可能會延伸至企業以外的範圍。被害企業可能將其損失轉嫁到消費者、股東或是員工的薪資福利上。犯罪對企業經營所造成的附加成本，必然給企業的財務帶來負面影響，無形中也就影響企業所提供的工作機會、商品及服務品質，這些成本極可能轉嫁到消費者的身上。雖然，企業被害的問題或許有利於保全業發展，但筆者還是很難相信保全業的獲利及提供的就業機會，可以沖銷企業被害所造成的整體社會損失。就生產層面而言，一個具高工資率（wage rate）的國家，若與其他無需為犯罪支付沉重保全負擔的國家相比，其競爭力無形中增添了許多牽絆。

　　第二個謬誤，就是忽略了企業是民生日常活動鏈中的重要環節，民眾的日常活動很可能因企業被害而脫序。當企業遭受犯罪侵害後，除犯罪所造成的直接損害（如財物失竊）外，企業的活動行程、設施、員工型態、貨物運送、顧客型態等，都可能因犯罪侵害而受影響。筆者在訪談中發現，某些企業被害後（如遭恐嚇），員工隨之有很高的犯罪被害風險，可能是在員工上班的途中、上班中或下班後。高犯罪被害風險，往往會影響未來的員工徵募，同時也可能給現有員工帶來一些額外的困擾，或給員工家屬帶來恐懼。另一方面，本研究針對「販售業給當地社區之影響」所蒐集的資料顯示，某地區有新企業進入，可能因為出現較多有利於犯罪發生的標的或引進更多的潛在犯罪者，而使得當地的犯罪增多。值得注意的是，筆者發現企業也有其正面功能，新企業遷入犯罪率較高的地區，也可能將較多的監控力帶入該區，犯罪因此受到抑制。如果企業有助於當地社區祥和及秩序感的建構，那麼該企業可能有助於抑制犯罪的發生。換言之，企業如果對其所在社區的安全未予關切或未善盡責任，那麼有可能製造或惡化社區的治安問題，這些治安問題未來又很可能反過頭來對企業造

成威脅或侵害。顯然，犯罪預防的研究，是不應該將企業排除在外的。

從企業擁有的資源來觀察，企業應蘊藏豐富的犯罪預防能量，不論是站在企業利益或社會公益的立場，這些能量應被適當開發。筆者認為，如何增進外界與企業間的溝通以瞭解企業資源的實用性，應是關鍵。傳統上，刑事司法人員是犯罪學家傳輸政策知識的主要對象，企業人士很少討論或向外表達他們有關犯罪的知識，理由可能是他們忙於日常事務，也可能是因為缺乏誘因。儘管企業偶有參與犯罪知識的研討，但似乎並未喚起政府或犯罪學家的注意。企業、政府與犯罪學界三者之間的溝通與互動平台，基於改善社會治安的目的，有其建構的必要。

文獻顯示，在整體犯罪中，有相當高比例的犯罪是以企業為侵害對象。事實上，在如此龐大的犯罪被害事件中，包含了許多足以驗證及修正理論的資料。當犯罪學界獲得更多有關企業與犯罪的資料，犯罪學知識可以獲得更精進的養分。國外犯罪學家已從企業與犯罪的研究中發現：第一，以往強調企業是犯罪者（criminal）的觀念，逐漸轉換成企業經常是犯罪被害者（victim）。第二，犯罪學家獲得更多有關社會如何提供誘因給犯罪者的資訊。第三，犯罪學家洞察出如何在企業日常活動中實施非懲罰性的犯罪預防措施。第四，犯罪學家更加瞭解犯罪被害恐懼感如何形成及其影響。第五，犯罪學家更加瞭解企業在促進犯罪發生和抑制犯罪中所扮演的重要角色。第六，企業中的專業資源可以協助犯罪學界更精準計算犯罪的直接與間接經濟損失。總之，犯罪學因企業犯罪研究的導入而更加完整與充實，犯罪預防的理論基礎也因此更加穩固。

企業的犯罪預防潛力雖不可小看，但企業現有的犯罪預防能力則不宜誇大。在時間的順位上，多數企業晚近才將安全管理視為重要經營問題來處理，且焦點多集中在昂貴科技或警衛設置上，而不是在便宜甚至無需開支的情境犯罪預防措施。此外，設置警衛的目的，經常是為逮捕犯罪者，而不是為了設計一套能夠有效預防犯罪的系統。因此，在犯罪預防的領域裡，企業仍有學習的空間。

許多情境犯罪預防的方法花費低廉甚至無需開支，設置具降低犯罪功能的措施並不昂貴，有時比一般經營設備還要價廉。犯罪學者瞭解這些方法，有能力幫助企業減少犯罪所造成的損失，而且在過程中，犯罪學者不會放棄科學立場及學術倫理。就算某些嚴正的學術準則無法兼顧，犯罪學

家仍舊可以傳輸企業必要的犯罪預防知識，協助企業評估犯罪預防方案的成本，理性選擇適當的方案。

　　傳統的保全措施，多屬勞力密集的活動。販售業、金融業、保險業、製造業、娛樂業等商業組織為保護企業財物、員工及顧客免於犯罪的侵害而投入大量資源。一些規模較大的機構，內部設置安全部門，另有許多企業則向保全業購買保全服務。隨著保全服務需求的快速增加，保全業不僅提供諸如警報器、監視攝影機等保全硬體產品，還提供運鈔、警衛等專業保全服務。許多國家的私人保全從業人數，已超過該國的公共警察編制。面對保全業的出現與發展，犯罪學者有能力提供保全業客觀且具前瞻性的知識來選擇經濟有效的犯罪預防方案，而學術機構（如大學）也可以培養及訓練保全業、企業所需要的安全專業人才，降低企業的被害風險，協助企業節省經營成本。

　　此外，犯罪相關知識，還可協助企業更完整分析犯罪的影響，釐清企業決策如何增加或降低當地犯罪。例如，犯罪如何影響當地顧客消費行為及企業人才的徵募？企業決策如何影響犯罪被害者的法律訴訟？犯罪如何形成及影響犯罪被害恐懼感？犯罪被害恐懼感如何影響企業利益？等問題。

　　企業不應以自私立場或短視眼光來面對這些問題，企業若忽略所處外在環境或社區，極可能助長犯罪的發生，未來很難避免自食惡果。累積多年的犯罪學知識及犯罪預防經驗顯示，以往需耗費昂貴資源的安全維護方法，如今已可由廉價設計或措施取代，且效果更加良善。而地方公共事務的處理，若有企業的參與及合作，也可提升事務處理的效率和效果。對於犯罪問題，政府與當地企業共同合作，某求解決之道，應具有很高的合理性與可行性。犯罪學者應該樂意為政府及企業蒐集相關資訊，慷慨提供學界力量。企業、政府及學界的良好溝通，對於犯罪問題的處理，肯定有正面意義。

第十章　警察回應犯罪策略的省思

第一節　前　言

　　「增加警力可以降低犯罪」，可說是許多國家控制犯罪政策上的一個信條。底下且讓我們看看美國費城市長E. Rendell在某一個與市民召開的會議上，Rendell和市民領袖G. Devitt的對話：

> 　　Rendell市長告訴群眾他如何要求警察局重組巡邏勤務，增加300名員警到街頭上來執勤。Devitt向與會的民眾說：「我們仍然沒有看到警察啊！」Rendell接著說：「本市警察的反應速度比美國其他城市都要來得迅速。」旁邊一群民眾齊聲說道：「那還不夠快！」此時響起更大的掌聲（Russakoff, 1994）。

　　提高警察的可見度（visibility，或稱見警率）及縮短警察的反應時間（response time），可以說是現代警察策略的兩大支柱，這當中暗示警力愈多愈好。然而，日益累積的研究證據卻顯示，在街上警察「數量」的重要性，遠不及警察所執行「工作」的重要性。有關的研究顯示，將大量警力散布在整個城市，以及縮短警察反應時間，並不會對犯罪產生顯著效應。但是，集中警力打擊犯罪的風險因子，如街頭上的槍枝及犯罪熱點，則可能對犯罪造成實質上的改變。

　　警察過去曾把較多的注意力擺在風險因子而非可見的巡邏及快速反應上，譬如，過去警察經常在夜晚檢查商店的門戶安全，檢查特定場所是否有人非法攜帶槍械，對再犯及犯重罪的假釋出獄者實施監控等。但是，自從警察大規模啟用電話報案系統之後，民眾使用該系統的頻率大增，不僅超過犯罪發生的數量，更包含許多與犯罪無關的服務請求，使得以往所執行諸如此類的犯罪預防工作被冷落一旁。電話報案系統使用頻率急遽增加的原因尚待研究，同時也不是本章的重點，但其導致的結果卻非常明顯：那就是目前警察工作主要是針對已發生的犯罪作反應，而不是預防未來的犯罪。

　　就如同企業投資人要顧及目前企業收益與未來發展之間的平衡一樣，納稅人也應該介於過去犯罪與未來犯罪之間，考量如何平衡在警察資源上的投資分配。在傳統的警察實務上，警察靠打擊過去的犯罪以獲取正義，並希望所獲得的正義能夠威嚇未來的犯罪。但是，事實似乎並非對警察這麼有利，犯罪被害調查（Crime Victimization Survey）顯示，有相當高比例的犯罪沒有進入警察系統，進入警察系統的犯罪只有部分獲得解決，甚至只有少數的犯罪人被處以刑罰（孟維德，2006b；Braga, 2002）。為了預防未來可能發生的犯罪，警察應思考是否需要重拾舊法，並從中創造新策略。或許不及官兵捉強盜那樣吸引人，但研究顯示，致力於犯罪機會的降低，對於犯罪控制有正面效應。

　　本章的焦點在於探討警察與犯罪控制最顯見的問題：我們到底需要多少警察？美國總統B. Clinton於1992年競選時誓言要增加10萬警力（大約是增加當時全美20%的警力），該政見隨Clinton當選總統而持續推動，並於1999年完成10萬警力的增置，這是20世紀最大規模的擴充警力方案，同時也是探討警力資源的極佳案例。本章從該警力增置案出發，並引述相關研究，繼而分析增加警力最佳之運用方式為何。

第二節　擴充警力的理想與現實

　　以前述警力增置案為例，全美在1992年大約有50萬4,000名負責執行州及地方法律的警察人員，另外還有6萬1,000名警察負責運輸系統、公共設施、州立大學及其他特別地區的治安（Reaves, 1993）。就負責執行州及地方法律的警力數而言，與民眾的比率是1：500，即每1萬名民眾當中有20名警察。學者Sherman（1995）曾針對美國警力的分配做過深入的分析，他認為當扣除掉管理幹部、刑警及後勤支援人員——如訓練、無線電通訊、電腦作業人員等——之後，那麼擔任外勤巡邏的制服警力，大概只有原先總數的一半。不過巡邏警察的數目還必須經過更進一步的調整，也就是扣除掉下班、休假、訓練等之後，實際花在外勤巡邏的時數是多少。一項理性的估計是，每一年每一位巡邏警察要執行約200班次的巡邏，每班的巡邏大約是七小時，合計是每年總小時數的16%。所以，在任何時間，全美擁有近50萬警力平均約只有4萬名（8%）巡邏警察在街上服勤。

　　將此8：100的比率運用到Clinton總統的提議上，那麼美國在任何時間，一位服勤的巡邏警員所面對的民眾人數將從6,250人（每1萬人口中有1.6位巡邏警察）減到5,208人（每1萬人口中有1.9位巡邏警察）。因此，增加20%的巡邏警力似乎並不會對犯罪產生太大的改變，至少在提昇見警率及縮短反應時間的傳統理論判斷下是如此。同時，也沒有造成逮捕率顯著的變化，而提昇逮捕率亦是支持增加警力者的重要論調之一。從另一角度觀察，即使增加警力果真能夠改善見警率、反應時間及逮捕率，但在現代警察創立至今的歷史中，以及近三十年來的實證研究中，顯示這三個問題要比倡議增加警力者所想像的複雜許多。

第三節　見警率與犯罪控制

　　許多學者相信，見警率（即警察的可見度）與犯罪率並沒有關係。例如，犯罪學者Gottfredson與Hirschi兩人就曾表示：「就增加警察的數量可以對犯罪率產生實質效應的看法，是與實證研究的結果不符的。」（Gottfredson & Hirschi, 1990: 270）此外，Klockars甚至說：「警察例行性地開著巡邏車去打擊犯罪，就如同消防人員例行性地開著消防車去巡邏消滅火災一樣。」（Klockars, 1983: 130）

　　如果以警民比率來作為見警率之指標，則概略地檢視都市警力與嚴重性犯罪的比率，即可發現支持前述觀點。一些非常安全的城市，卻僅有非常低警民比率的警力，而一些具有高警民比率警力的都市，卻有相當高的犯罪率。例如，San Diego在1992年的殺人犯罪率為每10萬人口受理發生13件，總嚴重性暴力犯罪率（包括殺人、強制性交、強盜及傷害）為每10萬人口受理發生1,284件。再看看Washington D.C.在同年的情形，Washington D.C.的殺人犯罪率約是San Diego的6倍多，為每10萬人口受理發生75件；而總嚴重性暴力犯罪率約為San Diego的2倍多，為每10萬人口受理發生2,832件。但是Washington D.C.所擁有的警力比率卻幾乎是San Diego的5倍，前者為每1,000人口有7.5位警察（這其中未包括Washington D.C.的其他制服警察，諸如公園警察、大使館的警察等），後者則為每1,000人口有1.6位警察。即使是當Washington D.C.在國會的命令下增加了19%的警力——從1989年的3,974名警力增加到1990年的4,740名警力，但

是其嚴重性暴力犯罪的總數並沒有下降，反而增加了15%，其中殺人犯罪增加了9%（Federal Bureau of Investigation, 1993）。觀察國內情形，根據表10-1的資料顯示，2009年台北縣的警民比遠低於台北市及高雄市，即台北縣的警力數遠比台北市及高雄市還稀薄，但台北縣的犯罪率卻比台中市及高雄市還低。

此等警力不足以影響犯罪率的結論，與1970年代早期在美國Missouri州Kansas市所進行之實驗的發現頗為一致。該實驗有系統地比較了三種巡邏區內的犯罪率。這三種巡邏區分別是：一、巡邏密度比平常增為2到3倍的巡邏區；二、取消巡邏，除非是為了回應民眾報案才進入此區；三、保持原來的巡邏密度。實驗的結果顯示，這三種區域內的犯罪並沒有顯著的不同（Kelling et al., 1974）。

表 10-1　警民比與犯罪率　　　　　2009年

	警力數	人口數	警民比	犯罪率
台北縣	6,248	3,873,653	1：620	1,943
台北市	7,344	2,607,428	1：355	2,009
台中市	3,224	1,073,635	1：333	1,680
高雄市	4,118	1,527,914	1：371	2,187

資料來源：警政署。
註：犯罪率以每十萬人口之犯罪發生數為代表。

簡單說，該實驗針對堪薩斯市中15個巡邏區加以操縱，改變例行性預防巡邏（routine preventive patrol）的班次數量。這15個巡邏區被隨機分為三組，每組有五個巡邏區。其中一組為「反應巡邏區」（reactive beats），在實驗期間，這一組巡邏區的例行性預防巡邏被取消，警察只有在接獲民眾報案或請求服務的情況下才進入這組巡邏區。第二組為「控制巡邏區」（control beats），在實驗期間，這一組巡邏區的例行性預防巡邏維持原狀，每一巡邏區有一輛警車巡邏。第三組「預警巡邏區」（proactive beats），在實驗期間，將反應巡邏區多餘的警力及車輛調來本區，把例行性預防巡邏的數量增為2至3倍（孟維德，2007）。

基於測量上的考量，研究人員在實驗前建立如下的研究假設：
一、根據被害調查及報案資料，犯罪數量不會因為巡邏形式的不同而改變。

二、民眾對於警察服務的感受不會因為巡邏形式的不同而改變。

三、民眾的犯罪被害恐懼感不會因為巡邏形式的不同而改變。

四、警察的反應時間以及民眾對反應時間的滿意度，在不同實驗區而有差異。

五、反應巡邏區的交通事故會增加。

　　實驗結果並未如社會大眾及警察平時所想像的，研究發現三種巡邏狀態並沒有影響犯罪數量、民眾對警察服務的感受以及民眾安全感。例如：

一、根據實驗期間所進行的被害調查顯示，不同形式的巡邏並沒有對家宅竊盜、汽車竊盜、強盜搶奪、毀損行為的數量造成顯著影響。傳統上，這些犯罪被認為是較能被巡邏勤務抑制的標的犯罪。

二、在民眾報案的犯罪率方面，不同組的巡邏區只呈現微幅的差異，而且差異缺乏一致性。

三、在警察局本身所發現的犯罪數量方面，不同組的巡邏區雖有差異，但該差異被判斷為隨機誤差所造成。

四、在民眾對警察服務的感受方面，不同組的巡邏區只呈現極少數的顯著差異，而且這些少數的顯著差異缺乏一致性的脈絡。

五、整體而言，民眾的犯罪被害恐懼感並未受不同巡邏區的影響。

六、在民眾自行採取的防制犯罪措施方面，不論是數量或形式，不同組的巡邏區只呈現少數差異，而且這些少數的差異缺乏一致性的脈絡。

七、商業人士對於犯罪及警察服務的感受，並沒有因為巡邏區的組別不同而受影響。

八、不同巡邏形式，並沒有顯著影響民眾對於警察的滿意度。

九、不同巡邏形式並無顯著影響警察反應時間以及民眾對警察反應時間的滿意度。

十、不同巡邏形式並無顯著影響交通事故及傷亡情形。

十一、員警約有60%的時間通常是空著（可以回應報案及服務請求），在這些時段，員警大多處理一些與警察無關的事務，

十二、員警對「預防性巡邏」勤務並無一致性的定義，也缺乏衡量預防性巡邏效能的客觀方法。員警對預防性巡邏防制犯罪的效能，在看法上呈現正反或衝突的反應。許多員警認為預防性巡邏是警察職能的一部分，所以預防性巡邏是重要的。

　　姑且不論該實驗在方法學上所遭受到的批評，許多市長與警察局長從

此證據獲知，增加警察巡邏密度來控制犯罪，恐怕並不是最值得與最有效的途徑。不過在另一方面，則有證據指出，見警率對於犯罪的影響是有條件的（conditional），即：警察的出現可以實質地降低或增加特定地點、特定時間的犯罪率。這些資料，我們可以從警察歷史、警察罷工、犯罪熱點、警察掃蕩以及有關研究中找到證據。

壹 警察的歷史

　　大多數警政學者公認，英國內政部長Robert Peel爵士於1829年根據「都會警察法案」（*Metropolitan Police Act*）所建立的倫敦警察，是現代警察的起源（梅可望，2000）。在現代警察出現以來的一百七十多年歷史中，可以對見警率的效應提供有意義且自然的檢視。在英國Robert Peel爵士建立現代警察之前，歐洲及北美等國家並沒有隨處可見的警察巡邏。夜間守望制度（night watch system）僅見於較大的城市，不過功能有限，並無法有效地嚇阻犯罪者。當時的治安維護工作，在本質上屬於一種自願性的活動，由民眾自行組織一些團體，當遇有特殊情況，譬如有人大喊「捉賊」或求救時，由這些團體回應處理（Klockars, 1985）。當時在英國，如果某一地區或鄰里無法逮捕逃逸的嫌疑犯到案，那麼該地區或鄰里的民眾甚至會受到君主的懲罰——如金錢罰。

　　在18世紀中葉以前，英國的思想家發現此制度並不適合像倫敦這般龐大且極具匿名性的城市。當時倫敦甚至還出現了專門賺取賞金的私人偵探行業，之後，成立專責警察的呼聲逐漸響起。到了1829年，長期以來有關公共安全與個人自由的爭辯，終於獲得調解。一支規模龐大、政府支薪、正規的制服巡邏警力終於成立，這就是倫敦首都警察（the Metropolitan Police of London）的誕生。而後，紐約及其他許多都市相繼效法倫敦的例子，當時在這些人口稠密的都市環境中，就好比實施了一項徒步巡邏效應的實驗。而那時老百姓不再向他們的鄰居大喊「捉賊」，此時已有正式的「警察」來受理並回應他們的呼叫或請求。在這些人口密集的都市社區中，徒步巡邏警察的可見度是相當明顯的，一位正在值勤的警察，可能會被上百名民眾看到。

　　雖然，很難準確測量這些發展的結果，但是有實質的證據顯示，由於顯見的警察巡邏被創立出來，暴力犯罪及公共失序現象因而受到抑制

（Sherman, 1995）。儘管，當時在其他方面的社會變化與犯罪率的降低似乎也有關係，例如民主腳步的邁進以及投票權的擴張等，皆有助於和緩社會疏離及犯罪問題的惡化。另外，都市中產階級的成長以及公共教育的發展等，亦有助於非正式社會控制的強化。但是，倫敦在1830年後暴力犯罪的明顯減少，不能否認是一項與見警率有關的事實。

貳　警察罷工

警察罷工，可以作為一項檢驗見警率功能的實驗。假設我們沒有了警察，那會發生什麼事？1919年的Boston及Liverpoor、1969年的Montreal、1973年的Helsinki、甚至第二次世界大戰納粹占領期間的Copenhagen等，相關資料顯示非常一致的結果：「魔窟的大門開放了」。特別是強盜、搶奪犯罪有非常明顯的增加，而鬥毆及財產性犯罪也有極類似的情形。在Helsinki警察罷工的那一段時期，醫院接受傷患顯著的增加；在Montreal，每小時的竊盜犯罪率上升了1萬3,000個百分點，每小時搶劫銀行的犯罪率則上升了5萬個百分點（Gilling, 1997）。這些證據毫無疑問地顯示出：儘管在同質性高、教育良好、低犯罪率的社會，仍舊需要警察來控制犯罪。

參　犯罪熱點

犯罪學家發現，犯罪的時間和空間分布實類似於青少年的休閒型態，而與成年人的職業生活態樣大相逕庭。犯罪於夜晚或清晨集中發生在都市某些特殊地區（蔡德輝、楊士隆，2002；Felson & Clarke, 1998）。根據警務統計及犯罪被害調查資料，個人暴力（personal violence）犯罪，諸如強制性交、傷害及強盜等，大多數皆發生在深夜及清晨。汽車竊盜大多數發生在夜晚，住宅竊盜發生的可能性則趨於白天與夜晚各一半。

大多數的暴力犯罪發生在家庭以外的場所。根據犯罪被害調查資料顯示，70%的強盜案件以及50%的傷害案件是發生在街頭上或其他公共場所。官方資料也顯示，大多數的強盜、傷害及強制性交等事件是發生在家庭之外，特別是發生在街頭之上（許春金，2005；Lab, 2000）。同時，不論是官方資料或是犯罪被害調查，皆顯示大多數的犯罪是發生在都市裡，並

且都市裡的犯罪大部分是發生在某些特殊地點。一般而言，高收入地區，犯罪率較低。

另從警察罷工的角度來分析，亦可發現相類似的情形。警察的罷工，可以說是同時地把整個都市的警力都給移走了，但犯罪在警察罷工之後，並沒有在都市裡的個個角落發生。有一半以上的犯罪反而是發生在都市中不到3%的地點，即這些少數的地點卻解釋了大多數的犯罪，犯罪學者稱其為「犯罪熱點」（hot spot of crime）。而發生在這些「熱點」的犯罪，大多集中在一周當中的某些天，以及這些「熱門日子」（hot days of week）的某些「熱門時段」（hot times of day）（Sherman et al., 1989）。因此，都市有許多場所或地區，甚至是在犯罪頻繁處的外圍，長期可能沒有太多犯罪的發生。

換個角度思考，若把巡邏的可見度均勻地散播在整個空間與時間裡，那麼對犯罪而言並非是均勻的。雖然每一個市民獲得了「公平分配」的警察作為，但是這樣子的策略就好比是開了一帖等劑量的藥方給每一個人，不管他或她生病與否。換言之，對於病情稍重者藥量可能不足，對於無病者或許是一種浪費。而Kansas市巡邏實驗的結果指出，非常均勻地把警力散播在各巡邏區，無視犯罪在時間與空間上高、低峰的差異現象，並不能對犯罪產生有效的作為。就如同一般標準的美國警政運作模式，此實驗把大多數警力的時間投資在低犯罪時間與空間上，卻沒有在高犯罪的時間與空間上分配特別的警力。這是相當不合邏輯的「公平分配」策略。

接下來的問題較為敏感，也就是如果把焦點擺在高犯罪的時間與空間之上，那麼警察的可見性對於犯罪是否能夠產生效應？至少到目前為止，實證上所提供的答案，似乎是「是的」。換言之，就是當警察採用此等途徑之後，評估的發現顯示，警察可以降低或至少可以驅逐特定的犯罪問題（Gilling, 1997）。警察的可見性能夠產生相當的效應，但並非是透過「公平分配」的途徑。將警察的可見性集中在犯罪經常發生的時間與空間，對於居民的安全保障似乎比均勻散布的策略來得有效。因為絕大多數的人較可能在公共的熱點遭受到陌生人的犯罪侵襲，而較少在自己的家中遭受犯罪被害。譬如在Minneapolis，全般強盜案件僅僅發生在整個城市2%的地區便是一例（Sherman et al., 1989）。有證據顯示，讓足夠的警力出現在犯罪熱點，將有助於降低犯罪的發生。該證據分別為：警察掃蕩的評估，以及熱點巡邏的控制實驗。

肆　臨檢掃蕩與犯罪轉移

　　警察的臨檢掃蕩，可以說是警察突然且大量的出現或進行執法活動。臨檢掃蕩可以在短期上實質地降低掃蕩區內諸如酒後駕車、強盜、販毒、娼妓及青少年滋事等犯罪行為。這些犯罪是否因為臨檢掃蕩而被轉移到其他地區，並不十分確定。但是臨檢掃蕩能夠抑制犯罪發生的證據卻是非常明顯的（Braga, 2002）。有一項研究分別檢視了美國及其他五個國家的18次警察臨檢掃蕩，結果發現其中的15次是成功的，幾乎沒有犯罪轉移的效應發生（Sherman, 1990）。另外一個例子，則是倫敦警察所實施的娼妓掃蕩，實施的結果也沒有發現掃蕩區內的娼妓被驅離至其他區域（Lab, 2000）。

　　其他尚有許多支持無轉移效應的證據，這些證據大致來自兩方面。其中之一，就是觀察許多掃蕩實例的評估，這些評估顯示與轉移相反的效應，亦即不僅沒有將犯罪轉移至鄰近的區域，反而降低了鄰近未實施該措施之區域內的犯罪。潛在犯罪人的此種「錯覺」，實際上就是無轉移效應的證據：犯罪集中在熱點。這個意思就是說，如果犯罪的機會是限制在熱點之內，那麼在某一個熱點所實施的犯罪預防措施，似乎並不會將犯罪驅趕至熱點之外，就算是有任何的轉移效應發生，也應該是轉移到能夠提供類似機會結構的其他熱點裡去。但是，如果在一個都市中的所有熱點，皆保持相當高的警察可見度，那麼理論上轉移的潛在性，便應當是非常低的。

　　學者及實務者普遍認為，實施臨檢掃蕩有效的要點是「短暫且難以預測」（short and unpredictable）。長期的臨檢掃蕩顯示會弱化臨檢掃蕩的威嚇力量，相反地，短期的臨檢掃蕩反而在實施後，會提供一種免費的「殘餘威嚇力量」（residual deterrence），因為潛在犯罪者並不會很快地計算出警察是否已經離去了。換言之，對於不同的目標保持短暫的、以及隨機輪換式（random rotation）的高見警率，將可以獲得額外的犯罪控制效果，也可說是獲得較佳的見警率效能（Sherman, 1995）。儘管有轉移至其他熱點的情形發生，但只要在各犯罪熱點提高見警率，並且讓潛在犯罪者難以預料警察的出現，那麼就可以在相同的警力資源下，創造較高的威嚇效應。

伍 犯罪熱點的巡邏實驗

　　Sherman及其同僚曾經針對見警率的效能進行實證檢驗，該研究名為「Minneapolis市熱點巡邏實驗」（Minneapolis Hot Spots Patrol Experiment）。該實驗是將Minneapolis市犯罪發生最頻繁的110個熱點隨機分為兩組，其中一組的55個熱門地點，每天接受三個小時間歇性的、及不可預知的警察出現；另一組的55個熱點則接受原來的巡邏運作，僅主要回應民眾所請求的服務。這兩組的淨差在經過研究小組長時間詳細的觀察後，確定前組（實驗組）高於後組（控制組）250個百分點的見警率。實驗結果發現，全市所有受理報案的犯罪減少了13%，而一些嚴重性的犯罪——諸如強盜——甚至更降低了20%。而研究小組同時也注意到，實驗組的鬥毆及滋擾事件亦低於控制組50%之多（Sherman & Weisburd, 1992）。

　　該實驗進一步分析，發現了警察若在不同熱點之間頻繁地輪換巡邏，則較具功能性，若長期停留在一個熱點內巡邏，其功能反而極為有限。由於在研究小組謹慎的觀察下，所以該實驗因而得以測量出當警車離開某熱點多少時間後第一件犯罪或失序行為發生，即當警察離開與第一次犯罪發生之間的相隔時間。分析顯示，警察停留的時間愈長，則該熱點就愈能夠在警察離去後有較長的時間免於犯罪，但這樣子的關係只存在於某個範圍之內。警察出現五分鐘比出現一分鐘有效，而出現十分鐘又比出現五分鐘來得有效，但是當警察出現的時間超過十分鐘以上，則發現其功能性有消褪的現象。同時也發現，僅僅開車駛過熱點而未做停留，幾乎是沒有可測量的利益。因此，運用警察可見性的適當方法，可能是應該讓警察在各熱點之間輪替巡邏，並在熱點停留十分鐘。

　　值得注意的是，此結論的效度與警察在熱點內執行工作的內容有關。譬如Minneapolis市警察巡邏是相當被動的，警察便很少走出巡邏車與民眾交談或盤查嫌疑人。雖然，較主動的作為或許可以提昇控制犯罪的效能，但不當的主動作為也可能會將治安事件處理的更複雜。「煽動性的警察作為」（provocative policing）一詞，可以用來描述愈多警察的出現反而會增加犯罪的現象。有一位英國蘇格蘭場（Scotland Yard）高階警官，曾經就此現象提供其個人的經驗，他說在他早期於徒步巡邏區執勤

時，由於當時尚未使用無線電，因此他必須用口語說服的方式來控制年輕的酒醉滋事者，他偶而會因為一些小問題而與滋事者起爭執，但狀況都不會太嚴重。他說，現今如果警察處理類似狀況時遭遇抵抗，該警察一定會透過通訊請求支援，然後幾部警車抵達現場，但卻會招致更多的年輕人加入這一場原本單純的事件，結果好幾位年輕人因為傷害而被送入了看守所（Sherman, 1995）。誠如Sherman（1995: 334）所言：「見警率的效能顯然並不像阿斯匹靈般的單純與一致，它對於犯罪的藥效端視其如何被調配以及如何被吸收。」

第四節　警察的反應時間與犯罪控制

　　一般人的感覺是儘管看不到警察，但只要確知一旦通知警察，警察就會立即出現，那麼自然就會產生一種安全感。在現實社會中，民眾對於警察迅速反應的能力，有相當高的期待和需求。

　　理論上，警察快速反應，應可在預防傷害、增加逮捕及威嚇犯罪等方面產生正面效應。在實務上，是否能夠達到上述目標，確不無疑問。通常，犯罪人在犯罪的第一秒鐘造成傷害，並不會給被害者足夠的時間來通知警察。譬如，在許多蒙面歹徒搶劫商店的案件中，店主（或店員）往往是在要按下警報器時被歹徒傷害的。另外，過去發生多起被害人被歹徒跟蹤回家的案件，當被害人步出車子時被槍殺。就算警察在歹徒仍舊停留現場時抵達，難道沒有可能引發槍戰、誤傷路人、或是被害人被挾持為人質的情況嗎？基於這些緣故，難怪美國有許多銀行取消了武裝警衛以及搶劫警報器，就是怕有上述情況的發生。而當宵小侵入，正好有人在家時，通常大多數的警察會建議民眾先盡快地離開家，然後再迅速報案。這個道理，就如同大多數的人並不會等到消防車到達時才離開自己正在著火的房子一樣。

　　有關降低反應時間以減少傷害的更基本問題是，在所有警察受理的報案中，僅有一小部分具有立即傷害的潛在性，大多數的報案多為口角衝突、誤按警報器、過時已久的財產性犯罪以及其他方面的服務請求等。因此，要對所有的報案縮短反應時間，不僅是一種浪費，同時也是危險的（因為警察要迅速趕赴現場）。就如同見警率的效能是發揮在少數地點一

樣，警察快速反應的功能也是落在數量有限的報案上。

　　平均反應時間在邊際面的降低（marginal reduction），譬如從合理的速度降低到更為快速，似乎並沒有太大的意義。在實務運作上，警察二十分鐘的反應或十五分鐘的反應，效果上可能並沒有太大的區別，只不過是成本上有顯著差異。警察快速反應對於正在進行中的犯罪，應有其意義及重要性。但是，在警察受理的所有報案中，進行中的犯罪只占少部分。事實上，當被害人或目擊者打算報案時，犯罪人大多早已逃離現場。學者Walker（1998）稱這種犯罪已經「冷卻了」（cold crime），並估計此種犯罪至少約占全般犯罪的三分之二，大多數的竊盜及街頭搶劫等都是cold crime的典型。在這種情況下，警察反應的速度便顯得並非十分重要。另外，學者Sherman（1995）也曾估計，警察對於進行中之嚴重性犯罪的立即反應，所能達到的逮捕率只占嚴重性犯罪報案中的2.9%。事實上，想要透過縮短反應時間以增加逮捕率，可能性並不高，因為警察反應的快慢實際上大多受制於報案者的反應或延遲，在所有被害者與加害者接觸的案件中，幾乎有一半的案件民眾在案發後五分鐘才向警察報案。而在延遲五分鐘之後，對於犯罪人逮捕的機會就不見得會比延遲六十分鐘後來得大。換言之，警察逮捕現行犯的能力，實受制於民眾的報案時間是否有所延遲，而在這方面想要有所改變，並非容易之事。

第五節　逮捕與犯罪控制

　　儘管警察可以增加逮捕數，但是否一定可以因此減少犯罪，其間的關係恐怕並非如此單純。在理論上，較多的逮捕應該可以增加懲罰的確定性，而以其所產生的威嚇達到犯罪預防的功能。但是在實務上，增加逮捕數可能反而會衍生若干意料外的副作用，這不僅會抵銷掉增加逮捕數所帶來的好處，有時甚至會招致與預期相反的負面效應，譬如引發更多的犯罪。

　　有關逮捕的第一個問題是，每一次的逮捕都可能會使執行逮捕的警察耗費大量的時間在文書作業上，諸如做筆錄、按捺指紋、甚至有時得先送醫急救等，而耽誤其外勤工作（如巡邏）。所以只要執行愈多的逮捕，反而可能會降低見警率。對於逮捕及見警率兩者的威嚇效應，雖然尚未有系

統性的比較分析，但是只要整個逮捕的過程（包括文書作業）規模愈大、耗時愈久，則對例行的外勤工作——如巡邏——愈不利。假如見警率對於犯罪比逮捕更具威嚇效果，那麼增加逮捕數無異等於是增加犯罪率。

　　如果大多數的逮捕是針對嚴重犯罪案件，那麼剛剛的問題可能就有不同的推論。但事實卻不是如此，通常大多數的逮捕對象並非都是嚴重犯罪者，反倒是一些較輕微的犯罪者，譬如普通竊盜、妨害風化或因口角引發的鬥毆事件等，而不是像殺人或持槍搶劫那樣的重罪。學者Smith與Visher（1981）曾對警察與被害者、犯罪者的互動，做過深入的觀察研究。他們的研究顯示，警察就所有具足夠法律逮捕要件的案件，只對不到50%的案件進行逮捕。而警察執行逮捕的原因，從犯罪嚴重性的考慮到犯罪者蠻橫無理的態度皆有可能。當警察遇到應逮捕的情況而不執行逮捕，通常是因為他們發現其他的解決方法，譬如叫犯罪人負責損壞賠償或將當事人予以隔離。常見的例子有，警察規勸嫌疑人賠償、歸還財物或訓斥嫌疑人立即離開現場，這種方式稱為「維護和平」（peacekeeping），而非「執行法律」（law enforcement）（Walker, 1998）。

　　儘管逮捕假使不會降低見警率，但在預防未來的犯罪方面，逮捕不見得會比和平維護有效。許多犯罪的發生其實是出自犯罪者的報復心理，對其加諸法律制裁可能會激發更多的報復，逮捕或許可以免除一場紛爭，但卻可能在未來引發更多的暴力。另外，有些被逮捕人可能在很短的期間內就被保釋或釋放出來，使得警察對被害者的保護功能，顯得極為有限或不足。這種兩難現象，在家庭暴力事件的處理上更是格外明顯。

警察對家庭暴力事件的逮捕效應

　　Sherman與Berk（1984）的實驗研究發現，當警察執行逮捕而非運用其他替代或和平維護的策略時，可以使Minneapolis市的家庭暴力事件獲得實質上的降低。之後，這個結果受到廣泛宣傳，並使美國多處警察局在處理家庭暴力事件時採取逮捕的途徑。美國國家司法研究所（National Institute of Justice）接著又在其他幾個城市複製了上述的實驗，雖然這些複製實驗的結果在宣傳及影響方面，或許比不上最初在Minneapolis市的實驗，但其重要性卻有過之而無不及。包含Minneapolis市的結果，一共有三個實驗顯示逮捕具有威嚇的效應，其他三個實驗則顯示出犯罪者並未因逮捕而受到威嚇（Sherman, 1992b）。

更進一步的分析，有助於洞悉結果的差異性。在Milwaukee、Omaha、Dade County（Florida）以及Colorado Springs四處的複製實驗發現，逮捕對於有職業的施暴者具威嚇效果，但對於失業的男性卻會增加其再犯（Sherman & Smith, 1992）。而在Milwaukee市的實驗則做了更詳盡的分析，結果建議被逮捕者鄰居的職業狀態可能是更重要的變數。分析發現，即使當事人是有職業者，但其鄰居若大多為高失業者，那麼對其輕微的家庭暴力行為而言，警告比逮捕更具威嚇效果；另外，當事人若為失業者，而其鄰居僅有少數的失業情形時，逮捕具較高的威嚇效果（Marciniak, 1994）。無論造成這些結果的原因為何，但這些研究明白顯示，較多的逮捕並非就能夠擔保較少的犯罪。

上述實驗的發現，隱喻逮捕效能與被逮捕人的背景狀況有關。因此，以提高逮捕數當作警察控制犯罪的策略似乎並非是萬靈丹。

第六節　結　語

靠警察的努力可以降低犯罪嗎？本章從見警率、反應時間及逮捕數等方面的分析中，說明了回答此問題的困難處，因為警察的努力有時不僅不能降低犯罪，反而有可能會增加犯罪的發生。換言之，警察到底能對犯罪如何？重點並不在於警察的「數量」，而在於警察所執行的「工作」。因此，論證的焦點應該不是強調是否需要警察這一帖藥方，而是應該強調藥方的內容是什麼。就前述有關警察回應犯罪策略的討論中，似乎支持筆者做如下的結論：

一、在犯罪熱點，應該要有足夠的警力維持短暫以及隨機輪換式的高見警率。

二、如果只是為了要降低反應時間而儲備大量警力，似乎並沒有這樣的必要。

三、另外，也要有足夠的警力維持相當密度的交通執法與街頭盤查。

台灣自從1987年解嚴開始，對國內警察而言，可說是進入了一個新紀元。民主化的社會、多元化民意以及為因應社會快速變遷的新立法或法律修正，在在都給警察帶來許多新挑戰。近年來，犯罪學家與社會改革者也反應出愈來愈令警察警惕的聲音，即面對犯罪的「根本原因」時，如家

庭問題、學校問題、失業問題等，警察的能力甚為有限。警察本身也接受了這樣子的看法，所以警察盡可能在保持既有發展的同時，逐漸強調警民合作、共同致力維護治安的重要性。根據筆者於本書第三章所執行的犯罪被害調查顯示，被害者對警察表示不滿意約占三成，若根據第二章陳情民眾的意見，不滿意的受訪者比例更高。民眾主觀感受是一項社會事實，處在這種民主、開放且多元的歷史洪流中，警察回應犯罪的策略不可憑空捏造，否則終究難以通過民意檢驗。警察機關實應借助新穎且有效的研究方法，發展大規模的資料庫，洞察新問題，並將分析結果運用於決策過程。惟有在理性權變的基礎上，警察作為才具功能性，民眾對警察的滿意度才有具體改善的可能。

第十一章　警察巡邏勤務的實驗

第一節　前　言

　　現代警政有兩項核心策略，一是巡邏，另一是犯罪偵查，兩項策略的目的都是為了控制犯罪（許春金、孟維德，2002）。巡邏是透過警示有犯罪動機之人抑制其犯罪，犯罪偵查則是透過逮捕及懲罰犯罪人，讓犯罪人記取教訓並提供社會大眾犯罪下場的實例來抑制犯罪。本章主要探討巡邏，犯罪偵查是第十四章的焦點。

　　根據D. H. Bayley等人的研究顯示，當代民主國家約有60%的警力分配到巡邏有關的事務處理上，巡邏是一項非常耗費人力資源的警察勤務（Bayley, 1998; Thibault et al., 2007）。執行巡邏的警察身著制服，開著或騎乘標有警察標誌的機動車輛在公共空間提供一種「可見的出現」（visible presence）。由於巡邏是警政中最主要的策略之一，實有必要瞭解這項策略是否有達成公認的目標——抑制犯罪、逮捕嫌犯以及降低犯罪被害恐懼感。美國「堪薩斯市預防巡邏實驗」（Kansas City Preventive Patrol Experiment）被公認是評估警察巡邏效能最著名的研究，其發現對於後續的警政及刑事司法研究具有重大引導與刺激作用，因此本文乃以該研究作為論述對象。

　　該研究發現，改變巡邏密度（見警率）並不會影響犯罪率、逮捕率、民眾的犯罪被害恐懼感。如此的結論對警政有如晴天霹靂，深深撼動傳統警政策略的思維基礎（Thurman et al., 2001；孟維德、楊士隆，2006）。當實驗結果一公開，警政實務者立即批評該研究發現與基本常識相左，學者則批評該研究在研究方法上有問題（Larson, 1975; Risman, 1987）。回顧該研究公布發現至今，它對警政的衝擊始終具有許多令人迷惑之處。

　　該研究普遍被資深警政管理者及刑事司法學者所接受的主要結論是：改變巡邏密度（見警率），幾乎對犯罪率及民眾的犯罪被害恐懼感沒有影響（Goldstein, 1990）。儘管該研究在研究設計上存有眾人皆知的瑕疵，但上述結論還是被堅定的接受。在知曉研究瑕疵及接受研究結論的同

時，學界及實務界並沒有強烈企圖想重複該研究以檢定結論的真偽。當一個研究對現行的、高成本的政策產生否定甚至摧毀性論述，而且該研究發現在實質及程序層面上均具爭議，應該會很快重新複製或檢驗該研究。但從過去文獻的檢索中，只看到少數相關研究。這樣的沉默既震耳欲聾又令人感到困惑。當然，這是可以理解的，警察不願再熱情提供研究人員協助來打擊他們慣用的控制犯罪策略。只是令人不解的是，許多經常批評堪薩斯市研究的學者也沒有採取較優良的研究方法對該研究進行複製檢驗。

雖然堪薩斯市研究的結論被認定為事實，但該研究對警察實務並沒有產生太大的影響。機動車輛的巡邏仍舊是警察的主要策略，警察機關依然將大量警力派遣到巡邏策略上。但堪薩斯市研究卻對未來警察策略的規劃與執行產生省思作用，社區警政（community policing）的發展就深受其影響。儘管巡邏依舊是警察的核心策略之一，但堪薩斯市研究讓警察決策者愈來愈對過去所慣用策略的效能產生懷疑（Peak & Glensor, 2004）。因此，堪薩斯市研究的間接效果是相當重要的。

總之，堪薩斯市預防巡邏實驗具有底下特徵，它是非常著名的研究，它的發現普遍被認定為事實，它的研究設計被認定有瑕疵，但它卻從未被複製檢驗過，它並沒有削弱警察對巡邏勤務的依賴程度，它引發眾人對警察工作目的與方法的省思。上述這種既奇特又矛盾的組合，隱喻警政專業實務者及社會科學家都有所缺失，雙方都應該在研究結果公布後展開行動，但都沒有。

堪薩斯市研究曾喚起一陣短暫的研究風潮，就是「步巡研究」。理由是，汽車巡邏與堪薩斯市巡邏的不良效應有關，或許是因為車巡的距離較遠，車內警察與民眾的實質接觸較少，因而沒有產生強烈「可見的出現」效果以抑制犯罪。在這樣的假設基礎之上，徒步巡邏應該會對犯罪、逮捕及犯罪恐懼感產生較大的影響。

兩個具啟發性的研究檢驗了這項假設：一是由「警察基金會」（Police Foundation, 1980）在美國紐澤西州Newark進行的研究，另一是由警政學者Robert Trojanowicz（1982）在密西根州Flint的研究。在Newark的實驗發現，針對犯罪的抑制，步巡不會比車巡更有效，但步巡可以降低民眾的犯罪被害恐懼感、提昇安全感，也有助於改善民眾對警察服務的觀感。但另一方面，在Flint的研究是有關警察巡邏評估研究中最特殊的研究，只有該研究發現步巡可以減少犯罪的發生。這兩項研究都可

以作為研究方法及警政專業領域裡的素材，但內容頗複雜，節錄與編輯困難，所以本章不予討論。

有關警察巡邏的研究大致會對一些指標進行檢驗，例如犯罪率、逮捕率、民眾的犯罪被害恐懼感、民眾對警察的觀感、警察士氣、民眾預防犯罪活動等。事實上，警政工作並不是一項單純的活動，它的效應可能是多面向的。因此，通常並不會因為某研究製造出矛盾的發現而否定某一項警察實務，反而是不同研究檢驗出不同的研究結果。當要對一篇文章進行評論前，必須先界定作者的目的為何，也就是要謹慎界定研究者用以判斷警政策略效能的指標。一般研究常對多元指標進行檢驗，所以在單一項研究中可能會發現，警察策略從某一觀點來看是有效的，但從另一觀點卻無效。選擇適當指標來測量概念（警察策略的效能），就是研究方法中的「操作化」（operationalization）。

堪薩斯市研究之所以著名，一方面是因為它挑戰了傳統的賢智，另一方面則是該實驗在刑事司法與犯罪學研究方法上豎立了極重要的里程碑。其實，光看它的名稱──「堪薩斯市預防巡邏實驗」，就已說明了一切。研究人員在堪薩斯市操縱警察巡邏勤務，好讓巡邏密度（見警率）在該市呈現系統性的變化。在某些地區的日常巡邏被移除，在某些地區巡邏密度則顯著增加，在某些地區則維持原有巡邏密度。

實驗性的研究設計，在自然科學中很普遍，但社會科學卻甚為鮮見。理由很明顯、也很簡單，社會科學的研究對象經常是「人」，當人一旦知曉自己正被觀察、研究，行為往往會改變。此外，人還有「人權」的問題，無生命的物體則沒有它自己的權利。所以不能因為科學的意義與價值，而強迫人配合科學研究。儘管是自然科學中的生物學研究，不免涉及動物和其他生物體的實驗，到底是將這些實驗樣本視為無生命體（岩石、星球）？還是把他們當作人看待？至今仍有許多未定的爭議。因為社會科學家研究「人」的問題，事實上，他們較常採用的是「準實驗設計」（quasi-experimental design）。在此種研究設計下，研究者無可必免要面對自然發生的「變異」，準實驗意指所研究的變異並非全然是研究者實驗處置所造成的。在這種方法下，社會科學家必須要避免干預人的健康、權益等倫理問題。在準實驗設計中，研究者依照自然科學的經驗去複製實驗的必要條件，社會科學家藉由準實驗來判斷某事物的改變會不會給另一事物造成影響，警察巡邏對犯罪、逮捕或犯罪被害恐懼感影響甚微，有可能

是因為巡邏警力數與人口數相比過於稀少。雖然,堪薩斯市研究在某些地區將巡邏密度予以增倍,但如果原先巡邏密度本來就很低,增倍後仍舊無法顯著提昇見警率。這應該是有道理的說法,因為大多數民眾通常對警力分布的疏密情形並不瞭解。警力多寡的規模常以警力數與人口數的比值為代表,美國一般城市的警民比大約為1:400(Whisenand & Ferguson, 2005),但在任何時刻於街頭上巡邏的警力數與人口數的比值則要小了許多。警政學者David Bayley曾估計,後者的比值低於前者比值的十分之一(Bayley, 1998)。Bayley認為有幾個原因,首先約有60%的總警力分配至執行巡邏的單位,所以可見的警力數不是總警力數,總警力數要先扣除40%。其次,不是所有巡邏警力都會在任一時間執行巡邏,而是輪班巡邏。通常是分為四組警力負責巡邏,每天有三組上班,一組輪休,上班的三組每組執行八小時巡邏。換言之,在每八小時勤務時段裡,只有15%的總警力數執行巡邏(60%除以4)。此外,警察人員不可能全年無休,扣除例假、病假、休假、訓練,Bayley估算美國警察每年約工作235天。事實上,每名巡邏警察不是提供平均每天八小時的巡邏,而是只有約64%【(235÷365)×100% = 64%】的工作時間。所以,15%的總警力數還要再減少至約10%。最後,觀察巡邏警察的工作實況,巡邏警察在用餐時間也要吃飯,必要時還需與主管開會,逮捕嫌犯後還要花時間處理嫌犯(如製作筆錄)。很明顯的,任何時間於街頭巡邏的警力數要低於總警力數的10%。這也就是為什麼巡邏警察不常被民眾看到的原因了。前面曾提及美國一般城市的警民比大約為1:400,但這指的是總警力數,不是實際見警率的估算基礎,若以巡邏警察出現街頭的比例(低於總警力數的10%)來估算,大概是每4,000多民眾中可以看到一名巡邏警察。Bayley的估算方式對見警率的澄析具啟示作用。

上述的數字及估算,可以解釋為什麼科學研究沒有發現增加警力或巡邏密度會對犯罪產生顯著的影響。從另一方面來看,如果見警率本來就不高,那麼針對現有警力予以一般性的增減,自然不會有顯著影響。值得深思的問題應該是,假設要增加警力到可以顯著影響見警率的程度(可能是增加5倍、10倍的警力),那麼所要支出的經費是否具經濟理性。本章接著將論述堪薩斯市預防巡邏實驗的研究設計與主要發現。

第二節　堪薩斯市預防巡邏實驗的主要發現

　　大多數警察、民眾以及政府官員普遍認為，巡邏勤務可以有效抑制犯罪活動，以致政府將大量預算投資在巡邏勤務的維持與改善上。前芝加哥市警察局長同時也是著名警政學者O. W. Wilson就曾強調巡邏勤務的重要性，他表示「巡邏是達成警察任務不可或缺的勤務，扮演著舉足輕重的角色。它是警察勤務中唯一可以直接排除犯罪機會的勤務（Wilson & Mclaren, 1977）」。Wilson相信，藉由讓社會大眾感受警察遍布各個角落的印象，巡邏就可以讓潛在犯罪者體察，想要成功犯罪的機會是不存在的。

　　Wilson的觀點至今仍是主流觀點，在過去幾十年來，現代科技有著長足進步，諸如許多新式的交通、監控及通訊器材導入警界成為巡邏裝備，同時電腦科技的精進更大幅改善了巡邏策略的內容與執行方式，但巡邏的主要原則依然不變。今日準備踏入警界的人員，仍舊像他們的前輩，從警校老師及教科書中學習到「巡邏是警察工作的主幹」。

　　不僅是警察本身，社會大眾也相信預防性巡邏是維繫警政效能不可或缺的要素。一般民眾的感覺是看到警察巡邏，以及向警察報案後警察能迅速採取行動，民眾就會有較高的安全感，也會覺得這是警察控制犯罪的基本要務。因此，在面對日益上升的犯罪率，政府官員及民眾最常想到的對策就是增派巡邏警力，把更多的警察派到街上去巡邏。官員和民眾總以為，增加見警率是面對犯罪率上升的必要作為。近來，更有民間自組巡守隊來輔助提昇見警率，強化社區的居住安全。

　　從1960年代開始，針對巡邏效能的質疑逐漸形成。隨著犯罪率及警政預算不斷升高，刑事司法研究人員及關心治安問題的人士開始質疑巡邏與犯罪之間的關係，相關文獻逐漸浮現、累積。早期出現的文獻多為探索性，研究者時常面臨資料不全、資料不正確以及資料分析等研究方法的問題，有些問題至今仍是警政研究人員感到困擾的問題。這些早期的研究發現，給過去的傳統觀念及信仰帶來了直接挑戰。有些研究指出未來需要更精準的研究以檢驗發現，但許多研究卻指出警政領域存有令人質疑的問題，特別是在警察作為的應然面與實然面之間有很大落差。

　　本文所論述的主要內容，為美國「警察基金會」（Police Foundation）贊助執行的一項研究，研究地點為密蘇里州堪薩斯市（Kansas City, Missouri），該研究公認是分析警察巡邏效能最完整的研究。在該研究進行前，堪薩斯市警察局及警察基金會研究團隊協商達成共識，決定研究採實驗設計，所蒐集的資料包括警察局的內部資料及實驗測量的資料。此外，雙方同意警察局及基金會互派代表針對實驗狀況加以管控。在雙方共識下，警察局承諾願意配合執行八個月的實驗，如果該期間犯罪問題並未因實驗而達無法接受的程度，那麼警察局願意將實驗再展延四個月。

簡單說，該實驗針對堪薩斯市中15個巡邏區加以操縱，改變例行性預防巡邏（routine preventive patrol）的班次數量。這15個巡邏區被隨機分為三組，每組有五個巡邏區。其中一組為「反應巡邏區」（reactive beats），在實驗期間，這一組巡邏區的例行性預防巡邏被取消，警察只有在接獲民眾報案或請求服務的情況下才進入這組巡邏區。第二組為「控制巡邏區」（control beats），在實驗期間，這一組巡邏區的例行性預防巡邏維持原狀，每一巡邏區有一輛警車巡邏。第三組「預警巡邏區」（proactive beats），在實驗期間，將反應巡邏區多餘的警力及車輛調來本區，把例行性預防巡邏的數量增為2至3倍。

基於測量上的考量，研究人員在實驗前建立如下的研究假設：

一、根據被害調查及報案資料，犯罪數量不會因為巡邏形式的不同而改變。

二、民眾對於警察服務的感受不會因為巡邏形式的不同而改變。

三、民眾的犯罪被害恐懼感不會因為巡邏形式的不同而改變。

四、警察的反應時間以及民眾對反應時間的滿意度，在不同實驗區而有差異。

五、反應巡邏區的交通事故會增加。

實驗結果並未如社會大眾及警察平時所想像的，研究發現三種巡邏狀態並沒有影響犯罪數量、民眾對警察服務的感受以及民眾安全感。例如：

一、根據實驗期間所進行的被害調查顯示，不同形式的巡邏並沒有對家宅竊盜、汽車竊盜、強盜搶奪、毀損行為的數量造成顯著影響。傳統上，這些犯罪被認為是較能被巡邏勤務抑制的標的犯罪。

二、在民眾報案的犯罪率方面，不同組的巡邏區只呈現微幅的差異，而且差異缺乏一致性。

三、在警察局本身所發現的犯罪數量方面，不同組的巡邏區雖有差異，但該差異被判斷為隨機誤差所造成。

四、在民眾對警察服務的感受方面，不同組的巡邏區只呈現極少數的顯著差異，而且這些少數的顯著差異缺乏一致性的脈絡。

五、整體而言，民眾的犯罪被害恐懼感並未受不同巡邏區的影響。

六、在民眾自行採取的防制犯罪措施方面，不論是數量或形式，不同組的巡邏區只呈現少數差異，而且這些少數的差異缺乏一致性的脈絡。

七、商業人士對於犯罪及警察服務的感受，並沒有因為巡邏區的組別不同而受影響。

八、不同巡邏形式，並沒有顯著影響民眾對於警察的滿意度。

九、不同巡邏形式並無顯著影響警察反應時間以及民眾對警察反應時間的滿意度。

十、不同巡邏形式並無顯著影響交通事故及傷亡情形。

十一、員警約有60%的時間通常是空著（可以回應報案及服務請求），在這些時段，員警大多處理一些與警察無關的事務。

十二、員警對「預防性巡邏」勤務並無一致性的定義，也缺乏衡量預防性巡邏效能的客觀方法。員警對預防性巡邏防制犯罪的效能，在看法上呈現正反或衝突的反應。許多員警認為預防性巡邏是警察職能的一部分，所以預防性巡邏是重要的。

　　上述有些發現對傳統觀念產生直接挑戰，某些發現則指出需要未來研究來解答。另外，還有些發現指出警政工作中有許多令人質疑的問題，就是在民眾要求警察所為、民眾相信警察所為，以及警察能為與應為之間，可能有很大的落差。

　　在預防巡邏實驗分析中的直接性議題，就是預防巡邏對於犯罪及社區的影響。此外，該實驗還隱喻出更大的政策議題，那就是都會型警察局能否建構及維繫實驗進行所需的條件，以及實驗會不會影響正常執行預防巡邏的時間分配以及民眾的權益。事實上，堪市實驗不僅對於上述問題都提供了肯定答案，同時也是定義及釐清警察在現代社會中具有哪些實質功能的重要一步。此處需強調的，某些有關巡邏的議題，並不在堪薩斯市預防巡邏實驗所欲探討的範圍，例如雙人車巡與單人車巡的比較、組合警力（team policing）、綜合模式與分疏模式的比較（generalist-specialist model）等。該實驗發現並未證明警察無法解決犯罪問題，也沒有證實見

警率無助於抑制犯罪。在另一方面，該實驗結果並無做出「警務工作應予減量」的推論，同時也沒有因為發現員警大部分的公務時間是分配在與犯罪較無關的事務上，而認定花在犯罪問題的有限時間是不重要的。

　　該實驗也沒有隱喻提供公共服務及執行秩序維護會排擠警察控制犯罪的效能。在該實驗中，雖然有一組巡邏區的情境是將見警率操縱至近乎零，但是一旦有治安狀況發生，民眾還是可以獲得警察立即的回應。因此，該實驗的發現不應被解釋成——將警力從轄區撤離是控制犯罪的理想答案。減少例行性的警察巡邏，只是該實驗檢驗的三種狀況之一，實驗發現的意義，應謹慎轉譯。

　　雖然堪薩斯市地域面積廣大，人口密度並不像一般美國都市那麼高，但堪薩斯市所面臨的許多重要問題則與其他美國都市相似。例如，堪薩斯市的傷害案件的發生率與底特律（Detroit）、舊金山（San Francisco）相近，殺人犯罪率與洛杉磯（Los Angeles）、丹佛（Denver）及辛辛那堤（Cincinnati）相近，家宅竊盜犯罪率與波士頓（Boston）及柏明翰（Birmingham）相近。此外，實驗區本身具有多元社經的人口，人口密度也高於全市的平均值，所以實驗區會比整個城市更具代表性。換言之，實驗研究的發現應該具有相當程度的外部效度。

第三節　堪薩斯市預防巡邏實驗的研究設計

　　預防巡邏實驗的研究動機出自堪薩斯市警察局，在1971年之前，堪市警局經歷長達十幾年的組織變革，不論是警察勤務或工作氣氛都曾獲得全美極佳評價，被公認是一個優質且精進的警察機關。

　　在Clarence M. Kelley局長的領導下，堪市警局成功完成高度技術導向的改革，該局有能力面對實驗性事務及更進一步的變革，同時徵募了許多年輕、積極及具專業能力的新進員警。短期及長期計畫方案都已被建構成制度，針對警務工作的方法、程序及定位有關的建設性討論，在堪市警局都是常見的事。在1972年，堪市警局約有1,300名員警，市區人口約有50萬，整個都會區人口約為130萬，警局充滿廣納新理念、建言的組織文化，深獲市民信賴。

　　堪市警局於1971年10月分別在三個巡邏隊（南區、中央區及東北

區）各成立一個由巡邏警員及主管人員組成的專案小組，另外也在特勤單位（包含直升機、交通、警技等事務）成立專案小組。這些專案小組，可以說是警局內部針對警政問題進行研討與改革的一種機制。設立這些專案小組的決定，主要是基於警局成員認為各層級人員應有擬定計畫與決策的能力，組織變革的構想如果希望被廣泛接受，那麼未來可能會受變革影響的同仁，就應該讓他們在變革規劃階段能夠充分表達各自的意見。

專案小組的工作重點，就是提出各單位所面臨的重大問題以及克服這些問題的方法，四個專案小組的工作性質都一樣。其中南區巡邏隊的專案小組提出五項問題：家宅竊盜、少年犯罪、市民的犯罪被害恐懼感、有關警察角色的公共教育、警民關係。接下來，南區專案小組便要設法提出解決問題的策略。但很明顯的，當南區巡邏隊員警專注於五項問題的解決策略，他們執行巡邏勤務的時間受到嚴重影響。此時，重要狀況發生了。南區專案小組的部分成員質疑例行性的預防巡邏是否真的有效？員警在執行預防巡邏勤務時到底做了些什麼事情？以及見警率對民眾的安全感有什麼影響？

南區專案小組針對上述問題的討論，最後導致實驗構想的提出，因為他們認為，只有透過實驗才能檢驗出預防巡邏實驗的真實影響。經協商，「警察基金會」同意贊助實驗經費。但在另一方面，實驗構想也引發了一些爭議，爭議的核心問題就是——短期且立即的風險極可能超越實驗的長期利益。因為進行實驗時，「反應巡邏區」的犯罪案件可能會激增，員警擔心實驗可能會對民眾的生命財產造成威脅。

堪市員警所表現出來的保守態度，與其他警局員警的態度並無不同。他們將巡邏視為警務工作中最重要的職能之一，與犯罪偵查的重要性相當，巡邏勤務有時還可以在緊急時刻發揮救援功能。有些員警承認巡邏在預防犯罪上的效能並不大，但在提昇民眾安全感上卻是很有效的；有些員警堅信執行預防巡邏所採取的措施與行動（對車輛、路人及建築物進行臨檢）是逮捕嫌犯的重要輔助工具，而透過這些活動所顯現的見警率，可以對犯罪產生嚇阻作用。儘管員警對巡邏效能的態度是如此分歧，但他們一致認定巡邏是非常重要的警察職能。

在南區巡邏隊的轄區共分為24個巡邏區，有九個巡邏區因較無法代表堪市的社經條件而排除在外。其他15個巡邏區均納入實驗區域，共計32平方英里，包含住宅及商業區，當時（1970年）的人口計有14萬8,395

人，人口密度為每平方英里4,542人，高於全市的人口密度（堪市人口密度為每平方英里1,604人，全美排名第四十五）。而在實驗區中的族群分布，從78%黑人的區域到99%白人的區域都有。居民的平均家庭年收入，從最低收入7,320美元的巡邏區到最高收入1萬5,964美元的巡邏區。各巡邏區居民的平均居住時間為6.6年至10.9年。

實驗區執行巡邏的員警，是在實驗實施前就已經分派到這15巡邏區執勤的員警，白人較多，較年輕，年資較淺。共計有101名員警在實驗區執行巡邏，員警為黑人者占9.9%，平均年齡為27歲，服務年資為3.2年。

15個巡邏區經由電腦配對，分別在犯罪資料、報案數、種族組合比例、平均收入、流動人口等五個變項上各配對三個相似的巡邏區。換言之，共配對出五群，每群有三個性質相近的巡邏區。繼而將每群中的三個巡邏區，隨機指定一個為「反應組」，隨機指定另一個為「控制組」，第三個為「預警組」，每組計有五個巡邏區。在反應組中的五個巡邏區，平時並無預防巡邏，只有當民眾報案後警察才會進入該區。平時員警只在反應區的外圍巡邏，或在鄰近的預警區巡邏。簡言之，警察的服務還是可以隨叫隨到，只是盡可能將反應區的見警率降至最低。

在控制組的五個巡邏區中，每一個巡邏區的巡邏數量保持一輛巡邏車執行巡邏。在預警組的五個巡邏區中，警察局則將巡邏數量增至2到3倍，警察局的做法是由總局增派一部分車輛及人力至此區，另一部分車輛及人力則是來自於附近的反應組巡邏區。在反應組巡邏區執勤的員警，實驗期間只能在轄區民眾報案時才可以進入反應組巡邏區，若無民眾報案，只能在反應組巡邏區的周圍巡邏或在鄰近的預警組巡邏區巡邏。除此限制外，實驗期間並無其他限制加諸反應組巡邏區執勤的員警。而在控制組及預警組巡邏區執勤的員警，如同平時執勤方式執行預防性巡邏。有關三組巡邏區的分布，詳如圖11-1。如此安排主要是為了避免五個反應組巡邏區聚集在一起，同時也避免與預警組巡邏區距離太遠，因為一旦反應組巡邏區太過聚集或是離預警組巡邏區太遠，當反應組巡邏區有民眾報案時，員警趕赴反應組巡邏區的所需時間可能過長，以致延遲回應。實驗期間，研究人員在反應組及預警組巡邏區操縱的項目只有巡邏數量的多寡，除此之外，並無其他實驗處置（treatment）。在實驗前及實驗期間，特勤單位在實驗區的工作則保持不變。

研究人員為降低反應組巡邏區因無警察巡邏所可能造成的治安風

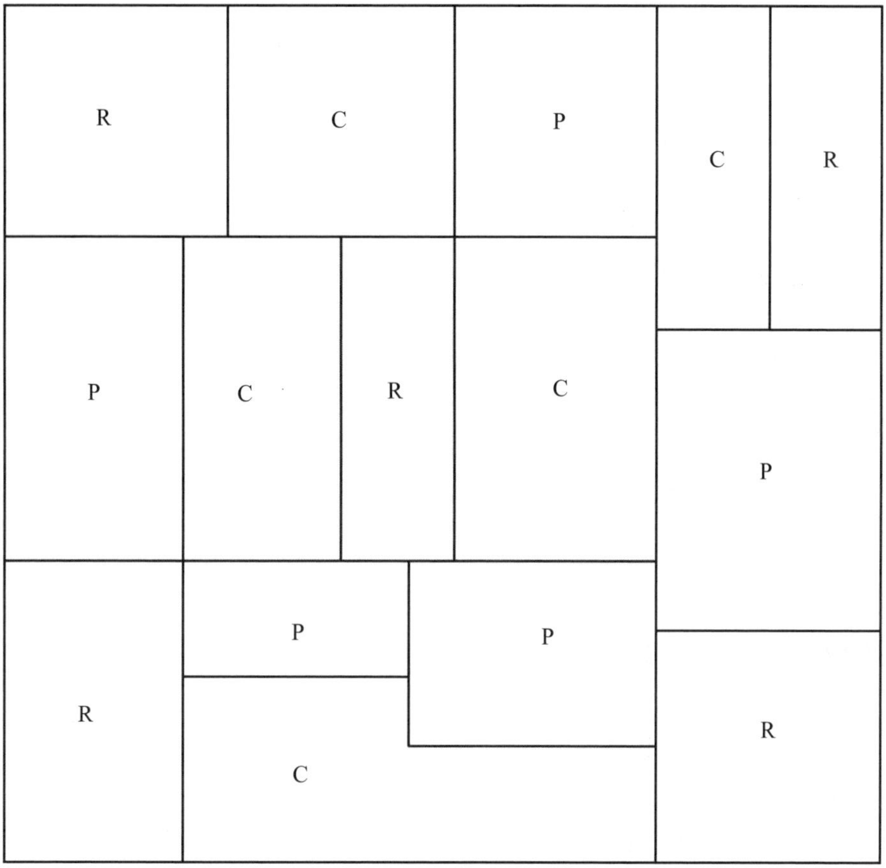

P：預警組巡邏區
C：控制組巡邏區
R：反應組巡邏區

圖11-1 堪薩斯市預防巡邏實驗15個巡邏區的分布

險，他們每週對這些轄區的犯罪率進行監測。實驗前，研究人員與堪市警局達成共識，反應組巡邏區的犯罪數量一旦明顯增加，實驗將立即中止。然而，這種情形在整個實驗過程中並沒有發生。

　　1972年7月19日實驗開始進行，不過堪市警局及警察基金會代表一直到8月中旬都認為實驗尚未進入正常狀況，期間發生了一些問題，Kelley局長因此暫停實驗來處理這些問題。其中一個問題就是出現人力不足的情況，南區巡邏隊因為實驗而出現人力嚴重短缺的現象，警察局立即從其他

部門增調警力解決問題。第二個問題是有一些違反實驗準則的情事發生
（如任意進入反應組巡邏區巡邏），即時的訓練及行政獎懲化解了問題
的再發生。第三個問題是在反應組巡邏區執勤的員警感到枯燥無聊，之後
隨即修正實驗準則，准予他們在預警組巡邏區執勤時可以增加一些工作
活動。到了1972年10月1日，實驗重新啟動，持續進行十二個月，在1973
年9月30日結束。實驗目的主要在於檢驗實驗處置對五種犯罪類型的影響
（家宅竊盜、汽車竊盜、一般竊盜、強盜及毀損，這些是傳統上認為預防
巡邏較能嚇阻的犯罪）、檢驗實驗處置對民眾安全感的影響、檢驗實驗處
置對民眾有關警察服務滿意度的影響、檢驗實驗處置對民眾及商業人士採
取防制犯罪措施數量及類型的影響、檢驗實驗處置對警察反應時間及民眾
有關反應時間滿意度的影響、檢驗實驗處置對車禍事件傷亡情形的影響。
有關警察執勤時的活動以及警察對預防巡邏的觀感，也包含在該實驗的資
料內容。

第四節　堪薩斯市預防巡邏實驗的資料蒐集方法

　　為了要測量實驗處置對犯罪的影響，該實驗運用了犯罪被害調查、
警察局的犯罪統計（含逮捕資料）以及商業被害調查等途徑來蒐集犯罪資
料。警方的犯罪統計在傳統上被認為是評估警政績效的重要指標，該研究
蒐集堪市警局近幾年的犯罪統計。考量官方資料可能存有偏誤或漏記，因
此研究人員採用犯罪被害調查彌補官方資料的缺陷。之前由「美國總統執
法及司法行政委員會」（President's Commission on Law Enforcement and
Administration of Justice）執行的犯罪被害調查結果顯示，約有50%犯罪
事件的被害者可能因為忽略、難為情或損害過小而沒有報案。雖然犯罪被
害調查存有若干限制，但仍不失為犯罪的重要測量方法。有關實驗處置
對民眾態度及安全感的影響，該實驗採取對家戶及商業機構進行態度調查
（與犯罪被害調查合併實施），另外再對曾經與警方有直接接觸經驗的民
眾進行調查。最後，由研究人員透過參與觀察法記錄民眾對警察服務滿意
度的資料。

　　綜合上述，該實驗所蒐集的資料歸納如下：

壹　調查及問卷

一、社區調查
　　(一)被害
　　(二)態度
　　(三)報案率
二、商業調查
　　(一)被害
　　(二)態度
　　(三)報案率
三、接觸調查——民眾
　　(一)態度
　　(二)認知

四、接觸調查——巡邏員警
　　(一)態度
　　(二)認知
五、接觸調查——觀察者
　　(一)態度
　　(二)認知
六、巡邏員警如何運用執勤時間調查
七、巡邏員警反應時間調查觀察者
八、巡邏員警反應時間調查民眾
九、HRD調查
十、巡邏員警問卷調查

貳　訪談與觀察

一、參與觀察者的觀察
二、訪談巡邏員警
三、訪談參與觀察者
四、參與觀察者會報紀錄

參　警察局資料

一、犯罪數
二、交通事故資料
三、逮捕資料
四、巡邏員警活動分析資料
五、巡邏員警個人紀錄

社區調查

　　社區調查主要是測量社區民眾的犯罪被害情形、態度及安全感，分別在實驗前及實驗後各進行一次。共計有1,200個家戶從實驗區中隨機抽出

（每一巡邏區中大約抽出80個家戶）成為調查樣本，在1972年9月間接受面訪。之後，在1973年9月再次針對1,200個家戶進行調查，不過在第二次調查時，有600個家戶是原先調查中的樣本（重複樣本），另有600個家戶是從實驗區重新隨機抽選的樣本。第二次調查中11個家戶的調查資料因有過多的遺漏值，故樣本數為1,189個家戶。

商業調查

該實驗分別在1972年及1973年，針對實驗區中隨機抽樣的110家商業機構調查被害率、商業人士對警察服務的觀感及滿意度。

接觸調查（包含民眾及參與觀察者）

由於家戶調查的結果顯示，與警察有實質接觸經驗的民眾並不多，因此三組實驗區內與警察有實質接觸經驗的民眾都接受訪談。雖然研究人員設計出三種調查工具（一是測量民眾的反應，另一是調查巡邏員警，第三是調查與巡邏員警隨行執勤的觀察人員），但只有觀察人員及民眾的反應意見被予以分析。調查對象雖不同，調查問項近乎相同，共計花費四個月完成（1973年7月至10月）。計有331位民眾接受訪談，其中一部分民眾是在「警方所發動的事件」（officer-initiated incident，例如車檢、臨檢或交通違規事件）中與警方接觸，一部分則是在「民眾所發動的事件」（citizen-initiated incident，主要是民眾報案）中與警方接觸。

參與觀察者的紀錄

上述接觸調查的焦點在於探究警民接觸，而觀察者所做的紀錄是針對三組巡邏區中員警所做的觀察，焦點在於警民互動。此部分的資料是由隨員警巡邏的觀察者所提供，他們主要是記載民眾與警察接觸後民眾對警察的滿意度。三組共15個巡邏區全部接受觀察，共計有997件警民互動事件被有系統的紀錄。

警方的犯罪統計

研究人員從警察局蒐集實驗進行之前（1968年10月至1972年9月）以及實驗期間（1972年10月至1973年9月）每個月的犯罪統計資料，並對這些資料進行時間系列分析。

交通資料

主要蒐集兩種交通事故的資料，一是無傷亡的交通事故，另一是有傷亡的交通事故。所蒐集資料的時間分兩階段，一是實驗前的交通事故資料（1970年10月至1972年9月），另一是實驗期間的交通事故資料（1972年10月至1973年9月）。

逮捕資料

主要蒐集的資料是各巡邏區每月的逮捕資料，所蒐集資料的時間為實驗前三年以及實驗進行期間的一年。

反應時間調查

從1973年5月至9月調查實驗區的警察反應時間，資料蒐集自參與觀察者及報案民眾。所謂的警察反應時間，主要是測量警察接獲民眾報案後的反應時間，操作性定義為：線上巡邏員警接獲勤務指揮中心派遣指示後，到抵達民眾處所的時間。在測量民眾對反應時間的滿意度方面，則包含警察回應民眾報案所需要的全部時間、與勤務指揮中心員警的通話時間以及現場反應時間。

外溢效應

研究人員進行該實驗時特別注意是否有外溢或移轉效應（spillover or displacement effect）的發生，也就是某巡邏區因見警率提昇而犯罪減少，但卻將犯罪轉移至其他巡邏區，特別是鄰近的巡邏區。為檢測是否有此效應產生，鄰近巡邏區的相關變項均被計算與分析，結果並無發現鄰近巡邏區的犯罪有明顯變化，即無明顯犯罪轉移現象發生。

第五節　員警巡邏時間的運用

巡邏警察的真實工作內容以及工作時間分配，也是很值得探究的問題。在堪市實驗中是以「觀察者調查」（observer survey）的途徑來蒐集員警如何使用工作時間的資料，並且進一步運用該資料評估實驗處置對員警分配工作時間的影響。該調查首先將員警在該時段的可能活動分為靜態

的、動態的、在現場與他人接觸三個類型。每一類型再進一步分為與警察有關的、與警察無關的兩種。

經過十個星期以上的觀察（1,230個小時的觀察時間），在觀察者所觀察到員警的工作時間中，未被其他事務纏身的時間約占整體工作時間的60%，三組巡邏區略有一點差異，參閱圖11-2。三組相較之下，反應組巡邏區的巡邏員警在「與警察無關的動態及靜態事務」上花了較多時間（22.1%），例如吃東西、休息、看女生、打私人電話、兜風解悶等。預警組員警花費在該事務上的時間比率為16.6%，控制組為16.4%，參閱圖11-3。另一方面，觀察者也發現，若不考慮實驗處置，所有員警大約把25.5%的時間花在與警察無關的事務上，約把23.5%的時間花在與警察有關的動態事務上，參閱表11-1。顯然，員警並沒有把所有的時間花在積極打擊犯罪之上。

根據參與觀察者所蒐集的資料，員警在執行巡邏時所從事的活動大致可分為六種類型：

一、與警察有關的靜態活動：如填寫報表、等待拖吊車輛、監控、交通執法等。

二、與警察無關的靜態活動：如吃東西、休息、閱讀、看女生、打電話、閒聊、睡覺、觀看與電影或運動有關的事物等。

三、與警察有關的動態活動：如尋找可疑車輛、人員及贓車，處理交通違規，訓練新進巡邏人員，建築物及住宅守望等。

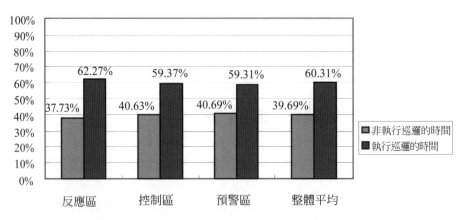

圖11-2 三組巡邏區警察執行巡邏時間的百分比

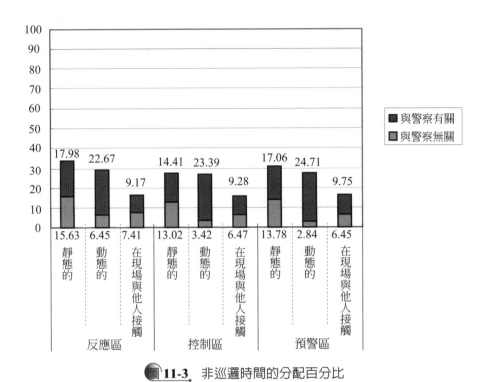

圖 11-3 非巡邏時間的分配百分比

表 11-1 巡邏警察在非巡邏時段的時間運用分配

組別	花費分配	占非巡邏時間百分比	占整體時間百分比
反應區	與警察有關的動態活動	22.67%	14.11%
	與警察無關的活動	29.49%	18.36%
	靜態的活動以及與警察有關的人士接觸	27.15%	16.91%
	剩餘時間	20.69%	12.89%
控制區	與警察有關的動態活動	23.39%	13.88%
	與警察無關的活動	22.91%	13.60%
	靜態的活動以及與警察有關的人士接觸	23.69%	14.07%
	剩餘時間	30.01%	17.82%

表 11-1　巡邏警察在非巡邏時段的時間運用分配（續）

組別	花費分配	占非巡邏時間百分比	占整體時間百分比
預警區	與警察有關的動態活動	24.71%	14.66%
	與警察無關的活動	23.07%	14.69%
	靜態的活動以及與警察有關的人士接觸	26.81%	15.90%
	剩餘時間	25.41%	15.06%
整體	與警察有關的動態活動	23.54%	14.20%
	與警察無關的活動	25.47%	15.36%
	靜態的活動以及與警察有關的人士接觸	26.01%	15.69%
	剩餘時間	24.98%	15.06%

四、與警察無關的動態活動：開車解悶、看女生、處理個人差事等。

五、在現場與他人接觸，屬於與警察有關者：如交換有關犯罪嫌疑人的情資、討論案情及警局政策等。

六、在現場與他人接觸，屬於與警察無關者：閒聊有關汽車、性、渡假、打獵方面的事物，講笑話等。

七、其餘類：如往返警察單位、法院、汽車修理廠等。

第六節　員警對巡邏勤務的看法

　　堪市實驗的主要目的，係探究例行性巡邏嚇阻犯罪的效能，即檢驗傳統的警政外勤理論。和其他警局一樣，堪市警局依賴巡邏勤務來達成控制犯罪、提供民眾服務、維繫民眾安全感等目標。在實驗進行的前階段，許多參與實驗的員警如先前預期的不斷反映減少巡邏後犯罪將會很快地增加，民眾的犯罪被害恐懼感也會很快的升高，在實驗區以外執勤的警察人員也做了類似意見的表達。由於巡邏警察本身是執行預防性巡邏的當事人，因此他們對於巡邏的看法以及對於實驗的看法應可提供研究人員許多有價值的資訊。為順利蒐集資料，研究人員設計一份問卷來調查所有在實驗區執行巡邏的員警。此外，研究人員還對員警及參與觀察者進行訪談，

同時還編擬一份「人力資源發展問卷」（Human Resources Development Questionnaire）對全警局警察施測，並與堪市警察學校訓練人員進行討論蒐集相關資料。

從與堪市警察人員以及警校人員訪談和討論後，研究人員發現預防性巡邏這項傳統勤務是經由極不正式的途徑傳輸給新進警察人員。堪市警局員警最初接觸巡邏概念的地方是在警校，警校邀請警局人員來校授課，教官通常在講授相關議題時將預防巡邏的概念引入講授內容，隱喻預防性巡邏是一種逮捕嫌犯及控制犯罪的方法。除此之外，並無正式途徑教導新進人員如何評量預防性巡邏的價值、方法或效能。

堪市警局新進員警的初次巡邏經驗都是在警校教官監督下進行的，教官對新進員警的影響自然是非常重大的。當新進員警獲得一些實務經驗後，教官接著就會透過傳輸一些技巧來強化新進員警執行預防性巡邏的敏感度。然而，這樣的訓練過程並無法教導新進員警自己來評量巡邏的效能，而是將新進員警置於一種情境，也就是新進員警必須自己來體察預防性巡邏的價值，而且只有在現場執勤親自面對任務及責任時，要不然就是經由教官口述始能判斷巡邏的價值。

在這種非正式的訓練下，新進員警自然發展出所謂的「系統性的非系統」（systematically unsystematic）巡邏方法，而且別無他法。最後，員警所能選擇的只有巡邏區（即巡邏的地區範圍），而不是巡邏方法。這種缺乏明確指引的方法，讓基層督勤的巡佐以及巡邏員警對巡邏勤務產生許多不一致的看法。

「人力資源發展問卷」是用來蒐集員警對巡邏勤務重要性觀感的研究工具，問卷內容就是要受訪員警評量巡邏在所有勤務中的重要性等級，以及他們認為警察局應該分配多少時間資源在巡邏勤務上。75%的南區巡邏隊受訪員警同意（含非常同意及同意）巡邏是警察局最重要的勤務工作，大多數受訪員警認為巡邏、犯罪偵查及緊急事故處理，是警察局最應投注時間資源的重要活動，相關資料參閱圖11-4及圖11-5。

但研究人員與18名員警以及六名參與觀察者進行深度訪談後，發現員警有兩種不同的觀感，也就是對巡邏的價值觀存有正反兩面的看法。一方面，許多受訪員警表示巡邏的犯罪預防效能不及於其提昇民眾安全的效能。理由可能是巡邏警察很少遇到正在進行中的犯罪，因此直接造成破案的逮捕，很少是例行巡邏活動所達成的。但在另一方面，也有許多

員警認為針對車輛、路人及建築物進行檢查的巡邏活動，是有助於逮捕嫌犯及嚇阻犯罪的，儘管此種檢查所導致的逮捕頻率並不高。在美國紐奧爾良市（New Orleans）所進行的警政研究發現，在4萬375次的檢查路人中，只有15.5%的檢查導致逮捕，堪薩斯市南區巡邏特勤單位在1972至1973年所做的調查發現，在1,002次攔檢中只有6.1%導致逮捕（Thurman & McGarrell, 2003; Bayley, 1998）。

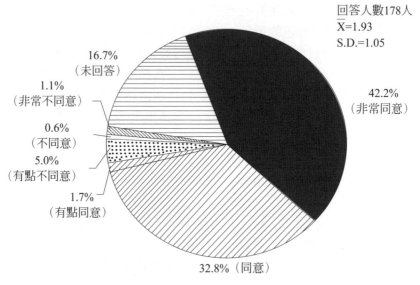

回答人數178人
X̄=1.93
S.D.=1.05

42.2%
（非常同意）

16.7%
（未回答）

1.1%
（非常不同意）

0.6%
（不同意）

5.0%
（有點不同意）

1.7%
（有點同意）

32.8%（同意）

圖 11-4　巡邏是最重要的勤務

多數受訪員警表示，唯一能夠提昇巡邏威嚇犯罪效能的方法就是使用大量的「隱密式巡邏」，也就是使用未標示警徽的巡邏車以降低見警率。另一項做法是減少著制服的警察執行巡邏，增加便服警察巡邏。受訪員警認為，穿著制服的警察在某處出現，固然可以迅速喚起當地民眾對警察權的服從，快速建構當地秩序，但受訪員警覺得警察制服也有明顯缺點，因為制服會讓犯罪人很快辨識出警察的出現。受訪員警進一步指出，清楚標示警徽的巡邏車有助於預防交通事故的發生以及提昇民眾的安全感，但也可能對逮捕嫌犯產生副作用，同樣也是因為嫌犯可以立即辨識出警察出現的緣故。受訪員警的普遍共識是，不僅讓他們可以開警察局的制式巡邏車執行巡邏，也可以開自己的車輛或一般民間車輛執行巡邏。

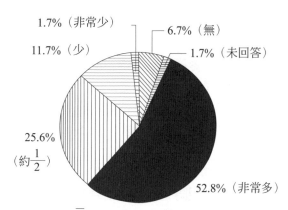

1.7%（非常少）　　6.7%（無）

11.7%（少）　　　　　　　1.7%（未回答）

25.6%
（約$\frac{1}{2}$）

52.8%（非常多）

$\overline{X}$=1.81　S.D.=1.10
回答人數177人

活動項目：處理緊急事故，協助民眾

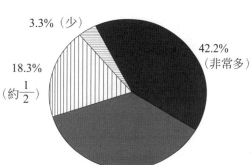

3.3%（少）

42.2%
（非常多）

18.3%
（約$\frac{1}{2}$）

36.1%（多）
$\overline{X}$=1.89　S.D.=0.82
回答人數180人

活動項目：汽車巡邏

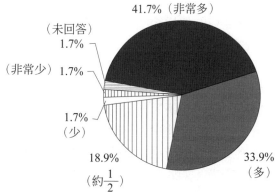

41.7%（非常多）

（未回答）
1.7%

（非常少）1.7%

1.7%
（少）

18.9%
（約$\frac{1}{2}$）

33.9%
（多）

$\overline{X}$=1.84　S.D.=0.89
回答人數176人

活動項目：偵查犯罪

圖11-5　警察局應該分配多少時間在上列活動上

第七節　堪市實驗的評論

　　警察資源運用與犯罪控制效能的探究，是實施堪薩斯市預防巡邏實驗背後的原動力。此外，堪市實驗除了檢視不同巡邏策略對於犯罪、民眾安全感及滿意度、警察反應時間的影響外，該實驗還觸及一個問題，就是一般警察局是否擁有足夠資源（如時間、人力）以供實驗所需，發展、檢測及評估新的勤務方式。

　　在實驗之初，研究人員根據某些特定命題擬定實驗假設。命題之一，就是作為主要社會控制機制的警察，他們預防犯罪及逮捕嫌犯的能力因某些因素影響而受到嚴重限制。限制警察的原因繁多且複雜，這些原因的共通性質包括犯罪本質的問題、民主社會在警察身上加諸的限制、可用於犯罪預防的資源受限以及整個刑事司法體系的複雜性等問題。在上述限制的影響下，許多人士開始修正他們對警察角色的期待。由於該實驗發現具有重要的政策隱喻，作者願意在此提出一些個人的看法與意見。

　　在實驗進行的過程中，部分早期提報出來的初步發現被許多知名媒體引用作為報導體裁，一份周刊性的新聞雜誌就曾報導該實驗已獲得明確證據，巡邏警察根本是不必要的。接著一家電視台延續該新聞周刊的陳述做更進一步報導，無形中擴大了該周刊陳述的傳播範圍。閱聽者經由這些報導而對巡邏效能產生負面反應，這應是可以預期的。不瞭解該實驗但對其感到興趣及敏感的人，將該實驗視為一個應該要限制或減少警察巡邏資源的理由，有些人則認為該實驗指出雙人車巡的必要性（以往都是單人車巡），還有些人不僅反對該實驗的發現，同時也不苟同前面兩種意見。

　　上述隱喻極可能產生誤導意義，因為它們隱指只要警察能夠更緊密、更有條理的與社區合作，警察就能更有效的處理治安問題。其實這樣反而導出增加警力的結論，而不是減少警力。如此的結論事實上還暗指，採取不同的方法或策略後，警力固然是增加了，但仍有可能增加預防犯罪的機會。那些根據實驗初步發現做出刪減警力推論的人士認為，如果當前犯罪預防策略是無效的，那麼沒有一項犯罪預防策略是有效的。其實，上述這些看法都不是該實驗所顯示的意義，該實驗發現並不支持這些隱喻。警察，是社會中極重要的功能供給者，警察的存在及見警率是事實，對民眾具有重要的象徵意義。

　　該實驗對於下列方案或議題也沒有提供任何推論，例如組合警力（team policing）、綜合——分疏模式、徵募少數族群進入警界服務、警政專業化或警民關係方案等。上述這些名詞其實都是複合名詞，每一個名詞的內容都包含許多方案或要件，近年有許多研究企圖澄清這些名詞的明確性質，但仍有許多名詞的性質未明。這些方案都是處理警界中的一些特定問題，諸如警民關係的疏遠、警察工作的支離破碎、員警監督機制的不足、員警協調機制的不足、情資傳遞機制的不足，以及組織結構老化與準軍事型態導向等問題，這些都是警界存在的問題，但它們都不是堪市實驗關切的議題。

　　這些問題彼此相關，同時也是探究警察維護治安能力的核心問題，但堪市實驗的焦點並不是要解決或陳述這些問題，比較重要的是該實驗證明了警察機關具備檢驗這些問題解決方法的時間及人力資源。換言之，堪市實驗揭示的重要意義是，未來應該會運用這些資源及實驗發現來發展新的巡邏及警察策略。

第十二章　犯罪預防與社區警政

第一節　前　言

在一般社會大眾的認知裡，普遍認為警察可以預防犯罪發生，但是警察在這方面的能力，卻始終沒有獲得明確證據加以證實。這並不是表示警察沒有把犯罪預防當作是自己的任務，相對地，警察甚至運用抑制和降低犯罪發生的指標來考核自己的工作價值與績效。既然如此，那麼警察在治安工作上，為什麼無法提出有效預防犯罪發生的相關證據呢？其中主要關鍵，可能與警察機關遲遲無法提出有效的「警政策略」有關（譬如僅依賴高見警率以及迅速反應所產生的威嚇作用）。近年來，許多國家的警政管理者及學術界逐漸體認到現行犯罪抗制策略的限制，也因此帶動了實務與學術界致力於探究其他更為有效的策略模式。

本章的內容大致上可分為下列幾部分：

一、犯罪預防的發展與模式。

二、在先進（國家）警察機關的考量中，較理想的犯罪預防策略為何？導致該策略出現的主要因素為何？

三、其中有哪些策略已經在運作？

四、這些已經運作的策略，在犯罪預防上的效果如何？

第二節　犯罪預防的發展與模式

壹　犯罪預防的發展脈絡

針對犯罪預防的討論，從人類相關思想和理念的發展脈絡中出發，應為一適當途徑。瞭解歷史，可說是最佳出發點。根據學者的考證，對於犯罪最原始的回應，是仰賴個人及其家人（Lab, 2000）。在人類早期歷史中，報應、復仇及報復是對犯罪回應的主要動力。此種作為不僅去除犯罪者的犯罪利益，同時也可能製造另一批被害者。其假設，潛在犯罪者因為

瞭解犯罪並無法帶來大量或足夠利益，因而遭受嚇阻從事其犯罪行為。在大約紀元前1900年的漢摩拉比法典（*Code of Hammurabi*）中，就曾將被害者或其家人對加害者傷害行為所採取的報應作為描述成可接受的回應。「同態復仇法」（Lex talionis），即以牙還牙觀念，可說是漢摩拉比法典的主要原則。此種法典及思想，賦予民眾個人回應作為的正當性。

事實上，正式社會控制機制的存在可說是相當新的一件事。早期的警政工作，譬如在羅馬帝國時期，主要實施在城市當中，由軍人執行，且僅負責處理中央政府與貴族的問題（Langworthy & Travis, 1994）。一般民眾的問題，則留給民眾自行處理。

約在西元1066年，英國諾曼王朝實施了一項民眾義務性的警察工作，該措施要求男性民眾為監控彼此而組合團體，當團體中某人的行為造成損害時，其他成員則需負責捉拿及處罰製造損害的人。除了前述民眾義務性的措施外，許多仰賴民眾參與以維護社區安全的合作措施相繼出現。譬如，成年的男性民眾於夜間輪流執行區域守望（watch and ward）即是一例。當守望者發現安全上的異狀或威脅時，便發出警報聲通知其他人並請求支援（hue and cry，或稱巡呼制度），犯罪者的逮捕通常由民眾自己來做，處罰有時也是由民眾來執行，對守望者所發出警報予以回應支援的人，並不是政府人員，而是一般民眾。西元1285年，上述兩種措施（守望以及發出警報請求支援）的理念被納入英國的「溫契斯特條例[1]」（*Statute of Winchester*），該條例要求成年男性當被徵調或請求支援時需佩帶武器（assize of arms），並勾勒出「警衛員」（constable）的角色外貌，警衛員並無支薪，負責協調及監督守望措施的執行，以及監督相關法律的執行（Roberg et al., 2000）。從這些措施中，吾人可以清楚發現，犯罪預防主要是民眾的責任。

民眾參與犯罪預防的措施也出現在其他地區或國家，譬如在美國，早期所實施的義勇警察運動（vigilante movement）可說是當時執法及維護秩序的要件，若需對犯罪者發動逮捕及處罰時，便組合民眾執行，該運動反映出英國當初所實施的巡呼制度理念。

---

1 「溫契斯特條例」是英國愛德華一世就位第十三年時所制定，該條例與社會治安關係密切。溫契斯特條例要求成年男性自備武器及防護裝備以協助維護和平及治安，成年男性所被賦予的責任，類似自衛隊的任務。該條例的名稱源自該王國古都之名（Black, 1990: 1601）。

　　英國民眾自行負責犯罪預防工作，一直持續到1800年代，維護特殊行業和團體安全的支薪式私人警衛，是該時期的例外（Langworthy & Travis, 1994）。英國在16世紀所出現為羊毛業界提供安全維護的「商人警察」（merchant police），便是早期私人警衛的實例。富人所聘僱用以保護其財產安全的地區警察（parochial police），也是另一實例。

　　隨著英國於1692年「搶匪防制法」（the Highwayman Act）的制定，營利性的警察工作逐漸出現。該法規範了捉拿竊賊及尋回財物的賞金，而自願捉拿竊賊追求賞金的人被稱為「捉賊者」（thief taker）。到了1700年代中葉，這些捉賊者受英國治安法官的非正式統轄。然而，捉賊者通常是改過自新的犯罪者，他們靠尋回民眾失竊的財物來領取賞金，此種情況一直到1829年倫敦都會警察成立後，逮捕竊賊才由自願活動轉變成政府管轄下的正式組織來執行（Roberg et al., 2000）。

　　犯罪預防的觀念，可說是倫敦都會警察的重要基石。推動「都會警察法案」（Metropolitan Police Act）的R. Peel爵士以及當時倫敦警察局長C. Roman，均將犯罪預防視為警察工作的基本原則。其他更早的治安維護工作，譬如在17世紀的巴黎，也都強調諸如預防性巡邏、增加夜間照明以及市容整理等犯罪預防工作（Lab, 2000）。繼受英國的做法，美國的正規警政出現於1800年代中期，僅集中在東北部的大都市，而其他地區的民眾則仍須靠自力救濟來維護治安。

　　雖然，前述內容大多強調個人行動與自力救濟，但並非意指治安維護作為僅是報應與復仇而已，尚有其他許多具預防性質的做法，例如運用城牆、護城河、升降吊橋及其他維護安全的環城物理設計。此外，巡守員所提供的守望及監控，也讓治安問題於爆發之前被發現及處理。武器管制，也是早期另一的預防作為，直接或間接減少暴力行為的發生（Holden, 1992）。

　　到了20世紀，社會對於偏差行為的回應有了巨大改變。不僅是正規警察已成為常態性的社會控制機構，其他控制犯罪及偏差行為的力量也如雨後春筍般的出現。而有關犯罪及偏差行為蓬勃發展中的科學研究，也在犯罪及偏差行為的回應中注入了相當影響力。研究人員從科學研究中逐漸瞭解犯罪的原因，並根據研究發現改善導致犯罪發生的社會結構及犯罪者的人群關係。科學研究的結果，並不像傳統的犯罪回應作為（鎮壓、復仇、報應等），而是根據犯罪原因進行操縱。使得刑事司法體系被導入許

多預防導向的作為。

少年法院的建立與發展,可說是早期犯罪預防作為的另一實例。少年法院的功能範圍,包括打擊低下階層所存在的貧窮、缺乏教育及養育資源貧瘠等問題。少年司法制度的預防性質可從「國家親權哲學」(parens patriae philosophy)中看出,該哲學強調少年需要輔導與幫助,成人法院的運作是導向處罰而非預防。少年法院管轄擴及至身分非行(status offenses,或稱虞犯行為)的範圍,反映出違反宵禁規定、抽煙、好玩、放縱及其他類似行為(均不是刑法明文禁止的行為)是未來犯罪行為徵兆的一種信仰。因此,處理身分非行,便是預防未來犯罪的一種方法。換言之,少年司法制度無疑是一項犯罪預防的思考。

「芝加哥區域計畫」(Chicago Area Project),也是早期犯罪預防作為的實例。Shaw與Mckay(1942)發現少年犯罪行為大多集中在芝加哥市中心,這些地區經常是居民遷徙頻繁以及明顯缺乏社會連結的地區。Shaw及Mckay認為,居民持續且頻繁的搬遷導致當地民眾無法運用非正式的社會控制力量來影響他人的行為。當地民眾在意的是改善自己的經濟狀況並搬至其他社區,並不重視改善當地環境及考慮續留下來。結果,違法者在這些地區較可能躲避懲罰。1931年所推動的芝加哥區域計畫,目的就是要協助當地民眾建立屬於自己的社區意識及榮耀感,鼓勵民眾認同自己居住的社區,長久居住當地,並運用當地的力量控制他人行為。提供青少年休閒娛樂場所及設施、社區警戒、社區更新、調解都是該計畫中的要項。本質上,該計畫就是要建構一個具持續改善及發展能力的社區,使該社區能夠控制當地居民及外來者的行為(Schlossman & Sedlak, 1983)。

從以上的討論中,吾人可以發現犯罪預防的概念出現的非常早,當有犯罪的發生,犯罪預防也就隨之出現。雖然形式已有變化,犯罪預防也變為一新名詞,但人們對於安全的關切,仍舊是長久以來就存在的觀念。貫穿人類歷史,不論是義務性或出於自願,處理犯罪及犯罪者,大部分都是民眾自己的責任。一直到近代,人類社會才發展出警察組織、法院及監所等刑事司法體系,承擔起處理犯罪的主要責任。然而,刑事司法體系是否能有效預防及控制犯罪?仍待更完整及嚴謹的科學證據證明之。過去研究隱喻,僅增加該體系的預算並無法改善其抑制犯罪的能力。犯罪,是一項社會問題,並非僅是刑事司法體系的問題。

　　自1960年代後期以來，出現愈來愈多的運動希望將民眾帶回從前積極參與犯罪預防的模式。儘管許多人將此種社區行動視為新法，事實上，若從犯罪控制層面客觀分析其內容，個人責任的傳統（即民眾自行負責預防犯罪）遠多於改革創新。犯罪預防，必須從社會整體面廣泛運用任何有幫助的理念及資源。社區規劃、建築、鄰里活動、青少年支持運動、安全規劃、教育、技術訓練、跨系統或非跨系統的活動等，均會對犯罪數量及民眾的犯罪被害恐懼感產生潛在影響。總之，犯罪預防的範圍是廣泛的，且具有相當大的可擴充領域。

貳　犯罪預防的定義與模式

　　隨著不同的研究及實施方案，犯罪預防的定義也有所不同。基本上，犯罪預防必須能減少犯罪的發生或降低民眾的犯罪被害恐懼感。多數有關犯罪預防的定義僅強調犯罪發生數量的減少，較少觸及犯罪被害恐懼感或民眾感受到的犯罪與被害。顧及較完整的考量，本章將犯罪預防定義為：「設計用於降低實際犯罪數量或犯罪被害恐懼感的作為」。這些作為不限於刑事司法體系所做的努力，尚包括其他公、私部門、團體和個人的活動。有如犯罪原因的多元化，犯罪預防也有許多具潛在價值的途徑。犯罪預防與犯罪控制的意義略有不同，犯罪預防強調在未發生前排除犯罪的發生，或在發生後排除未來再發生。而犯罪控制則指維持既有的犯罪數量，不讓犯罪數量發生明顯變化。

　　類似於「疾病預防的公共衛生模式」（public health model of disease prevention），犯罪預防也可以分為三種途徑，分別為初級犯罪預防（primary crime prevention）、二級犯罪預防（secondary crime prevention）和三級犯罪預防（tertiary crime prevention）。各級犯罪預防的內容，分別處理不同階段的問題。根據公共衛生的觀點，初級預防採取的作為，係為避免疾病或相關問題開始發展，預防接種及清理環境衛生等，都算是初級預防工作。二級預防採取的作為，則將焦點從一般性的社會關切轉移到表現出初期疾病徵兆的個人或情境上，譬如肺結核篩檢、針對處理毒物的工人進行系統性檢測等。三級預防採取的作為，則針對明顯發生疾病之人或相關問題進行處置，包括立即性問題的排除、抑制未來再發生的必要步驟等（蔡德輝、楊士隆，2005；Brantingham & Faust, 1976;

Lab, 2000）。而犯罪預防的途徑，與公共衛生模式相似。

本章採用三個層級的模式來討論犯罪預防，文獻中尚有其他犯罪預防模式。譬如van Dijk與de Waard（1991）在公共衛生模式上增加另一面向，即被害者、社區及犯罪者，企圖將公共衛生模式精緻化。他們將初級預防技術分為以被害者為標的、以社區為標的、以潛在犯罪者為標的三類。Crawford（1998）也採取類似方式，以公共衛生模式為基礎，採取二面向途徑，即在三個層級預防中加入社會性途徑及情境性途徑。這兩種模式及其他本章未討論的模式，其內涵都在於提供犯罪預防的觀點以及建構犯罪預防作為的方法，惟這些模式的觀點過於複雜，對於檢視犯罪預防的範圍，與公共衛生模式相較，並沒有明顯的差異。基於明確性及具體性的考量，本章遂採用公共衛生模式來分析犯罪預防。

一、初級犯罪預防

刑事司法領域中的初級預防作為，係指辨識出那些提供犯罪機會或促進犯罪發生的物理和社會環境。初級預防途徑的類型非常多元，涉及廣泛的社會組織。表12-1所列的初級預防途徑包括：環境設計、鄰里守望、一般威嚇、私人保全、以及有關犯罪及犯罪預防的教育措施。環境設計通常指增加潛在犯罪者的犯罪困難度、讓居民易於監控周遭環境、讓安全感瀰漫生活空間等犯罪預防技術。有助於提升安全監控效果的建屋計畫、增加照明及鎖具、財物上標示記號以易於辨識所有權等措施或方法，都算是環境設計的範圍。鄰里守望及民眾自組巡守隊則可增加居民對於社區的控制能力，增加潛在犯罪者被發現的風險。

刑事司法體系的活動也落於初級犯罪預防的範圍。譬如，警察的出現，可以減少該區域發生犯罪的機會以及民眾的犯罪被害恐懼感。法院及監所可藉由讓潛在犯罪者感受犯罪風險上升（如增加刑罰執行上的確定性及嚴厲性），而產生初級犯罪預防的效能。另一方面，有關犯罪現象以及刑事司法體系與社會大眾互動的公共教育，也可以影響民眾對犯罪的認知和感受。同樣地，私人保全也可以與刑事司法體系配合，擴大威嚇犯罪的力量。

此外，初級犯罪預防還包括其他更廣泛的社會議題。譬如降低失業率、改善教育品質、消弭貧窮及其他社會病態問題，這些問題均與犯罪原因有關，故有助於減少犯罪及降低犯罪被害恐懼感，此等方案通常稱為社

會性預防（social prevention）。初級犯罪預防的主要目的，乃是在最上游的階段紓解犯罪，不讓未發生的犯罪發生，或讓已發生的犯罪未來不再發生（Lab, 2000; Rosenbaum, 1998）。

二、二級犯罪預防

　　二級犯罪預防的焦點，乃是在犯罪發生之前盡早發現潛在犯罪者並介入處理。而二級犯罪預防的關鍵，在於能否正確辨識及預測具犯罪傾向的當事人及情境。情境犯罪預防（situational crime prevention），可謂是最常見到的二級預防做法。情境犯罪預防係從微觀層次辨識問題，繼而根據該問題建構特別的干預措施，諸如變更原有的環境設計、改變社會行為、改善監控等。而社區警政，也與情境預防關係密切，社區警政的運作有賴於民眾採取解決問題的途徑來面對鄰里關切的問題。

　　許多二級預防的作為與初級預防類似，初級預防較偏重於不讓導致犯罪發生的問題出現，而二級預防的焦點則針對已經存在且促使犯罪發生的問題。惟二級預防也會處理引發犯罪的偏差行為，譬如飲酒及嗑藥與其他偏差行為有高度的相關，以嗑藥當作犯罪傾向的指標，繼而採取相關措施，就是一種二級預防的途徑。此外，學校在二級預防層面也扮演相當重要的角色，一方面學校可以發揮辨識問題學生的功能，另一方面還可以作為介入處理的場所。顯然的，許多二級預防措施的關鍵，經常是掌握在家長、教育人士及社區領導者的手上，因為這些人往往有機會與偏差或犯罪被害恐懼感有關的個人或情境接觸。

三、三級犯罪預防

　　三級犯罪預防主要是針對已犯罪之人的處理，目的是防止其未來再犯。刑事司法體系的作為乃是三級預防的主軸，逮捕、起訴、監禁（隔離）、處遇等作為都落於三級預防的範圍。另外，三級預防還包括一些非司法性的作為，諸如民營矯正方案、轉介方案及某些社區矯正方案等。由於刑事司法體系及上述非司法性作為經常在其他議題的文獻中被討論，也就是它們在傳統上的歸類之處，主要並不在於犯罪預防的範圍，所以三級預防經常在犯罪預防的討論中受到忽略。

　　每一層級犯罪預防所採途徑及措施的種類，並非僅侷限於前文所提及的範圍。事實上，在三個層級的預防中，存有許多不同甚至特殊的途徑來

處理犯罪問題。換言之，若有豐富的想像力和創造力，就可能研發出多元化減少犯罪及降低犯罪被害恐懼感的犯罪預防技術。有關公共衛生模式的犯罪預防途徑，如表12-1。

表 **12-1** 犯罪預防模式

初級預防	
1.環境設計—— 　(1)建築設計 　(2)照明 　(3)通道控制 　(4)財物標記	4.公共教育—— 　(1)犯罪數量 　(2)犯罪被害恐懼感 　(3)自我防護
2.鄰里守望—— 　(1)監控 　(2)民間自組巡守隊	5.私人保全
3.一般威嚇—— 　(1)逮捕及定罪 　(2)判刑方式	6.社會性預防—— 　(1)失業 　(2)貧窮 　(3)職業訓練
二級預防	
1.辨識及預測—— 　(1)儘早辨識問題個人 　(2)犯罪地區的分析 2.情境犯罪預防—— 　(1)辨識問題 　(2)根據情境採取特定干預	3.社區警政 4.藥物濫用—— 　(1)預防及處遇 5.學校及犯罪預防
三級預防	
1.特殊威嚇 2.監禁、隔離	3.矯正及處遇

第三節　傳統的警察犯罪預防策略

　　警察當代較新的犯罪預防策略，其發展主要是基於下列三項洞察的影響：第一，若沒有民眾（社區）的協助，警察是無法有效預防犯罪的；第二，僅靠犯罪事件發生後的被動式反應（reactive），警察是無法達到犯罪預防的目的；第三，警察勤務的積極面向不足（尤其是巡邏）。底下將對這三項洞察背後的論理，予以說明。

　　第一，警察無法單獨解決社會中的犯罪問題。在獲知及處理犯罪事件的過程中，警察至少需要民眾提供有關潛在犯罪者、犯罪或潛在犯罪事實，以及其他犯罪線索等方面的協助。根據台灣地區犯罪被害調查顯示，在警察所獲知的犯罪事件中，超過90%是經由民眾報案，警察剛好在場或主動發現的比例事實上是非常低（參閱本書第三章）。換言之，犯罪預防，事實上並不是警察給予民眾的一種服務，而是必須要民眾共同參與的一種活動。所以，良好公共安全的建立，民眾是不可或缺的貢獻者。

　　第二，警察資源應根據預警式（proactive）的部署途徑來抗制犯罪[2]。在意義上，這是針對「產生犯罪之環境」所作的一種洞察。一般實務中，警察大部分的時間是花費在犯罪發生後的反應作為上，而花在預防犯罪作為的時間卻極為有限。由於犯罪和失序行為的發生地點並不是隨機分布的，因此預警式的勤務作為較符合實際所需。筆者曾分析新北市一年間警察所受理的電話報案，結果發現，在新北市各警察分局中，4.33%的警勤區大約可以解釋30%的一般刑案發生量。另外，在車禍及為民服務案件分析上也有類似的發現，新北市警察分局轄區中平均有33.53%的一般車禍案件，是集中發生在4.33%的警勤區中，新北市警察分局4.33%的警勤區，平均大約可以解釋超過30%的為民服務案件發生量。也就是說，大約有三成到四成的治安事件集中在不到5%的警勤區中，集中趨勢應是相當明顯（詳細的研究內容，請參閱本書第五章）。治安事件發生地點的集中現象，也曾被國外研究人員發現。警政學者Sherman等人（1989）曾分析美國Minneapolis市全年警察所受理的電話報案，結果發現一小部分的地點卻發生了大多數的犯罪。根據實證資料顯示，犯罪是可以被預測的，

2　「預警式的」勤務作為，就是由警察發動並選擇目標的勤務方式；另將由民眾發動而警察加以反應的勤務作為，稱為「反應式的」勤務作為。

尤其是發生地點。警察所接獲的服務請求，無論與犯罪有無關係，資料顯示出有集中某些地區的趨勢。有非常多的研究發現均顯示，都市中少數的地點，解釋了大多數民眾對警察服務的請求。換言之，警察一再地被一些相同地區的民眾提出服務請求。相對地，都市中有一半以上的地區，幾乎是從未引發警察的行動。國外研究更顯示，強盜、強制性交、家庭暴力及不法目的之侵入等犯罪有較高的地區集中趨勢。Eck與Weisburd發現（1995），家庭暴力和強盜犯罪行為的集中性最為明顯。此外，Sherman及其同儕發現，在室內所發生的犯罪，諸如大多數的強制性交、傷害及殺人等犯罪，比發生在室外的犯罪有較高的集中性（Sherman et al., 1989）。因此，警察若能根據治安事件發生地點的集中趨勢和脈絡，規劃出適當的預防作為，應可提升警察機關維護治安的效能。

第三，警察勤務的積極面向不足（尤其是巡邏）。傳統的警察勤務策略，經常是藉由警察的出現來嚇阻犯罪發生，也就是盡可能提高見警率。但是，研究卻顯示，單靠見警率的提升，事實上並不足以嚇阻犯罪的發生。標示鮮明警察標幟的警車巡邏，可以說是警察最為普遍的巡邏方式，但在實際的效果上並不能完全滿足民眾安全感的需求，同時也無法有效嚇阻犯罪者的犯罪意圖[3]。在另外一方面，實證資料卻顯示，警察應有的作為，反而是應該積極且可以被民眾看見與感受到，在公共場所協助創造出一種秩序的、安全的及信賴的氣氛，尤其是在那些犯罪較為集中的地區（Sherman et al., 1989）。警察可以藉由導正或平息民眾非犯罪的失序行為以及引起恐懼的行為，而達到上述的目的。民眾的這些行為諸如：出現在公共場所的酒醉行為、播放音量過高的音樂、行乞行為、危險的飆車行為及賭博等。同時，警察也應該積極地協助社區減少有形的「犯罪標誌」，諸如未蒐集的垃圾、廢棄的建築物、塗鴉、廢棄車輛、損壞的路燈等，因為這些「標誌」會讓環境散發出一種不安全、被忽視及管理不當的感覺（Wilson & Kelling, 1982）。

雖然警察對抑制犯罪根本原因的貢獻頗為有限，但是警察應該有能力降低研究顯示促使犯罪發生的失序行為（disorder）（Skogan, 1990; Kelling, 1987）。誠如美國一位資深的警察實務者所言：「如果你發現

3　有關這方面的研究，應該以「堪薩斯市預防巡邏實驗」（The Kansas City Preventive Patrol Experiment）最具代表性，而其研究設計及發現，請參閱本書第十二章。

周圍都是垃圾，那麼你就可能會漸漸行如垃圾[4]」。警察勤務（尤其是巡邏）的目的之一，就是希望能夠協助社區建立一種易於感知的道德秩序。

　　基本上，這三項洞察可以說是形成「社區警政」（community policing）策略性思考的主要基礎。對於社區警政這個主題已經有相當多的專書及論文，有關的研討會及座談會更是不計其數（國內外所舉辦者）。以美國而例，國家司法研究院（National Institute of Justice）以及司法部（Department of Justice）所屬研究機構，均曾執行許多有關社區警政的研究方案。國際警察首長協會（International Association of Chiefs of Police）、警察基金會（Police Foundation）、警察首長研究論壇（Police Executive Research Forum）等專業性組織，均加入了倡導社區警政觀念的行列。甚至在密西根州立大學（Michigan State University），更成立了「國家社區警政中心」（National Center of Community Policing）。事實上，對於社區警政高昂的興致並非僅有美國而已，在澳洲、英國、加拿大、日本、新加坡及我國等，均在廣泛討論這項主題。有關社區警政的實驗、前導方案及試行計畫等，均在這些國家出現。社區警政幾乎可以代表警察自「專業模式」發展以來，一種最令人注目的改革[5]。

　　社區警政的意義，在實務界並沒有建立一致性的看法。有的警察機關將步巡、增進警民互動、家戶訪問、購物中心實施電子監控等，視為社區警政。事實上，僅顧及表面上的做法而忽略其背後精神，是無法真正洞悉社區警政的意涵。學者D. H. Bayley由於曾經對多國警政模式進行研究，甚至親身前往許多國家進行資料蒐集，在宏觀性的考量下，Bayley的觀念應具代表性。因此，就社區警政的意涵，本章遂引用Bayley的觀念。Bayley對許多國家警察機關（包括美國、加拿大、英國、澳洲、日本、新加坡等國家的警察機關）現行的改良式犯罪預防策略以及它們過去的傳

4　此段話是美國Wisconsin州South Milwaukee市警察局局長E. V. Slamka於1997年9月2日在第七屆中美防治犯罪研究會（於台北舉行）發表論文時所講的一段話，當時筆者係擔任Slamka局長發表論文時的中文翻譯人。

5　約略在1920至1960年這一段期間，歐美國家多數的警政改革者認為，提升警察執法效能及降低政治影響的最佳途徑，就是「專業化」（professionalization）。在這些改革者的觀念中，見警率（visibility）、反應時間（response time）及逮捕率（arrest rate）是最好的警察控制犯罪策略，因此使得科技在此時期被大量的引入警察工作之中，如汽車（代替了步巡）、電子通訊設備、刑事鑑識器材等。基本上，「專業模式」是以事件發生後迅速趕赴現場的工作模式，來達到維護社會安寧秩序的目的。

統策略予以比較之後，將這些警察機關所採行的改良式策略內涵具體的標示出來。他發現，這些警察機關所採行的改良式犯罪預防策略在實施上雖然有很大的變異性，但其中有四項要件是一再重複出現的。這四項要件是：諮詢（consultation）、調適（adaptation）、動員（mobilization）以及問題解決（problem solving），簡稱為CAMPS（Bayley, 1994）。在經過理性思考及比較之後，Bayley在CAMPS與社區警政的核心思想之間劃上了等號，並認為CAMPS就是社區警政的操作性定義（operational definition）。底下將針對這四項要件予以說明。

第四節　社區警政的策略要素

壹　諮　詢

　　諮詢，意指定期地且系統性地諮詢社區民眾，以瞭解他們對治安的需求，以及警察可以如何更有效地滿足社區的需求。Bayley（1994）在其研究中發現，現今有許多警察機關藉由新建立的機制來與社區民眾討論社區問題及解決之道，以達改善犯罪預防效能的目的。這種溝通機制有的警察機關是藉由與社區中現有團體深度接觸和會議的方式，有的警察機關則是建立新的委員會。例如，英國在1984年就已經建立了200多個社區諮詢委員會；而加拿大皇家騎警則是在各地警局中設立民眾諮詢委員會（citizen advisory councils）；在澳洲新南威爾斯（New South Wales）的每一個警察局均設立了社區諮詢委員會；美國西雅圖市（Seattle）警局設有諮詢討論會，另在各分局亦設有社區諮詢委員會（Feden & Klinger, 1992）。

　　這些諮詢委員會至少具有下列四項功能：第一，它們將社區問題及社區需求的有關訊息提供給警察。社區民眾對於治安的關切經常是與警察自己所認為者，有著很大的不同。警察較傾向注意諸如殺人、強制性交、強盜及擄人勒贖等嚴重性犯罪，但是當警察與民眾團體接觸時，警察可能就會發現，民眾固然要警察打擊犯罪，但是民眾更對許多其他社區問題感到關切（這些問題不見得會比犯罪嚴重）。例如筆者曾對台北縣八個警察分局進行焦點團體訪談（focus group interview），請受訪警察舉出民眾的治安需求項目，並依重要性排序。另一方面，筆者隨機抽選3,026名台北

縣民進行問卷調查，請受訪民眾舉出治安需求項目，並依重要性排序。結果發現，民眾最希望警察增加巡邏，增加巡邏是台北縣民最熱切需要的治安服務。然而，受訪的警察卻把增加巡邏列為重要性排序第九順位的項目（Mon, 2001）。在美國的奧瑞岡州波特蘭市（Portland, Oregon），社區最常需要警察解決的問題是販毒以及住宅竊盜問題，此外，還有廢棄建築物、損壞物品行為、幫派、遊蕩青少年、不安全的公園、不當售酒給青少年等問題（Portland Police Department, 1991）。位於芝加哥南方有一個社區諮詢委員會曾提出如此的問題：夜間時車中音響過於吵雜、在餐廳前的併排停車、青少年在街角逗留阻礙了通道、酒醉者在公共場所小便、及過大的漫罵聲和三字經。而在澳洲維多利亞省（Victoria State）的民眾認為最需要警察所解決的問題是，私有或公有物品被損壞的問題（24.4%）、不良青少年聚集的問題（22.1%）、偷竊／闖空門（12.9%）、青少年飲酒（9.9%）、騎乘未裝消音器的機車（8.6%）（Victoria Police, 1983）。而在美國鄉村，警察最常聽到民眾所抱怨的是，青少年在夜間開車駛過別人住家前，常常故意敲擊信箱的把手。顯然，這些問題有一部分是落於警察平時所關切的範圍之外。

　　第二，社區會議可以幫助警察教育民眾有關犯罪與失序行為方面的知識，這對警民合作以共同處理這些問題而言，是很有幫助的。社區會議，可以說是警察鼓勵民眾參與以共同建立公共安全的一個好方法。

　　第三，社區會議可以讓民眾與警察面對面地表達對警察的不滿，比較不會受到官僚體制的阻擾。因此，社區會議可以發揮宣洩的作用，提供民眾直接向警察說出心中話的機會，這有助於讓民眾的心理獲得滿足感。雖然，聆聽民眾的抱怨會使警察感覺不舒服，但這也正好可以提供警察表達意見或說明立場的機會，諸如表達未能阻止某犯罪事件發生的遺憾，或說明警察對於某事件處理方式不當的原因及表示歉意等。

　　第四，社區會議可以提供警察判斷工作績效的重要資訊。社區會議可以說一種「現成的」績效評核會議，會議中所提供的訊息正好可以作為警察修正勤務方式的參考。

　　Bayley（1991）認為，在建立社區會議的過程中，通常可能會經歷底下幾個階段：首先，會議開始時大多會被民眾的抱怨所主宰，警察常因困窘而中斷會議的持續舉行。然而，假若警察能夠具備相當的耐心，那麼民眾的抱怨就會逐漸轉為對治安的關切。在這個階段，警察就可以運用會議

來解釋警察作為的限制，以及邀請民眾來共同策劃解決問題的方法。最後，當彼此之間的信賴感建立之後，就可以用社區會議來評估犯罪預防作為的效果。所以，良好的「諮詢」發展過程，通常會是一個「從抱怨到合作」的演變過程。

此處值得一提的是，「諮詢」的設計與實施，可以轄區為根據，如上文所述。但是，「諮詢」的對象，也可能是基於某種考量而以特定團體為標的。此種型態的諮詢，通常稱為「協調聯絡」（liaison）。紐約市警察局就特別花功夫與新移民保持密切的聯絡，溫哥華警察局與亞裔團體保持密切聯絡，澳洲則與原住民，洛杉磯則與同性戀者。較為特殊的是，澳洲維多利亞省警察「協調聯絡」的對象之一是律師（Bayley, 1991）。

貳　調　適

調適，意指決策權下放以使基層管理者能夠決定滿足社區需求的因應作為。由於警察認知處理犯罪及失序問題的方法，會隨地區不同而有很大的差異，因此就有必要調整組織的指揮結構，俾利當地警察主管能較具彈性地運用資源。這當中便涉及了將指揮權分散至地方上，或稱為決策權下放。社區警政是要地方上的警察主管針對地方的需求，規劃並調整有關資源，而非仰賴總局所規劃的策略模式[6]。

Bayley（1994）認為，「調適」的第一步驟，通常是建立可管理的地區性指揮體系（manageable territorial commands）。例如，德州的休斯頓市警察局轄下就設立了四個分局，加州的聖塔安娜市（Santa Ana, California）警察局轄下設置了若干個鄰里警察局（neighborhood police station）。而對於那些已經設有分局或類似單位的警察機關而言，這種變革似乎並非是一種創新。像在一些國家及美國東部城市的警察機關，就多

6　「調適」的重要意涵之一乃為分權（decentralization），從不同組織之間的關係來看，分權制的行政組織可用兩個觀點來說明其意義：

　1.為完成一定任務或使命，特設置不同的上下層級機關如中央機關、中間機關及基層機關；或總機關與分機關，使各在其權責範圍內，能獨立自主的處理事務者為分權制。

　2.各機關為適應各地區的需要，分別在各地成立或設置下級或分支機關，並使之具有獨立的法律人格，有處理其該管事務之全權者為分權制。

　另就一個組織的內部而言，如果一個組織之內，各級主管都做較大程度的授權，即決策權下移分散到較低層管理職位，這就屬於分權組織（陳德禹，1996）。

設有散在制的（分權式的）警察指揮結構，但該指揮結構並不見得完全讓警察更有效的預防犯罪。其中原因之一，可能是指揮結構的劃分不當，也就有重劃指揮範圍界限的變革，以讓警察的指揮結構能夠符合社區的需求範圍。例如澳洲南方的阿得雷德市（Adelaide, Australia），就將警察局底下原有的四個巡邏隊改換成16個警察分局，每一個分局的轄區正好就是地方政府諮詢會所涵蓋的區域。倫敦市警察局的指揮結構與阿市相當，只不過地區諮詢會的轄區較大，設有69個警察分局，但僅有38個地區諮詢會（Bennett & Lupton, 1992）。

　　一般大型警察局大多具有類似分局的次級指揮結構，在這種情形下，Bayley認為較有意義的「調適」作為，就是將若干團隊的員警分派至分局的轄區中，並賦予規劃的責任。例如紐約市警察局局長Lee Brown所主導的社區警政方案，就是將第七十二分局的轄區分為三個區域，每一個區域由五個比特區（beat）組成。每一個區域則是由一位巡佐負責指揮，並由其決定如何運用人力資源以符合地方民眾的需求。在每一個區域中，長久派駐若干輛巡邏車、社區警察及兩位刑警，這些資源均可供巡佐善加運用。因此，在每一個分局的轄區中，就好比有三個迷你分局，而每一個迷你分局與社區建有廣泛的接觸網。

　　倫敦在1991年開始實施的「分部警察策略」（sector policing），也是一種極類似的制度。分局的轄區分為兩個或三個區域，每一個區域設有一警察分部（sector），每一個分部則由一位巡官負責指揮，底下有四位巡佐及若干位警員，他們的職責就是共同來評估轄區內民眾的需求，並規劃適當的回應措施。巡官的職責之一，就是要建立一個分部工作團隊（sector working group），以達到社區諮詢的目的。團隊的成員一般會包括有政府官員、民間組織人員、居民或公寓管理委員，及政治人物等。

　　加拿大的愛德莫頓市（Edmonton, Canada）警察局「調適」組織結構的方式，與上述有些不同。在針對民眾所提出之服務請求，仔細分析其地理型態之後，愛市警察局將轄區中21個經常發出服務請求的地區轉化為比特區（beat），並指派一或兩名社區警察至各個比特區。每一名社區警察均配備巡邏車，他們的職責就是瞭解社區需求，並規劃適當的回應措施。他們自行規劃工作時間，並在地方上設置辦公室，以便民眾能隨時找到他們，或方便讓民眾留言。同時，在工作時，他們通常是靠徒步去處理公務。此制度的目的，就是要在每天與社區接觸之員警的身上賦予權力與

責任[7]。在歐美的傳統警政制度中（尤其是美國），同一個轄區則是由好幾位員警以輪班式的勤務來維護治安，而不是由專人負責。兩種制度最大的差異就在於「擁有感」（ownership）的有無，比特區是屬於社區警察的，在比特區中所發生與治安有關的事務，都是社區警察所關心的事務，而不能塘塞給下一班執勤者或上級。

參 動 員

動員，意指積極徵募非警察人員及非警察機構的協助，以資源整合的模式解決社區治安問題。Bayley在其跨國性的比較研究中發現，由於無法靠一己之力而能有效的預防犯罪，警察已逐漸發展出鼓勵民眾積極參與協助的方案和措施。在美國內布拉斯加州林肯市（Lincoln, Nebraska）警察局的任務陳述中，就有下列這一段內容：

> 本局的基本任務──就是積極領導並提供專業支援，以維繫和改善社區在發展警民抗制犯罪方案上所做的努力。

在普遍被推行的社區犯罪預防方案中，有「三大項」是典型的代表措施，即鄰里守望（Neighborhood Watch）、在財物上標示記號（Operation ID）以及環境安全檢測（security survey）三項。美國自1970年代初所實施的一些方案，其中主要包含了提供警察犯罪線索的鄰里會議，以及鼓勵民眾自行實施守望與主動報案的措施。這些方案同時也鼓勵民眾在個人財物上標記辨識號碼，以及加強在住宅和商業區巡防以強化安全。守望、標記、及強化安全這些原則，也在其他許多國家被廣泛地使用，其中鄰里守望的方式就呈現出多樣化。譬如，在大廈公寓中，就呈現出「垂直式守望」（Vertical Watch）；在商店區，就有所謂防竊為主要焦點的「商業守望」（Business Watch）；針對私人船隻安全的「船舶守望」（Marine Watch）等。

---

7 「調適」另一重要意涵就是授權（delegation）。授權就是由上級長官（主管）或權力者，將其職權範圍內的部分職權及職責指定給某一下級職位者負擔，使該下級職位者在其監督與指揮下，可以代表他相當自主的處理與行動（陳德禹，1996）。

　　這些方案大部分都是警察所鼓勵或協助設計的動員方案之一，基本上這些方案較趨於守勢。除了這些較趨於守勢的方案外，還有一些民眾直接參與發現及阻止犯罪行為的方案（攻勢方案）。譬如，車中配備有無線電的計程車司機就經常被動員接受訓練，使其具備發現犯罪活動及通知警察的能力與技術。民眾透過自己的無線電頻道與警察勤務指揮中心連線，所執行的車巡，一般都可以獲得警察的支持及適當的訓練。另外，在許多都市中較可能發生犯罪的地點，出現一些穿著鮮明制服的自願者實施徒步巡邏。以上這些巡邏，雖不鼓勵執行實際的執法行動（如逮捕），但其確實發揮了某些犯罪威嚇的效應，或記錄犯罪事實的功能（如拍照街頭色情交易和毒品交易的情景）。

　　在澳洲南方阿得雷德市的亨德利街（Hindley Street），以及在芝加哥市海德公園（Hyde Park）內的五十三街，有一些民眾自願在夜間擔任巡邏，他們的職責主要是針對行為不當的青少年提出建言或警告。而青少年為何會聚集在這些街道上，主要是因為交通方便、街道旁開有許多速食餐廳、電影院、唱片行、商店及拱廊等。這些巡邏者就像熟悉且溫和的大哥哥和大姊姊，當警察在這些街道區域發現青少年輕微的失序行為時，警察通常會將青少年交給這些自願巡邏者，而他們就會對青少年施予輔導，必要時還會與青少年的家人或學校聯繫，並進行追蹤輔導。這種替代警察逮捕的措施，不僅降低了執法成本，同時也減少了民眾對警察不當干涉的怨言。

　　Bayley更發現，有一些事情因礙於法律的規定或保障，原本是不太可能由警察來處理的，但警察已逐漸瞭解到這些事情的處理可以在民眾的同意下來進行。譬如，西雅圖工會大道（Union Avenue in Seattle）旁有許多商店的老闆同意讓警察進入他們所經營的商店，以驅逐或逮捕在他們店中從事違法活動的販毒者；許多經營私人停車場的老闆也有同樣的反應。另外，在加拿大安大略省（Ontario Province, Canada）較為偏僻的地方，有些家庭的父母因事外出而將小孩留於家中，這些父母經常會允許警察進入他們的家中巡視小孩和環境的安全。在另外一方面，警察也經常實施宣導，讓民眾注意及降低犯罪發生的機會。譬如，許多便利商店就被建議在晚間最好以男性店員或多名店員來管店，或在商店停車場設立禁止遊蕩的禁告牌。速食餐廳和一些青少年經常聚集的商店或場所，經營者簽訂了共同協議，那就是當群眾太多或難以控制時，可以暫停營業。

　　警察想動員的對象並非僅有民眾而已，有些政府機構如果能夠將本身行動予以適當的調整，並與警察和社區的行動相互協調，那麼它們在犯罪預防上也可以扮演重要的角色。為了去除犯罪的跡象和表徵，清潔單位清除廢車、空地上的垃圾及預占停車位的雜物；公園管理單位為了青少年在夜間仍舊開放有關的設施，並籌劃適合青少年的活動；防火及建築物檢查單位公開並譴責那些用作吸毒及販毒場所的廢棄建築物；有些國家政府中的衛生機構及安全管理部門更企圖尋求合法的理由來關閉那些經常招引非法交易的酒吧和夜總會；學校針對成績不佳的學生開設輔導課；社會服務機構介入那些長期存有問題的家庭，以防止家庭暴力和兒童虐待事件的發生。洛杉磯警察局就設計一個叫作「警察協助社區執行方案」（Police-Assisted Community Enforcement, PACE），透過這個方案，社區警察引導跨政府單位計畫的擬定，以消除或紓解促使犯罪發生的狀況，尤其是針對販毒的犯罪事件。而在英國，1985年開始實施的「多部門犯罪預防方案」（Multi-Agency Crime Prevention Initiative, MACPI）也是一個具有相同目的的方案。

　　就如同消防單位對民間及政府有關部門提出專業指導和建言一般，有些警察單位也逐漸開始向政府有關部門及私人營造商提供犯罪預防的專業資訊。美國西雅圖市警察局及加拿大安大略省警察廳的專業人員就受邀參與都市及社區發展的聽證會，並針對犯罪預防提出都市及社區設計的建議。英國更有一些營造商在興建方案中融合警察的專業建言後，使得他們所推出的興建方案（如房地產）獲得了「安全設計」（secured by design）的標記，在加拿大愛德莫頓市也有類似的「信心守護」（shield of confidence）標記。消費者在購買具有這些標記的房子時，都可以獲得支付較低保險費用的優待。

　　近來，警察「動員」努力則是朝向了被害者及證人，目的是期望能夠鼓勵這些人在偵查和審判過程中勇於作證。在美國和加拿大，有近半的被害人輔助方案是由警察來運作，這些方案主要是提供被害人情緒上的支持、提供被害人在填寫保險文件時有關的建議與協助、協助被害人蒐集政府所提供的福利資料等。此外，這些方案更透過一些法定行動來達到支持被害者的目的，譬如協助他們瞭解整個案件的處理流程，提供到法院的交通工具，在審判中有專人陪同他們，在法院中提供適當的場所作為他們的休息室。澳洲的「證人保護方案」也有非常類似的措施。在基本的觀念

上，證人與被害人都會對犯罪感到驚嚇，同時對法定的處理流程也都感到不方便[8]。

動員社區以預防犯罪的發生，對警察而言並非是新的作為。以往在大多數的警察機關中均設有犯罪預防單位，或辦理相關業務，使得在警察機關中討論犯罪預防似乎有些唐突，因為大多數的警察認為他們已經做了犯罪預防的工作。然而，有關「動員」的新理念，乃是將社區為基礎的犯罪預防思想當成一項重要且正式的警政策略，同時也是每一位員警的重要職責。

當考量各階層政府預算拮据的壓力，以及增加警力所需支付的成本時，動員社區可能是一項較為務實的增加資源方法。一分社區預防的效能，可能是十分警察單獨努力始能達到的。

肆 問題解決

問題解決，意指矯正或去除引發犯罪或失序行為的原因。長久以來，警察往往是在犯罪或緊急事件發生後才做反應，如今警察已逐漸開始重視並探究引發犯罪和失序行為的背後因素，並規劃改善這些因素的可行方案，以及評估各方案的優缺點，選擇最適當的方案予以執行。換言之，警察已洞察應將犯罪及失序行為視為需要妥善處理的「問題」（problems），而非將其當作執法或提供緊急服務的「個別事件」（isolated events）看待（Goldstein, 1990）。問題解決模式，強調針對警察及社區所能實施的所有犯罪預防行動予以分析及評估，它所導引出來的犯罪預防方案是具體且特定的，而不是廣泛或普遍性的方案。

底下有四個問題解決模式的例子。美國威斯康辛州麥迪遜市區的購

---

8 被害者及證人，是刑案能否偵破的重要關鍵，所以，應盡可能避免讓他們受到非必要的不便或麻煩。底下是一些避免被害人及證人遭受不必要麻煩或不便的考量：除非有必要，否則應避免被害人及證人重複作證；避免讓被害人及證人不必要或無效往返警察單位、檢察署、或法院；以及避免案件起訴不必要的時間延遲等。除了以上避免被害人及證人遭受不必要麻煩或不便的考量外，尚有一些其他需注意之處：應告知被害人及證人案件目前的狀態；應予證人適當的保護；應重視被害人及證人參與作證的意願等。此外，警察管理者必須對證人的需求及所關切的事務要具有相當的敏感度，以確保犯罪偵查的有效性。而這些對於其他層面的警察工作而言，也會產生正面的效益，例如，社區的民眾可能會更與警察合作，更支持警察的活動。

物中心有許多商店受到精神病患的騷擾，不僅購物民眾感受驚嚇，更使購物中心蒙上負面聲譽，警方也收到了數以百計的民眾報案電話。當警方針對有關情況做了一番探究之後，警方發現其實並沒有數以百計的精神病患滋事，而是僅有13位。同時，警方也發現只要讓這13位精神病患適當服藥，就可以預防滋擾行為的發生。因此，警方的結論是，這些人沒有適當服藥是最主要的「問題」。隨後，警方就與當地的精神醫療機構和社會服務機構協調，給這13位滋事的精神病患服藥，不久之後，購物中心的騷擾事件就消失了（Goldstein & Susmilch, 1982）。

在某些地區，警察可能經常重複前往某些酒吧、夜總會等特種營業場所，處理打架、販毒、製造噪音、騷擾安寧等事件。加拿大愛德莫頓市有一位社區警察透過他個人簡單的研究，解決了這種問題。他蒐集了一家夜總會當初申請營業的有關文件影本，其中包含了售酒執照、准允跳舞及現場表演執照等。該名警察發現有一份文件內容有誤，此家夜總會的停車場容量不及法規所規定的容量，他就以此資料提報至市府有關單位，結果該夜總會必須停止營業，直到停車場問題解決始可營業，但該夜總會所在位置限制了增設停車場的可能。最後該夜總會只有關門一途，不僅周遭民眾感到歡喜，警方也樂於驅除一個治安死角（Edmonton Police Department, 1989）。

在馬里蘭州巴爾的摩郡（Baltimore County, Maryland）有一處社區公園因為被吸漆（paint-sniffing，頗類似吸食強力膠）青少年所聚集，使得居住在公園周圍的民眾不敢使用公園。警方嘗試以巡邏的方式來驅除及逮捕吸漆的青少年，但這種方法既不經濟又沒有太好的效果。最後警方在瞭解情況之後，擬定了一個解決方案。方案內容是警方一方面繼續取締及逮捕吸漆者，另一方面則協調檢察官對被逮捕者予以重罰。此外，更重要的是警方擬定了一份累犯名單給當地的油漆商，希望他們不要販賣油漆給這些人。同時，警方也說服油漆商不要陳設吸漆者所喜好的油漆。經由這些協調性的行動，該公園終於又恢復了以往的平靜，警察才又能夠將注意力放在其他的事務處理上（Cordner, 1985）。

最後一個例子是，洛杉磯市中心南方的牛頓街（Newton Street）區域（70%人口是中南美洲後裔，30%是黑人）在80年代末期時，因為受到街頭販毒及與販毒有關的暴力犯罪所影響，使得該區域帶有恐怖的氣息。居民在夜間都不敢出門，甚至睡覺都要選擇較內側、隱密的房間，以防

遭屋外槍戰子彈射入所傷。在經過仔細的探究、討論，以及挨家挨戶的訪談後，警方提出了一個改善治安的方案。該方案就是在社區的同意下，計畫在該區域九條街道的末端設立鐵門，形成一種死巷網，讓不熟悉該地區的人不易開車駛過。同時，警方也增派警力至該區域加強執法，尤其是針對販毒行為的取締與逮捕。在白天時間，警察多以腳踏車的方式執行巡邏，這可以讓他們的出現受到廣泛的注意，也可以讓他們在這個區域中來往自如。在州政府的經費補助下，有兩位年輕的工作人員受僱輔導青少年的課業，以及規劃一些體康活動。結果這些在協調上所花費的努力產生了驚人的功效，槍擊事件幾乎減少了八成，而且沒有轉移至鄰近的區域。毒販也幾乎完全被清除，儘管之後警力有所減少，效果持續維持。最令人感到驚訝的是，當地青少年的高中就學率增加了1倍。當地警察與民眾認為，當初低就學率，可能是因為恐懼被害所致，而非學生缺乏就學的動機（Sparrow et al., 1990）。

　　基本上，這種犯罪預防途徑的巧妙處，就在於從無數的民眾報案或請求服務當中，找出引發報案或請求服務的「問題」所在，然後盡快的以警察及社區適當的資源予以解決。但是，問題解決的途徑不見得對每一種犯罪或失序行為都可以奏效，許多導致犯罪及失序行為的背後因素（問題），有時是無法靠地方上的力量能予以改變的，譬如長期性的失業、家庭功能不彰等問題。基本上，問題解決途徑並非是一項重建社會結構（social restructuring）的方法，但其所代表者，則是遠超過傳統權威式介入及象徵式正義的警察反應模式。問題解決途徑，需要警察培養診斷民眾報案及請求服務原因的能力，以及探究解決問題可行方案、蒐集資源、參與合作解決方案，以及評估結果等方面的能力。

　　學者Goldstein認為，在警察實務中，要正確診斷出引發事件背後的問題，並不太困難。警察一般都可以容易地在事件與結構性的社會變革（structural social reform）之間，找到關聯性。在美國一般最常處理的問題，就是聚集在便利商店及購物中心的不良青少年、出現在住宅區的街頭娼妓、停車場的竊車賊、不法目的之侵入者（burglars）、獨居老人、經常騷擾甚至恐嚇鄰居的家庭，以及在某些特定場所經常發生的搶奪案件等。而警察解決這些問題的方法，有很大的不同。這些方法可能包括焦點地區的加強執法，調解，透過當事人的父母、老師、朋友及雇主來強化對

當事人的社會控制，物理環境的改善與重新設計，請求立法，以及提供新的政府服務等（Goldstein, 1990）。

在警察實務中，「問題解決」並非是新的途徑。長久以來，警察就曾針對一些問題予以特別的注意，而不知自己採用了不同的途徑。學者Bayley就指出（1985），美國警察在處理少年非行（juvenile deliquency）以及青少年幫派問題時，就經常採用此種途徑。一般被調派至處理此類事件單位的員警，大多會採用一種包含執法、協商以及動員等三方面的途徑。Bayley更指出，交通管理或許是傳統上問題解決途徑的最佳實例。交通專家先仔細分析交通事故的各種型態，然後再設計出包含改善交通工程、修訂交通法規、提昇執法品質，以及加強交通教育等多面向的解決方法。執行後，再進行經常性的評估，並做適當的修正。

從以上對於改良式犯罪預防策略的論述中，可以將社區警政的思維及實務整理如表12-2。

表 12-2　社區警政的思維與實務

策略模式	要素	組織策略	一般性實務策略	具體實務策略	目標
社區警政	諮詢	分權	社區互動	社區會議、步巡、家戶訪問等	建立共識辨認問題
	調適	分權	調整指揮結構	設立具充分決策權的分支或派出機關、員警久任同一轄區、授權等	提昇員警責任感
	動員	分權	社區犯罪預防	鄰里守望、財物標示記號、環境安全檢測、夥伴關係的建立（包含其他政府部門及民眾）等	增加犯罪預防資源
	問題解決	分權	預警式策略	問題導向策略、犯罪熱門地點的辨識與警力部署等	解決問題

註：「要素」欄中的諮詢、調適、動員及問題解決四項，為社區警政的操作性定義。

第五節 社區警政實施上的多樣化

實施社區警政的國家或地區由於各自的環境的不同，使得社區警政在施行的外觀上呈現多樣性。換言之，此種新犯罪預防模式（CAMPS），可以由許多不同的方式來實行。我們可從下列諸面向，瞭解社區警政在施行上的多樣化。

一、人　員

社區警政可能是由警察局全體人員來推動，也可能是由警察局某一個專門的單位來施行。例如，美國維吉尼亞州的紐波特紐斯市（Newport News, Virginia）以及德州的丹頓市（Denton, Texas）警察局，不論人員的工作職能為何，堅持局內所有人員均需採用社區警政的途徑；而紐約市及澳洲新南威爾斯的社區警政，則是由社區警察人員及比特區警員來施行；英國的巡邏警察分為實施社區警政的比特區勤務警員（beat duty officers, BODs），以及實施傳統巡邏的一般勤務警員（general duty officers, GDOs）；值得一提的是，英國倫敦市的分部警政方案（sector policing），則計畫將所有的巡邏警察轉化為社區警察[9]。

二、組　織

社區警政可以歸屬在警察局中既有的指揮體系下，也可另創新的指揮體系。譬如紐約市的社區警政，就歸屬在巡邏部門的指揮體系下；而底特律、愛德莫頓，以及麥迪遜三市的社區警政，則直屬警察局長（McElroy et al., 1992）。

三、佈　署

社區警察可以直接部署在比特區，例如愛德莫頓市、新南威爾斯及紐約市等。他們也可能是編定成隊，在較大的地區執行社區警政，例如聖地牙哥市及巴爾的摩郡的社區警政就是以分局轄區為執行根據地。有的社區警察則是部署在總局，例如負責民眾報案的分析，或是針對少年非行及青少年幫派的處理等，明顯的例子是澳洲昆士蘭警察局。

---

9 如此一來，將有助於倫敦市警察局評估整個區域在實施社區警政之後的效果（至少排除了巡邏警察所造成的影響）。

四、執行模式

社區警察可能是藉由徒步（如新南威爾斯及紐約市）、腳踏車（如波士頓）、機車（如丹佛）、鄰里辦公室（如愛德莫頓市）、機動式的迷你警察單位（如德州的Fort Worth）或車輛（如聖地牙哥）的方式來執行工作。

五、職　能

社區警察的工作職能為何？社區警察的活動有哪些是與傳統巡邏警察所不同的？在愛德莫頓市及安大略省，社區警察會對民眾緊急性的報案予以回應，但底特律的社區警察則不會，除非所發生的事件就在附近；西雅圖及新加坡的社區警察與底特律的社區警察相類似。紐約市的社區警察須以徒步的方式來巡邏，底特律的社區警察則不一定以徒步的方式來巡邏。在愛德莫頓市及紐波特紐斯市，「問題解決」受到社區警察的高度重視；但英國的比特區警察對於「問題解決」的重視程度則沒有這麼高。有些地區的社區警察較會對地方上特殊的團體或人群進行「協調聯絡」，如愛德莫頓市，有些地區則不見得如此，如日本。

六、範　疇

有的警察局是在其轄區上全面推行社區警政，如德州的丹頓市；有的警察局則是選擇特定地區為目標來實施社區警政，如愛德莫頓市及麥迪遜市。

七、諮　詢

有些地區的社區警察會特別設置諮詢委員會來達到諮詢民意的目的，新南威爾斯的警察局就是如此。加拿大安大略省的社區警察則是與社區中現有的民間團體進行頻繁的互動，或專設委員會來達到諮詢民意的目的。紐約市及倫敦市的社區警察則是靠執勤時與民眾接觸，或與現有的社區組織頻繁接觸，而達到諮詢民意的目的，他們並沒有創立新的諮詢體系。

八、協　調

社區警察可能經由特設的正式機制來獲得其他政府部門的協助，英國的Thames Valley就是如此。也可能是透過原有的官僚結構的途徑來獲得

其他政府部門的協助，如澳洲的Toowoomba。

九、民眾的參與

　　警察單位可能請民眾直接參與警察的工作，也可能與民眾保持某種距離。譬如底特律及休士頓警察局就實施一種市民無線頻道的巡邏模式（civilian-band radio patrols），並運用市民充當鄰里警察局的職員。而紐約市及新南威爾斯的社區警察則大多由自己完成工作，較不鼓勵民眾直接參與警察工作的執行。

　　上述有關社區警政的九個面向，可說是代表了警察機關在謀求改善犯罪預防效能上所作的選擇。從眾多國家和地區的經驗中可以得知，欲實施社區警政的警察機關，在實施前應仔細評估這些選擇的優缺點。否則可能會落於導致員警產生困惑和挫折的深淵，使方案的實施喪失信度而終至失敗。

　　從社區警政的意涵及實際運作的模式中，吾人可以發現社區警政似乎並沒有標準化的運作楷模。不過對當代警政而言，「何謂社區警政？」恐怕並非是最重要的問題，而「如何讓警察能夠更有效地預防犯罪？」可能才是警察機關所關切的議題。在許多國家和地區，似乎已把CAMPS當作是「如何讓警察能夠更有效地預防犯罪？」的答案。這些措施，不管是稱為社區警政或其他代名詞，已被認為是警察有效預防犯罪的要件。

第六節　社區警政的效能

　　社區警政是否能有效的預防犯罪？針對社區警政的犯罪預防效能，過去已有許多專門性的評估。在這些評估的結果中，僅有新加坡及日本兩個國家所實施的社區警政，較有一致性的正面效果。學者發現，在這兩個國家中社區警政被妥善的制度化，可以說是該國警政體系中的運作典範（operating paradigm）。至於其他國家或地區的施行成效，則至今尚未有一致性的答案[10]。

---

10 有許多評估是針對社區警政的某些特定要件而進行的。基本上，此類評估較具洞察力（sensible），因為這種方法承認社區警政並非是一種單一面向的方案，而認為是一種具有多面向變革的方案。此類評估顯示出社區警政在某些地區具有些微的效能，但在其他地區卻

　　有關社區警政之犯罪預防效能的正面證據，主要係來自某特定問題解決的案例。譬如公園從販毒者的盤踞下獲得「解放」，購物中心被精神病患騷擾事件的減少，以及某些地區竊盜事件的減少等均是。但在另外一方面，針對社區警政的核心要件——即以社區為基礎的犯罪預防（也就是CAMPS中的「動員」）——評估結果顯示對其效能有愈來愈多的質疑。在社區警政的概念中，有一項極具關鍵性的假設，那就是如果能夠經由適當的指導和組織化，民眾當可降低犯罪的發生。但事實上，在美國和英國的實證資料中，顯示社區犯罪預防方案的「三大項」——鄰里守望、財物標示記號、環境安全檢測（如治安風水師）——在其主要標的犯罪（竊盜）的降低方面，並沒有獲得具明確且長期效果的證據（Rosenbaum, 1988）。而針對住家的自我保護措施、建築物及環境的重新規劃與設計、觸及犯罪根本原因的社區方案、整修（如路燈）清理（如廢棄車輛）運動、迷你警察局以及發送社區犯罪預防通訊刊物給民眾等，均缺乏肯定且一致性的證據（Skogan, 1990; Rosenbaum, 1988）。

　　在廣泛檢視社區犯罪預防方案的評估之後，學者Skogan（1990: 9）做出不甚樂觀的結論：「社區犯罪預防方案的評估，未完全顯示出明確的成功證據。」Skogan同時也指出，社區犯罪預防方案最不常在犯罪率較高的社區中實施，就算有實施，效果也最為不良。換言之，在最需要實施社區犯罪預防的地區，反而較少實施，或實施效果不良。如果這是事實，那麼社區警政的立論根基就受到了嚴厲考驗。不過此處值得注意的是，Skogan的結論並不一定為真，因為缺乏明確證據顯示，到底是因為理論錯誤？還是警察執行不落實？抑或評估研究本身有瑕疵？目前還不確定。換言之，由於執行上和評估研究上的不足，使得社區警政是否能有效預防犯罪？至今尚無法被明確的判斷。

　　在實施社區警政的實務上，警察機關經常都會極力鼓勵參與社區警政

有一些矛盾的結果。此外，另有一些研究雖然途徑（approaches）不同，但所得結果卻非常類似，惟學者L. W. Sherman對其研究方法多有質疑。他指出，這些研究至少有兩個問題。第一，這些研究通常不是針對警察效能進行純粹式的評估，而是方案實施過程的描述；這些研究僅考量某一項警察活動是否有意義，或是否值得評估而已。第二，這些研究較傾向為印象主義的及軼聞式的（impressionistic and anecdotal），從這些研究中很難斷定社區警政是否具有長遠性的效能？社區警政是否會將問題驅離至其他地區？實施社區警政後的所出現的變化，是否係社區警政本身所造成？（Sherman, 1991）。

員警的熱烈合作，但社區警政與警察組織難免會有不相容之處。譬如，警察機關在實施社區警政之前，可能已經有相當多的事務需要處理，員警不認為有多餘的資源可以分配到社區警政方案的施行上，員警就欠缺落實該方案的動機。在另外一方面，社區警政效能無法被明確驗證，也使員警對其產生質疑。警察與學者難免懷疑社區警政的效能檢測是否太過於苛求，但是當設計上較理想的評估依然趨向於相似的結果時（即社區警政的效能有限），社區警政的價值的確受到了嚴重質疑。對於新式犯罪預防策略的尋求，往往是基於對傳統策略的有效性缺乏支持證據的基礎之上。如果社會科學無法證實新途徑的成功，那麼舊途徑要被完全的取代或剔除便失去科學證據的支持。

　　科學性的評估無法證實社區警政的預防效能，亦無法否證傳統權威式介入與象徵式正義的威嚇效能，這對於警政政策的制定者而言，可能會產生兩項隱喻：第一，欲改善犯罪預防策略的警察機關會愈來愈重視理論、邏輯、甚至是精神上的直覺，而非仰賴科學證據；第二，必須告知民眾，犯罪預防並無良方，警察無良方，社區亦無良方。這並非意謂卓越策略不需要再予追求，但至少顯示了以警察為基礎的犯罪預防方案恐怕不宜過分渲染其效能。

第七節　結　語

　　幾乎全世界的警察都在追求更為有效的犯罪預防方法。而社區警政可以說是近年來警察在犯罪預防策略上改革努力的主要代表。從其運作內涵來看，社區警政涉及了諮詢、調適、動員及問題解決等四個要項。對許多國家而言，雖然這些要件可以說是現在或未來警政重要的策略性考量，但要保證其實施必有效能，目前似乎稍嫌過早。事實上，由於上層長官的承諾並非十分明確，再加上欠缺系統性的執行方案，使得許多警察機關仍處於紙上談兵的階段，未有實際的作為。國外有一些警察機關嘗試實施了一段時間，又打了退堂鼓，不少實務者對社區警政半信半疑。最近的文獻資料顯示，在世界上實施社區警政的國家中，僅有日本和新加坡的社區警政被全然的制度化，也就是說只有這兩個國家將社區警政變成警察機關的作業傳統。反觀其他國家，大多數實施社區警政的警察機關幾乎是仰賴少數

上層領導者的推動，一旦當這些社區警政倡導者退休或離職，他們所推行的方案，未來便充滿變數。

對於許多國家的警政發展而言，1980及1990年代可以說是相當重要的分水嶺，因為出現一些不同的典範觀念（CAMPS的模式）衝擊著警察人員的傳統思想（權威式介入及象徵式正義的模式）。當今，在許多社會追求實施社區警政的背後，可能不只是該社會對警政策略的一種選擇而已，它更顯示出操控警察的權力，在某個程度上已逐漸由政府的手中轉移到人民的身上。

在西歐國家，現代警察被建立之初，主要是用來保護政府的利益（Roberg et al., 2000）。警察主要是為掌控國家權力的菁英而維護社會秩序，在本質上，警察的職能是壓制社會不安以及管理老百姓，也就是國家導向的警政（state-directed policing）。不過到了20世紀初，許多民主國家的警政陸陸續續發生了一些重大的變革。在政治參與面不斷擴張的影響下，警察逐漸對民眾的治安需求產生了回應。值此同時，科技上的精進（尤其是汽車及電子通訊設備被導入警察機關）也強化了警察回應民眾治安需求的能力，以及增強警察回應的意願。對於警察服務的需求，不再僅是來自於國家本身，而是散落在廣大的民眾個人身上。換言之，對於警察服務的需求，不再是集中在政府的手中，民眾逐漸成為警察新的且更為重要的服務對象。雖然，對於警察在今日民主社會中的反應作為模式（reactiveness），可以很輕易地提出批評，但警察對於民眾個人需求所提供的立即反應，其所代表的政治意義是不容予以忽視的。與早期警政對照，此種改變代表了國家強制權受到某種程度的抑制，這未嘗不是一種優質性的民主演化。

社區警政，顯示另一控制警察活動的權力已形成。如果社區能夠決定警察的工作，那麼一個新的權力中心便被建立。社區警政，並非僅是警察策略的改變而已，更代表著警察與社會之間一種社會契約的再協商。

第十三章　犯罪偵查效能的分析

第一節　前　言

　　犯罪偵查（Crime Investigation），是安全治理工作中的重要項目。犯罪偵查的目的為何？簡言之，就是偵破刑案、逮捕嫌犯、減少民眾犯罪被害恐懼感，預防未來的犯罪。犯罪案件若無法適時偵破（尤其是眾所矚目的刑案），不僅影響民眾生活的安全感，更嚴重損及民眾對政府的施政滿意度。雖然，暴力犯罪的破獲率超過70%，惟因若干重大刑案遲未偵破，無形中累加了民眾內心既有的犯罪恐懼感。而犯罪偵查程序與人權保障等議題，過去也曾引起學界的關切。不論是從警察實務或學術層面來觀察，犯罪偵查都是一個值得深刻研究的課題。本章目的，在於探討犯罪偵查效能及相關策略的問題，透過有關研究的分析，歸納出影響偵查效能的具體條件。

第二節　犯罪行為與犯罪偵查

壹　犯罪行為連續構面

　　當潛在犯罪人構思或實施犯罪行為後，那麼必定可從犯罪者及其周遭找到犯罪線索，犯罪者就好比是「犯罪線索的散發者」。Roberg及Kuykendall（1990）研究發現，提出犯罪階段的概念，如圖13-1。圖13-1係以時間為架構，呈現由若干不同階段所構成的犯罪行為連續構面（continuum），在犯罪行為中的任何一個階段，均可提供足以讓偵查人員介入的機會。這些犯罪發展的階段以及相關偵查技術和線索來源，如下述。

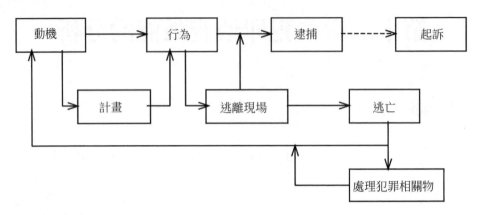

資料來源：Roberg與Kuykendall（1990: 274）。

圖13-1 犯罪行為連續構面

一、動機與計畫

在犯罪行為連續構面的第一個階段，犯罪動機形成。此時，潛在犯罪者有可能在犯罪動機形成後立即從事犯罪行為，也有可能進入計畫的階段。任何隨犯罪動機而衍生的計畫，可能會涉及知曉該計畫的第三者，以及由計畫者或共謀者不經意表現出的不尋常行為等現象。這些在計畫階段所形成的關係網絡，無形中增加了犯罪計畫者所散發出來的犯罪訊息。網絡的連結愈多，那麼犯罪計畫者所顯現的弱點就可能愈大。

二、犯罪行為、逃離現場與逃亡狀態

事實上，犯罪的發生可能僅有短短的幾秒鐘，也可能持續一段很長的期間。涉及犯罪過程的人員，通常包括犯罪嫌疑人以及被害人，兩者可能是個人或組織。此外，也可能還包括擁有重要線索的證人和線民。這些涉及犯罪的所有人員，皆有助於偵查人員發覺和辨認與犯罪有關之人的身分及處所。另外，物證（physical evidence）也是相當重要的線索。因為，假若犯罪者在犯罪後沒有立即被逮捕，那麼犯罪行為的發展便進入犯罪者「逃離現場」的階段，而偵查人員在此階段的效能，端賴是否蒐集到涉嫌人相關物證的線索（例如，有關犯案交通工具、兇器及贓物等描述）。如果偵查人員能夠愈快掌控這些線索，那麼就能愈快反應、愈有助於破案。當涉嫌人找到藏身處所後，「逃亡」階段便開始。在此階段，偵查人員最

主要的工作就是確認涉嫌人身分，以及找出涉嫌人的下落並將其逮捕。但這些工作能否順利達成，端視偵查人員是否知曉涉嫌人到底是誰。一旦逮捕涉嫌人，偵查人員便協助檢察官準備相關資料，以為案件起訴所需。

三、處理犯罪相關物及連續構面的循環

某些物品常伴隨犯罪出現，例如贓物或犯罪工具，這些物品可能會因犯罪者欲獲得其經濟價值或其他因素而被變賣或處理。犯罪者在處理這些犯罪相關物的過程中，就類似再次重複犯罪行為的連續構面，因而暴露出更多的風險，相對地提供偵查人員更多的介入機會。譬如，規劃誘捕任務，偽裝贓物收購者以逮捕嫌犯。在另一方面，犯罪人也可能從事其他犯罪，重複犯罪行為自然可能增加逮捕機會，犯罪行為愈多，偵查人員較可能蒐集到相關線索。

貳　偵查線索的來源

犯罪者在上述任何階段所遺留的訊息，均可作為偵查線索的來源。通常，這些線索可從案件有關人員、物證及資料系統等處獲得。其中，案件有關人員大致包括四種：被害者、嫌犯、線民及證人。被害人，如果在被害後未死亡，他們就可提供有關犯罪人、財物損失、犯罪發生時間等重要線索。嫌犯，也可以提供犯罪及其他相關線索。線民，可能握有相關可疑事實或行為的線索。另外，線民對於即將發生的犯罪、累犯以及嫌犯身分與處所等訊息，也可能知曉某些線索。

證人，通常可分為主要、次要及地點等三類（Layman, 1999）。主要證人，指的是對犯罪有直接認識之人，而次要證人可能知道犯罪前後某些事件的情形。例如，主要證人可能目睹犯罪的發生，次要證人可能在犯罪發生前看見可疑人，或在犯罪發生後看到一部汽車匆忙駛離現場。所謂地點證人，係指對嫌犯處所能夠提供重要線索之人。另外，偵查人員的同儕也是相當重要的線索來源，因為他們因偵查犯罪或與犯罪人接觸，經常可獲得有助於同儕辦案的情資。

物證，則包含特定物質、相片、繪圖、犯罪現場測量、犯罪工具、指紋、血跡等。此種證據所提供的線索，通常可以證明或確認是否有犯罪發生、嫌犯的身分與住所，更有助於讓嫌犯認罪。資料系統（data systems），包含有關犯罪活動、個人、財物及其他證據之紀錄資料。一般執法單位會保存有關犯罪、嫌疑人及犯罪人、犯罪人關係網絡、犯罪手法、失竊及尋獲財物、犯罪人化名或綽號等資料。另外，許多其他機構，諸如電信公司、金融機構、兵役紀錄單位等，均可能提供偵查人員在執行犯罪偵查時所需要的資料，可說是犯罪偵查能否奏效的支援系統。

參 介入考量與偵查技術

偵查人員的介入，決定於犯罪類型以及對犯罪的分析。以介入作為觀察主軸，犯罪基本上有兩種的類型：第一種是涉及犯罪者與被害者的犯罪，另一種是本質上兩造皆為犯罪者的犯罪。第二種類型的犯罪，通常涉及購買或販賣非法的物品或服務（例如：娼妓及毒品交易），次類犯罪，警察一般選擇在犯罪正在進行中介入。對於第一類犯罪，警察通常是在犯罪發生後才反應，或是在巡邏時發現。一般而言，對於問題愈瞭解，那麼警察對於犯罪的回應就愈精準。

警察選擇在犯罪之前介入以為預防犯罪，抑或選擇在犯罪之後介入以實施逮捕，受到很多因素的影響。當警察在動機或犯罪行為的階段介入，他們的回應通常是屬於主動先發式的（proactive）；而當他們在犯罪後實施調查，其回應則是屬於事後反應式的（reactive）。此外，警政管理者尚需面臨另一項抉擇，就是決定警察對於犯罪的回應是公開的還是隱密的。也就是說，要決定警察的反應是可見的、還是不可見的。對民主、犯罪者，以及警察本身而言，隱密或祕密性的警察作為可說是較危險的。雖然，某些犯罪可能較需以祕密方式進行偵查（例如娼妓、毒品交易等），但當有其他適當選擇途徑時（例如經常性的調查、密集性的公開巡邏，以及鎖定常業犯為目標等），臥底及誘捕等方式的使用，將無法避免面臨警察職業倫理的考驗。

警察在對於犯罪事件的回應上，通常包括五種基本的偵查技術：訪談、角色模擬、科學分析、型態分析（pattern analysis），以及監控等。訪談，可以看做是一種溝通過程，即警察在與被害人、證人、嫌犯及線民的溝通中，企圖獲取有關犯罪的線索。角色模擬，係警察運用虛構的身分去獲取線索，這是一種祕密的偵查工作。科學分析，是有關物證如何蒐集、處理、儲存及運用等。型態分析，係探討有關犯罪結構的問題，以及

犯罪與犯罪者之間、犯罪與犯罪標的物之間的關係。基本上，型態分析係針對犯罪時間與地點、犯罪者的行為模式及犯罪手法等進行系統性分析，以期能夠確認犯罪者的身分、犯罪者的關係，以及未來可能的犯罪地點等。最後，監控係指對於涉及犯罪活動之人或處所進行的觀察，監控過程中，偵查人員通常會運用科技裝備，以輔助監聽、跟蹤及攝影等。犯罪行為連續構面、偵查線索來源，以及偵查技術三者間的關係，詳如表13-1。

表 13-1 犯罪行為連續構面、偵查線索來源以及偵查技術三者間的關係

連續構面的階段	主要的線索來源	主要的偵查技術
動機	人（指線民與警察），資料系統	角色模擬，型態分析，監控
計畫	人（指線民與警察），資料系統	角色模擬，型態分析，監控
行為	除嫌犯以外的所有來源	所有五種的偵查技術
逃離現場	除嫌犯以外的所有來源	監控
逃亡	除嫌犯以外的所有來源	監控，訪談，型態分析，角色模擬
處理犯罪相關物	除嫌犯以外的所有來源	型態分析，監控，角色模擬

資料來源：Roberg與Kuykendall（1990: 274）。

第三節 犯罪偵查效能的分析

自從公共警察建立以來，「犯罪偵查」就一直是警察機關最主要的職責之一。顯然，偵查工作的效能及偵查資源的分配，便成為警政決策者必須面對的重要管理課題。接下來，本文將分析研究文獻，歸納整理影響偵查效能的相關因素，期對下列問題揭示理性的思考方向。

一、偵查人員在偵查中會採取什麼行動？
二、偵查人員在偵查中可以獲得什麼線索？
三、偵查人員在偵查中所獲線索的來源是什麼？這些來源是如何提供線索的？
四、在偵查工作的執行上，行政警察與刑事警察角色的重要性各為何？
五、在偵查人員所採取的行動或所獲得的線索中，哪些是有助於逮捕嫌犯的？

這些問題的解答，將有助於警察偵查效能以及管理決策品質的提昇。自1970年代以來，刑事司法組織與管理愈來愈受實務及學界的重視，有關犯罪偵查的研究也從此累積愈來愈多的發現（Lyman, 1999; Gilbert, 1998）。本文底下的內容，將分析與上述問題有關的研究，並歸納及比較這些研究的發現。

壹 犯罪偵查的學術描繪

一、P. W. Greenwood的描述

Greenwood（1970）可謂是最先嘗試對破案決定因子進行研究的學者之一。他運用蒐集自紐約市警察局的資料，分析後發現每個刑警每個月所承擔的偵查案件介於60至120件之間，Greenwood推估每位刑警在每一個工作天中，將會被分派三個案件負責偵查，這還沒有包括先前未偵破所積壓下來的案件數量。此外，Greenwood發現案件負荷量與逮捕率之間並無顯著的關係存在。他更發現偵查優先順序較高的案子，其偵破可能性，不見得會比優先順序較低的案子來得高。因此，針對蒐集自紐約市警察局的資料審慎分析之後，Greenwood的結論是：

> 任何特定之財產性犯罪的破案，皆為一種機會事件（a chance event），與偵查工作執行的多寡沒有太大關係[1]（Greenwood, 1970）。

雖然，有學者曾質疑Greenwood所採用之案件負荷資料可能不是工作負荷的適當測量變項，以及財物損失價值或許不是測量案件優先順序的良好指標（Eck, 1992）。但是，Greenwood的研究可以說是開展犯罪偵查研究的先端。此外，他的研究更直接指出犯罪偵查上一個重要的觀念：在破案預測上，存有不確定的事件以及限制。

---

[1] 此處Greenwood雖然只表示財產性犯罪的破案是一機會事件（a chance event），但在其研究的其他篇幅中，Greenwood亦強調，大多數犯罪都是因為有某種機會事件的出現才得以破案。在Greenwood的觀念中，他認為犯罪本身的某些特徵，或與犯罪有關的某些事件，決定了該犯罪能否被偵破，而這些特徵或事件是偵查人員所無法操控的。（Greenwood, 1970）。

二、J. F. Folk的描述

　　早期另外一個探究犯罪偵查過程的學者是Folk（1971）。Folk將犯罪偵查定義為：在獲得某些基本線索的情況下，犯罪偵查可視為偵查人員選擇可以獲取更多線索及消耗最低成本（例如執行特定行動所需之時間）之行動的過程。換言之，當有新的線索形成，偵查人員就會選定新的行動。這樣的過程一直不斷地進行，直到破案或是被允許的偵查時間用完為止。

　　導致行動的線索可以形成更多的線索，直到破案或所有線索的效能均耗盡，這種觀念可說是描述犯罪偵查最為普遍的一種方式，此種方式也經常成為許多偵探電影或電視的劇情。而從學術的角度觀察，這種研究途徑也是非常有價值的，因為，它把焦點集中在採取行動的類別、執行這些行動所花費的時間，以及這些行動對破案的正面影響上。Folk對於偵查工作的敘述與Greenwood有所不同，Folk暗指偵查行動及情資蒐集是與破案有關的，而Greenwood的敘述正好相反。

三、M. Wilmer的描述

　　Wilmer（1970）從不同角度，對偵查過程提供另一種敘述。根據Wilmer的觀念，犯罪偵查是一種警察與犯罪者之間的線索爭戰（a battle over information）。每一件犯罪之後，犯罪者必定遺留某些線索，犯罪者企圖盡可能湮滅或減少遺留下來的線索，而警察則設法蒐集及處理這些犯罪人所遺留的線索。Wilmer認為，警察運用這些線索以減少「嫌疑人群」（suspect set；或稱可能嫌疑人的名單，list of possible suspects）的大小，直到留於名單中之嫌疑人足以被起訴為止。嫌疑人群，可能是整個社區，也可能僅是一個人。

　　Wilmer的方法極具啟發性，他不僅再次揭示線索蒐集的重要性，同時也將「嫌疑人群」的觀念引進。此外，與Folk類似，Wilmer所提出的偵查分析模式，與Greenwood所主張者不同。Wilmer與Folk兩人皆認為，在偵查工作上所做的努力，是有助於破案的；而Greenwood卻主張，破案是一種機會事件。

四、W. B. Sanders等人的描述

　　Sanders（1977）、Waegel（1979）及Ericson（1981）等人對於刑警工作的描述，可以說是一種完全不同的途徑。這些研究者，對美國、加拿大三種不同轄區的刑警人員進行觀察。雖然他們的觀點略有不同，但他們所關切的卻是相同的問題：刑警人員如何運用他們的裁量權來執行工作？對於某案件是否進行偵查的決定，是Sanders等人特別關切的焦點。在這三個研究中，所有研究樣本（刑警人員）的行為，基本上並沒有受到太多的組織控制。換言之，刑警個人擁有相當自主空間決定何種案件需要追查，何種線索是有價值的，以及誰會被逮捕和起訴。此外，這些研究也發現，刑警會根據案件的某些特徵（如損害及可用線索的效益），建立個人處理案件的一些標準或原則。針對偵查的管理層面，這些研究顯示了刑警自主權的重要含意。

　　針對犯罪偵查，本章在此呈現四種不甚一致的敘述。這四種敘述所共同強調的要點是：蒐集有用線索的重要性。除了此項共同的發現外，尚有三種相當重要的發現。第一，這四種敘述並沒有陳述相同的問題，Greenwood、Folk與Wilmer三人所關切的是如何破案，而Sanders、Waegel與Ericson三人所代表的社會學敘述，則是有關當執行偵查時，刑警人員如何運用其裁量權。第二，雖然Greenwood、Folk與Wilmer三人對犯罪如何被偵破均做了有關的敘述，但是他們的結論卻不相同。Greenwood認為，唯有當「機會事件」發生時，刑警人員才有可能破案。在另外一方面，Folk與Wilmer則暗指，刑警人員的努力才是破案的關鍵。最後，就刑警人員如何將後續偵查中所蒐集之線索運用在破案上，Folk與Wilmer的觀點並不相同。根據Folk的觀點，刑警的工作就是蒐集有助於辨識嫌犯的線索；而Wilmer則敘述從可能的嫌疑人群中，如何運用線索排除非犯罪人。

貳　犯罪偵查效能的有關研究

一、H. H. Isaacs的研究

　　該研究係根據洛杉磯市警察局的紀錄資料，其所獲得的研究發現，在其之後有關犯罪偵查的實證研究，幾乎均支持這些發現，足見該研究的重

要性。該研究的主要發現如下（Isaacs, 1967）：

(一)雖然大多數被逮捕犯罪人的身分是由刑警人員所確認的，但是絕大部分的逮捕卻是由巡邏警察所執行。

(二)由被害人提供給巡邏警察有關嫌疑人的線索，是決定犯罪能否被偵破的重要因子。警察在犯罪現場中確認嫌疑人的能力，隨犯罪類型的不同而有很大差異。

(三)大多數的逮捕是發生在報案後很短的時間內；有超過半數的逮捕，是發生在報案後一天之內。

(四)刑警人員所執行的後續偵查，通常僅限於巡邏警察報告中已確認嫌犯姓名或身分的案件。

(五)針對不法目的之侵入（burglary）以及其他的竊盜案件，後續偵查不會比快速巡邏反應來得有效。因此，研究報告建議，運用便衣、策略式的巡邏（plain-clothes, tactical patrol）來抗制不法目的之侵入及竊盜犯罪。

　　此處值得注意及說明的是，由於美國警察最主要的勤務為巡邏與犯罪偵查[2]，在實務運作上，當勤務指揮中心接獲報案後，若有立即反應的必要，那麼勤務指揮中心便會馬上派遣線上巡邏警察前往事件現場處理。因此，上述研究發現中所指的「巡邏警察」，在實質意義上就是指首先抵達犯罪現場的警察人員。在我國，一般最先抵達犯罪現場的警察，通常是派出或分駐所的員警（屬於制服警察，而非刑警）。

　　雖然，該研究屬探索性研究[3]（在此領域中或許是第一個研究），但該研究針對偵查效能提出若干重要發現。其價值與影響力，可說是揭開未來有關犯罪偵查研究的序幕，其後許多研究的主題大多是Isaacs研究中曾提及的內容，這些主題有：

2　在美國一般的警察局中，大多數的警力是投入在巡邏與偵查的活動上，巡邏與偵查人員不僅處理了大多數的問題，同時也影響民眾對於警察形象的觀感。在大部分中型或大型的警察局中，後續偵查可以說是巡邏與偵查活動的分界點。實務上，巡邏警察執行初步的調查工作，而後續的調查與案情的發展等工作，則是由偵查員或刑警來執行（Holden, 1994: 157-167）。

3　該研究在研究方法上存有若干問題，第一，雖然研究人員企圖將犯罪的類型予以分類，但是大多數的結論卻還是基於綜合許多不同類型犯罪所構成的資料。第二，對於刑警人員執行後續偵查所花費的時間，該研究並沒有測量，僅記錄刑警人員提出偵查報告的數量。最後，因為賴於員警的報告，因此並沒有致力於探究刑警及巡邏警察（最先抵達犯罪現場的警察）到底對破案的作為為何。

(一)後續偵查的效能是有限的。

(二)巡邏員警（即最先抵達犯罪現場的員警）在執行初步偵查時所獲得的線索，是最重要的。

(三)在犯罪偵查的過程中，由被害人及目擊證人所提供的嫌犯姓名及有關描述，是最重要的線索。

(四)就逮捕嫌犯（破案）而言，後續偵查並非是有效和重要的。

二、P. W. Greenwood的研究

在1970年，紐約市蘭德機構（the New York City Rand Institute）發表了一份有關紐約市警察如何執行逮捕的研究報告（Greenwood, 1970）。除了在前文有關犯罪偵查的敘述外，Greenwood更發現許多實施偵查的時間是浪費在那些根本無法偵破的案件上。因此，Greenwood建議，偵查案件的選擇，應該是植基於案件偵破可能性之上，他的建議隱約支持Isaacs的研究結論。此外，Greenwood還支持Isaacs研究的另一項結論，即應增加運用便衣員警及未標示警徽車輛的巡邏方式，來提高逮捕率。

三、R. H. Ward的研究

Ward在其博士論文中（1971），曾在犯罪偵查這個主題上著墨不少。Ward發現，刑警面對指派給他們處理的案件，僅花費少許時間去處理。在他所調查的52個警察單位中，刑警人員所負荷的案件平均為每月51.2件。當詳細計算刑警人員處理案件的時間之後，發現平均大約每兩個小時處理一件案件，有時甚至是每一個小時處理一件案件。Ward表示：

> 假設這個數字在其他警察單位中也是如此，那麼顯然並沒有足夠時間可供刑警人員實施完整的犯罪偵查，至少對於那些可能會有顯著偵查效果的案件而言，時間是絕對不夠的。這些發現的含意是，刑警人員的體力無法負荷分派給他們的案子（Ward, 1971）。

儘管Ward的研究在方法上存有瑕疵[4]，但Ward的貢獻仍然是不可忽

---

4 在Ward的研究中，存有若干研究上的限制。該研究的資料主要係蒐集自郵寄式的調查（mail survey），以及21個警察單位的官方文件，由於樣本過小，可能無法代表美國警察單位的母群（population），因此研究發現的概括解釋力（外在效度）恐怕有限。

視的。因為，他雖然證實了Greenwood（1970）對於刑警承受許多案件負荷的發現，但是就案件負荷對於偵查績效的影響，Ward的結論恰與Greenwood相反。Greenwood認為，案件負荷的差異並不會影響偵查績效；Ward卻主張，高案件負荷使得刑警人員無法執行有效的犯罪偵查。

四、B. Greenberg及其同僚的研究

在1973年，史丹佛研究機構（the Stanford Research Institute, SRI）發表一篇有關不法目的侵入犯罪偵查的研究報告，該研究的發現對於犯罪偵查的管理產生了相當大的影響。進行該研究的研究人員注意到一件事實：「在不法目的之侵入行為中，由於犯罪者並沒有遺留太多的線索，而且偵查此類案件所耗費的成本經常超過被害者財物損失的價值，因此，要提升偵查品質，便面臨很大的困難。」（Greenberg et al., 1973）研究人員自加州六個警察局蒐集了500個不法目的之侵入犯罪的個案報告，以此作為研究樣本，探究已獲得之線索與嫌犯之逮捕兩者間的關係。他們發現：

(一)幾乎所有由逮捕而偵破的不法目的侵入犯罪，都是在報案後三十天以內所破案的，其中超過50%是在四十八小時以內逮捕破案的。

(二)由巡邏警察（即首先抵達犯罪現場的員警）所提供的初步偵查線索，是決定後續偵查可否獲得逮捕結果的最重要因子。在將案子分派給刑警之前，初步偵查線索可以作為篩選案件的依據，換言之，只要將具有合理破案機率的案件分派給刑警偵辦即可。

之後，SRI又進行另一項後續研究，針對其他一些嚴重重罪（serious felonies），探究建立加權篩選模式（weighted screening models）的可行性（Greenberg et al., 1975）。但是，最後研究人員僅建立強盜案件犯罪偵查的篩選模式，主要是因為對於持致命武器的傷害案件、汽車竊盜及強制性交等犯罪，決定逮捕最重要的單獨因子仍舊是：「巡邏警察（即首先抵達犯罪現場的員警）能否從被害人處獲知嫌犯的身分」。比較上，其他線索就顯得不太重要。SRI所執行的這兩項研究，再度強化了Isaacs的論點，即巡邏警察（首先抵達犯罪現場的員警）所執行的初步偵查是偵查工作中最為重要的一部分。

美國「警察首長研究論壇」（Police Executive Research Forum, PERF）曾以美國26個警察局的1,200個案件為樣本，對於SRI所建立的不法目的之侵入犯罪篩選模式進行檢測。檢測結果顯示，以巡邏警察（首先

抵達犯罪現場的員警）在初步偵查中所蒐集之線索為預測指標，在預測不法目的之侵入犯罪的後續偵查結果上，具有85%的準確性。顯示，最初結論的外在效度可說是相當高，幾乎可在全美各地適用。而在明尼蘇達州（Minnesota）四個轄區所進行的另一項研究，檢測了不法目的之侵入犯罪及強盜犯罪的模式，結果仍舊支持上述的最初結論。似乎可以從這些研究中獲得一個結論，那就是偵查人員在案件偵辦上所遭遇的問題，恐怕與不法目的侵入及強盜犯罪行為的本質較為有關，而與警察局所實施的政策較無關[5]。

五、Rand機構的研究

　　Rand機構在1975年所進行有關犯罪偵查的研究，不僅是對完整偵查過程進行探究的少數研究之一，也是被公認最著名的研究（Alpert, 1997; Brown, 1998）。該研究的資料係來自對一群警察單位所作的調查，並參訪觀察這些警察單位，以及包括堪薩斯市警察局（Kansas City Police Department）的資料。研究人員在研究報告中做出底下令人印象深刻的結論：

(一)在偵查人員時間的使用方面：在所有警察受理報案的嚴重性犯罪中，超過一半以上的案件都沒有受到偵查人員最起碼的注意。

(二)在案件如何被偵破方面：案件能否被偵破的單一最重要決定因子，就是被害人對立即反應之警察人員所提供的線索。在報案時，如果沒有呈現確認嫌犯的線索，那麼之後嫌犯的身分就根本不可能被確認。

(三)在偵查效能方面：偵查訓練、人事、工作負荷及程序上的調整或改變，並不會對犯罪事件、逮捕或破案率產生影響。

(四)偵查人員組織的方式（如組合警力team policing、專業化分組）不會對犯罪事件、逮捕及破案率產生顯著影響（Greenwood & Petersilia, 1975）。

　　基本上，Rand機構的研究發現與先前研究的發現，大致是相符的。

---

5 史丹佛研究機構對案件篩選所從事的研究，以及其他的複製研究，均有一個研究方法上的問題，即這些研究的資料都是賴於已經偵辦過的案件（already-investigated cases）。這意謂這些研究無法顯示偵查人員在偵查中到底投入了多少努力，以及對於欠缺足夠線索的案件若增加偵查上的努力，亦無法顯示是否可以造成逮捕的結果。缺乏線索，可能無法預測案件一旦偵查後必定不會被偵破；但缺乏線索，卻可以預期偵查人員不會對該案件做進一步的偵查，所以大概可以保證逮捕的結果不會出現。

該研究宣稱，在警察受理的報案中，大多數的嚴重犯罪僅受到「偵查人員表面上的注意」而已，這一點是Isaacs（1967）、Ward（1971）、Folk（1971）等學者之研究所支持的。而上述該研究的第二項發現，也是Isaacs（1967）、Greenwood（1973, 1975）、以及Eck（1979）等學者之研究所支持的。先前Greenwood（1970）進行的研究，也支持Rand機構所發現：工作負荷並不會影響偵查人員的效能。但此發現卻與Ward（1971）的研究結論不同。

至於「偵查訓練、人事、工作負荷，以及程序上的調整或改變，並不會對犯罪事件、逮捕、或破案率產生影響」的這一項發現，尚未有其他的研究支持或反對。不過此發現與Rand機構研究的其他發現──「大多數的犯罪僅受到少許偵查上的注意，被害人所提供給巡邏警察的線索，是破案的關鍵」──是相符的。也就是說，在多數偵查僅投入少許努力的前提下，偵查結果便決定於被害人及目擊證人所提供的線索，因此，也就不必期待偵查效能的差異，會與偵查訓練、人事及程序有關。

Rand研究中，有關偵查人員組織方式不會影響犯罪事件、逮捕及破案率的發現，與有些研究的發現不同[6]。底下將對這些研究及其發現進行討論。

六、J. Eck的研究

在一項針對不法目的之侵入及強盜犯罪的研究中，Eck（1984）發現巡邏警察所執行的初步偵查及刑警所執行的後續偵查，兩者皆具重要性。他發現，在巡邏警察執行初步偵查未獲得重要線索的案件中，大約有14%的案件還是可由執行後續偵查的刑警辨識出嫌疑人，大約有8%的案件可由刑警逮捕到嫌疑人。儘管Eck的研究顯示刑警對破案還是具有貢獻，但從程度分析，巡邏警察所執行的初步偵查仍較重要。為改善偵查效能，Eck認為應多重視犯罪現場的物證蒐集、找到目擊者、運用線民、運用警

---

6 Rand機構的研究，不幸地在研究方法上也暴露出一個缺點，即所蒐集的資料有問題。其資料蒐集自三個來源：對大型警察單位的郵寄調查，前往一些警察單位參訪，以及蒐集自堪薩斯市警察局的資料。其中郵寄調查的回收率僅50%多一點而已，因此樣本偏誤的可能性恐怕難以避免；由於上述最後兩項（第3、4項）發現是根據這項資料而來的，故其效度不無疑問。此外，由於自參訪警察單位（除堪薩斯市警察局外）所蒐集的樣本過小，故使該資料的可用性亦受到了限制。最後，該研究並沒有將警察人員的作為與他們所獲得的線索或偵查結果做連結。

察紀錄資料等。並提出下列建議：

(一)巡邏警察抵達犯罪現場應謹慎蒐集證據，並謹慎的將證據及相關訊息送交承辦刑警。

(二)案件應經謹慎篩選程序，以決定哪些案件可以擱置或暫緩偵辦。

(三)建立績效評量制度，確保刑警人員符合工作目標。

(四)偵查目標具體化（例如，以常業犯或累犯為偵查目標）。

第四節　組織變革與犯罪偵查效能的改善

壹　組織變革的相關研究

一、Syracuse的研究

有一些研究刻意強化巡邏警察在犯罪偵查中的角色功能。Elliot與Sardino（1971）在紐約州Syracuse市所作的實驗研究，便是一個典範。他們在Syracuse的研究中發現，對於犯罪事件的偵查，成立一個負責整個偵查過程（包括初步偵查及後續偵查）的「犯罪控制小組」（crime control team），會比傳統上將巡邏警察與刑警人員分開的方式，有較高的破案率。

二、Rochester的研究

與上述犯罪控制小組的方式不同，兩個由警察基金會（Police Foundation）所贊助的組合警力[7]研究，針對刑警人員採分散制所產生的

7　美國警政管理者從1960年代開始，逐漸在組織作業（organizing）上面臨一項難題：即社區愈來愈要求警察對於社區的需求要有較高的敏感度，以及警察應具較佳的犯罪控制能力。只要是企圖運用更集權式的控制體制或更頻繁的車輛巡邏，來達成組織專業化目的的警政管理者，往往都會招致社區認為警察缺乏敏感性，以及警察與社區產生隔閡之類的非難。當時，「組合警力」（team policing）就被認為是一項可以滿足警察與社區需求的策略模式。組合警力的概念，基本上就是將一組警力（可能是幾十人）指派至一特定社區，並授權組合警力領導者，使其充分負責社區治安問題，並獨立規劃勤務以及服務的提供。學者 Sherman 等人（1973）曾對美國實施組合警力的七個警察局進行研究，發現這些警察局的實施過程雖略有不同，但有三項共同的要件（element），這三項共同的要件是：固定一組警力在一個鄰里巡邏、保持各組員之間最大的互動關係、及保持各組員與社區之間最大的互動關係。研究人員

效應進行觀察研究。研究人員Bloch與Bell等（1976），將Rochester市某些轄區採分散式的組合警力，其他轄區則依舊維持原有傳統式的偵查組織—即由集中在警察局的刑警人員負責所有的後續偵查。該研究的結果如下：

(一)在採用分散式的轄區中，對於竊盜、不法目的之侵入及強盜等犯罪，比集中式的轄區有較高的逮捕率。

(二)採用分散式的轄區，顯示有較多的現場逮捕及後續偵查逮捕。

(三)與集中式的偵查人員比較起來，分散式的偵查人員在後續偵查中所蒐集的線索較多，同時在線索的運用上也較佳。

(四)警察人員在初步偵查中從目擊證人處獲取嫌犯描述的能力，兩種方式之間並無顯著差異。

(五)對於最後會導致起訴的逮捕而言，兩種方式之間並無顯著差異存在。

　　從以上這些混雜的結果中，可以釐出一項結論，那就是要增加逮捕率似乎並不困難，但是要增加可起訴的逮捕，恐怕就不是一件容易的事。因為起訴需要有關嫌犯較完整的線索（證據），而要增加這種具完整線索案件的數量，恐怕是偵查人員或主管人員能力範圍之外的事。

三、Cincinnati的研究

　　Cincinnati組合警力實驗，是另一個由警察基金會所贊助有關組合警力的研究。該研究發現：

　　　　採偵查分散模式的組合警力（即偵查人員並非集中於警察局），比完全或部分集中的模式具有較高的逮捕破案率[8]（Schwartz & Clarren, 1977）。

亦發現，實現該等要件最徹底的警察局大多具備一些組織配合的措施，這些措施是：督導的統一性、決策權下放並具彈性、及偵查與巡邏職能的結合等。此處值得一提的是，最早實施組合警力的地方是蘇格蘭的亞伯丁（Aberdeen, Scotland），時間大約是二次世界大戰之後沒多久。亞伯丁方案（Aberdeen project）的目的，主要是為了提振單警在寧靜街道巡邏時的低迷士氣，以及消除單警巡邏時的無聊感覺。

8 但很可惜的是，該研究並沒有檢視線索的取得過程，以及被逮捕人是否會被起訴，因此不太可能將該研究的發現直接與Rochester的研究相互比較。

　　從上述三個研究中可以發現，制服巡邏警察在犯罪偵查中的角色受到相當程度的強化。此外，其中有兩個研究，採用分散刑事警力的模式。而三個研究的共同發現，就是巡邏警察可以有效處理偵查職能中更多部分的工作（而非僅是維護現場，至少就財產性犯罪中的竊盜、不法目的之侵入及強盜案件是如此）。此外，針對財產性犯罪的偵查作業上，採用分散制並不會降低刑警的工作效能。

　　上述這三個研究與Rand機構研究的結論——「偵查人員組織的方式不會對犯罪事件、逮捕及破案率產生顯著影響」——並不相同。Syracuse的研究與Cincinati的評估研究顯示，強化巡邏警察的偵查角色（也就是強化首先抵達犯罪現場員警的偵查角色），是可以提昇破案率的。而在Rochester的研究中，當偵查人員採分散制的組合警力模式時，逮捕率也獲得提昇。組織變革可否提昇偵查效能？表象上，前述三項研究似乎提出了最佳佐證。這三項研究大致可以推論出三個結論：

(一)由被害人和目擊證人所提供，以及由巡邏警察（最先抵達犯罪現場的員警）所蒐集有關嫌犯的姓名與描述，是財產性犯罪偵查上最重要的線索。

(二)對逮捕而言，巡邏警察（最先抵達犯罪現場的員警）所執行的初步偵查，是非常重要的。因此，巡邏警察在偵查工作上的角色可以、同時也應該予以強化。

(三)對逮捕而言，後續偵查的重要性是不及初步偵查的。

貳　組織變革的隱喻

　　根據上述三點發現，可衍生出兩種解釋：一是管理效能不彰，另一是有關財產性犯罪本質的問題。

一、管　理

　　第一個解釋，就是管理不善導致目前犯罪偵查上的窘境。因此，改善偵查管理就被假設是一種可以提昇偵查效能的方法。基於這樣的假設，「美國執法支援署」（Law Enforcement Assistance Administration, LEAA）發展了所謂「犯罪偵查管理方案」（Managing Criminal Investigation, MCI）。「犯罪偵查管理方案」針對下列諸項予以特別考量

和管制：初步偵查、案件篩選、後續偵查、刑警人員與檢察官間的關係以及警察與證人間的關係等。

（一）初步偵查

在此階段中，案件管理的重點是，詳細規定第一抵達犯罪現場員警的工作項目，以確保他們能夠辨認破案的重要線索，並確保他們的作為能夠有利於刑警人員在案件後續偵查上的進行。在第一抵達犯罪現場員警的回報中，應該包含一個詳述各類型犯罪之最重要破案因素、以及這些因素之搜尋順序的表格。在此表格上，第一抵達犯罪現場的員警須詳細記錄何種因素有出現、何種沒有，並指出後續偵查所應有的努力為何。如此，主管人員才能較精確估算出每一案件所需花費的偵查時間、破案可能性，以及後續偵查上所應投入的資源。

（二）案件篩選

採用數學運算模式來評估案件的偵破可能性，根據該模式計算出來的結果，作為是否對某案件進行後續偵查的判斷參考（通常是轉化為分數）。案件篩選系統包括下列項目：

1. 能夠辨識在預估上無法偵破案件的系統。
2. 包含某些富彈性標準，對政治及情境等因素予以特殊考量。
3. 配置案件篩選專責人員，其任務就是確保初步偵查及後續偵查的適當性與完整性，並決定案件所應投入的適當資源。
4. 對大型或採用刑事警力散在制的警察機關而言，需注重協調，以確保篩選標準的一致性。
5. 需讓被害人及證人知曉偵查狀態。
6. 對於懸而未破的案件，必須要有一種記錄新發現線索、且隨之改變案件狀態的方法。

（三）後續偵查

在某些案件中，主管人員依工作負荷量，有時會將偵查工作交給制服警察執行（譬如，破案可能性較高的案件，如此也可使制服警察的工作豐富化）。經常檢視偵查成效，以決定後續資源分配的適當性。此外，針對懸而未破的案件，一旦出現案件之間的連結關係，主管人員應該具敏感

性，就此連結關係的開發與確認，判斷有無必要投入資源，當獲得有利線索時，應再度對懸案著手偵辦。

管理者若能善用偵查資源，便能將更多的資源分配到組織所關切的其他犯罪之上，或是其他特殊偵查作為的實施上。欲對後續偵查施予妥善管理，必須設置監督系統（monitoring system），以適時提供偵查單位活動與結果的資料。而這些資料，還可轉化為績效評量以及制定資源運用決策的重要參考依據。

（四）刑警與檢察官的關係

刑警與檢察官之間的關係應是互賴、互利的，兩者間有效溝通與合作是相當重要的。檢察官是否接受案件並予以起訴，可說是衡量刑警偵查犯罪成效的指標之一。為發展兩者間互助合作的關係，就需建立一種相互信任、以及相互尊重的相處氣氛。刑警與檢察官之間若能建立互助合作的關係，那麼案件被起訴和定罪的數目通常會增加。互助合作的關係，可以促使刑警人員洞悉刑案起訴的必要條件為何，同時，也可以讓檢察官更加瞭解警察機關在偵查工作上的問題為何。這對偵查效能的提昇、犯罪的追訴，以及正義目標的達成，應有正面價值。

（五）警察與證人之間的關係

證人（含被害人），是刑案能否偵破的重要關鍵，所以，應盡可能避免讓他們受到非必要的不便或麻煩。底下是一些避免證人遭受不必要麻煩或不便的考量：除非有必要，否則應避免證人重複作證；避免讓證人不必要或無效往返警察單位、檢察署、或法院；以及避免案件起訴不必要的時間延遲等。

除了上數避免證人遭受不必要麻煩或不便的考量外，尚有一些其他需注意之處：應告知證人案件目前的狀態；應予證人適當的保護；應重視證人參與作證的意願等。此外，警察管理者必須對證人的需求及所關切的事務要具有相當的敏感度，以確保犯罪偵查的有效性。

歸納犯罪偵查管理方案的內容，該方案主要是藉由改善犯罪偵查中的五個部分以提昇偵查效能，這五個部分分別是：

(一)強化巡邏警察（最先抵達犯罪現場的員警）在犯罪偵查中的角色功能，以改善初步偵查的品質。

(二)運用案件篩選方法，將後續偵查的資源集中在較可能偵破的案件上[9]。

(三)透過第一線督導者（first-line supervisors）嚴密監控偵查工作的執行，以改善後續偵查的管理。

(四)強化檢警互動關係，以增加案件起訴的數量，及改善案件的偵查品質。

(五)建立案件監控系統，適時提供決策者有關犯罪偵查的適當資訊，以改善犯罪偵查的決策品質。

　　當MCI方案在發展之初，被認為可以將偵查資源做較為有效的運用，同時也可以增加會導致起訴之逮捕的數量。之後，有五個警察單位在贊助下實施了MCI方案。Regan等人（1979）曾對這五個警察單位進行評估，結果發現逮捕及起訴率不是沒有變化，要不然就是變化並非導因於MCI的實施。其中有三個警察單位在實施MCI後，破案率沒有變化；而在其他兩個警察單位，實施MCI可能使警察的破案率略為提昇。這些結果不一致的發現，使得當初的假設：「管理不良導致目前犯罪偵查上的情況，改善偵查管理可以提昇偵查過程的效能」受到了某些質疑。但值得注意的是，此等評估是在MCI方案實施後沒多久就進行，所以，尚不足以確認MCI方案效能不佳的事實。

　　另一個由Greenberg與Wasserman（1979）所作的研究也指出，MCI方案的效能是有限的。雖然，該研究承認MCI方案是要增進犯罪控制效能的事實，但研究報告卻從另外一個角度陳述：

9　學者曾針對被警察成功偵破的案件進行研究，結果在這些案件中學者辨認出若干破案因素（solvability factors）。實證資料顯示，案件中若有出現這些因素，那麼只要對該案繼續偵查，那麼就有可能破案。這些破案因素是：有證人，知曉嫌犯的姓名，獲得有關嫌犯的描述，知曉嫌犯的處所，辨認出嫌犯的交通工具，有贓物的線索，有物證，以及有特殊的作案手法。案件中若沒有這些因素出現，那麼破案可能性就極低。

當案件出現有破案因素時，欲瞭解這些因素對破案的影響到底有多大，就必須對它們的質與量進行評估，而加權系統（weighting system）的建立則有助於評估目的的達成。當案件的加權值超過某一特定值，系統本身就會建議該案有繼續偵查的價值。通常系統所提供的最初建議，一般會由較資深且偵查經驗豐富的管理者來審查。當重大案件被初次認定無需偵查時（即破案性很低），為慎重起見，該案件大多會交由其他管理者予以重新評估。這種過程，一般稱為「案件的篩選」。其目的，就是期望將有限的刑事警力擺在具偵破可能性的案件偵辦上，一方面可提昇偵查績效，另一方面，可避免警力的浪費。（Osterburg & Ward, 2000）。

　　……將偵查結果的變化完全歸因是偵查過程改變所致，這並不
合理。事實上，在缺乏控制實驗的情況下，不能斷然認定結果的變
化就一定是過程變化所造成。所以，當評估MCI時，偵查過程的目標
是不可以忽視的，而方案成功與否，也不能以這些項目（指逮捕率
及起訴率等項目）來測量。相對地，MCI成功與否，應以過程本身的
效率作為測量標的（Greenberg & Wasserman, 1979）。

　　然而，儘管研究人員顯示了這方面的測量項目（過程本身的效
率），MCI方案仍舊未如預期的成功。在五個參與MCI方案的警察單位
中，僅有兩個單位能夠節省多餘的資源，將人員從偵查單位調派至其他單
位服務。此外，偵查效能也未獲一致性的改善。即某些單位偵查人員的平
均案件負荷量有所降低，但在其他單位卻未見此結果；巡邏警察在初步偵
查所花費的時間，某些單位有增加，有些卻沒有；在後續偵查在所花費的
時間，某些單位有減少，有些卻沒有。

　　最後，雖然有兩個警察單位表示逮捕後的起訴率有所提昇，但是所有
參與MCI方案的警察單位均顯示：逮捕率、破案率及定罪率皆無顯著差異
（Greenberg & Wasserman, 1979）。因此，從節省資源、偵查效率及偵查
效果三個面向來觀察，實施MCI方案所產生的助益恐怕是有限的。

　　如果不良的偵查管理是導致不良偵查績效的主因，那麼在偵查管理上
的改善應當有助於偵查績效的改善。而MCI方案的設計目的，就是為了要
改善偵查上的管理，但從前述研究中可知，MCI方案對偵查績效僅能產生
些微的改善。而MCI方案對偵查績效僅能產生些微的改善的原因，可能有
底下幾種解釋：

(一)此等些許的改善，可能是從偵查管理的變革中，所能獲得的最大改
　　善。

(二)或許MCI方案確實可以對偵查管理產生實質上的改善，但被不適當的
　　實行，所以對偵查績效影響有限。

(三)針對偵查管理的有效改善方案是存在的，而且此等改善方案有助於偵
　　查績效的提昇，但MCI方案並非屬於此種改善方案。

(四)對於MCI方案的效能測量不當，因此無法準確判斷它對偵查績效的提
　　昇到底有無助益。

(五)在偵查管理上所實施的改善，可能需要經過一段較長時間之後，才會對偵查績效形成可觀察或可測量的影響，上述學者的評估研究可能實施過早。

　　對於管理上的變革是否會影響偵查效能，雖然沒有確切的研究結果，不過有關財產性犯罪的研究卻導引出另外一種可能的解釋：財產性犯罪的偵查工作，在本質上就是一種低報酬的警察工作（Skogan & Antunes, 1979; Eck, 1983; Walker, 1998; Felson, 1998）。

二、財產犯罪的特徵

　　此種解釋的要點，簡言之，就是財產犯罪(property crime)的特徵限制了偵查效能的提昇。該解釋論認為，逮捕、起訴等目的的達成，必須要獲有足夠線索為前提，由於線索大多數來自被害人及目擊證人所提供，因此，偵查結果成功與否，幾乎賴於被害人及目擊證人對犯罪及犯罪人的辨識。Greenwood（1970）認為破案乃一機會事件，間接支持了此種觀點。Skogan與Antunes（1979）更進一步運用被害資料，證實了財產犯罪的被害人鮮少知曉加害人的身分或有關線索。此種情形，在國內的被害調查也顯示相同發現（Mon, 2003）。

　　此外，有許多竊盜案件，當被害人發現自己被害時，犯罪人大多早已逃離現場，被害人與犯罪人根本沒有任何實質接觸。換言之，當被害人發現犯罪時，案件其實早已冷卻了。在這種情況下，改善偵查技巧或偵查管理，難怪無法對犯罪偵查效能產生顯著影響。值得注意的是，竊盜案件在全般刑案中占有相當大的比例，多數竊盜被發現後往往成為冷卻的犯罪（cold crime）。表13-2為台灣近十年主要犯罪類型的破案率，可以明顯看出竊盜犯罪的破案率相對較低。

　　Skogan與Antunes因而建議，僅賴被害人提供線索所實施的偵查，恐怕難有令人滿意的成效，而其他能夠增進偵查效能的線索資源，就應該予以善加運用。警察局的資料庫、錄影監視紀錄的影像、線民、以及其他偵查人員的認知與經驗等，都是非常重要的線索來源。此外，科技的導入也是重要的偵防策略。例如錄影監視器的設置，應有助於彌補被害人與犯罪人沒有實質接觸所衍生偵查效能不彰的問題，繼而提升財產犯罪的破案率。

表 13-2　台灣近十年主要犯罪類型破獲率

犯罪類型　　年	殺人	強盜	搶奪	擄人勒贖	恐嚇取財	傷害	竊盜
2008	94.90	88.23	48.10	100.00	72.12	78.48	57.18
2009	94.91	89.06	57.46	100.00	71.77	81.58	56.95
2010	96.24	92.42	60.57	94.12	70.37	79.55	55.97
2011	97.11	91.63	72.22	100.00	72.91	79.89	55.75
2012	97.41	96.21	83.21	100.00	75.54	85.04	58.89
2013	97.42	94.28	87.19	75.00	82.26	87.62	61.06
2014	96.96	95.25	89.86	100.00	76.05	86.71	63.65
2015	97.57	99.19	92.07	100.00	80.56	88.95	68.99
2016	95.98	97.38	95.90	100.00	84.85	90.29	73.84
2017	96.52	97.47	99.56	100.00	86.94	91.17	79.03
平均值	96.50	94.11	78.61	96.91	77.34	84.93	63.13

參　小　結

　　從以上有關犯罪偵查研究的論述中，可以發現不同研究的結果有相同者，也有不同之處，甚至相互矛盾。經分析歸納後，總共有三項結論是上述各研究所共同支持的，這三項結論是：

一、由於負責蒐集被害人及目擊證人所提供的線索，所以巡邏警察（在實質意義上，就是指首先抵達犯罪現場的員警）所執行的初步偵查是非常重要的。

二、平均每位偵查人員所負責偵辦的案件負荷，一般都是非常地高。

三、多數財產性犯罪，其本質限制警察偵查效能的提昇。警察組織變革，並非是提昇財產性犯罪偵查效能的最佳方式。

第五節　犯罪偵查與管理

　　下文中將討論有關犯罪偵查的管理及決策問題，這些問題包含：犯罪

偵查所牽涉的民主問題、資源的決定與分配、偵查目標的選擇以及誘捕等議題。

壹　犯罪偵查涉及的民主問題

　　民主社會，注重自由、隱私、個人權利，並關切警察濫權的問題。因此，瞭解警察實施犯罪偵查所涉及的民主問題，可以說是相當重要的。在警察對於犯罪的偵查回應中，一般具有三個重要的面向：祕密性、反應模式及偵查焦點。以上這三個偵查面向，又可以依序分為可見的或不可見的（公開的或祕密的）、被動反應的或主動先發的、事件的或個人的（即針對特定個人而非某案件進行偵查，譬如對剛出獄累犯進行監控或誘捕）。在偵查上，最具民主敏感的面向為祕密性或不可見性，其次，就是以個人為焦點的面向。警察對於犯罪以不可見的（不公開的或祕密的）方式反應，難以保證警察一定會善盡職責，同時也可能引發諸如誘捕所涉及的職業倫理問題。此外，假若當警方開始注意某人，並視其為嫌疑人時，那麼某人的自由與個人權利將可能處於被潛在侵犯的狀態，隨時都有遭受實質侵害的可能。在民主社會中，警政決策者有必要瞭解犯罪偵查的實施過程、所有可能的偵查方式，以及最具民主敏感性的偵查方式，當在強調偵查績效的同時，更不能忽視民主及民眾個人權利的問題。

貳　資源分配與決策

　　一個警察機關到底應該分派多少人員至偵查單位，目前尚未有精確的評量指標。實務上，刑事警力的編制通常是考量案件負荷量、偵查工作係由單獨抑或多人一組來執行、刑警以外之員警參與偵查的程度（如首先抵達犯罪現場之制服警察所實施的初步調查），偵查人員的訓練、經驗與能力，以及科技輔助的程度等。加拿大的刑事警力約占該國全警力的14%，英國及美國的刑事警力約占15%，澳洲約為16%，日本約為20%（Thibault et al., 2007）。在台灣地區縣市警察局中，編制刑事警力的占編制總警力的13.7%，實際現有刑事警力占現有警力的12.3%。與上述國家相比，我國現有刑事警力的比例偏低，如表13-3。

表 **13-3**　各縣、市警察局總警力與刑事警力之比較　　　　單位：人

單位 (警察局)	編制總 警力	現有 警力	編制刑 事警力	現有刑 事警力	刑事警力之百分 比（編制警力）	刑事警力之百分 比（現有警力）
台北市	9,943	7,837	1,252	965	12.6%	12.3%
高雄市	5,367	4,405	722	612	13.5%	13.9%
基隆市	1,274	1,166	194	177	15.2%	15.2%
新竹市	1,111	980	153	136	13.8%	13.9%
台中市	4,052	3,355	599	399	14.8%	11.9%
嘉義市	854	787	123	114	14.4%	14.5%
台南市	2,004	1,818	311	280	15.5%	15.4%
台北縣	10,763	7,628	1,689	761	15.7%	10.0%
宜蘭縣	1,533	1,240	173	146	11.3%	11.8%
桃園縣	4,032	3,850	600	543	14.9%	14.1%
新竹縣	1,212	1,054	183	154	15.1%	14.6%
苗栗縣	1,367	1,266	173	159	12.7%	12.6%
台中縣	3,232	3,025	506	421	15.7%	13.9%
彰化縣	3,084	2,869	354	315	11.5%	11.0%
南投縣	1,523	1,450	181	173	11.9%	11.9%
雲林縣	1,706	1,574	217	191	12.7%	12.1%
嘉義縣	1,438	1,323	150	143	10.4%	10.8%
台南縣	2,709	2,336	356	294	13.1%	12.6%
高雄縣	3,104	2,712	387	338	12.5%	12.5%
屏東縣	2,532	1,912	448	226	17.7%	11.8%
台東縣	1,514	1,079	129	117	8.5%	10.8%
花蓮縣	1,483	1,237	157	122	10.6%	9.9%
澎湖縣	913	763	85	80	9.3%	10.5%
合計	66,750	55,666	9,142	6,866	13.7%	12.3%

資料來源：內政部警政署，2010年11月。

　　在執行偵查的人員派遣上，就大多數案件情況，實證資料顯示派遣單人執行偵查較為適當，不過有一些例外情形值得注意，例如極其危險狀況的處理、與可疑告密者會晤等，這些狀況派遣單人執行較不適當。然而，在這些危險狀況中，並沒有直接的證據顯示，兩人執行偵查的效果或效率比單人執行為佳（Thibault et al., 2007）。

參　偵查目標的選擇

　　偵查目標的選擇，係指「誰」將會成為警察偵查的目標。警察機關難免會進行先發式的偵查作為（proactive investigation），此種偵查通常是在隱密情況下執行。由於先發式偵查通常要有特定區域或個人當作目標，偵查人員必須先決定誰將會、或誰將不會被選為偵查目標。在某些先發式偵查中，也有隨機選擇個人為偵查目標的，這種「機會目標」在非道德性犯罪（例如娼妓、販毒或賭博等）偵辦上較普遍。在其他先發式的偵查活動中，一般被選為偵查目標者，通常是假設會涉及犯罪活動的區域或個人，以常業犯或累犯為目標是最常見的方案，警察機關往往運用線民或諮詢布建以及分析警察紀錄，來辨認涉嫌重蹈覆轍的人。

　　對於先發式的、個人導向式的偵查策略，研究人員曾進行研究評估其效果，研究發現並無一致性，即有些方案的效果頗佳，有些則無顯著效果（Martin & Sherman, 1986; Bayley, 1994; Layman, 1999; Roberg, Crank & Kuykendall, 2000）。研究人員分析方案失敗的原因，主要包括：未考量轄區特性，刑事警力分派不當；某些參與此類方案之員警的活動未讓其他同仁知曉，引發同仁間的不愉快；追查及看管犯罪人方面的訓練，不當或缺乏；主管人員專業技能不足等（Roberg & Kuykendall, 1990）。綜合有關研究的結果，這些特定方案對於犯罪偵查僅產生極微弱的長期效應。換言之，管理者對於有關常業犯的先發式偵查方案，應持謹慎態度，下列項目，可作為此類方案的採行參考：

一、若採行此類方案，那麼嫌犯的逮捕、起訴及定罪，應比未採行此類方案者較為快速。

二、被逮捕者，應該是最近經常從事嚴重犯罪行為者。

三、若採行此類方案，那麼嫌犯被捕後的定罪可能性或刑罰程度，應比未採行此類方案者較高。

肆　誘　捕

　　警察的偵查作為是否會誘導民眾犯罪？例如警察欲逮捕竊賊而喬裝成收買贓物者，是否反而會鼓勵原非竊賊的人（如最近因有財務上的緊急需要）去偷竊來向警察銷贓？警察為逮捕吸毒者而喬扮成販毒者，是

否反而會製造買毒品的機會，促使更多人吸毒（例如剛剛才準備戒毒的人正好遇見喬裝的警察）？又如警察單位為逮捕某某之狼，讓女警扮為夜歸女子（任務所需，服裝上稍花俏或暴露），是否反而會招來其他人對該女警的性侵犯（例如酒醉男子遇見該女警）？事實上，在警察隱密偵查作為中，不論警察所喬扮的角色是犯罪者（如販毒者）或是被害者（如夜歸女子），均可能產生預期外的負面效應。除了這些問題外，警察進行隱密性偵查作為的安全問題，也應該是主管人員不可忽略的重要考量。

然而，誘捕偵查作為所衍生的問題尚有其他更複雜的層面，特別是當警察喬扮購買非法物品或服務的情況。此種偵查作為會不會造成更多的被害人產生（例如是否會造成更多的住宅遭竊）？如果犯罪人可以容易的高價銷贓，那麼在銷贓管道順暢的情況下，他們會不會偷得更厲害？警察在享有此種偵查作為的優勢時（例如，更多的逮捕、蒐集更有價值的線索、培養線民、強化諮詢布建等），也不應忽視這些問題。

由於隱密偵查作為的後果不易被準確測量，其衍生的後果，甚至有可能成為政治性的議題。任何會引發更多被害事件的警察作為，都可能喚起社會的負面反應，而隱密偵查作為經常是屬於這種作為。因此，為避免使用不當，執行隱密偵查的員警就不宜支付高於正常價錢來購買贓物，也不應慫恿嫌疑人去偷取特定的物品或鼓勵嫌疑人繼續偷竊。或許「不鼓勵嫌疑人繼續偷竊」這一點建議較不易為警察人員所遵從，但是避免嫌疑人繼續偷竊絕對是必要的，因為嫌疑人不見得一定會選擇警察銷贓，有可能向他處銷贓。總之，警察機關在使用隱密式偵查作為時，應慎重考量其適當性以及可能引發的負面效應。

第六節　結　語

面對犯罪的回應類型，警察具有相當的選擇性，這些選擇可以透過犯罪行為連續構面的觀念來解釋。基本上，警察可以選擇在連續構面的任何階段介入，在介入之後，警察可從犯罪有關人員、獲得之物證或資料系統中找尋所需要的線索。另外，警察選擇何處介入，也影響其作為是屬於主動先發式的、還是事後反應式的，是公開的、還是祕密的。該介入處，也影響偵查技術類型的選擇。

　　本章揭示四種有關犯罪偵查的學術描繪，四種描繪所共同強調的焦點是：蒐集有用線索的重要性。然而，有用線索如何被蒐集？有學者主張須靠刑警人員的專業能力，有學者則認為須靠運氣，惟有「機會事件」出現時，才可能蒐集到破案線索。此項爭議，激起研究人員對於犯罪偵查效能的研究興趣，相關研究如雨後春筍般出現。本章分析各代表研究，歸納其主要發現如下：

一、最先抵達犯罪現場的員警，其所獲得的線索是最重要的線索。這些線索通常是被害人或目擊者所提供有關嫌疑人的描述，另也包括足以辨識嫌疑人的物證。

二、破案最重要的單一因子，是被害人或目擊者對立即反應員警所提供的線索。立即反應員警若未獲得辨識嫌疑人的線索，破案可能便降低。

三、後續偵查的效能不及初步偵查重要。

四、犯罪發生後愈久未偵破，偵破可能性愈低。

五、分散式刑事警力的配置比集中式配置有較高的逮捕率，但最後導致起訴的逮捕數量未必較高。

六、透過警察組織變革，強化初步偵查員警（通常是制服警察）的角色功能，或許可以提昇逮捕率，但未必能增加最後導致起訴的逮捕數量。

七、在全般犯罪中占最大比例的財產性犯罪，其本質限制警察偵查效能的發揮，與其他類型犯罪相比，較不易被偵破。財產性犯罪的偵查工作，在本質上，是一種效能較低的警察工作。

八、強化警察組織管理功能，實施犯罪偵查管理方案（MCI），對於財產性犯罪的破案效果影響有限。

　　綜合前述，增加刑警執行逮捕的數量，並不一定會對犯罪造成實質影響。本章建議，以破案作為刑警工作的唯一目標，並不妥當。除追求破案績效，刑警工作尚應包括：提昇民眾的滿意度、降低犯罪恐懼感、提供被害者專業諮詢及其他服務及預防犯罪等。換言之，刑警工作除強調正義的實現（逮捕犯罪人），亦不可忽視民眾生活品質的重要性（預防犯罪）。在民主社會中，警政管理者除重視資源分配及破案績效等問題，更需重視人權保障，尤其針對先發式偵查活動，必須持審慎態度，妥善審查其運用的適當性。

第十四章　逮捕決策分析

第一節　前　言

　　本章的目的在於探究警察逮捕意向的影響因素。由於警察可能針對多種犯罪類型的犯罪嫌疑人進行逮捕，為期深刻觀察警察逮捕作為，控制不同犯罪情境所可能造成的干擾，本章遂以單一犯罪類型當作觀察警察逮捕的標的。考量婚姻暴力案件的特殊性（被害者與加害者間曾有親密關係）以及家庭暴力防治法屬新立法（1998年公布，賦予警察介入處理的權力），筆者乃以實證途徑分析影響警察對婚姻暴力犯進行逮捕的因素。

　　婚姻暴力雖非新的社會問題，但在過去許多國家均漠視婚姻暴力現象的存在，認為「法不入家門」、「清官難斷家務事」，國家及社會大眾應該尊重私領域的隱私權，不宜介入干預他人的家務事。至於警察人員亦以「不干涉民事」之警察權限原則，加以勤務上常面臨諸多困境，而不願意，也似有理由不介入家庭事務的紛爭。但隨著人們逐漸瞭解到婚姻暴力對於被害人身心與生活有長期與短期的傷害，使得許多國家在回應此類暴力行為的政策上出現了改變，在社會上有很大的呼聲希望尋求法律途徑來解決。因此，晚近有愈來愈多的國家將婚姻暴力事件認定成社會問題。

　　就警察機關而言，近年來我國立法趨勢，因受到美國之影響，增加了一些原本不被視為警察任務的婦幼法規，諸如：青少年、婦女等之保護法規，以及性侵害犯罪防治法規等。由於這些規定，使得警察介入私人生活領域中有關犯罪預防之工作，而使警察概念不再侷限於防止危害，且發展至犯罪預防的工作上。警察在人民有困難之際，亦應積極介入其中，而盡國家保護之義務。以家庭暴力防治法中，賦予警察執行保護令事宜為例，已使警察權擴及於司法活動上，警察權不再單純屬於行政權，司法活動亦有明顯增加之趨勢（蔡震榮、黃翠紋，2000）。然則，在執行這些任務時，若是不考慮：一、警察組織的資源、能力與專業；二、警察組織與人員執行的意願與動機；以及三、是否有其他條件的配合等因素，終將會影響到法令執行的成效（李湧清，2000）。

　　在婚姻暴力案件的處理上，依據家庭暴力防治法第22條之規定，警

察人員發現家庭暴力罪現行犯時，應逕行逮捕之。但此規定在實務上是否有窒礙難行之處？是否每一位警察人員皆會遵守此規定，而逕行逮捕現行犯？隨著家庭暴力防治法的施行，社會大眾對於警察處理的效能已有愈來愈高的期待。然而，在刑事司法人員介入處理婚姻暴力案件當中，有關警察逮捕作為的議題，國內尚未有系統性的實證研究，針對警察人員選擇採取逮捕作為的決策過程，更存有許多待釐清的問題。由於逮捕屬強制性作為，不僅影響當事人權益，更影響警察處理婚姻暴力案件的成效，實有必要對此議題進行深入探討。

第二節　文獻探討

　　警察人員所做的決策對民眾影響甚鉅，然而，有關警察人員決策方式的本土研究卻不多。本章所指決策，係指與民眾及問題行為有關的警察決定。當警察執勤發現異常狀況時，通常會做以下兩項決定：一、是否介入該狀況；二、如何介入（Wilson, 1968）。當警察人員執行經常性的攔車檢查時，何種決定是適當的？根據Bayley與Bittner（1989）從田野觀察所獲得的資料，警察攔車盤查的最初階段，可能選擇的行動約有10種（譬如，命令駕駛人離開車子），其後盤查作為約有七種選擇可能（譬如，對駕駛人進行酒測），最後的收場策略又約有11種（譬如，警告駕駛人後將其釋放）。換言之，從開始到結束，警察的行動共有770種組合的可能，且不同組合的決定，極可能造成不同的結果。顯見，警察執勤時，執勤方式的選擇，是相當廣泛的。

　　決策，並不完全等於裁量權的使用。前面的例子，是有關警察是否及如何介入的決策。裁量的定義則較狹隘，Goldstein（1998）表示，最常使用的警察裁量定義，是有關某情況顯示應動用法律制裁，但最後並未訴諸法律制裁的決策。例如，面對某犯罪嫌疑人，警察掌握充分法律要件對其逮捕，但警察並未逮捕。而具法律正當性的不逮捕決定，屬於不執行的裁量（non-enforcement discretion）。

　　不逮捕的裁量，在警察工作中經常出現。譬如，警察在公園看見多人群毆，警察處理的結果可能僅是調解或口頭警告而已，並沒有逮捕當事人或予以處罰。為何警察沒有逮捕或處罰施暴者？當時警察有可能同情施暴

者，也可能暫時觀望施暴者的反應和態度，也可能把該狀況視為一種單純問題，不需麻煩到動用逮捕的程度。當時也可能接近下班時間，警察不希望花太多時間去處理群毆問題。也可能該警察平時就不喜歡使用逮捕處理問題，逮捕不符合該警察的處事風格。顯然，許多因素影響警察決定是否介入處理，以及介入後的處理方式，其中包括當符合逮捕法律要件時，是否進行逮捕等。

　　警察被賦予執法責任，尤其是執行刑事法。法律並未允許警察選擇執法，執法標準應是「完全執法」，也就是一、調查每件治安事件；二、盡力發現違法者；以及三、將蒐集的全部證據送交檢察官。然而，實務上並不存在完全執法（Goldstein, 1998; Roberg et al., 2000）。許多因素影響警察不願或無法完全執法，而完全執法與實際執法之間的差異，主要在於經裁量決定啟動或不啟動刑事司法程序。如果警察選擇執法，那麼在何種情況下警察會進行逮捕？便是一個值得探究的問題。有關警察逮捕決策影響因素的研究文獻，底下分為兩部分，第一部分為警察處理一般案件的逮捕決策文獻，第二部分為針對婚姻暴力案件的警察逮捕決策文獻。

壹　一般案件的警察逮捕決策文獻

一、組織變項

　　警察機關的科層性（bureaucratic nature），即為影響警察行為的重要因素。科層化的工作流程，目的就是要引導或指示警察行為（Alpert & Smith, 1998）。如Wasserman（1992）所觀察，許多警察機關均有一不成文政策，即警察機關將部分決策權留給員警，好讓員警執勤時依狀況做個別判斷。不少研究者已對科層制中控制原則的效能提出質疑（Alpert & Smith, 1998），Cordner（1989）更論著挑戰「明文政策可以維護警察執法或服務品質」的觀念。事實上，員警執勤被賦予某種程度的裁量權，極可能削弱警察機關欲控制員警行為所做的努力成效。換言之，科層式的控制，可能產生反效果，造成警察隱藏事實，控制因而失效。基於這些原因，科層制激化某些行為，但也減弱某些行為，科層制的效能當然也就受限。科層制氣氛濃厚的機關，較強調公事公辦（非人情導向）及懲罰導向的紀律規範，注重控制員警的行為，但可能導致員警多一事不如少一事的

心態。

　　員警更換服勤時段及工作區域（轄區或部門）的頻率，是另一個重要的組織變項。員警服勤時段及工作區域的更換頻率愈頻繁，警民之間的關係就可能愈疏遠。在這種情況下，由於警民之間的接觸較少，員警就可能愈不瞭解社區問題。服務地區的大小，也是另一重要變項，服務地區愈小，員警的工作愈為服務導向，愈不會以執法為主（Mastrofski, 1981）。但是，在充滿嚴重犯罪的小區域，員警的工作較傾向執法模式（Brooks, 1989；孟維德，2001）。

二、社區變項

　　警察人員所服務轄區的類型，也會影響警察的工作表現。社區問題通常會影響警察人員的作為，警察會因為所面臨的問題而調適其行為。Roberg及其同儕根據研究指出，服務於少數民族居住社區的警察執行較多的逮捕、填寫較多的報告、涉及較多的濫權行為、受理較多需強制性回應的請求（Roberg et al., 2000）。此外，警察也認為少數民族社區較常發生暴力犯罪，警察權較常受挑戰，因此，警察對於自身安全也就愈戒慎恐懼。Sampson與Lauritsen（1997）發現，儘管逮捕率與犯罪數量高度相關，但資料仍不斷顯示，警察在少數民族社區仍有較多逮捕作為。

　　另一方面，社區民眾的種族或族群差異性，也會影響警察行為。居民種族或族群愈多元、愈不一致，警察覺得居民問題愈複雜、愈麻煩處理。警察也因而感覺較不安全、傾向使用較多裁量權、較具攻擊性、較常訴諸逮捕作為。換言之，在多種族或族群的社區，警察較常使用逮捕作為以及強制力（Smith, 1980）。

三、情境變項

　　多項情境要件影響警察行為。首先，警察對於治安事件所選擇的回應模式，就會影響警察行為。在主動先發的模式下，警察行為較具侵略性，較不易獲得被害者或旁觀者的支持，較常遭遇民眾敵視或反抗。因而較常引起民眾的負面反應，警察較可能執行逮捕作為，對民眾的態度也較激烈（Sherman, 1985）。主動先發的警察作為，較可能引發警民敵對與衝突。

　　其次，加害者以及被害者（報案者）的特徵，也是影響警察逮捕決

策的重要因素。在與警察互動時，表現愈不敬警察或愈不與警察合作的加害者，愈可能被逮捕。研究資料顯示，社經地位較低的加害者，較可能受警察激烈的態度對待，較可能被逮捕（Roberg et al., 2000）。根據Black（1980）、Smith（1987）以及Worden（1989）等人研究，被害者的態度影響警察逮捕決策甚鉅。例如，Black觀察發現，只要被害者要求逮捕嫌疑人，那麼不論是輕微犯罪或嚴重犯罪的情況，逮捕作為均有可能發生。但是，如果被害者表現不與警察合作或不尊敬警察的態度，那麼警察可能不配合被害者的要求，做出被害者希望警察表現的行為。

　　加害者與被害者之間的關係，也可能影響警察逮捕決策。通常，雙方如果有親近關係，警察較不願意採取逮捕的介入手段，因為逮捕後，較不易獲得被害者的正確證言，甚至影響逮捕的合法性。甚至有些被害者，並不願意讓警察逮捕與其有親近關係的加害人。被害者的意願影響警察逮捕決策甚鉅。

　　犯罪類型也可能影響警察逮捕的決策。愈嚴重的犯罪，愈可能讓警察選擇逮捕，而不傾向使用非正式的方法。由於暴力犯罪被害者往往目睹犯罪過程，所以暴力犯罪較常引發警察的逮捕作為。Roberg及其同儕指出（Roberg et al., 2000），大約50%的暴力犯罪導致逮捕結果，而財產性犯罪大約只有20%。雖然，犯罪嚴重程度影響警察逮捕決策，但Black（1980）也清楚指出，逮捕的重要法律要件是「相當理由」（probable cause），而非僅是犯罪的嚴重程度。

四、警察個人變項

　　一般而言，與年長員警比較起來，年輕員警工作可能較賣力、較易於訴諸懲罰性方式處理問題。但是，年長員警的工作品質，可能比年輕者較好。員警的種族或族群類別也可能影響逮捕決策，Brooks（1989）發現，與白人警察相較，黑人警察在黑人社區所表現的行為較具攻擊性、執行較多的逮捕作為。另外，員警性別也可能影響逮捕決策，研究指出，女警比男警執勤時較不具攻擊性、較少使用強制力（Grennan, 1988; Martin, 1989）。先前工作經驗也有關係，如果以前曾採取逮捕作為，而且員警覺得具正面效果，那麼未來繼續採取逮捕的可能性便增加。工作價值觀也可能影響警察逮捕決策，Walsh（1986）於紐約市警察局的研究發現，較常採取逮捕作為的員警具職業企圖心，相信逮捕績效有助於升遷，或認為

逮捕是重要的警察工作。

　　警察的角色僅是打擊犯罪，還是除了打擊犯罪之外尚需提供社會服務？警察角色的定位，不僅會牽動警察活動的優先順序，更會影響警察人員的遴選、訓練模式，以及警察人員的工作形式。警政學者Roberg及其同儕指出（Roberg et al., 2000），將角色界定為「犯罪打擊者」（crime fighters）的警察人員，較傾向認為犯罪是犯罪人理性選擇的結果，警察的主要目的就是要透過諸如巡邏、犯罪偵查等警察活動來嚇阻犯罪的發生及逮捕犯罪人。而將角色界定為「社會服務提供者」（social-service providers）的警察人員，較傾向認為犯罪的發生導因於許多原因，為降低犯罪率，警察活動包括犯罪預防的教育與宣導及警民合作方案等，此種角色的警察人員較常從事社區警政、非威權式作為以及非攻勢勤務為導向的警察活動。

貳 婚姻暴力案件的警察逮捕決策文獻

　　在過去，不論中外，警察對於婚姻暴力較傾向採取消極、保守而不願意介入的態度。但是近三十年來，由於社會的變遷而逐漸改採積極介入、處理的態度（黃富源，1994）。在美國，婚姻暴力對於警察人員及組織而言，是被認為困擾且相當危險的（因多數家庭擁有槍械），處理的警察容易遭受到紛爭波及或被殺，使得許多警察人員均不願意積極處理此類案件。

　　1960年代，美國大多數的警察對於婚姻暴力仍然採取消極的回應態度。在1960年以前，美國各地的警察機關大抵皆允許警察人員對於介入婚姻暴力的方式擁有裁量權；1960至1980年則強調警察應使用調解的手段來勸導當事人平息紛爭。此種情形到了1980年代中期開始明顯轉變，當時此類事件由於許多民眾的關切，而迫使警察必須揚棄傳統不逮捕政策，改而提倡逮捕政策。到了1980年代末葉，全美各州幾乎都已經修訂法律授權警察：在其有正當理由認定某人犯家庭暴力罪時，縱非現行犯亦可逕行逮捕（即無令狀逮捕）。有一些地區甚至要求警察必須採行強制逮捕政策，到了1989年，已有76%的警察機關採行強制逮捕政策（Sherman, 1992）。

　　大體而言，美國警察當局曾採取下列措施處理婚姻暴力：自由決

定、隔離、調解、逮捕。在1960年以前，美國警察機關允許警察人員自由決定處理方式，1960至1980年警察機關教導處理人員的調解技術。1985年以後採取逮捕的方式增加，但逮捕的條件是被害人必須對他（她）的配偶提出告訴。「自由決定」，即處理的警察自己決定較適合的措施，如隔離、逮捕、勸告等，權變應用，至於實質的內容則有賴警察的經驗及價值觀。而「隔離」係指將雙方分開，給予反省的機會，或許雙方會後悔而和解。調解適用在危機時的介入與暴力防止，警察扮演中介者角色或幫忙當事人尋求律師援助。「逮捕」則是近年來美國許多州所採取的措施，但逮捕並非完全沒有問題，例如被逮捕者不一定被起訴、被捕者返家後再度施暴。學者Hirschel及Hutchison（1991）在針對美國25個警察局的問卷調查中發現，各警察局對於逮捕政策及執行方式的詮釋均不同，Eigenberg及其同儕（1996）在一個對德州64名警察人員所作的研究中發現，有相當大比例的人不知道在何種狀況下應採取逮捕行動，顯然，提供警察人員充分訓練，是非常重要的。

　　儘管美國許多地區採取強制逮捕政策，但許多學者的研究發現，警察除非特殊情況，否則許多警察仍不願意採取逮捕行動，其間的影響因素頗為複雜（Mignon & Holmes, 1995; Robinson & Chandek, 2000）。例如，Mignon與Holmes（1995）在其對24個警察機關的研究中發現，在861個案件中，有268個案件是警察自行判斷後執行逮捕，有137個案件是因為加害人違反保護令而被逮捕（占15.9%），有36個案件加害人受觀護處理（占4.2%），有211個案件是警察人員宣讀及留下家庭暴力的相關資料後即離開現場（占24.5%），處理員警採用勸和手段的案件有104件（占12.1%），有24個案件的被害人由警察人員安置到庇護所中（占2.8%）。此外，尚有一些警察採取相當消極的措施，包括：3.3%的警察不作任何作為，有2.1%的警察拒絕幫助被害人。他們的研究也發現，在861個案件中，有66.8%的案件顯示，若無充分的證據，加害人將不會遭受逮捕。最後，他們歸納影響警察執行逮捕措施的因素約有：一、被害人本身的因素：包括被害人的受傷程度，以及被害人與加害人的關係等；二、加害人的因素：包括加害人違反保護令的規定、加害人是否使用武器，以及加害人是否飲酒等；三、警察本身的因素：包括警察人員所接受的訓練，以及任職的期間；四、外界因素：包括目擊證人的存在，以及法令與政策的規定。

　　Robinson與Chandek（2000）在1997年9月至1998年1月以美國中西部堪薩斯州、密蘇里州及俄亥俄州的當地警察局為研究對象，進行警察人員執行逮捕意願之調查研究。該研究發現影響警察執行逮捕的因素有以下幾項：一、人口變項：包括執法人員的性別、被害人的意願、加害人的表現，以及警察本身的因素；二、態度變項：包括被害人的合作度、加害人的態度，以及警察人員本身的態度；三、情境因素：包括：當事人兩造的關係、政策的改變及專業訓練，以及警察人員的執勤時間。

　　在台灣地區，根據葉麗娟（1996）的研究結果發現，人口變項的性別、年齡、教育程度等特質，固然會影響警察人員對婚姻暴力的處理態度，但社會文化和教育訓練兩個因素的影響性更大。而韋愛梅（1998）的研究也發現，在婚姻暴力的處理上，警察人員不論性別、年齡、教育程度、婚姻狀況、服務年資及職務為何，均強調緩和現場並做最少介入的處理。

　　此外，由於處理婚姻暴力是一件複雜且艱鉅的社會工程，不能單靠社會中任何一個孤立的單位，所有的社會相關體系都有必要適時的介入與支援，這些體系最重要的是警察、司法與社會工作等體系（黃富源，1994）。參閱國內、外相關的研究與文獻可以發現，對於婚姻暴力的防治模式，已由對被害人和加害人的個人治療模式，發展為必須兼顧社會機構處置的社會處遇模式，亦即透過司法、警政、醫療、社會福利等各種資源來解決婚姻暴力（葉麗娟，1996）。在警察執行逮捕過程中，最相關的人員是檢察官。Cahn與Lerman（1991）研究發現，大多數的檢察官不傾向起訴其所受理的婚姻暴力案件，而且也較不會以像處理陌生人間暴力案件的態度，處理婚姻暴力案件。Cahn與Lerman表示，檢察官不願意處理此類案件的原因包括：

一、採取狹隘的婚姻暴力定義。

二、即使法律已經有明確的定義，但由於某些檢察官個人的觀點而不處理某些類型的婚姻暴力。

三、被害人或關係人不願意與檢察官合作，以及不配合在法庭上作證。

四、無法獲得有力證據來證明加害人的犯罪行為。

五、由於證據法則上的問題，譬如，被害人可能是沒有作證資格的人。

六、系統回應的問題，譬如，法院不傾向對加害人判刑，或不傾向判處檢察官所認為的適當刑罰。

　　根據程序法的規定，檢察官是犯罪偵查主體，警察必須協助檢察官偵查犯罪。因此，警察人員逮捕婚姻暴力現行犯的決策，亦受檢察官的影響。若是檢察官起訴加害人的意願不大，無形中也會影響警察選擇逮捕的意願。此外，警察機關的業務量、警察對於本身的角色定位，以及對於婚姻暴力案件的看法，也都會影響警察人員逮捕婚姻暴力加害人的意願（Sherman, 1992）。

　　台灣地區，過去警察對於婚姻暴力加害人的處置策略，較傾向於採行不逮捕政策。但家庭暴力防治法施行之後，警察機關已透過製訂處理手冊並安排訓練課程等措施，期望藉以提昇警察人員的處理意願與技巧。這些措施是否會改變警察人員處理婚姻暴力案件的態度？是否會影響警察人員選擇逮捕作為的意願？實有必要觀察與探究。

第三節　研究設計與實施

壹　研究架構

　　綜合相關文獻分析，本研究假設影響警察人員處理婚姻暴力案件逮捕決策的因素包括：警察人員本身的認知觀念、組織的支持、現場情境以及警察人員過去處理婚姻暴力案件的經驗。換言之，警察人員的個人因素、外在系統因素以及處理案件時的情境因素，可能是影響警察人員在處理婚姻暴力案件時做出逮捕施暴者決定的主要因素。

　　就警察人員本身的認知觀念而言，警察人員對婚姻暴力案件的認知，以及男女平權的觀念是其主要內涵。再就組織的支持而言，長官的支持、司法系統的支持以及績效制度的支持是其主要內涵。針對現場情境，加害人及被害人於婚姻暴力案件現場的反應是其主要內涵。而警察人員過去處理婚姻暴力案件的經驗，警察人員實際處理婚姻暴力案件的經驗、逮捕經驗以及接受相關專業訓練之經驗是其主要內涵。而警察人員選擇逮捕的意願，係以警察人員選擇逮捕的優先性、對逮捕威嚇效能的認同，以及對逮捕適當性的認同為其主要內涵。

貳 研究對象及資料蒐集方法

一、研究對象

　　本研究主要目的，是以實證方法探究警察處理婚暴案件時，影響逮捕決策的因素。研究對象為台北市政府警察局派出所及婦幼警察隊（過去名為女警隊）的警察人員，挑選台北市為研究地區，係因本研究受台北市政府社會局之委託，而選擇派出所及婦幼警察隊的警察為研究對象，乃是因為這兩種單位的警察人員，經常是處理婚姻暴力案件的主要回應警察，逮捕作為大多由這些警察人員執行。

二、資料蒐集法

　　本研究以下列方法蒐集本研究所需資料：

（一）文獻探討

　　蒐集中外有關文獻，並加以歸納整理分析，以作為本研究的概念架構與理論基礎，以及作為擬定研究工具內容的參考依據。

（二）田野觀察

　　本研究實地前往派出所及婦幼警察隊，觀察警察人員處理婚姻暴力案件的過程。

（三）深度訪談

　　儘管依據家庭暴力防治法第22條之規定，警察發現家庭暴力罪或違反保護令罪之現行犯時，應逕行逮捕之。但此規定在實務上是否有窒礙難行之處？是否每一位警察人員皆會遵守此規定，而逕行逮捕現行犯？警察機關對於警察人員在處理婚姻暴力案件上的訓練是否足夠？為瞭解其執行實況，派出所員警、婦幼警察隊員警，以及警察分局家庭暴力防治官應是相當好的資料來源處。本研究實地至台北市抽選派出所員警、婦幼警察隊員警、以及警察分局家庭暴力防治官各五名，共計15名進行深度訪談，蒐集相關資料。

（四）次級資料分析

本研究至警察派出所、分局、婦幼警察隊，以及家庭暴力防治中心等地蒐集相關次級資料，並針對警察執行逮捕情形進行分析。

（五）問卷調查

本研究從台北市政府警察局所屬14個警察分局隨機抽選出七個警察分局，這七個警察分局分別是萬華分局、信義分局、松山分局、南港分局、士林分局、大同分局以及文山第二分局。在這七個警察分局中，本研究再針對各分局所屬派出所中隨機抽選兩個派出所，也就是共有14個派出所被抽選出來。最後，在所抽選出的14個派出所中，各派出所隨機抽選20名警察人員成為接受問卷調查的對象。因此，共計有280名派出所員警接受調查。另外，本研究也針對處理婚姻暴力事件頗為頻繁的婦幼警察隊同仁進行問卷調查，計隨機抽選50名女警接受調查。換言之，本研究共抽選330名台北市警察局中，較常處理婚姻暴力案件的警察人員接受問卷調查。在與各分局派出所及婦幼警察隊主管人員接觸與請求協助後，各單位的問卷回收率雖有不同，惟總回收率高達88.18%，共計回收291份問卷。各單位回收情形，請參閱表14-1。

三、問卷量表

問卷欲測量變項的選擇係以文獻探討歸納之變項為基礎，本研究各量表之測量方式分述如下：

（一）自變項

1.警察人員的認知觀念

警察人員的認知觀念之測量包括：對婚姻暴力案件的認知以及男女平權兩個分量表，受訪者根據其本身的認知情形回答相關問題。就對婚姻暴力案件的認知分量表部分，1分代表非常同意，2分代表同意，3分代表不同意，4分代表非常不同意。各問項分數經轉換後，得分愈高，表示愈將婚姻暴力案件視為犯罪案件。就男女平權分量表部分，1分代表非常同意，2分代表同意，3分代表不同意，4分代表非常不同意。各問項分數經轉換後，得分愈高，表示男女平權的觀念愈強烈。

表 14-1　問卷發出及回收份數分析

警察分局	分局所屬派出所	發出問卷份數	回收問卷份數	回收率
萬華分局	桂林路派出所	20	18	90%
萬華分局	西園路派出所	20	20	100%
信義分局	三張犁派出所	20	17	85%
信義分局	吳興街派出所	20	16	80%
松山分局	中崙派出所	20	18	90%
松山分局	松山派出所	20	18	90%
南港分局	南港派出所	20	20	100%
南港分局	玉成派出所	20	19	95%
士林分局	文林派出所	20	17	85%
士林分局	社子派出所	20	18	90%
大同分局	蘭州街派出所	20	19	95%
大同分局	延平派出所	20	17	85%
文山第二分局	景美派出所	20	18	90%
文山第二分局	興隆派出所	20	15	75%
婦幼警察隊		50	41	82%
合計		330	291	88.18%

2.組織支持

組織支持的測量包括：長官支持、司法系統支持以及績效制度支持三個分量表，受訪者根據其在執行警察工作期間所認知或感受到的實際情形回答。1分代表非常同意，2分代表同意，3分代表不同意，4分代表非常不同意。各問項分數經轉換後，得分愈高，表示長官、司法系統、績效制度愈支持警察人員對婚姻暴力施暴者進行逮捕。

3.現場情境

現場情境的測量包括：加害人反應及被害人反應兩個量表，受訪者根據其在執行警察工作期間所認知或感受到的實際情形回答。就加害人反應分量表部分，1分代表非常同意，2分代表同意，3分代表不同意，4分代表非常不同意。各問項分數經轉換後，得分愈高，表示現場加害人負面的反應愈強烈（愈不合作，愈不配合警察）。就被害人反應分量表部分，1分代表非常同意，2分代表同意，3分代表不同意，4分代表非常不同意。各問項分數經轉換後，得分愈高，表示現場被害人負面的反應愈強烈（愈

不配合警察，愈不希望警察逮捕）。

4.過去處理婚姻暴力案件的經驗

此部分的測量以一個量表為測量工具，包括實際處理婚姻暴力案件的次數、逮捕施暴者的次數以及接受婚姻暴力案件處理專業訓練的時數等。受訪者根據其在執行警察工作期間的實際經驗回答。受訪者實際處理婚姻暴力案件的次數愈多、逮捕施暴者的次數愈多或接受婚姻暴力案件處理專業訓練的時數愈多，得分就愈高，代表過去處理婚姻暴力案件的經驗愈豐富。

（二）依變項

警察人員選擇逮捕的意願，測量係以單一量表為測量工具，內容包括選擇逮捕的優先性、逮捕威嚇效能的認同以及逮捕適當性的認同等，受訪者根據其在執行警察工作期間所認知或感受到的實際情形回答。此部分的測量得分愈高，代表選擇逮捕的意願愈高。

表14-2顯示本研究各分量表的信度分析及因素分析，「對婚姻暴力案件的認知」分量表的內部一致性系數α = .7561，各題項的因素負荷量均在.40以上。「男女平權」分量表的內部一致性系數α = .6128，各題項的因素負荷量均在.50以上。「長官支持」分量表的內部一致性系數α = .7284，各題項的因素負荷量均在.50以上。「司法系統支持」分量表的內部一致性系數α = .8350，各題項的因素負荷量均在.40以上。「績效制度支持」分量表的內部一致性系數α = .6401，各題項的因素負荷量均在.80以上。「加害人反應」分量表的內部一致性系數α = .6381，各題項的因素負荷量均在.60以上。「被害人反應」分量表的內部一致性系數α = .6792，各題項的因素負荷量均在.70以上。「過去處理婚姻暴力案件的經驗」分量表的內部一致性系數α = .7241，各題項的因素負荷量均在.60以上。「選擇逮捕的意願」分量表的內部一致性系數α = .7618，各題項的因素負荷量均在.50以上。

在原始問卷中，部分題項因因素負荷量過低而被刪除。例如在「對婚姻暴力案件的認知」分量表中剔除「您認為處理婚暴案件較一般案件所花的時間多」以及「當婚姻暴力被害人報案時，您會樂於受理他們的案件」兩題。在「長官支持」分量表中剔除「上級長官若不重視婚姻暴力案件，這會造成您處理此種案件時的困擾」。在「司法系統支持」分量表中剔除

「您認為目前處理婚姻暴力案件上，警政與司法單位間協調聯絡情形不良」等題項。

表 14-2　本研究問卷之信度分析及因素分析

分量表名稱及其 α 值	題　　項	因素負荷量
對婚姻暴力案件的認知 Cronbach α = .7561	婚暴案件是一種犯罪案件	.629
	警察對婚暴案件的處理應等同其他犯罪案件	.424
	處理婚暴案件與警察工作的關係較不密切	.784
	處理婚暴案件會增加警察勤務的負擔	.727
	婚暴是家務事，不應以公權力介入	.657
男女平權 Cronbach α = .6128	大多數的家務事應由妻子來做	.831
	家中重要事應由丈夫決定	.856
	女性不適合從事警察工作	.557
長官支持 Cronbach α = .7284	長官支持逮捕婚暴加害人	.739
	長官支持部屬逮捕婚暴加害人	.804
	逮捕婚暴施暴者，長官的支持是重要的	.597
司法系統支持 Cronbach α = .8350	司法系統支持逮捕婚暴加害人	.417
	逮捕婚暴施暴者，司法系統的支持是重要的	.873
	逮捕婚暴施暴者，檢察官的認同是重要的	.845
	逮捕婚暴施暴者，法官的認同是重要的	.801
績效制度支持 Cronbach α = .6401	績效制度會影響逮捕意願	.826
	績效制度支持逮捕婚暴加害人	.831
加害人反應 Cronbach α = .6381	加害人的態度良好且配合調查是重要的	.691
	加害人使用武器	.842
	加害人喝酒	.737
被害人反應 Cronbach α = .6792	被害人的態度良好且配合調查是重要的	.783
	被害人的證詞反反覆覆	.747
	被害人要求逮捕	.705

表 14-2 本研究問卷之信度分析及因素分析（續）

分量表名稱及其 α 值	題　　項	因素負荷量
過去處理婚姻暴力案件的經驗 Cronbach α = .7241	實際處理婚姻暴力案件的次數	.873
	逮捕婚姻暴力案件施暴者的次數	.669
	以接受婚姻暴力案件處理專業訓練的時數	.706
選擇逮捕的意願 Cronbach α = .7618	處理婚暴案件時，若符合要件，自己會逮捕加害人	.532
	處理婚暴案件時，若符合要件，警察一定要逮捕加害人	.641
	逮捕是處理婚暴案件的最好方法	.654
	逮捕加害人有助於緩和現場氣氛	.695
	逮捕加害人有助於嚇阻加害人未來再犯	.722

第四節　研究發現

壹　受理婚姻暴力案件之分析

　　由於警察機關缺乏獨立的婚姻暴力案件資料，本研究乃以家庭暴力案件資料作為分析（婚姻暴力案件占家庭暴力案件八成以上，後即說明）。根據台北市政府警察局所提供的資料，即本研究進行時可蒐集到的較新資料，台北市政府警察局總計共處理992件家庭暴力案件，較去年同一期間增加處理156件，平均每天大約處理3.7件。除1月及2月間的案件數較少外，其餘各月的案件數不僅較多，而且數量穩定，沒有過於顯著的變異，每月大約在110至130件之間，參閱表14-3。

　　在警察局的所屬單位中，以信義警察分局處理案件數最多（118件），內湖警察分局次之（104件），再次為婦幼警察隊（103件）。與去年同一期間做比較，除了中正一與南港兩個警察分局外，其餘12個警察分局2000年（1月至9月）所處理的案件量均比去年增加，而婦幼警察隊處理的案件數大約減少了50%（如表14-3）。統計數據的背後顯示，家庭

暴力防治法公布實施之初，台北市有相當比例的家庭暴力案件數是由婦幼警察隊來處理的，婦幼警察隊可以說是當時警察局處理婚姻暴力案件的主要單位。而現今，警察分局已逐漸與婦幼警察隊接近，成為台北市警察局處理婚姻暴力案件的主要單位。

表 14-3　台北市政府警察局處理家庭暴力之案件數分析

單位＼年、月	件數	大同	萬華	中山	大安	中正一	松山	信義	中正二	士林	北投	文山二	南港	內湖	文山一	女警隊	保大	少年隊
2000年1月	89	3	7	8	11	2	5	8	1	8	8	1	0	11	5	11	0	0
2月	66	0	5	5	6	1	4	9	2	4	4	5	1	9	4	7	0	0
3月	117	6	10	5	8	0	6	12	7	10	9	7	1	12	7	17	0	0
4月	114	2	7	6	6	1	8	17	7	6	12	7	3	11	8	13	0	0
5月	122	1	10	9	7	2	7	14	3	15	6	3	6	18	4	16	0	1
6月	111	4	13	12	11	0	9	13	2	10	11	3	2	10	7	4	0	0
7月	126	8	7	11	13	0	9	16	3	5	3	12	2	15	8	14	0	0
8月	120	7	9	10	16	1	8	18	5	10	3	1	5	8	7	12	0	0
9月	127	7	17	9	10	1	8	11	5	11	10	3	9	10	7	9	0	0
2000年1～9月	992	38	85	75	88	8	64	118	35	79	66	42	29	104	57	103	0	1
1999年1～9月	836	10	48	53	65	13	46	69	19	61	63	37	35	52	39	225	0	1
增減	+156	+28	+37	+22	+23	-5	+18	+49	+16	+18	+3	+5	-6	+52	+18	-122	0	0

資料來源：台北市政府警察局。

　　雖然台北市政府警察局並無單獨登錄婚姻暴力統計資料，而是與其他家庭暴力案件合併紀錄，但由於婚姻暴力在警方紀錄中占家庭暴力總件數的絕大部分（約占84%），因此在缺乏獨立的婚姻暴力數據下，運用家庭暴力案件作為初步分析的資料，應具有相當的代表性。本研究將台北市政府警察局於2000年1月至9月所處理之家庭暴力案件描繪如表14-4。在表14-4的各變項內容項目中，以案件數或人數百分比較高的項目為判準，可將家庭暴力事件描述如下：

被害者性別：女性。　　　　　　被害者與加害者關係：夫妻。

被害者年齡：31～40歲。　　　　加害者年齡：31～40歲。

被害者職業：無業。　　　　　　加害者職業：無業。

被害者教育程度：高中職。　　　加害者教育程度：高中職。

案發時間：19～24時。　　　　　暴力原因：口角。

案發地點：自宅。　　　　　　　加害者特殊習性：酗酒。

目擊者類別：子女（無目擊者比例最高）。

表 14-4　台北市政府警察局受理家庭暴力案件之描繪

變　項	百分比	變　項	百分比
被害者性別		被害者與加害者關係	
男	9.1	夫妻	65.4
女	90.9	分居	8.2
		離婚	5.0
被害者年齡		同居	5.3
10歲以下	2.2	直系血親	10.7
11～20歲	4.2	親屬間	4.8
21～30歲	15.6	其它	.5
31～40歲	38.2		
41～50歲	28.0	加害者年齡	
51～60歲	7.2	10歲以下	.0
61～70歲	1.9	11～20歲	.7
71歲以上	2.7	21～30歲	9.7
		31～40歲	37.7
被害者職業		41～50歲	36.7
無業	37.7	51～60歲	11.5
公教	6.9	61～70歲	3.0
工	8.1	71歲以上	.7
商	20.0		
醫護	1.9	加害者職業	
服務業	11.2	無業	28.0
司機	.3	公教	4.8
學生	5.2	工	14.6
其他	8.7	商	21.0
		醫護	1.1

表 14-4 台北市政府警察局受理家庭暴力案件之描繪（續）

變　項	百分比	變　項	百分比
被害者教育程度		服務業	6.3
國小	14.7	司機	6.7
國中	14.5	學生	.3
高中職	40.2	其他	17.1
專科	11.5		
大學	12.3	加害者教育程度	
碩士	1.0	國小	13.3
博士	.0	國中	18.4
其他	5.8	高中職	28.4
		專科	13.3
案發時間		大學	10.9
1～6時	24.3	碩士	2.6
7～12時	19.0	博士	.3
13～18時	20.7	其他	12.7
19～24時	36.1		
		暴力原因	
案發地點		感情問題	22.8
自宅	79.4	口角	34.8
加害人處所	6.1	虐待	6.8
街道	6.9	財物問題	7.8
親友家中	.9	兒女管教方式	4.6
工作場所	1.2	不良嗜好	7.1
其他	5.4	個性不合	7.1
		其他	9.2
目擊者類別			
子女	26.7	加害者特殊習性	
其他家人	18.3	酗酒	43.4
鄰居或友人	12.9	吸食禁藥	4.1
無目擊者	39.4	服用安眠藥	.5
其他	2.6	賭博	6.5
		精神異常	1.0
		無	44.5

註：案件數：992件；被害者人數：1,013名；加害者人數：998名。

貳 警察機關對婚姻暴力案件回應之分析

根據表14-5所示，在台北市政府警察局所處理的992件家庭暴力案件中，採用逮捕回應作為的案件僅有14件，占所有案件的1.4%，比例可說是非常低。值得注意的是，在這些警察執行逮捕的案件中，僅有一件是針對施暴現行犯的逮捕，其餘則是針對違反保護令者的逮捕。

表 14-5 台北市政府警察局執行逮捕家庭暴力犯罪者之件數統計表

月份 警察單位	1月	2月	3月	4月	5月	6月	7月	8月	9月	合計
內湖分局	1	1		2			1			5
信義分局			1			1	1	1		4
士林分局				1						1
北投分局			1		1					2
松山分局				1						1
中正二分局		1								1
合計	1	2	2	4	1	1	2	1	0	14

資料來源：台北市政府警察局。
註：除北投分局於5月份所逮捕的是正在施暴的現行犯，其餘均為違反保護令的案件。

本研究發現，警察逮捕婚姻暴力加害者的人數存有相當大的黑數。意即案件嚴重性已達法律允許的逮捕條件，但警察人員未使用逮捕作為。經由訪談、田野觀察以及次級資料之分析，顯示有許多因素影響警察處理婚姻暴力案件時，選擇不採取逮捕作為。根據所蒐集的質化資料，本研究將警察選擇不採取逮捕作為的原因歸納如下：

一、被害者方面的因素

(一)某些受虐婦女並不希望侵犯她的人被捕，只是希望藉由警察的干預讓情況緩和，阻止嚴重暴力的發生。

(二)受虐婦女需要施暴者的經濟支援，難以承擔加害者被捕的後果。

(三)受虐婦女認為自己可能也應該為加害者的行為負責，這次只是情況失去控制，才讓自己受了驚嚇。

(四)在案發當時，被害者可能沒有時間向警察求助，以致延誤警察處理的該事件（採取逮捕）的最佳時效。

二、加害者方面的因素

(一)大多數的加害者在警察到達現場前，早已逃離現場，並不會等著警察來逮捕他們。

(二)就仍然停留在現場的加害者而言，當看到警察時其言行舉止大多會有所收斂，加上許多案件其衝突的情形並不會造成當事人立即且嚴重的傷害，遇此情形，前往處理的警察常以緩和現場為主要的處理訴求。

三、警察方面的因素

(一)婚姻暴力案件的蒐證工作並非容易，警察往往缺乏處理此類事件的適當訓練，大抵需受暴婦女的協助與舉證。

(二)許多婚姻暴力案件在報案時經常有所延誤，當警察到達現場，無法親眼目睹暴力的發生，而加害者亦已不在現場。

(三)由於婚姻暴力案件進一步被起訴的機率並不高，就算起訴，判罪也不重，使得許多警察認為，如果真的逮捕加害者，日後其對被害者傷害的潛在可能性將更大，因此常以緩和現場的衝突氣氛為主要訴求。

(四)被害者常事後反悔，並且主動撤銷訴訟，因而影響警察處理的意願。

(五)執行逮捕作為非常耗時且麻煩，非不得已，警察通常不傾向選擇逮捕加害者。

(六)目前仍有某些警察認為，家庭問題不是警察工作該涉入的範圍。

參 問卷調查分析

　　本研究問卷調查樣本的背景變項包括：性別、對警察工作的角色定位、年齡、學歷、婚姻狀態、從警年資以及職務等。有關樣本背景變項與選擇逮補的意願之差異分析，表14-6顯示，不同性別、年齡、學歷、婚姻狀態、從警年資及職務的警察人員，其選擇逮捕的意願並沒有達統計上的顯著差異，惟有不同角色定位的警察，其選擇逮捕的意願達統計上的顯著差異。從平均值來觀察，認為警察是犯罪打擊者的員警，其選擇逮捕的意願（平均值為13.81）顯然高於那些認為警察是社會服務者的員警（平均

表 **14-6**　樣本選擇逮捕意向之差異分析

變　項	選擇逮捕的意願（平均值）
性　別	
男（N = 248） 　女（N = 43）	13.44 13.28 t = .49　p > .05
角色認同	
犯罪打擊（N = 167） 　社會服務（N = 124）	13.81 12.80 t = 3.56　p < .01
年　齡	
30歲以下（N = 110） 　31～40歲（N = 133） 　41歲以上（N = 47）	13.38 13.29 13.89 F = 1.33　p > .05
學　歷	
警專（校）警員班（N = 133） 　警專專科班（N = 132） 　警大（N = 25）	13.17 13.61 13.76 F = 1.60　p > .05
婚姻狀態	
未婚（N = 96） 　已婚（N = 187） 　離婚（N = 7）	13.23 13.53 13.00 F = .47　p > .05
從警年資	
五年以下（N = 23） 　五至九年（N = 116） 　十至十四年（N = 92） 　十五年以上（N = 59）	12.96 13.36 13.41 13.71 F = .68　p > .05
職務	
警員（N = 245） 　巡佐或小隊長（N = 25） 　巡官及以上職務（N = 20）	13.31 14.36 13.50 F = 2.51　p > .05

值為12.80；t = 3.56 p < .01）。根據此點發現，本研究乃將樣本資料分為兩組，一組為犯罪打擊組，另一組為社會服務組，繼而針對研究架構中的

各變項進行比較分析，最後找出兩組警察人員（兩種角色定位的警察）逮捕決策的預測變項。

一、犯罪打擊者與社會服務者的差異分析

（一）警察人員的認知

量化資料分析的結果顯示，犯罪打擊者角色的員警顯然比社會服務者角色的員警有較高的傾向將婚姻暴力視為一般犯罪，認為應以等同一般犯罪案件的方式處理婚姻暴力案件。在男女平權議題上，犯罪打擊者角色的員警與社會服務者角色的員警具有相似程度的男女平權觀念，參閱表14-7。

表 14-7 犯罪打擊者角色與社會服務者角色之員警在「警察人員的認知」變項上的平均值差異

變　項	犯罪打擊者	社會服務者	t 值
對婚姻暴力案件認知	13.02	11.23	6.89***
男女平權	8.51	8.18	1.73

註：*表p < .05，**表p < .01，***表p < .001（two-tail test）。
　　平均值愈高，表示愈將婚姻暴力視為一般犯罪，應以等同一般犯罪案件的方式處理婚姻暴力案件，愈具男女平權的觀念。

（二）組織支持

量化資料分析的結果顯示，犯罪打擊者角色的員警與社會服務者角色的員警具有相似程度的長官支持（對婚暴施暴者進行逮捕）。值得注意的是，犯罪打擊者角色的員警與社會服務者角色的員警比較起來，犯罪打擊者角色的員警獲得較多司法系統的支持，同時也認為司法系統的支持是重要的，對婚暴施暴者進行逮捕具影響性。至於績效制度方面，犯罪打擊者角色的員警與社會服務者角色的員警獲得相似程度的績效支持（對婚暴施暴者進行逮捕），參閱表14-8。

表 **14-8**　犯罪打擊者角色與社會服務者角色之員警在「組織支持」變項上的平均值差異

變　項	犯罪打擊者	社會服務者	t 值
長官支持	7.89	7.57	1.82
司法系統支持	11.76	11.09	2.91**
績效支持	5.37	5.12	1.51

註：*表p＜.05，**表p＜.01，***表p＜.001（two-tail test）。
平均值愈高，表示長官愈支持對婚暴施暴者進行逮捕；表示司法系統愈支持對婚暴施暴者進行逮捕，司法系統的支持愈重要；表示績效制度愈支持對婚暴施暴者進行逮捕。

（三）現場情境

　　量化資料分析的結果顯示，自認是犯罪打擊者角色員警有關加害人反應平均值與社會服務者角色員警有關加害人反應平均值，未達統計上的顯著差異。因此，從量化資料的分析中，可以得知犯罪打擊者角色的員警與社會服務者角色的員警在針對加害人反應的感受性上，並沒有顯著的差異。自認是犯罪打擊者角色員警有關被害人反應平均值與社會服務者角色員警有關被害人反應平均值未達統計上的顯著差異。因此，從量化資料的分析中，可以得知犯罪打擊者角色的員警與社會服務者角色的員警在針對被害人反應的感受性上，並沒有顯著的差異。參閱表14-9。

表 **14-9**　犯罪打擊者角色與社會服務者角色之員警在「現場情境」變項上的平均值差異

變　項	犯罪打擊者	社會服務者	t 值
加害人反應	8.51	8.67	-.85
被害人反應	7.44	7.41	-.14

註：*表p＜.05，**表p＜.01，***表p＜.001（two-tail test）。
平均值愈高，表示加害人所造成的負面（不配合）情境愈強烈，表示被害人的配合情境愈強烈。

（四）過去處理婚暴案件的經驗

　　其次，我們從表14-10有關 t 檢定的結果中，可以清楚的看出，自認是犯罪打擊者角色員警的過去處理婚暴案件經驗平均值，與社會服務者角

色員警的過去處理婚暴案件經驗平均值達統計上的顯著差異（t = 2.31，p < .05）。因此，從量化資料的分析中，可以得知犯罪打擊者角色員警過去處理婚暴案件的經驗顯然多於社會服務者角色員警過去處理婚暴案件的經驗。若從微觀面分析，表14-11顯示，犯罪打擊者角色員警與社會服務者角色員警在過去實際處理次數及逮捕次數上，並沒有統計上的顯著差異，僅有在專業訓練時數上具有統計上的顯著差異。犯罪打擊者角色員警所接受的專業訓練時數多於社會服務者角色員警。

表 14-10 犯罪打擊者角色與社會服務者角色之員警在「過去處理婚暴案件的經驗」上的差異

角 色	樣本數	平均值	標準差	自由度	t 值
犯罪打擊者	167	6.05	2.24	289	2.31*
社會服務者	124	5.48	1.86		

註：*表p < .05，**表p < .01，***表p < .001（two-tail test）。
平均值愈高，表示過去處理婚暴案件的經驗愈豐富。

表 14-11 犯罪打擊者角色與社會服務者角色之員警在「過去處理婚暴案件的經驗」各變項上的平均值差異

變 項	犯罪打擊者	社會服務者	t 值
實際處理婚姻暴力案件的次數	2.23	2.12	1.12
逮捕婚姻暴力案件施暴者的次數	1.42	1.46	-.49
接受婚姻暴力案件處理專業訓練的時數	2.40	1.90	3.49**

註：*表p < .05，**表p < .01，***表p < .001（two-tail test）。
平均值愈高，表示處理次數、逮捕次數及接受專業訓練時數愈多。

二、選擇逮捕的意願與其他變項之相關分析

（一）犯罪打擊者

本部分係以皮爾森（Pearson）積差相關來分析被害人反應、加害人反應、男女平權、婚暴認知、績效支持、司法系統支持、長官支持、過去經驗等變項與犯罪打擊者選擇逮捕意願的相關性。表14-12顯示，被害人反應（r = .164，p < .05）、加害人反應（r = .204，p < .01）、績效支持（r = .498，p < .001）、司法系統支持（r = .511，p < .001）、長官支持

（r＝.486，p＜.001）與犯罪打擊者的逮捕意願成正相關，且達統計上的顯著水準。換言之，現場情境（加害人與被害人的反應）、組織支持（績效、司法系統、長官）與犯罪打擊者的逮捕意願有顯著相關性。加害人愈不配合警察人員的處理，被害人愈配合警察人員的處理，組織愈支持，犯罪打擊者對婚姻暴力施暴者的採取逮捕的意願，有可能愈高。

表 14-12　犯罪打擊者逮捕意願與其他變項之相關矩陣

	逮捕意願	被害人反應	加害人反應	男女平權	婚暴認知	績效支持	司法系統支持	長官支持	過去經驗
逮捕意願	1.000								
被害人反應	.164*	1.000							
加害人反應	.204**	.376***	1.000						
男女平權	-.136	-.278***	-.060	1.000					
婚暴認知	-.057	-.125	-.087	.264**	1.000				
績效支持	.498***	.378***	.260**	-.189*	-.235**	1.000			
司法系統支持	.511***	.203**	.297***	-.077	.025	.367***	1.000		
長官支持	.486***	.099	.041	-.099	.073	.320***	.473***	1.000	
過去經驗	.049	-.129	-.240**	.157*	.322***	-.050	-.001	.066	1.000

註：*表p＜.05，**表p＜.01，***表p＜.001（two-tail test）；N＝167。

（二）社會服務者

本部分係以皮爾森（Pearson）積差相關來分析被害人反應、加害人反應、男女平權、婚暴認知、績效支持、司法系統支持、長官支持、過去經驗等變項與社會服務者選擇逮捕意願的相關性。表14-13顯示，婚暴認知（r＝.309，p＜.001）、績效支持（r＝.208，p＜.01）、司法系統支持（r＝.217，p＜.05）、長官支持（r＝.316，p＜.001）與社會服務者的逮捕意願成正相關，且達統計上的顯著水準。換言之，對婚姻暴力案件認知、組織支持（績效、司法系統、長官）與社會服務者的逮捕意願有顯著相關性。社會服務角色的警察愈將婚姻暴力視為一般犯罪，愈認為應以等同一般犯罪案件的方式處理婚姻暴力案件，組織愈支持，社會服務者對婚姻暴力施暴者採取逮捕的意願，有可能愈高。

表 14-13　社會服務者逮捕意願與其他變項之相關矩陣

	逮捕意願	被害人反應	加害人反應	男女平權	婚暴認知	績效支持	司法系統支持	長官支持	過去經驗
逮捕意願	1.000								
被害人反應	.014	1.000							
加害人反應	-.067	.313***	1.000						
男女平權	.005	-.023	.009	1.000					
婚暴認知	.309***	.053	.007	.103	1.000				
績效支持	.208**	.133	.083	-.249**	-.057	1.000			
司法系統支持	.217*	.143	.129	.036	.111	.516***	1.000		
長官支持	.316***	.191*	-.156	-.101	.151	.288**	.509***	1.000	
過去經驗	-.039	.198*	.098	-.009	.018	-.043	-.040	-.051	1.000

註：*表 $p < .05$，**表 $p < .01$，***表 $p < .001$（two-tail test）；N=124。

　　根據前述相關分析，無論是犯罪打擊者或社會服務者，組織支持均是與兩種角色警察人員逮捕決策呈現正相關的重要變項。然而，兩種警察角色的逮捕意願，也有不同的相關變項。就犯罪打擊角色的警察人員而言，被害人的反應以及加害人的反應與該角色員警的逮捕意願在統計上呈現正相關；而就社會服務角色的警察人員而言，婚暴認知與其逮捕意願在統計上呈現正相關。換言之，除組織支持變項外，犯罪打擊角色員警的逮捕意願，與被害人或加害人所形成的情境反應有關，而社會服務角色員警的逮捕意願，與員警自己對婚暴案件的認知有關。若以相關性的強弱程度來觀察，犯罪打擊者逮捕意願與司法系統支持相關最強（r =.511），其次依序為績效支持（r =.498）、長官支持（r =.486）、加害人反應（r =.204）以及被害人反應（r =.164）。社會服務者逮捕意願與長官支持相關最強（r =.316），其次依序為婚暴認知（r =.309）、司法系統支持（r =.217）及績效支持（r =.208）。惟相關分析僅能洞察變項與變項之間是否有相關性，以及相關性的強弱，相關分析並無法解析變項與變項之間的因果關係。有關員警選擇逮捕的預測，底下將藉由回歸分析途徑來探究。

三、選擇逮捕的預測分析

（一）犯罪打擊者

　　本部分係以逐步回歸（stepwise regression）方式來選取對於逮捕意願最具影響力的自變項。分析時，以被害人反應、加害人反應、男女平權、婚暴認知、績效支持、司法系統支持、長官支持、過去經驗等變項為自變項，以逮捕意願為依變項。

　　經過逐步回歸分析之後，共計有三個變項進入，分別是司法系統、績效支持及長官支持，參閱表14-14的模式3。惟三變項的允差及VIF值（變異數膨脹係數）並不相同，顯示三個變數有共線性的問題。當觀察模式2，共計有二個變項進入，分別是司法系統及績效支持，二變項的允差及VIF值（變異數膨脹係數）均相同，顯示兩個變數應無明顯的共線性問題。因此，本研究以模式2作為預測模式（犯罪打擊者選擇逮捕的意願）。在整體的解釋力方面，模式2的R平方值為.372，表示該模式可以解釋與預測犯罪打擊者逮捕意願總變異量的37.2%。在所投入的自變項中，以司法系統支持最具預測力，其次為績效支持。

表 14-14　犯罪打擊者逮捕意願之逐步回歸分析

模式	未標準化係數		標準化係數	t	顯著性	R平方	共線性統計量	
	B之估計值	標準誤	Beta分配				允差	VIF
1.（常數）	6.138	1.015		6.047	.000	.261		
司法系統	.653	.085	.511	7.640	.000		1.000	1.000
2.（常數）	4.899	.966		5.070	.000	.372		
司法系統	.485	.085	.380	5.713	.000		.866	1.155
績效支持	.599	.111	.358	5.390	.000		.866	1.155
3.（常數）	3.534	1.000		3.532	.001	.421		
司法系統	.351	.089	.275	3.932	.000		.725	1.379
績效支持	.526	.109	.315	4.839	.000		.838	1.194
長官支持	.422	.114	.255	3.715	.000		.752	1.331

　　「司法系統支持」（Beta = .380，p < .001）對於逮捕意願具有正面效果。換言之，司法系統支持每增加一個標準差的單位，即導致.380個標準差單位之逮捕意願的增加。「績效支持」（Beta = .358，p < .001）對於逮捕意願具有正面效果。換言之，績效支持每增加一個標準差的單位，

即導致.358個標準差單位之逮捕意願的增加。

（二）社會服務者

　　本部分係以逐步回歸（stepwise regression）方式來選取對於逮捕意願最具影響力的自變項。分析時，以被害人反應、加害人反應、男女平權、婚暴認知、績效支持、司法系統支持、長官支持、過去經驗等變項為自變項，以逮捕意願為依變項。

　　經過逐步回歸分析之後，共計有二個變項進入，分別是長官支持與婚暴認知，參閱表14-15的模式2。二變項的允差及VIF值（變異數膨脹係數）均相同，顯示兩個變數應無明顯的共線性問題。因此，本研究以模式2作為預測模式（社會服務者的逮捕意願）。在整體的解釋力方面，模式2的R平方值為.170，表示該模式可以解釋與預測犯罪打擊者逮捕意願總變異量的17.0%。在所投入的自變項中，以長官支持最具預測力，其次為對婚姻暴力案件的認知。

　　「長官支持」（Beta = .276，p < .01）對於逮捕意願具有正面效果。換言之，長官支持每增加一個標準差的單位，即導致.276個標準差單位之逮捕意願的增加。「對婚姻暴力案件的認知」（Beta = .267，p < .01）對於逮捕意願具有正面效果。換言之，對婚姻暴力案件的認知每增加一個標準差的單位，即導致.267個標準差單位之逮捕意願的增加。

表 14-15　社會服務者逮捕意願之逐步回歸分析

模式	未標準化係數		標準化係數	t	顯著性	R平方	共線性統計量	
	B之估計值	標準誤	Beta分配				允差	VIF
1.（常　數）	9.750	.870		11.202	.000	.100	1.000	1.000
長官支持	.414	.112	.316	3.685	.000			
2.（常　數）	7.265	1.146		6.340	.000	.170		
長官支持	.361	.110	.276	3.295	.001		.977	1.023
婚暴認知	.257	.081	.267	3.186	.002		.977	1.023

第五節　結　語

壹　質化研究發現

　　本研究發現，在警察所受理的婚姻暴力案件中，採取逮捕回應的案件比例很低，訪談、田野觀察以及次級資料顯示，有三方面因素影響警察處理婚姻暴力案件時，選擇不採取逮捕作為，這些因素包括：

一、被害者方面的因素

(一)某些受虐婦女並不希望侵犯她的人被捕，只是希望藉由警察的干預讓情況緩和，阻止嚴重暴力的發生。

(二)受虐婦女需要施暴者的經濟支援，難以承擔加害者被捕的後果。

(三)受虐婦女認為自己可能也應該為加害者的行為負責，這次只是情況失去控制，才讓自己受了驚嚇。

(四)在案發當時，被害者可能沒有時間向警察求助，以致延誤警察處理的該事件（採取逮捕）的最佳時效。

二、加害者方面的因素

(一)大多數的加害者在警察到達現場前，早已逃離現場，並不會等著警察來逮捕他們。

(二)就仍然停留在現場的加害者而言，當看到警察時其言行舉止大多會有所收斂，加上許多案件其衝突的情形並不會造成當事人立即且嚴重的傷害，遇此情形，前往處理的警察常以緩和現場為主要的處理訴求。

三、警察方面的因素

(一)婚姻暴力案件的蒐證工作並非容易，警察往往缺乏處理此類事件的適當訓練，大抵需受暴婦女的協助與舉證。

(二)許多婚姻暴力案件在報案時經常有所延誤，當警察到達現場，無法親眼目睹暴力的發生，而加害者亦已不在現場。

(三)由於婚姻暴力案件進一步被起訴的機率並不高，就算起訴，判罪也不重，使得許多警察認為，如果真的逮捕加害者，日後其對被害者傷害的潛在可能性將更大，因此常以緩和現場的衝突氣氛為主要訴求。

(四)被害者常事後反悔，並且主動撤銷訴訟，因而影響警察處理的意願。

(五)執行逮捕作為非常耗時且麻煩，非不得已，警察通常不會選擇逮捕加害者。

(六)目前仍有某些警察認為，家庭問題不是警察工作該涉入的範圍。

貳 量化研究發現

一、犯罪打擊者與社會服務者的差異

(一)不同性別、年齡、學歷、婚姻狀態、從警年資，以及職務的警察人員，其選擇逮捕的意願並沒有達統計上的顯著差異，惟有不同角色定位的警察，其選擇逮捕的意願達統計上的顯著差異。

(二)犯罪打擊者角色之員警「選擇逮捕的意願」平均值，顯然高於社會服務者角色的員警。

(三)犯罪打擊者角色的員警顯然比社會服務者角色的員警有較高的傾向將婚姻暴力視為一般犯罪。

(四)但犯罪打擊者角色的員警與社會服務者角色的員警相較，犯罪打擊者角色的員警獲得較多司法系統的支持，同時也認為司法系統的支持是重要的，對婚暴施暴者進行逮捕具影響性。

(五)犯罪打擊者角色員警過去處理婚暴案件的經驗顯然多於社會服務者角色員警過去處理婚暴案件的經驗。從微觀面分析，犯罪打擊者角色員警與社會服務者角色員警在過去實際處理次數及逮捕次數上，並沒有統計上的顯著差異，僅有在專業訓練時數上具有統計上的顯著差異。犯罪打擊者角色員警所接受的專業訓練時數顯然多於社會服務者角色員警。

二、與逮捕相關的變項

(一)現場情境（加害人與被害人的反應）、組織支持（績效、司法系統、長官）與犯罪打擊者選擇逮捕的意願有顯著正相關。加害人愈不配合警察人員的處理，被害人愈配合警察人員的處理，組織愈支持，犯罪打擊者對婚姻暴力施暴者的逮捕意願愈高。

(二)就社會服務者而言，對婚姻暴力案件認知、組織支持（績效、司法系

統、長官）與社會服務者選擇逮捕的意願有顯著正相關。社會服務角色的警察愈將婚姻暴力視為一般犯罪，愈認為應以等同一般犯罪案件的方式處理婚姻暴力案件，組織愈支持，社會服務者對婚姻暴力施暴者的逮捕意願愈高。

(三)無論是犯罪打擊者或社會服務者，組織支持均是影響兩種角色警察人員逮捕決策的重要因素。

三、選擇逮捕的預測變項

(一)針對犯罪打擊角色員警選擇逮捕的預測，以司法系統支持最具預測力，其次為績效支持。司法系統支持每增加一個標準差的單位，即導致.380個標準差單位之逮捕意願的增加。績效支持每增加一個標準差的單位，即導致.358個標準差單位之逮捕意願的增加。

(二)針對社會服務角色員警選擇逮捕的預測，以長官支持最具預測力，其次為對婚姻暴力案件的認知。長官支持每增加一個標準差的單位，即導致.276個標準差單位之逮捕意願的增加。對婚姻暴力案件的認知每增加一個標準差的單位，即導致.267個標準差單位之逮捕意願的增加。

參 建 議

一、強化警察養成教育及在職訓練的涵

現今仍有部分警察認為，婚姻暴力案件屬於民眾的私事，在本質在並不是警察應該回應的問題。在另一方面，婚姻暴力案件的蒐證工作並非容易，當警察到達現場，經常無法親眼目睹暴力，且加害者多已不在現場，被害者的協助與舉證便成為蒐證關鍵。顯見，警察人員的教育與訓練，須能提昇警察對婚姻暴力案件的認知，讓警察充分暸解婚姻暴力的真實面、法律定義、警察的職責及適當的處理程序。

二、警察角色的妥善定位

現實上，雖然無法將警察定位為全然的犯罪打擊者或社會服務者，但對於警察應是前者或後者的信仰，無疑將影響警察在社區中如何建構其角色。角色期待通常會隨期待來源不同而有所差異。有些社區、鄰里或團體

可能期待警察是犯罪打擊者，有些社區、鄰里或團體可能期待警察是社區
服務者。警察，是政府授權使用強制力以維繫法律的非軍事人員或組織，
警察的主要目的，在於回應人民因涉及非法行為所產生的問題。警察角
色，受制於法律的要求、警察機關以及社會期待的影響。顯然，警察愈能
掌握法律、警察組織及社會環境三者的期待內容，將可減少本身在民主社
會中的角色衝突。

三、強化組織支持度有助於提昇警察的積極性

　　由於警察機關能提供二十四小時全天候的服務，又具備強制性的權
力以及快速的中央派遣系統，使得警察經常是接觸婚姻暴力案件的第一線
處理人員。警察處理婚姻暴力案件的態度，將影響整個案件處理流程的品
質。相關及預測分析皆顯示，無論是犯罪打擊者或社會服務者，組織支持
均是影響兩種角色警察人員逮捕決策的重要因素。當長官愈支持、警察機
關的績效制度愈支持、司法系統愈支持時，警察人員愈傾向以積極的態度
處理婚姻暴力案件。欲期警察積極處理婚姻暴力案件，顯有必要先強化組
織的支持度。

四、評估逮捕效能，發展多元介入模式

　　就大多數婚姻暴力被害者而言，最大心願就是期待終止加害者的暴
力侵害，回復和諧家庭。逮捕或不逮捕加害者，不一定是被害者關注的焦
點。隨著愈來愈多的婚姻暴力案件進入刑事司法程序，其所產生的負面效
應也逐漸受人注意，因其可能使家庭喪失經濟來源，家庭關係惡化，若案
件不起訴，甚至可能促使加害者採取更強烈的報復手段。從本研究的質化
發現中，可得知加害人及被害人的反應在某種程度上可能也影響著處理員
警的逮捕意向，例如，受暴婦女不希望侵犯她的人被捕，只是希望藉由警
察的干預讓情況緩和，阻止嚴重暴力的發生。在現實上，這部分的影響較
不易受警察機關或人員所操控。本研究發現，在犯罪打擊者選擇逮捕的預
測分析中，預測模式的R平方值為.372，表示該模式僅能解釋與預測犯罪
打擊者逮捕意願總變異量的37.2%。而在社會服務者選擇逮捕的預測分析
中，預測模式的R平方值為.170，表示該模式僅能解釋與預測犯罪打擊者
逮捕意願總變異量的17.0%。臨場的實際逮捕作為與逮捕意願的量化預測
之間，必然存有某種程度的落差，惟該落差的填補或縮小，警察機關並不

一定有能力操控。至於如何填補或縮小該落差？這個問題的答案，需要未來研究提供更多的事實描述。

　　根據本研究的發現，針對婚姻暴力案件的處理，刑事司法體系（包含警察及司法系統）的支持與訓練作為，將有助於警察人員逮捕意願的增強，而且此種作為是刑事司法體系較有能力操控的，增強或操控的可能範圍，可從預測模式中洞察。在此須提醒的是，逮捕或許是回應婚姻暴力案件的方法之一，但是否為適當且有效的方法？在本土性的科學證據尚未出現之前，應避免將逮捕政策淪為某種信仰或對現實的妥協。總之，逮捕的執行方式（是否逮捕？如何逮捕？逮捕後的作為？）及效能應有更為完整的評估。為期妥善處理婚姻暴力案件，逮捕以外的回應途徑，諸如告誡、調解或轉介等方式，也需探究其運用時機及效能，以建構較完整的處理模式。

第十五章　警察在民主社會中的角色分析

第一節　前　言

　　司法院大法官會議於民國90年12月14日做成釋字第535號解釋，就警察臨檢的要件、程序及對違法臨檢的救濟等方面，作明確的闡明與規範，並認定若非掌握相當的危害憑據或可能危害憑據，警察不得進行任意臨檢。同時，大法官會議亦訂下「二年落日條款」，要求有關機關通盤檢討訂定警察執行職務法規，保障人權。司法院強調，自該號解釋公布日起，警察執行臨檢勤務，應遵循解釋意旨行事。

　　在大法官做成該解釋之前，警察任意臨檢、隨機路檢、恣意盤查、全面掃黃等作為，因實施程序與要件欠缺法律明確規範，若有違法或濫權，由於欠缺救濟途徑，多年來頻受抨擊侵害人權。該解釋公布隔日，警政署即表示，在警察職權行使法未完成立法前，將要求各級警察機關於執行臨檢時，注意「比例原則」，採取適當的必要手段，亦即以侵害最小的手段達成目的。警政署也製發書面的臨檢證明表格，提供對警察臨檢有異議的民眾作為訴訟救濟之用。顯見，大法官會議的解釋對警察機關政策及警察行為造成立即性的影響。

　　面對大法官的解釋，卻有基層員警表示，今後不用再大費周章的進行大規模、全面性臨檢，反而落得輕鬆。由於當事人可提出異議，在場執行人員職位最高者必須做出是否停止臨檢的決定。一般除非員警已肉眼目視犯罪行為，否則大多數的員警在避免惹是生非的情形下，恐怕不會堅持臨檢，而讓違法分子有機可乘，長期下來，可能對治安造成影響（引自中時電子報）。不難發現，警察在社會中所應表現的行為，警察組織內部也有自己的期待。

　　根據警察法第2條規定：「警察任務為依法維持公共秩序，保護社會安全，防止一切危害，促進人民福利」。換言之，警察行為的目的是維持公共秩序、保護社會安全、防止一切危害、及促進人民福利四項，惟達成目的之手段必須合法，法律無疑是警察行為最重要的基礎。觀察台灣社會，不難發現變遷快速，為其主要特徵之一。自民國76年解嚴開始，開放

黨禁、開放大陸探親、解除報禁、國會全面改選，民主社會日漸形成。值此同時，法案的修正、制定、廢止以及相關法律的解釋，大量湧現。這對執行法律、維護治安的警察人員而言，已造成無可比擬的衝擊。

良好社會秩序是台灣經濟發展的重要條件，台灣值此邁向高品質社會的時刻，警察人員的作為如何始能有效維護治安且又符合民主要件，實為我國警政發展的重要課題。國內過去有關警察議題的研究，多著墨於應用層面，諸如警察勤務、警察業務、組織改造等問題，基本性的問題反而較受忽略。針對警察於民主社會中的角色定位問題，至今仍缺乏系統性的實證研究。在缺乏科學研究的情況下，警政決策難以客觀，無形中將影響警察機關治安維護功能的發揮。本章的目的，在於探究警察在民主社會中被期待表現出來的活動或行為，以及釐清期待來源的類別。為達研究目的，本章透過實證途徑蒐集不同期待來源對警察的期待資料，分析其間異同，繼而為台灣地區的警察建構適當的角色內涵與定位方向，解決角色衝突的問題。

第二節　文獻探討

壹　警察與民主社會

英文的「警察」（police）一字，與底下兩個希臘字關係密切。一是原意為「擔任公民或參與政治活動」的politeuein，另一為「城市或國家」的polis。這兩個希臘字的原意，均強調個人、政治過程以及國家或政府的重要性。人民如何被統治？由於任何社會在面對其成員的安全、經濟及社會等需求時，均需仰賴「組織」與「秩序」來提昇滿足作為的效能，因此，大多數國家的政府都具備所謂的「警察權」（police power）來管制民眾有關福利、衛生、安全以及道德等事務。警察組織，便是警察權的重要展現之一。

R. Roberg、J. Crank與J. Kuykendall在其所著「警察與社會」（*Police and Society*）一書中提及，警察的活動與行為，受政府型態的影響甚鉅。在較集權的體制裡，權力由一個人、少數人或一個政黨來行使，法律與政策的制定，大多是為維繫掌權者的利益，社會秩序的維護，經常是在犧牲

個人自由的情況下來進行。而在較民主的體制中，「參與式政治」則是主要思想，通常社會成員不是直接參與法律的制定，要不就是選出代表代替他們制定法律。Roberg等人進一步指出，民主體制較關切人民權利與自由的賦予（give）以及政府警察權的節制（limit），而且通常是透過制定憲法來表達此種關切（Roberg, Crank & Kuykendall, 2000）。各國憲法，不論成文或不成文，目的雖有不同，但其中多有一相近之處，即：藉由建立政府的立基原則，繼而確認政府的本質和性格。在我國憲法中，有具體條文明述政府功能以及人民相對於政府的權利。

　　由於我國為一憲政體制國家，權力的行使必須基於法治原則。意即，必須依法行政，而非依個人或組織（如警察機關）的利益或喜好行政。理論上，經由民主程序制定出來的法律，應比少數人或社會中最具影響力之人的立法，更具合理性以及更為民眾所接受。儘管現實情形不一定與理論相符，但綜觀我國憲政體制發展脈絡，可發現逐步朝向法治國目標。而「法治原則」被視為必需，其理由之一：民主政治的擁護者認為，掌權者除非受到憲法、由民主程序制定之法律及政府機構的控制，否則終將會濫用其權力。基本上，我國為一民主共和體制的國家，賦予人民許多參與政治系統的途徑，同時也限制勝選者的政治權力。另一方面，五權分立的制度也企圖降低某一政府部門權力過大的可能。執法，屬行政部門責任。

　　政府和法律，皆經由政治過程或系統所創。稱「政治」過程或系統，乃因該過程或系統影響政府資源的運用方式（如預算、科技、人力等）以及制定何種法律與措施（如有關警察臨檢、盤查的法律或措施）以引導政府決策。選民、利益團體（如電動玩具業者所組織的遊說團體）以及候選人，是政治過程的主要參與者。著名警政學者H. Goldstein在其所著「自由社會的警政」（*Policing a Free Society*）一書中指出，民主社會中的政治決策理論有二，一為多元論（pluralistic perspective），另一為菁英論（elitist perspective）或階級論（class perspective）。前者主張，辯論、談判及妥協，可決定資源的運用、法律與政策的制定，社會中雖然有許多不同利益的團體，但沒有一個團體能夠主控整個社會。菁英（階級）論則主張，僅為數有限之人（如富人或利益團體）在社會過程中握有真正的影響力，此種政治型態將形成有利於權勢者的待遇，並對低下階層者造成歧視待遇（Goldstein, 1977）。在現實社會中，警察與民眾互動，

警察偶有對某些人士提供有利待遇，而對某些人提供歧視待遇。

　　長期以來，對警察而言，「民主」似乎是一項難有終止的挑戰。警察，不論是在概念上或實務運作上，常與民主社會的某些特徵相衝突。警察，代表政府遇有必要時，強制人民守法所需運用的一股合法力量。而強制人民所要遵守的法律，經常是大多數人民的代表（至少理論上如此）參與制定的法律。Goldstein將警察與民主的衝突描寫如下：

　　　　警察，是自由社會中的異象。——雖然政府體系賦予警察相當大的職權，但人民和議會卻不太願意將權力賦予政府體系，就算賦予，也是備受削減的（Goldstein, 1977: 1）。

　　民主體制的政府為求順利運作，「共識」是一重要基礎。當共識遭破壞時，警察往往是政府最初反應的代表。例如，私有財產制是民主社會中大多數人所認同的觀念，但是當某人偷竊他人財物，該行為便反映出私有財產制的共識遭破壞。警察權的形成，至少有一部分，是植基在維護社會共識的觀念上。惟民主社會中所形成的共識，有許多是建立在相對多數的民意基礎上，這使得警察在維護共識不被破壞的時候，難以避免遭遇相對少數者的抵制或挑戰。

　　另一警察與民主制度的潛在衝突，則有關政府的角色。政府存在的目的，一方面是代表其人民，一方面是服務其人民。在警察所提供的服務當中，有部分不一定是人民所想要但卻又無法規避，例如交通違規的取締。抽象上，人民雖然願意被政府統治，但在現實裡，人民卻經常抵制政府（包含警察）的干預。

　　民主的內涵與某種程度的自由有關，雖然完全自由在社會中不被允許，但民主制度至少讓人民參與限制個人自由的決策。但是，警察機關的決策過程以及警察人員執法時個人所做的決定，卻很少讓民眾參與。換言之，警察權的行使，反映出的反而是「自由」社會中的一種集權。警察，經常是「自由是有限的」提醒者。

　　平等，是民主社會另一重要考量。民主政府的建立，是植基在各團體所認可的契約上（社會契約論），同時各團體須立於平等地位。但是，人民與警察卻經常處於不平等的地位。學者指出，一旦警察與人民之間的契約被建立，例如根據憲法或立法，就必須經常檢視該契約，否則，警察

執法過當或濫權的情事將可能發生（Berkeley, 1969; Cordner & Sheehan, 2003）。

綜觀上述，不難得知，與民主國家相對立之國家通常被稱為「警察國家」的原因。民主，代表共識、自由、參與及平等；警察，則代表限制、及政府對人民所加諸的威權。這也是為什麼民主社會中的警察難以規避人民的批評、反對甚至敵視，儘管警察已不斷改善其效能及公正態度。

貳　警察角色

民主社會中的警察角色，就是警察在民主社會中被期待表現出來的活動或行為。有關警察應為何事？以及如何為應為之事？根據相關文獻，有三種主要的期待來源：警察組織、法律，以及環境（Bayley, 1994; Brame & Piquero, 2000; Skogan, 2000; Alpert, Dunham & Piquero, 2000; Roberg et al., 2000）。圖15-1所示為「期待整合模型」，位於中央的核心部分，代表三種來源的期待均有接近或共同的內容，即整合程度最高。外圍的方環則代表不同程度的整合，由裡向外分別為：實質整合、部分整合，以及微弱整合。隨著期待整合程度的改變，警察角色有關的衝突也隨之升高或降低。當來自三種來源的期待相互共容，那麼要決定警察應為何事？以及如何為應為之事？其困難為最低。換言之，期待整合程度愈高，警察角色有關的衝突通常就愈低。

一、組織的期待

組織的期待，可分為正式組織的期待及非正式組織的期待。前者來自於機關首長、管理者、訓練方案、以及警察組織的目標、政策、程序及規範等，後者則來自員警同僚及工作團體。為能符合警察工作有關情緒、心理、智能以及體力上要求的自我調整方式，以及過去的工作經驗，影響警察甚鉅。警察人員的工作表現，一方面要為警察組織所接受，另一方面也要被同僚接受。警察人員在執勤時，除了要保護自身安全，也要保護同僚及民眾的安全，同時還必須不能引起民眾抱怨。

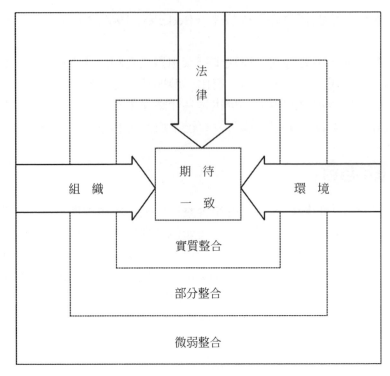

資料來源：引自Roberg、Crank與Kuykendall（2000: 21）。

圖 15-1 期待整合模型

二、法律的期待

　　法律對於警察的期待，主要來自實體法、程序法及相關判例與解釋的法律要求。這些法律與法律要求，為警察應有之功能提供一個基本且重要的架構。雖然警察的所有作為在現實上並不必然完全依法，但法律期待則實質影響警察應為何事，以及如何為應為之事。此外，警察也不必然執行所有他們應執行的法律，相反地，警察運用裁量權決定執行何法，以及如何執行。顯然，裁量上的決定，並不見得會與其他方面的期待相符（如環境的期待或組織的期待）。

三、環境的期待

　　簡言之，社會的趨勢及問題形成環境。社會經濟的發展趨勢及問題發生變異，警察通常會受其影響。譬如，某社會或地區的人口快速增加、經

濟衰退、毒品或其他治安問題惡化等，通常會影響警察的作為。雖然趨勢和問題本身並不一定會直接形成環境的期待，但由於警察或民眾對該趨勢與問題的認知，通常可能會引發有關警察應如何回應的期待。

　　環境的期待，還可以從微觀面探討，此處舉社區為例。社區環境，內涵包括社區特有的問題、警察組織以外的公共和民間組織、警察機關以外的刑事司法機關、被遴選出或指派的領導者、特殊利益團體、特殊鄰里（具可辨識特徵的非一般性鄰里）及民眾等。社區環境的變化，通常會轉化成民意的部分內容，繼而影響警察應有的活動及行為。因此，環境的期待往往可以透過民意表達出來。

參　警察角色的爭議

　　當上述三種期待發生衝突時，警察角色的爭議便難以規避。其中，較重要的爭議包括：警察應是犯罪打擊者或社會服務者？警察應扮演依法行政的角色或是政治的角色？警察應扮演主動先發的角色或被動反應的角色？

一、依法行政的角色或是政治的角色？

　　何種方式能最有效的將警察角色整合於民主社會？規範導向途徑以及多元彈性途徑，可說是分處兩個對立極端位置的方式。前者稱為依法行政（或是科層制、準軍事、專業或改革）途徑，後者稱為政治途徑。依法行政途徑的觀念認為，正義是執法一致、執行政策一致，以及採行程序一致的產物。理想上，這些法律、政策及程序都是經由理性制定的，並不會與社會的基本原則相衝突。

　　在另一方面，警察角色的政治途徑則基於底下兩個觀點。一觀點認為法律和警察主要是為社會中最具影響力之人的利益而服務，這些人的地位高於法律，其他人當然也就會受到歧視待遇。顯然，此觀點將導出政治化及歧視現象。第二個觀點的焦點在於感應及予以個別考量，該觀點認為，依法行政並無法顧及社區內的特殊問題及不同團體或個人的需求，如果警察是專業工作，一致性並沒有必要維持，差別執法是無法避免的。在政治途徑的範圍中，警察的回應除需依法外，更應考量環境的需求及社區價值觀。

　　依法行政與政治兩種途徑之間的爭議，揭示了民主社會中一項長期存在的緊張，就是法治與社區期待之間的緊張。緊張的一端是，心中僅有依法行政、不問哪些法令較重要、應如何運用這些法律的警察，他們對於社區較缺乏深層的關照。緊張的另一端則是所謂「暴民統治」（mob rules），理想上，民眾可以透過對政府施政的不滿而更替執政者，但在多元社會中，由於多方利益競合，且民眾對政府服務的需求各有不同，以致變更執政者可能耗時過久或無法達成，所以民眾往往轉而直接要求政府提供符合社區需要的服務。但問題是，政府如何提供公平的服務？而且沒有差別待遇。此問題的答案或許與提供服務的內容及方法有關，具體答案仍待探究。根據兩種定位警察角色的途徑，即依法行政及政治途徑的概念，可以衍生出下列三種警察與社區的關係。第一種是「政治化模式」，在此模式下，警察與社區的關係將受警察差別待遇、歧視及腐化所困。第二種是「依法行政模式」，此模式的基礎在於「政治影響會對警察產生腐化作用」的前提上，相對應的警察與社區關係，則是結構性的或科層制的。第三種是「社區警政模式」，此模式的基礎在於民眾期望警察對社區需求予以回應，同時又不涉及（或盡可能降低）差別待遇或歧視。

二、犯罪打擊者或社會服務者的角色？

　　警察工作僅是打擊犯罪，還是除了打擊犯罪之外尚需提供社會服務？警察角色的定位，不僅會牽動警察活動的優先順序，更會影響警察人員的遴選、訓練模式、以及警察人員的工作風格。主張警察角色應為「犯罪打擊者」之人，較傾向把犯罪行為認為是犯罪人理性選擇的結果，警察工作的主要目的應是透過諸如巡邏、犯罪偵查等警察活動來嚇阻犯罪發生及逮捕犯罪人。而將警察角色界定為「社會服務者」之人，較傾向認為犯罪行為的發生導因於眾多原因，為降低犯罪率，警察活動應包括犯罪預防教育與宣導方案以及警民合作等方案。在社會服務者的角色定位下，警察人員較常從事社區警政、非威權式作為以及非攻勢勤務為導向的警察活動。

　　現實上，可能並無法將警察定位為全然的犯罪打擊者或社會服務者，但對於警察應是前者或後者的這種信仰，無疑將影響警察在社區中如何建構其角色。此外，角色期待通常會隨期待來源不同而有所差異。有些社區、鄰里或團體可能期待警察是犯罪打擊者，有些社區、鄰里或團

體可能期待警察是社區服務者。過去曾有許多有關警察工作及活動的研究企圖釐清此項警察角色的爭議，從1960年開始，就有研究批評警察打擊犯罪的功能，這些研究將警察工作或活動大致歸類為三項：執法或犯罪打擊者、服務或社會工作，以及行政工作（如填寫文書、報表等），繼而分析這三類的工作時間及效能，研究結果顯示，警察實際上使用極少量的時間去回應犯罪問題（Bitter, 1980; Skolnick & Bayley, 1986; Bayley, 1994; Skogan, 2000; Cordner & Sheehan, 2003）。但是這些研究的方法可能有問題，至少這些研究缺乏一致性的發現。此外，警察工作或活動的分類也有爭議，有些警察活動並無法具體的歸類為何種類型。儘管有關警察工作與活動的研究有助於洞察警察在不同類別活動上分配時間的多寡，但似乎無助於釐清警察角色爭議的問題。

三、主動先發的角色或被動反應的角色？

主動先發式的警察作為，係指由警察主動發動的活動，例如取締交通違規、實施現場偵訊等。而被動反應式的警察作為，係指由民眾請求警察發動的活動，例如民眾向警察檢舉犯罪或擾亂治安事件，警察隨後的反應作為（如逮捕）。針對某一犯罪或治安問題擬定回應作為以防止其發生，這是主動先發模式，臥底、誘捕、監視有累犯經驗之人等活動，屬於主動先發的警察作為。

主動先發模式的問題，在於警察可能過於侵犯社區，也就是在未告知社區或未獲社區同意下行動，有時侵犯社區隱私或給社區造成危險。主動先發作為經常被認為是警察機關有效管理的指標，但這種作為也可能是一種過度侵犯和危險的表徵。

被動反應抑或是主動先發較符合民主社會的條件？在實務上，雖然去除所有主動先發的活動並不可能，但欲對警察主動作為的數量予以節制卻是可行的，辨識社區對警察的期待（期待警察做出多少程度的主動先發作為）以及警察機關對員警的期待（期待員警做出多少程度的主動先發作為）是頗為重要的。某些情形，主動先發可能是專業警察作為的一項指標。然而，警察作為愈傾向主動先發，警察就愈具侵犯性，警察、民眾及民主所遭遇的風險就愈大。為期妥善定位自己的角色及解決相關的角色爭議，警察就需先釐清警察價值觀、目標及策略。

肆 定義警察角色的途徑

　　價值觀，可以說是引導警察機關及員警執行職權的基本原則與信仰。警察機關的價值觀一旦確定，警察工作目標、資源運用、警察策略及員警工作風格隨之受影響。為說明價值觀對警察角色所可能造成的影響，本研究參考Wasserman與Moore的研究（1988），將警察價值觀分為兩類，詳列表15-1。第一類所列者，乃將警察工作描述為以執法為主的活動，警察的主要角色是犯罪打擊者，警察與社區民眾的關係應該依法建立。第二類價值觀則說明，警察的角色應是犯罪打擊與社會服務二者兼容，認為警察與社區民眾的關係應具彈性和廣泛。

　　目標，有時被稱為目的。當以目標來定義警察角色時，下列目標通常會被警察機關所考量，這些目標如表15-2所列。表15-2所列項目的上下順序，並無特殊意義。當警察機關確認目標後，下一步驟便是決定如何有效達成目標。策略，可說是廣泛的警察活動，惟這些活動每每影響員警的態度與行為。Roberg、Crank與Kuykendall等人的研究指出，警察達成目標的策略包括：執法（law enforcement）、現身（presence）、教育（education）及社區營造（community building）四種（Roberg et al., 2000）。

表 15-1　警察價值觀

執法導向價值觀	社區導向價值觀
1.警察權的根據是法律，執法是警察的主要目標。	1.警察應盡可能參與社區活動，尤其是影響社區生活品質的活動。
2.社區可提供警察「執法」時所需要的幫助及資訊。	2.警察政策與警察服務，應與社區需求相符。
3.回應民眾的服務請求是第一優先，且須盡可能予以最快速的回應。	3.警察的策略必須維護甚至提升民主價值觀。
4.社會及鄰里的問題，不全然是警察的責任，除非破壞了公共秩序。	4.警察必須有系統的提供民眾服務，如此才可強化社區力量。
5.警察是控制犯罪的專家，所以應由警察決定控制犯罪的策略。	5.員警應當在工作中融入可以提升工作滿足感及工作效能的事務。

資料來源：整理自Wasserman與Moore（1988）。

表 15-2　警察可能的目標

預防犯罪	逮捕嫌犯
降低犯罪被害恐懼感	管制交通
維護秩序	回應社區需求
保護人民及其財物的安全	管理團體間的衝突
執法	保護個人權利
偵查犯罪	提供其他公共服務

資料來源：整理自Sewell（1999）。

　　警察執法策略，經常訴諸於正式的約束或制裁，譬如攔檢可疑人物、執行青少年宵禁法令、違規告發、執行偵查及逮捕等。所謂的警察現身策略，即運用見警率，譬如運用制服警察執勤、運用標有警徽巡邏車執行巡邏等方式。上述兩種策略（執法及現身策略）強調警察逮捕和出現可以威嚇犯罪的發生。

　　就民眾而言，所謂的教育策略，就是提供民眾可以降低他們被害風險的訊息和技巧。一般民眾運用此等訊息或技巧的動機，乃在於他們關切或害怕自己成為犯罪被害者。而對潛在或已定罪的犯罪者而言，教育策略的功能則包括當事人道德行為的恢復，以及讓犯罪人瞭解其犯罪行為對自己及對被害人所造成的後果，犯罪人與被害人的調解方案（特別是兩造面對面的調解方案）便屬此種策略。

　　當警察運用社區營造策略時，他們便是企圖協同社區成員共同來強化社區中的非正式社會控制力量。警察通常藉由讓民眾參與組織性的或休閒娛樂性的活動來執行社區營造策略，組織性的活動如里民大會、社區環境整理活動等，休閒娛樂性的活動如園遊會、晚會等。當社區成員愈積極參與社區活動時，他們通常愈會關切社區問題，同時也愈可能協助解決這些問題。一旦社區意識建立，社會化過程及社區民眾的行為就會受到影響，社區民眾就會更注意和關切他們的鄰居，當然也就愈不會欺騙或傷害鄰居。

　　執法及現身策略，較具侵略性及懲罰性，若以這兩種策略為主，較易引發民眾的反感和憤怒。相對地，教育及社區營造策略較不會引起社區負面的反應。重要的問題是，如何整合這四種策略以塑造警察降低犯罪的最大效能，同時又能獲得社區的信賴、支持及合作。如果能成功解決這個問

題,並且警察能依法行政、公正執法,那麼民主與警察間的衝突便可減至最低。

伍 文獻探討——小結

一個社會中的警察型態,深受其政府體制的影響。在民主體制的政府中,存有若干民主與警察之間的衝突。法治原則,則是處理該衝突最重要的方法。法律,代表人民應遵循的原則,同時也代表警察與民眾互動時應遵循的原則。

警察,是政府授權使用強制力以維繫法律的非軍事人員或組織,警察的主要目的,在於回應人民因涉及非法行為所產生的問題。警察角色,受制於法律的要求、警察機關以及社會期待的影響。法律、警察組織及社會環境(民意)三者對警察的期待內容愈接近,警察在民主社會中的角色衝突就愈少。

當法律、警察組織及社會環境對於警察的期待不一致,甚至相衝突,便造成警察角色上的爭議,爭議包括:警察應該是犯罪打擊者或是社會服務者、依法行政的角色或是政治的角色、主動先發的角色或是被動反應的角色。而警察角色的實質內涵可從三種可觀察的標的測量出來,分別是警察所建構的價值觀、警察所設立的目標,以及為達成目標所發展出的警察策略。

第三節 研究設計與實施

本章兼採質化與量化實證途徑,探究警察在民主社會中的角色定向。根據前述之文獻分析,本研究將警察組織、法律及民意當作警察行為或活動的期待來源,並採取實證途徑蒐集三種期待來源對警察的期待內容資料,繼而分析與比較三種期待資料的異同。本研究所採取的實證資料蒐集途徑如下:

壹　深度訪談

　　為獲得警察組織期待的資料，本研究採取訪談法針對警察人員進行訪談，訪談對象包括高層警官、中層警官以及基層員警。考量地理區位的差異，本研究抽選台北市政府警察局、台中市政府警察局、高雄市政府警察局、花蓮縣政府警察局高、中、基層警察人員各三名進行訪談，即一個警察局有九名受訪者，四個警察局共計36名受訪者。訪談主要內容包括：法律變遷對警察行為的影響、民意對警察行為的影響、警察在民主社會應扮演的角色（依法行政角色或政治角色？犯罪打擊者或社會服務者角色？主動先發或被動反應角色？）。針對警察人員進行訪談後所獲得的資料，有助於呈現「警察組織期待警察在民主社會應扮演何種角色」？

貳　次級資料分析

　　針對「警察組織期待警察在民主社會應扮演何種角色？」除與上述四個警察局的警察人員進行訪談外，並自該等警察局蒐集警察局的目標、政策、程序及規範等相關資料。另外，本研究尚蒐集解嚴至研究期間（民國76年8月至92年1月）歷任警政署長於元旦及警察節致全體警察同仁的祝賀文件，對其進行系統性的分析，此部分資料，主要蒐集自警政署所出版的「警光雜誌」。次級資料經分析與歸納整理後，再與前述訪談所獲資料相結合，可較完整的觀察出警察組織對警察角色期待的內容。

參　法律變遷資料的蒐集

　　本研究所欲蒐集的法律變遷資料，以對警察行為造成明顯影響的刑事法、警察法規（包含實體法及程序法）以及大法官解釋憲法和統一解釋法令案件資料為主。由於本研究所關心的焦點在於民主社會中的警察角色，故蒐集解嚴之後的相關法律資料，即自民國76年7月15日至研究期間的相關法律變遷資料。有關刑事法及警察法規資料，蒐集標的包括解嚴至今現有刑事法及警察法規的修正（如少年事件處理法的修正、槍砲彈藥刀械管制條例的修正等）、新公布實施的刑事法及警察法規（如組織犯罪防制條例、家庭暴力防治法、社會秩序維護法等）、廢除實施的刑事法及警

察法規（如違警罰法）。至於大法官會議解釋資料，則包括解嚴至今對警察行為具顯著影響的解釋資料，例如釋字第535號解釋（有關警察臨檢勤務）、釋字第384號解釋（檢肅流氓條例部分條文違憲）等。繼而分析這些法律的修正、制定、廢除及大法官解釋時所考量的相關背景與因素，進一步探究法律變遷的脈絡及其對警察行為所造成的影響。最後從法律變遷脈絡中，建構出法律對警察行為的期待為何。換言之，本研究針對法律變遷資料的蒐集與分析，其目的在於呈現「法律期待警察在民主社會應扮演何種角色？」

有關資料搜尋的過程如下，先從立法院法律資訊系統中輸入關鍵詞——「警察」，搜尋法律全文中有「警察」二字者，計有155筆法律在相關法條中有警察二字。另外，在「立法院早期法律文獻系統」中，輸入警察二字，搜尋自76年7月15日起至92年1月15日止之新制定法律中，法律名稱有「警察」二字者，計有16筆；修正法律中，法律名稱有「警察」二字者，計有17筆；廢止者中，法律名稱有「警察」二字者，計有三筆。此外，從「立法院早期法律文獻系統」中，搜尋自76年7月15日起至92年1月15日止之新制定法律825筆，修正法律2,828筆，廢止法律110筆。在總計3,763筆資料中，檢視與警察業務及研究主題有關的法律。另一方面，本研究亦從警政署法規資料庫中搜尋76年7月15日起至92年1月15日止之法規資料，共有182筆。刪除與本研究無關的資料，共計有21筆資料。至於大法官會議解釋資料，釋字第471號解釋以前的資料蒐集自三民書局於民國88年所出版的「大法官會議解釋彙編」，釋字第472號解釋以後的資料則蒐集自司法院的網站資料庫。

肆 問卷調查

問卷調查分為兩部分，一是針對40名曾經擔任警察分局長職務的警察幹部所做的調查，以期瞭解台灣地區解嚴後警察價值觀及警察目標的變化情形。另一是針對民眾所做的電話訪問，目的在於探究警察角色的民意內涵。

有關分局長的調查部分，本研究係將解嚴至調查進行時（92年3月）分為四個時段，分別為民國76年（8月以後）至80年、81至85年、86至90年，以及91至92年，每一時段各抽取10位於當時擔任分局職務的警察，

調查其認為該時期警察最重要的價值觀及目標為何？此種資料的蒐集與分析，有助於建構警察價值觀及警察目標的變化趨向。選擇分局長為受訪對象的原因是，因為警察分局長乃是警察機關中最重要的中層管理者之一，更重要的是其為外勤主官，在警察實務運作上，分局長承接與推動來自上級的政策指示，在一個警察局中，分局長可說是介乎上層管理者與基層幹部之間的焦點人物。他們很可能知曉甚至目睹警察局如何將組織價值觀及目標轉化為日常處理或執行的警察業務和勤務。因此，警察分局長所表達的意見，有助於吾人洞察警察價值觀及目標的實質內涵，並提昇警察組織期待資料的信、效度。

　　為廣泛瞭解民眾對警察行為的期待內容，本研究採電話訪問方式進行相關資料的蒐集。調查範圍包括台灣省、台北市、高雄市及福建省所轄的金門縣及連江縣等地區，以台閩地區住戶為調查對象，且年齡為滿20歲以上的民眾，調查以一戶一人為限。抽樣方法採分層隨機抽樣法，以縣、市為分層單位，以層內年滿20歲以上人口占台閩地區年滿20歲以上人口的比例分配樣本數。在抽樣母體方面，各縣、市均以住宅電話號碼簿為抽樣母體清冊，對各縣市採簡單隨機抽樣，抽出樣本電話號碼。為了使未登錄在電話號碼簿上的電話號碼也有被抽為樣本的機會，因此將樣本電話號碼末三位數以隨機號碼取代。本研究係透過「中央警察大學警政民意調查中心」實施電話訪問調查，訪查時間為民國91年12月2日至10日每日晚上18時30分至22時。本研究供抽取4,075個電話號碼，成功接受調查的受訪者共計有1,090位，在95%的信賴水準下，抽樣誤差大約在正負3%之間。調查內容包括：受訪者所認為適當的警察工作內涵、受訪者對自己居住地區的治安感受、受訪者對警察處理案件的滿意度、受訪者所認為的警察最重要工作項目、受訪者的背景資料。

第四節　研究發現

壹　警察組織對警察行為的期待

　　有關警察組織對警察期待的分析，主要資料係蒐集自三個途徑：
一、針對四個警察局36位警察所做的訪談；二、解嚴後（民國76年7月以

後）歷任警政署長於元旦及警察節致全體警察同仁的演講及賀詞內容；三、以及針對40名曾經擔任警察分局長職務的警察幹部所做的問卷調查。

一、訪談及容分析的發現

根據訪談內容及解嚴後歷任警政署長講詞內容的分析，可歸納出底下諸項：

（一）依法行政，行政中立

在接受訪談的36位受訪者中，有29位認為警察組織對於員警最重要的期望是「依法行政」、「行政中立」。本研究所蒐集的資料顯示，警察組織清楚的認知警察人員是執法者，在民主法治社會，警察必須依法執法。一位具有將近三十年警察資歷的受訪者表示：

> 三十年前我在新竹香山附近擔任管區警察，那時我可以一個人應付四個手拿武士刀的流氓，警察權力很大，權力範圍的彈性很大。現在，四個警察聯手逮捕一個流氓都不容易，一切要照法律來，依法行政。

另一位接受訪談的副局長做了如下的陳述：

> 警察，是執法人員，本身絕不能違法。違法，不僅警察職業道德不允許，民眾也不容許。現在民眾的水準很高，自我權益的意識很清楚，對警察執法過程很在意。所以，依法行政，不僅是執法品質的保證，也是警察自我保護的利器。

而在解嚴後歷任署長賀詞中亦有類似發現，譬如前警政署長羅張先生在民國78年警察節致全體警察同仁書中，便以「知法守法、依法執法」為主題，文中開始就指出：

> 將6月15日訂為警察節，是啟示我們要建立「法治」觀念，要「知法守法」、「依法執法」（警光雜誌395期）。

又如前署長顏世錫先生於84年警察節致全體警察同仁書中表示：

> 警察是執法人員，所以必須忠於法律，依法執行國家賦予的公權力，秉持「依法行政」與「行政中立」之原則（警光雜誌567期）。

近任署長王進旺先生也有類似的陳述：

> 民主法治之所以可貴，正是因為它容許被檢驗和批判，當執法者遭受不當干預時，會引起民眾的怒吼（警光雜誌539期）。

（二）高度破案績效，加強犯罪預防

接受訪談的36位受訪者均表示，警察機關期望員警在工作中能夠繳出漂亮的成績單，締造亮麗的治安績效。所謂治安績效包含兩部分：1.破案績效；2.犯罪預防績效。也就是對已發生的案件，警察機關希望員警能盡速破案，同時也希望員警盡可能預防轄區內發生犯罪。

底下是一位接受訪談的基層員警意見：

> 績效，是上級對員警最重要的要求之一，尤其是破案績效。績效好的同仁，就有較多的籌碼和主管互動，勤務排班就比較正常，休假比較有彈性，當然考績也就較有保障。但是，同事間有時會因為爭取績效，引發一些不愉快的衝突。

一位接受訪談的中層警察主管，做了以下的陳述：

> 長期以來，績效制度一直是警察機關強調的重點，也是警察人員升遷的重要參考。甚至可以這麼說，追求績效，是大多數警察的期望。很少有員警會說，績效差是好事。最近，犯罪預防的績效愈來愈受重視，不過，破案績效還要比較強調。

前警政署長丁原進先生於民國87年元旦對全體警察同仁發表的賀詞

中提及：

> 掌握犯罪情勢，消弭治安危害，有效偵破刑案，緝捕罪犯歸
> 案，是警察同仁呈現給全國民眾最具體、最直接的回應（警光雜誌
> 498期）。

若從解嚴後歷任警政署長的賀詞中分析，可發現解嚴之初，高度破案績效較是強調重點，犯罪預防所受到的相對重視程度較低，惟愈靠近當代，犯罪預防愈受重視。部分受訪者指出，刑案的偵破率是有限的，並非所有犯罪都可破案。換言之，單靠破案，警察無法完成令人滿意的工作績效，因此，犯罪預防逐漸成為警察機關重視的標的。不論從訪談亦或歷任署長賀詞內容中，在在顯示高度破案績效及加強犯罪預防，都是警察組織期望員警能夠完成的任務。

（三）倫理行為與高度績效並重

建立或提昇警察的職業倫理行為，也是警察組織很重要的期望。本研究所蒐集的資料顯示，警察的職業倫理行為是警察能否獲得社會尊重的一項指標。前警政署長王進旺先生於民國90年警察節賀勉詞便以「做個頂天立地、有尊嚴、有志節的警察」為名，內容提及：

> 我必須非常沉重地指出，警察的致命傷，不在於大案不能破，
> 而在於風紀的沉痾不起，當民眾質疑警察素質不佳時，其中泰半指
> 的都是品操和風紀問題（警光雜誌539期）。

前警政署長顏世錫先生於85年警察節所發表的「給全國警察同仁的一封信」中也曾有類似表示：

> 由於極少數利慾薰心、唯利是圖之不肖員警的個人偏差行為，
> 使得我們全體警察同仁因而蒙羞，因而受辱，令人何等痛心（警光
> 雜誌479期）！

一位具有將近十五年從警經驗的外勤主管，在接受訪談時做了如下的

陳述：

　　擔任警察外勤主管壓力很大，對上有績效的壓力，對上級必須要交出治安績效來，對下有管理上的壓力，基層員警的風紀問題、警械管理問題、無線電、員警飲酒、操守問題，很多你要注意的問題。有時績效成績交出來了，本來以為可以稍做休息，突然員警風紀或操守出問題，原本的績效就沒用了，還要接受連帶處分。

底下是一位接受訪談的基層警員所做的陳述：

　　績效制度有時會害死人，基層同仁為了爭取績效，真的會走在法律邊緣，一不小心就違法。多年以前，人權保障不像現在，還有一點空間容納員警的不當行為。現在法治精神已經很落實，民眾也很清楚自己的權益，就算長官再加重績效壓力，大多數的基層同仁心裡很清楚，因為追求績效而違法，是不值得的事。雖然很多人認為不值得，但還是有人為爭取績效而冒險。

　　警察組織非常清楚的認知，警察是執法者，本身必須要守法。另一方面，也因長久以來警察風紀、違法濫權、使用武器及工作壓力等問題，突顯警察倫理行為的重要性。過去，警察組織因為部分員警的非倫理行為，以致良好的工作績效無法獲得組織內、外部的讚賞，甚至只要一、兩件員警非倫理行為的出現，以往締造的良好績效便可能化為烏有。解嚴後歷任警政署長的賀詞均將警察風紀列為重點，便可洞察出警察組織的期望內涵。

　　訪談及內容分析的資料顯示，警察的職業倫理包含兩方面意義：風紀（或廉潔）與兩難決定。前者與貪瀆、不實筆錄或作證、刑求等。這些顯然都是錯誤的，自不待言。有些員警的非倫理行為，可能因為同儕的影響、不良的警察副文化或個人因素所致。某些員警可能自認為「特殊」人物，應有特殊待遇，這些都是不正確的。而有關兩難決定的標準較難界定，因為警察擁有相當程度的裁量權，裁量權所涉及的面向從偵查對象的選擇、線民的運用、武器的使用、強制力的使用到偵查方式的選擇等，以致警察工作難免引起爭議。受訪者表示，警察工作中常會遇見類似前述數

量難以估計的兩難狀況，員警的智慧，顯得極為重要。

中層和高層階級的受訪者表示，警察機關有許多方式來提昇員警的職業道德和行為品質，如內部規範、教育及訓練方案等。但基層受訪者則認為，好的管理，可以減少錯誤的發生，並且提昇職業倫理行為。基層受訪者指出，主管人員應有指導方針，坦誠與員警溝通、討論這方面的問題。

（四）提昇警察專業地位，減少外界不當干預

提昇警察專業地位、樹立警察尊嚴，也是解嚴後歷任署長賀詞中經常出現的另一標語。其中具體的做法如充實裝備器材、修（制）訂警察法規、學歷與經歷相配合的精實教育方案、改善人事調遷制度、健全警察組織、改善勤務制度、建立標準作業程序、改善福利待遇等方案。前署長盧毓鈞先生於民國84年元旦賀詞中便曾明確表示：

> 過去，警察為求和諧、安定而忍辱負重，但從今以後，警察要調整以往心態和做法，改以堅定立場、果敢作為，來重振公權力（警光雜誌462期）。

接受訪談的受訪者也指出，警察機關的運作常受政治因素影響，其工作目標因而模糊不清，且不易具體衡量。多數受訪者認為（約七成受訪者認為），警察機關效能與效率的改善須靠底下諸項始可達成：清晰具體的組織結構、適當訓練、較高的警察機動性以及使用科技裝備。近半數的受訪者表示，某種程度的集權式控制，也是維護效能與效率的重要方法。一位約有二十年從警資歷的受訪者做了如下的陳述：

> 去除政治對警政的影響、定義明確的警察任務、專業分工、精良人事徵募與訓練、執行嚴格的紀律與監督，警察才有專業地位可言，警察才有尊嚴。這是民主社會中警察角色的基本內涵。

五成以上的受訪者曾表達類似意見，該陳述頗具代表性。訪談及內容分析資料顯示，在警察組織期望中，包含底下成分：建立專業執法人象徵，降低政治涉入警察工作，讓警察行為更為客觀或科層導向，政治性的人際導向不宜過度強烈。

（五）為民服務，建立良好警民關係

本研究所蒐集的資料顯示，為民服務，建立良好警民關係，也是警察組織的重要期望之一。譬如解嚴初期，當時警政署長羅張先生曾於77年元旦致全體警察同仁書中提及：

回顧過去一年，由於我們能夠把握防犯罪、防災害、破大案、抓要犯、主動為民服務等重點勤務，暴力和竊盜案件已逐漸減少（警光雜誌378期）。

前任署長丁原進先生曾於民國87年警察節表示：

服務的警察，是現代民主社會警察的基本角色，警察是法律的僕役，更是人民的公僕。因此，警政工作必須切實掌握社會的脈動與民意的需求，全心全力為民服務（警光雜誌503期）。

前警政署長王進旺先生於92年元旦致全體警察同仁新年賀歲詞中做了如下陳述：

「服務型警政」理念的實現，仍舊是我們鍥而不舍的努力方向。一切的警察作為，都應該與民眾的感受作緊密的連結，不能脫鉤，更不宜背道而馳。要便民利民，以民為先，將民眾作為警察的顧客，持續提供物美價廉、高品質、高效率的警政服務（警光雜誌558期）。

針對歷任警政署長賀詞內容進行縱貫性比較分析，本研究發現「為民服務」所占篇幅比例有逐漸增多趨勢。然而，在各篇賀詞內容的項目順序上，為民服務通常居中間偏後的位置。上述四項在順序上經常出現在為民服務之前，似乎隱喻為民服務有愈來愈受警察組織重視的趨勢，然與其他項目比較，其順位仍屬中、後段的位置。

二、問卷調查的發現

　　此部分調查的焦點，在於探究台灣地區解嚴後警察價值觀及目標的變化。受訪者為民國76至80年間擔任分局長的10位警察、81至85年間擔任分局長的10位警察、86至90年間擔任分局長的10位警察，以及91至92年擔任分局長的10位警察，共計40位警察人員。問卷內容分為兩部分，第一部分是有關警察價值觀的調查，此部分參考Wasserman與Moore（1988）的研究（即表2-1所列項目），請受訪者從表2-1所列10項價值觀內容項目中，選出三項受訪者認為其擔任分局長時最重要的警察價值觀。基於客觀考量，避免影響受訪者填答意向，問卷並未出現有關價值觀類型的「執法導向價值觀」及「社區導向價值觀」之詞，同時將10項價值觀內容項目以隨機方式排列。第二部分則是有關警察目標的調查，此部分參考Sewell（1999）的研究（即表15-2所列項目），請受訪者從表15-2所列12項警察目標選項中，選出三項受訪者認為其擔任分局長時最重要的警察目標。

　　有關警察價值觀的調查結果如表15-3，具體發現如下：

(一)民國76至80年間，計有23人次（76.7%，總人次為30人次）認為當時警察價值觀屬執法導向，7人次（23.3%）認為當時警察價值觀屬社區導向。顯見，民國76至80年間的警察價值觀較偏向執法導向。

(二)民國81至85年間，計有21人次（70.0%）認為當時警察價值觀屬執法導向，9人次（30.0%）認為當時警察價值觀屬社區導向。類似前一時段，民國81至85年間的警察價值觀較偏向執法導向，但稍有往社區導向價值觀轉向的趨勢。

(三)民國86至90年間，計有17人次（56.7%）認為當時警察價值觀屬執法導向，13人次（43.3%）認為當時警察價值觀屬社區導向。值得注意的，民國86至90年間的警察價值觀雖然仍較偏向執法導向，但與前兩時段相比，明顯有向社區導向價值觀靠近。

(四)民國91至92年間，計有16人次（53.3%）認為當時警察價值觀屬執法導向，14人次（46.7%）認為當時警察價值觀屬社區導向。與前一時段相比，執法導向與社區導向價值觀之間的差距更為縮小。雖然執法導向價值觀仍居重要地位，但社區導向價值觀逐漸接近。在警察價值觀中，執法與社區導向兩者相近。

表 **15-3**　警察價值觀的變化分析　　　　　　　　單位：人次

價值觀類型	價值觀內容項目	民國76～80年	民國81～85年	民國86～90年	民國91年至今
執法導向價值觀	警察權的根據是法律，執法是警察的主要目標。	9	7	6	5
	社區可提供警察「執法」時所需要的幫助及資訊。	2	1	1	1
	回應民眾的服務請求是第一優先，且須盡可能予以最快速的回應。	8	9	9	8
	社會及鄰里的問題，不全然是警察的責任，除非破壞了公共秩序。	1	3	1	2
	警察是控制犯罪的專家，所以應由警察決定控制犯罪的策略。	3	1	0	0
	合計	23	21	17	16
社區導向價值觀	警察應盡可能參與社區活動，尤其是影響社區生活品質的活動。	1	3	4	5
	警察政策與警察服務，應與社區需求相符。	2	2	4	4
	警察的策略必須維護甚至提昇民主價值觀。	0	0	0	0
	警察必須有系統的提供民眾服務，如此才可強化社區力量。	2	1	2	2
	員警應當在工作中融入可以提昇工作滿足感及工作效能的事務。	2	3	3	3
	合計	7	9	13	14

註：各時段共有10位受訪者（於該時段擔任分局長之警察），每一位受訪者選出三項當時最重要的警察價值觀。

有關警察目標的調查結果如表15-4，具體發現如下：

(一)解嚴後至今，警察最重要的目標為偵查犯罪、預防犯罪、管制交通。

(二)長期觀察，預防犯罪有愈來愈受重視的趨勢，偵查犯罪的重視程度略有減弱，而管制交通則無明顯改變。

(三)除上述三項最重要目標外，保護人民及其財物安全以及執法兩項目標，也是較為重要的警察目標。然而，執法目標，受重視的程度呈現略減趨勢。

(四)回應社區需求和提供其他公共服務兩項目標，雖然不是受訪者所認為

最重要的目標，但有逐漸受到重視的趨勢。管理團體間的衝突，也有類似現象。

表 15-4　警察目標的變化分析　　　　　　單位：人次

警察目標選項	民國76～80年	民國81～85年	民國86～90年	民國91年至今	合計
預防犯罪	4	5	7	7	23
降低犯罪被害恐懼感	2	2	2	1	7
維護秩序	2	3	2	2	9
保護人民及其財物的安全	4	4	3	3	14
執法	6	5	2	2	14
偵查犯罪	8	6	5	5	24
逮捕嫌犯	0	0	0	0	0
管制交通	4	5	4	4	17
回應社區需求	0	0	2	3	5
管理團體間的衝突	0	0	1	1	2
保護個人權利	0	0	0	0	0
提供其他公共服務	0	0	2	2	4

註：各時段共有10位受訪者（於該時段擔任分局長之警察），每一位受訪者選出三項當時最重要的警察目標。

貳　法律對警察行為的期待

從法律變遷資料的分析中，可將法律對警察行為的期待內容歸納如下：

一、強調人權觀念

解嚴前的威權時代，警察是政府完成統治目的的重要資源，當時的警察被塑造成萬能的人民褓姆及正義維護者。由於當時法治教育相對較缺乏，警察行為並無受到強烈依法行政的要求，使用職權命令即可達成社會秩序維護的目的。當然，解除戒嚴後，違反人權的相關法律多被宣告為違憲，促使警察機關的執法人權議題廣受各界重視，這可以從違警罰法及警察臨檢程序等被大法官陸續解釋為違憲可以得見。而人權觀念不僅影響警

察對外的行為，即使警察人員本身權利受損的救濟，也從早期（相當於戒嚴時期）定位為特別權力關係，強調下對上服從，缺乏救濟管道，演變成為一般公務員與國家的契約關係，警察人員在公務員保障法、行政訴訟法等法律立法或修正，還有大法官對公務員諸多身分及財產權利作出解釋後，警察人員與其他公務員的權利義務近乎相同。換言之，警察人員在人權觀念深化的同時，警察自身的人權觀念，也相對獲得提升。

二、警察行為應符合程序正義

　　解嚴前，警察機關為維護治安，而有為達目的但未依循正當法律程序的情形。警察機關對於提報流氓的相關司法行為，便是一明顯的例子，此種對程序正義的忽略，即便到民國90年代，仍未完全消失。民國84年，司法院大法官曾以釋字第384號解釋文宣告，戒嚴時期公布施行的檢肅流氓條例，其中第5、6、7、12、21條，皆屬違反憲法第8條實質正當之法定程序原則而限期無效。民國90年底，司法院大法官又以釋字第535號解釋，對臨檢的要件、程序及違法臨檢行為救濟等事項，認為須有法律的明確規範，亦即須符合正當法律程序的要求。

　　而在大法官解釋的影響下，相關法條或法律失效後，為符正當法律程序，民國85年底檢肅流氓條例修正完成。而為因應司法院大法官釋字第535號解釋，所指出現行法規有欠完備，應於二年內通盤檢討之事實，行政院亦已於91年12月11日第2816次會議通過內政部草擬之「警察職務執行條例」，送立法院審議。從縱貫性的法律資料分析中，本研究發現，戒嚴時期的警察行為存有為達目的而忽略正當程序的現象。至於90年代的警察行為，隨著刑事訴訟法及特別形事法令中針對程序問題的修正，以及其他與警察相關法令的變遷影響下，已逐漸進入程序正義引導警察行為的時代。

三、公權力措施的強化

　　警察機關依法執行公權力，若無強制力或因法令不完備，無法實施某些強制措施時，將使警察打擊犯罪及維護社會秩序的任務難以順利達成。例如，戒嚴時期的違警罰法，或在解嚴後民國80年代的社會秩序維護法中，雖然包含諸多罰鍰規定，但警察機關並無法對不繳納罰鍰者施以強制執行，只能透過法院請求，或依法定程序取得執行名義後強制執行，對於

社會秩序維護工作無法有效且迅速的完成。此種情況已由於民國87年行政執行法的大幅修法，明確規定公法上金錢給付義務的執行、行為或不行為義務的執行等公法上的強制執行，使警察的秩序維護任務得以遂行。同樣地，道路交通管理處罰條例亦賦予警察逕行舉發的權力，但逕行舉發無法使違反道路交通法規者強制遵守，甚或在不遵守的情形下，藉由一定的強制力使其遵守或將車輛予以吊扣或留置之權（即時強制例外），因此在民國88年及91年道路交通管理處罰條例修正後，警察已可採取強制力措施，將車輛拖吊、留置。顯然，在法令變遷的影響下，警察強制力具備較明確的法律依據，並獲得強化的效果。

四、從中央集權到地方分權的組織發展脈絡

解嚴後，中央集權的觀念逐漸受到考驗，而地方分權的觀念相對地漸受重視。例如，警政預算的編列問題曾於民國81年造成中央與地方的爭議，大法官隨即以釋字第307號解釋說明中央與地方警政預算編列的權限劃分。繼預算問題之後，警察首長人事任命權的問題也產生頗多爭議。民國88年地方制度法立法通過，中央與地方分權有了更明確的法源依據。在地方制度法立法之前，警察首長人事權採行中央集權式，由警政署統一調派。地方制度法通過後，則由地方首長則依警察人員管理條例及地方制度法第55條第2項規定任免。受到分權制度的影響，地方警政首長除須面對中央警政署的管理外，對於地方警政自治事項，亦須配合縣、市首長的更迭，而有特殊的工作重點與規劃。另外，在分權之後，以往警察肅衛中央的觀念也有重大改變。例如，解嚴前後動員最劇的保安警察第一、第四、第五總隊之專屬保安警力，於民國90年前後陸續移撥各縣、市警察機關，成為維護地方治安的資源。

五、警察業務的擴張與專業分工

吾人一般所稱的警察行為，通常包括警察業務職掌及警察勤務活動兩方面。警察業務，包含警察組織法令規定之職掌事項及職務協助兩者，但協助其他行政事項，除法律另有規定及警察法施行細則第2條第2項規定（警察輔助任務指協助一般行政機關推行一般行政而言；其協助並應以遇有障礙非警察協助不足以排除或因障礙而有妨害安寧秩序時為限）外，應以內政部同意之他種行政命令有規定者為限（警察法施行細則第10條第1項第6款）。

我國警察機關的業務職掌，依警察法、內政部警政署組織條例、內政部警政署辦事細則等警察組織法令規定，約略有74種之多。事實上，解嚴後在兒童及少年性交易防制條例、組織犯罪防制條例、性侵害犯罪防治法、家庭暴力防治法、警察刑事紀錄證明核發條例、災害防救法、海岸巡防法、大眾捷運法、電信法、毒品危害防制條例、洗錢防制法、就業服務法、電子遊戲場業管理條例、自衛槍枝管理條例、當舖業法、入出國及移民法、保全業法、殯葬管理條例、戶籍法、廣告物管理辦法、流動人口登記辦法、野生動物保育法、商港法、鐵路法等諸法中，均可見新增加的警察業務或依法規警察負有職務協助的規定。本研究所蒐集的資料顯示，解嚴後社會快速變遷，許多新增加的政府公務，都需要強制力或協助單位，警察機關由於具有強制力，負責治安相關事務，因此與治安或社會秩序有關者，自然交由警察機關承接這些新增公務，警察業務因而擴張與繁雜，也促使警察的角色功能趨於多元化。

事實上，隨著警察業務的擴張，為因應複雜多元社會的需求，而有設置專業警察的必要，例如警政署在解嚴前及解嚴後依商港法規定設置港務警察、依鐵路法規定設置鐵路警察、依大眾捷運法規定設置捷運警察、依電信法規定有電信警察的設置、依環境保護署組織法規定設置環保警察，更與經濟部合作設置保護智慧財產權警察大隊等，都是明顯實例。專業分工的原因之一是，希望藉由具專業能力的警察人員，處理各種新增專業範疇的治安維護事宜。但在另一方面，這也是警察因應法律變遷所產生的角色定位，其社會功能不言可喻。

六、警察與社會工作結合

近年來，與警察業務有關的立法，因受美國影響，增加一些原本較不屬警察任務本質的婦幼法規，諸如：兒童福利法、少年福利法、家庭暴力防治法等。由於這些新法案的出現，促使警察必須介入私人生活領域中有關犯罪預防及事後處理的工作，同時也將「警察」概念擴展至社會工作有關的領域，不再僅侷限於傳統危害的防止。例如，警政署為配合家庭暴力防治法的施行，曾數次召開專案會議，並研擬「警察機關執行保護令及處理家庭暴力案件辦法」以及「警察機關防治家庭暴力工作手冊」，並實施專案教育訓練，建構警察人員與社工人員合作的平台，以期能依據家庭暴力防治法的各項規定與精神，建立完整法令與制度，並落實執行，以確保

被害人權益，防治家庭暴力行為。

　　過去，警察機關常有「避免介入民事」的認知，犯罪預防先機的掌握難免因此受到負面影響，以致警察採取行動時，多已達「不得不」採取行動的時刻。換言之，在警察採取行動之時，已處被動階段。而上述婦幼法規的新立法，強調跨部門整合及事前預防的重要性，警察角色的定向也因此受到牽引。本研究從法律變遷的脈絡中發現，以往警察的犯罪打擊者角色，因受某些新立法的影響，除著重破大案、捉要犯外，如何結合民力、整合社區資源、參與社會工作等，已成為警察新的工作重點。由於前述法律的要求，警察從犯罪追緝的執法者角色，進而須擔負執行諸如家庭暴力防治法、少年福利法等社會服務的工作，使警察原本治安維護的功能與社會工作連結，兼具社會服務者的角色。

七、重視科學方法

　　警察人員的犯罪追緝成效，常因犯罪事證蒐證的完善與否，而有顯著差異。解嚴之前，警察人員對犯罪事證的蒐集往往憑靠經驗法則，較欠缺科學性的跡證蒐集及處理能力，破案先機較無法精準掌握。近年來，隨著科技快速發展，警察處理治安事件的方法也受其影響。民國87年之後，我國立法通過將科學方法應用於犯罪偵查之法律即有：去氧核醣核酸採樣條例、通訊保障及監察法、特定人員尿液採驗辦法等，這些法律使警察人員對於違反性自主、吸食毒品或組織犯罪及重大經濟犯罪等案件的偵辦，科學方法的導入有了法律依據。此類新立法，除有提昇警察機關辦案效能的功能外，尚有啟示及宣導功能，喚起警察人員採用科學方法辦案的意願，繼而影響整體警察辦案文化。

參　民意對警察行為的期待

　　表15-5所列為本研究所蒐集之民意調資料，分析後可得以下發現：

表 15-5　民意調查各選項之次數分配

次數分配 變項名稱	次數分配		
	選項	次數	百分比
民眾所認為適當的警察工作內涵	服務民眾	68	6.27%
	打擊犯罪	262	24.15%
	服務民眾為主，打擊犯罪為輔	107	9.86%
	打擊犯罪為主，服務民眾為輔	300	27.65%
	服務民眾與打擊犯罪一樣重要	348	32.07%
	總和	1,085	100.00%
民眾對居住地區的治安感受	非常好	54	5.00%
	好	640	58.71%
	普通	209	19.14%
	不好	162	14.90%
	非常不好	25	2.26%
	總和	1,090	100.00%
最近一年內向警察機關報案或洽公經驗	有	187	17.12%
	沒有	903	82.88%
	總和	1,090	100.00%
有報案或洽公經驗民眾對警察處理情形的滿意度	非常滿意	11	5.72%
	滿意	102	54.80%
	普通	23	12.33%
	不滿意	37	19.59%
	非常不滿意	14	7.57%
	總和	187	100.00%
民眾認為警察最重要的工作項目（本題可複選，受訪者最多可選三個選項）	預防犯罪發生	328	17.57%
	提供民眾服務	186	9.96%
	維護社會秩序	397	21.26%
	保護人民及財產安全	467	25.01%
	執法	179	9.59%
	犯罪偵查	102	5.46%
	管制交通	100	5.36%
	降低民眾的犯罪被害恐懼感	35	1.88%
	保護人民權利	65	3.48%
	解決人民衝突	8	0.43%
	總和	1,867	100.00%

一、在「民眾所認為適當的警察工作內涵」方面，認為「服務民眾與打擊犯罪一樣重要」的受訪民眾占比率最高，為32.07%；其次為「打擊犯罪為主服務民眾為輔」，所占比率為27.65%，再次為「打擊犯罪」，所占比率為24.15%。換言之，民意調查資料顯示，民眾認為警察若能兼顧服務民眾與打擊犯罪是最理想的情況，否則應以打擊犯罪為主。

二、有關「民眾對過去一年居住地區的治安感受」，63.71%的受訪民眾認為治安狀況良好，17.16%的民眾認為治安狀況不好，另有19.14%的受訪民眾認為居住地區的治安屬普通。整體而言，認為治安狀況良好的民眾比認為治安狀況不好的民眾來得多。

三、在「受訪民眾過去一年內向警察機關報案或洽公的經驗」方面，有17.12%的受訪民眾表示自己曾有向警察機關報案或洽公的經驗，表示沒有報案或洽公經驗的受訪者占82.88%。

四、針對有向警察機關報案或洽公經驗的受訪民眾，探詢其對警察的處理情形是否感到滿意時，其中有60.52%的民眾表示滿意，27.16%的民眾表示不滿意。換言之，在曾有向警察機關報案或洽公經驗的受訪民眾當中，對警察處理情形感到滿意者較不滿意者為多。

五、在「民眾認為警察最重要的工作項目」方面，選擇「保護人民及財產安全」的受訪民眾百分比最高，為25.01%；其次為「維護社會秩序」，所占百分比為21.26%；再次為「預防犯罪發生」，所占百分比為17.57%（本題可複選，受訪者最多可選三個選項）。

表15-6所列為「民眾認為適當的警察工作內涵」與受訪者基本人口資料的交叉分析結果，受訪者性別與受訪者認為適當的警察工作內涵兩個變項所構成的列聯表以卡方檢驗分析的結果發現，$x^2_{(4)} = 3.363$，$p = .644 > .05$，未達顯著水準，表示兩個變項之間相互獨立，沒有顯著的關聯。受訪者年齡與受訪者認為適當的警察工作內涵兩個變項所構成的列聯表以卡方檢驗分析的結果發現，$x^2_{(16)} = 27.429$，$p = .124 > .05$，未達顯著水準，表示兩個變項之間相互獨立，沒有顯著的關聯。受訪者教育程度與受訪者認為適當的警察工作內涵兩個變項所構成的列聯表以卡方檢驗分析的結果發現，$x^2_{(8)} = 7.780$，$p = .650 > .05$，未達顯著水準，表示兩個變項之間相互獨立，沒有顯著的關聯。受訪者居住縣市分區與受訪者認為適當的警

表 15-6　民眾認為適當的警察工作內涵與基本人口變項之交叉分析

基本人口變項	警察工作內涵	卡方檢定	樣本數	服務民眾	打擊犯罪	以服務民眾為主、打擊犯罪為輔	以打擊犯罪為主、服務民眾為輔	服務民眾和打擊犯罪一樣重要
性別	男	x^2=3.363 p=0.644 df=4	553	6.61%	24.43%	9.50%	27.53%	31.93%
	女		554	5.81%	23.97%	10.30%	27.72%	32.21%
年齡	20～29歲	x^2=27.429 p=0.124 df=16	260	5.38%	21.92%	11.54%	25.00%	36.15%
	30～39歲		252	4.76%	23.51%	10.42%	34.62%	26.69%
	40～49歲		243	3.70%	27.16%	8.23%	27.16%	33.74%
	50～59歲		145	8.37%	23.65%	10.44%	24.24%	33.30%
	60歲以上		187	10.80%	25.23%	8.66%	24.73%	30.58%
教育程度	國中以下	x^2=7.780 p=0.650 df=8	307	6.84%	27.36%	8.14%	27.36%	29.97%
	高中、職畢（肄）業		423	5.44%	23.88%	8.75%	28.37%	33.33%
	大專及以上畢（肄）業		356	6.18%	21.91%	12.64%	26.69%	32.30%
縣市分區	台灣省北部	x^2=55.476 p=0.000 df=16	337	6.82%	25.22%	13.35%	26.41%	27.30%
	台灣省中部		268	5.22%	21.64%	6.72%	27.61%	38.43%
	台灣省南部		242	4.96%	28.10%	6.61%	33.88%	26.45%
	台北市		130	3.85%	20.77%	16.15%	28.46%	30.77%
	高雄市		73	10.96%	21.92%	5.48%	10.96%	50.68%

註：在基本人口變項中的「縣市分區」中，台灣省東部的樣本數為28，福建省的樣本數為10，由於這兩個地區的樣本數過少，故於交叉分析時去除，有關縣市分區的分析結果，不包括台灣省東部及福建省。

察工作內涵兩個變項所構成的列聯表以卡方檢驗分析的結果發現，$x^2_{(16)}$ = 55.476，p = .000 < .05，達顯著水準，表示兩個變項有顯著關聯，並由交叉表中的百分比資料可知，台灣省北部、中部、台北市及高雄市受訪民眾較傾向認為，適當的警察工作內涵是「服務民眾和打擊犯罪一樣重要」，而台灣省南部受訪民眾較傾向認為，適當的警察工作內涵是「打擊犯罪為主，服務民眾為輔」。

　　表15-7所列為「民眾對居住地區的治安感受」與受訪者基本人口資料的交叉分析結果，受訪者性別與居住地區治安感受兩個變項所構成的列聯

表以卡方檢驗分析的結果發現，$x^2_{(2)} = 3.121$，$p = .210 > .05$，未達顯著水準，表示兩個變項之間相互獨立，沒有顯著的關聯。受訪者年齡與居住地區治安感受兩個變項所構成的列聯表以卡方檢驗分析的結果發現，$x^2_{(8)} = 11.896$，$p = .156 > .05$，未達顯著水準，表示兩個變項之間相互獨立，沒有顯著的關聯。受訪者教育程度與居住地區治安感受兩個變項所構成的列聯表以卡方檢驗分析的結果發現，$x^2_{(4)} = 13.080$，$p = .101 > .05$，未達顯著水準，表示兩個變項之間相互獨立，沒有顯著的關聯。受訪者居住縣市分區與居住地區治安感受兩個變項所構成的列聯表以卡方檢驗分析的結果發現，$x^2_{(8)} = 32.384$，$p = .000 < .05$，達顯著水準，表示兩個變項有顯著關聯，並由交叉表中的百分比資料可知，各縣市分區超過五成受訪者表示自己居住地區治安良好，然而在表示居住地區治安不好的受訪者中，以台

表 15-7 民眾對居住地區的治安感受與基本人口變項之交叉分析治安感受

基本人口變項	治安感受	卡方檢定	樣本數	好	普通	不好
性別	男	$\chi^2 = 3.121$ $p = 0.210$ $df = 2$	555	63.24%	20.90%	15.86%
	女		535	64.30%	17.20%	18.50%
年齡	20～29歲	$\chi^2 = 11.896$ $p = 0.156$ $df = 8$	261	69.73%	16.86%	13.41%
	30～39歲		253	58.89%	21.34%	19.76%
	40～49歲		243	58.02%	21.81%	20.16%
	50～59歲		145	65.52%	17.93%	16.55%
	60歲以上		189	67.72%	17.46%	14.81%
教育程度	國中以下	$\chi^2 = 13.080$ $p = 0.101$ $df = 4$	308	70.13%	18.51%	11.36%
	高中、職畢（肄）業		424	62.74%	17.69%	19.58%
	大專及以上畢（肄）業		356	59.27%	21.35%	19.38%
縣市分區	台灣省北部	$\chi^2 = 32.384$ $p = 0.000$ $df = 8$	337	63.50%	19.29%	17.21%
	台灣省中部		269	51.67%	24.54%	23.79%
	台灣省南部		241	72.61%	13.28%	14.11%
	台北市		132	70.45%	20.45%	9.09%
	高雄市		74	58.11%	21.62%	20.27%

註：在基本人口變項中的「縣市分區」中，台灣省東部的樣本數為28，福建省的樣本數為10，由於這兩個地區的樣本數過少，故於交叉分析時去除，有關縣市分區的分析結果，不包括台灣省東部及福建省。

灣省中部的百分比（23.79%）為最高，其次為高雄市（20.27%），再次為台灣省北部。

第五節　結　語

壹　歸納研究發現

　　有關警察在台灣民主社會中被期待表現出來的活動或行為，本研究針對三種期待來源，即警察組織、法律及民意，進行實證資料的蒐集與分析，研究發現可歸納如下：

一、警察組織對警察的期待

(一)執法導向價值觀，是警察價值觀中的主要類型。不過，隨時間演變，警察價值觀有逐漸往社區導向價值觀發展的趨勢。在本研究所建構的時段中，民國86年是一明顯分界點。86年後，警察價值觀明顯朝向社區導向價值觀靠近。本研究的實證資料顯示，目前，執法與社區導向兩種價值觀已頗為接近，共同成為警察機關的主要價值觀。

(二)從縱貫性的層面來觀察，偵查犯罪、預防犯罪及管制交通一直是警察機關最重視的目標。然而，回應社區需求、提供其他公共服務、管理團體間的衝突，有逐漸受到重視的趨勢。

(三)警察組織對警察行為的具體期望，包括：

　1.依法行政，行政中立。

　2.高度破案績效，加強犯罪預防。

　3.倫理行為與高度績效並重。

　4.提昇警察專業地位，減少外界不當干預。

　5.為民服務，建立良好警民關係。

二、法律對警察的期待

(一)強調人權觀念。

(二)警察行為應符合程序正義。

(三)公權力措施的強化。

(四)從中央集權到地方分權的組織發展脈絡。

(五)警察業務的擴張與專業分工。

(六)警察與社會工作結合。

(七)重視科學方法。

三、民意對警察的期待

(一)就警察工作內涵而言，民意隱喻，警察若能兼顧服務民眾與打擊犯罪是最理想的情況，否則應以打擊犯罪為主。

(二)63.71%的受訪民眾表示，近一年來自己居住地區的治安狀況良好。在近一年來有向警察機關報案或洽公經驗的受訪民眾中，對警察處理情形表示滿意者，占60.52%。

(三)在民眾所認為警察最重要的工作項目中，選擇「保護人民及財產安全」的受訪民眾百分比最高，為25.01%；其次為「維護社會秩序」，百分比為21.26%；再次為「預防犯罪發生」，百分比為17.57%。

(四)受訪者居住縣市分區與受訪者認為適當的警察工作內涵兩個變項所構成的列聯表以卡方檢驗分析的結果發現，$x^2_{(16)} = 55.476$，$p = .000 < .05$，達顯著水準。台灣省北部、中部、台北市及高雄市受訪民眾較傾向認為，適當的警察工作內涵是「服務民眾和打擊犯罪一樣重要」，而台灣省南部受訪民眾較傾向認為，適當的警察工作內涵是「打擊犯罪為主，服務民眾為輔」。

(五)受訪者居住縣市分區與居住地區治安感受兩個變項所構成的列聯表以卡方檢驗分析的結果發現，$x^2_{(8)} = 32.384$，$p = .000 < .05$，達顯著水準。各縣市分區超過五成受訪者表示自己居住地區治安良好，然而在表示居住地區治安不好的受訪者中，以台灣省中部的百分比（23.79%）為最高，其次為高雄市（20.27%），再次為台灣省北部。

貳　建　議

　　從三種期待來源的探究中，吾人可以發現，三種期待內容多有接近或重疊之處，顯示警察機關對於法律要求及民意期待是相當重視的。本研究從縱貫性的分析中亦發現，警政運作模式的改變，較屬漸進式，好比一警政變遷光譜面。在這個光譜面上，可以看出警察組織未來可能繼續朝向社區服務及有機式警政（organic policing）方向發展。有機式警政，具有

高彈性的組織特徵，尤其是在組織結構、工作設計及領導風格方面最為明顯。在性質上，有機式警政讓警察組織在面對變化的內、外在環境時，具有較大的回應空間。機械式（mechanistic），是有機式的相對者。機械式系統通常具有底下特徵：一、組織職位與工作的分殊化；二、組織成員互動傾向科層性；三、成員的地位與影響來自職權；四、規範導向，強調工作執行的方式；五、職位導向的責任與獎酬，責任和獎酬與相伴的指示規範緊密相依。而有機式系統的特徵如下：一、工作與任務的執行具多元途徑（分殊化程度較低）；二、成員互動具彈性（科層性較低）；三、成員地位與影響多來自能力與名聲；四、情境導向，強調工作執行的結果；五、目標導向的責任與獎酬，並與表現優異與否相連。

值得注意的是，警政模式的變遷不應忽視期待整合的重要性。儘管實證資料顯示三種期待內容多有接近或重疊，但本研究認為仍有兩項整合問題需加以釐清，一是員警期待與組織期待的整合，另一是組織期待與社區期待的整合兩項問題。

一、加強員警期待與警察組織期待的整合

警察行為，可以說是警察在面對三種期待來源時，所做出的一種調整性回應。而調整的結果，主要受制於期待來源中最具影響力的期待來源。在警察組織的期待內容中，由於員警（尤其是基層員警）長久以來一直是影響力較弱的期待來源（屬於警察組織的期待來源），因此與組織目標相比，員警的關切與需求自然較不受重視。從解嚴初期至今，警政管理者始終將員警的不當行為視為最重要的管理課題之一，許多改革方案，無異是想將腐敗、貪懶以及殘暴的員警驅逐於警察組織之外。然而，規範或科層導向式的改革方案也讓某些員警形成犬儒心態，出現逃避工作、掩飾事實、躲避麻煩、缺乏責任感等現象。

雖然機械式導向可能在某些情況下有其必要，譬如在貪瀆醜聞揭發後的期間，但這種管理思維仍有改造空間。機械式警察組織之所以應該轉變為有機式組織，決定因素在於環境的穩定度。當環境愈不穩定，對有機式途徑的需求就愈大。因此，警政管理者必須承認，員警的期待若不比組織目標重要，起碼也應與其相當。甚且，管理者須瞭解，員警的期待若未受妥善回應，組織目標將難以達成。可以預期的，朝向有機式警政演進，較可能改善員警工作效能以及減少員警的問題行為。

長久以來，由於警察組織傾向機械式途徑，管理者與基層員警間已在某些觀念上存有差異，使得推動有機式警政遭遇許多困難。管理者對於警察角色、策略與行為風格的適當性、裁量權的行使、甚至好警察的要件，都可能與基層員警的看法不同。除非管理者與員警的觀念能夠趨於整合，否則員警的期待與組織期待難有適當的整合。警察人員的行為受警察組織社會化過程的影響甚鉅，雖然正式的組織活動（諸如訓練、政策及程序等）是其重要部分，但員警副文化更是該過程中必然影響員警行為的要素。

警察工作，很難脫離政治性、官僚以及專業美名的外衣，使其必須面對政治過程中的理性和非理性現實。換言之，警政管理者雖在意目標的達成，但也不會停止規避問題的發生。而大多數的問題，經常是來自員警的不當行為，所以仍會有許多管理者將員警視為潛在的責任負擔，而不是有關生產力的資源。本研究的實證資料顯示，員警期待與組織期待的整合，將有助於警察角色的正確定位。採取人性化管理思維，並考量環境狀況，適當地朝向有機式警政變革，應是整合員警期待和組織期待之前須作好的準備。

二、警察組織期待與社區期待的真實整合

在加強整合基層員警期待與警察組織期待的同時，也應均衡及整合警察組織期待與社區期待，因為基層員警是警察組織與社區之間最主要的連結。基層員警的信仰、行為、所運用的策略或方法，在在都會影響社區的期待。儘管管理幹部也會與社區、民眾個人、團體進行互動，甚至遴選或指派員警與社區互動，但是基層員警的活動及行為才是主要的互動要件。

台灣社會自解嚴後發展快速，而且日趨多元化，當多元化社區表現出多元化期待時，期待整合的問題也逐漸增多，其中又以都市地區最為明顯。當期待過於多元時，警政管理者可能就無法顧及社區所發出的所有聲音。在某種程度上，專業化的警政管理與預警式（主動先發式）方案及活動有關，這些方案與活動經常讓警察形成一種「只有專業者才最清楚瞭解」的態度。這也讓社區所關切的事務，有時會落於這些專業者的詮釋範圍之外。警察工作雖具專業潛能，但是否真是一項全然或高度的專業，恐怕仍有探討空間，至少截至目前為止，還有許多警察作為的相對效能尚未被證明。換言之，在這個層面，民眾有關治安或相關問題的訊息或意見，

應與警察專業能力具有相當的重要性。

社區對警察的期待，兼具理性與非理性。事實上，社區對於警察的期待，不論是理性或非理性，經常是民眾從現實生活、媒體、以及警察如何向民眾推銷自我形象當中，觀察警察之後所形成的。長久以來，媒體選擇性報導警察的活動，讓警察工作比事實更具戲劇性及危險，同時也讓警察回應問題的能力偏離事實面，破案、逮捕嫌犯的能力表現得好像很強。警察甚至還透過對犯罪宣戰及顯示必勝態度，來強化這股與事實有出入的力量。犯罪學及警政方面的研究文獻顯示，警察日常所運用的方法，諸如巡邏、犯罪偵查、科技設備以及一般性的犯罪預防措施，充其量只對犯罪率造成些微的影響。從客觀面分析，或許警察防止了不少犯罪的發生，但要準確估計到底有多犯罪是因為警察而沒有發生的，卻是一個不易回答的問題。這些未發生的犯罪並不一定與警察所採用的策略有關，可能僅與「是否有警察存在」有關。

本研究認為，警察組織及警政管理者恐怕還是會繼續延續先前改革者所遺留下來的理念，警察還是會繼續嘗試說服社會大眾，讓他們相信警察能夠向有問題的目標（即警察可以對犯罪造成實質影響）邁進。當警察遭遇困難或失敗，民眾一旦有所批評，警察可能會抱怨民眾缺乏對警察的支持，以及趁勢爭取更多的資源。這也就讓先前改革者的遺產更加永垂不朽，讓這種循環持續下去。民眾期待警察能夠實質降低犯罪率，在某種程度上，這並非是理性的期望。當警政管理者繼續表示這是一個可以達成的目標，顯然，他們也沒有把真實答案告訴社會大眾。民眾做出非理性的要求，警察答應難以達成的目標，兩者嚴重破壞了社區期待與警察組織期待整合的可能。警察固然必須聽清楚社區的真正需求到底為何，但是警察也必須誠實告知民眾，警察到底能夠完成什麼。換言之，警察應該更積極的去教育社區民眾，建構事實的、可以實現的期待。

總之，在整合社區期待與警察組織期待之初，社區與警察組織兩方面必須在「何者是可能做到的」議題上達成共識。除非雙方面期待是清晰且可達成的，否則整合便難以完成。值得注意的是，在這之前，必須建立彼此信賴的氣氛。警察有責任讓民眾相信，民眾的需求與關切已受警察重視，只要民眾的需求與關切是理性的，警察行為及活動的改變便不難預期。警察不應承諾他們做不到的事，民眾也不應期待警察去做能力以外的事。

第十六章　智慧刑事司法體系

第一節　前　言

　　近年有一現象，全球有目共睹，就是有愈來愈多的刑事司法領域導入先進科技，諸如使用程式及其他基於演算法以提升犯罪偵防效能的預測警政（predictive policing）、累犯風險評估應用程式等系統。在犯罪學文獻中，有關先進科技使用成效的相關統計和實證研究正快速且持續增加。這些變化，主要源於透過先進科技的使用以達公共部門創新的新趨勢。基於人工智慧、大數據分析及感測器等系統的公共部門創新措施，被稱為「智慧政府」（smart government）。智慧，已成為各級政府渴望擁有的一種特徵，而且正逐漸擴延至刑事司法體系。建立「智慧刑事司法」（smart criminal justice）新典範的期待與需求，日益明顯。然而，先進科技在公共部門，特別是刑事司法體系中的使用，可能是「智慧的」，但不必然如此，近期有研究支持此論點。研究指出，導入先進科技方案的決策者和科技措施的使用者，在實務上幾乎沒有對所採用的演算法背景和效果認真思考，他們通常不覺得自己有責任需瞭解所建置和使用之應用程式的確切功能。此外，也甚少要求對演算法進行獨立和科學的評估，甚至過度信任這些工具的供應商（Simmler et al., 2020）。相關的研究文獻顯示，在刑事司法體系中使用演算法將伴隨實質風險的出現，特別是在個人資料處理、演算法透明度、歧視效應、問責模糊等議題。鑑於刑事司法體系可能透過智慧應用程式來制定決策，刑事司法體系在獲取及使用應用程式時，是否具備公共管理和法律面的判斷標準？針對使用規範的要件進行討論，並建立原則性的規範框架，確保演算法的合法與適當使用，實有其急迫性與必要性。

　　刑事司法體系是政府控制犯罪的主要部門，該系統由警察、檢察、審判及矯正機關所組成。雖然，犯罪控制的目標需靠各刑事司法機關共同合作來達成，但個別機關若無法發揮本身應有功能，那麼整個刑事司法體系順利運作所需要的基本量能仍是無法建構的。

　　本文目的是根據智慧政府的相關研究，分析公共部門導入先進科技時所應具備的法律和行政要件，進而建構智慧刑事司法體系的原則性概念。本文將聚焦以下幾個問題：在刑事司法敏感領域建置演算法系統必須滿足哪些要件才是智慧刑事司法體系。為回答這個問題，本文對現有的智慧政府相關研究進行文獻探討，檢視智慧政府的規範要件為何？接續分析刑事司法體系與一般公共部門有何不同？根據系統性文獻探討的結果，得出刑事司法領域智慧措施的規範要件清單。本文透過批判性的論述，協助刑事司法機關採取負責（responsible）、當責（accountable）和原則性的科技使用途徑，邁向智慧刑事司法的目標。刑事司法機關使用科技解決問題，不論是在科技設備的採購期間或使用過程，都應持續接受嚴謹且適切的規範標準檢驗，如此才能稱為智慧刑事司法體系。

　　為能對公共部門的「智慧要件」建立具體概念，本文採質性研究法，經由EBSCO Discovery Service（EDS）電子資源整合查詢系統，以「智慧政府」、「數位政府」、「智慧城市」及「公共部門的智慧」等關鍵詞進行搜尋，蒐集近十年知名國際期刊論文，針對明確闡述「智慧政府」定義與特徵的文獻進行分析。分析工作先聚焦於探索構成智慧政府的基本描述性（descriptive）要件，接續分析智慧方案或措施的規範性（normative）要件。為達研究目的，本文針對被認為最具影響力和基礎性的文獻進行細部分析，以分析結果作為闡明智慧刑事司法體系構成要件的重要參考。換言之，經由系統性的文獻分析，本文從描述性和規範性的角度探討「智慧」的意義，以期建立智慧刑事司法體系的關鍵標準。

第二節　智慧政府

　　政府部門愈來愈常在為民服務的工作上使用新興科技措施，例如，許多政府機關以聊天機器人作為虛擬助理來回答民眾問題，有些城市在路燈上安裝智慧感測器蒐集天氣和空氣品質數據以評估公共衛生風險。公共行政與政策學界稱此類措施為「智慧政府」，此術語已成為公共管理研究的重要領域。然而文獻顯示，如何定義智慧政府？尚未達共識。許多方式的定義內容在某種程度上有相似之處，但同時又有不同的焦點（Breier et al., 2017）。

　　Gil-Garcia與其同儕（2014）認為，智慧政府是「新興科技與創新在公共部門的創造性組合」，並將科技視為智慧政府的關鍵。Anthopoulos（2019）則強調智慧政府的三個組成要件：資料（大數據及開放資料）、新興科技（諸如感測器、區塊鏈）和創新。Schedler等人（2020）則重視資料的意義和實用性，將智慧政府描述為「公共部門應用資訊科技的新時代概念，以蒐集、連接、分析大量及多樣化數據」。除科技外，文獻還提及智慧政府的各個組成部分，諸如精通科技、整合、創新、循證決策、民眾為中心、永續、創造力、效能、效率、平等、企業家精神、公民參與、開放及韌性（Gil-Garcia et al., 2016）。

一、使用科技是基本要件

　　文獻分析顯示，對於智慧政府的定義方式雖有不同，但似乎皆認同以基於演算法的現代資訊和通訊科技作為先決條件（Breier et al., 2017; Guenduez et al., 2018）。這種處理大量、多元資料，基於演算法決策的現代資訊與通訊科技，被歸類為智慧科技（intelligent technology）。假設使用智慧科技或利用最新科技來創新是智慧政府的一項特徵，那麼智慧政府另一特徵就是有關智慧的規範性標準。換言之，智慧政府有兩個組成部分。第一個組成部分是智慧政府的基本要件，也就是智慧政府必須使用基於演算法決策及蒐集、分析和處理大數據的科技。這個組成部分是所有智慧政府的基礎，屬於描述性的，即闡明必須以某種形式的科技參與其中。而第二部分，必須透過定義如何使用科技才真正是智慧、才能完整支撐前項描述性要件的意義與功能。第二個組成部分本質上含有價值判斷，故屬規範性的。

二、智慧政府的規範性標準

　　智慧科技的使用雖是必要的，但不足以確保公共部門就一定是智慧政府。因此，需對這種科技的部署進行評估，以確認是否為真智慧。由於先進科技的使用可能導致歧視效應，甚至違法等缺失，因此需要規範性標準，彰顯遵守的必要性。如果只考慮上述定義的描述性要件，即使有害或愚蠢的科技使用也可能被誤認為智慧政府。因此，有必要製定評估智慧政府是否名副其實的準則。為達此目的，本節將根據智慧政府相關措施的目標，分析最基本的概念。

　　本節所進行的系統性文獻分析，揭示了智慧的不同標準，並發現不同文獻之間具有某些共通性。Gil-Garcia等人（2016）列出了智慧政府追求的14個目標。Schedler等人（2020）則認為，如果缺乏透明、合作和參與的保證，任何政府都不能被認為是智慧政府。Gil-Garcia等人（2016）也指出，參與有助於整合知識和可用資訊。Nam與Pardo（2014）則強調提升效能、效率、透明及合作。Anthopoulos（2019）也持類似觀點，認為創新、開放、公民參與及問責制非常重要。Von Lucke（2015）認為，智慧政府應能更有效率、效能地執行公共任務，且以永續方式實現；此外，轉型成為智慧政府，更是一種需要創造力的深遠變革。Scholl與Scholl（2014）強調開放、參與和合作在每個行政流程中的重要性，韌性（承受意外狀況的能力）更是至關重要，始能達成追求個人和社會福祉的最終目的。根據Mellouli等人（2014）的觀點，新科技的使用應能改善民眾的生活品質，並有助於促進民眾與政府之間的互動。Harsh與Ichalkaranje（2016）認為，「資料的力量」位居首要，透過這種力量，得以實現合作、公民參與及透明的「開放政府」。最後，Jiménez等人（2014）認為，公共部門內的不同系統和組織之間相互合作，即協同工作能力（interoperability），對於能夠促進效率、效能、透明及以民眾為中心的智慧社會而言，不可或缺。

　　本節將文獻分析的結果歸納於表16-1，顯示數位時代的政府行動必須基於表16-1所列標準才符合真正的智慧意涵：效能（7篇文獻提及）、效率（7篇文獻提及）、參與（7篇文獻提及）、合作（6篇文獻提及）、開放（6篇文獻提及）、創新與企業家精神（4篇文獻提及）、透明（4篇文獻提及）、民眾為中心（3篇文獻提及）、創造力（3篇文獻提及）、福利（2篇文獻提及）、韌性（2篇文獻提及）、整合（1篇文獻提及）、循證（1篇文獻提及）、責任（1篇文獻提及）及平等（1篇文獻提及）。

　　除使用科技為基本要件外，效能、效率和參與是最常被提及的標準，因此可以被認為是智慧政府的核心。此外，關於智慧政府的文獻主要是服務視角，而不是國家強制職能的視角。本文認為，這是與刑事司法領域的關鍵差異，刑事司法領域的重點不只是服務，還包括偵查、起訴、懲罰犯罪者，甚至在最前端是預防犯罪的發生，很可能透過刑事司法措施強烈影響民眾的個人權利。這些行動需要特殊的合法性，並基於這種合法性高度謹慎地實施相關措施，諸如智慧方案。

表 16-1　經文獻分析所得「智慧政府的標準」

標準 ＼ 文獻	Scheduler 等人 (2020)	Anthopoulos (2019)	Guenduez 等人 (2018)	Harsh與 Ichalkaranje (2016)	Von Lucke (2015)	Nam與 Pardo (2014)	Jiménez 等人 (2014)	Mellouli 等人 (2014)	Gil-Garcia 等人 (2014)	Scholl與 Scholl (2014)
使用科技	✓	✓	✓	✓	✓	✓	✓	✓	✓	✓
效能	✓	✓	✓		✓	✓	✓		✓	
效率	✓	✓	✓		✓	✓	✓		✓	
參與	✓	✓	✓	✓				✓	✓	✓
合作	✓	✓	✓	✓		✓	✓			✓
開放	✓	✓	✓	✓					✓	✓
創新與企業家精神	✓	✓	✓						✓	
透明			✓	✓		✓	✓		✓	
民眾為中心	✓						✓		✓	
創造力	✓				✓					
福利								✓		
韌性									✓	✓
整合									✓	✓
循證									✓	
責任		✓							✓	
平等									✓	

第三節　智慧科技與刑事司法

刑事司法體系由警察、檢察、審判及矯正機關所組成，是政府控制犯罪的主要部門。因此，可循智慧政府的脈絡，探討先進科技的使用已對或可能對刑事司法體系產生的影響。本質上，智慧刑事司法體系是智慧政府的一部分。

智慧科技愈來愈被應用在刑事司法體系的運作中，例如基於科技而發展出來的預測警政，就已經在許多地區部署以預防犯罪的發生（Simmler et al., 2020），美國有許多警察局即使用PredPol、HunchLab等預測警政應用程式來預測犯罪可能發生的時間和地點（Benbouzid, 2019）。以科技公司PredPol為例，該公司已可靠數據分析與演算法提高城市中10%至50%的犯罪預測率。主要是根據多年的歷史資料庫，包括犯罪的類型、位置、時間等，再將這些資料與其他社會經濟數據相結合，最後透過最初設計用來預測地震餘震的演算法進行分析。這套犯罪預測軟體可以預測未來十二小時內特定犯罪的發生地點與時間，隨著每天不斷輸入不同的新數據，演算法每日都會進行更新。PredPol開發的犯罪預測軟體會使用色彩編碼在地圖上顯示出演算法作出的預測，每個框代表500平方英尺，紅色框內代表是高風險區域，鼓勵警察人員至少花費他們10%的時間在該處集中巡邏。目前美國已有許多警察機關使用PredPol軟體，英國肯特郡（Kent）警察局表示，試用該軟體四個月以來街頭暴力事件下降了6%。而美國Azavea公司開發的HunchLab軟體也非常類似，皆是以警察機關過去的紀錄資料，如犯罪類型、案發地點及時間、報案地點及時間、犯罪人背景資料等，經由特殊設計的演算法，預測未來犯罪發生的可能性，以作為警察預防犯罪決策的參考。其他基於演算法的工具，諸如「替代制裁處罰的矯正開放管理分析軟體」（Correctional Open Management Profiling for Alternative Sanctions, COMPAS），即對刑事訴訟造成重大影響。COMPAS是Northpointe公司開發的案件管理和決策支援工具，美國法院使用它來評估被告成為累犯的潛在風險，對量刑和執行刑罰產生很大影響（Simmler et al., 2023）。

這幾個例子足以看出刑事司法體系正引進數位化措施，並且有充分的理由相信此趨勢會加劇，出現更多利用科技處理犯罪問題的機會。例如，

有些處罰令是可以自動化處理的，特別是針對微罪案件。經設計後系統會根據警方資料自動產出觸法者個人資料及事實描述，接著系統將自行草擬處分，並在必要時提出具體處罰內容。由於刑法要求在量刑過程中應以行為人之責任為基礎，並充分考量當事人的一切情狀，因此在設定自動化的限制時，始終都需有一定程度的自由裁量。儘管如此，刑事訴訟未來仍有可能更進一步朝向數位化發展。

　　智慧刑事司法的潛能具有很高的擴延性，例如，根據裁決及其他個人變項，拘留地點可自動化分配，而無需人為介入。如果停車場本身配備適當的感應器可自動登錄違規停車，那麼在街上巡查停車位並開立違規罰單的機器人也是可行的。精進的資料管理和提升相關人員在科技支援下的參與意願，均為智慧政府至關重要的因素，對於刑事司法體系亦然如此。在執法實務中，新式資料探勘和自動化人臉辨識系統已常用於犯罪偵查工作上（Rezende, 2020）。如表16-1所列的標準項目清單（當然並非詳盡無缺的），先進科技在刑事司法體系中的使用已經開始普及，並且其發展將持續擴大。因此，智慧政府的關聯性指標也愈來愈豐富，可從概念上或有關該領域的具體措施來說明智慧刑事司法的現象。

　　與智慧政府一樣，智慧刑事司法體系也有兩個組成部分：基本描述性要件和規範性要件。根據智慧政府的定義，智慧刑事司法體系從描述的角度可定義為：「將基於演算法決策和大數據蒐集、分析、處理的科技，運用在刑事司法體系中。」

第四節　智慧刑事司法體系的規範標準

　　現代科技的使用本身並不足以保證公共管理一定是智慧的，此概念同樣適用於刑事司法體系。刑事司法機關要成為智慧政府，就必須有具體的規範標準，以評估刑事司法機關的科技使用是否真為智慧。本節將以智慧政府為基礎，分析探討智慧刑事司法體系的規範標準。根據先前的文獻分析，效能、效率及參與被認為是智慧政府的核心規範標準，這些標準可作為基礎，下文將進一步具體說明。為符合智慧刑事司法體系的特殊要件，還須有合法、平等和透明的標準，此等標準對於刑事司法機關的特殊性及使用先進科技都是不可或缺的。

一、效　能

當針對智慧公共管理進行評估時，效能始終都是重要變項，這對刑事司法體系同樣適用。效能，代表指定的目標得以達成（Mandl et al., 2008）。為能評估效能，期望目標須予以定義。一般而言，提供公民服務的公共行政部門致力於完成指派給他們的任務。相較之下，刑事司法體系中的某些政府工作，特別是警察和檢察工作可能是在涉及侵犯人權和自由的情況下來執行。因此，有關刑事司法體系效能的描述就變得較為複雜。犯罪追訴的最基本目標是發現實質真相並執行法律（Summers, 1999）。在刑法中，這項任務完全由國家承擔，此任務必須在法律範圍內才准予執行。刑法的執行特別意味須對有罪者加諸制裁，而刑法的功能在於懲罰犯罪者以衡平、補償過去的侵害，預防當事人再犯並嚇阻公眾未來犯罪（Simmler, 2020）。此外，警察也致力於一般性的犯罪預防工作。如果這些目標能盡可能透過更好的方式予以達成，即代表刑事司法體系的效能良好。

在預測警政方面，效能通常與犯罪顯著減少或犯罪行為被正確預測有關（Meijer & Wessels, 2019）。然而，檢視預測工具效能的實證結果，並非總是令人信服的。例如，美國芝加哥曾實施一項方案，旨在建構一份高風險槍支暴力被害者名單，但有關該方案的評估研究卻發現，名單所列對像成為殺人或槍擊事件被害者的可能性其實並不高（Saunders et al., 2016）。

就效能而言，基於演算法的工具品質，不僅取決於統計和科技方法（即科技系統的能力），還取決於使用者的技能。簡言之，智慧工具必須得以妥當操作。智慧刑事司法應用程式要求使用者願意並且能夠理解應用程式是如何運作的，使用者應願意且能夠（批判性地）評估使用後的結果，以其作為決策支援。若可有效使用這些創新元素，人機互動（human-machine interaction）的需求將增加，很可能為刑事司法引領出新的工作模式（Kattel et al., 2020）。使用者必須被有系統地賦予能力，以具意義的方式使用新應用程式。因此，效能對於智慧而言，至關重要。這包括科技效能、科技的科學基礎，以及人機互動的實踐。

最終，如果基於演算法的工具使用不能顯著預防犯罪，或不能協助犯罪偵查、起訴、執行制裁，那麼建置此類工具就難以滿足效能的要求。評

估工具效能的基準線，始終應與完全由人工執行該任務的情況進行對照比較。評估效能既需要在部署科技之前明確定義目標，也需要在使用科技之後進行嚴格評估。

二、效　率

效率，是指資源的消耗與所提供的服務之間具有較理想的關係，它是透過輸入和輸出之間的關係來衡量（Nam & Pardo, 2014）。因此，效率的特徵是最大限度的減少資源消耗，同時最大限度的提高輸出。所謂高效率的刑事司法體系，意指可使用最少的資源來滿足國家對懲罰的要求，以及完成警察工作和刑事司法機關的目標。以犯罪起訴為例，效率指標主要包括起訴成本、完成起訴的案件量以及平均完成一件起訴的時間（European Commission, 2018）。如果演算法可以處理刑罰處分的準備工作，並節省人力資源，即是高效率執法的表徵。

然而，科技的使用並不保證一定帶來效率的提升。就預測警政軟體而言，該軟體的使用可否提升警政效率？應考量一問題。如果因為部署軟體（通常需耗經費）後而過於頻繁向某地點派遣警察巡邏，或是危險情況被系統性地高估，就可能造成需要更多人力資源及增加成本，只有當犯罪在某種程度上確實得以預防時，科技的產出與其成本才會呈現高效率的比值（Benbouzid, 2019）。總之，針對基於演算法執行任務的輸出與基於人工執行相同任務的輸出進行比較，效率的高低得以衡量。如果演算法能夠更好地分配輸入資源，並在犯罪預防、偵查、起訴、量刑、執行刑罰等方面產生相同或更好的輸出，那麼部署演算法就是高效率的。

三、參　與

參與，可解讀為公眾參與公共部門運作的程度（Mellouli et al., 2014）。根據此意，參與可讓公民融入公共決策過程，為行政行為增添更多的合法、正當性。參與，可區分為主動參與和被動參與。例如，民眾透過電子途徑蒐集政府機關的陳述訊息，就是一種主動參與的表徵。相反地，被動參與並不是基於意識活動，而是基於使用智慧型物件（如智慧手機）自動生成的資料（Guenduez et al., 2018）。

從規範標準的角度來看，參與似乎與刑事司法體系沒有什麼關係。然而，不論是主動或被動參與，皆至關重要。以犯罪追訴為例，公眾與政府

有關部門的合作可以改善和加速偵查工作（例如，如果民眾願意向警方即時提供犯罪訊息和線索）。不僅民眾的主動參與很重要，個人願意參與使用演算法工具也很重要。研究發現，許多警察人員知道預測警政的侷限，導致對創新警務科技持相當懷疑的態度（Sandhu & Fussey, 2020）。因此，重要的是要確保使用者不僅願意被動地接受預測資訊，更要讓使用者主動接觸和善用先進科技。為達成此目的，有必要提供使用者瞭解演算法科技及使用結果所需要的技能。總之，參與是犯罪防治的重要議題，利害關係人（諸如被告、律師等）都有與政府有關部門合作的必要，即時視訊會議便是一種促進參與的智慧科技。

與主動參與相反，被動參與著重於資料蒐集。以犯罪風險分析有關的預測警政為例，愈來愈多的私人訊息被儲存在警察資料庫中（Simmler et al., 2020）。由於此類資料的蒐集包含個人資料，牽引出隱私和資料保護的議題。如果警察資料庫針對特定人的描繪訊息含有被動生成的個人資料（例如位置、瀏覽器活動），那麼就可能對當事人構成憲法權利的侵犯風險。儘管如此，善用此類數據，諸如IP位址或GPS數據，有助於警察打擊犯罪。

如前所述，參與有助於刑事司法體系的運作，犯罪預防及追訴因參與而效能擴大。如果主動、自願的參與得以受鼓勵，或是被動參與能夠被明智地運用，那麼該科技的部署就可被認為是智慧的。此外，還需考量法律和道德的限制，特別是資料保護方面。

四、合　法

刑事司法機關的工作品質，無法單純以顧客滿意度來衡量。相反地，這些機關主要致力於刑事程序法和實體法的執行，可能對人民基本權利和自由造成限制（例如，透過強制措施、監控等）。因此，刑事法的執行必須在法律規定範圍內。法治國家刑事法有特別嚴格的合法性原則，規定警察等刑事司法機關所執行的強制處分及任何對個人權利的限制都必須具備法律基礎（Murphy, 2009）。因此，合法性要件應被視為進一步評估智慧刑事司法的標準。合法性是一切國家行為不可或缺的基本前提，對於刑事司法體系尤為重要。

在智慧起訴的領域，合法性原則不僅是法治的基本要件，更是透過民主和公開辯論以確保刑事司法機關採用之先進科技符合法律規範的一種義

務。因此，在實施一項新式智慧刑事司法措施或相關應用程式之前，有必要先處理好該項創新方案的法律基礎和完整合法性。現有流程的簡單數位化可在現有法律框架內實施，這種單純的司法程序數位化通常被稱為「電子司法」（e-justice）一詞（Sandoval-Almazan & Gil-Garcia, 2020）。若使用較複雜、高端智慧科技將觸及以下問題：現有法律是否充分涵蓋該使用。例如，因資料保護法而無法充分提供辯方大數據創建的潛在無罪證據，那麼基於大數據系統的犯罪起訴就可能產生公平審判權相關的問題。因此，此類創新系統需要足夠的法律基礎以確保其合法性。

　　再舉一例，處理潛在高風險者（如毒品成癮者、性侵害犯罪者等）個人資料的法律依據，必須透過民主方式的討論和制定。甚至像智慧量刑決策應用程式的推行，同樣都需要適當的法律基礎，以滿足合法性要件的主張。總之，是否為智慧刑事司法？使用的科技必須建立在充分的法律基礎上，才有助於刑事法的執行與法治制度。

五、透　明

　　為確保政府行為的合法、正當性，所使用的科技應易於被理解。因此，文獻分析顯示，透明對於智慧政府而言，至關重要（參閱表16-1）。Nam與Pardo（2014）將透明概念化為二維指標，一是有關行政部門各單位組織內的內部透明（internal transparency），另一是有關行政部門外部利害關係人的外部透明（external transparency）。行政行為必須被易於理解，決策標準必須符合一定的規範，而且必須能夠在發生不當行為時追究行為者的責任。前面提及的COMPAS軟體，即出現透明方面的問題，該演算法系統是由一家私人公司所開發，該公司以商業機密為由拒絕披露該演算法的確切功能，導致遭上訴至最高法院（Addu Appiah et al., 2017）。

　　在部署複雜科技時，無論是對於內部或外部利害關係人而言，流程保持可追溯性是非常重要的。所謂透明，並不是要求所有利害關係人都需瞭解該技術規格，但決策過程的主要特徵必須易於理解且可供（法律）審查。透明，可透過披露存取用於創建工具的數據和方法、及向當事人（如犯罪嫌疑人、被告）披露相關資訊而得以實現（PAI, 2020）。因透明而可維護程序正義，並支撐憲法和刑事訴訟法的原則（Schafer, 2013）。透明的重要性在公平審判權中得到更進一步的驗證，例如國家有義務述明裁

判理由（Christen et al., 2020）。如果犯罪嫌疑人的逮捕是根據操作模式
類似黑盒子的演算法所執行的，那麼警察執行逮捕所根據的因素變項就難
以被驗證，或得知它們是如何加權的，這種不透明性將剝奪被逮捕者抗辯
的依據。透明可以讓相關人員瞭解基於先進科技決策的過程，如果一個過
程是易於被理解的，便可對其進行合法性的評估，必要時還可進行科學評
估。因此，足夠的透明，是智慧型是司法的要件。

　　智慧刑事司法應用程式，必須可供審查和批評。對於使用者與公
眾的透明性，讓是否使用演算法及如何使用演算法的可責性，得以確保
（Završnik, 2020）。因此，透明無疑是智慧刑事司法的另一規範標準。

六、平　等

　　平等，與透明密切相關，本節將其引入作為智慧刑事司法的第三個特
定標準。Gil-Garica等人（2016）認為平等是智慧政府的要件，主張應減
少社會排斥，並促進社會正義。平等對待所有公民是國家的義務，而不歧
視原則是平等的核心。換言之，所有人應受到平等對待，只有當客觀和合
理的理由存在時，才允許差別待遇。智慧型計畫如果有歧視效應、侵犯平
等權，就無法成為有效解決問題的智慧方案。基於大數據分析的演算法系
統，尤其是由所謂「反饋迴路」（feedback loops，意指系統在輸出端藉
由一定通道反送到輸入端）促進的演算法系統，很可能面臨歧視和偏見風
險（Kim, 2017）。

　　例如，人臉辨識演算法具有高度的分類準確性，但不同人口群的準
確性卻有差異。研究指出，該演算法對於年輕黑人女性的辨識準確性最
低（El Khiyari & Wechsler, 2016）。如果某些人群具有較低準確辨識的特
性，很可能導致警務工作的誤判率，無疑構成不合理的歧視風險。只有
預先主動處理此種風險，科技使用才是智慧的。因此，平等不僅要防止歧
視，還需積極促進平等。這可以透過研發分類歧視感知法來實現，以確保
分類的結果不是因為種族等敏感屬性所造成，這些屬性不足以證明差別待
遇的正當性（Calders & Verwer, 2010）。

　　本節討論了刑事司法敏感領域使用先進科技應具備的要件問題，以確
保國家行為是合法且智慧的。關於智慧刑事司法的概念，可以採用兩種學
科視角來解讀：行政（公共管理）視角，主要關注組織流程和服務理念；
法律視角，必須公正處理刑事司法體系因使用先進科技而侵犯人權的潛在

危害。

　　綜合前述，使用基於演算法決策及大數據蒐集、分析和處理的科技，是智慧政府的基本要件。因此，屬於智慧政府子類型的智慧刑事司法體系，也必須基於此種科技的使用。然而，進一步的文獻分析發現，僅使用科技並不足以滿足智慧的全部要件。智慧政府還需具備各種規範標準，這些標準決定了科技使用是否真正造就了智慧政府。效能、效率及參與，是這些標準中的最重要項目。針對刑事司法體系所使用的科技，除這三項一般標準外，還應包括合法性、平等及透明三項特定標準，以判斷科技使用是否為智慧。因此，科技的使用、效能、效率、參與、合法性、平等及透明等七項標準，成為智慧刑事司法的判斷框架（如圖16-1）。換言之，如果刑事司法體系使用科技能夠產出好的運作效能、高效率、促進公民參與、具備適當的法律基礎、平等對待每個人、不歧視任何人、且易於理解和透明，那麼就是智慧刑事司法。

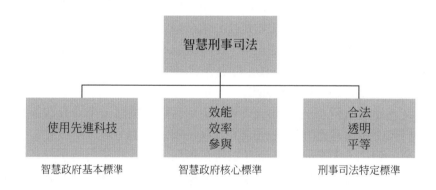

圖 16-1　智慧刑事司法體系的標準

第五節　結　語

　　誠如本文所指，全球有許多地區的政府正透過演算法工具的使用，逐漸實現刑事司法體系的現代化。然而，在推行這些措施之前，政府應審慎思考使用先進科技新工具所可能產生的法律和實務結果。因此，演算法使

用的基本原則應先予確認。本文目的，在於探究刑事司法體系運用演算法的規範標準。本文認為效能、效率及參與是智慧政府措施的一般標準，由於刑事司法體系的特殊性，除上述三項一般標準外，尚需包括合法、平等及透明三項特定標準，始屬智慧刑事司法。

　　儘管本文所採用的研究方法是透過系統性的文獻分析，但本研究仍有限制。首先，所提出的標準框架並不代表是詳盡的完整清單，應根據先進科技運用時的實際脈絡，適當增補附加標準。其次，特定的法律制度與變遷的社會背景，也可能會出現未直接反映在框架裡的特殊要求。儘管如此，本文所建立的框架，仍可針對刑事司法體系使用先進科技的討論，提供結構性的指引。

　　為確保刑事司法體系有效運用先進科技（達成指定目標），刑事司法人員身為此種基於演算法之應用程式的使用者，其角色應被清楚闡明。令人驚訝的是，這些使用先進科技直接執行法律行為的行為者，其角色幾乎沒有在文獻中討論或進行過實證研究。為了按照上述標準正確實施智慧刑事司法措施，有正確意識感的使用者至關重要。只有當智慧科技與瞭解自己所為何事、知道如何巧妙使用該科技的智慧刑事司法人員相結合時，才能實現真正的智慧刑事司法。真正的智慧刑事司法，始於認真面對規範標準的智慧措施建置過程和執行過程。

　　本文所建構的智慧刑事司法標準框架，有助於促進未來研究改善和優化先進科技使用所應遵守的規範標準，以及製定適當方法（制度化）落實這些標準。總之，未來研究應探討如何在獲取、執行和使用智慧科技的過程中，有效實施這些落實標準的方法。最重要的是，演算法的部署必須根據標準，而智慧也必須視為一種標準主張。本文所提出的框架將有利於未來研究的拓展，並鼓勵政策制定者將演算法運用於刑事司法體系。

第十七章　結　論

第一節　前　言

　　控制犯罪、降低民眾的犯罪被害恐懼感、提昇生活品質，乃是安全治理的目標。雖然，在安全治理政策的擬定與執行過程中，需要融合社會上的公、私及志願部門資源，但是不論從安全治理的本質來觀察，還是從民眾的期待內容來分析，警察無疑是安全治理工作的核心人員。警察機關面對犯罪問題所採取的對策，實與安全治理品質及成敗關係密切。本書的研究資料顯示，犯罪原因複雜且型態多變，警察背負了超過其現實能力的負荷，而且在短期內，警察無法拒絕或迴避如此沉重的負擔。既然如此，面對現實，應是較理性的選擇。筆者認為，建構以犯罪分析為導向的警政模式，是安全治理的基本要件，也是警察機關面對現實的必要努力。

　　本書從犯罪相關理論與思維出發，探討安全治理工作的應然與實然，內容包括安全治理的民意分析、犯罪被害調查、兒童與少年犯罪、犯罪熱點、組織犯罪、跨境犯罪、企業犯罪與被害、醫療犯罪、傳統警察策略的省思、犯罪預防、民主社會中的警察角色分析、犯罪偵查及逮捕等議題。筆者希望在犯罪研究與安全治理的實務工作之間，建構——學術發展與解決現實問題並重——的犯罪分析模式。由於犯罪類型複雜，我們很難從一本書中對所有犯罪問題作出完整無遺的說明，但筆者願意以拋磚引玉的態度來闡述安全治理的問題，希望藉此喚起學界與實務界以更理性的態度、更專業的技術改善社會秩序。

　　底下幾個面向，是筆者完成本書時的感觸，也是筆者認為需要盡快處理的安全治理問題。

第二節　降低民眾的犯罪被害恐懼感

　　安全治理政策不僅要能夠控制犯罪的數量，而且也要對民眾的主觀感受造成實質影響。假設某項作為確實讓犯罪數量維持平穩甚至減少，但民

眾自覺犯罪依然嚴重,或是心理仍存有很高的犯罪被害恐懼感,甚至懷疑警察作為,認為警察操縱相關的犯罪統計數據,那麼該項作為就不能算是完全成功。政府安全治理部門過去曾提出多項方案,並立下執行期程,各方案在執行完畢後均繳出符合方案目標的成績,即官方犯罪統計顯示犯罪數量未增加,但民眾卻有不同的感受意向。顯然,除積極控制犯罪的發生數,如何降低民眾的犯罪被害恐懼感,將是安全治理決策者必須面對的挑戰。

筆者在執行田野調查期間,多次進入警察的工作場域進行觀察與訪談,多數受訪警察表示,降低犯罪被害恐懼感與減少犯罪數量是同一回事,犯罪減少後,民眾的恐懼感自然下降。當筆者接續問道:什麼是犯罪被害恐懼感?它是怎麼形成的?如何蔓延?會造成什麼影響?警察如何控制它?受訪者回答內容雖有所差異,經歸納,多數回答趨於「這是一個很難說清楚、不易處理的問題」。事實上,筆者認為大部分受訪者並不完全瞭解犯罪被害恐懼感。在警察養成教育的學校,犯罪被害恐懼感通常被歸在「犯罪學」科目中講授,但不保證每一位授課老師一定講授。此外,筆者也蒐集警政署有關警察常年訓練(即在職訓練)的資料,警察常年訓練的內容主要在於警察法規、執法技術、警技(如射擊、柔道)、警察職業倫理、為民服務等,有關引發犯罪被害恐懼感的社會性及物理環境等因素,極少出現在警察常年訓練中。

另一方面,筆者在執行警政民意調查期間,曾有受訪民眾向筆者反應,家中因遭竊報警,警察姍姍來遲,警察到後巡視一下現場,語帶指責的向該民眾說,為什麼在家中放置這麼多財物,警察臨走前甚至表示,這種案子很難破案,要當事人自行留意。另一位受訪民眾向筆者表示,他曾因自己的汽車無故遭人砸破車窗而向警察報案,警察回覆他說,單位同仁現正忙於執行春安工作(警察機關於春節期間所實施的冬防工作),人力有限,車窗破壞並非重大刑案,不需要立即前往處理,要民眾等候處理。還有一位受訪民眾表示,他於春節前到銀行提領80萬元現金,先前看到警察宣導文件,以為可以請警察協助護送,當他與警察聯絡時,警察告知他提領金額需在300萬元以上才提供護送服務,結果他請親人請假不上班來幫他。上述這幾位警察的回應方式,會給民眾的恐懼感造成什麼影響?民眾對於警察的信心,又會因此受到怎樣的衝擊?

筆者認為，每一位警察（不論任何階級）都應該接受認識犯罪被害恐懼感的訓練。警察應該要瞭解民眾個人、鄰里甚至整個社區的犯罪被害恐懼感來源及其程度，同時也要知道如何運用適當方法加以處理，好讓警察與民眾接觸的時候，也許只是一句話或一個動作，就可以紓解民眾內心的害怕，而不是加重民眾的恐懼感。犯罪被害恐懼感好比傳染病，如果未加妥善控制，很可能擴大並蔓延至整個社區，嚴重干擾民眾的日常作息及生活功能。引發犯罪被害恐懼感的原因很多，主要與民眾個人所處的環境、過去經驗及價值觀有關（Greenberg, 2000; Lab, 2000）。很多警察以為犯罪被害恐懼感僅與犯罪有關，只要減少犯罪的發生，就可以降低犯罪被害恐懼感，但研究證明事實並非如此（Greenberg, 2000; Kelling, 2000; Lab, 2000）。單純只是犯罪發生數的減少，不必然導致犯罪被害恐懼感的降低。為妥善處理民眾犯罪被害恐懼感的問題，警察實有必要先瞭解引發犯罪被害恐懼感的背後原因，繼而擬定對應方案。

第三節　提昇警察與外界夥伴關係的品質

一方面是為了實施社區警政，另一方面也是為了提昇警政效能，警察機關愈來愈與轄區民眾、組織、企業及其他團體或機構發展夥伴關係（partnership）。不論是研究文獻、警察實務、警察教育訓練方案及新聞媒體，皆不斷強調夥伴關係的重要性。社會大眾也愈來愈瞭解警察無法獨自發現及控制犯罪，警察更是清楚瞭解與民眾及其他組織發展夥伴關係的重要性。在某些縣、市，警察總局、分局及分駐（派出）所甚至定期舉辦「社區治安會議」、「犯罪預防宣導」、「金融機構安全維護座談會」等活動，將發展治安維護的夥伴關係納入日常公務的一部分。

然而，發展及維繫有效的夥伴關係，並不是一項容易的工作。警察機關固然發展了多元的夥伴關係管道，但這些管道是否有助於達成犯罪控制目的？實有檢討必要。事實上，有些關係可能利不及弊。針對犯罪控制的效能而言，警察機關需要的是有意義和長期維繫的夥伴關係，而不是多而膚淺的關係。在實務上，有些警察機關之所以與外界發展夥伴關係，是為符合上級的規定，有些警察機關則是因為可從公共關係中獲得立即利益，或是可從上級機關獲得資源補助。只有少數警察機關真正是為了減少犯罪

發生及恐懼感，而與轄區內的組織或民眾建立長期夥伴關係。

　　社區警政要求警政管理者授權給部屬，尤其是授權給基層員警，讓他們有適當權力處理轄區治安問題，許多警政管理者也宣稱他們已經實施授權。筆者曾多次受邀參加警察機關所舉辦的社區治安會議，該會議的目的，在於定期且有系統的諮詢社區民眾，藉此瞭解民眾的治安需求及如何始能更有效的滿足其需求。考量舉辦頻率及會議規模，警察分局所舉辦者頗適於觀察，會議出席人員通常包括分局長、各業務主管（如行政、督察、刑事、保安、交通、戶口等業務）、分駐（派出）所所長及員警、地方政府相關人員（如社會處、教育處）、民意代表（如縣、市議員）、村（里）長、轄區民眾等，出席人數從數十人到百餘人不等。以筆者的親身經驗，基層員警甚至分駐（派出）所所長在會議中面對自己轄區民眾或民意代表所提出的治安問題，大多數都表現出無法代表警察機關做決定的態度，經常需以上級意見為決定根據。對多數警察來說，夥伴關係意味著只是偶而參加一下社區治安有關的會議、偶而拜訪一下轄區裡較重要的人士（如地方士紳、村里長、民意代表等）。有些員警甚至還有強烈的挫折感，他們雖然知道夥伴關係的重要性，但他們相信自己所能扮演的只是公共關係的宣傳角色，而非控制犯罪與降低犯罪被害恐懼感的實質角色。

　　為建構夥伴關係而建構的夥伴關係，很難維繫長久，只有當夥伴關係在相關團體或人員間能夠產生明確互利時，夥伴關係才具功能性。事實上，膚淺的夥伴關係還可能造成與預期相反的不利結果。例如，民眾在社區治安會議上向警察表達民眾對居住社區近來發生竊盜案件的關切，雖然並無重大財物失竊，但竊賊侵入住宅引發居民恐慌，民眾請求警察增派巡邏。負責該社區治安的派出所警察回答，派出所人力有限，同時竊盜案件的破獲率一向很低，該等案件偵破可能性有限，而且派出所現正執行暴力犯罪防治專案，很難增派巡邏。基本上，該名警察耿直的與民眾溝通警察資源缺乏的問題，也算是完成了參加社區治安會議的目的，但是民眾提出的治安問題仍未解決，反而給民眾帶來挫折甚至更大的犯罪被害恐懼感。

　　與上述類似的情形，可說是相當頻繁。因此，警政管理者在擬定相關決策時，提昇夥伴關係的品質應是重點；其次，夥伴關係的持續性也很重要，但是否所有的夥伴關係都需長期維繫，筆者認為應無必要，當某種夥伴關係的目標需靠長期經營始可達成時，該關係才需長期持續維繫。否則，龐雜的夥伴關係，反而是牽制警察功能發揮的負擔。為建構高品質的

夥伴關係,並適當維繫其持續性,筆者認為在發展任何夥伴關係之前,警察機關應先思考並回答下列問題:

一、該夥伴關係的目標為何?發展該夥伴關係的預期結果為何?

二、在該夥伴關係中,關鍵團體及人員為何?

三、關鍵團體及人員需要提供的經驗為何?

四、該夥伴關係對參與者有何利弊?

五、該夥伴關係對參與者是否有參與的價值?

六、該夥伴關係的參與者是否為正確且適當的參與者?

七、參與該夥伴關係的警察人員是否有足夠權力制定必要的決策及維護夥伴關係的結果?

八、參與該夥伴關係的警察人員是否需要訓練以強化經營該夥伴關係的技巧?

九、該夥伴關係的結果是否可以評量?

十、有多少時間可供評量及決定是否持續該夥伴關係的經營?

第四節 持續改善安全治理部門的犯罪分析能力

　　警察實務中經常可以看到底下這種情形,就是某一警察機關實施有效的犯罪控制方案被其他警察機關學習,而且是原封不動的移植到其他警察機關實施。筆者所強調的是,其他警察機關往往只注重該方案有效與否,而未考慮自己轄區的治安特性。事實上,過去實施成功的犯罪控制方案,不保證一定能夠適用於未來的環境。治安問題或許在表面上相似,但是問題的背景可能不同,引發問題的原因機制可能不同,所造成的後果當然也就不同。另一方面,成功抑制犯罪發生的控制策略,有可能促使潛在犯罪者改變未來的犯罪手法以規避該策略。Ekblom(1997)的研究發現,安全設計上的科技變革雖然可以阻礙安全破壞者的侵害,但任一方案的效能並無法永久持續,因為破壞者很快就會學習新方法及開發新技術。對執法者而言,實施成功的犯罪控制策略,重點在於策略背後的指導原則與邏輯,而不是回應特定環境所發生特定問題的特定方法。

　　本書揭示,針對引發犯罪問題之背景條件所做的詳實分析,乃是犯罪控制策略成功的基礎。筆者認為,警察機關欲改善其犯罪控制效能,就

必須先致力於改善其犯罪分析能力。如N. Tilley的研究發現，高品質犯罪
分析的結果，往往是形成犯罪控制策略的前提。但所謂高品質的犯罪分
析，不必然要透過複雜的分析方法，只要能夠提供足以讓問題導向程序
（即掃描、分析、回應及評估）向前進展所需要的事實資料即可（Tilley,
2002）。譬如，曾有一項針對美國波士頓市青少年殺人案件被害人及加
害人的犯罪史所進行的簡單分析，結果發現樣本中有許多人在殺人或被
害時都是刑事司法機關監控下的「慢性犯罪者[1]」（chronic offender）
（Kennedy et al., 1996）。該分析給波士頓市警察局提供了極重要的訊
息，讓警察能夠準確辨識執法標的，也因此預防未來多起暴力案件的發
生。

　　筆者須提醒的是，大多數的犯罪分析經常是運用官方資料（如警務統
計）來進行的，因此警察機關必須瞭解官方資料在運用上的限制及困難。
官方資料是經由「人為過程」所形成，所以人為錯誤幾乎難以避免。筆者
在進行犯罪熱點實證研究時（即本書第五章），發現警察機關記錄民眾報
案的資料常有不完整，有時在案發地點的紀錄上也有錯誤或遺漏，筆者必
須透過與曾到現場處理案件的員警直接溝通來更正或填補這些錯誤及遺漏
資料。換言之，分析人員必須從官方資料中找出正確的訊息，以作為犯罪
問題分析的基本素材。

　　除了資料品質的問題，官方資料還有一些不可忽視的缺陷。逮捕及
偵查資料中可能存有匿報和執法偏見的情況，而民眾的電話報案資料也可
能與實際情況不符。例如某地區毒品交易猖獗，但交易行為極為隱密，民
眾根本不知有犯罪，所以沒有報案，報案紀錄資料便無法包括該犯罪。另
一個例子，也是筆者曾經歷的實例，就是數通民眾電話報案是針對同一案

1　犯罪學研究發現，犯罪人口約可劃分成占大部分的一次或偶發性犯罪者及占少部分的慢性犯
　罪者，慢性犯罪者在犯罪人口中所占比例不高，但這一小撮人卻犯了相當大比例的犯罪行
　為。有關慢性犯罪者的研究，以M. E. Wolfgang等人（1972）的研究最常被引用，他們揀選
　1945年出生於美國費城9,945位男性孩童，追蹤調查其學校、警察、法院及其他各項資料至
　18歲為止。結果發現，樣本中有3,475位少年在警察機關中留有不良紀錄，這些偏差少年中
　有54%（1,862位）為再犯，其餘46%（1,613位）為一次的偶發犯。然而，再犯可以劃分成
　非慢性累犯及慢性累犯，Wolfgang等人特別觀察犯五次以上再犯（慢性累犯），他們發現這
　些慢性累犯僅占總樣本的6%（627位），但卻犯下了5,305件罪行，占樣本全部犯罪行為的
　51.9%。他們將這些犯下大量犯罪的少數犯罪人稱為「慢性犯罪者」（chronic offender）。
　Wolfgang等人（1972）的研究對犯罪學界影響很大，導致慢性犯罪者概念的產生與傳播。

件,而不是針對不同案件,無形中可能膨脹了電話報案紀錄案件的數量。總之,經由官方資料分析犯罪所獲得的結論,其效度必須靠分析人員的專業敏感及謹慎態度加以掌握。

雖然,大多數在線上直接回應治安問題的員警不具備完整的分析技能,難以順利執行犯罪分析工作,但筆者認為,至少應在較具規模的警察組織中,如警察局或分局,設置犯罪分析部門及犯罪分析專業人員。此處所指專業人員,就是具備能夠成功規劃及推動犯罪控制策略所需研究技能的人員,這些研究技能包括本書所提及的基本思維與相關理論,當然統計學方面的知識也是不可或缺的一部分。犯罪分析部門經由科學途徑所形成的問題分析與解決指導原則,應有助於提昇線上執勤員警處理治安問題的效能。筆者並不意味線上執勤的基層員警無法對犯罪問題提供重要的洞察,相對地,筆者主張所有員警都應以問題導向的思考模式面對日常處理的治安問題,並且審思治安問題處理方法的有效性。因此,筆者建議在警察養成教育中應提供包含犯罪理論、基本思維及犯罪統計的整合性課程,並在警察常年訓練(在職訓練)中經常補充新觀念與技術,配合實例以強化員警的犯罪問題分析能力。除了教育與訓練外,筆者認為警察機關的決策階層還必須重視犯罪分析人員及其工作。學者Clarke與Goldstein(2002: 119-120)曾對此做出令人印象深刻的陳述:

> 犯罪分析人員除了需接受適當訓練,從事治安問題的系統性研究,也應該讓他們與警政高層決策者接觸,參與決策會議,決策者應經常向他們諮詢改善犯罪控制策略的意見。當這樣的制度能夠完整建立,犯罪分析人員的貢獻不僅能夠改善警察維護治安的效能,更可以提昇警察的專業地位。

如同企業分析師需向他們的老闆報告公司產品的品質與競爭力,警察機關的犯罪分析人員也應該向警政決策者說明現行政策的優缺及改善方針。如Clarke等人所指,警察控制犯罪的策略不可憑空捏造,經由科學性的分析途徑所獲得的正確資訊,不僅是犯罪控制策略有效與否的關鍵,更是警察自我提昇專業地位的不二法門。

第五節　妥善評量安全治理方案

　　效能評量，乃是科學導向之犯罪控制策略在運作程序上的關鍵。許多策略的目的，在影響人們於現實環境中的行為，例如增加監控效果（提昇犯罪熱點的見警率），抑止潛在犯罪者原定的犯罪行為。欲對這些策略進行客觀評量，並不是一項單純的工作。因為許多科學導向的介入方案具有多重面向，要從其中將各個面向的策略單獨抽離進行評量，並不容易。有關犯罪問題回應方案的評量，至今在評量方法及評量標準方面仍存有爭議（Abadinsky, 2003; Braga, 2002）。H. Goldstein及R. V. Clarke等學者主張採用一種較具彈性、折衷的途徑，來評量犯罪問題的回應方案。他們建議，評量的寬鬆或嚴格程度，端視評量錯誤的後果，如果評量錯誤將導致嚴重後果，如重大資源的浪費或涉及人權、人身安全等問題，評量途徑就必須嚴格（Scott, 2000）。其他學者，主要以L. Sherman為代表，認為只有透過嚴格途徑，譬如隨機式的控制實驗，才能對方案效能進行有意義的評量（Sherman, 1997）。然而，有關方案效能的結論，通常不是出自所謂的嚴格途徑，嚴格途徑在現實上有其困難。連Sherman（1992）自己也曾在Minneapolis市警察回應家庭暴力案件實驗及之後的複製實驗中，發現許多回應方案上的兩難情況（請參閱本書第十一章）。另外，Kennedy與Moore（1995）甚至進一步指出，嚴格的評量途徑可能會阻礙採取科學導向的警察機關朝向學習型組織（learning organization）發展，因為當警察機關面對新的且具急迫性的犯罪問題時（如連續殺人、連續強制性交等案件），無法等待嚴格評估的結果出籠才做出回應。

　　多數學者認為，慎選評量指標，是策略效能評量的關鍵（Braga, 2002; Scott, 2000; Sherman, 1997）。外勤員警由於工作負荷及所受訓練的影響，通常不適合讓他們在職場中執行犯罪回應方案的評量。在此，警察機關的犯罪分析人員或學界人士可以提供必要協助。Braga（2002）的研究指出，大多數犯罪問題回應方案的評量因採取「方案實施前後比較法」而使評量準確性大受影響，他發現評量人員的關注焦點通常只在方案實施前後的有限時段、忽略採用基準統計法（benchmark statistics）、未詳加考量導致變異的其他因素、未檢測犯罪轉移及方案效能擴散等問題。筆者認為，並非所有回應方案的評量都需考量這些議題，但警察機關應瞭解回應方案的效能有何限制，並能判斷該限制是否與警察機關自訂的

工作目標有關。美國Virginia州Newport News市所實施的問題導向警政方案，被學界及實務界認為是一成功的代表實例，該方案規劃者曾設定一組工作目標，這些目標對方案效能提供了一個適當的評量架構，其內容如下（Scott, 2000: 80）：

一、將問題完全去除。

二、實質的縮小問題。

三、減少問題所造成的損害。

四、更妥善的處理問題（譬如更人性化的處理問題、降低成本或提昇效能等）。

五、將問題從警察考量的範圍移除。

　　上述第五項——將問題從警察考量的範圍移除，並非指警察規避自己應承擔的責任，而是當該問題交由其他機構或人員處理，若效果更佳，那麼警察仍可宣稱，在某種程度上已妥善處理該問題。就方案效能的評量指標，上述五項目標實具參考價值。

　　本書第一章曾提及警察控制犯罪的基本思維，以破窗理論為例，犯罪分析人員可能建議將轄區中衰敗的物理環境或社會失序當作回應的對象，因為這些對象是引發民眾恐懼及退縮態度的因素，導致民眾採取減少外出、避免於公共空間停留等逃避或防衛行為，民眾的退縮態度和行為嚴重損害社區的非正式控制力量。筆者根據此例，進一步說明評量指標的問題。首先，資料蒐集必須正確且完整，警務資料雖重要但不宜作為評量的唯一資料。社區犯罪被害恐懼感，這個指標可以藉由犯罪被害調查及焦點團體來檢測。警察機關可以參考國內外曾經實施的犯罪被害調查題目，選擇適當題項作為檢測轄區犯罪被害恐懼感的測量工具，相信警機關應該有能力承擔調查成本。所謂焦點團體，譬如透過社區治安會議或與民眾討論的非正式會議蒐集相關訊息，在成本上算是較為經濟的做法。另外，還有一些方法可測量犯罪被害恐懼感，譬如民眾裝設自我保護器材或設備（如保全設備）的情形，以及民眾向警察諮詢犯罪預防知識或技巧的情形，都可作為檢測社區犯罪被害恐懼感的參考資料。有關物理環境的衰敗及社會性的失序現象，也可由失序感調查、系統性的社會觀察、現場評估（物理環境的調查）及查閱政府檔案資料來獲知。由於系統性的社會觀察及現場評估法需蒐集環境中有關物理性失序（如廢棄建築的大小及數量、荒地的大小與數量、街道的髒亂情形等）及社會性失序（如遊民的數量、公共場

所中的飲酒人數、私人撥放音樂或噪音的程度等）的特定資料，成本較昂貴，筆者建議可以藉由經常往來固定地區的服務人員（如郵差、環保局收集垃圾的清潔隊員等）定期記錄有關失序的資料。最後，政府的檔案資料（如地政資料、土地規劃資料、戶籍資料等）都可提供諸如空屋率、自有率及荒廢情形的測量指標，這些指標通常與失序有關的衰敗現象有關。

受官方犯罪統計功能限制的影響，一些針對地點為導向警政策略（如犯罪熱點的巡邏掃蕩）所進行的評估，發展出測量特定地區失序現象的新方法。譬如美國Jersey City於暴力犯罪地區所實施的警政方案，就採取多重指標來檢測介入策略的效能，該指標及經由該指標所蒐集資料的功能如下（Braga, 2002: 126-127）：

一、緊急報案紀錄及犯罪事件資料：用以測量介入策略對於犯罪熱點中暴力犯罪數及整體犯罪數的影響。

二、物理環境的觀察資料：用以檢測轄區中物理衰敗的變化情形，例如廢棄建築、荒地、垃圾、塗鴉等所謂的「破窗跡象」（sings of broken window）。介入處理的地區，可用錄影機記錄環境特徵，編碼納入電腦資料庫加以分析。

三、系統性的社會觀察資料：用以觀察犯罪熱點中社會性失序的變化情形，例如出現公共場所的遊民、飲酒之人、噪音現象等，由經訓練的觀察者記錄這些現象，並分析失序現象較為嚴重的時段。

四、與社區中重要人士的訪談資料：用以質化觀察介入策略實施前後地區中的動態變化情形。所謂社區中的重要人士，是指他們能對社區問題能夠提出獨特或較完整的洞察，譬如對多次發生住宅竊盜的社區管理委員會委員進行訪談，因為此人比一般居民較可能瞭解社區情況，所以對其訪談應較具功能性。

上述多重指標，可以讓警察機關針對介入策略的預防犯罪、減輕社會性及物理性失序、降低犯罪被害恐懼感及提昇民眾滿意度等方面的效能加以評量。筆者認為，多重指標途徑應是評量策略效能的適當方法。

第六節　加強防治白領犯罪及跨境犯罪

本書第八章及第十章是有關白領犯罪的論述，研究資料顯示國內白領

犯罪日益嚴重，儘管法務部調查局積極偵辦相關案件，但因案件數量過於龐大、犯罪手法推陳出新，實需更多的安全治理資源投入在白領犯罪的防治工作上。而警政部門是人員編制最多、組織分布最廣的安全治理機構，因此，在規劃白領犯罪的防治政策時，不應忽略警察資源。

過去，位於打擊街頭犯罪最前線的地方性警察人員，卻對白領犯罪感到陌生甚至束手無策。一方面地方性的警察組織（如分駐、派出所）規模太小、資源有限，不足以應付複雜的白領犯罪，儘管是警察分局或總局，分配到此類案件處理上的資源也甚為有限。筆者與警察分局及派出所員警訪談時發現，多數受訪者表示白領犯罪案件較複雜、犯罪活動經常跨越數轄區、偵辦工作非常耗時，而且偵辦員警還要接受一個統籌調度不同轄區警力之上級單位或長官的指揮與監督，這些問題影響了員警偵辦此類案件的興趣及意願。實務上，除了在警政署刑事警察局及台北市、高雄市兩直轄市警察局刑警大隊中設有偵辦白領犯罪的正式單位，其餘警察機關大多未設專責處理白領犯罪的單位。由於國內近年來白領犯罪日益嚴重，不僅造成嚴重的經濟損害，也給民眾的生命安全帶來重大威脅。在媒體不斷報導的影響下，白領犯罪已逐漸成為民眾希望執法機關積極處理的治安問題。而警察組織及人員分布廣泛，可說是民眾最容易且最頻繁接觸的執法人員，警察自然不能忽視民眾的治安需求，民眾的期待無法避免會影響警察處理犯罪案件的類型與數量。因此，警察機關實有必要加強白領犯罪的防處工作。

本書第八章針對白領犯罪所蒐集的實證資料顯示，因違法者往往擁有執法機關無力招架的龐大資源與影響力，執法機關面對白領犯罪者（如違法公司）常有無助感。Coleman（1998）在其對白領犯罪的研究中，發現四項讓執法機關難以對違法者嚴正執法的因素：

一、企業界具有強大力量，足夠抵制他們所認為過分嚴格的執法；

二、威脅企業發展的法案，早在立法初就已經被修改或刪除；

三、執法部門缺乏合作，無法整合執法資源；

四、當執法行動若不慎被違法者曲解為過度或不當時，社會大眾可能會同意約制執法機關。

事實上，不論是企業體的犯罪或是個人型的白領犯罪（如個人職業上的犯罪），經常比傳統的街頭犯罪複雜，都給警察機關帶來相當大的困擾。筆者認為，增設專責防處白領犯罪的警察單位、強化員警專業訓練、提昇白領犯罪在警察工作項目中的順位、減少警察機關受政治力的不當干

涉、立法明確化等，均是警察控制白領犯罪的重要前置作業。此外，由於白領犯罪常具隱密性、違法活動跨越數轄區、涉及專門職業（如金融、醫療、建築、保險、環保等）等特徵，警察機關必須與其他相關部門（如財政與金融機構、衛生主管機關、海關、稅務機關、建管單位、環保局等）協調合作，以統合力量抗制白領犯罪。為求提昇控制效能，達到逮捕違法者及摧毀其不法活動的目的，宜由檢察、警察、調查、金融、衛生、稅務、建管、環保等相關政府單位，於各縣、市成立白領犯罪防治網絡，考量各地區治安特性，執行長期預警性的監控與蒐證，並對已發生案件做出有力且全面性的回應。

受全球化及科技快速發展的影響，無形中為犯罪者創造出更多及更新的機會，而且把犯罪活動跨越國界推向世界各個角落蔓延。刑事司法機關應加強與外國政府及國際合作組織的聯繫與合作，針對跨境犯罪所引發的治安威脅，預先做好執法準備。

第七節　結　語

以往由於缺乏完整且堅實的犯罪分析基礎，導致安全治理部門的功能難以充分發揮。邇來，隨著環境犯罪學相關研究文獻的大量累積，犯罪分析與安全治理效能之間的邏輯關係已愈來愈明確。安全治理部門必須清楚掌握何種方案已被證明是有效的？何種方案是無效的？不應再浪費寶貴資源在已被證明無效的方案或策略上。面對犯罪問題，安全治理部門除需廣泛蒐集犯罪控制策略的資訊，更應積極培養犯罪分析人才，建構部門本身的預測犯罪及創新作為能力。

犯罪問題的研究，大多落在安全治理部門以外的學術機構，實務人士甚少接觸研究過程，自然不易獲得犯罪研究的完整知識。而本書是一項嘗試，嘗試將此種知識引入安全治理的實際操作面。筆者從犯罪相關理論與思維出發，有系統的探討安全治理部門可以如何運用這些知識來減少犯罪數量、降低民眾的犯罪被害恐懼感及犯罪損害。研究證據顯示，科學性的犯罪分析是安全治理功能發揮的重要基礎，科學分析為導向的安全治理策略在國內正處發展階段，本書的完成希望能對該發展產生正面影響。筆者堅信，藉由更完善的犯罪分析以及更多的實務人士參與犯罪分析，安全治理方案將會更有效、更具創造性。

參考文獻

中文部分

中央健康保險局（2000）。全民健康保險簡介。中央健康保險局。

丘昌泰（2002）。公共政策──當代政策科學理論之研究。巨流圖書。

王志和（1996）。警察行政。中央警察大學。

王佩玲（1992）。兒童氣質父母教養方式與兒童社會能力關係之研究。國立政治大學教育研究所未出版之博士論文。

王祺琨（1997）。防制大陸地區人民非法入境。行政院大陸委員會專案研究。

王叢貴、羅國英（1992）。社會研究的資料處理。黎明文化。

尹章華（1998）。兩岸海事法論文集。文笙書局。

中華人民共和國公安部（2002）。西元2001年中國公安工作。

台北市政府警察局（1996，2003）。台北市政府警察局少年警察隊工作報告。

台灣日報（2001.1.1）。兩岸犯罪組織掛勾嚴重。版11。

朱志宏（1999）。公共政策。三民書局。

行政院青年輔導委員會（1995）。青少年白皮書。

花蓮縣警察局（2003）。花蓮縣警察局少年警察隊工作報告。

余致力（2002）。民意與公共政策──理論探討與實證研究。五南圖書。

吳瓊恩（2004）。公共行政學。智勝文化。

呂岳城（2000）。大陸地區人民海上偷渡偵查活動之研究。中央警察大學水上警察研究所未出版之碩士論文。

邱振森（1997）。福州地區人民大批非法偷渡紐約問題的探討。共黨問題研究，第23卷第5期，37-61頁。

李允傑（1996）。政策分析專家的倫理。中國行政評論，第6卷第1期，75-92頁。

李茂生（1992）。日本少年法治之理論與實踐。台灣大學法學論叢，第21卷第2期，97-158頁。

李湧清（1995）。警察勤務之研究。中央警察大學。

李湧清（2000）。論當代民主社會中警察的角色與功能。發表於中央警察大學舉辦之「警察學學術研討會」。

李茂興譯（S. P. Robbins原著）（1992）。管理學。曉園出版社。

法務部調查局（1997～2000）。經濟、毒品及洗錢犯罪防制工作年報。

林山田、林東茂、林燦璋（2007）。犯罪學。三民書局。

林東茂（1996）。危險犯與經濟刑法。五南圖書。

林東茂（1999）。一個知識論上的刑法學思考。五南圖書。

林東茂（2003）。過失犯罪。法學講座，第13期，11-26頁。

林燦璋（1995）。論「問題導向警察」。中央警官學校出版社。

周震歐（1993）。犯罪社會學。黎民文化。

周愫嫻（1995）。犯罪率：社會經濟發展不平衡的代價。行政院國家科學委員會專題研究。

周愫嫻（2002）。台灣犯罪問題研究資料庫現況介紹與評析。中央警察大學犯罪防治學報，第3期，127-152頁。

周愫嫻、侯崇文（2000）。青少年被害影響因素的探討。犯罪學期刊，第4期，79-106頁。

孟維德譯（T. Hirschi與M. R. Gottfredson原著）（1998）。偏差行為的共通性。警學叢刊，第28卷第6期，97-112頁。

孟維德（2001）。犯罪熱點的實證分析——警察局勤務指揮中心報案紀錄之分析與運用。犯罪學期刊，第8期，27-64頁。

孟維德（2002a）。犯罪熱點之研究。載於法務部犯罪研究中心主編，刑事政策與犯罪研究論文集（五）。

孟維德（2002b）。公司犯罪——問題與對策。五南圖書。

孟維德（2002c）。警察逮捕決策與警察角色之研究——以台北市警察處理婚姻暴力案件為例。警學叢刊，第33卷第2期，1-30頁。

孟維德（2002d）。海峽兩岸跨境治安問題之探討。中央警察大學學報，第39期，227-249頁。

孟維德（2003）。警察預警式策略與警務資料分析——以組織犯罪滲透合法行業預測分析為例。中央警察大學學報，第40期，1-27頁。

孟維德（2006a）。警察防處企業被害之實證研究。執法新知論衡，第2卷第1期，1-33頁。

孟維德（2006b）。台灣地區犯罪被害調查給警政機關的啟示。警察行政管理學報，第2期，27-52頁。

孟維德（2008）。白領犯罪。五南圖書。

孟維德（2009）。派出所男、女警共同服勤之實證研究。執法新知論衡，第5卷第2期，1-40頁。

孟維德（2010）。跨國組織犯罪及其防制之研究——以人口販運及移民走私活動為例。警學叢刊，第40卷第6期，頁1-30。

孟維德（2019）。跨國犯罪。五南圖書。

孟維德、楊士隆（2006）。治安維護與城市治理——以台中市為例。發表於中華民國犯罪學學會與台中市工商發展投資策進會合辦之「台中市治安論壇」研討會。

孟維德、郭憬融、李讓（2009）。醫療犯罪之實證研究。警學叢刊，第40卷第1期，33-60頁。

法務部政風司（2006）。政府機關易滋弊端業務之研析與防制對策報告：（12）衛生醫療業務。法務部政風司。

侯崇文（1995）。社會失序、自我保護與害怕犯罪。犯罪學期刊，第1期，51-75頁。

侯崇文（2000）。青少年偏差行為——社會控制理論與社會學習理論的整合。犯罪學期刊，第6期，35-61頁。

侯崇文（2001）。家庭結構、家庭關係與青少年偏差行為探討。應用心理研究，第11期，25-43頁。

侯崇文（2003）。理性選擇與犯罪決定：以少年竊盜為例。犯罪與刑事司法研究，第1期，1-36頁。

高金桂（1998）。少年事件處理法相關問題之探討。月旦法學雜誌，第40期，50-59頁。

高金桂（1999）。從安全感需求論少年與兒童之基本人權。台灣法學會學報，第20期，113-140頁。

孫本初（2005）。公共管理。智勝文化。

韋愛梅（1998）。警察系統回應婚姻暴力模式之研究。中央警察大學犯罪防治研究所未出版之碩士論文。

莊德森（2001）。警察公共關係。中央警察大學。

許春金（1990）。台北市幫派犯罪團體之實證研究。行政院國家科學委員會專題研究。

許春金（1993）。不良幫派處理模式之泛文化比較研究。警政署刑事警察局專題研究。

許春金（2006）。刑事司法——組織、體系與策略。三民書局。

許春金（2007）。犯罪學。三民書局。

許春金、孟維德（2000）。警察與犯罪。警學叢刊，第30卷第6期，119-140頁。

許春金、孟維德（2002）。警察組織與管理。三民書局。

陳忠五（2004）。醫療糾紛的現象與問題。台灣本土法學。

陳義彥等合著（2001）。民意調查。五南圖書。

陳明傳（1992）。論社區警政的發展。中央警官學校。

陳明傳（1994）。論警政的新取向。警學叢刊，第15卷第1期，1-21頁。

陳明傳、孟維德合譯（D. C. Couper與S. H. Lobitz原著）（1995）。警政品質管理——麥迪遜市之經驗。中央警察大學。

陳德禹（1996）。行政管理。三民書局。

梅可望（2000）。警察學原理。中央警察大學。

章光明（2000）。警察業務分析。五南圖書。

章光明（2003）。我國警察組織司法環境變遷之研究。警政論叢，第2期，33-49頁。

麥留芳（1991）。個體與集團犯罪——系統犯罪學初探。巨流圖書。

黃富源（1994）。警政部門對婚姻暴力之防治現況與展望。發表於台北市政府社會局舉辦之「婚姻暴力防治研討會」。

黃富源（2000）。警察與女性被害人——警察系統回應的被害者學觀察。新迪文化。

黃富源（2001）。警用談判與危機處理。中央警察大學犯罪防治學報，第2期，55-74頁。

黃富源、孟維德合譯（J. Braithwaite原著）（1997）。明恥整合、共和主義及其政策。警學叢刊，第27卷第4期，215-231頁。

黃富源、鄧煌發（2000）。暴力犯罪少年之家庭暨社會學習相關因素之實證研究。中央警察大學犯罪防治學報，第1期，153-184頁。

黃錦堂（1994）。台灣地區環境法之研究。月旦出版社。

黃翠紋（2002）。警察逮捕婚姻暴力加害人意願之員警本身、系統支持及雙方當事人因素分析。犯罪學期刊，第9期，147-178頁。

黃朝義（1998）。論經濟犯罪及其對策。法學論叢，第169期，42-53頁。

張甘妹（1999）。犯罪學原論。三民書局。

張平吾（1996）。被害者學。三民書局。

張平吾（2002）。當前海峽兩岸刑事司法協助的可行性之探討。中央警察大學犯罪防治學報，第3期，47-62頁。

張平吾、范國勇（2002）。警政犯罪基圖在社區犯罪預防之探討。中央警察大學犯罪防治學報，第3期，25-45頁。

張景然（2001）。青少年犯罪學。巨流圖書。

張增樑（1995）。大陸地區人民非法入境問題之研究。三峰出版社。

葉俊榮（1997）。環境理性與制度抉擇。國立台灣大學法學叢書編輯委員會。

葉毓蘭（1996）。警政新取向：談社區警政的理論與實際。警學叢刊，第27卷第3期，1-17頁。

葉麗娟（1996）。警察、司法系統回應婚姻暴力的現況與檢討。中央警察大學犯罪防治研究所未出版之碩士論文。

楊士隆（1995）。社區解組與少年犯罪：多重層次評量之實證分析。行政院國家科學委員會專題研究。

楊士隆（1996）。竊盜犯與犯罪預防之研究。五南圖書。

楊士隆（2002）。犯罪心理學。五南圖書。

楊永年（2002）。警察形象行銷之研究。發表於中央警察大學舉辦之「警察形象行銷研討會」。

趙永茂（1993）。台灣地方黑道之形成背景及其與選舉之關係。理論與政策，第7卷第2期，19-34頁。

趙永茂（1994）。非都會區黑道與選舉之研究。理論與政策，第8卷第4期，83-96頁。

廖福村（2001）。警察控制青少年偏差行為之研究。五南圖書。

鄧煌發（1997）。犯罪預防。中央警察大學。

蔡德輝（1997）。少年警察隊在少年防制工作上之角色及功能。犯罪學期刊，第3期，13-41頁。

蔡德輝、楊士隆（1997）。台灣地區組織犯罪問題與防治對策。發表於國立中正大學舉辦之「台灣地區犯罪問題與學術研討會」。

蔡德輝、楊士隆（1999）。社區警察因應民眾對治安需求之研究。犯罪學期刊，第4期，1-52頁。

蔡德輝、楊士隆（2008）。少年犯罪——理論與實務。五南圖書。

蔡德輝、楊士隆（2009）。犯罪學。五南圖書。

蔡震榮、黃翠紋（2000）。現代警察概念與職能之發展趨勢。警學叢刊，第30卷

第6期，33-58頁。

劉勤章、孟維德、張國雄（2002）。警察防處社區治安問題的理論與實務——以台北縣二重疏洪道整頓為例。發表於國立台北大學犯罪研究所舉辦之「2002年犯罪問題研究」研討會。

鄭善印（2001）。美、中、日三國社區警政比較研究——以日本的社區警政為重心。警政論叢，創刊號，35-67頁。

謝立功（2000）。兩岸警察區際刑事司法互助法治之探討。發表於中央警察大學舉辦之「警察職權法制研討會」。

警政署（1991）。警察機關防處少年事件手冊。

警政署（2001）。世界各國刑案統計比較。

警政署（2002）。警政統計重要參考指標。

警政署（2004、2005）。警政白皮書。

警政署（2010）。警察機關及警察人數分析資料。

警政署刑事警察局（2002）。台灣地區組織犯罪專案報告。

警政署刑事警察局（2003）。兩岸共同打擊犯罪專案報告。

警政署刑事警察局（2010）。中華民國刑案統計。

英文部分

Abadinsky, H. (2017). Organized crime. Allyn & Bacon.

Addu Appiah, A. et al. (2017). State vs. Loomis. https://harvardlawreview.org/2017/03/state-v-loomis/

Akers, R. L. (1997). Criminological theories: Introduction and evaluation. Roxbury Publishing Company.

Akers, R. L. (1991). Self-control as a general theory of crime. Journal of Quantitative Criminology, 7, 201-211.

Albanese, J. S. (1995). Where organized and white collar crime meet. In J. S. Albanese (Ed.), Contemporary issues in organized crime. Criminal Justice Press.

Albanese, J. S. (1996). Organized crime in America. Anderson Publishing Company.

Albini, J. L. (1971). The American mafia: Genesis of a legend. Irvington.

Alpert, G. P. (1997). Police pursuit: Policies and training. National Institute of Justice.

Alpert, G. & Smith, W. (1998). Developing police policy: An evaluation of the control principle. In L. Gaines & G. Cordner (Eds.), Policing perspectives: An anthology. Roxbury Publishing Company.

Alpert, G. P. & Piquero, A. R. (2000). Historical and conceptual frameworks. In G. P. Alpert & A. R. Piquero (Eds.), Community policing. Waveland Press.

Alpert, G. P., Dunham, R., & Piquero, A. R. (2000). On the study of neighborhoods and the police. In G. P. Alpert & A. R. Piquero (Eds.), Community policing. Waveland Press.

Anderson, A. (1997). Organized crime, mafia and governments. In G. Fiorentini & S. Peltzman (Eds.), The economics of organized crime. Cambridge University Press.

Anderson, D. & Pease, K. (1997). Biting back: Preventing repeat burglary and car crime in Huddersfield. In R. V. Clarke (Ed.), Situational crime prevention: Successful case studies. Harrow and Heston.

Anthopoulos, L. G. (2019). Smart government: A new adjective to government transformation or a trick? In L. G. Anthopoulos (Ed.), Understanding smart cities: A tool for smart government or an industrial trick? (pp. 263-293). Springer.

Baker, M. & Westin, A. (1997). Employer perceptions of workplace crime. Bureau of Justice Statistics.

Bandura, A. (1969). Principles of behavior modification. Holt, Rinehart & Winston.

Bayley, D. H. (1991). Forces of order. University of California Press.

Bayley, D. H. (1994a). International differences in community policing. In D. P. Rosenbaum (Ed.), The challenge of community policing. Sage Publications.

Bayley, D. H. (1994b). Police for the future. Oxford University Press.

Bayley, D. H. (1998). What works in policing. Oxford University Press.

Bayley, D. H. & Bittner, E. (1989). Learning the skills of policing. In R. G. Dunham & G. P. Alpert (Eds.), Critical issues in policing: Contemporary readings. Waveland Press.

Bayley, D. H. & Garofalo, J. (1989). The management of violence by police patrol officers. Criminology, 27, 1-25.

Beare, M. E. (1999). Illegal migration: Personal tragedies, social problems, or national security threats? In P. Williams (Ed.), Illegal immigration and commercial sex: The new slave trade (pp. 11-41). Frank Cass Publishers.

Becker, H. (1963). Outsider: Studies in sociology of deviance. Free Press.

Benbouzid, B. (2019). To predict and to manage. Predictive policing in the United States. Big Data & Society, 6(1), 1-13.

Bennett, T. (1986). Situational crime prevention from the offender's perspective. In K. Heal & G. Laycock (Eds.), Situational crime prevention: From theory to practice. Her Majesty's Stationery Office.

Bennett, T. & Wright, R. (1984). Burglars on burglary. Gower Publishing Company.

Bennett, T. & Lupton, R. (1992). A survey of the allocation and use of community constables in England and Wales. British Journal of Criminology, 32(2), 167-182.

Benson, M. L. & Cullen, F. T. (1998). Combating corporate crime. Northeastern University Press.

Berkeley, G. E. (1969). The democratic policeman. Beacon Press.

Berlin, P. (1993). When employee morale goes down, shrinkage goes up! The Peter Berlin Report on Shrinkage Control, Store Managers' Edition. June: 1-5.

Bittner, E. (1980). The functions of police in modern society. U.S. Government Printing Office.

Black, D. (1980). The manners and customs of the police. Academic Press.

Black, D. (1995). The epistemology of pure sociology. Journal of the American Bar Foundation, 20(3), 39-47.

Black, H. C. (1990). Balck's law dictionary (6th ed.). West Group.

Blankenship, M. B. (1995). Understanding corporate criminality. Garland Publishing Co.

Bloch, P. B. & Bell, J. (1976). Managing investigations: The Rochester system. Police Foundation.

Bollen, K. A. (1989). Structural equations with latent variables. john Wiley & Sons.

Bollen, K. A. & Long, S. S. (1992). Tests for structural equation models. Sociological Methods and Research, 21, 123-131.

Bossard, A. (1990). Transnational crime and criminal law. University of Illinois at Chicago, Office of International Criminal Justice.

Boydstun, J. E. (1975). San Diego field interrogation experiment: Final report. The Police Foundation.

Boye, M. W. (2001). Self-reported employee theft and counterproductivity as a function of employee turnover antecedents. Ph.D. Dissertation, Depaul University.

Braithwaite, J. (1982). Enforced self-regulation: A new strategy for corporate crime control. Michigan Law Review, 80, 1466-1507.

Braithwaite, J. (2001). Conceptualizing organizational crime in a world of plural cultures. In H. N. Pontell & D. Shichor (Eds.), Contemporary issues in crime and criminal justice: Essays in honor of Gilbert Geis. Prentice Hall.

Braithwaite, J. & Drahos, P. (2000). Global business regulation. Cambridge University Press.

Braga, A. A. (2002). Problem-oriented policing and crime prevention. Criminal Justice Press.

Brame, R. & Piquero, A. (2000). The police and the control of crime and disorder. In G. P. Alpert & A. R. Piquero (Eds.), Community policing. Waveland Press.

Brantingham, P. J. & Faust, F. L. (1976). A conceptual model of crime prevention. Crime and Delinquency, 22, 284-296.

Brantingham, P. L. & Brantingham, P. J. (1993). Environment, routine, and situation: Toward a pattern theory of crime. In R. V. Clarke & M. Felson (Eds.), Routine activity and rational choice. Transaction Publications.

Breier, C., Meyer, M., & Baumann, M. (2017). Smart government: Was macht eine smarte Verwaltung aus? Eine Literaturanalyse. Yearbook of Swiss Administrative Sciences, 8(1), 168-184.

Bridgeman, C. (1997). Preventing pay phone damage. In M. Felson & R. V. Clarke (Eds.), Business and crime prevention. Criminal Justice Press.

Brooks, L. W. (1989). Police discretionary behavior: A study of style. In R. G. Dunham & G. P. Alpert. (Eds.), Critical issues in policing: Contemporary readings. Waveland Press.

Brown, M. F. (1998). Criminal investigation: Law and practice. Butterworth-Heinemann.

Bynum, J. E. & Thompson, W. E. (1999). Juvenile delinquency: A sociological approach. Allyn & Bacon.

Cahn, N. R. & Lerman, L. G. (1991). Prosecuting woman abuse. In M. Steinman (Ed.), Woman battering: Policy responses. Anderson.

Calders, T. & Verwer, S. (2010). Three naive Bayes approaches for discrimination-free classification. Data Mining and Knowledge Discovery, 21(2), 277-292.

Carl, K., Paul, S. M., & James, J. T. (1993). Drinking and driving, self-control, and gender: Testing general theory of crime. Journal of Research in Crime and Delinquency, 30, 30-46.

Cawley, D. F., Miron, H. J., Araujo, W. J., & Huffman, Y. (1977). Managing criminal investigations: Manual. United States Department of Justice.

Challinger, D. (1997). Will crime prevention ever be a business priority? In M. Felson & R. V. Clarke (Eds.), Business and crime prevention. Criminal Justice Press.

Chambliss, W. J. (1975). Toward a political economy of crime. Theory and Society, 2, 149-170.

Chin, Ko-lin. (1996). Chinatown gangs. Oxford University Press.

Chin, Ko-lin. (1999). Smuggled Chinese. Temple University Press.

Christen, M, et al. (2020). Wenn Algorithmen für uns entscheiden: Chancen und Risiken künstlicher Intelligenz. TA SWISS.

Clark, J. P. & Hollinger, R. C. (1983). Thefts by employees in work organizations. National Institute of Justice.

Clarke, R. V. (1997). Introduction. In R. V. Clarke (Ed.), Situational crime prevention.

Clarke, R. V. & Glodstein, H. (2002). Reducing theft at construction sites: Lessons from a problem-oriented project. In N. Tilley (Ed.), Analysis for crime prevention. Criminal Justice Press.

Clarke, R. V. & Eck, J. E. (2005). Crime analysis for problem solvers in 60 small steps. U.S. Department of Justice.

Clifton, W. Jr. (1987). Convenience store robberies in Gainesville, Florida: An intervention strategy by the Gainesville Police Department. Gainesville Police Department.

Clinard, M. B. & Quinney, R. (1973). Criminal behavior systems: A typology. Holt, Rinehart & Winston.

Clinard, M. B. & Yeager, P. C. (1980). Corporate crime. Free Press.

Cloward, R. A. & Ohlin, L. (1960). Delinquency and opportunity. Free Press.

Cohen, A. (1955). Delinquent boys. Free Press.

Cohen, L. E. & Felson, M. (1979). Social change and crime rate trends: A routine activity approach. American Sociological Review, 44, 588-605.

Coleman, J. W. (1998). The criminal elite: Understanding white-collar crime. St. Martin's Press.

Cordner, G. W. (1985). The Baltimore County Citizen-Oriented Police Enforcement Project (COPE): Final evaluation. Report to the Florence V. Burden Foundation. Criminal Justice Department, University of Baltimore.

Cordner, G. W. (1989). Written rules and regulations: Are they necessary? F.B.I. Law Enforcement Bulletin, July, 17-21.

Cordner, G. W. & Sheehan, R. (2003). Police administration. Anderson Publishing Company.

Cornish, D. & Clarke, R. V. (1986). The reasoning criminal: Rational choice perspectives on offending. Springer-Verlag.

Cornish, D. B. & Clarke, R. V. (2003). Opportunities, precipitators, and criminal decisions: A reply to Wortley's critique of situational crime prevention. In M. J. Smith & D. B. Cornish (Eds.), Theory for practice in situational crime prevention. Criminal Justice Press.

Crawford, A. (1998). Crime prevention and community safety: Politics, policies and practices. Longman.

Cullen, F. T., Agnew, R., & Wilcox, P. (2014). Criminological theory: Past to present (5th ed.). Oxford University Press.

Currie, E. (1997). Confronting crime: Looking toward the twenty-first century. In B. W. Hancock & P. M. Sharp (Eds.), Public policy: Crime and criminal justice. Prentice Hall.

D'Addario, F. J. (2001). Loss prevention through crime analysis. Butterworths.

Dawson, S. (1998). Consumer responses to electronic article surveillance alarms. Journal of Retailing, 69(3), 353-362.

Dinges, J. (1990). Our man in Panama. Random House.

Doner, W. G., & Lab, S. P. (1998). Victimology: A new focus. Anderson Publishing.

Dougherty, T. (1996). Loss prevention: Winning the war against theft. Visual Merchandising And Store Design, 124(10): 44-59.

Duffala, D. C. (1976). Convenience stores, armed robbery, and physical environmental features. American Behavioral Scientist, 20, 227-46.

Eck, J. E. (1979). Managing case assignments: The burglary investigation decision model replication. Police Executive Research Forum.

Eck, J. E. (1984). Solving crimes. Police Executive Research Forum.

Eck, J. E. (1994). Drug markets and drug places: A case-control study of the spatial structure of illicit drug dealing. Unpublished doctoral dissertation, University of Maryland, College Park.

Eck, J. E. & Spelman, W. (1987). Problem-solving: Problem-oriented policing in Newport News. U.S. Department of Justice, National Institute of Justice.

Eck, J. E. & Weisburd, D. (1995). Crime places in crime theory. In J. E. Eck & D. Weisburd (Eds.), Crime and place. The Police Executive Research Forum.

Edelhertz, H. & Overcast, T. D. (1990). Organized crime business: Type activities and their implications for law enforcement. U.S. National Institute of Justice.

Edmonton, Canada, Police Department (1989). Beat officers' reports.

Eigenberg, H. M., Scarborough, K. E., & Kappeler, V. E. (1996). Contributory factors affecting arrest in domestic and non-domestic assaults. American Journal of Police, 15, 27-54.

Ekblom, P. (1987). Preventing robberies at sub-cost offices: An evaluation of an initiative. Her Majesty's Stationery Office.

Ekblom, P. (1997). Gearing up against crime: A dynamic framework to help designers keep up with the adaptive criminal in a changing world. International Journal of Risks,

Security, and Crime Prevention, 2, 249-265.

El Khiyari, H. & Wechsler, H. (2016). Face verification subject to varying (age, ethnicity, and gender) demographics using deep learning. Journal of Biometric & Biostatistics, 7(4), 1-5.

Elliott, J. F. & T. Sardino (1971). Crime control team: An experiment in municipal police department management and operations. Charles.

Engstad, P. A. (1975). Environmental opportunities and the ecology of crime. In R. A. Silverman & J. J. Teevan (Eds.), Crime in Canadian society. Butterworths.

Ericson, R. V. (1981). Making crime: A study of detective work. Butterworths.

European Commission (2018). The 2018 EU justice scoreboard. European Union.

Eysenck, H. J. (1964). Crime and personality. Routledge and Kegan Paul.

Farrell, G. (1995). Preventing repeat victimization. In M. Tonry & D. Farrington (Eds.), Building a safer society: Strategic approaches to crime prevention. University of Chicago Press.

Farrell, G., Sousa, W., & Weisel, D. L. (2002). The time-window effect in the measurement of repeat victimization: A methodology for its examination, and an empirical study. In N. Tilley (Ed.), Analysis for crime prevention. Criminal Justice Press.

Fattah, E. A. (1991). Understanding criminal victimization. Prentice-Hall.

Fattah, E. A. (1997). Toward a victim policy aimed at healing, not suffering. In R. C. Davis, A. J. Lurigio, & W. G. Skogan (Eds.), Victims of crime. Sage Publications.

Fay, J. (2005). Contemporary security management. Butterworth-Heinemann.

Feden, N. & Klinger, D. (1992). The south Seattle crime reduction project. National Institute of Justice.

Federal Bureau of Investigation (1993). Crime in the US, 1992. Department of Justice.

Felson, M. (1998). Crime and everyday life: Insight and implications for society. Pine Forge Press.

Felson, M. & Clarke, R. V. (1997). Introduction. In M. Felson & R. V. Clarke (Eds.), Business and crime prevention. Criminal Justice Press.

Felson, M. & Clarke, R. V. (1998). Opportunity makes the thief: Practical theory for crime prevention. Home Office Police and Reducing Crime Unit.

Findlay, M. (1999). The globalization of crime. Cambridge University Press.

Flanagan, T. J. & Maguire, K. (1990). Sourcebook of criminal justice statistics-1989. Government Printing Office.

Folk, J. F. (1971). Municipal detective system: A quantitative approach, technical report,

Number 55. Operation Research Center, Massachusetts Institute of Technology.

Forrester, D. H., Frenz, S., O'Connell, M., & Pease, K. (1990). The Kirkholt burglary prevention project. Her Majesty's Stationery Office.

Friedman, J., Hakim, S., & Weinblatt, J. (1989). Casino gambling as a "Growth Pole" strategy and its effects on crime. Journal of Regional Science, 29, 615-623.

Friedrchs, D. O. (2010). Trusted criminals: White collar crime in contemporary society. Wadsworth.

Frisbie, D., Fishbine, G, Hintz, R., Joelsons, M., & Nutter, J. B. (1977). Crime in Minneapolis: Proposals for prevention. Governor's Commission on Crime Prevention and Control.

Gaines, L. K. & Cordner, G. W. (1999). Policing perspective: An anthology. Roxbury Publishing Company.

Gilbert, J. N. (1998). Criminal investigation. Prentice Hall.

Gil-Garcia, J. R., Helbig, N., & Ojo, A. (2014). Being smart: Emerging technologies and innovation in the public sector. Government Information Quarterly, 31(1), 11-18.

Gil-Garcia, J. R., Zhang, J., & Puron-Cid, G. (2016). Conceptualizing smartness in government: An integrative and multi-dimensional view. Government Information Quarterly, 33(3), 524-534.

Gill, M. & Matthews, R. (1994). Robbers on robbery: Offenders' perspectives. In M. Gill (Ed.), Crime at work: Studies in security and crime prevention. Perpetuity Press.

Gilling, D. (1997). Crime prevention: Theory, policy and politics. UCL Press Limited.

Glueck, S. & Glueck, E. (1950). Unraveling juvenile delinquency. Harvard University Press.

Glynn, C. J., Herbst, S., O'Keefe, G. J., & Shapiro, R. Y. (1999). Public opinion. Westview Press.

Goldstein, H. (1977). Policing a free society. Ballinger.

Goldstein, H. (1979). Improving policing: A problem-oriented approach. Crime and Delinquency, 25, 236-258.

Goldstein, H. (1990). Problem-oriented policing. Temple University Press.

Goldstein, J. (1998). Police discretion not to invoke the criminal justice process: Low visibility decisions in the administration of justice. In G. F. Cole & M. G. Gertz (Eds.), The criminal justice: Politics and policies. Wadsworth Publishing Company.

Goldstein, H. & Susmilch, C. E. (1982). Experiment with the problem-oriented approach to improving police service: A report and some reflections on two case studies. University of Wisconsin Law School.

Gorman, D. (1999). Loss prevention racks up success. Security Management, 40(3), 55-61.

Gottfredson, D. M. (1999). Exploring criminal justice. Roxbury Publishing Company.

Gottfredson, D. M. & Gottfredson, M. R. (1980). Decision making in criminal justice: Toward a rational exercise of discretion. Lexington Books.

Gottfredson, M. R. & Hirschi, T. (1990). A general theory of crime. Stanford University Press.

Grandjean, C. (1990). Bank robberies and phisical security in Switzerland: A case study of the escalation and displacement phenomena. Security Journal, 1, 155-159.

Greenberg, S. (2000). Future issues in policing: Challenges for leaders. In R. W. Glensor, M. E. Correia, & K. J. Peak (Eds.), Policing communities: Understanding crime and solving problems. Roxbury Publishing Company.

Greenberg, B., Yu, O. S., & Lang, K. (1973). Enhancement of the investigative functions. National Technical Information Service.

Greenberg, B., Elliott, C. V., Kraft, L. P., & Procter, H. S. (1975). Felony investigation decision model: An analysis of investigative elements of information. Stanford Research Institute.

Greenberg, I. & Wasserman, R. (1979). Managing criminal investigation. United States Department of Justice.

Greenwood, P. W. (1970). An analysis of the apprehension activities of the New York City Police Department. Rand Institute.

Greenwood, P. W. & Petersilia, J. (1975). The criminal investigation process. Rand.

Grennan, S. A. (1988). Findings on the role of officer gender in violent encounters with citizens. Journal of Police Science and Administration, 15, 78-85.

Groenhuijsen, M. S. (1999). Trends in victimology in Europe with special reference to the Europe forum for victim service. Keynote Address to the 10th Annual Conference of the Japanese Associations of Victimology, held in Kyoto on 26th June, 1999.

Gross, E. (1978). Organizational crime: A theoretical perspective. In N. Denzin (Ed.), Study in symbolic interaction. JAI Press.

Guenduez, A. A., Mettler, T., & Schedler, K. (2018). Smart Government - Partizipation und Empowerment von Bürgern im Zeitalter von Big Data und personalisierten Algorithmen. HMD Praxis der Wirtschaftsinformatik, 54(4), 477-487.

Hagan, F. E. (1997). Political crime, ideology and criminality. Allyn and Bacon.

Hannan, T. H. (1982). Bank robberies and bank security precautions. Journal of Legal Studies, 11, 83-92.

Harold, G., Charles, R. T., Robert, J. B., & Bruce, J. A. (1993). Testing the core empirical implication of Gottfredson and Hirschi's general theory of crime. Journal of Research in Crime and Delinquency, 30, 5-29.

Harsh, A. & Ichalkaranje, N. (2016). Transforming e-government to smart government: A south Australian perspective. In L. C. Jain, S. Patnaik, & N. Ichalkaranje (Eds.), Intelligent computing, communication and devices (pp. 9-16). Springer.

Henry, N. (2006). Public administration and public affairs. Prentice-Hall.

Hindelang, M. J. (1976). Criminal victimization in eight American cities. Ballinger.

Hirschel, J. & Hutchinson, I. (1991). Police preferred arrest policies. In M. Steinman (Ed.), Woman battering: Policy responses. Anderson.

Hirschi, T. (1969). Causes of delinquency. University of California Press.

Hirschi, T. & Gottfredson, M. R. (1994). The generality of deviance. Transaction Publishers.

Hodson, R. & Sullivan, T. A. (2000). The social organization of work. Wadsworth.

Hoelter, J. W. (1983). The analysis of covariance structures: Goodness-of-fit indices. Sociological Methods and Research, 11, 325-344.

Hogarth, R. M. & Reder, M. W. (1981). Rational choice: The contrast between economics and psychology. University of Chicago Press.

Holden, R. N. (1992). Law enforcement. Prentice-Hall.

Holden, R. N. (1994). Modern police management. Prentice-Hall.

Hollinger, R. & Dabney, D. (1998). Reducing shrinkage in the retail store: It's not just a job for the loss prevention department. Security Journal, 15: 2-10.

Homel, R. & Clark, J. (1995). The prediction and prevention of violence in pubs and clubs. In R. V. Clarke (Ed.), Crime prevention studies, Vol. 3. Criminal Justice Press.

Horning, D. (2002). Employee theft. In S. Kadish (Ed.), Encyclopedia of crime and justice. Macmillan and Free Press.

Houston J. & Parsons, W. W. (1998). Criminal justice and the policy process. Nelson-Hall Publishers.

Inkster, N. D. (1992). The essence of community policing. Police Chief, 59, 28-37.

Isaacs, H. H. (1967). A study of communications, crimes and arrests in a metropolitan police department. United States Government Printing Office.

Jesilow, P., Pontell, H. N., & Geis, G. (1992). Prescription for profit - How doctors defraud Medicaid. University of California Press.

Jessor, R. & Jessor, S. L. (1977). Problem behavior and psychosocial development. Academic Press.

Jiménez, C. E., Solanas, A., & Falcone, F. (2014). E-government interoperability: Linking open and smart government. Computer, 47(10), 22-24.

Jöreskog, K. G. & Sörbom, D. (1993). Structural equation modeling with the simplis command language. Scientific Software International Inc..

Karpoff, J. M. & Lott, J. R. (1999). The reputational penalty firms bear from committing criminal fraud. Journal of Law and Economics, 36, 757-802.

Kattel, R., Lember, V., & Tõnurist, P. (2020). Collaborative innovation and human-machine networks. Public Management Review, 22(11), 1652-1673.

Kelling, G. L. (2000). Acquiring a taste for order: The community and police. In R. W. Glensor, M. E. Correia, & K. J. Peak (Eds.), Policing communities: Understanding crime and solving problems. Roxbury Publishing Company.

Kelling, G. L. (1988). What works: Research and the police. National Institute of Justice.

Kelling, G. L., Pate, T., Dieckman, D., & Brown, C. E. (1974). The Kansas City preventive patrol experiment. The Police Foundation.

Kelling, G. L. & Moore, M. H. (1988). The evolving strategy of policing. National Institute of Justice.

Kelling, G. L. & Coles, C. M. (1996). Fixing broken windows: Restoring order and reducing crime in our community. Touchstone.

Kenney, D. J. & Finckenauer, J. O. (1995). Organized crime. Wadsworth Publishing Company.

Kennedy, D. M. & Moore, M. H. (1995). Underwriting the risky investment in community policing: What social science should be doing to evaluate community policing. Justice System Journal 17(3), 271-290.

Kennedy, D. M., Piehl, A. M., & Braga, A. A. (1996). Youth violence in Boston: Gun markets, serious youth offenders, and a use-reduction strategy. Law and Contemporary Problems, 59, 147-197.

Kerlinger, F. N. (1986). Foundations of behavioral research. CBS College Publishing.

Kim, P. (2017). Data-driven discrimination at work. William & Mary Law Review, 58(3), 857-936.

Kleinig, J. (1996). The ethics of policing. Cambridge University Press.

Klockars, C. (1983). Thinking about policing. McGraw-Hill.

Kounadi, O., Ristea, A., Araujo, A., & Leitner, M. (2020). A systematic review on spatial crime forecasting. Crime Science, 9(7), 1-22.

Lab, S. P. (2000). Crime prevention: Approaches, practices and evaluations. Anderson

Publishing Company.

Landes, W. M. (1978). An economic study of U.S. aircraft hijacking 1961-1976. Journal of Law and Economics, 21, 1-32.

Langworthy, R. H. & Travis, L. F. (1994). Policing in America: A balance of forces. Macmillan.

Lanier, M. M. & Henry, S. (1998). Essential criminology. Westview Press.

Larson, R. C. (1975). What happened to patrol operations in Kansas City - Review of the Kansas City Preventive Patrol Experiment. Journal of Criminal Justice, 3, 4, 267-297.

Laub, J. H. (1997). Patterns of criminal victimization in the United States. In R. C. Davis, A. J. Lurigio, & W. G. Skogan (Eds.), Victims of crime. Sage Publications.

Levy, M. & Weitz, B. A. (1995). Retailing management. Irwin.

Lincon, Nebraska, Police Department (1991). Statement of the mission of the department.

Lofquist, W. S., Cohen, M. A., & Rabe, G. A. (1997). Debating corporate crime. Anderson Publishing.

Longo, D. (1997). Crime changes shoppers's habits. Discount Store News, 33(10), 45-51.

Lukawitz, J. M. & Steinbart, P. J. (2000). Investor reaction to disclosures of employee fraud. Journal of Managerial Issues, 7(3), 358-367.

Lupsha, P. A. (1987). A macro perspective on organized crime: Rational choice not ethnic behavior. Paper presented to the annual meeting of American Society of Criminology, Montreal Canada.

Lyman, M. D. (1999). Criminal investigation: The art and the science. Prentice-Hall.

Lyman, M. D. & Potter, G. W. (1999). Organized crime. Prentice Hall.

Lyman, M. D. & Potter, G. W. (2015). Organized crime. Pearson Education Inc.

Mandl, U., Dierx, A., & Ilzkovitz, F. (2008). The effectiveness and efficiency of public spending. European Commission.

Marciniak, E. (1994). Community policing of domestic violence: Neighborhood differences in the effect of arrest. Ph.D. dissertation, Department of Criminal Justice and Criminology, University of Maryland.

Mars, G. (2002). Cheats at work: An anthology of workplace crime. Unwin.

Martin, J. M. & Romano, A. T. (1992). Multinational crime: Terrorism, espionage, drug & arms trafficking. Sage Publications.

Martin, S. E. (1989). Female officers on the move? In R. G. Dunham & G. P. Alpert (Eds.), Critical issues in policing: Contemporary readings. Waveland Press.

Mastrofski, S. (1981). Policing the beat: The impact of organizational scale on patrol officer behavior in urban residential neighborhoods. Journal of Criminal Justice, 4, 343-358.

Matza, D. (1964). Delinquency and Drift. John Wiley.

Mawby, R. I. (1977). Defensible space: A theoretical and empirical appraisal. Urban Studies,14, 169-79.

Mayhew, P. (1981). Crime in public view: Surveillance and crime prevention. In P. J. Brantingham & Brantingham, P. L. (Eds.), Environmental criminology sage.

Mayhew, P., Maung, N. A., & Mirrlees-Black, C. (1993), The 1992 British crime survey. Home Office Research Study No.132. H. M. Stationery Office.

McElroy, J. E., Cosgrove, C. A., & Sadd, S. (1992). Community policing: COCP in New York. Sage Publications Inc.

Meijer, A. & Wessels, M. (2019). Predictive policing: Review of benefits and drawbacks. International Journal of Public Administration, 42(1), 1-9.

Mellouli, S., Luna-Reyes, L. F., & Zhang, J. (2014). Smart government, citizen participation and open data. Information Polity, 19(1), 1-4.

Merriam-Webster (2003). Webster's new collegiate dictionary. G. & C. Merriam Co.

Merry, S. F. (1981). Defensible space undefended: Social factors in crime prevention through environmental design. Urban Affairs Quarterly,16, 397-422.

Merton, R. K. (1938). Social structure and anomie. American Sociological Review, 3, 672-682.

Miethe, T. D. & McCorkle, R. (1998). Crime profiles. Roxbury Publishing Company.

Mignon, S. I. & Holmes, W. M. (1995). Police response to mandatory arrest law. Crime and Delinquency, 41, 420-430.

Miller, D. C. (1991). Handbook of research design and social measurement. Sage Publications.

Mirrlees-Black, C. & Ross, A. (1995). Crime against retail and manufacturing premises: Findings from the 1994 commercial victimization survey. Home Office Research Study, No. 146. Home Office.

Mon, W. (2001). Policy making in crime control. Paper presented at the 2001 Annual Conference of the Asian Association of Police Studies, Taoyuan, Taiwan.

Mon, W. (2003). What does crime victimization survey reveal about victims and responses of police agencies: Taiwanese experience. Journal of Asian Association of Police Studies, 1(1), 1-26.

Morrison, S. A. & O'Donnell, I. (1996). An analysis of the decision-making practice of armed robbers. In. R. Homel (Ed.), The politics and practice of situational crime prevention. Criminal Justice Press.

Muraskin, R. & Roberts, A. R. (1999). Vision for change: Crime and justice in the twenty-first century. Prentice-Hall.

Murphy, C. (2009). The principle of legality in criminal Law under the ECHR. European Human Rights Law Review, 2(1), 192-200.

Mustaine, E. E. & Tewksbury, R. (1998). Predicting risks of larceny theft victimization: A routine activity analysis using refined lifestyle measures. Criminology, 36, 829-858.

Nam, T. & Pardo, A. (2014). The changing face of a city government: A case study of Philly 311. Government Information Quarterly, 31(1), 1-9.

Nasar, J. L. (1981). Environmental factors and commercial burglary. Journal of Environmental Systems,11, 49-56.

National Crime Agency (2016). National Crime Agency Annual Report and Accounts 2015-16. National Crime Agency.

Nee, C. & Taylor, M. (1988). Residential burglary in the Republic Ireland: A situational perspective. Howard Journal of Criminal Justice, 27, 105-116.

New York State Organized Crime Task Force (1990). Corruption and racketeering in the New York City construction industry. New York University Press.

Newman, O. (1972). Defensible space. Macmillan.

Ortmeier, P. J. (2004). Security management. Prentice-Hall.

Osterburg, J. Q. & Ward, R. H. (2000). Crime investigation. Anderson Publishing Co.

Parsons, T. (1951). The social system. Collier-MacMillan.

Partnership on AI (PAI) (2020). Report on algorithmic risk assessment tools in the U.S. criminal justice system. PAI.

Patterson, G. R. (1980). Children who steal. In T. Hirschi & M. R. Gottfredson (Eds.), Understanding crime. Sage Publications.

Peak, K. J. & Glensor, R. W. (2004). Community policing and problem solving: Strategies and practices. Pearson Prentice Hall.

Pearce, F. & Tombs, S. (1998). Toxic capitalism: Corporate crime and the chemical industry. Dartmouth Publishing Company.

Pease, K. & Laycock, G. (1998). Repeat victimization: Taking stock. Home Office.

Pennsylvania Crime Commission (1991). Organized crime-Report. Commonwealth of Pennsylvania.

Police Foundation (1980). The Newark foot patrol experiment. Police Foundation.

Pontell, H. N. & Clavita, K. (1993). White-collar crime in the savings and loan scandal.

Annals of the American Academy Political and Social Science, 525, 31-45.

Portland Police Department. (1991). Summary of findings of five community police meetings.

Poyner, B. (1988a). Situational crime prevention in two parking facilities. Security Journal, 2, 96-101.

Poyner, B. (1988b). Video cameras and bus vandalism. Journal of Security Administration, 11, 44-51.

Queensland Police Service (1994). Shopping center security project. Queensland Police Service.

Quinney, R. (1974). Critique of the legal order: Crime control in a capitalist society. Little, Brown.

Reaves, B. A. (1993). Census of state and local law enforcement agencies 1992. Bureau of Justice Statistics.

Rebovich, D. J. (1992). Dangerous ground: The world of hazardous waste crime. Transaction.

Regan, K. J., Nalley, P. G., & White, T. (1979). Managing criminal investigation: A summary report. Urban Institute.

Reichel, P. & Albanese, J. (2014). Handbook of transnational crime and justice. Sage Publications.

Rengert, G. & Wasilchick, J. (1985). Suburban burglary: A time and a place for everything. Charles C. Thomas.

Rengert, G. & Wasilchick, J. (1990). Space, time, and crime: Ethnographic insights into residential burglary. Office of Justice Programs, National Institute of Justice, U.S. Department of Justice.

Reppetto, T. A. (1974). Residential crime. Ballinger Publishing Company.

Reuter, P., Rubinstein, J., & Wynn, S. (1983). Racketeering in legitimate industries: Two case studies. U.S. National Institute of Justice.

Rezende, I. N. (2020). Facial recognition in police hands: Assessing the "Clearview case" from a European perspective. New Journal of European Criminal Law, 11(3), 375-389.

Risman, B. J. (1987). Kansas City preventive patrol experiment - A continuing debate. Evaluation Review, 4, 6, 802-808.

Roberg, R. & Kuykendall, J. (1990). Police organization and management: Behavior, theory, and processes. Brooks/Cole Publishing Company.

Roberg, R., Crank, J., & Kuykendall, J. (2000). Police and society. Roxbury Publishing

Company.

Robinson, A. L. & Chandek, M. S. (2000). The domestic violence arrest decision: examining demographic, attitudinal, and situational variables. Crime and Delinquency, 46, 18-37.

Rosenbaum, D. P. (1988). Community crime prevention: A review and synthesis of the literature. Justice Quarterly, 5, 323-395.

Rosenbaum, D. P. (1994). The challenge of community policing. Sage Publications.

Rosenbaum, D. P., Lurigio, A. J., & Davis, R. C. (1998). The prevention of crime: Social and situational strategies. Wadsworth Publishing Company.

Roskin, M. G. (2000). Political science. Prentice Hall.

Rosoff, S. M., Pontell, H. N., & Tillman, R. (2004). Profit without honor: White-collar crime and the looting of America. Prentice-Hall.

Royal Canadian Mounted Police (1988). National drug intelligence estimate 1986/87.

Russakoff, D. (1994). Another kind of help. Washington Post, 20 March, A1, A25.

Sampson, R. J. & Laub, J. H. (1993). Crime in the making: Pathways and turning points through life. Harvard University Press.

Sampson, R. & Lauritsen, J. (1997). Racial and ethnic disparities in crime and criminal justice in the United States. In M. Tonry (Ed.), Ethnicity, crime, and immigration: Comparative and cross-national perspectives. University of Chicago Press.

Sanders, W. B. (1977). Detective work: A study of criminal investigations. The Free Press.

Sandhu, A. & Fussey, P. (2020). The "uberization of policing"? How police negotiate and operationalise predictive policing technology. Policing & Society, 31(1), 66-81.

Sandoval-Almazan, R. & Gil-Garcia, J. R. (2020). Understanding e-justice and open justice through the assessment of judicial websites: Toward a conceptual framework. Social Science Computer Review, 38(3), 334-353.

Saunders, J., Hunt, P., & Hollywood, J. S. (2016). Predictions put into practice: A quasi-experimental evaluation of Chicago's predictive policing pilot. Journal of Experimental Criminology, 12(3), 347-371.

Schafer, J. A. (2013). The role of trust and transparency in the pursuit of procedural and organisational justice. Journal of Policing, Intelligence and Counter Terrorism, 8(2), 131-143.

Schedler, K., Guenduez, A. A., & Frischknecht, R. (2020). How smart can government be? Exploring barriers to the adoption of smart government. Information Polity, 24(2), 3-20.

Schlossman, S. & Sedlak, M. (1983). The Chicago area project revisited. RAND

Corporation.

Schmalleger, F. (1999). Criminal justice today. Prentice-Hall.

Schmalleger, F. (2002). Criminology today. Prentice-Hall.

Scholl, H. J. & Scholl, M. C. (2014). Smart governance: A roadmap for research and practice. In M. Kindling & E. Greifender (Eds.), iConference Proceedings 2014 (pp. 163-176). iSchools.

Schwartz, A. I. & Clarren, S. N. (1977). The Cincinnati team policing experiment: A summary report. Police Foundation.

Schur, E. M. (1965). Crimes without victims: Deviant behavior and public policy. Prentice-Hall.

Scott, M. (2000). Problem-oriented policing: Reflections on the first 20 years. Office of Community Oriented Policing Services, U.S. Department of Justice.

Sewell, D. J. (1999). Controversial issues in policing. Allyn and Bacon.

Shaw, C. R. & McKay, H. D. (1931). Social factors in juvenile delinquency: Report of the causes of crime. Government Printing Office.

Shaw, C. R. & McKay, H. D. (1942). Juvenile delinquency in urban areas. University of Chicago Press.

Shelley, L. L. (1998). Transnational organized crime in the United States. Kobe University Law Review, 32(1), 77-91.

Sherman, L. W. (1980). A theoretical strategy for organizational deviance. Paper presented at the conference on white-collar and economic crime, International Sociological Association, Potsdam, New York.

Sherman, L. W. (1985). Causes of police behavior: The current state of quantitative research. In A. S. Blumberg & E. Niederhoffer (Eds.) The ambivalent force. Holt, Rinehart and Wilson.

Sherman, L. W. (1990). Police crackdowns: Initial and residual deterrence. In M. H. Tonry & N. Morris (Eds.), Crime and justice: A review of research. University of Chicago Press.

Sherman, L. W. (1991). The results of police work: A review of problem-oriented policing by Herman Goldstein. Criminal Law and Criminology, 82, 401-418.

Sherman, L. W. (1992a). Attacking crime: Policing and crime control. In M. Tonry & N. Morris (Eds.), Modern policing. The University of Chicago Press.

Sherman, L. W. (1992b). Policing domestic violence: Experiments and dilemmas. The Free Press.

Sherman, L. W. (1995). The police. In J. Q. Wilson & J. Petersilia (Eds.), Crime. ICS Press.

Sherman, L. W. (1997). Policing for crime prevention. In the University of Maryland, Department of Criminology and Criminal Justice (Eds.), Preventing crime: What works, what doesn't, what's promising (Chapter 8). Office of Justice Programs, U.S. Department of Justice.

Sherman, L. W., Milton, C. H., & Kelly, T. V. (1973). Team policing: Seven case studies. Police Foundation.

Sherman, L. W. & Berk, R. A. (1984). The specific deterrent effects of arrest for domestic assault. American Sociological Review, 49, 261-72.

Sherman L. W., Gartin, P. R., & Buerger, M. E. (1989). Hot spots of predatory crime: Routine activities and the criminology of place. Criminology, 27, 27-55.

Sherman, L. W. & Smith, D. A. (1992). Crime, punishment and stake in conformity: Legal and informal control of domestic violence. American Sociological Review, 57, 680-690.

Sherman, L. W. & Weisburd, D. (1992). Does police patrol prevent crime? The Minneapolis hot spots experiment. Paper presented to the International Society of Criminology, Conference on Urban Crime Prevention, Tokyo, April.

Shrager, L. S. & Short, J. F. Jr. (1978). Toward a sociology of organizational crime. Social Problems, 25, 407-419.

Simmler, M. (2020). The importance of placing blame: Criminal law and the stabilization of norms. Criminal Law Forum, 31(2), 147-178.

Simmler, M., Brunner, S., & Schedler, K. (2020). Smart Criminal Justice - Eine empirische Studie zum Einsatz von Algorithmen in der Schweizer Polizeiarbeit und Strafrechtspflege. IMP-HSG/LS-HSG.

Simmler, M., Canova, G., & Schedler, K. (2023). Smart criminal justice. International Review of Administrative Sciences, 89(2), 415-432.

Skogan, W. G. (1990). Disorder and decline. Free Press.

Skogan, W. G. (2000). Community policing in Chicago. In G. P. Alpert & A. R. Piquero, (Eds.), Community policing. Waveland Press.

Skogan, W. G. & Antunes, G. E. (1979). Information, apprehension and deterrence: Exploring the limits of police productivity. Journal of Criminal Justice, 7(3), 24-42.

Skolnick, J. H. & Bayley, D. H. (1986). The new blue line. The Free Press.

Smith, D. (1980). The neighborhood context of police behavior. In A. Reiss & M. Tonry (Eds.), Communities and crime. University of Chicago Press.

Smith, D. (1987). Police response to interpersonal violence: Defining the parameters of legal control. Social Forces, 65, 767-782.

Smith, D. C. (1990). The mafia mystique. University Press of America.

Smith, D. A. & Visher, C. A. (1981). Street-level justice: Situational determinants of police arrest decisions. Social Problems, 29, 167-178.

Sparrow, M. K. (1998). Fraud control in the health care industry: Assessing the state of the art. National Institute of Justice: Research in Belief, pp. 1-11.

Sparrow, M. K., Moore, M. H., & Kennedy, D. M. (1990). Beyond 911: A new era for policing. Basic Books.

Speed, M., Burrows, J., & Bamfield, J. (1995). Retail crime cost, 1993/1994 survey. British Retail Consortium.

Spelman, W. (1992). Abandoned buildings: Magnets for crime? Lyndon Johnson School of Public Affairs (March).

Spelman, W. & Eck. J. E. (2000). Sitting ducks, ravenous wolves, and helping hands: New approaches to urban policing. In R. W. Glensor, M. E. Correia, & K. J. Peak (Eds.), Policing communities: Understanding crime and solving problems. Roxbury Publishing Company.

Summers, R. (1999). Formal legal truth and substantive truth in judicial fact-finding: Their justified divergence in some particular cases. Law and Philosophy, 18(5), 497-511.

Sutherland, E. H. (1949). White collar crime. Holt, Rinehart & Winston.

Sutherland, E. H. & Cressey, R. D. (1966). Principles of criminology. Lippincott.

Sympson, R. (1999). To catch a thief. Restaurant Business, 94(13): 72-82.

Taylor, J. (2004). Crime against retail and manufacturing premises: Findings from the 2002 commercial victimization survey. Home Office.

Thibault, E. A., Lynch, L. M., & McBride R. B. (2007). Proactive police management. Pearson Prentice Hall.

Thurman, Q., Zhao, J., & Giacomazzi, A. (2001). Community policing in a community era. Roxbury Publishing Company.

Thurman, Q. C. & McGarrell, E. F. (2003). Community policing in rural America. Anderson.

Tilley, N. (1993). The prevention of crime against small business: The safer cities experience. Home Office Crime Prevention Unit Paper 45. Home Office.

Tilley, N. (2002). Introduction: Analysis for crime prevention. In N. Tilley (Ed.), Analysis for crime prevention. Criminal Justice Press.

Tompkins, J. R. (2004). Organization theory and public management. Wadsworth.

Travis, L. F. (1998). Introduction to criminal justice. Anderson Publishing Company.

Trojanowicz, R. (1982). Evaluation of the neighborhood foot patrol program in Flint, Michigan. Michigan State University.

Tunnell, K. D. (1992). Choosing crime: The criminal calculus of property offenders. Nelson-Hall.

Tyler, G. (1991). The crime corporation. In A. S. Blumberg (Ed.), Current perspectives on criminal behavior. Knopf.

U.S. Attorney General's Report (1989). Drug trafficking: A report to the President of the United States.

U.S. Comptroller General (1989). Failed thrifts: Costly failures resulted from regulatory violations and unsafe practices. U.S. General Accounting Office.

U.S. Department of State (2009). Trafficking in persons report 2009. U.S. Department of State.

U.S. National Advisory Committee on Criminal Justice Standards and Goals (1986). Report of task force on organized crime. U.S. Government Printing Office.

Van Dijk, J. (2001). Attitudes of victims and repeat victims towards the police: Results from the International Crime Victims Survey. In G. Farrell & K. Pease (Eds.), Repeat victimization. Criminal Justice Press.

Van Dijk, J. & de Waard, J. (1991). A two-dimensional typology of crime prevention projects. Criminal Justice Abstracts, 23, 483-503.

Vaughan, D. (1983). Controlling unlawful corporate behavior. University of Chicago Press.

Victoria Police (1983). The Broadmeadows study: An analysis of police and community attitudes relative to crime control and the police role in society.

Vold, G. B. & Bernard, T. J. (1986). Theoretical criminology. Oxford University Press.

Von Lucke, J. (2015). Smart government. Zeppelin University.

Waegel, W. B. (1979). Case routinization in criminal investigation work. Unpublished Ph.D. Dissertation. University of Delaware.

Walker, S. (1998). Sense and nonsense about crime and drugs. West/Wadsworth Publishing Company.

Walsh, W. F. (1986). Patrol officer arrest rates. Justice Quarterly, 3, 271-290.

Ward, R. H. (1971). The investigative function: Criminal investigation in the United States. Unpublished Ph.D. Dissertation. University of California.

Wash, A. & Jorgensen, C. (2018). Criminology: The essentials (3rd ed.). Sage Publications.

Wasserman, R. (1992). Government setting. In G. Garmire (Ed.), Local government police management. International City Management Association.

Wasserman, R. & Moore, M. H. (1988). Perspectives on policing: Values in policing. National Institute of Justice.

Webb, B. & Laycock, G. (1992). Reducing crime on the London underground: An evaluation of three pilot projects. Home Office.

Weisburd, D. & Green, L. (1994). Defining the street level drug market. In D. L. MacKenzie & C. Uchida (Eds.), Drugs and crime: Evaluating public policy initiatives. Sage.

Weston, J. (1993). Community policing: An approach to youth gangs in a medium-sized city. Police Chief, 60, 80-91.

Wheeler, S., Mann, K., & Sarat, A. (1988). Sitting in judgment: The sentencing of white-collar criminals. Yale University Press.

Whisenand, P. M. & Ferguson, R. F. (2005). The managing of police organization. Pearson Prentice Hall.

White, G. F. (1990). Neighborhood permeability and burglary Rates. Justice Quarterly, 7, 57-67.

Willmer, M. (1970). Crime and information theory. Edinburgh University Press.

Wilson, O. W. & Mclaren, R. C. (1977). Police administration. McGraw-Hall.

Wilson, J. Q. & Kelling, G. L. (1982). Broken windows: The police and neighborhood safety. Atlantic Monthly, March, 29-38.

Wolfgang, M. E., Figlio, R. M., & Sellin, T. (1972). Delinquency in a birth cohort. University of Chicago Press.

Worden, R. (1989). Situational and attitudinal explanations of police behavior: A theoretical reappraisal and empirical assessment. Law and Society Review, 23, 667-711.

Yochelson, S. & Samenow, S. (1976). The criminal personality. Jason Aronson.

Završnik, A. (2020). Criminal justice, artificial intelligence systems, and human rights. ERA Forum, 20(4), 567-583.

Zietz, D. (1999). Women who embezzle or defraud: A study of convicted felons. Praeger.